타나토스
죽음의 서구 지성사

역사도서관 028

타나토스
죽음의 서구 지성사

최성철 지음

도서출판 길

지은이 **최성철**은 서강대 인문대학에서 학부와 대학원을 마치고 독일 베를린 자유대학 역사문화학부에서 19세기 스위스 바젤 출신의 역사가로서 르네상스 개념을 근대적으로 확립한 야코프 부르크하르트의 역사 이론에 관한 연구로 박사 학위를 받았다. 귀국 후 역사 이론, 서양 사학사, 서양 지성사 분야의 여러 주제에 관한 연구를 진행해 왔다. 서양사와 사학사 관련 다수의 학회에서 다양한 임원으로 활동해 왔고 한국사학사학회의 회장을 역임했다. 현재는 홍익대 교양과 교수로 재직하면서 인간 본성을 역사적으로 결정하는 여러 주제에 대한 탐구를 계획하고 있다. 『부르크하르트: 문화사의 새로운 신화를 만들다』(한길사, 2010), 『과거의 파괴: 19세기 유럽의 반역사적 사상』(서강대학교출판부, 2012), 『역사와 우연』(도서출판 길, 2016), 『폭력의 역사학』(서강대학교 출판부, 2019) 등의 단행본 저서 외 다수의 공저와 논문을 발표했다.

역사도서관 028

타나토스 죽음의 서구 지성사

2025년 6월 10일 제1판 제1쇄 인쇄
2025년 6월 20일 제1판 제1쇄 발행

지은이 | 최성철
펴낸이 | 박우정

기획·편집 | 이승우
전산 | 최원석

펴낸곳 | 도서출판 길
주소 | 06032 서울 강남구 도산대로 25길 16 우리빌딩 201호
전화 | 02)595-3153   팩스 | 02)595-3165
등록 | 1997년 6월 17일 제113호

ⓒ 최성철, 2025. Printed in Seoul, Korea
ISBN 978-89-6445-298-1 93900

이 저서는 2020년 대한민국 교육부와 한국연구재단의 지원을 받아 수행된 연구임(NRF-2020S1A6A045419)

| 서론 |

"나는 죽는다는 것을 알지만 믿지는 않는다." 죽음에 대한 수많은 금언(金言) 중에서도 아마 프랑스의 문학 평론가 자크 마돌(Jacques Madaule)의 이 말처럼 우리의 심금을 울리는 문구도 없을 것이다. 우리는 누구나 언젠가 죽는다는 사실을 알지만, 언제 어디서 어떻게 죽을지 모른다는 이유로 그것을 믿고 싶어 하지 않는다. 지크문트 프로이트(Sigmund Freud) 또한 우리의 무의식에는 죽음을 거부하는 경향이 있다고 주장했다. 비슷한 사례로 에피쿠로스(Epicuros)의 다음 성찰도 자주 거론된다. "우리가 살아 있든 이미 죽었든 간에 죽음은 우리와 무관하다. 살아 있을 때는 죽음이 없고 죽었을 때는 우리가 없기 때문이다." 죽음의 비존재성과 부재(不在) 또는 삶에서 죽음 성찰의 무의미성을 냉정히 설파한 문장이다. 심지어 죽음에 대한 현대 철학적 사유의 대가인 블라디미르 장켈레비치(Vladimir Jankélévitch)는 죽음을 회피하는 좋은 방법으로 죽음을 계속해서 문제시하고 사유해 보라고 권한다. 그래서 일찍이 '죽음학'(Thanatology)이라는 학문까지 탄생했는지도 모른다. 이 모든 사례는 한결같이 죽음을 삶에서 멀리 떨쳐내 버리고 싶어 하는 인간의 욕구, 아니면 금기시하는 태도와 연관된다. 그 근저에는 물론 불가해하고 신비한 현상으로서 죽음에 대한 사람

들의 불안과 공포가 자리 잡고 있다.

그렇다면 죽음은 학문적으로 어떻게 성찰되고 연구되어 왔을까? 학자들은 이 문제를 회피해 왔을까, 아니면 꾸준히 대면해 왔을까? '죽음'은 예로부터 인문학적 성찰과 사유의 주요 주제였다. 아니 주요 주제인 것을 넘어 서양의 주요 철학자들은 소크라테스(Socrates)의 가르침을 따라 '철학하기' 자체를 아예 '죽음 연습하기'로 이해했을 정도다. 인간과 삶에 대해 진지하게 고민하는 사람치고 죽음을 깊이 있게 생각하지 않는 사람이 있을 수 있겠는가? 주지하듯이 삶과 죽음은 아주 긴밀히 맞물려 있다. 그래서인지 죽음을 주제로 한 '철학' 분야의 연구 업적은 실로 방대하다. 인문학을 포함한 모든 학문 분야를 통틀어 거의 압도적으로 많은 연구 성과를 낸 곳이 바로 철학 분야다. 이러한 경향은 문학에서도 그대로 이어진다. 문학 작품에서는 말할 것도 없고 문학 평론이나 문예 비평에서도 '죽음'은 주요 글쓰기 소재나 주제로 자주 활용되어 왔다. 그 밖에 사회과학, 의학, 자연과학 분야에서도 사정은 마찬가지다.

그렇다면 역사학은 어떨까? 불행히도 역사학에서는 사정이 완전히 다르다. 철학이나 문학과 달리, 역사학에서 '죽음'은 소재로서 자주 등장은 하지만 학술 주제로 연구되어 온 전례가 거의 없다. 우리가 생각할 수 있는 사례라고 해 봐야 기껏 20세기 프랑스의 역사가 필립 아리에스(Philippe Ariès)의 『죽음의 역사』 정도다. 그러나 이 저작은 과거의 서양인들, 특히 서양 중세와 근대의 민중이 죽음에 대해 어떤 태도를 보여 왔는지를 파헤친 일종의 '죽음의 심성사'에 가깝다. 물론, 이런 종류의 연구도 필요한 것은 사실이다. 하지만 정작 문헌 텍스트로 쉽게 접근 가능한, 과거 서양의 지식인들이 사회와 역사 환경과의 상호 작용 속에서 죽음을 어떻게 바라보았는지에 대한 '죽음의 지성사'적 연구는 국내외를 통틀어 이루어진 사례가 거의 없다. 이 책은 바로 이러한 연구의 공백을 메우기 위해 기획되었다. 요컨대, 이 책은 고대부터 현대에 이르는 서구 지식인들의 죽음에 대한 생각과 기록을 당대 역사와의 관계 속에서 파헤쳐 주제별로 총정리하는 이른바 '서양에서의 죽음의 지성사' 구축을 목표로 삼는다.

이러한 목표에 효율적으로 도달하기 위해서는 기존의 방식과 다른 차별화된 연구 방법이 요구된다. 즉 여기서는 전통적인 연대기적 구성 방식을 지양하고 주제별 접근 방법을 취하고자 한다. 그동안 사상사나 지성사 분야에서의 연구는 주로 지식인들의 생몰 연도에 따른 연대기적 구성 방식을 취해 왔다. 그러나 이 연구는 고대부터 현대까지 망라해 서구 지식인들이 '죽음'과 관련된 주제들에 대해 어떤 생각을 전개했는지를 천착해 나갈 것이다. 상술하자면 '죽음'과 관련된 핵심적인 개념과 용어들을 크게 '죽음 이전'(제1부), '죽음 자체'(제2부), '죽음 이후'(제3부) 등 세 개의 범주로 나눈 후, 다시 그 세 개의 범주 안에 각각 네 개의 하위 범주를 선정해 총 12개의 주제어 또는 개념 군(群)에 대해 서구 지식인들이 당대 역사와의 상호작용 속에서 어떤 생각을 펼쳤고, 어떤 태도를 보였으며, 어떤 결론을 내렸는지 살펴볼 생각이다. 이 방법을 '주제별 지성사적 방법'으로 명명하고자 한다.

그 밖에 이 책에서 취할 접근 방법을 언급하면, 시대 범위는 고대(그리스·로마)부터 현대(21세기)까지이며, 공간 범위는 서양 세계(유럽과 북미, 오세아니아 등)로 한정한다. 여기서 연구 대상인 서구의 지식인이란 철학자, 사상가, 과학자, 예술가, 문인, 문필가 등을 말한다. 과학자 안에는 인문과학자 외에 사회과학자, 자연과학자, 의학자, 공학자 등을 비롯해 일반적으로 학자로 분류될 수 있는 사람들을 망라한다. 예술가 역시 화가, 조각가, 건축가, 음악가, 연극 및 영화 관계자 등을 모두 포함한다.

먼저 제1부에서는 '죽음 이전'을 주제로 다룬다. 이 범주 안에는 죽음에 원인을 제공하는 각종 요소 및 요인 또는 죽기 전에 죽음과 대비되는 개념으로서 삶을 이해하는 방식이나 태도, 그리고 죽기 전에 죽음을 받아들이는 다양한 마음가짐 등이 속하는데, 이것들은 결국 '삶과 죽음', '질병', '노화', '죽음 수용' 등 네 개의 핵심 개념으로 정리된다. 이 네 개의 하위 범주는 각 장(章)을 구성한다.

제1장에서 다룰 '삶과 죽음'은 사실상 철학의 주제다. 역사상 많은 철학자는 죽음의 의미를 삶의 의미를 숙고하는 데서 찾고자 했다. 잘 죽기

(well-dying) 위해서는 잘 살아야(well-being) 하기 때문이다. 삶과 죽음은 별개의 세계가 아니라 서로가 서로를 필요로 하며, 끌어안고 맞물려 있는 영역이다. 가령, 현대의 분석철학자 루트비히 비트겐슈타인(Ludwig Wittgenstein)은 "삶의 문제 해결은 이 문제의 소멸에서 발견된다"라고 말했다. 사람은 죽음을 사유함으로써 비로소 삶의 의미와 가치를 찾을 수 있다는 언명일 것이다. 한편, 일반적으로 사람들은 죽음을 삶의 의미를 부정하는 현상으로 이해한다. 그러나 헤겔(G. W. F. Hegel)의 경우에 삶과 죽음은 서로 변증법적 관계를 맺는다. 관념철학자답게 그는 죽음의 부정성을 넘어 '죽음 속의 삶'을 상정하면서 삶과 죽음이 결국 변증법적으로 하나로 엮여 있음을 강조한다.

두 번째 장에서 다룰 죽음의 제1원인으로서 '질병'에는 19세기 이전까지 서양 사람들을 죽음으로 내몰았던 페스트(흑사병), 천연두, 홍역, 콜레라, 장티푸스, 매독, 임질 같은 전염병, 20세기로 오면 각종 암, 에이즈, 에볼라(슈퍼박테리아) 같은 난치병 또는 불치병, 아니면 치사율이 높은 질병 등이 속한다. 가령, 알베르 카뮈(Albert Camus)는 『페스트』라는 작품에서 인간 각자가 자기 안에 페스트균을 갖고 있고 자신을 돌보지 않으면 남에게 병을 옮길 수 있다고 말했다. 이것은 인간이라면 누구나 자신만의 치명적 질병을 안고 살기에, 스스로 주의를 기울이지 않으면 안 된다는 경고의 메시지다. 실존주의 철학을 창시한 것으로 유명한 쇠렌 키르케고르(Søren Kierkegaard)는 상징적 제목을 달고 있는 저서『죽음에 이르는 병』에서 기독교적 개념인 '원죄'에 상응하는 '절망'을 죽음에 이르는 병으로 정의했다.

세 번째 장에서는 '노화' 또는 '노년'을 다룬다. 키케로(Cicero)는 일찍이 『노년에 대하여』에서 노년을 자연적 과정으로서 삶의 마지막 장으로 묘사한다. 인간은 누구나 '노년'까지 살기를 소망하지만 막상 그때가 되면 "노년을 한탄한다". 이 말은 아무도 젊어서 죽기를 원하지 않으면서 또 아무도 늙는 것을 좋아하지 않는다는 점을 꼬집은 것이다. 그렇지만 키케로는 노년을 불행으로 보는 것을 반박하면서 노인도 위대한 일을 성취할 수 있다고 독려한다. 노년을 찬양하는 그의 눈에는 노인이 관능적 쾌락으로부터 해방된 것도 일종의 구원이고, 그렇기에 그들의 죽음도 더 이상 위기라고 할 수 없다. 그러나 고대인들에 의해 찬양되었던 노년은 근현대에 이르면 과거의 시간, 회상, 해체 등 소멸과 부정의 이미지로 퇴색한다. 미셸 드 몽테뉴(Michel de Montaigne)의 『수상록』에서의 「노년에 대하여」가 그렇고, 독일의 철학자 오도 마르크바르트(Odo Marquard)의 『늙어감에 대하여』도 그렇다. 더 나아가 장 아메리(Jean Améry)는 『노화에 대하여』에서 삶이 세계로 나아가는 것을 의미한다면, 노년에 남아 있는 것은 죽음뿐이라고 설파한다. 이 경우에 노년은 희망의 완벽한 결여를 의미한다.

제1부의 마지막 주제는 죽음을 대하는 방식, 즉 '죽음 수용'과 '죽음 돌봄(호스피스)'이다. '죽음 수용'과 관련해 가장 널리 알려진 이론은 엘리자베스 퀴블러-로스(Elisabeth Kübler-Ross)의 이른바 '죽음 수용의 5단계설'(부정-분노-타협-우울-수용)일 것이다. 스위스 출생의 미국 정신의학자였던 그녀는 5단계 죽음 수용론을 비롯해 죽음과 죽어감에 대한 사람들의 태도를 학문적으로 종합한 학자다. 병상에서 죽어가는 수많은 환자를 접하고 그들과 소통하면서 성찰한 임상 결과를 『죽음과 죽어감』이라는 제목의, 일종의 의학 보고서 형식의 책으로 풀어냈다. 사람들은 죽음에 대해 불안과 공포를 느낀다. 왜냐하면 죽음은 단 한 번도 경험해 보지 못한 것이고, 또한 경험해 볼 수도 없는 것이기 때문이다. 더구나 미지의 경험으로서 죽음은 내가 언제, 어디서, 어떻게 죽을지 모르는 것이기에 내 세계 밖에 존재하는 어떤 것이다. "심리적으로 인간이 자신의 죽음을 일시적으로 부정하는 것은 가능하다. 무의식의 세계에서 인간은 자신의 죽음을 인지할 수 없고 스스로의 불멸성을 믿기 때문이다"(퀴블러-로스). 그렇다면 서양의 지식인들은 자기 죽음을 어떻게 받아들였을까? 가령, 만 53세에 스웨덴 스톡홀름에서 폐렴에 걸려 심한 고열로 고생하다 사망한 르네 데카르트(René Descartes)는 죽기 직전에 소크라테스와 플로티노스(Plotinos)가 그랬던 것처럼 다음과 같은 말을 남겼다. "나의 영혼이여, 그동안 오랫동안 붙잡혀 있었구나. 이제 이 감옥에서, 이 짐스러운 육체에서 벗어날 때가 되었다. 나의 영혼이여, 이 고통스러운 결별을 즐겁고 용기 있게 맞이하기를." 사유와

연장, 영혼과 육체를 분리하면서 이원론을 주장했던 그가 뜻밖에도 죽음을 기꺼이 수용했던 것이다. 그러나 서양의 모든 지식인이 그랬던 것 같지는 않다. 가령, 요한 볼프강 폰 괴테(Johann Wolfgang von Goethe)는 삶에 대한 미련을 버리지 못하고 죽기 직전에 "좀 더 빛을"(Mehr Licht!)이라는 말을 남겼다. 더불어 이 장에서는 '죽어감'과 '죽음 돌봄(호스피스)'에 대한 서구 지식인들의 생각들도 함께 다룬다.

제2부는 '죽음 자체'를 다룬다. 이 범주 안에는 가장 먼저 '죽음'(death; Tod) 담론이 포함된다. 더불어 여기서는 죽음의 다양한 종류, 즉 자살, 살인, 사형, 암살, 대량 학살, 낙태, 영유아 살해, 안락사, 존엄사, 개인의 죽음과 인류(세계)의 죽음 등의 문제가 다루어질 것이다.

첫 번째와 두 번째 장은 죽음에 대한 서구 지식인들의 다양한 이해와 정의(定義)를 주제로 삼는다. '죽음' 담론을 두 개의 장으로 나눈 이유는 고대부터 현대까지 서구 지식인들의 죽음 사상을 한 장에 모두 담아낼 수 없었기 때문이다. 아울러 분량도 분량이지만 사상의 내용이나 분위기가 산업화와 근대화를 기점으로 눈에 띄게 달라지기 시작했기 때문이다. 그래서 첫째 장에서는 고대부터 19세기 중반까지 산업화 이전의 전근대 시대를, 두 번째 장에서는 19세기 중반부터 현재까지의 현대 시대를 각각 대상으로 삼았다. 소크라테스와 플라톤(Platon)에 의해 완성된 영혼불멸설은 고대 그리스·로마의 고전철학자들이 대체로 공통으로 주장한 이래, 19세기까지도 논의가 이어져 온 서양의 대표적 죽음 이론이다. 죽음이 행복인지, 불행인지의 여부도 고대 철학을 특징짓는 사안인데, 이 시기의 철학자들은 죽음에 대한 두려움을 떨쳐버리라고 충고한다. '철학이란 죽음을 학습하는 것'이라는 명제는 플라톤과 키케로를 시작으로 몽테뉴까지 이어지는데, 이들은 한결같이 인간이 죽음을 준비할 수 있음을 논증하려 했다. 탄생 이전의 시간과 죽음 이후의 시간의 평행 이론도 에피쿠로스, 루크레티우스(Lucretius), 세네카(Seneca) 등에 의해 주장된다. 기독교적 세계관이 지배하던 중세에는 사후의 세계에 나타나는 신의 정의(正義), 개인이 받게 될 형벌, 최후의 심판 뒤 육체의 부활 가능성에 대한 논의가 주를 이룬다.

중세 말에 흑사병이 창궐하면서 죽음은 인간의 삶에 더욱 가까이 현존하는 것이 되었고 "죽음을 기억하라"(memento mori)라는 고대의 경구도 다시 빛을 발한다. 근대에 오면 죽음에 대한 다양한 접근 방식이 주목된다. 데카르트는 영혼의 파괴 불가능성에 대한 고대의 이론을 부활시켰다. 이러한 입장은 데이비드 흄(David Hume)과 이마누엘 칸트(Immanuel Kant)에게서도 발견된다. 19세기에 아르투어 쇼펜하우어(Arthur Schopenhauer)는 '죽음에 대한 두려움'을 '삶에 대한 맹목적 의지'의 또 다른 모습으로 그려냈다. 그는 에피쿠로스의 생전 시간과 사후 시간의 평행 이론을 따라 존재하지 않는 죽음 뒤의 시간을 불행 또는 공포로 여기는 것이 불합리하다고 역설했다. 키르케고르는 죽음을 진지하게 성찰해야 할 대상으로 여겼는데, 이러한 관점은 인간을 '죽음을 향해 가는 존재'(Sein-zum-Tode)로 규정한 마르틴 하이데거(Martin Heidegger)나 죽음을 철학의 '대표적 문제'이자 '유일한 문제'라고 설파했던 장켈레비치에까지 이어진다. 한편, 현대에 오면 죽음에 대한 철저히 객관적이면서도 냉정한 관점이 봇물 터지듯이 쏟아져 나온다. 죽음의 무의식적 거부 이론과 죽음 충동 이론을 제시한 프로이트, 죽음을 모든 가능성의 종결이자 모든 의미의 박탈로 규정했던 장-폴 사르트르(Jean-Paul Sartre), 핵폭탄과 대참사의 위협에 직면한 인류의 종말 가능성을 논파한 카를 야스퍼스(Karl Jaspers), 죽음을 삶의 상실이자 가능성의 영원한 박탈로 기술한 버나드 윌리엄스(Bernard Williams) 등이 이 범주에 속한다. 이 모든 다양한 담론은 두 개의 장으로 나뉘어 각각 분야별, 주제별, 성향별 범주로 고찰될 것이다.

세 번째 장에서는 독특한 죽음 유형인 자살을 다룬다. 카뮈는 『시지프 신화』를 "실제 아주 진지한 철학적 문제는 단 하나뿐인데, 그것은 자살이다"라는 말로 시작한다. 독일어권에서 흔히 '자유죽음'(Freitod)으로 명명되는 자살에 대해 역사적으로 매우 다양한 철학적 견해들, 종종 극단적으로 대립되는 생각들이 펼쳐져 왔다. 자살은 고대에는 어느 정도 허용하는 입장이 대세를 이루었지만, 기독교가 지배하던 중세 시기에는 종교적으로나 윤리적으로 금지하는 쪽으로 급변한다. 그러다가 근대에 오면 다시 자살 금지를 비판하는 담론이 등장하기 시작한다. 대표적인 인물이 흄(『자살에 대하여』)이다. 그러나 칸트(『도덕 형이상학』)는 자살을 자신에 대한 의무 위반이라면서 반대하는 입장을 취했다. 19세기 프랑스의 사회학자 에밀 뒤르켐(Émile Durkheim)은 명저 『자살』에서 모든 자살이 '사회적 타살'이라는 유명한 명제를 제시하면서 자살의 사회적 책임을 거론했다. 자살의 명시적 허용 담론은 홀로코스트 생존자이면서 실제 자살로 생을 마감한 아메리에 의해 이루어진다. 그에 따르면, 자살은 자유의 표현이다. 그것도 어떤 것으로부터 벗어나는 자유가 아니라 어떤 것으로 향하는 자유를 대변한다.

제2부 마지막 장의 주제는 낙태, 영유아 살해, 살인, 사형, 안락사, 존엄사, 자연사, 개체의 죽음과 종(種)의 죽음 사이의 관계 등 그동안 다루지 않은 여타 종류의 죽음들이다. 서양 고대 세계에서 낙태와 영유아 살해는 흔한 일이었고 범죄도 아니었다. 특히 이 둘은 궤를 같이했는데, 고대는 말할 것도 없고 중세와 르네상스 시기, 심지어 근대에 들어서까지도 각 연령대 아동의 인권에 대한 인식은 오늘날과 비교해 현저히 낮았다. 태아를 죽이나 갓난아이를 죽이나 심지어 어린아이를 죽이나 이들 사이에는 큰 차이가 없었고, 죽이지 못했을 때 버리는 일도 다반사였다. 낙태가 금지되고 불법으로 처벌되기 시작한 것은 기독교가 지배하던 중세에 접어들면서부터다. 사정이 이처럼 급변한 이유는 아동의 인권이 향상되어서가 아니라 살인을 금지하는 기독교의 계율 때문이었다. 그나마 그러한 금지와 처벌 규정이 매우 엄격해지기 시작한 것은 현대에 들어와서다. 하지만 이러한 낙태죄의 법제화에도 불구하고 피임, 낙태, 영유아 살해는 오늘날까지도 근절되지 않고 있다. 어린 자녀들을 먼저 살해하고 젊은 부모가 연이어 죽는 일이 일상화되어 있는 우리나라의 현실을 보면, 그러한 비극적인 일은 쉽게 사그라지지 않을 것처럼 보인다. 낙태와 영유아 살해에 대한 서양 지식인들의 입장도 고대부터 현대까지 찬반양론으로 갈리며 매우 다양하게 펼쳐지고 있다. 남을 죽이는 행위로서 살인은 개인적 살인과 국가적 살인으로 나뉜다. 후자에 속하는 대표적인 사례로는 사형이나 전쟁 등이 있다. 그 밖에 유명인 또는 정적(政敵)이나 주적(主敵) 아니면 무고한 불특정

다수를 향한 암살 또는 테러, 그리고 20세기 역사의 특징이기도 한 집단 살해와 대량 학살, 인종 청소 등도 여기에 속한다. 이 책에서는 국가적 살인 가운데 사형제와 전쟁에서의 살인 등을 제외한 암살, 테러, 집단 학살, 홀로코스트 같은 지나치게 정치적이고 광범위한 문제에 대한 서구 지식인들의 담론은 별도의 큰 연구 주제라고 생각해 다루지 않았다. 하지만 안락사, 존엄사, 자연사 등에 대한 서양 지식인들의 다양한 견해는 다루었다. 이 장의 후반부에서는 개인의 죽음과 종의 죽음 사이의 관계라는 또 다른 철학적 문제도 함께 논의한다. 개인이 죽으면 세계도 없다는 식의 개체주의적 죽음관을 대표하는 인물로는 자크 데리다(Jacques Derrida), 장켈레비치, 에마뉘엘 레비나스(Emmanuel Levinas) 등을 들 수 있으며, 종과 보편의 죽음이 개인의 죽음을 압도한다는 식의 보편주의적 죽음관을 피력한 인물로는 카를 마르크스(Karl Marx), 에드가 모랭(Edgar Morin) 등이 주목된다.

마지막 제3부에서는 '죽음 이후'의 여러 주제에 대해 서구 지식인들이 사유하고 펼친 사상들을 톺아본다. 육체와 분리된 존재로서의 '영혼', 천국과 연옥, 지옥 등을 포함하는 '사후세계'와 '사후생', 인류의 꿈과 희망으로서의 '불멸과 영생' 또는 '구원과 부활', 죽음 이후의 의식으로서의 '장례(식)와 애도' 등에 대한 담론들이 주요 탐구 대상이다.

첫째 장은 '영혼'의 문제를 다룰 것이다. 먼저 정신, 마음, 영혼, 영성 등의 유사 개념들이 명확히 구별되고 정의될 필요가 있다. 보통 육체의 반의어로 '영혼'이라는 용어가 자주 사용된다. 영혼은 흔히 서양인이 사후세계에서 계속 삶을 이어가는 주체로 이해한 대상이다. 육체와 영혼을 분리된 것으로 보았던 데카르트, 반대로 육체와 영혼을 통합해 보고자 했던 아리스토텔레스(Aristoteles)와 에피쿠로스와 토마스 아퀴나스(Thomas Aquinas), 육체를 무시하거나 폄하하고 영혼만을 중시했던 플라톤, 사도 바울(Paul), 아우구스티누스(Augustinus), 반대로 영혼보다 차라리 현세에서의 인간 육신과 물질을 강조했던 마르크스 등 '영혼'에 대해 서양에서는 다양한 견해들이 제시되어 왔다.

다음은 천국, 연옥, 지옥 등을 포함하는 '사후세계'를 살펴본다. '사후세계'는 인간이 죽고 나서도 삶이 이어진다는 추론에 근거해 만들어진 개념이다. 비단 종교계뿐만 아니라 비종교적 일상에서도 통용될 수 있을 것이다. 이른바 근사체험(近死體驗) 또는 임사체험(臨死體驗)을 했다는 사람들이 사후세계를 경험하고 왔다고 주장한다. 레프 톨스토이(Lev Tolstoy)와 카를 융(Carl Jung)이 대표적 사례로 꼽힌다. 그러나 서양 지성사에서 이 문제를 다룰 때 반드시 언급해야 할 핵심 문헌은 단테(Dante)의 『신곡』이다. 주인공이 베르길리우스(Vergilius)와 베아트리체(Beatrice)의 안내를 받아 지옥과 연옥, 천국 등을 차례로 여행한다는 플롯의 이 작품은, 이 장에서 특히 면밀한 분석 대상이 될 것이다. 단테는 지옥을 다양하게 나누었는데, 연옥을 정죄(淨罪)와 희망의 왕국으로 영적 구원을 받을 만한 자격이 있는 망령들이 천국에 가기 전에 수양하는 곳으로 보았다. 단테의 이 작품을 보면 약 2세기 뒤에 탄생할 토머스 모어(Thomas More)의 『유토피아』를 연상시킨다. 이들 작품을 보면서 우리는 당대 사회와 개인의 죄악상, 범죄 유형들, 그리고 사회의 부패하고 부조리한 모습들을 간접적으로 읽어낼 수 있다. 더불어 이 장에서는 다양한 '내세관' 또는 서양에서의 '윤회' 사상(피타고라스[Pythagoras])도 다루어질 것이다.

세 번째 장은 '영생과 불멸', 그리고 '구원과 부활'이 주제다. 최근 4차 산업혁명과 과학 기술의 발달로 사이보그, 포스트휴머니즘, 트랜스휴머니즘, 냉동 보존술, 노화 방지(안티에이징) 기술 등이 화두가 되고 있다. 사실, 이러한 주제들은 이미 인류 문명 내지 역사의 탄생과 더불어 시작되었다고 보는 편이 옳다. 영혼의 불멸, 사후세계와 내세에서의 삶, 구원과 부활 등은 오랜 인류의 꿈이자 희망이었다. 그러나 오래 사는 것이 과연 축복일까? 가령, 구약성서에 나오는 므두셀라(Methuselah)는 969년을 살았다고 전해진다. 그를 따라 인간이 969년을 산다고 상상한다면 누구나 고개를 절레절레 흔들 것이다. 영생과 불멸은 보통 최고선으로 간주되지만, 막상 그것은 대부분의 서구 지식인에 의해 영원히 노인으로 살아가야 하는, 그리고 죽고 싶어도 죽지 못하는 '형벌' 또는 '디스토피아'로 묘사되어 왔다.

가령, 조너선 스위프트(Jonathan Swift)는 『걸리버 여행기』에서 걸리버가 영원히 죽지 않고 살아가는 섬나라에 들어가 영생을 누리는 멋진 상상을 하지만, 이내 곧 노약자로 죽지도 못하고 살아가는 사람들을 대하면서 환멸을 느끼도록 만든다. 영국 철학자 버나드 윌리엄스 또한 평범하게 영위되는 '모든' 삶이 결국 지루하고 고통스러우며 나쁘게 될 것이라고 말한다. 영국 작가 줄리언 반스(Julian Barnes) 역시 단편 소설 『꿈』에서 만족할 때까지, 그리고 삶이 선사하는 모든 축복을 충분히 누릴 때까지 살다 죽는 것이 가장 좋은 인생이라고 주장한다.

이 책의 마지막 장에서는 죽음 이후의 의식인 '장례'와 '애도'의 의미에 대해 살펴본다. 장례 의식은 시대와 장소, 심지어 한 국가 안에서 지역별로도 편차가 큰 죽음 뒤의 예식이다. 일반적으로 장례가 갖는 의미는 문화적 차이에 따라 사후세계를 강하게 믿는 문화권에서의 의식과 현실 세계를 중시하는 문화권에서의 의식 등 크게 두 개로 나뉜다. 전자에서는 장례를 망자(亡者)가 사후세계로 무사히 여행할 수 있도록 준비하는 절차로, 후자에서는 유가족이 서로의 상실을 위로하고 서로를 지지하는 장으로 각각 인식한다. 아리에스에 따르면, 보통 가정집에서 맞이하던 죽음이 20세기 전반기에 들어서면 '감춰진 죽음'의 관행이 행해지던 병원으로 이전되는 커다란 변화가 온다. 이른바 죽음의 전면적 의료화 과정이 시작된 것인데, 이는 '죽음의 제거' 또는 '죽음의 무감각화'가 보편화된 현대 사회의 죽음 문화를 상징한다. 이 장에서는 또한 애도에 대해 서구 지식인들이 어떻게 이해했는지도 함께 알아본다.

끝으로 이 책이 탄생하기까지 도움을 준 기관과 출판 관계자에게 감사의 인사를 전하고자 한다. 먼저 이 책의 연구 기획을 재정적으로 후원해 준 교육부와 한국연구재단에 고맙다는 말을 전한다. 2020년 한국연구재단의 저술출판지원사업에서 내 연구 계획서를 선정해 주고 최종 원고에 대해 "출판 적합" 판정을 해 준 익명의 심사위원들에게 이 자리를 빌려 감사의 뜻을 표하고 싶다. 특히 최종 평가 심사자가 3년 안에 방대한 원고를 완성한 점을 격려하면서 이 책이 학술서가 아니라 자칫 "죽음에 관한 서구 지식인들의 사상을 망라한 백과사전"이 될 수 있기에 재편집할 필요성이 있다고 했는데, 이는 탁월한 지적이라고 생각한다. 그러나 내 나름의 변명을 들자면, 사실 내가 우려하면서도 의도했던 것이 바로 이 점이다. 각 부(部)와 각 장(章), 그리고 각 장 안의 내용을 나름 세심히 주제별로 분류해 서술한다고는 했지만, 막상 원고 작성 과정에서 서구 지식인들의 관련 사상들을 욕심을 갖고 모두 끌어모아 쓰다 보니 다소 혼란스럽게 보였던 것이 사실이다. 따라서 요약집 같은 깔끔한 정리를 원하는 독자라면 읽기가 매우 곤혹스러울 수 있다. 하지만 나는 다른 한편, 이 책에서 시도했던 것과 같은 유사한 방식의 연구가 그동안 전혀 없었다는 점에 방점을 찍고 싶다. 즉 나열식, 백과사전식 정리도 나름의 의미가 있다고 생각했던 것이다. 물론, 이 책에서 다루어진 내용이 죽음과 관련한 서구 지식인들의 모든 사상을 망라했다고 할 수는 없을 것이다. 그러나 적어도 서구 사상사 내지 지성사, 문학 분야에서 괄목할 만하게 드러난 죽음에 대한 사유를 담론의 장으로 초대했다는 점에서, 이 연구의 시도는 상당한 의의와 가치가 있다고 자부한다. 그럼에도 불구하고 이 책에 대해 많은 비판과 질정이 제기될 수 있을 것이다. 잘못된 부분이 있다면 당연히 수용하고 수정해 나가도록 하겠다.

마지막으로 이 땅의 척박한 학술 출판 상황에서도 이번 책의 출판 역시 흔쾌히 수용해 주고, 꼼꼼히 편집까지 맡아 준 도서출판 길의 이승우 편집장께 머리 숙여 감사 인사를 전한다.

2025년 2월
최성철

차례

서론 .. 5

제1부: 죽음 이전

제1장 삶의 이면으로서의 죽음: 삶과 죽음의 변증법 .. 21
제2장 죽음의 주요 원인: 질병과 자연재해 .. 65
제3장 죽음을 향한 여정: 노화와 노년 .. 107
제4장 죽음과 죽어감: 죽음 수용, 죽음 돌봄(호스피스),
  근사체험(近死體驗) .. 139

제2부: 죽음 자체

제5장 자연이 준 멋진 선물: 전통 시대의 죽음관 .. 167
제6장 체험될 수 없는 금기: 현대 세계의 죽음관 .. 238
제7장 자기 삶의 제거: 자살 .. 326
제8장 그 밖의 죽음: 다양한 종류의 죽음, 주체와 종(種)의 죽음 .. 373

제3부: 죽음 이후

제9장 죽음의 실체?: 육체와 영혼 .. 423
제10장 죽음 이후의 삶: 사후세계와 사후생 .. 492
제11장 죽음의 초월: 영생과 불멸 그리고 구원과 부활 .. 536
제12장 죽음의 의식: 장례와 애도 .. 569

결론 .. 609

참고문헌 .. 615
인명 찾아보기 .. 637
사항 찾아보기 .. 644

제1부

죽음 이전

제1장

삶의 이면으로서의 죽음: 삶과 죽음의 변증법

　사람들은 죽음을 생각할 때 본능적으로 삶을 의식의 한쪽으로 밀어내려 노력하지만, 삶은 결코 한쪽으로 밀려나지 않는다. 죽음을 더 선명하게 머릿속에 그려내기 위해 그렇게 의식적·무의식적으로 시도하면 할수록 삶은 우리의 머릿속으로 계속 비집고 들어와 자기 존재를 드러낸다. 물론, 죽음이 삶의 종말이나 일부로서가 아니라 온전히 하나의 주제로서 우리 사유의 디폴트 값을 가질 수는 있다. 이때 죽음은 의미나 목적 또는 가치로서 중요한 것이 아니라 현상이나 사실 또는 현실로서 중요해진다. 왜냐하면 삶은 우리가 언제나 거기에 의미나 목적 또는 가치를 부여해야 하는 대상이고, 죽음은 그저 받아들여야만 하는 대상이기 때문이다. 그런 점에서 삶이 능동적이고 긍정적이면서 적극적이고 낙관적인 주제라면, 죽음은 수동적이고 부정적이면서 소극적이고 비관적인 주제다. 삶이 아무리 현실에 뿌리를 두고 있다고는 하지만 궁극적으로 상상과 이상과 목표를 지향한다면, 반대로 죽음은 아무리 현실에는 존재할 것 같지 않아 추상적이고 사변적인 것 같지만 엄연하고 냉혹한 현실로 우리에게 다가온다. 이처럼 상반되고 모순되며, 그래서 변증법적 관계에 놓여 있는 삶과 죽음은 서로 저항하고 밀어내는 만큼 서로 지향하고 맞물려 있다. 서로 대립하면서도 하나이고, 반대이면서 서로 등치의 관계에 있는 것이 바로 삶과 죽음이다. 삶과 죽음은 그 점에서 반의어이면서 동시에 동의어다. 삶이 곧 죽음은 아니지만 죽음 없이는 상상조차 할 수 없는 것이 삶이요, 죽음이 곧 삶은 아니지만 삶을 전제하지 않는다면 죽음은 그 자체로 무의미한 개념이 되어 버린다. 그렇기에 삶과 죽음은 서로 밀어내는 길항 관계인 것 같지만, 사실은 어느 한쪽이 다른 한쪽을 반드시 필요로 하는 필연적 관계에 있다. 따라서 삶을 삶이자 곧 죽음으로 또 죽음을 삶이자 곧 죽음으로 정의할 때, 비로소 삶과 죽음은 온전히 이해된다.

과거 서구의 지식인들은 '삶과 죽음'을 주제로 매우 다양하지만 나름 일관되게, 또한 때로는 서로 모순된 것 같지만 결국 상통하는 생각들을 펼쳐 왔다. 이 주제에 대한 그들의 생각을 정리하면, (1) 죽음과 연관된 삶의 (재)정의와 (재)규정, (2) 삶과 죽음의 변증법적 또는 함수적 관계, (3) 삶과 죽음의 일치 또는 불일치, (4) 삶의 중립성 등 크게 네 가지 범주로 분류된다. 하지만 이러한 분류는 서술의 편의상, 그리고 내 해석상의 분류일 뿐 개별 사상가의 생각으로 들어가면 그 안에는 다른 관점들도 무수히 들어 있기에 결코 한 사상가의 발언이 앞의 각 범주에 일대일로 대응한다고 말할 수 없다. 그렇지만 학문이란 결국 사실을 규명한 뒤에 분류하고 정리하는 작업까지 포함하기에, 이러한 불완전한 분류 및 범주화 역시 불가피한 과정이라고 생각한다. 지금부터 앞의 네 개 범주를 하나씩 살펴보도록 하자.

죽음과 연관해 삶을 재정의한 사례로 가장 먼저 눈에 띄는 것은 삶을 '생존' 또는 '생명' 및 '존재' 등에 비유한 경우다. 인간 삶의 목적은 '생존'이다. 그 밖의 어떠한 것도 인간 삶의 목적이 될 수 없으며, 설령 그러한 목적이 있다고 한들 그것이 결코 생존 그 이상의 의미나 가치를 가질 것 같지는 않다. 자기 삶에서 무엇인가를 이루겠다거나 무엇을 얻겠다는 것은 인생의 목표이자 꿈 또는 희망일 뿐, 그 자체가 삶의 목적은 아니다. 그 점에서 인간이 살아가는 최종 목적(telos)은 과정적 의미에서 어쩌면 죽음일지도 모른다. 즉 삶이란 '죽음에 이르는 생존 행위'라고 할 수 있다. 삶의 최종 목적지가 죽음인 바에야 삶에 생존 이외에 그 어떠한 목적이 있을 수 있을까? '살아가기'(living, Leben) 또는 더 정확히는 '살아남기'(survival, Überleben)야말로 바로 삶의 궁극적인 목적일 것이다. 이 점을 19세기 독일 철학자 루트비히 포이어바흐(Ludwig Feuerbach)는 다음과 같이 표현했다. "삶은 그 자체가 목적이다. 내 말은 언제나 현명한 사람들에게 그렇다는 말이다. 바로 그 때문에 삶이란 무(Nichtigkeit)를 위한 사전 준비다."[1] 여기서 삶은 죽음을 맞이하기 위한 사전 준비 작업으로 이해된다. 그러나 나는 아무리 삶의 최종 목적지가 죽음이라는 점을 인정한다 하더라도, 인간의 삶이란 그 자체로 목적시 또는 목적화되어야 한다고 생각한다. 그렇지 않다면 우리는 살기 위해 태어난 것이 아니라 죽기 위해 태어난 꼴이 되기 때문이다.

삶을 '죽어가는 과정'이라고 보는 관점은 포이어바흐만이 아니라 그 이전이나 이후 서구의 많은 사상가에 의해 반복적으로 나타난다. 이 관점은 이후 다른 장(章)들에서, 즉 다른 연관에서도 지속적으로 언급될 것이다. 주의할 점은 삶을 '어떤 과정'이나 '무슨 과정'이라고 정의하는 일과, 삶과 죽음이 서로 변증법적으로 맞물려 있다거나 그 둘이 일정한 함수 관계에 있다고 보는 일은 매우 유사해 보이지만, 사실은 서로 별개라는 사실이다. 앞서 언급했듯이, 나는 여기서 이 둘을 서로 다른 범주로 나누어 고찰하고자 한다. 삶을 '죽어가는 과정'이라고 본 포이어바흐의 관점을 가장 적나라하게 대변하는 인물이 20세기 독일 철학자 하이데거다. 그는 세계 속에서의 인간을 "죽음을 향한 존재"(Sein zum Tode)로 규정했다.[2] 인간 삶의

---

1 Ludwig Feuerbach, "Gedanken über Tod und Unsterblichkeit", in: Ludwig Feuerbach, *Sämtliche Werke in sechs Bänden*, (ed.) Erich Thies, vol. 1, Frankfurt a. M.: Suhrkamp, 1975: "Frühe Schriften", pp. 77~349, 인용은 p. 296.
2 Martin Heidegger, *Sein und Zeit*, in: Martin Heidegger, *Gesamtausgabe*, (ed.) Friedrich-Wilhelm von Herrmann, vol. 2, Frankfurt a. M.: Vittorio Klostermann, 1977, pp. 314ff.

지향점을 죽음에 빗대어 표현한 것으로 이보다 더 명확하고 직관적인 문구는 없을 것이다.

19세기 프랑스의 상징주의 시인 샤를 보들레르(Charles Baudelaire)도 삶을 '죽음을 준비하는 시간'으로 보았다. 그의 주저 『악의 꽃』(Les Fleurs du mal) 가운데 「여행」(Le Voyage)이라는 제목의 시에는 다음과 같은 문구가 있다. "오 '죽음'이여, 늙은 선장이여, 때가 되었다!/닻을 올리자!/우리는 이 고장이 지겹다, 오 '죽음'이여! 떠날 채비를 하자!/하늘과 바다는 비록 먹물처럼 검다 해도,/네가 아는 우리 마음은 빛으로 가득 차 있다!//네 독을 우리에게 쏟아 기운을 북돋워주렴!/이토록 그 불꽃이 우리 머리를 불태우니,/'지옥'이건 '천국'이건 아무려면 어떠랴? 심연 깊숙이/'미지'의 바다에 잠기리라, 새로운 것을 찾기 위해!"[3] 여기서 죽음은 절망이나 심연으로의 추락이 아니라 어둠 뒤에 찾아오는 광명과 희망의 여명 같은 것으로 그려지며, 따라서 현세의 삶은 이 여명을 기다리는 준비의 시간으로 이미지화된다. 20세기 홀로코스트 생존 작가 아메리도 역시 삶을 "영원한 죽어감"이라고 정의했다. 자살로 생을 마감한 그는 노화 및 노년에 대한 에세이에서 "이 죽어감이라는 것도 인생이다. 삶이란 영원한 죽어감이듯"이라고 되뇐다.[4]

비슷한 맥락에서 19세기 초반 헤겔의 적대자면서 훗날 생철학을 창시한 독일 철학자 쇼펜하우어 역시 삶을 아직 죽음에 이르지 않은 과정이라는 의미에서 "연기(延期)된 죽음"으로 정의한다. "개체의 현존은 형식적 측면에서만 보더라도 현재가 죽어 있는 과거 속으로 끊임없이 쓰러지는 것, 즉 끊임없이 죽어가는 것이다. 그런데 이것을 물리적 측면에서 보면, 알다시피 우리의 보행은 넘어지는 것이 끊임없이 저지되고 있을 뿐이고, 우리 신체

---

3 Charles Baudelaire, *Les Fleurs du Mal*, 1857; 샤를 보들레르, 윤영애 옮김, 『악의 꽃』, 문학과지성사, 2004, 331~32쪽.
4 Jean Améry, *Über das Altern. Revolte und Resignation*, Stuttgart: Klett-Cotta, 2020; 장 아메리, 김희상 옮김, 『늙어감에 대하여: 저항과 체념 사이에서』, 돌베개, 2015, 176쪽.

의 삶은 죽어가는 것이 지속적으로 저지되고 있을 뿐이며, 언제나 연기된 죽음이라는 것이 명백하다."[5] 우리가 살아 있는 것은 아직 죽지 않았기 때문이다. 여기서 죽음은 곧 지체된 삶, 연기된 삶, 연장된 삶으로 오독될 수 있다.

삶이 이처럼 죽어가는 과정 또는 죽음에 이르는 과정이라면 죽음은 어쩌면 삶의 다른 모습일지 모른다. 이때 삶과 죽음은 동전의 양면으로 형상화된다. 실존주의의 창시자로 알려진 19세기 덴마크의 철학자 키르케고르가 죽음을 "축소된 삶"이라고 정의한 것도 바로 이러한 맥락에서 이해할 수 있다.

> 사람들은 복잡하고 광범위한 사물을 이해하고 파악하기가 힘들다고 생각될 때는 포괄적인 전망을 위해 전체에 관한 간단한 개요를 만들려고 한다. 이렇듯 죽음도 삶의 가장 간단한 개요이거나 혹은 가장 간단한 형태로 축소된 삶이다. 그러므로 참으로 인생에 관해서 깊이 생각하는 사람들에게는 그들이 그들의 삶에 관해 무엇을 이해하였는지를 이 간단한 개요와 대조해 가며 재삼재사 검토해 보는 것이 언제나 매우 중요하다.[6]

복잡하고 난해한 인간 본성을 이해하고 설명하는 것도 어렵지만, 인간이 만들어 나가는 삶을 이해하거나 설명하는 일은 더욱 어렵다. 이 이해하기 어려운 삶을 그나마 쉽게 이해하기 위해서는 요약 해설집이 필요한데, 그것을 키르케고르는 '죽음'으로 본 것이다. 왜냐하면 죽음은 삶을 압축해 놓은 결과물이기 때문이다. 이러한 삶의 "간단한 개요"로서 죽음은 어쩌면 '축적된 삶'으로도 독해된다. 그래서 키르케고르는 '죽음'을, 삶이 무엇인지

---

5 Arthur Schopenhauer, *Die Welt als Wille und Vorstellung*, 1819; 아르투어 쇼펜하우어, 홍성광 옮김, 『의지와 표상으로서의 세계』, 을유문화사, 2018, 500쪽.

6 Søren Kierkegaard, *Kjerlighedens Gjerninger. Nogle christelige Overveielser i Talers Form*, 1847; 쇠얀 키에르케고어, 임춘갑 옮김, 『사랑의 역사(役事)』, 도서출판 치우, 2011, 611쪽.

를 간단히 설명해 주는 "위대한 사상가"로 정의했다.⁷ 그런데 죽음이 축소된 삶이라는 이 명제는 우리의 사유를 자극하는 또 다른 명제를 탄생시킨다. 즉 그 명제를 뒤집으면 삶은 '확대된 죽음'이 된다. 죽음이 삶의 압축판 내지 축소판이라면 삶 또한 죽음의 연장편 내지 확장판인 셈이다. 한 사람의 인생은 결국 그 사람의 죽음을 통해 회고되고 그려진다. 즉 죽음이 없다면 한 사람의 생애는 그려질 수 없다. 그래서 키르케고르는 앞서 인용했던 문장들 바로 다음 문장에서 삶을 제대로 보려면 죽음을 먼저 보라고 충고한다. "만일 그대가 삶의 다양한 길을 따라가다 혼란에 빠지게 된다면, '모든 길이 합쳐지는' 죽음에로 달려가 보라 ─ 그러면 전망이 용이하게 된다. 만일 그대가 삶의 다양성을 보고 듣는 사이에 계속 현기증을 일으킨다면, 그때는 죽음에로 달려가 보라 ─ 거기서는 그대도 삶의 다양성을 지배할 수 있다."⁸ 여기서 죽음은 삶의 모든 것을 모으는 집산지이자 모든 것을 한눈에 보고 통제할 수 있는 종합 관제실로 묘사된다. 즉 죽음은 삶의 모든 길이 수렴되는 종합 터미널이자 삶의 모든 것을 조망할 수 있는 만물의 전망대인 셈이다.

삶을 '죽어가는 생존 행위'로 본 냉소적 또는 비관적 사상가들과 달리, 삶을 '생명 현상' 또는 '존재 상태'로 본 지식인들도 있었다. 가령, 독일의 대문호 괴테는 다음과 같이 말한다. "우리가 신과 자연으로부터 얻은 최고의 것은 생명(Leben)이며, 휴식과 안식을 모르는 모나드(單子)의 자전 운동이다. 생명을 육성하고 보존하려는 충동은 각자가 태어날 때부터 필연적으로 지닌 것이지만, 생명의 특성은 우리들에게나 다른 것에게도 여전히 하나의 비밀이다."⁹ 괴테는 생명, 즉 삶을 신과 자연이 우리에게 부여한 최

---

7 쇠얀 키에르케고어, 『사랑의 역사(役事)』, 611쪽.
8 쇠얀 키에르케고어, 『사랑의 역사(役事)』, 611~12쪽.
9 Johann Wolfgang von Goethe, "Maximen und Reflexionen" (od. "Sprüche in Prosa"), in: Johann Wolfgang von Goethe, *Goethes Werke, Hamburger Ausgabe*, 14 vols., (ed.) Erich Trunz, vol. 12, München: Deutscher Taschenbuch Verlag, 1982; 요한 볼프강 괴테, 장영태 옮김, 『잠언과 성찰』, 유로서적, 2014, 63쪽.

고의 선물이자 축복으로 보았다. 그리고 그 생명은 "휴식과 안식을 모르는" 지속성 또는 그 지속성에 대한 충동을 본질로 삼는다고 보았다. 삶 자체로만 본다면 이 생명 현상에 죽음이 끼어들 자리는 없어 보인다. 그렇기에 삶은 괴테의 눈에 언제나 풀리지 않는 수수께끼로서 신비롭기 그지없는 것으로 보였을 것이다. 이러한 차원에서 괴테는 "모든 생명체는 자기 주위에 일종의 분위기(Atmosphäre)를 형성한다"라고 말한다.[10] 살아 있는 모든 유기체가 그 자신의 고유한 특성을 갖는다는 괴테의 이러한 낭만주의적 또는 역사주의적 사유는, 훗날 전통적인 모든 예술 작품 주위에는 그 작품 고유의 일회적 진품성, 즉 "아우라"(Aura)가 존재한다고 주장한 발터 벤야민(Walter Benjamin)의 생각을 선취한다.[11] 벤야민의 아우라 개념을 이용해 괴테의 명제를 재정의하면, "모든 삶은 자신의 고유한 아우라를 갖는다". 이러한 일련의 언설에서는 죽음보다 오히려 삶과 생명에 대해 더 많이 사색한 괴테라는 작가의 면모가 잘 드러난다.

괴테의 생명 예찬론의 대척점에는 수많은 적대자가 포진해 있다. 가장 대표적인 인물이 20세기 프랑스의 실존주의 작가 카뮈다. 그는 인생을 무의미한 것이라고 본다. 아울러 필멸의 존재로서 인간은 삶에 얽매여 있으며, 삶의 본질은 살려는 의지가 아니라 죽음에 달려 있다고 주장한다. 그의 대표작 『이방인』에서 아랍인을 살해한 혐의로 사형을 선고받고 특사를 청원할지 말지를 고민하던 주인공 뫼르소는 죽음에 대해 다음과 같은 단상을 쏟아 낸다. "다른 사람들보다 먼저 죽을 것은 분명하다. 그러나 인생이 살 만한 가치가 없다는 것은 누구나 알고 있다. …… 죽는 바에야 어떻게 죽든 언제 죽든 그런 건 문제가 아니다."[12] 마지막 장면에 가서는 죽음

---

10 요한 볼프강 괴테, 『잠언과 성찰』, 19쪽.
11 Walter Benjamin, "Das Kunstwerk im Zeitalter seiner technischen Reproduzierbarkeit", in: Walter Benjamin, *Gesammelte Schriften*, (eds.) Rolf Tiedemann & Hermann Schweppenhäuser, vol. I, Frankfurt a. M.: Suhrkamp, 1980, pp. 431~69.
12 Albert Camus, *L'Étranger*, 1942, 알베르 카뮈, 김화영 옮김, 『이방인』, 책세상,

을 다음과 같이 냉소한다. "모든 것이 완성되도록 하기 위해서, 내가 덜 외롭게 느껴지기 위해서, 나에게 남은 소원은 다만, 내가 사형 집행을 받는 날 많은 구경꾼이 와서 증오의 함성으로써 나를 맞아주었으면 하는 것뿐이다."[13] 뫼르소라는 가상의 주인공에 자신을 투영한 카뮈가 이러한 태도를 보였다고 해서 그가 삶을 저주했거나 죽음을 찬양했던 것은 아니다. 다만 삶이나 생명에 대해 무비판적으로 또는 무조건적으로 무한 찬사를 보내는 일을 삼갔던 것이다. 급기야 철학적 에세이 『시지프 신화』에서 카뮈는 인간을 '영생할 자유를 상실한 삶의 노예'로 선언한다.

> 부조리와 맞닥뜨린 이 순간, 그 우월한 자유, 어떤 진리를 성립시킬 수 있는 유일한 토대인 '존재'(être)의 자유가 존재하지 않는다는 사실을 나는 잘 안다. 죽음이 여기, 유일한 현실로서 버티고 있다. 죽음이 오고 나면 내기는 이미 끝난 것이다. 나 역시 이제 더 이상 영원히 생명을 이어갈 자유가 없는 노예일 뿐이다. 더군다나 혁명의 희망도, 경멸에 호소할 길도 없는 영원한 노예인 것이다.[14]

삶의 주인은 결코 그 삶을 살아가는 인간 자신이 아니다. 여기서 인간은 삶의 능동적 주체가 아니라 피동적 객체로 전락해 있다. 이렇게 된 가장 중요한 이유이자 계기는 인간이 결국 죽음을 맞이할 수밖에 없는 필멸의 존재이기 때문이다. 살고자 발버둥치면 칠수록 인간은 죽음 앞에서 절망한다. 그런 점에서 카뮈는 "광기와 죽음은 부조리한 인간의 돌이킬 수 없는 몫"이라고 외친다. 왜냐하면 인간은 대부분 삶과 죽음을 선택하기보다는 선택당하기 때문이다. 따라서 카뮈는 "부조리와 부조리가 내포하는 덤

2004, 149~50쪽.
13 알베르 카뮈, 『이방인』, 159쪽.
14 Albert Camus, Le mythe de Sisyphe, 1942, 알베르 카뮈, 김화영 옮김, 『시지프 신화』, 책세상, 2020, 88쪽.

으로서의 삶은 그러므로 인간의 의지에 달린 것이 아니라 그 의지의 반대인 죽음에 달려 있다"라고 역설한다.[15]

축복이 되었든 고통이 되었든 간에, 삶을 이처럼 적극적으로 해석하는 데서 한걸음 물러나면 결국 삶이란 존재하는 행위 그 자체라고 할 수 있다. 중세 독일의 신비주의 사상가 마이스터 에크하르트(Meister Eckhart)는 "존재는 죽은 것조차 살리고 죽음마저 생명으로 바꾸는 강력한 생명임이 틀림없습니다. 하나님에게는 그 어떤 것도 죽지 않습니다. 만물은 하나님 안에서 생명을 얻습니다"라고 주장한다.[16] 에크하르트는 여기서 삶을 존재이자 생명으로 간주한다. 그가 보기에 죽음조차 생명으로 변하게 하는 기독교적 하나님에게 삶이란 강력한 에너지이자 존재 현상이었다. 왜냐하면 에크하르트는 생명의 출발점이자 근원, 즉 하나님 안에서 "생명과 존재는 하나"임을 강조하고 있기 때문이다. 그러면서 "만일 영혼이 그 근원에서 죽는다면 영혼은 존재를 얻습니다. 우리도 생명과 존재가 하나인 그런 삶을 살아야 합니다"라고 말한다.[17] 여기서 에크하르트는 '그 근저에서의 죽음', 즉 '완전한 죽음'은 종말이 아니라 새로운 시작이고 부재가 아니라 존재임을 설파한다. 그의 눈에 존재는 생명이나 지성보다도 훨씬 더 고귀하고 중요한 것으로 비쳤기 때문이다. 이를 통해 우리는 서구의 기독교인들에게 '하나님'은 전통적으로 '생명'으로 이해되어 왔다는 사실을 다시 한 번 확인할 수 있다. 생명이 죽음보다 존귀함을 인지했기에 나온 태도일 것이다. 그리고 에크하르트가 생명이 곧 존재임을 강조한 것은 앞서 보았던 괴테의 생명 예찬론과는 궤와 결을 달리한다.

이처럼 생명을 존재로 보려는 에크하르트의 기독교적 존재론은 훗날 베네딕투스 데 스피노자(Benedictus de Spinoza)의 범신론 또는 코나투스

---

15 알베르 카뮈, 『시지프 신화』, 94~95쪽 (강조: 카뮈).
16 Meister Eckhart, *Meister Eckhart Werke*, (trans.) Josef Quint, (et al., ed. and com.) Niklaus Largier, 2 vols., Frankfurt a. M.: Deutscher Klassiker Verlag, 1993, vol. 1, p. 101 (= Predigt 8).
17 Meister Eckhart, *Meister Eckhart Werke*, vol. 1, pp. 101, 103 (= Predigt 8).

(conatus) 개념을 통해 더욱 발전된 모습으로 나타난다. 스피노자에 따르면, 모든 존재는 신으로부터 생기고 영원히 존속하려는 성질, 즉 코나투스를 갖는다. 이것은 곧 모든 존재가 삶을 지향한다는 사실을 뜻한다. 스피노자는 다음과 같이 주장한다. "존재하는 모든 것은 신 안에 있으며, 신 없이는 아무것도 존재할 수도 또 파악될 수도 없다. …… 각각의 사물은 자신 안에 존재하는 한에서 자신의 존재 안에 남아 있으려 한다. …… 각 사물이 자신의 존재 안에서 지속하고자 하는 성향(conatus)은 그 사물의 현실적 본질일 뿐이다."[18] 삶을 생명으로, 생명을 존재로, 이 존재를 다시 죽음을 초월하는 신 안의 보편적 현상으로 파악하려는 태도는 비단 에크하르트나 스피노자만이 아니라 기독교의 세례를 입은 서구 사상가라면 누구에게서나 볼 수 있는 모습이다.

죽음과 연관해 삶을 재정의한 다음 사례는 삶과 죽음을 다른 사물이나 현상에 비유한 것에서 찾아볼 수 있다. 가령, 고대 그리스의 자연철학자 엠페도클레스(Empedocles)는 삶을 '혼합'에, 죽음을 '분리'에 비유한다. 그에 따르면, "가사적인[죽을 수 있는] 모든 것 가운데 어느 것에도 출생(physis)은 없으며, 파멸적인 죽음이라는 종말도 없다. 혼합(mixis)과 혼합된 것들의 분리(diallaxis)만이 있으며, 출생이란 이것들에 대해 사람들이 갖다붙인 이름(onomazetai)일 뿐이다."[19] 대자연 속에서 언젠가 죽을 운명을 타고난 하나의 유기체의 출생과 죽음이 궁극적으로는 그 유기체를 만드는 구성 요소의 혼합과 분리에 지나지 않는다는 통찰은 이후 서구의 다른 사상가들에게서 반복적으로 나타난다.

같은 맥락에서 삶을 대자연이 인간에게 잠시 빌려준 '대여물'로 비유한

---

18 Benedictus de Spinoza, *Die Ethik*, Lateinisch und Deutsch, (trans.) Jakob Stern, Stuttgart: Reclam, 1977; B. 스피노자, 강영계 옮김, 『에티카』, 서광사, 2016, 37, 162, 163쪽.

19 Empedocles' Fragments(인용 출처: 플루타르코스, 『콜로테스에 대한 반박』, 10쪽 1111 이하; 재인용 출처: 탈레스 외, 김인곤 외 옮김, 『소크라테스 이전 철학자들의 단편 선집』, 아카넷, 2005, 351쪽. 이 인용문은 내가 평서문 스타일로 약간 바꾸고 보완한 것임).

루크레티우스의 사례도 주목할 만하다. 그는 다음과 같이 주장한다. "삶은 누구에게도 완전히 소유되지 않고, 모든 이에게 그저 대여될 뿐이다. 또한 돌아보라, 영원한 시간 중, 우리가 태어나기 전에 흘러간 과거가 우리에게 얼마나 아무것도 아니었는지를. 그러므로 자연은 이것을 우리에게, 앞으로 올, 우리가 마침내 죽은 다음의, 시간의 거울상으로서 제시한다."[20] 이 통찰에 따르면, 인간의 삶이란 대자연을 구성하는 극히 미미한 존재인 인간이 그 엄청난 우주의 긴 시간에 비추어 보았을 때 그저 찰나에 불과할 정도의 짧은 시간 동안 마치 하숙생처럼 잠시 자연의 시설물을 이용한 후 머물다 사라져가는 과정에 지나지 않는다. 이 때문에 삶은 결코 그 누구의 소유가 될 수 없고 자연이 잠시 빌려준 '차용물'에 불과하며, 삶을 포함한 인간의 모든 소유권의 주인은 자연이다.

자연이 곧 인간 삶의 진정한 주인이라는 점과 대자연 속 인간이 극히 미미하다는 점을 염두에 둔다면, 인간은 자연 앞에서 겸손하고 숙연해질 수밖에 없다. 이 관점으로부터 도출된 '인생의 무상함'에 대한 담론은 사실 동서고금을 막론하고 너무 널리 알려져 있기에 여기서 특기할 만한 내용은 아니다. 비록 그 담론을 끌어내는 이유 또는 근거, 그리고 전개 방식 등은 사상가마다 다르겠지만 몇 사람은 눈여겨볼 필요가 있다. 가령, 1세기 로마제국의 작가이자 스토아철학자 세네카는 인생의 짧음과 덧없음으로부터 인생을 진지하게 살라는 충고를 끌어낸다. 그는 친구인 루킬리우스(Lucilius)에게 보낸 편지에서 인간이 결국 죽음으로 삶을 끝내지만 그 삶은 대부분 슬픔과 고통과 수면 등으로 채워지며, 따라서 진정한 삶은 매우 짧은 시간에 불과하다고 지적한다.[21] 그리고 나서 그는 다음과 같이 말한다. "분명히 우리에게는 숙명의 가치 없는 필연이 여기까지라고 정한 기

---

20 Titus Lucretius Carus, *De Rerum Natura*; 루크레티우스, 강대진 옮김, 『사물의 본성에 관하여』, 아카넷, 2013, 258쪽.

21 Lucius Annaeus Seneca, *Ad Lucilium Epistulae Morales 99*; 세네카, 김천운 옮김, 『세네카 인생론』, 동서문화사, 2007, 593쪽 (= 루킬리우스에게 보내는 도덕 편지 99).

한의 날이 있네. 그러나 우리는 아무도 그 기한이 얼마나 가까이 있는지 모른다네. 그러므로 이미 최후의 시간에 이른 것이라 생각하고 마음의 준비를 해두어야 하네. 아무것도 미루어서는 안 되네. 날마다 인생의 결산을 맞춰 두는 걸세. 인생의 가장 큰 결함은, 그것이 항상 미완성이라는 것, 그 가운데 뭔가가 미루어진다는 것이네."[22] 우리는 언제 죽을지 모른다. 따라서 삶이 언제까지 지속될지도 모른다. 그 때문에 세네카는 우리에게 매일 마지막 날인 것처럼 살라고 주문한다. 내일 죽을 것처럼 오늘을 살라는 이야기다. 왜냐하면 세네카가 보기에 삶에서 중요한 것은 양이 아니라 질이기 때문이다. 그래서 그는 "살아 있는 것이 선이 아니라 잘 사는 것이 선"이라고 말한다.[23] 인간이 스스로 날짜를 잡아 자살로 생을 마감하지 않는 이상, 죽음을 계획하고 삶을 살아가는 사람은 없다. 아니, 없지는 않겠지만 극히 드물다. 그 점에서 삶이란 세네카의 눈에 언제나 미완성처럼 보였을 것이다. 이처럼 삶이 미완성이라면 죽음 또한 불완전할 수밖에 없다. 죽음이 삶의 끝이라고 해서 곧 삶의 완성을 의미하지는 않기 때문이다. 종결과 완성은 일치하지 않는다. 결국 죽음의 불완전성은 삶의 미완성으로부터 파생된 필연적 결과인 셈이다.

삶을 고통이자 슬픔으로 해석한 것과 달리, 삶을 투쟁이자 전투로 보는 관점도 있다. 전자가 소극적이라면 후자는 적극적이다. 로마제국 시대 자기 성찰에 대한 기록으로서 『명상록』을 그리스어로 작성한 철인 황제 마르쿠스 아우렐리우스(Marcus Aurelius)는 스토아철학자이자 백전노장의 군인답게 "삶은 하나의 전투이며, 후세에 남는 명예란 망각일 뿐"이라고 일갈한다.[24] 물론, 그가 인용문에서 직접 죽음을 언급하지는 않고 "운명", "육체", "영혼" 등의 단어들을 주변에 배치하는 화법을 전개했지만 문맥상 이

---

22 세네카, 『세네카 인생론』, 600쪽 (= 루킬리우스에게 보내는 도덕 편지 101).
23 세네카, 『세네카 인생론』, 503쪽 (= 루킬리우스에게 보내는 도덕 편지 70).
24 Marcus Aurelius Antoninus, *Meditationes*; 마르쿠스 아우렐리우스, 유동범 옮김, 『명상록』, 인디북, 2003, 36쪽.

때 "전투"는 '살아가는 행위 자체'를 뜻하거나, 아니면 조금 확대 해석했을 때 '죽음과의 싸움'으로 읽힌다. 즉 삶이란 죽어가는 과정이라기보다 그것에 맞서 투쟁하는 과정이라는 것이다.

삶과 죽음의 관계에 대한 서구 지식인들의 고찰을 분류했을 때, 두 번째 범주는 어쩌면 이 장의 하이라이트에 해당하는 것으로 '삶과 죽음의 변증법'에 대한 담론이다. 죽음이 삶에 주는 궁극적이고 결정적인 의미는 죽음을 통해 새로운 삶이 탄생한다는 점, 삶과 죽음이 단순히 변증법적으로 연결되어 있는 것이 아니라 그 둘이 연쇄적으로 맞물려 있다는 점이다. 하나의 생명이 끝나는 지점인 죽음에서 생식과 번식을 통해 또 다른 삶이 탄생한다. 요컨대, 새로운 탄생은 오직 죽음을 통해서만 이루어질 수 있다. 그렇다면 생산을 위해 파괴가 필요하고, 창조를 위해 소멸은 불가피하다. 미국의 저명한 신화학자 조지프 캠벨(Joseph Campbell)은 삶과 죽음에 대해 다음과 같이 성찰한다. "죽음과 낳음은 동시에 다가온다. 오직 탄생-낡은 것의 탄생이 아닌, 새로운 것의 탄생-만이 죽음을 (진정으로) 정복할 수 있다. 죽음의 끈질긴 재현을 저지하기 위해서는 영혼의 내부에, 사회의 내부에 끊임없는 '탄생의 재현'(palingenesia)이 있어야 하며, 우리가 이 땅에서 오래 잔존하려면 반드시 그래야만 한다. 왜냐하면 우리가 세대를 거듭하며 재생하지 않고, 다만 지금 상태로 영원히 죽지 않고 살아간다면, 우리가 얻게 되는 (죽음을 극복하는) 승리는 도리어 응보천벌 여신(Nemesis)의 복수가 될 것이기 때문이다."[25]

이처럼 인간이 살아간다는 것과 죽는다는 것이 모두 자연스러운 모습, 즉 자연 현상이라면, 이 둘 사이에 근본적인 차이는 없어 보인다. 삶과 죽음이 곧 인간의 생명이 작동하기 위한 하나의 결정적 계기라는 사실을 인

---

25 Joseph Campbell, *A Joseph Campbell Companion*, (ed.) Diane K. Osbon, New York: HarperCollins, 1991; 조지프 캠벨, 박중서 옮김, 『신화와 인생』, 갈라파고스, 2009, 144쪽.

정한다면, 살고 죽는다는 것이 결코 엄청난 일이 될 수 없음은 분명하다. 물론, 탄생이 축복받을 일이고 죽음이 서글픈 일일 수는 있지만, 자연적 또는 우주적 관점에서 보았을 때 그 사건들은 그저 끝이 없는 긴 연속 과정 속의 하나의 자그마한 변곡점들일 뿐이다. 거대한 인류의 삶, 광활한 우주 천체(天體)의 작동 과정에서 한 인간이 태어나고 죽어가는 것이 결코 엄청난 사건이 될 수는 없다. 따라서 현재 내가 살아 있다는 사실에 감사할 것도, 내가 죽는다고 해서 슬퍼할 것도 없다. 이 모든 것을 그저 자연스럽게 받아들이면 그만이다. 나는, 구체적으로는 나의 생명과 죽음은 곧 우주 천체의 운행 과정의 일부이자 좁게 보면 자연 과정의 일부일 뿐이기 때문이다.

이러한 담론을 주도한 최초의 인물은 그리스 초기의 자연철학자 헤라클레이토스(Heracleitos)다. 그는 서양 철학의 역사에서 변증법의 시조로 알려진 인물답게 서로 모순되는 것처럼 보이는 삶과 죽음이라는 현상이 어떻게 변증법적으로 맞물려 있는지를 여러 비유를 들어가면서 매우 예리하게 설명한다. 가령, "활(弓, bios)에게 그 이름은 삶(bios)이지만, 하는 일은 죽음(thanatos)이다"라는 그의 단편 문장을 보자.[26] 하나의 살생 무기가 있을 때, 그것이 작동하는 순간은 살아 움직이기에 '삶'으로 불리지만 그 작동은 결국 생명체를 죽이기에 '죽음'을 초래한다. 물론, 약간의 언어유희가 섞인 비유이기는 하지만 그래도 그것이 활이건, 칼이건, 총이건, 대포건, 미사일이건 간에 이것들은 모두 살아 움직일 때와 목표점에 도달했을 때까지 삶과 죽음 모두를 마치 자웅동체(雌雄同體)처럼 한몸에 지닌다. 또 다른 비유로 이 세계를 구성하는 원소들의 죽음과 탄생의 맞물림을 들 수 있다. 불변하는 만물의 근원을 '불'로 본 헤라클레이토스는 "불은 흙의 죽음을 살고, 공기는 불의 죽음을 살며, 물은 공기의 죽음을 살고, 흙은 물의 죽음을 산다"라고 말한다.[27] 이 명제는 탈레스(Thales)부터 엠페도클레스에

---

26 Heracleitos' Fragments(인용 출처: 『어원 사전』, 「비오스」 항목; 재인용 출처: 탈레스 외, 『소크라테스 이전 철학자들의 단편 선집』, 242쪽).

이르는 그리스 초기 자연철학자들이 내세운 네 개의 세계 구성 원소의 죽음과 생성의 연계 도식을 연상시킨다. 즉 '흙'이 죽으면 '물'이 생겨나고 물이 죽으면 '공기'가 생겨나며, 공기가 죽으면 '불'이 생겨난다(흙 → 물 → 공기 → 불). 앞 단계 원소의 죽음은 곧 그다음 단계 원소의 생성을 초래하고 의미한다. 인간의 삶과 죽음도 마찬가지다. 헤라클레이토스는 "우리는 저들의 죽음을 살고, 저들은 우리의 죽음을 산다"라고 말한다.[28] 이 명제를 해석하면 나의 죽음은 남의 삶이요, 나의 삶은 남의 죽음이다. '생사의 호환성 또는 대체성'이라는 우주의 진리를 설파한 것으로 이보다 더 직관적인 표현은 없을 것이다. 우주는 그만큼 유기체와 비유기체를 포함한 모든 원소의 끊임없는 탄생과 죽음, 죽음과 탄생의 연계 과정이다. 이처럼 삶과 죽음의 접촉 또는 소통을 표현한 것으로 "밤에 눈빛이 꺼지면 사람은 스스로 불을 켠다. 살아가면서, 잘 때에는 죽은 자들과 접촉하고 깨어나서는 자는 자와 접촉한다"라는 또 다른 단편도 있다.[29] 헤라클레이토스는 급기야 "불사자들(athanatoi)은 가사자들(thnētoi)이고, 가사자들은 불사자들이다. 저들의 죽음을 살고, 저들의 삶을 죽으니까"라고 설파한다.[30] 죽지 않는 사람들이 곧 죽을 사람들이요, 죽을 사람들이 곧 죽지 않는 사람들이라는 언명은 삶이 곧 죽음이요, 죽음이 곧 삶이라는 명제를 천명한 것이다.

서양 철학의 진정한 아버지로 불리는 소크라테스 또한 이 연관에서 빼놓을 수 없는 인물이다. 플라톤의 『파이돈』에서 소크라테스는 다음과 같이 주장한다. "우리가 기억하는 옛 전설에 따르면, 죽은 사람들의 혼은 이승을 떠나 저승에 가 있다가 이승으로 돌아와 다시 태어난다는 거야. 그

---

27 Heracleitos' Fragments(인용 출처: 튀로스의 막시무스, 『철학 강의』, XII. 4; 재인용 출처: 탈레스 외, 『소크라테스 이전 철학자들의 단편 선집』, 246쪽).

28 Heracleitos' Fragments(인용 출처: 포르퓌리오스의 『님프의 동굴』 10; 재인용 출처: 탈레스 외, 『소크라테스 이전 철학자들의 단편 선집』, 256쪽).

29 Heracleitos' Fragments(인용 출처: 알렉산드리아의 클레멘스, 『학설집』 IV. 143; 재인용 출처: 탈레스 외, 『소크라테스 이전 철학자들의 단편 선집』, 261쪽).

30 Heracleitos' Fragments(인용 출처: 히폴뤼토스, 『모든 이교적 학설들에 대한 반박』 IX. 10; 재인용 출처: 탈레스 외, 『소크라테스 이전 철학자들의 단편 선집』, 260쪽).

처럼 산 사람이 죽은 사람에게서 다시 태어난 것이 사실이라면, 우리 혼은 당연히 저승에 가 있어야 할 것이 아닌가? 혼이 존재하지 않는다면 다시 태어날 수 없을 테니까. 그리고 산 사람이 바로 죽은 사람에게서 태어난다는 것이 실제로 밝혀진다면, 그런 주장이 옳다는 충분한 증거가 될 것이네."³¹ 윤회설을 연상시키는 소크라테스의 이러한 주장의 요지는 '산 자는 죽은 자에게서 태어난다'라는 것이다. 이러한 논지의 근거로 그는 변증법적 논리를 편다. 예컨대, "모든 것이 그렇게 생긴다는 것이, 말하자면 대립되는 것에서 대립되는 것이 생긴다는 것이 충분히 입증된 셈이지?"라며 동의를 구한다.³² 삶에서 죽음이 생겨나고, 죽음에서 삶이 생겨난다는 논리다.

16세기 프랑스의 사상가 몽테뉴도 유사한 사유를 전개한다. 그는 절친의 요절에 충격과 상처를 받고 집필한, 그리고 수필 문학이라는 장르를 처음 연 주저 『수상록』에서 다음과 같이 주장한다. "우리의 출생이 모든 사물의 출생을 가져온 바와 같이, 우리의 죽음은 모든 사물의 죽음을 가져올 것이다. 따라서 지금부터 백 년 뒤에 우리가 살아 있지 않으리라고 슬퍼하는 것은, 지금부터 백 년 전에 우리가 살아 있지 않았다고 슬퍼하는 것과 같이 미친 수작이다. 죽음은 다른 생명의 근원이다."³³ 물론, 죽는 것을 결코 슬퍼하지 말라고 조언하면서 나온 문구이기는 하지만, 하나의 죽음이 또 다른 생명의 근거로 작용한다는 생각은 삶과 죽음이 변증법적 종합을 이룬다는 성찰과 다르지 않다.

이러한 삶과 죽음의 변증법적 관계에 관한 통찰은 근현대 독일의 작가들이나 철학자들에 의해 더욱 선명하게 묘사된다. 18세기 말과 19세기 초에 활동했던 독일의 시인 프리드리히 횔덜린(Friedrich Hölderlin)은 엠페도

---

31 Platon, *Phaidon*; 플라톤, 천병희 옮김, 『소크라테스의 변론/크리톤/파이돈/향연』, 도서출판 숲, 2017, 109~252쪽, 인용은 141~42쪽 (= *Phaidon*, 70c-70d).
32 플라톤, 『소크라테스의 변론/크리톤/파이돈/향연』, 143쪽 (= *Phaidon*, 71a).
33 Michel de Montaigne, *Les Essais*; 몽테뉴, 손우성 옮김, 『몽테뉴 수상록』(제1권), 동서문화사, 2020, 96쪽.

클레스의 죽음에 대해 사유하면서 "생명이 죽음을 먹고 산다"라고까지 말한다. 미완성 희곡인 『엠페도클레스의 죽음: 한 편의 비극』에서 횔덜린은 판테아의 입을 빌려 "생명은 고통을 먹고 살아, 동생아! 그리고 나의 영웅[엠페도클레스]처럼 생명은 죽음의 술잔도 행복하게 느끼며 마신단다!"라고 읊조린다.[34] 인간의 삶이 고달프다는 사실을 생명이 고통을 먹고 산다며 시적으로 표현한 그는, 생명이 고통뿐만 아니라 죽음조차 행복하게 먹어 치운다고 말한다. 생명이 죽음을 먹으면서 자라고 죽음이 생명을 갉아먹는다는, 이런 식의 변증법적 표현은 엠페도클레스의 입을 빌려 표현한 다음 대사에서 정점에 달한다.

나는 가련다. 죽는다고? 어둠 안으로는 단 한 걸음일 뿐. 그런데도 너, 나의 눈이여! 보고 싶어 하는구나! 너[눈]는 나에게 끝까지 봉사했다, 완벽한 봉사자여! 이제 한밤이 한참 동안 나의 머리 주변을 어둡게 해줄 것이 틀림없다. 그러나 기뻐하면서 나의 대담한 가슴으로부터 불꽃이 솟아난다. 전율하는 갈망이여! 무엇이라고? 죽음에서 나의 생명은 마침내 점화된다.[35]

엠페도클레스가 에트나 화산에 몸을 던져 자살하기 직전에 외친 이 독백이 대변하는 것은 '나의 죽음은 곧 새로운 생명의 점화'다. 즉 내가 죽음으로써 나 또는 다른 생명이 탄생할 것임을 예고한 것이다. 달리 보자면, 내가 죽음으로써 나는 새로운 생명으로 다시 태어난다는 언명으로도 읽힌다.

횔덜린과 비슷한 시기에 활동했던 독일의 낭만주의 작가 노발리스

---

34 Johann Christian Friedrich Hölderlin, "Der Tod des Empedokles", in: Johann Christian Friedrich Hölderlin, *Sämtliche Werke und Briefe: Hyperion, Empedokles, Aufsätze, Übersetzungen*, 3 vols., vol. 2, Frankfurt a. M.: Deutscher Klassiker Verlag, 1994; 프리드리히 횔덜린, 장영태 옮김, 『엠페도클레스의 죽음: 한 편의 비극』, 문학과지성사, 2019, 169~70쪽.
35 프리드리히 횔덜린, 『엠페도클레스의 죽음: 한 편의 비극』, 126쪽.

(Novalis)도 "삶은 죽음의 시작"이요, "죽음은 종말이자 동시에 시작이고——이별이자 동시에 더 내밀한 결합이다"라고 말한다. 즉 그에게 "삶은 죽음을 위해 존재"하는 것처럼 보였다.[36] 죽음은 탄생과 더불어 시작되기에 삶 자체가 죽음의 출발점이며, 삶의 끝자락에 있는 죽음은 종말인 듯 보이지만 또 다른 시작을 예고하기에 이별이자 동시에 결합을 의미한다. 동시대를 살았던 독일 관념철학의 완성자 헤겔 역시 유사한 목소리로 삶과 죽음의 변증법적 관계를 다음과 같이 천명한다. "모든 탄생과 죽음은 지속된 점진성이 되는 것 대신에 오히려 그러한 점진성의 돌파이자 양적인 변화로부터 질적인 변화로 가는 도약이다."[37] 태어나고 죽는 것을 양질 전화의 법칙으로 설명하는 모습에서 변증법에 통달한 철학자 헤겔의 진면목이 유감없이 드러난다.

이러한 헤겔 식의 변증법적 사유는 19세기 러시아 작가 톨스토이에게서 가장 확실히 표현된다. 그는 다음과 같이 말한다. "삶이 죽음의 엄숙함과 불가해함을 띠며, 죽음이 삶의 밝음과 단순함과 명료함을 띠는 것임을 명심해야 한다."[38] 정(正)으로서 죽음 안에 반(反)으로서 삶이 있고, 반대로 정으로서 삶 안에 다시 반으로서 죽음이 깃들어 있다는 주장이다. 삶과 죽음의 변증법적 관계에 대한 명쾌한 성찰로 보인다.

삶과 죽음의 변증법적 관계에 대한 사유를 좀 더 급진적으로 몰고 가면 결국 어느 한쪽이 다른 한쪽을 변증법적으로 지양한다는 인식에 도달한다. 19세기 말과 20세기 초에 활동했던 독일 철학자 막스 셸러(Max

---

36 Novalis, *Schriften*, (eds.) Paul Kluckhohn & Richard Samuel, et al., 6 vols., Stuttgart: Kohlhammer, 1960ff., vol. 2, pp. 416, 417 (="Vermischte Bemerkungen und Blüthenstaub", 15).

37 Georg Wilhelm Friedrich Hegel, "Wissenschaft der Logik I", in: Georg Wilhelm Friedrich Hegel, *Werke*, 20 vols, (eds.) Eva Moldenhauer & Karl Markus Michel, vol. 5, Frankfurt a. M.: Suhrkamp Verlag, 1971ff., p. 440.

38 Leo Tolstoy, *A Calendar of Wisdom: Daily Thoughts to Nourish the Soul*, (trans.) Peter Sekirin, New York: Scribner, 1997; 톨스또이, 김근식·고산 옮김, 「인생의 길」, 『인생이란 무엇인가 2: 사랑』, 동서문화사, 2004, 90~472쪽, 인용은 419쪽.

Scheler)는 죽음이 삶의 변증법적 지양(止揚)이라고 생각했다. 그는 노화와 죽음에 대한 성찰에서 다음과 같이 주장한다. "영성과 충동이 자기 존재 안에서 하나이기 때문에, 죽음은 인간 자신의 존재의 지양(Aufhebung)이기도 하다.— 그것도 인간이 이룩한 모든 정신의 기능적이고 영성적인 풍부함의 보존이라는 조건에서 말이다."[39] 인간 존재가 생명 또는 삶과 호환된다고 보았을 때, 그리고 삶과 죽음이 변증법적 관계에 있음을 인정했을 때, 결국 죽음은 우리 눈에 삶의 지양, 그것도 변증법적 지양으로 비친다. 죽음은 삶의 모든 잘못된 부분을 끌어안고 소멸하지만 동시에 해당 개인의 삶에서 좋았던 많은 기억을 남겨진 사람들에게 넘겨주고 공유하도록 해 준다는 점에서, 그래서 죽음이 삶의 부정적인 모습의 극복이자 긍정적인 모습의 고양이라는 점에서 죽음이 삶의 변증법적 지양이라는 명제는 참으로 우리의 심금을 울리는 표현이 아닐 수 없다.

죽음과 삶을 서로 모순된 변증법적 관계 또는 어느 하나가 다른 하나를 탄생시키는 연계 과정으로 보는 것과 달리, 죽음을 삶의 한 측면 또는 삶을 죽음의 한 측면으로 해석했던 서구 지식인들도 있다는 사실을 망각해서는 안 된다. 이 계열에 속하는 지식인들은 삶을 진정으로 이해하기 위해서는 죽음을 사유하고 통찰하면서 새롭게 정의할 필요가 있다는 주장을 공통으로 펼친다. 중세 스콜라 철학자 피에르 아벨라르(Pierre Abelard)의 연인이었던 엘로이즈(Héloïse)는 죽음을 삶으로 느낀다고 말한다. 1122년 9월 16일 사비니 수도원의 창립자였던 비탈리스(Vitalis of Savigny)가 세상을 떠나자, 그를 추도하기 위해 엘로이즈가 쓴 것으로 추정되는 조시(弔詩)에는 다음과 같은 문구가 나온다. "실상 그런 죽음은 죽음이 아니라 삶으로 여겨지니/세상에 대해서는 죽지만, 망자 자신도 하느님에 대해서는 살기 때문."[40] 인간이 세상에 대해서는 죽지만 하나님에 대해서는 사는 것을

---

39 Max Scheler, "Weitere Aufzeichnungen zu Altern und Tod", in: Max Scheler, *Gesammelte Werke*, vol. 12: Schriften aus dem Nachlass, (ed.) Manfred Frings, vol. 3: "Philosophische Anthropologie", Bonn: Bouvier, 1987, pp. 331~41, 인용은 p. 338 (강조: 셸러).

뜻할 때, 그리고 죽음을 기뻐하는 것이 경건하기까지 한 일로 느껴질 때, 죽음은 더 이상 죽음이 아니라 삶으로 여겨진다.

20세기 초에 독일의 문화철학 또는 철학의 문화과학화를 주도했던 게오르크 짐멜(Georg Simmel)은 삶을 규정하는 것이 바로 죽음이라고 생각했다. 그는 「죽음의 형이상학에 대하여」라는 짤막한 논문의 결론 부분에서 "죽음은 모든 날에, 하루의 모든 순간에 [삶의] 한계(Grenze)이자 형식(Form)으로, 그리고 요소(Element)이자 규정(Bestimmung)으로 나타난다"라고 말한다.[41] 풀이하면, 죽음은 삶을 경계 짓는 한계이자 삶을 만들어가는 형식이며, 아울러 삶을 구성하는 요소이자 결정하는 규정이라는 것이다. 이 논지에 따르면, 삶의 정체성은 바로 죽음에 있다. 삶의 성격과 기능, 특징과 본질을 결정하는 인자가 바로 죽음이라는 것이다.

짐멜과 비슷한 시기에 활동했던 독일의 생철학자, 현상학자, 실존주의자들도 대부분 유사한 생각을 쏟아냈다. 가령, 하이데거는 죽음을 삶의 한 양식으로 간주했다. 그의 주장에 따르면, "가장 넓은 의미로 죽음은 삶의 한 현상이다. 삶은 세계-내-존재가 거기에 속하는 그러한 존재양식으로 이해되어야 한다. 이 존재양식은 오직 현존재에 결여적으로 방향을 잡았을 때만 존재론적으로 확정될 수 있다."[42] 하이데거에게서 삶이란 세계-내-존재로서의 인간이 죽음에 도달할 때까지의 존재양식을 뜻한다. 그와 동시대에 활동하면서 훗날 문화사회학과 역사사회학을 창시하는 데 크게 기여했던 사회학자 노르베르트 엘리아스(Norbert Elias) 역시 한 인간의 죽음의 방식이 그 인간의 삶의 방식과 밀접하게 연동되어 있음을 지적하면

---

40 Constant J. Mews, *The Lost Love Letters of Heloise and Abelard*, New York: Palgrave, 1999, p. 162.

41 Georg Simmel, "Zur Metaphysik des Todes", in: Georg Simmel, *Gesamtausgabe*, (ed.) Otthein Rammstedt, Bd. 12: Aufsätze und Abhandlungen 1909-1918, Bd. 1, (eds.) Rüdiger Kramme & Angela Rammstedt, Frankfurt a. M.: Suhrkamp, 2001, pp. 81~96, 인용은 p. 96.

42 Martin Heidegger, *Sein und Zeit*, p. 328.

서, 죽음이 삶을 결정한다는 담론에 힘을 보탠다.

> 한 인간이 죽는 방식은 그가 인생에서 세운 목표에 얼마나 가까이 도달했는지, 그리고 설정한 과제를 얼마나 실행했는지에 적지 않게 의존한다. 한 인간에게 죽음의 방식은 죽어가는 사람이 자신의 삶을 얼마나 충만하고 의미 있는 것(또는 부질없고 의미 없는 것)으로 느끼느냐에 달려 있다. 이 감정의 근거가 항상 분명한 것은 아니며, 이것 역시 연구의 대상이다. 그러나 이유야 어찌되었든 자신의 몫을 다했다고 생각하는 사람에게 죽음은 더 쉬운 것으로 다가오며, 인생에 소홀했다고 생각하는 사람에게 더 힘든 것으로 다가온다. 특히 삶이 아무리 보람찼다고 할지라도 죽음의 방식 자체가 의미 없다고 생각하는 사람에게 죽음은 더욱 힘든 것이다.[43]

흔히 한 사람을 올바로 이해하려면 그 사람이 살아온 삶의 이력을 살펴보라고들 말한다. 에드워드 H. 카(Edward H. Carr)도 "역사를 연구하기에 앞서 역사가를 연구"하고 "역사가를 연구하기에 앞서 그의 역사적·사회적 환경을 연구"하라고 주문한다.[44] 마찬가지로 엘리아스의 앞의 인용문은 한 사람의 삶을 완전히 이해하려면 무엇보다 그 사람이 어떻게 죽었는지를 알아야 한다는 요청처럼 읽힌다. 우리가 이해하려는 사람의 죽음 방식이 그 사람의 삶의 방식을 결정하기 때문이다. 엘리아스의 이러한 일련의 주장은 결국 잘 사는 것(well-being)만이 아니라 잘 죽는 것(well-dying)이 삶에서 얼마나 중요한지를 깊이 깨닫도록 해 준다.

죽음이 삶에 의미를 부여한다는 담론을 펼친 또 한 명의 중요한 현대 사상가가 바로 20세기 영국 철학자 윌리엄스다. 그는 삶의 의미가 죽음을

---

43 Norbert Elias, *Über die Einsamkeit der Sterbenden in unseren Tagen*, Frankfurt a. M.: Suhrkamp Veralg, 1982; 노르베르트 엘리아스, 김수정 옮김, 『죽어가는 자의 고독』, 문학동네, 2012, 69쪽.

44 Edward H. Carr, *What is History?*, New York: Vintage, 1961; E. H. 카, 김택현 옮김, 『역사란 무엇인가』, 까치, 2017, 64쪽.

통해 비로소 드러난다고 주장한다. "불멸성 또는 죽음이 없는 상태는 어쩌면 무의미하다고 나는 생각한다. 그래서 어떤 의미에서는 죽음이 삶에 의미를 부여한다."[45] 그가 보기에 인간이 죽지 않는다면 삶은 무의미해진다. 인간은 죽을 수 있고 또 죽을 수밖에 없기 때문에 삶이 비로소 의미를 갖는다는 것이 그의 논지이다. 삶이 왜 죽음과 묶여 있을 수밖에 없는지 이를 통해 잘 알 수 있다.

삶과 죽음을 변증법적 관계의 차원에서 고찰하는 것을 넘어 어느 한쪽이 다른 한쪽을 포함하는 함수 관계로 파악하려는 시도도 서구 지식인들에 의해 많이 이루어졌다. 삶 또는 생명 안에 죽음이 있다고 고찰한 최초의 인물은 아우구스티누스였다. 그는 "1년 전보다 1년 후에 죽음에 더 접근하지 않는 사람이 없으며, 죽음은 오늘보다 내일, 어제보다 오늘, 지금보다 조금 후, 조금 전보다 지금 더 가깝다"라고 말한다. 그래서 삶이란 "죽음을 목표로 달음질하는 것"이고 수명을 탕감해 가는 과정이라고 할 수 있다. 요컨대, 경제학적으로 그 가치가 소모되어 간다는 의미에서 '삶의 감가상각'이 바로 죽음이다. 즉 죽음이란 '생명이 줄어드는 과정' 또는 '생명이 소모되는 현상'이다. 아우구스티누스의 표현에 따르면, "확실히 사람은 이 몸 안에 생존하기 시작한 때부터 죽음 안에 있는 것이다. 생명이 줄어드는 것이 죽음이기 때문이다."[46] 삶과 생명 안에 이미 죽음이 깃들어 있다는 것이다. 이때 죽음은 삶의 부분집합이 된다.

죽음 자체가 삶의 의미임을 넘어 삶에 포함된다고 생각한 또 한 명의 현대 서구 지식인은 바로 20세기 프랑스의 실존주의 철학자 사르트르다. 그는 다음과 같이 주장한다. "인간은 이미 인간적인 것밖에 만날 수가 없다. 더 이상 인생의 '저 너머'란 존재하지 않는다. 죽음은 하나의 인간적인 현상이다. 그것은 인생의 최종 현상이기는 하지만 또한 인생이다. 이런 것으

---

45 Bernard Williams, *Problems of Self: Philosophical Papers 1956-1972*, Cambridge: Cambridge University Press, 1973, p. 82.

46 Aurelius Augustinus, *De Civitate Dei*; 성 아우구스티누스, 조호연·김종흡 옮김, 『신국론: 하나님의 도성』, CH북스, 2017, 627~28쪽 (= *De Civitate Dei*, XIII, 10).

로서 죽음은 거꾸로 인생 전체에 영향을 미친다. 인생은 인생에 의해 한계가 정해진다. …… 죽음은 종결화음이 멜로디의 의미인 것과 마찬가지로 인생의 의미가 된다."[47] 사르트르는 죽음이 비록 삶의 종착점에 위치해 있지만, 그 또한 삶의 범주에 포함되어 있음을 강조한다. 죽음 또한 삶의 일부이자 인생의 과정이며 지극히 '인간적인 현상'이라는 것이다. 죽음은 삶 너머에 있는 것이 아니라 삶 안에 있으며, 그 자체로 '인생의 의미'가 된다. 그래서 사르트르는 '죽음에 대한 성찰'이 죽음 자체가 아니라 반대로 "삶에 대한 고찰"에서 나온다고 주장한다.[48]

그렇다면 사르트르는 삶과 죽음의 차이가 어디에 있다고 보았을까? 그의 말을 직접 들어보자. "삶은 자기 자신의 의미를 결정한다. 왜냐하면 삶은 항상 유예 상태에 있기 때문이다. 삶은 본질적으로 자기비판의 능력, 자기 변신의 능력을 가지고 있고, 이 능력에 의해 삶은 자기를 하나의 '아직-없음'(pas-encore)으로 정한다. …… 죽은 인생은 그것만으로는 변화하는 것을 그만두지는 않지만, 이 인생은 '이루어져 버렸다'. …… 죽은 인생은 완전히 닫혀 있다. 우리는 더 이상 어떤 것도 거기에 들어가게 할 수 없다."[49] 삶이 자신의 의미를 결정하는 과정이라면, 죽음은 그 결정을 포함한 모든 가능성을 폐쇄하는 현상이다. 요컨대, 삶이 열려 있다면 죽음은 닫혀 있다.

하지만 '죽음이 곧 삶의 의미'라는 사르트르의 비관적이면서도 충격적인 언명은 급기야 '출생과 죽음이 모두 부조리하다'는 명제를 통해 더욱 과격해진다.

일반적으로 말한다면, 죽음은 근원적인 자유의 기투로서 그 안에서 근거

47　Jean-Paul Sartre, *L'Être et le néant*, 1943; 장 폴 사르트르, 정소성 옮김, 『존재와 무』, 동서문화사, 2009, 863쪽.
48　장 폴 사르트르, 『존재와 무』, 874쪽.
49　장 폴 사르트르, 『존재와 무』, 879쪽.

가 주어질 수도 없고 또 대자에 의한 하나의 성질로서 외부로부터 받아들여질 수도 없다. 그렇다면 죽음이란 무엇인가? 그것은 사실성의 어떤 면, 그리고 대타존재의 어떤 면 이외의 아무것도 아니다. 다시 말하면 주어진 것이외의 아무것도 아니다. 우리가 탄생한다는 것은 부조리이다. 우리가 죽는다는 것도 부조리이다.[50]

이러한 급진적인 명제가 도출된 이유는 사르트르가 죽음을 인생에서 모든 의미를 제거하는 현상으로 간주했기 때문이다. "죽음은 우리의 자유를 근거로 하여 나타나는 것이 아니기 때문에, 죽음은 '모든 의미를 인생에서 없애버리는' 일밖에 할 수 없다."[51] 죽음이 삶의 의미라고 천명했던 사르트르는 곧이어 죽음이 삶의 의미를 제거하는 것을 뜻하기 때문에 결국 출생과 죽음이라는 "하나의 우연한 …… 단순한 사실"은 아무런 의미를 갖지 못한다고 말한다.[52] 한마디로 죽음은 사르트르에게 부조리하고 무의미한 현상이었다.

삶과 죽음의 함수 관계라는 원래 논의로 다시 돌아가 보자. 삶이 죽음을 포함한다고 생각했던 수많은 서구 지식인 중에 특유의 냉소적이고 비관적인 논조로 이 문제를 풀어나간 인물이 있었으니 그가 바로 쇼펜하우어다. 아니, 그는 한 걸음 더 나아가 출생과 죽음이 모두 동일한 방식으로 삶에 속한다고 생각했다. "출생과 사망은 동일한 방식으로 삶에 속하고, 번갈아가며 서로에 대해 제약을 가함으로써 균형을 유지하고 있다. 또는 이런 표현이 어떨지 모르지만 전체 삶의 현상의 양극으로 균형을 유지하고 있다."[53] 쇼펜하우어가 보기에 출생과 죽음은 삶의 균형의 관점에서 동일한 가치와 의미를 지닌다. 탄생과 죽음의 연쇄 과정으로 이어지는 자연에

---

50 장 폴 사르트르, 『존재와 무』, 885쪽.
51 장 폴 사르트르, 『존재와 무』, 873쪽.
52 장 폴 사르트르, 『존재와 무』, 883쪽.
53 아르투어 쇼펜하우어, 『의지와 표상으로서의 세계』, 448쪽.

는 죽음이란 없다고 본 쇼펜하우어에게 삶과 죽음이란 물질 형태의 변화 현상에 불과했다. "생식과 죽음이 생에 소속된 것으로, 또 의지의 이 현상에 본질적인 것으로 고찰할 수 있는 것은 양자가 그 외의 생 전체도 이루고 있음을 보다 강도 높게 표현한 것이라는 사실 때문이기도 하다. 다시 말해 이 생이란 철두철미, 물질이 형태를 확고하게 고수하면서 끊임없이 변전하는 것에 다름 아니다. 바로 이 때문에 종속(種屬)은 영원한 반면 개체는 무상한 것이다. 계속적인 영양 공급과 재생은 정도에 따라서만 생식과 다를 뿐이고, 계속적인 분비도 정도에 따라서만 죽음과 다를 뿐이다."[54] 쉽게 말해 그 양과 지속성의 정도에서만 차이가 있을 뿐, 결국 삶과 죽음은 해당 물질이 본래의 자기 모습을 계속해서 변화시켜 가는 과정에 불과하고 궁극적으로는 출생과 죽음 모두 삶에 속한다는 것이다. 그 때문에 쇼펜하우어는 우리에게 죽은 과거나 죽음 이후의 미래를 탐구하지 말고 현재를 인식하라고 충고한다. 현재의 삶에 충실한 사람은 죽음의 공포도 쉽게 물리칠 수 있기 때문이다.

그러나 쇼펜하우어는 출생과 죽음이 모두 삶에 소속된다고 해서 삶과 죽음을 동일한 현상으로 보지는 않았다. 그는 삶을 죽음의 관점에서 다양하게 표현하는데, 가장 먼저 앞서 보았던 것처럼 삶을 '연기된 죽음'으로 정의한 것이 주목된다. 그에 따르면, 매 순간의 현재적 삶은 죽음과의 투쟁이다. 왜냐하면 "하나하나의 호흡은 계속해서 밀어닥치는 죽음을 막고 있고, 우리는 이런 식으로 매 순간 죽음과 싸우고 있기" 때문이다.[55] 물론, 이 삶과 죽음의 싸움에서 최후의 승자는 언제나 죽음이겠지만 말이다. 이러한 쇼펜하우어의 논조는 앞서 보았던 것처럼 삶을 죽음에 맞서 싸우는 과정으로 이해했던 로마 황제 마르쿠스 아우렐리우스의 그것과 매우 닮아 있다. 하지만 둘 사이의 차이는 전자가 이 논지를 후자보다 더 염세주의적이고 허무주의적으로 밀고 나갔다는 데 있다. 즉 쇼펜하우어는 사람들이

---

54 아르투어 쇼펜하우어, 『의지와 표상으로서의 세계』, 449~50쪽.
55 아르투어 쇼펜하우어, 『의지와 표상으로서의 세계』, 500쪽.

삶을 살아가는 것은 삶을 사랑하기 때문이 아니라 죽음을 두려워하기 때문이라고 말한다. "대다수 사람들의 삶은 이 생존 자체를 위한 끊임없는 투쟁에 불과하며, 결국 그 투쟁에서 패배하는 것이 확실하다. 그런데 대다수 사람들이 이 힘겨운 투쟁을 견디는 것은 삶에 대한 사랑이라기보다는 오히려 죽음에 대한 공포 때문이다."[56] 이 점에서 쇼펜하우어는 삶의 궁극적 목적을 죽음에 대한 공포로부터 해방이라고 보았다. 삶 자체는 '결핍으로 인한 고통'과 '결핍의 충족에서 오는 공허와 무료함'으로 가득 차 있기 때문이다. 그에게 "삶 자체는 암초와 소용돌이로 가득 찬 바다"였다.[57] 그래서 쇼펜하우어는 '삶의 본질'을 "죽음으로부터 도망치는 것"이라고 정의했다. "이와 동시에 매우 주목해야 할 일은, 한편으로 삶의 고뇌와 고통이 쉽게 너무 커질 수 있다 보니, 전체 삶의 본질이란 죽음으로부터 도망치는 것인데 이 죽음 자체가 바람직하게 느껴져 자발적으로 죽음에 달려가게 된다는 점이다."[58]

죽음에 맞서 싸우라는 담론과 정반대에 놓인 관점 또한 서구 지식인 사회에서 제시되었음에 주목하자. 그것은 죽음에 순종하라는 스토아철학적 담론이 아니라 죽음과 화해하라는 셸러의 요청이다. 왜냐하면 '싸움'의 반대는 패배를 뜻하는 '굴종'이 아니라 협력으로 나아갈 수 있는 '화해'이기 때문이다. 이는 '전쟁'의 반대가 '굴복'이 아니라 '평화'라는 이치와 같다. 그리고 이 화해는 어쩌면 상대와 싸우지 않고도 이기는 방법일 수 있다. 셸러는 "죽음과 화해하는 것은 좋은 일"이라고 말한다. 그 이유로 그는 다음 다섯 가지를 든다. "1. 죽음은 번식, 즉 더 높은 발전의 이면이다. 2. 각각의 죽음은 가능한 더 나은 탄생을 의미한다. 3. 각각의 죽음은 미래에 모든 생명(Alleben)이 할 수 있는 연대적 충만(die solidarische Fülle)을 풍성하게 한다. 4. 인간 각각의 죽음은 그의 정신적 인격이 신 안에서 계속 활동하

---

56 아르투어 쇼펜하우어, 『의지와 표상으로서의 세계』, 502쪽.
57 아르투어 쇼펜하우어, 『의지와 표상으로서의 세계』, 502~03쪽.
58 아르투어 쇼펜하우어, 『의지와 표상으로서의 세계』, 503쪽.

는 것이다. 5. 정신으로서 신에의 참여는 삶과 죽음에 의존하지 않는다."⁵⁹ 죽음은 연속적으로 이어지는 삶의 이면일 뿐이다. 그러한 죽음은 정신으로서 신에 참여하고 신 안에서 계속 살아가는 것을 뜻한다. 따라서 이처럼 좋은 뜻을 담고 있는 죽음을 두려워하거나 거부하는 것은 어리석은 일이다. 고대인들이 즐겨 사용하던 "죽음을 기억하라"(Memento mori)와는 또 다른 의미의 "죽음과 화해하라"(Mortem reconcilia)는 충고이자 금언(金言)이다.

삶과 죽음의 관계에 관한 서구 지식인들의 성찰의 세 번째 범주는 그 두 개념을 같거나 다르다고 본 경우들이다. 이 범주에 속하는 담론들은 사실 앞서 살펴본 두 번째 범주와 유사한 것처럼 보이지만 세부적으로 들어가면 많은 차이가 있음을 알 수 있다. 삶과 죽음의 일치를 주장한 최초의 철학자는 에피쿠로스다. 그는 다음과 같이 주장한다. "모든 사람은 지금 막 태어난 것처럼 세상을 떠난다."⁶⁰ 이 문구 바로 뒤에는 다음과 같은 주석이 달려 있다. "몇 시간이 흐른 것처럼 인생은 빨리 끝난다. 따라서 모든 사람은 죽을 때 갓난아기와 같다." 어쨌든 이 문구는 다양한 해석을 자극한다. 첫째는 탄생과 죽음이 크게 보면 하나라는 것이다. 그만큼 한 사람의 인생이란, 우주적인 관점에서 보면, 찰나에 불과할 만큼 우주 속 먼지와도 같은 아주 작은 사건이자 단순한 에피소드에 불과하다. 탄생, 즉 삶이 죽음과 거의 같다는 것이다. 이 관점은 두 번째로 곧 '인생이 무상(無常)하다'라는 통찰을 낳는다. 45억 년이라는 지구의 나이에 비해 300만 년 안팎의 인류 진화의 역사가 찰나인 것처럼 약 300만 년이라는 인류 진화의 역사에 비하면 1만 년 안팎의 인간 문명의 역사도 짧지만, 채 100년도 안 되는 한 인간의 삶은 그야말로 찰나에 불과하다. 인생은 그만큼 덧없는 것이다.

---

59 Max Scheler, "Weitere Aufzeichnungen zu Altern und Tod", p. 332.
60 Epicuros, *Gnomologium Vaticanum Epicureum*; 에피쿠로스, 오유석 옮김, 『쾌락』, 문학과지성사, 2013, 33쪽 (= *Gnomologium Vaticanum Epicureum*, LX).

마지막으로 에피쿠로스의 이 문구는, 탄생과 죽음이 같아 보일 만큼 잠깐의 삶을 영위하는 우리 인간은 따라서 삶을 최고의 행복으로 여기거나 죽음을 최고의 불행으로 간주할 필요가 전혀 없다는 인식에 이르도록 만든다. 죽음을 너무 두려워하거나 슬퍼하지 말라는 경구다. 거시적 관점에서 보면, 태어나고 죽는 것이 자연적 연쇄 과정의 하나일 뿐이라는 통찰이다. 이들 다양한 해석도 따지고 보면 돌고 돌아 다시 탄생, 즉 삶과 죽음이 일치한다는 결론에 이른다.

이와 유사한 성찰들이 그동안 서구 지식인들을 사로잡았다. 앞서 삶이란 인간의 '소유물'이 아니라 자연이 인간에게 잠시 빌려준 '대여물'이라고 주장했던 루크레티우스도 삶이 곧 죽음이라고 가르친다.

> 너의 삶은 살아서 눈 뜨고 있을 때도 벌써 죽은 것에 가깝다. 너는 생애의 매우 큰 부분을 잠으로 소비하며, 깨어서도 코를 골고 백일몽 보기를 그치지 않으며, 헛된 두려움으로 혼란한 정신을 지니고, 자주 너의 재난이 무엇인지도 발견하지 못한다. 취한 듯 처량하게 사방에서 수많은 걱정들로 압박당할 때, 그리고 정신의 불확실한 혼란 속에 흘러 방황할 때.[61]

삶과 죽음이 완전히 일치하는 것은 아닐지 몰라도 거의 같은 것이나 다름없다는 인식은 그것이 삶이든 죽음이든, 탄생이든 소멸이든 이러한 자연적 현상들에 일희일비하지 말라는 가르침으로 이어진다. 물론, 앞의 인용문 안에는 자신이 살아 있어도 사실은 죽어가고 있다는 사실을 전혀 깨닫지 못하는 범인(凡人)의 어리석음을 꾸짖는 자조의 논조도 섞여 있지만 말이다. 죽음을 제대로 통찰할 수 있다면 그가 어디 범인이겠는가? 이미 초인(超人)이나 도인(道人)일 것이다.

르네상스 시기의 몽테뉴도 『수상록』에서 '삶'과 '죽음'은 하나로 묶여 있다고 설파한다. 이 책 안에는 삶과 죽음을 예리하게 성찰한 주옥같은 문장

---

61 루크레티우스, 『사물의 본성에 관하여』, 265쪽.

들이 즐비하다.

> 태어나면서 우리는 죽는다. 종말은 시작의 결과이다. (마닐리우스) 그대가 살고 있는 것은 모두 생명에서 훔쳐 온 것이다. 생명은, 생명의 희생으로 이루어진다. 그대의 생명이 끊임없이 하는 일은 죽음을 지어가는 것이다. 삶에 있는 동안 그대는 죽음에도 있다. 왜냐하면 그대가 이미 살고 있지 않을 때에, 그대는 죽음 저쪽에 있기 때문이다. 그대는 삶 다음엔 죽어 있다. 살아 있는 동안 그대는 죽고 있다. 그리고 죽음은 [이미] 죽은 자보다도 죽[어 가는 자를 더 혹독하게 침해한다. …… 인생은 그 자체로서는 좋은 것도 나쁜 것도 아니다. 그대들이 인생에 차려주는 자리의 좋고 나쁨에 따른다. …… 어디서 그대의 생명이 끝나건 생명은 거기서 전부이다. 삶의 효용은 공간에 있지 않고 사용에 있다. 적게 살고도 오래 산 자가 있다. 그대가 살아 있는 동안, 거기에 주의하라. 그대가 실컷 산다는 것은 세월의 많고 적음에 달려 있지 않고, 그대의 의지에 달려 있다.[62]

태어나면서 우리는 죽는다는 인식, 즉 사는 것이 곧 죽는 것이라는 통찰은 탄생이라는 시작이나 삶의 과정이 아니라 곧 죽음이라는 결과를 중심에 두고 바라보았을 때만 나올 수 있다. 죽음의 관점에서 삶은 결국 죽음으로 이어지기에 이미 죽음으로 이해될 수밖에 없다. 죽음이 삶으로 파악되는 것이 아니라 삶이 죽음으로 선취되는 것이다.

탄생과 사망을 동일시하는 현상은 톨스토이에게서도 확인된다. "출생과 사망은 우리의 삶이 우리로부터 숨을 수 있는 한계이다. 1. 출생과 사망은 두 개의 한계이다. 그 두 한계의 맞은편에 똑같은 '무엇인가'가 존재한다. 2. 사망과 출생은 동일한 현상이다. 출생과 동시에 젖먹이는 새로운 세계로 들어서며, 어머니의 태내 생활과는 전혀 별개인 생활을 시작한다. 만약 갓 태어난 젖먹이가 출생 전의 생활과 헤어질 때 맛본 기분을 말할 수 있다

---

[62] 몽테뉴, 『몽테뉴 수상록』(제1권), 97~100쪽 (강조: 몽테뉴).

면, 아마 이 세상의 생활을 하직할 때 사람들이 맛보는 것과 똑같다고 말할 것이 분명하다."63 한 인간이 어머니의 자궁에서 벗어나 세상에 갓 태어날 때와 나중에 살다가 이 세상을 하직할 때가 하나의 기존 세계에서 또 하나의 새로운 세계로의 이전(移轉) 현상으로 등치된다. 삶이라는 탄생과 하직이라는 죽음은 똑같이 하나의 세계에서 다른 세계로 옮아가는 동일한 현상으로 이해된다. 여기서 탄생과 죽음은 인간 삶의 한계 상황으로 정의되면서 양극은 서로 통한다는 단순 사실을 암시한다.

20세기 초에 활동했던 스페인 철학자 미겔 데 우나무노(Miguel de Unamuno) 역시 삶과 죽음의 일원성에 관한 담론을 펼쳤던 대표적인 사상가다. 그는 "영혼은 육체 없이 살 수가 없고, 육체는 육체대로 영혼 없이 살 수가 없다"라고 말한 후에 "그러므로 실상 죽음이나 탄생은 존재하지 않나니, 엄밀히 말해서 육체니, 영혼이니, 죽음이니, 탄생이니 하는 것들은 없는 것이다. 오직 실재하는 것은 사유하는 삶뿐이다"라고 선언한다.64 이 문구들은 결국 삶과 죽음은 하나라는 것이다. 그리고 영혼이나 죽음 같은 추상적이고 허구적인 데 몰두하지 말고 현재 내가 사유하고 있다는 사실에 집중하라고 충고한다.

19세기 말 독일 시인 라이너 마리아 릴케(Rainer Maria Rilke)도 임신한 여인들이 자궁 안에 '태아'와 '죽음'이라는 두 생명의 싹을 담고 있다고 말하면서 삶과 죽음이 하나라고 주장한다. "그들이 임신한 몸으로 서 있을 때, 가녀린 두 손이 저절로 놓여 있게 되는 그들의 커다란 뱃속에는 두 개의 생명의 싹이 들어 있었다. 하나는 태아이고 또 하나는 죽음. 임산부들의 해맑은 얼굴에 떠오르는 농축된, 거의 자양분 있는 미소는 그들이 이따금씩 뱃속에서 그 둘이 자라고 있다고 생각하는 데서 비롯된 것이 아니었을까?"65 릴케가 보기에 모든 사람은 죽음을 지니며 살아가는데, 이 같

---

63 톨스토이, 「인생의 길」, 『인생이란 무엇인가 2: 사랑』, 427~28쪽.
64 Miguel de Unamuno, *Del sentimiento trágico de la vida en los hombress y en los pueblos*, 1913; 미겔 데 우나무노, 장선영 옮김, 『삶의 비극적 감정』, 누미노스, 2010, 412쪽.

은 생각은 삶이 곧 죽음과 다를 것이 없다는 혜안에서 온 것이다. "전에는 사람들이 알았다(아니면 어쩌면 예감했다). 사람은 죽음을, 열매가 씨앗을 품고 있듯, 몸 안에 지니고 있다는 것을. 아이들은 자신 안에 작은 죽음을 하나씩 지니고 있고, 어른들은 큰 죽음을 하나씩 지니고 있었다. 여자들은 자궁 속에, 남자들은 가슴속에 지녔다. 죽음을 사람은 지니고 있었고, 그 점으로 하여 독특한 기품과 남모르는 자랑 하나를 부여받았다."[66]

사람이 죽기 전까지 죽음을 받아들이는 다섯 단계가 있다면서 죽어감(dying)의 5단계설을 정립한 것으로 유명한 퀴블러-로스도 죽음은 또 다른 삶이라고 말한다. 아울러 사는 것이 곧 사랑하는 것이며 사랑하는 것은 곧 죽음이라고 말하면서 삶과 죽음을 동일시한다. 그녀는 먼저 "죽음이란 단지 또 다른 형태의 삶으로의 변화"임을 역설한다.[67] 그녀에게 죽음이란 소멸이 아니라 다른 세계로의 이전 또는 재탄생을 의미했기 때문이다. 그녀는 또 말한다. "잘 산다는 것은 근본적으로 사랑하는 법을 배우는 것이다. '믿음, 소망, 사랑, 그 가운데 제일은 사랑이다'라는 말은 무척 감동적이다. …… 사랑이란 삶이자 죽음이다. 아니 그것은 같은 것이다."[68] 비록 사랑(eros)과 죽음(thanatos)이 대부분의 서구 지식인에게 서로 연관된 현상으로 인식되어 온 것은 사실이지만, 동일한 개념으로 인식된 사례는 매우 드물다. 하지만 퀴블러-로스에게 삶과 죽음은 동일한 현상으로 이해된다. '사랑'을 매개로 사람들은 살아가고 죽는다. '사랑'의 관점에서 보자면, 사는 것이나 죽는 것은 매한가지다.

사랑을 매개로 삶과 죽음이 동일하다는 퀴블러-로스의 주장은 『황무

---

65 Rainer Maria Rilke, *Die Aufzeichnungen des Malte Laurids Brigge*, 1910; 라이너 마리아 릴케, 전영애 옮김, 『말테의 수기』, 서울대학교출판부, 1997, 12쪽.

66 라이너 마리아 릴케, 『말테의 수기』, 7쪽 (강조: 릴케).

67 Elisabeth Kübler-Ross, *On Life after Death*, Berkeley, CA: Celestial Arts, 1991; 엘리자베스 퀴블러-로스, 최준식 옮김, 『사후생(死後生): 죽음 이후의 삶의 이야기』, 대화문화아카데미, 2020, 29쪽.

68 엘리자베스 퀴블러-로스, 『사후생(死後生): 죽음 이후의 삶의 이야기』, 42쪽.

지』의 저자 토머스 엘리엇(Thomas Eliot)의 유명한 다음 시구를 연상시킨다. "탄생, 섹스, 죽음. 이것이 바로 당신이 핵심에 들어갔을 때 알아야 할 모든 사실이다. 탄생, 섹스, 죽음. 나는 태어났고 한 번이면 족하다."[69] 태어나고 사랑하고 죽는 일이야말로 인생에서 가장 중요한 일임을 노래한 것으로 이만큼 간결하면서도 충격적인 시구가 있을까 싶다. 더 넓게 보면 탄생, 사랑, 죽음, 인생 등 인간의 삶과 관련된 이 모든 핵심 문제가 결국 같다는 통찰 아닐까?

삶과 죽음을 동일한 현상으로 본 '중립적' 입장과 달리, 서로 '대립적' 관점을 견지한 서구 지식인들도 있었음을 상기하자. 대립적 관점의 담론도 크게 둘로 나뉜다. 하나는 삶이 고통스럽기에 죽음과 별반 다르지 않다고 보는 시각이며, 다른 하나는 이 세상에는 죽는 것이 없기에 죽음 또한 삶이라고 보는 입장이다. 전자를 대표하는 인물로 아우구스티누스를, 후자를 대표하는 사람으로 랠프 월도 에머슨(Ralph Waldo Emerson)을 들 수 있다. 먼저 아우구스티누스는 삶이 곧 고통이고 벌이자 죽음이라는 취지로 다음과 같이 말한다. "금생에서는 벌을 받지 않고 내세에서만 받는 사람들은 아주 적다. 사소한 병도 앓는 일이 없고 끊임없이 인생을 즐긴 고령자가 있다는 것을 나는 듣기도 하고 보기도 했다. 그러나 우리 죽을 인생이 살아가는 것 자체가 온통 벌이다. 성경에 '세상에 있는 인생이 시험이 아니냐?'는 말씀(욥 7:1, 70인역)과 같이, 우리의 지상 생활 전체가 시험이기 때문이다."[70] 물론, 이 인용문 자체만 보면 삶이 곧 죽음이라는 등식이 성립하는 것은 아니다. 하지만 문맥을 해석하면 인생이 결국 죽음으로 종결되는데 그 과정이 온통 벌로 점철되어 있다는 것이며, 만일 그렇다면 삶과

---

69 Thomas S. Eliot, "Sweeney Agonistes", in: Thomas S. Eliot, *The Complete Poems and Plays, 1909-1950*, New York: Harcourt Brace & Company, 1952, pp. 80~81: "Birth, and copulation, and death. That's all the facts when you come to brass tacks: Birth, and copulation, and death. I've been born, and once is enough."

70 성 아우구스티누스, 『신국론: 하나님의 도성』, 1044쪽 (= *De Civitate Dei*, XXI, 14).

벌과 죽음은 결국 하나로 이어지는 것으로 볼 수 있다. 교부철학자답게 아우구스티누스는 기독교 원죄론에 입각해 인간의 '삶' 자체를 '죄의 처벌 과정'으로 보았고 그 마지막 벌이 죽음이기에, 결국 삶이란 '죽음으로 끝나는 죄에 대한 대가를 치르는 여정'이라고 할 수 있다.

반면에 19세기 미국을 대표하는 사상가 중 한 사람이었던 에머슨은 『수상록』에서 모든 것이 살아 있다면서 다음과 같이 주장한다. "이 세상의 비밀은 모든 것이 살아남아 있고 죽지 않으며 시야에서 잠시 사라졌다가 그 뒤에 다시 돌아온다는 점이다. 우리와 관련이 없는 것은 무엇이든지 우리에게 숨겨져 있다. …… 아무것도 죽지 않는다."[71] 우리의 삶과 연관된 것은 당연히 우리 눈에 보이며, 우리와 무관해 보이는 것조차 사실은 그 깊은 영혼의 눈으로 보면 우리와 간접적으로 연결되어 있기에 우리의 시야에서 잠시 멀어져 있다가도 나중에 다시 나타난다는 것이다. 그런 식으로 에머슨은 '예수'는 말할 것도 없고 '베드로'나 '요한'도 죽지 않았으며, '무함마드'나 심지어 '아리스토텔레스'도 죽지 않았다고 주장한다. "우리가 그들이 살아 있다고 믿는 한 우리는 그들을 보아 왔다"라는 것이다. 아우구스티누스가 삶이 죽음이라고 말했다면, 에머슨은 죽음이 곧 삶이라고 말하고 있다.

여러 시각에서 삶과 죽음을 '동일한' 현상으로 이해했던 서구 지식인들이 있었다면, 반대로 그 둘을 전혀 다른 '상이한' 현상으로 보았던 이들이 당연히 없었을 리 없다. 여기서 논의의 초점은 이들이 그 둘을 왜 다르게 보았는지보다는 어떻게 다르게 보았는지에 놓인다. 이들의 담론은 대체로 비유 또는 상징으로 표현된다. 먼저 고대 그리스의 자연철학자 파르메니데스(Parmenides)는 생명, 즉 삶을 이성에, 그리고 죽음을 무(無)이성에 비유한다. "파르메니데스, 엠페도클레스, 데모크리토스(Demokritos)에 따르

---

[71] Ralph Waldo Emerson, "Nominalist and Realist (Essays: Second Series)", in: Brooks Atkinson (ed.), *The Complete Essays and Other Writings of Ralph Waldo Emerson*, New York: The Modern Library, 1950, p. 445.

면, 누스[지성]와 영혼은 같은 것이다. 그들에 따르면 이성이 없는(alogon) 그 어떤 것도, 엄밀하게 말하면, 살아 있는 것이 아니다."[72] 이 단편에 따르면, 파르메니데스만이 아니라 엠페도클레스와 데모크리토스까지 포함해 대부분의 그리스 초기 철학자 모두 영혼과 이성을, 그리고 죽은 것과 이성이 없는 것을 동일시했다는 것이다. 여기서 주의할 점은 죽은 것을 모두 비(非)이성이나 반(反)이성이 아니라 무(無)이성으로 간주했다는 사실이다. 이성이 없다고 가정되는, 인간 이외의 모든 생명체도 그들의 눈에는 죽은 것이나 다름없는 것으로 비쳤던 모양이다. 불행히도 지나치게 인간 중심적인 고대인들의 세계관이 씁쓸하게 확인된다. 아니, 이들이 이렇게 발언한 진짜 저의는 어쩌면 살아 있고 정상적인 영혼을 가진 인간이라면 당연히 이성적이어야 한다는 요청이나 경고에 있었을지 모른다. 뒤집어 말하면 비이성적으로 또는 반지성적으로 말하거나 행동하는 사람은 살아 있는 것이 아니라 죽어 있는 것이나 다름없다는 것이다.

하지만 초기 그리스 철학자 레우키포스(Leucippus)와 데모크리토스는 약간 다른 각도에서 삶과 죽음의 차이를 조명한다. 이들에게 삶은 애착의 대상, 죽음은 공포의 대상이다. 이들의 단편에는 다음과 같은 문장들이 오늘날까지 전해진다. "어리석은 사람들은 삶을 싫어하면서도 하데스(haidēs)에 대한 두려움 때문에 살기를 원한다." "어리석은 사람들은 죽음이 두려워서 삶을 원한다." "어리석은 사람들은 죽음이 두려워서 늙도록 살고 싶어 한다."[73] 우리 같은 범인(凡人)을 어리석은 사람이라고 했을 때, 오래 살기를 원하지 않는 범부(凡夫)가 없고, 죽음을 두려워하지 않는 일반인은 없다. 그러나 이러한 태도들은 이들 철학자의 눈에 모든 인간의 필멸성이라는 운명에 비추어 어리석기 짝이 없어 보였다. 이 책의 제5장에서 자세히 언급되겠지만, 그리스 철학자들은 하나같이 철학을 '죽음을 연습하는

---

72 Parmenides' Fragments(인용 출처: 아에티오스, 『학설 모음집』 IV. 5. 2; 재인용 출처: 탈레스 외, 『소크라테스 이전 철학자들의 단편 선집』, 305쪽).

73 Leucippus' & Democritos' Fragments(인용 출처: 스토바이오스, 『선집』 III. 4; 재인용 출처: 탈레스 외, 『소크라테스 이전 철학자들의 단편 선집』, 612쪽).

행위'라고 간주했는데, 레우키포스와 데모크리토스의 앞의 발언들은 이러한 태도의 초기 버전 또는 다른 버전이라고 할 수 있다. 앞서 보았던 쇼펜하우어의 생각을 선취한 듯한 모습도 보인다. 현명한 자라면 삶에 애착을 가질 필요도, 죽음을 두려워할 필요도 없다.

근대 초 영국 시인 존 던(John Donne)은 이제 반대로 죽음이 자연으로의 회귀이기에 축복이고 삶은 비참이라고 말한다. 그의 시 「분해」(The Dissolution)를 보자.

> 그녀는 죽었다; 그리고 죽는 것은 모두 그들 최초의 원소로 분해된다./그리고 우리는 서로에게 상호적인 원소였고 서로에 의해 만들어졌다./내 육체는 그러므로 그녀의 것을 포함하고, 나의 구성원소들은, 여기에/내 안에서 무성히 자라, 부담스러워져서, 영양을 주지 못하고, 다만 질식시킨다./······/그녀는 죽음으로써 원소로 돌아갔지만, 내게는 손실뿐;/그리고 난 비참하게 오래 살지도 모른다.[74]

추측건대, 사랑하던 아내의 죽음 앞에 바쳐진 던의 이 시구들에서는 레우키포스나 데모크리토스와는 정반대의 감정이 읽힌다. 인간의 육체는 자연의 또는 상호 간의 원소들로 구성되어 있기에 내[던]의 육체 또한 일부는 아내의 원소들로 이루어져 있다. 그래서 나는 죽은 아내를 느낄 수 있다. 하지만 나의 구성 원소들은 너무 무성히 자라 남에게 영양분을 주지 못하고 오히려 나를 숨 막히게 한다. 죽은 이는 자기 원소들을 분해해 자연으로 돌아가기에 행복하지만, 나는 살아남아, 그것도 오래도록 살아 있을지 몰라 처량하게 느껴진다는 내용이다. "똥밭에 굴러도 이승이 낫다"라는 우리 속담과도 정반대되는 사유가 아닐 수 없다.

한편, 근대 초의 프랑스 사상가 블레즈 파스칼(Blaise Pascal)은 비참의 정도, 위치, 기간 등 세 가지 관점에서 삶과 죽음을 구별한다. 첫 번째는

---

74 김선향, 『존 던의 연가: 그 사랑의 해법』, 한신문화사, 1998, 135쪽.

비참의 정도이다. 던에게 삶이 비참이고 죽음이 축복이었다면, 파스칼에게 삶은 비참이고 죽음은 더한 비참이었다. 파스칼이 보기에 인간이 비참한 이유는 인간 스스로 자신의 존재와 삶 자체가 '비참하다'라는 사실을 알고 있기 때문이다.[75] 물론, 바로 그 때문에 인간이 위대하다고 말하고 있지만 말이다. 하지만 인간은 결국 죽을 수밖에 없는 운명을 안고 살아간다. "이와 같이 현재는 결코 우리를 만족시켜주지 못하기 때문에 경험은 우리를 속이고, 불행에서 불행으로 우리를 이끌어 영원한 절정인 죽음에까지 인도한다."[76] 즉 죽음이 삶보다도 더 비참하다는 것이다. 왜냐하면 죽음은 불행과 비참함의 절정이기 때문이다. 이처럼 삶의 현실은 우리를 만족시켜주지 못하고 결국 죽음으로 이끈다. 파스칼이 생각한 삶과 죽음의 두 번째 차이점은 위치에 있다. 그는 삶이 사후의 세계인 지옥과 천국 사이에 있다고 보았다. "우리와 지옥 또는 천국, 이 둘 사이에는 생명이 있을 뿐이다. 그런데 이 생명은 이 세상에서 가장 연약한 것이다."[77] 인간의 삶은 지옥으로 이어질지 천국으로 이어질지 모른다. 삶과 생명은 그 둘 사이의 어딘가에 위치한다. 마지막으로 세 번째 차별점은 기간이다. 파스칼은 삶이 한순간이라면 죽음은 영원하다고 강조한다. "이 세상의 삶은 한순간에 불과하며 죽음의 상태는—그것이 어떤 성격의 것이든지 간에—영원하다."[78] 어쩌면 당연한 주장이라 간과하기 쉽지만 평범한 기독교인으로서 삶이 아닌 죽음을 영원에 비유한 것은 매우 독특한 발상이라고 하지 않을 수 없다. 이 관점은 매우 중요하기에 나중에 죽음 담론을 심층적으로 논의할 때 다시 언급될 것이다.

삶을 정처 없이 떠도는 행위에, 그리고 죽음을 자연으로의 회귀에 비유

---

75 Blaise Pascal, *Pensées*, (trans.) Alban Krailsheimer, Paris: Garnier-Flammarion, 1976; 블레즈 파스칼, 김형길 옮김, 『팡세』, 서울대학교출판문화원, 2019, 74쪽.
76 블레즈 파스칼, 『팡세』, 105~06쪽.
77 블레즈 파스칼, 『팡세』, 118쪽.
78 블레즈 파스칼, 『팡세』, 476쪽.

하는 것은 동서고금을 막론하고 비슷한 듯하다. 20세기 초에 활동했던 독일 작가 헤르만 헤세(Hermann Hesse) 또한 삶을 '방랑'으로, 그리고 죽음을 던이 말했던 것처럼 '귀향'으로 불렀다.

최근 나는 중국 고전에서 이런 글을 읽었다. 죽은 사람을 고향으로 돌아간 사람이라고 말한다면, 살아 있는 사람은 방랑객이라고 할 수 있다. 방랑객은 발길을 어디로 돌려야 할지 알지 못하고, 고향이 없다. 누군가 자신의 고향을 잃어버렸다고 하면 사람들은 그를 딱하게 여긴다. 그러나 세상 사람들 모두 고향을 잃어버리면 그것을 딱하다고 생각하는 사람은 아무도 없을 것이다.[79]

인간의 삶이란 출생 이후에 지구라는 행성에서 자연으로부터 물질, 즉 육체를 잠시 빌려 마치 하숙생처럼 살다가 다시 원래의 물질인 흙으로 되돌아가는 과정이다. 북미의 많은 인디언이 생각했던 것처럼 지구에서의 삶에서 본래 인간에게 소속된 소유물이란 있을 수 없다. 주인인 자연이 소유하는 많은 것을 잠시 빌리거나 얻어 사용하다가 죽으면 그 자신이 다시 흙이라는 자연의 구성물로 복귀한다. 추상적이고 상징적인 의미에서 삶의 주체는 나일 수 있지만, 구체적이고 물질적인 의미에서 삶을 구성하는 그 어떠한 요소도 원래 내 것이 아니다. 적어도 유물론적 관점에서 보았을 때, 나는 내 삶의 주체가 아니라 객체에 불과하다. 그 점에서 인간은 죽었을 때야 비로소 온전히 나 자신이 된다. 이 세계는 거대한 하숙집이고 모든 지구인은 하숙생들이며, 삶은 하숙 생활 그 자체다. 물론, 이때 하숙집 주인은 자연이다. 혹자는 신(神)이라 부르고 싶어 할지 모르겠다.

이와 유사하지만 약간 다른 관점에서 삶과 죽음을 비교한 사상가가 바

---

[79] Hermann Hesse, *Mit der Reife wird man immer jünger: Betrachtungen und Gedichte über das Alte*, (ed.) Volker Michels, Frankfurt a. M.: Insel, 2010; 헤르만 헤세, 유혜자 옮김, 『어쩌면 괜찮은 나이』, 프시케의 숲, 2017, 262쪽.

로 프리드리히 니체(Friedrich Nietzsche)다. 그는 『차라투스트라는 이렇게 말했다』에서 삶을 '축제'로, 죽음을 '행복'에 각각 비유한다.

"벗들이여, 어떻게 생각하고 있는가?" 더없이 추악한 자가 말했다. "이 하루로 인하여 나는 난생 처음으로 내가 살아온 전 생애에 만족하게 되었다. 그러나 이 정도의 증언으로는 족하지가 않다. 이 지상에서의 삶, 그것은 보람 있는 일이다. 이 하루, 차라투스트라와 함께 벌인 이 축제가 나를 깨우쳐 이 세계를 사랑하도록 만들었으니. '그것이 바로 삶이었던가?' 나는 죽음을 향해 말하련다. '좋다! 그렇다면 한 번 더!' 벗들이여, 어떻게 생각하고 있는가? 그대들 또한 나처럼 죽음을 향해 말하지 않으려는가. '그것이 바로 삶이었던가? 차라투스트라를 위해서라면, 좋다! 한 번 더!'라고."[80]

이제 저들은 죽기를, 행복에 겨워 죽기를 바란다. 보다 지체가 높은 인간들이여, 냄새를 맡지 못하는가? 어떤 냄새가 은밀하게 솟아오르고 있는데도. 영원으로부터의 향기와 냄새, 지난날 행복의 장밋빛 환희를 머금은 갈색 황금 포도주의 향기가. "세계는 깊다. 그리고 낮이 생각한 것보다 더 깊다!"고 노래하는, 자정에 맞이하는 임종의 도취적인 행복의 향기가.[81]

삶과 죽음을 서로 다른 대상에 비유하더라도 통상 하나는 긍정적인 것에 다른 하나는 부정적인 것에 비유하던 다른 서구 지식인들의 관례를 깨고 니체는 둘 다 긍정적인 것에 비유한다. 물론, 축제를 20세기 프랑스의 종교철학자 로제 카유아(Roger Caillois)처럼 일상에서의 일탈, 광란의 도가니, 폭력의 원천 또는 대체 행위 등으로 해석한다면[82] 이야기가 달라지

---

80 Friedrich Nietzsche, "Also sprach Zarathustra", in: Friedrich Nietzsche, *Nietzsche Werke, Kritische Gesamtausgabe*, vol. VI-1, Berlin: Walter de Gruyter, 1968; 프리드리히 니체, 정동호 옮김, 『차라투스트라는 이렇게 말했다』, 책세상, 2002, 525쪽 (강조: 니체).
81 프리드리히 니체, 『차라투스트라는 이렇게 말했다』, 530쪽 (강조: 니체).

겠지만 말이다. 하여튼 니체가 삶을 축제에 비유한 것은 논란의 여지가 있을지 모르겠지만, 그가 죽음을 행복에 비유하면서 긍정적으로 바라본 것은 반박의 여지가 없는 분명한 사실이다.

그럼에도 불구하고 삶을 긍정의 목록에 넣고 죽음을 부정의 목록에 넣어 비유하는 것이 더 일반적이다. 가령, 노발리스는 "시적인 표현들"(Poeticismen)에 대한 한 단상에서 "모든 생명은 열광적인 갱생(Erneuerung)의 과정이며, 다른 각도에서 보았을 때만 파괴의 과정으로 비친다"라고 주장하는데,[83] 이때 다른 각도란 죽음을 암시한다. 노발리스에게 생명은 삶이요, 죽음은 파괴였다. 또 다른 곳에서는 "삶"(Leben)을 "자연자유"(Naturfreyheit)"[84] 내지 "쾌락"(Lust)[85]으로, 죽음을 "내부의 자극과 외부의 자극, 즉 영혼과 세계 사이의 교환(Wechsel)의 중단"[86]으로 또는 "개체원리의 변화이자 축출"[87]로 각각 정의한다. 만일 한 사람의 인생을 대차대조표로 나타낼 수 있다면, 노발리스의 담론에서는 차변에 긍정적 의미(자산)의 삶이, 대변에 부정적 의미(부채)의 죽음이 각각 포진해 있을 것이다. 노발리스와 거의 동시대에 활동했던 독일의 낭만주의 시인 하인리히 하이네(Heinrich Heine) 역시 비슷한 주장을 펼친다. 하이네에게 삶이 낮이라면 죽음은 밤이었다. 그는 연작시 「귀향」(Die Heimkehr)의 87번째 시에서 "죽음이란 서늘한 밤이고, 삶이란 뜨거운 낮이다"라고 노래했다.[88] 유사한

82　Roger Caillois, *L'Homme et le sacré*, Paris: Leroux, Presses universitaires de France, 1939; 로제 카이와, 권은미 옮김, 『인간과 聖』, 문학동네, 1996.

83　Novalis, *Schriften*, vol. 2, p. 556 (= "Vorarbeiten zu verschiedenen Fragmentsammlungen", 135).

84　Novalis, *Schriften*, vol. 3, p. 271 (= "Das Allgemeine Brouillon", 172) (강조: 노발리스).

85　Novalis, *Schriften*, vol. 2, p. 560 (= "Vorarbeiten zu verschiedenen Fragmentsammlungen", 166).

86　Novalis, *Schriften*, vol. 3, p. 315 (= "Das Allgemeine Brouillon", 399) (강조: 노발리스).

87　Novalis, *Schriften*, vol. 3, p. 259 (= "Das Allgemeine Brouillon", 100) (강조: 노발리스).

비유는 톨스토이에게서도 나타난다. 그는 삶이 고통이라면 죽음은 해방이라고 주장한다. "죽음, 그것은 우리의 영혼을 담는 그릇이 파괴되는 것이다. 그릇과 내용을 혼동해서는 안 된다."[89] 이 비유를 통해 알 수 있는 것은 톨스토이가 삶을 그릇, 영혼을 그 그릇 안에 담긴 내용물로 이해하고 있다는 사실이다. 죽음은 그 그릇이 깨진 현상이고, 따라서 그릇의 내용물로서 영혼은 그릇의 파괴와 더불어 소멸하는 것이 아니라 다른 그릇을 찾아갈 것임을 암시한다. 톨스토이는 또 다른 장소에서 삶을 꿈에, 죽음을 각성에 비유한다. "만약 삶이 꿈이고 죽음이 깨어나는 것이라면, 내가 국한된 존재로 나를 본다는 사실은 내가 죽음에 임박하여 깨어나기를 바랐던 일종의 꿈에 불과하다."[90] 보통은 삶이 각성에, 죽음이 꿈에 비유될 법한데, 톨스토이는 이 관계를 역전시켜 놓았다. 무엇이 꿈이고 각성이건 간에, 분명한 것은 삶과 죽음이 다르게 이해되고 있다는 사실이다.

 삶과 죽음의 차이를 이제까지 보아 왔던 담론들과는 전혀 다른 각도와 연관에서 조명한 지식인도 있다. 20세기 초반에 활동했던 오스트리아 철학자 비트겐슈타인은 삶과 죽음을 체험 가능성을 근거로 구분한다.

  또한 죽으면서 세계는 바뀌는 것이 아니라 끝이 난다. 죽음은 삶의 사건이 아니다. 죽음은 체험되지 않는다. 영원이 무한한 시간 지속이 아니라 무시간성으로 이해된다면, 현재에 사는 사람은 영원히 사는 것이다. 우리의 삶은 우리의 시야가 한계가 없는 것과 마찬가지로 끝이 없다. 인간 영혼의 시간적 불멸성, 즉 죽음 이후에도 인간 영혼이 영원한 삶을 계속한다는 가정은 어떤 방식으로도 보증되어 있지 않다. 뿐만 아니라 그 가정은 무엇보다도, 우리들이 늘 그런 가정으로 달성하고자 한 것을 전혀 성취하지 못한

---

88 Heinrich Heine, *Buch der Lieder*, Hamburg: Hoffmann und Campe, 1827, p. 256.
89 톨스또이, 「인생의 길」, 『인생이란 무엇인가 2: 사랑』, 424~25쪽.
90 톨스또이, 「인생의 길」, 『인생이란 무엇인가 2: 사랑』, 430쪽.

다. 내가 영원히 산다는 것에 의해 도대체 수수께끼가 풀리는가? 도대체 이 영원한 삶이란 현재의 삶과 똑같이 수수께끼 같지 않은가? 공간과 시간 속에 있는 삶의 수수께끼에 대한 해결은 공간과 시간 밖에 놓여 있다.[91]

죽음이 삶과 그리고 이 세계와 무관하다는 명제는 결국 죽음이 우리와 무관하다는 말처럼 들린다. 죽음이 우리 삶의 세계에 속해 있지 않고 결코 체험될 수 없는 영역이기에, 죽음에 대해 두려워하거나 죽음의 문제를 해결하고자 하거나 아니면 죽음을 극복하고자 하는 모든 시도는 현세적 관점에서 무의미하다. 결국 비트겐슈타인이 이 인용문에서 말하고자 한 주제는 삶, 그것도 현재의 삶을 살아가는 것이 유일하게 유의미하고 중요하다는 것이다.

이제 끝으로 삶과 죽음의 관계에 관한 서구 지식인들의 마지막 사유를 살펴보자. 이 마지막 네 번째 범주에는 삶과 죽음에 대해 거리를 두고 이 두 개념을 가능한 한 중립적으로 성찰한 담론이 속한다. 가령, 세네카는 "인생은 선도 악도 아니네. 그것은 선과 악이 태어나는 곳에 지나지 않네"라고 말한다.[92] 삶이 선도 악도 아니라면 죽음 또한 선도 악도 아닐 것이다. 삶에 대해 이처럼 도덕적으로 중립적인 태도를 보인다는 것, 즉 삶을 객관적으로 관찰하려고 노력한다는 것은 그만큼 죽음에 대해서도 냉정하고 분별력 있게 대할 자세를 갖추겠다는 뜻이다. 그러나 삶에 대해 객관적일 때, 죽음에 대해서도 객관적일 수 있다는 명제를 삶이나 죽음에 대해 도덕적·윤리적 가치판단을 유보하라거나 포기하라는 명령으로 오해해서는 곤란하다. 오히려 그것은 가치판단을 내리고 과감히 평가하되, 그 판단과 평가를 최대한 객관적이고 논리적이며 합리적으로 내리라는 요청으로

---

91 Ludwig Wittgenstein, *Tractatus Logico-Philosophicus*, New York: Harcourt, 1921; 루트비히 비트겐슈타인, 이영철 옮김, 『논리-철학 논고』, 책세상, 2020, 126~27쪽 (= *Tractatus Logico-Philosophicus*, 6.431).
92 세네카, 『세네카 인생론』, 593쪽 (= 루킬리우스에게 보내는 도덕 편지 99).

읽어야 한다.

몽테뉴 또한 삶의 중립성을 논파한 대표적인 사상가다. 그가 말한 내용 중 앞서 인용했던 문장 일부를 다시 인용해 보자. "인생은 그 자체로서는 좋은 것도 나쁜 것도 아니다. 그대들이 인생에 차려주는 자리의 좋고 나쁨에 따른다."[93] 삶이 좋은지 나쁜지는 그 삶을 살아가는 주체가 만들어 나가는 삶의 내용들의 좋고 나쁨에 따라 결정된다. 요컨대, 삶의 포장지, 즉 형식이 아니라 그 안에 담긴 삶의 내용물에 따라 그 가치가 결정된다. 이렇게 보면 죽음도 마찬가지일 것이다. 잘 살다 보면 잘 죽게 될 것이고, 잘못 산 인생은 그 죽음 또한 나빠질 것이다. 따라서 몽테뉴가 말한 이 인용문의 진의는 삶을 섣불리 가치 평가하려 하지 말고, 우선은 삶의 양과 질을 풍부하고 알차게 채워 넣은 다음에 판단 내지 평가하라는 충고에 있다고 보아야 할 것이다.

결론적으로 삶과 죽음의 관계에 대한 서구 지식인들의 다양한 사유를 통해 우리는 몇 가지 중요한 통찰을 얻을 수 있다. 먼저 삶의 목적과 의미의 문제다. 포이어바흐가 말했듯이, 삶은 그 자체가 목적이다. 삶에 생존 이상의 의미나 가치가 있을 수 있는가? 혹자는 삶의 목적이 행복에, 자아실현에, 목표 달성 등에 있다고 말할지 모른다. 하지만 이것들은 모두 사람들이 살아가면서 부여해 나가는 삶의 의미 또는 가치에 불과할 뿐, 결코 자연적이고 물질적이며 생물학적인 목적이라고 할 수 없다. 그럼에도 우리 인간은 생존 이외의 그 어떤 의미도 없는 삶의 과정에 대해 끊임없이 의미 없는 질문을 던지거나 자신이 생각한 가치를 부여한다. 인간이란 본성이 그렇게 살도록 규정된 존재일지도 모른다. 왜냐하면 인간이 자신의 삶에 문제를 제기하고 질문을 던지지 않게 되는 순간, 그리고 삶에 특정한 의미와 가치를 부여하지 않게 되는 순간 철학적 의미의 삶은 멈추게 될 것이기 때문이다. 결국 인간이란 평생을 의미 없는 행위와 주제에 질문하고 답하

---

93 몽테뉴, 『몽테뉴 수상록』(제1권), 98쪽.

면서, 그리고 거기에 의미 없는 목적과 가치를 부여하면서 살다가 죽어가는 존재이다. 인생의 무상함, 즉 인간 삶의 '의미 없음'이 곧 '의미 있음'으로 만들어지는 순간이 바로 '죽음'이다. 삶은 의미가 없을지 모른다. 하지만 인간이 죽으면 죽는 순간부터 살아왔던 행적에 의미가 부여되기 시작한다. 이 얼마나 우스꽝스러운 아이러니인가? 죽고 나서야 삶에 의미가 있다니! 그렇기에 인간은 잘 사는 것(well-being) 못지않게 잘 죽어야(well-dying) 한다. 안락사나 존엄사의 의미도 아니고 의로운 죽음이나 행복한 죽음도 아닌, 말 그대로 잘 살았기 때문에 어떻게 죽든 그렇게 될 수밖에 없는 의미에서의 '웰다잉'이야말로 삶에서 어쩌면 가장 중요한 문제일 수 있다. 그러니 우리 모두 죽는 순간까지 이 의미 없는 삶을 위해 계속 전진해 나가야 한다.

둘째, 삶과 죽음의 변증법적 연관성이다. 아무리 죽음이 두렵다고 하더라도 그것이 삶으로부터 분리될 수 있는 것은 아니다. 죽음은 더 이상 삶과 무관한 어떤 것이 아니라 삶의 일부로 간주되어야 한다. 죽음이 삶의 반대편에 있는 것이 아니라 또 다른 곳에 있음을 알 때, 죽음은 더 이상 죽음이 아니라 삶의 일부로 다가온다. 우리는 죽음이 무엇인지를 묻기 이전에 삶이 무엇인지를 진정으로 알려고 노력하는 자세가 필요하다. 왜 사는지를 묻지 말고 왜 죽지 않아야 하는지를 자문해야 한다.

셋째, 삶과 죽음의 동일성 또는 친화성이다. 인간은 태어난 순간부터 죽음에 이를 때까지 죽어간다. 이때 삶과 죽음은 하나로 인식될 수 있거나, 아니면 인식되어야 한다. 어쩌면 이러한 인식이야말로 삶을 가장 알차고 의미 있게 만들어 가는 최고의 동력이 될 수 있다. 20세기 초 독일의 철학자 테오도르 레싱(Theodor Lessing)이 '역사'에 대해 말했던 것처럼 '삶' 또한 어쩌면 "의미 없는 것에 대한 의미 부여"의 과정, 그러다가 종국에는 죽음이라는 삶에서 가장 큰 의미를 부여받는 과정일지도 모른다.

마지막으로 삶과 죽음의 우열 문제이다. 사람들이 죽음보다 삶에 더 많은 가치를 두는 진짜 이유는 어쩌면 죽음에 대한 불안과 공포가 삶에 대한 애착이나 욕구를 압도하기 때문일 것이다. 즉 인간은 살고 싶어 사는 것이 아니라 죽기 싫어 산다. 죽는 것이 무서워 살아갈 뿐이다. 따라서 톨스토이가 생각했듯이, 죽음은 어찌 보면 삶이라는 고통으로부터의 유일한 탈출구, 곧 해방일 수 있다.

제2장

죽음의 주요 원인: 질병과 자연재해

질병은 인간에게 죽음을 가져다주는 가장 일반적이고 보편적인 원인 중 하나다. 19세기 이전까지 서양인들을 죽음으로 내몰았던 질병으로는 페스트(흑사병), 천연두, 홍역, 콜레라, 장티푸스, 매독, 임질 같은 전염병을, 20세기로 오면 각종 암, 에이즈, 에볼라(슈퍼박테리아) 같은 불치병 또는 난치병을 들 수 있다. 그 밖에도 서양인들은 그 이름도 알 수 없는 각종 희귀 질환으로 죽어갔다. 가령, 20세기 초 유럽 대륙을 강타하면서 전 세계적으로 약 2천만 명 이상의 목숨을 앗아간 스페인 독감 같은 치사율 높은 인플루엔자나 비록 치사율은 낮지만 2020년부터 전 세계적으로 확산되기 시작해 지금까지도 영향을 끼치고 있는 COVID-19(코로나19)도 당연히 여기에 속한다. 아무리 치사율이 낮은 바이러스라 하더라도 면역력이 약한 사람에게는 쉽게 사망에 이르게 한다는 점에서 결국 모든 질병은 인간의 생명을 위협하는 가장 치명적인 잠재적·실제적 독(毒)이라 할 수 있다. 인류는 이처럼 다양한 바이러스, 박테리아, 세균 등으로 수없이 죽어가면서 많은 고통을 받아왔으며, 이러한 고난의 행군은 지금도 계속되고 있고 앞으로도 — 아무리 의학, 세균학, 생물학, 유전학 등의 발전으로 인간 수명이 늘어난다고 하더라도 — 이어질 것이다. 그 점에서 인류의 역사는 어쩌면 미생물과의 처절한 투쟁 과정이라고 할 수 있다.

이 기나긴 투쟁 과정에서 최후의 승자는 언제나 다양한 변이를 일으키며 진화를 거듭해 온 미생물이었고, 앞으로도 그럴 것이 확실시된다. 미생물이 최후의 승자가 된 이유는 그것들이 특별히 강해서라기보다는 반대로 인간이 그만큼 질병에 취약하고 유약한 존재이기 때문이다. 정신적 측면을 도외시한다면, 적어도 육체적 측면에서 본 인간은 지구상의 그 어떤 생명체보다도 약한 자연의 피조물이라고 할 수 있다. 아무런 도구를 지니지 않은 채 홀로 자연 속에 선 인간은 생태계 사슬에서 최상위 포식자로서의 사나운 맹수 또는 맹금류는 말할 것도 없고, 거의 생명체라고 보기 어려운 이러한 미생물에게도 쉽사리 굴복당할 수 있는 존재다.

그동안 서구 지식인들은 인간을 죽음에 이르게 한 이러한 질병에 대해 다양한 생각들을 펼쳐 왔다. 그들이 펼친 질병 관련 담론을 정리해 보면, 다음과 같이 크게 5개의 범주로 나뉜다는 것을 알 수 있다. (1) 가장 먼저 질병의 개념 정의와 원인 및 속성 담론이다. 즉 질병이란 무엇인가, 질병의 본질과 특징은 무엇인가, 질병은 어디에서 기인하고 발생하는가 등에 관한 질문에 답하는 과정에서 나온 언설이 그것이다. (2) 다음으로 건강과 질병의 관계, 특히 그 둘의 변증법적 관계에 대한 고찰이다. 더불어 건강에 대한 개념 정의, 질병과 건강, 회복과 관련된 사유들이 여기에 포함된다. (3) 아울러 질병과 죽음의 상관성에 관한 언급들이다. 이 장(章)의 하이라이트에 해당하는 이 범주 안에는 죽음과 관련된 질병의 위상, 질병과 죽음의 비교 담론 등이 포함된다. 즉 질병이 과연 죽음의 전(前) 단계인지 아닌지, 질병과 죽음은 같은 것인지 아닌지, 같다면 왜 같고 다르다면 어떻게 다른지 등에 대한 서구 지식인들의 의견이 주된 내용을 이룬다. (4) 네 번째는 다양한 질병의 종류에 대한 견해들이다. 이 범주 안에는 질병의 종류만이 아니라 일반 질병과 다른 영혼의 질병, 육체의 질병과 영혼의 질병 사이의 관계 등에 대한 성찰들이 포함된다. (5) 마지막으로 인간의 여러 속성을 질병에 비유한 사례다. 사랑, 호기심, 오만, 절망, 악행 등이 어떤 지식인들에 의해 왜 그리고 어떻게 질병으로 비유되었는지가 이 범주에서 논의될 것이다.

먼저 질병의 개념 정의부터 살펴보자. 이와 관련해서는 가장 먼저 '서양 의학의 아버지'로 불리는 히포크라테스(Hippocrates)를 전면에 내세우지 않을 수 없다. 그러나 불행히도 그에게서 '질병이란 무엇이다'라는 식의 정의는 발견되지 않는다. 기껏해야 '질병은 어떠한 성질을 갖고 있으며 어떤 원인으로 생겨난다'라는 식의 접근만 보인다. 그는 『공기, 물, 장소에 관하여』 제22장에서 스키타이족의 남성들이 많이 앓고 있는 성적 불능을 설명하면서 다음과 같이 말한다. "내 자신이 생각하기에 이 질병들은 다른 모든 질병과 마찬가지로 신적이며, 어느 것도 다른 것보다 더 신적이지도, 인간적이지도 않고, 모든 질병은 유사하며 다 신적이다. 이러한 질병들 각각은 자연적 기원을 지니며 어떤 질병도 자연적 기원 없이 생겨나지 않는다."[94] 이에 따르면, 모든 질병은 신적이면서 동시에 자연적이다. 즉 모든 질병은 신적인 기원과 자연적 기원을 동시에 갖고 발생하는데, 이 둘은 서로 배치되거나 모순되지 않는다. 그런데 이때 신적인 기원을 갖는 병, 이른바 '신성한 질병'은 그 원인을 알 수 없고 놀랍기에 붙여진 이름이다. 그래서 히포크라테스는 『신성한 질병에 관하여』에서 신적인 것처럼 보이는 모든 질병이 사실은 자연적인 원인에서 발생한다고 주장한다. 이 책의 첫 문장은 다음과 같이 시작한다. "소위 신성한 질병에 대한 내용은 다음과 같다. 이 질병은 다른 질병들보다 전혀 더 신적인 것으로도 신성한 것으로도 내게는 보이지 않으며, 다른 질병들이 발생의 기원을 찾는 것과 같이 자연적 기원과 계기적 원인을 가진다."[95] 결국 히포크라테스는 모든 질병이 자연적 원인으로 발생한다는 점을 명확히 한 것이다.

이미 말했듯이, 히포크라테스의 이러한 언급들은 질병의 개념 정의라기

---

94 Hippocrates, *Peri aerōn, hydatōn, topōn* (『공기, 물, 장소에 관하여』); 히포크라테스, 여인석 외 옮김, 『히포크라테스 선집』, 나남, 2011, 77쪽.

95 Hippocrates, *Peri hierēs nousou* (『신성한 질병에 관하여』); 히포크라테스, 『히포크라테스 선집』, 91쪽.

보다는 질병의 원인에 대한 지적에 가깝다. 아무래도 그의 관심이 질병에 대한 개념 정의보다는 질병 자체에 놓여 있다 보니 나타난 현상일 것이다. 그럼 지금부터 생몰 연대를 무시하고 질병에 대해 조심스럽거나 순화된 형식으로 정의한 지식인들로부터 시작해 점차 과격하고 기상천외한 발상으로 규정한 지식인들의 순서로 논의를 진행해 보자. 가장 순화된 형태는 자살에 관한 연구로 유명한 19세기 프랑스 사회학자 뒤르켐에게서 발견된다. 그는 정상인의 자살과 정신병자의 자살을 구분하면서 다음과 같이 주장한다. "정상인이 자살하는 심적 상태와 거기에서 비롯되는 행동에는 객관적인 이유가 있는 반면, 정신 질환자의 자살은 외적 상황과 아무런 관계가 없다. 결국 환상과 환각이 정상적인 지각과는 다르고, 자동적인 충동이 의도적 행동과 다른 것처럼 정신 질환자의 자살은 정상인의 자살과 구별된다. 사실, 우리는 정확히 구별하지 않으면서 한 경우에서 다른 경우로 넘어간다. 하지만 일반적으로 두 경우를 동일시한다면 건강과 질병도 구별할 수 없을 것이다. 왜냐하면 질병은 건강의 변형된 형태에 불과하기 때문이다."[96] 질병은 여기서 단순히 '건강의 변화'로 정의된다. 질병에 대한 개념 정의로 이보다 더 평범하고 단순한 표현이 있을까 싶다. 이 정의에 따르면, 보기에 따라 건강하지 못한 모든 경우가 질병으로 이해된다. 이건 맞고 틀리고의 문제가 아니라 관점의 차이인 듯하다. 왜냐하면 건강하지 못하다고 해서 모두 병자는 아니며, 또 반대로 질병이 없다고 해서 모두 건강한 사람이라고 할 수는 없기 때문이다. 사실, 뒤르켐의 정의에서의 문제점은 그것이 순화적이고 아니고를 떠나 너무도 포괄적이어서 그 자체로 말해 주는 것은 거의 없다는 점이다.

유사한 표현은 헤겔에게서도 발견된다. 그는 1827년 발표한 『철학 강요』(*Enzyklopädie der philosophischen Wissenschaften im Grundrisse*) 제2판에서 질병과 죽음에 대해 다음과 같은 성찰을 드러낸다.

---

96 Émile Durkheim, *Le Suicide: Étude de sociologie*, 1897; 에밀 뒤르켐, 변광배 옮김, 『자살: 사회학적 연구』, 세창출판사, 2021, 43쪽.

자신으로부터 떠난 유기체는 그 자신으로부터 그 자신에 대해 죽는다. 본래 질병이란 그것이 사멸이 아닌 이상, 개별적인 것에서 일반적인 것으로 나아가는 운동의 외면적 실존 과정이다. 죽음의 필연성은 개별적인 원인들에 존재하지 않는다. 마찬가지로 유기체적인 그 어떤 것에도 존재하지 않는다.[97]

여기서 질병은 '개체성에서 일반성으로의 운동의 한 과정'으로 정의된다. 그가 질병을 이렇게 정의한 이유는 유기체의 죽음의 필연성을 개체성의 일반성으로의 전이에, 즉 개체의 특이한 성격이 아니라 종(種)의 보편적이고 자연적인 본질에 있다고 보았기 때문이다. 쉽게 말해 질병과 죽음이라는 현상은 한 개체가 종, 즉 보편으로 변화되는 과정을 말한다. 모든 유기체는 살아 있을 때는 낱낱의 '개체'이지만, 죽게 되면 일반적 의미의 '종'으로 변한다는 것이다. 결국 모든 개체의 죽음은 종국에 죽음의 필연성이라는 측면에서 보면 보편의, 일반의, 종의 죽음이다.

그러나 질병은 아직 죽기 전의 단계이기에 완전한 의미의 종으로의 변화를 이룬 상태라고 할 수 없다. 그래서 질병을 개체화에 비유한 사상가가 있었으니, 그가 바로 헤겔보다 한 세대 이전에 활동했던 노발리스이다. 그는 "하나의 완전한 건강의 이상은 그저 학문적으로만 흥미로울 뿐이다. 질병은 개체화(Individualisierung)에 속한다"라고 주장했다.[98] 여기서 질병이 개체화에 속한다고 말한 이유는 아마도 질병이 언제나 개별 인간에게서 나타나는 현상이기 때문에 그랬을 것이다. 그러나 불행히도, 아니면 특이하게도 노발리스에게서는 동시에 반대되는 표현도 발견된다. "도덕의 체계는 자연의 체계가 되어야 한다. 모든 질병은 도덕적 죄에 비견된다. 그 질병

---

97 Georg Wilhelm Friedrich Hegel, "Enzyklopädie der philosophischen Wissenschaften im Grundrisse II", in: Georg Wilhelm Friedrich Hegel, *Werke*, vol. 9, pp. 534~35.

98 Novalis, *Schriften*, vol. 3, p. 681 (= "Fragmente und Studien 1799-1800", 637) (강조: 노발리스).

들이 초월적인 것들(Transzendenz)이라는 점에서 그렇다. 우리의 질병들은 더 상위의 힘으로 넘어가길 바라는 증대된 민감성의 모든 현상이다. 인간이 신이 되길 바라는 것처럼 인간은 죄를 범한다."[99] 사물의 감상성(感傷性)에 민감하고 또 그 감상성을 강조한 낭만주의자답게 노발리스는 질병을 더 상위 단계로 넘어가는 초월적인 어떤 것으로 정의한다. 물론, 이 초월을 일반이나 보편으로 볼 여지가 있는지에 대해서는 논란의 여지가 있겠지만, 여기서 노발리스가 질병을 개체의 수준을 넘어선 것으로 본 것만은 분명하다.

한편, 우리는 표현의 순화와는 무관하게 '병'(sickness 또는 illness)과 '질병'(disease) 및 '질환'을 흔히 같은 의미로 사용하지만, 학술적으로 이들은 구별된다. 의학적 또는 백과사전적 정의에 따르면, '병'은 단순히 아픈 상태, 즉 건강하지 못한 상태를 뜻한다. 흔히 아픈 느낌이라는 의미의 병감(病感)에 해당하는 포괄적·일상적 의미의 아픈 상태를 지칭한다. 반면에 '질병' 또는 '질환'은 병리학적 개념이다. 페스트, 콜레라, 천연두 같은 전염병뿐만 아니라 위궤양, 간염, 폐암, 신부전, 부정맥, 파킨슨병, 알츠하이머, 심지어 조현병 같은 정신병까지 포함해 모든 종류의 특정 병을 질병이라고 한다. 그런데 20세기 프랑스의 포스트구조주의 철학자 미셸 푸코(Michel Foucault)는 '병'과 '질병'을 의학적이 아니라 철학적으로 다음과 같이 구분한다.

> 질병이란 하나의 본질이[…]다. 병이란 질병을 나타내는 증세에 의해 파악해 낼 수 있는 특별한 실체다. 병은 그 증세에 선행하며 어느 정도는 그 증세와 독립된 것이라고 여겨진다.[100]

---

99 Novalis, *Schriften*, vol. 3, pp. 662~63 (= "Fragmente und Studien 1799-1800", 601).

100 Michel Foucault, *Maladie mentale et psychologie*, Paris: Presse Universitaire de France, 1954; 미셸 푸코, 박혜영 옮김, 『정신병과 심리학』, 문학동네, 2002, 16쪽.

병과 질병이라는 두 개의 개념 중 더 핵심적인 것은 질병이다. 병은 단순히 아픈 상태라서 일종의 증상으로 나타나지만, 질병은 그 질병이 보여주고자 하는 증상이 도달한 최종 목표에 해당하기 때문이다. 따라서 현상으로서의 병은 언제나 본질로서 질병에 선행하며, 질병으로 그 증상은 자신의 정체성을 확인받는다. 병이 출발점이라면, 질병은 결승점인 셈이다. 물론, 그 질병의 최종 목표는, 다시 환자의 입장에서 보자면, 죽음이 되겠지만 말이다. 그럼에도 푸코의 이러한 표현들은, 비록 철학적으로 보이기는 하지만 매우 순화된 것임을 알 수 있다.

질병을 '건강의 변화'니, '개체에서 일반으로의 전화'니, '개체화'니, '초월'이니, '본질'이니 하는 표현들은 나름 그럴듯해 보인다. 하지만 이것들 자체가 질병이 구체적으로 무엇인지를 말해 주지는 않는다. 이 순화되고 포괄적이며 모호하면서도 추상적인 표현들을 지나 다음으로 넘어가면 중간 단계의 개념 정의들이 등장한다. 이 단계에서는 좀 더 구체적이지만 아직은 심한 부정적 표현이 등장하지는 않는다. 이 계열에 속하는 대표적인 인물이 우나무노다. 그는 질병을 다음과 같이 정의한다.

> 병이라는 것은 어떤 점에서 유기적인 분해다. 그것은 살아 있는 육체 내에서 반역하고, 생명의 공동 작용을 파괴하고, 모든 요소가 합쳐 있는 목적으로부터 다른 목적을 획책하려는 어떤 기관이나 구성 분자다. 그 목적은 자체 내에서 생각할 때, 다시 말해서 추상적으로 논할 때 더 숭고하고 더 고상하고 결국 자기가 원하는 대로 될 수가 있다.[101]

물론, 중간에 '반역'과 '파괴' 등 다소 과격한 표현이 없는 것은 아니지만, 대체로 '분해'나 '구성' 같은 순화된 표현이 주를 이룬다. 우나무노에 따르면, 질병이란 건강한 상태에서의 변화가 아니라 유기체의 어떤 작용을 방해하거나 원하는 방향과는 다른 방향으로 나아가도록 만드는 분해 과

---

101 미겔 데 우나무노, 『삶의 비극적 감정』, 45~46쪽.

정에서 나타나는 현상이다. 하나의 유기체가 어떤 목적을 갖든 간에, 질병을 일으키는 바이러스 같은 미생물 또한 자신의 특정 목적을 갖는다. 이 두 유기체의 충돌로 나타나는 현상이 결국 질병이라는 것이다. 그리고 최종 승자는 당연히 질병을 유발하는 유기체다. 심지어 그 승리를 이끈 유기체의 목적을 숭고하며 고상하다고까지 표현한 우나무노의 관점이 신기하다.

질병을 중간 수위에서 개념 정의한 사례는 또 있다. 나중에 '대안적심리치료협의회'로 명칭을 바꾼 '영혼탐구재단'을 1977년 설립하고 이끌었던 미국의 저술가 글렌 윌리스턴(Glenn Williston)은 질병을 "무엇인가 풀지 못한 스트레스의 결과"로 규정했다. 그는 다음과 같이 주장한다. "풀지 못한 스트레스의 결과인 병은 큰 자아의 수많은 차원에서 작용하는 원인과 결과라는 우주 법칙의 본보기이다. …… 질병은 우리가 신체의 초기 경고를 눈치채지 못하거나 주의를 기울이지 못했을 때에만 나타난다."[102] 무언가 욕구불만에 쌓이면 질병에 걸린다는 이야기다. 우리가 어떤 욕구를 충족하고 즐거움이나 행복을 느꼈다고 해서 모든 질병으로부터 해방되는 것은 아니라는 점에서, 그리고 모든 질병이 스트레스가 해소되지 못해 오는 것은 아니라는 점에서 100퍼센트 맞는 말이라고 할 수는 없다. 하지만 질병이 그러한 충족되지 못한 스트레스의 결과로 나타날 때가 많은 것은 분명하다는 점에서 그냥 흘려들을 이야기도 아니다. 우리의 주제가 비록 질병에 국한되어 있기는 하지만, 어차피 말 나온 김에 치료와 치유까지 언급하는 윌리스턴의 주장을 마저 들어 보자. "참다운 치료는 육체적·정신적·영적 에너지의 조합된 집중을 필요로 하는 역동적인 과정이다."[103] 다소 뻔한 이야기지만, 그는 질병의 치료가 정서적으로 몰입하고 긍정적 에너지에 집

---

102 Glenn Williston & Judith Johnstone, *Soul Search: Spiritual Growth Through a Knowledge of Past Lifetimes*, Wellingborough, Northamptonshire: The Aquarian Press, 1983; 글렌 윌리스턴·주디스 존스톤, 서민수 옮김, 『영혼의 탐구』, 시공사, 1996, 98~99쪽.

103 글렌 윌리스턴·주디스 존스톤, 『영혼의 탐구』, 101쪽.

중하면서 자신에 대한 믿음과 책임감이 더해질 때 확실하게 효과를 보게 될 것이라고 말한다. 치유에 대한 확신이 없고 자신을 믿지 않는다면 질병의 퇴치란 있을 수 없다.

이제 서서히 수위가 높은 표현들로 정의된 질병 개념으로 넘어가 보자. 앞서도 언급했던 근대 초의 영국 시인 존 던은 '질병'을 "육체의 혼란, 불화, 불규칙, 그리고 반항" 등으로 정의했다.[104] 철학적이지도 그렇다고 문학적이지도 않지만 참으로 공감이 가는 표현이라 생각된다. 이 정의를 뒤집으면 건강이란 육체의 안정, 평화, 규칙, 순종의 상태일 것이다. 육체의 정상적 작동에 이상이 생겨 혼란이 오고 불규칙하게 움직일 때, 질병은 찾아온다. 그런데 던은 의사를 의심의 눈초리로 쳐다본다. 왜냐하면 그가 보기에 '의사들'이란 '서둘러' '병을 끝낼 수' 있는 사람들이 아니기 때문이다. 그 때문에 '우리는' 그저 '병의 진행 과정을' 멍하니 지켜보기만 할 뿐이다. 던은 반문한다. "우리가 통제할 수 있는 시간에 맞추어 병을 통제할 수 있고 조종할 수 있다면, 그것이 어디 병이라고 할 수 있겠는가?"[105] 맞는 말이다. 통제될 수 있는 병은 어쩌면 죽음으로 끝날 진정한 의미의 병이라고 할 수 없을지 모른다. 따라서 그에게 병이란 죽을 때까지 맞서 싸워야 할 투쟁의 대상으로 묘사된다. 그러면서 그는 말한다. 만일 내가 죽는다면, 병에 갇힌 곳이라는 의미의 "감옥"이 아니라 병을 치료하는 곳이라는 의미의 "전투장"에서일 것이라고 말이다.[106]

노발리스 역시 질병을 "기관들 사이의 부조화"라고 불렀다. 지체(肢體)와 장기(臟器)를 비롯한 신체의 각 기관이 서로 화합하지 못하고 반목하는 불안정한 상태를 지칭하는 것으로 보인다. 그는 다음과 같이 말한다.

---

104 존 던, 김명복 옮김, 『인간은 섬이 아니다: 병의 단계마다 드리는 기도』, 나남, 2009, 199쪽.

105 존 던, 『인간은 섬이 아니다: 병의 단계마다 드리는 기도』, 199~200쪽.

106 존 던, 『인간은 섬이 아니다: 병의 단계마다 드리는 기도』, 202쪽.

예로부터 질병은 하나였다. 이와 함께 또한 보편 의학도 단 하나였다. 질병은 민감성과 자신의 기관들, 신경들을 가지고 자연에 등장한다. …… 동물적 삶이 플로기스트적[염증적] 과정이라면, 모든 질병은 반플로기스트적[반염증적] 과정들이다.—연소의 방해들 말이다. 질병의 다양성은 그것들이 인간들에게 등장한다는 점에서 만들어진다. 질병은 기관들 사이의 부조화다(Krankheit ist Zwist der Organe). 풍토병이 필연적으로 전국적(세계적) 유행병으로 넘어가는 것처럼 전국적(세계적) 유행병은 거의 언제나 풍토병이 되어야 한다.[107]

여기서 독일어 'Zwist'를 '부조화'로 부드럽게 번역했지만, 사실 이 단어는 원래 '불화', '갈등', '알력' 등을 뜻하는 일종의 전투적 용어다. 즉 노발리스는 신체의 각 기관이 조화를 이루는 상태는 건강으로, 이 기관들이 서로 대립하고 갈등을 일으키면서 뒤틀린 무질서한 상태를 질병으로 본 셈이다. 면역학과 세균학 등이 등장하고 발달하기 이전 시대의 지식인이라 하더라도, 어쨌든 그는 신체 내부의 기관들 사이가 아니라 인간과 외부의 바이러스나 박테리아 같은 미생물들과의 투쟁 상태를 질병으로 보았어야 했다. 물론, 외부의 바이러스가 아니라 외부의 독성 물질이 침투함으로써 우리 몸 내부의 세포들 사이에 부조화와 뒤틀림을 통해 발생하는 암 같은 질병을 예로 든다면, 노발리스의 말이 완전히 틀렸다고 할 수는 없다.

또한 노발리스는 질병이 자기 파괴적인 특징을 갖는다고 말한다. 그는 한 단편에서 다음과 같이 적고 있다. "질병의 특징—자기 파괴적 본능—그래서 모든 불완전한 것—그래서 그 스스로의 삶—또는 더 낫기로는 유기체적 물질(der organische Stoff). 삶과 죽음의 차이들의 지양(Aufhebung). 죽음의 소멸."[108] 문장이 아니라 단어와 문구의 나열이기에

---

107 Novalis, *Schriften*, vol. 3, pp. 657~68 (= "Fragmente und Studien 1799-1800", 591).

108 Novalis, *Schriften*, vol. 2, p. 644 (= "Vorarbeiten zu verschiedenen Fragmentsammlungen", 461).

노발리스의 생각을 정밀하게 추적하기는 어렵지만 다음 정도로 해석된다. 즉 질병을 일으키는 각종 바이러스는 우선 동물이나 인간 등 자기보다 비교할 수 없을 정도로 큰 유기체에 들어가 서식하다가 결국 해당 숙주를 죽음에 이르도록 만들며, 이 죽음과 더불어 자신도 죽는다. 그 점에서 질병의 최종 목표는 자기 사망, 즉 자기 파괴다. 물론, 자기 파괴적인 특징에는 바이러스만이 아니라 암세포도 해당되지만 말이다.

만일 인생을 고해(苦海)에 비유한다면, 그 이유의 80퍼센트 이상의 지분은 질병이 차지한다. 오죽하면 삶을 생로병사(生老病死)라고 했겠는가. 사고사(事故死)나 자살 등 특별한 이유를 제외하면 인간은 대부분 병들어 죽는다. 노인 사망 원인의 1위를 차지하는 폐렴이 그 대표적인 예다. 그만큼 질병은 삶의 고통의 핵심 원인이자 삶에서 고통의 중핵을 차지한다. 사르트르는 이러한 질병의 속성을 누구보다도 잘 포착했다.

우리가 앞에서 공범적인 반성이라고 부른 것을 고집한다면, 반성은 괴로움을 하나의 '심적인 것'(psychique)으로 만들고자 한다. 괴로움을 통해 파악되는 이 심적 대상, 그것이 '질병'(le mal)이다. 이 대상은 모든 괴로움이 가진 모든 특징을 가지고 있지만 초월적이고 또 수동적이다. 이 대상은 그 자신의 시간 ― 외적 우주의 시간도 아니고, 의식의 시간도 아닌 심적인 시간 ― 을 가진 하나의 실재이다. 게다가 이 실재는 여러 가지 다른 평가와 규정을 지탱할 수 있다. 이런 것으로서 이 실재는, 의식 자체와 구별되며, 의식을 통해서 나타난다. 이 실재는 의식이 변화하는 동안에도 여전히 변하지 않고 그대로 있다. '질병'의 불투명성과 수동성의 조건이 되는 것은 이 항상성(恒常性) 그 자체이다. 그러나 그런 반면, 이 질병은 의식을 통해 파악되는 한에서, 정도가 하락한 것이기는 하지만, 통일·내면성·자발성 같은 의식이 가진 모든 성격을 가지고 있다. 질병은 그런 하락에 의해 심적인 개별성을 부여받는다. 다시 말해, 가장 먼저, 질병은 부분부분으로 흩어지는 일이 없는 하나의 절대적인 밀착력을 가지고 있다. 그 밖에도 질병은 그 자신의 지속을 지니고 있다. 왜냐하면 질병은 의식 밖에 존재하면서, 하나의 과거와 하나의 장래를 가지고 있기 때문이다. …… 질병은 자신의 형태, 자기 자신의 지속, 자신의 습관을 가진 하나의 생물 같은 것으로서 주어진다. 환자들은 질병과의 사이에 일종의 친밀감을 가지고 있다. 질병은 하나의 새로운 현상으로서 나타나는 것이 아니다. 그것은 환자가 그렇게 말하는 것처럼 '내 오후의 발작'이다. …… 각각의 괴로움을 통해서 나는 그 질병 전체를 파악하지만, 질병은 그 모든 괴로움을 초월하고 있다. 왜냐하면 질병은 그런 모든 괴로움의 종합적 전체이기 때문이며, 그 괴로움에 의해서, 그리고 그 괴로움을 통해서 전개되는 테마이기 때문이다.[109]

다소 길게 인용됐지만 논지는 분명하다. 여기서 '질병'은 "모든 괴로움의 종합적 전체"로 정의된다. 이를테면 모든 고통의 종합 선물 세트, 모든 괴로움의 도가니(melting pot)가 곧 질병이라는 이야기다. 질병은 또한 초월성, 수동성, 개별성, 응집력, 지속성 등 다양한 속성을 갖는다. 그러나 이 모든 속성은 다시 괴로움, 즉 고통으로 수렴된다. 삶이 고통스러운 이유는 바로 질병 때문이다.

더욱 고통스러운 것은 이 '괴로운 심적 대상'인 질병이 철학적으로 인식되지 않고 다만 경험될 뿐이라는 사실이다. "질병은 결코 인식되지 않는다. 질병은 '경험되는'(est souffert) 것이다."[110] 여기서 '경험하다'로 순화되어 번역된 프랑스어 'souffrir'는 원래 '(고통 따위를) 견디다', '겪다', '당하다', '참다' 등을 뜻하는 동사다. 영어의 'suffer'에 해당하는 단어다. 모두 부정적인 경험의 뒤에 붙는 말이다. 나중에 죽음과 관련해서도 다시 언급되겠지만, 질병은 이처럼 철학적 사유의 대상이 아니라 그저 견디고 겪으면서 고통스럽게 당해야 하는 대상일 뿐이다.

질병이 이처럼 고통스럽기 때문에 세네카는 질병이나 고통이 약하지만 오래 지속되는 것보다는 강하지만 짧게 끝나는 것이 좋다고 말한다. 루킬

---

109 장 폴 사르트르, 『존재와 무』, 561~63쪽.
110 장 폴 사르트르, 『존재와 무』, 565쪽.

리우스에게 보내는 한 편지에서 세네카는 다음과 같이 말하고 있다. "자네는 질병이 오래 끄는 것과 격렬하지만 짧게 끝나는 것, 어느 쪽이 낫다고 생각하나? 오래 끄는 질병이라면 소강 상태가 있고 회복기도 있으며 고통을 면하는 시간도 많지만, 그것은 재발하려면 한번은 나을 필요가 있기 때문이네. 짧고 빨리 끝나는 질병은 둘 중에 하나, 질병이 사라지든가 질병에 의해 사라지든가, 어느 한쪽이네. 그런데 어떤 차이가 있을까? 사라지는 것이 질병 쪽이든 내 쪽이든, 어쨌든 고통은 끝나는 것 아닌가."[111] 어차피 맞을 것이라면 매도 먼저 맞는 것이 낫듯이, 겪을 수밖에 없는 고통이라면 강하지만 짧게 끝나는 것이 낫다는 주장이다.

그렇다면 서구의 지식인들은 이러한 질병의 원인이 무엇이라고 생각했을까? 질병은 어디에서 기인하고 왜 온다고 생각했을까? 먼저 고대 그리스인들이나 로마인들은 질병이 자연으로부터 온다고 생각했다. 가령, 루크레티우스는 질병이 저 하늘 위의 공기 중에서 오거나 아니면 땅, 즉 대지 위에서 올라온다고 주장했다.

> 이제 질병들에 어떤 이유가 있는지, 또는 어디서 갑자기 질병의 힘이 생겨나서 인간의 종족과 짐승들의 무리에 죽음의 재앙을 피워 올릴 수 있는지 내 설명하리라. 우선 많은 사물의 씨앗이 있음을 나는 위에서 가르쳤노라, 우리에게 생명 주는 것들이. 그리고 반대로 죽음과 질병에 속한 많은 것이 떠돌고 있어야만 한다. 그것들이 어쩌다 우연히 모여서 하늘을 혼란시키면, 공기가 질병을 품게 된다. 그리고 질병의 저 모든 힘과 전염성은 구름과 안개들처럼 외부로부터 저 위 하늘을 가로질러 오거나, 아니면 자주 땅 자체로부터 모여서 올라온다.[112]

현대 식으로 해석하자면, 바이러스나 세균이 공기 중에 우연히 떠돌다

---

111 세네카, 『세네카 인생론』, 521~22쪽 (= 루킬리우스에게 보내는 도덕 편지 78).
112 루크레티우스, 『사물의 본성에 관하여』, 507쪽.

가, 아니면 땅속에 묻혀 있다가 땅 위로 올라오면 질병이 발생한다는 것이다. 표현 자체는 매우 유치하지만 현대 의학의 관점에서 보더라도 전혀 틀린 말은 아니다. 전염병의 감염 경로는 잘 알려져 있기에 하늘 부분은 생략하자. 문제는 땅속인데, 이 역시도 오늘날 맞는 말로 입증되었다. 왜냐하면 최근 들어 지구 온난화 현상으로 대지의 표면 온도가 높아지자 시베리아나 북극 또는 남극 같은 영구 동토층이 해빙되어 지상으로 노출되면서 아주 오랜 시간 땅속에서 얼어 깊숙이 묻혀 있던 고대의 미생물들이 유출되어 전대미문의 전염병을 일으킬 수 있다는 불안하고 두려운 뉴스들이 심심찮게 들려오고 있기 때문이다. 이 경우 질병은 분명 땅속에서 솟아난 것이다.

중세를 거쳐 근대로 오면 기독교가 유포되면서 이제 유럽인들의 뇌리에 질병의 원인은 자연에서 신으로 바뀌게 된다. 가령, 스피노자는 질병이 신의 분노로 생긴다고 생각했다. 그는 다음과 같이 주장했다. "자연의 사태가 어디에 도달했는지를 주목하라! 자연의 그렇게도 많은 유용한 것 사이에 적지 않은 해로운 것들, 곧 폭풍우, 지진, 질병 등을 그들은 주의하지 않으면 안 되었다. 그리고 그들의 주장에 의하면, 이것들은 인간이 신들에게 가한 모욕으로 인하여 또는 인간이 신을 경배하는 데서 범한 죄과로 인하여 신들이 분노했기 때문에 생겼다."[113] 신의 분노는 인간에게 질병과 고통, 마지막에는 죽음을 가져다주며, 신의 은총은 인간에게 축복과 행복 그리고 구원을 가져다준다. 따라서 우리가 건강하고 행복하게 살려면 신을 화나게 해서는 안 된다. 다분히 '신에 취한 사람'으로 알려진 스피노자다운 발상이다.

그런데 스피노자의 말을 잘 눈여겨보면, 신은 이유 없이 화를 내지 않는다. 신은 언제나 인간이 자신에 대한 숭배 또는 경배를 소홀히 하거나 계율을 어기는 등의 죄를 저지를 때 분노한다. 그래서 다른 관점에서 보면, 질병의 원인은 신의 분노라기보다 인간의 죄에 있다고 볼 수 있다. 이 생각

---

113 B. 스피노자, 『에티카』, 70쪽.

을 잘 표현한 사람이 바로 존 던이다. 그는 한 기도문에서 다음과 같이 읊조린다. "병은 육체보다 훨씬 더 깊은 곳에 있습니다. 병은 나의 영혼 가운데 있습니다. 아니, 그보다 더 깊이 있습니다. 우리에게 영혼이 다가오기 전, 생명이 없었을 때 우리의 육체는 죄가 없는 육체였습니다. 병이 육체로 들어와 육체를 병으로 사로잡기 전 영혼은 죄가 없었습니다. 모든 병의 뿌리와 연료는 죄입니다. 육체와 영혼을 파괴하는 병은 육체와 영혼 어느 한 곳에 있는 것이 아니라 둘 모두에 있습니다. 병은 육체와 영혼이 결합한 곳에 있습니다."[114] 던에게 모든 질병의 뿌리는 죄다. 그런데 기독교의 교리에 따르면, 인간은 원죄를 갖고 태어나기에 살아가면서 평생을 질병의 질곡에서 벗어날 수 없다. 이 점을 던은 인간이 생명을 받아 육체로 태어나는 순간, 질병의 먹잇감이 된다고 말한다. 심지어 병은 육체뿐만 아니라 영혼까지 잠식해 간다. 그래서 질병은 육체와 영혼을 동시에 망가뜨린다.

이 점을 포착해서인지 훗날 노발리스는 한 단상에서 "모든 질병을 사람들은 영혼의 질병이라고 명명할 수 있다"라고 말한다.[115] 모든 질병은 영혼에서, 즉 마음에서 온다는 말처럼 들린다. 만일 노발리스가 이 생각을 의도하고 그렇게 말했다면, 그는 현대 의학 또는 심리학의 교리를 200년이나 앞서 선취한 셈이다. 사람이 스트레스를 받으면 없던 병도 생기고, 나을 것이라는 믿음만 있다면 가짜 약만 먹어도 치유되는 놀라운 '플라시보(placebo) 효과' 또는 그 반대인 '노시보(nocebo) 효과' 등을 염두에 둔다면 말이다.

그렇다면 이러한 질병은 어떠한 특징들을 가질까? 질병의 본질과 속성에 대한 담론은 먼저 세네카를 참고할 만하다. 세네카는 질병의 세 가지 속성에 대해 다음과 같이 말한다. "어떤 질병에도 중대한 것이 세 가지 있네. 죽음의 두려움, 몸의 고통, 즐거움의 단절이네."[116] 비단 죽을병이 아니

---

114 존 던, 『인간은 섬이 아니다: 병의 단계마다 드리는 기도』, 241쪽.
115 Novalis, *Schriften*, vol. 3, p. 663 (= "Fragmente und Studien 1799-1800", 601).
116 세네카, 『세네카 인생론』, 518~19쪽 (= 루킬리우스에게 보내는 도덕 편지 78).

더라도 사람들은 일단 병석에 눕게 되면 자연스럽게 죽음에 대해 생각하게 된다. 몸은 고통스러워지고 더불어 육체적으로든 정신적으로든 더 이상 즐거움을 느낄 수 없게 된다. 질병의 속성이 세 개로 나뉘어 있기는 하지만 뒤의 두 속성은 하나로 묶일 수 있다는 점에서, 세네카는 질병을 '죽음의 공포'와 '육체의 고통'이라는 두 성질을 갖는 현상으로 보았다고 할 수 있다.

한편, 던은 질병이 불가항력적이라면서 다음과 같이 주장하기도 한다. "인간은 건강의 변화무쌍함으로 불행하다. 건강이 좋았다가 갑자기 병이 들면, 갑작스런 변화에 놀라고 나빠진 건강에 더 놀란다. 발병의 이유를 알 수 없고 병의 이름도 모르면서 '건강'을 위해 온갖 음식, 음료수, 공기, 그리고 운동에 신경을 쓴다. 건강의 집을 짓는 데 필요한 모든 돌을 다 듣고 닦는다. 건강은 길고 꾸준한 노력의 결과이다. 그러나 한순간 대포알 하나가 날아와 그동안의 모든 노고를 박살 내고 모두를 뒤엎고 파괴한다. '병'이란 우리가 신중하게 대처한다고 해서 막을 수 있는 것이 아니고, 우리가 관심을 많이 갖는다고 해서 멈출 수 있는 것도 아니다."[117] 일단 병에 걸리면 낫게 할 수는 있어도 병 자체를 회피하는 것은 불가능함을 문학적으로 표현한 것이다.

이제 건강과 질병의 변증법에 대한 서구 지식인들의 생각을 살펴보자. 과거에 이들은 이 주제에 대해서도 삶과 죽음의 변증법만큼이나 많은 생각을 남겼다. 가장 먼저 플라톤이 주목된다. 그는 『향연』에서 에릭시마코스의 입을 빌려 우리의 몸이 건강한 부분과 병든 부분으로 나뉘고 서로는 서로를 열망하고 사랑한다고 주장한다.

> 나는 의술에 경의를 표하기 위해서라도 의술을 내 논의의 출발점으로 삼겠네. 모든 몸에는 이런 이중적인 에로스가 내재한다네. 누구나 다 인정하

---

117 존 던, 『인간은 섬이 아니다: 병의 단계마다 드리는 기도』, 15쪽.

듯이, 몸 안의 건강한 부분과 병든 부분은 서로 별개의 것이고, 서로 다른 것은 서로 다른 것을 열망하고 사랑하게 마련이지. 따라서 건강한 부분이 경험하는 사랑은 병든 부분이 경험하는 사랑과 다르게 마련일세. …… 간단히 말해 의술이란, 몸을 채우거나 비우는 것과 관련하여 에로스가 어떤 영향을 끼치는지 아는 학문이라네. 그리고 명의란 그 과정에서 좋은 에로스와 나쁜 에로스를 구분하여 몸이 나쁜 에로스보다는 좋은 에로스를 받아들이도록 변화를 유도할 줄 아는 사람이라네.[118]

물론, 이 대화에서의 주제는 질병이 아니라 의술이다. 현대 의학을 기준으로 보더라도 이 진술 자체가 완전히 틀렸다고 말할 수는 없다. 우리의 신체는 당연히 건강한 부위와 연약하거나 병든 부위로 나뉘고 서로에게 영향을 끼친다. 다만 영향을 끼치는 방식을 플라톤이 에로스와 연관 지어 보았다는 점만은 특이하다. 나 또한 의학 전공자가 아니라 이러한 주장의 진위나 타당성에 대해 가타부타 평가할 입장은 못 되지만 한 가지는 분명하게 말할 수 있다. 즉 우리 몸이 그렇게 양분되어 있다면 건강한 부위가 연약하거나 병든 부위에 긍정적인 에너지를 쏟아붓도록 노력하고, 그럼으로써 신체의 균형을 맞추어 나가야 한다는 것이다. 건강과 질병은 이처럼 서로 변증법적 관계에 있다.

만일 건강과 질병을 이처럼 서로에게 영향을 끼치는 것으로 간주한다면, 그 둘이 서로 도움을 주고받는 관계에 있는 것으로 이해하는 것 또한 매우 자연스러운 일이다. 가령, 에피쿠로스는 질병이 건강에 도움이 된다는 생각을 다음과 같이 표현한다. "어떤 육체적 질병의 발생은 이와 유사한 질병을 예방하게 하는 데 도움이 된다."[119] 질병을 예방함으로써 병에 걸리지 않고 살아가는 것이 건강하게 살아가는 것임을 인정한다면, 에피쿠

---

118 플라톤, 『소크라테스의 변론/크리톤/파이돈/향연』, 269쪽 (= *Symposion*, 185e-186d).
119 에피쿠로스, 『쾌락』, 35쪽 (= *Gnomologium Vaticanum Epicureum*, LXXIII).

로스는 이미 지금으로부터 약 2,300년 전에 예방 의학의 중요성을 깨달은 선각자다. 그렇기에 그는 "우리는 철학을 하는 체하면 안 되며, 실제로 철학을 해야 한다. 왜냐하면 우리가 필요한 것은 건강한 것처럼 보이는 것이 아니라 진짜 건강한 것이기 때문이다"라고 주장한다.[120] 이 인용문에도 언급되어 있듯이, 어려서부터 병약했던 에피쿠로스는 건강해지기 위해 철학에 심취했다. 그에게 철학하기란 곧 건강하기를 의미했기 때문이다. 메노이케우스(Menoeceus)에게 보내는 편지에서 에피쿠로스는 이 생각을 다음과 같이 피력한다. "젊은 사람이 철학하기를 주저해서는 안 되며, 늙었다고 해도 철학에 싫증을 내면 안 된다. 왜냐하면 어느 누구도 마음의 건강을 얻기에 너무 이르거나 늦지 않았기 때문이다. 철학할 나이가 아직 오지 않았거나 이미 지나갔다고 말하는 사람은 행복을 위한 나이가 자신에게 아직 오지 않았거나 이미 지나갔다고 말하는 것과 다름없다. 따라서 젊은이건 늙은이건 철학을 탐구해야 한다."[121] 여기서 철학과 건강은 동의어로 인식되고 있음을 알 수 있다. 결론적으로 쾌락을 '고통의 부재'로 인식했던 에피쿠로스의 입장에서 건강은 '질병의 부재' 그 이상도 이하도 아니었다. 건강과 질병의 변증법적 관계를 지적한 것으로 이보다 더 적절한 표현은 찾기 어려울 것이다.

건강이 곧 병의 부재라는 취지의 발언은 근대 철학을 종합적으로 완성한 칸트에게서도 발견된다. 그는 『윤리형이상학』에서 '영혼'에 대해 설명하면서 다음과 같이 주장한다.

> 우리가 영혼이라는 것을 자기의 힘을 자유로이 사용하는 인간의 생명 원리로 이해한다면, 인간에게 더 이상의 영혼의 강함을 덧붙이지 않고서도 이 점을 인정할 수 있을 것이다. 왜냐하면 저것들은 이성을 약화시키는 경향성들의 힘에 그 근거를 가지는 것으로서, 이것이 어떤 영혼의 강함을 증

---

120 에피쿠로스, 『쾌락』, 32쪽 (= *Gnomologium Vaticanum Epicureum*, LIV).
121 에피쿠로스, 『쾌락』, 41쪽 (= *Letter to Menoeceus*).

명하는 것은 아니므로, 이 질문은, 인간은 발병할 때에 건강한 상태에서보다 더 강함을 증명할 수 있는가 하는 질문과 거의 같은 것이 될 터인데, 이에 대해서는 바로 부정적인 답이 내려질 수 있기 때문이다. 왜냐하면 건강은 인간의 모든 신체적 힘들의 균형 상태에서 성립하는 것인바, 건강의 결여란, 절대적 건강을 그에 따라서만 판정할 수 있는, 이 힘들의 체계(조직)의 약화이니 말이다.[122]

여기서 칸트는 '영혼'을 "자기의 힘을 자유로이 사용하는 인간의 생명 원리"로 정의하는데, 이에 대해서는 이 책 제3부에서 다시 상술할 것이기에 여기서는 건강과 질병의 문제에만 집중해 보자. 인간이 미쳤을 때 제정신이거나 건강할 때보다도 더 강한 힘을 발휘하는가라는 문제에 대해 칸트는 그렇지 않다고 주장한다. 그러면서 그는 '건강'을 '인간의 모든 신체적 힘의 균형 상태에서 만들어지는 현상'으로 그리고 '발병', 즉 '건강의 결여'를 '인간의 신체적 힘들의 조직이 약화된 현상'으로 정의한다. 에피쿠로스와 비교했을 때 거의 동일하지만, 다른 점이 있다면 칸트가 건강과 질병을 신체적 힘들을 기준으로 구분하고 있다는 점이다. 즉 칸트는 신체적 힘들이 균형을 이루면 건강으로, 그것이 약화하면 질병으로 간주한다.

질병의 반(反)테제로서 건강을 언급한 또 다른 사례는 아우구스티누스에게서 찾아볼 수 있다. 그는 매일 의약품이나 영양제를 먹지 않아도 되는 상태를 최선의 건강이라고 명명했다. "주님의 강림 시에 지상에 살아 있을 사람들에게는 어느 말씀이 해당되느냐고 묻는다면, 그것은 '땅속에 있는 모든 자가 기뻐하리라. 주의 이슬은 그들의 건강이요'라는 문장이 적당할 것이다. 여기서 '건강'은 영생불사라고 하는 것이 제일 좋은 해석이다. 매일 영양을 의약과 같이 취할 필요가 없는 것이 최선의 건강이기 때문이다."[123]

---

122 Immanuel Kant, "Die Metaphysik der Sitten", in: Immanuel Kant, *Kants gesammelte Schriften* (AA), Königliche Preußische Akademie der Wissenschaften zu Berlin, vol. 6, (ed.) Paul Natorp, Berlin, 1907, pp. 203~493; 임마누엘 칸트 백종현 옮김, 『윤리형이상학』, 아카넷, 2012, 464~65쪽.

우리가 하나님의 이슬을 먹고 살 수만 있다면 그것이 바로 최고의 건강이요 영생불사라는 말인데, 약간 과장된 발언이기는 하지만 이 말의 취지는 분명하다. 즉 우락부락한 근육질이나 건장한 체격을 유지했을 때가 아니라 단지 의약품에 의존하지 않고도 아무런 문제없이 살아갈 수만 있다면, 그것이 바로 최상의 건강 상태라는 것이다.

건강과 질병의 변증법적 관계를 표현한 적절한 사례로 파스칼도 빼놓을 수 없다. 그는 『팡세』에서 다음과 같이 적고 있다. "우리들은 서로를 너무나 모르고 있기 때문에, 여러 사람들이 매우 건강할 때조차도 죽게 될 것이라고 생각한다. 그리고 여러 사람들이 곧 열이 있을는지 혹은 곧 종양이 생길는지 의식하지를 못하기 때문에 죽음이 임박해 있는 순간에도 아주 건강하다고 생각한다."[124] 물론, 이 인용문의 주제는 죽음과 질병의 길항 관계이지만 문맥상 건강과 질병의 모순 관계에 대한 사유로 읽어도 무방하다. 건강은 건강할 때 지키라는 말이 있다. 사람들은 건강할 때에는 건강에 대해 무관심하다가 막상 아프고 나서야 그 소중함을 깨닫는다. 파스칼의 주장은 이 평범한 진리를 환기한다.

서구 사상가들의 텍스트들을 뒤적이다 보면, 건강과 질병 사이의 모순 관계를 넘어 그 둘을 아예 동일시하는 사례도 심심찮게 발견할 수 있다. 건강 자체를 질병으로 인식한 대표적인 사상가로 우나무노를 들 수 있다. 그는 다음과 같이 주장한다. "건강이라는 것이 엄밀하게 다루어지지 않은 그 어떤 것, 즉 추상적인 범위에 들지 않는다면, 우리는 완전무결하게 건강한 사람을 이미 인간이라고 부를 수 없을 것이다. 왜냐하면 이러한 인간이야말로 이성이 없는 동물이기 때문이다. 그의 이성에 불을 켜 줄 그 어떤 병도 없기 때문에 이성이 없는 것이다. 이것이야말로 진정한 의미로서의 병이라고 할 수 있으며, 또한 비극적인 병이라고 할 수 있겠다."[125] 인간은

123　성 아우구스티누스, 『신국론: 하나님의 도성』, 997쪽 (= De Civitate Dei, XX, 21).
124　블레즈 파스칼, 『팡세』, 376쪽.
125　미겔 데 우나무노, 『삶의 비극적 감정』, 63쪽.

누구나 질병을 앓는다. 인간과 질병은 그만큼 친화적이다. 거꾸로 말하면 질병은 그래서 인간적이다. 완전무결하게 건강한 사람이 있다면 그는 이미 자연적 인간이라고 할 수 없다. 오직 병약한 인간만이 이성을 갖는다. 그렇기에 이성을 가질 수 없는 완벽하게 건강한 인간은 오히려 진정한 의미의 병자, 즉 비극적인 병을 앓는 사람이라고 할 수 있다. 질병을 이성이 깨어나도록 자극을 주는 수단이나 매개체로 묘사한 점이 흥미롭지만—그래서 반대로 자칫 이성이 병적인 것으로 오독될 가능성도 열려 있지만—이 텍스트에서 우리가 얻을 수 있는 교훈은 다른 데 있다. 그것은 곧 수많은 약점을 가지고 있는 우리 인간이 질병이나 죽음을 비인간적인 것으로 치부하고 이것들을 우리 삶에서 완전히 밀어내거나 제거하려고 발버둥 치지 말라는 것이다. 거듭 말하지만 생로병사는 지극히 자연스러운 것이다.

질병을 치료해 주는 의사를 질병 치료는커녕 오히려 환자를 죽이는 사람으로 내몬 역설적인 사상가도 있는데, 바로 18세기 계몽주의 사상의 이단아로 불리는 장-자크 루소(Jean-Jacques Rousseau)다. 죽음과 의술에 대한 그의 냉소적인 견해를 직접 들어보자.

> 육체적 고통은 스스로 멸하거나 아니면 우리를 멸한다. 시간이나 죽음이 우리의 약이다. 한데 우리는 덜 당해 낼 줄 알면 그만큼 더 많이 당하게 된다. 병을 견디려는 데보다 병을 고치는 데 더 많은 고생을 사서 한다. 자연에 따라 살아라, 참을성을 가져라, 그리고 의사들을 몰아내라. 당신은 죽음을 피할 수는 없어도 그것을 한 번 밖에는 겪지 않을 것인 데 반해, 의사들은 당신의 흐려진 상상 속에 죽음을 날마다 끌어들이며, 그들의 헛된 기술은 당신의 생명을 늘려주기는커녕 그 생명을 즐기는 것마저 앗아간다. 의술이 사람들에게 어떤 진짜 혜택을 베푼 일이 있느냐고 나는 언제나 묻겠다. 의술이 고쳐 주는 사람들 중의 더러는 그냥 두면 죽을지도 모르며, 이것은 사실이다. 그러나 의술이 죽이는 수백만 명은 가만두면 살아 있을 것이다. 지각 있는 사람아, 허탕이 너무 많은 이런 제빌랑 뽑지 마라. 당해내라, 죽거나 낫거나 한다. 한데 무엇보다도 마지막 순간까지는 살도록 하라.[126]

모두 맞는 말이라고 보기는 어렵지만 일견 정곡을 찌르는 표현들이 있는 것도 사실이다. 왜냐하면 이 텍스트를 읽다 보면 완치될 가능성이 거의 없는데도 고통스럽게 항암 치료나 연명 치료를 받다가 죽어간 사람들이 연상되기 때문이다. 가만히 두어도 죽거나 아니면 낫거나 할 터이니, 어쭙잖게 의사에게 병을 치료하도록 자기 몸을 내맡기지 말고 그냥 견디라는, 즉 자연에 순응하라는 루소의 이 가르침은 스토아철학의 주요 학설과도 겹친다. 우리는 '자연으로 돌아가라'라는 루소의 구호가 원래는 '근원 또는 본질로 돌아가라'를 의미했음에 주목할 필요가 있다.

그동안 간헐적으로 언급되기는 했지만 이제부터는 '질병과 죽음의 관계'를 논한 서구 지식인들의 담론을 본격적으로 살펴보도록 하자. 가장 흔하고 일반적인 것이 질병과 죽음의 친화성에 관한 담론이다. 이 주제는 너무 흔해 아마 동서고금을 막론하고 다양한 지식인에 의해 자주 논의되었을 것으로 보인다. 아니면 너무 당연해 아예 언급조차 하지 않았을지도 모른다. 그래도 한 명 정도만 언급하고 넘어가 보자. 에머슨은 19세기에 자연재해와 질병, 죽음의 관계를 다음과 같이 풀어낸다.

여러분은 지금 막 식사를 끝마쳤다. 그러나 도축장을 아무리 먼 곳에 우아하게 감추었다 하더라도 공모 관계는 존재한다. 즉 값비싼 종족은 존재한다. 하나의 종족은 또 다른 종족의 희생으로 살아간다. 지구는 다른 행성과 충돌할 가능성이 있으며, 다른 행성과 섭동(攝動)하거나 지진과 화산이 발생할 때마다 땅이 갈라지며, 기후의 변화와 시차 운동도 있다. 강은 삼림이 황폐해지면서 말라붙었다. 바다가 뒤집힌다. 마을들과 주(州)들은 바닷

---

126 Jean-Jacques Rousseau, "Emile ou De l'Éducation", in: Jean-Jacques Rousseau, Œvres Complètes de Jean-Jacques Rousseau, vol. IV, Texte établi par Charles Wirz, présenté et annoté par Pierre Burgelin, Paris: Bibliothèque de la Pléiade, 1969; 장 자크 루소, 박은수 옮김, 『에밀 또는 교육론』, 인폴리오, 1998, 85쪽.

속으로 추락한다. 리스본에서는 지진이 인간들을 마치 파리처럼 죽였다. 나폴리에서는 3년 전에 1만 명이라는 사람들이 불과 몇 분 사이에 깔려 죽었다. 해상에서는 괴혈병이 창궐하고, 아프리카 서부, 카이엔(Cayenne), 파나마, 뉴올리언스 등에서는 기상 악화로 사람들이 마치 학살당한 것처럼 죽어갔다. 미국 서부의 대초원은 말라리아로 두려움에 떨고 있다. 콜레라와 천연두는, 마치 여름 내내 울어대다가 기온이 급격하게 떨어지면 조용해지는 귀뚜라미에게 찬 서리가 그러하듯이, 어떤 부족들에게는 죽음을 의미하는 것으로 입증되었다.[127]

지구에 서식하는 생명체는 언제나 다른 생명체의 희생 위에서 살아간다. 아무리 자연의 섭리라고 하지만 생태계의 이러한 먹이사슬만도 끔찍한데, 지구가 다른 행성과 부딪친다면, 아니 하다못해 꽤 큰 운석만 지구에 떨어져도 상상할 수조차 없는 대재앙이 발생한다. 이러한 천재지변 또는 전염병 등으로 인간이 얼마나 쉽게 죽어가는지를 앞의 인용문은 지진, 추락, 압사, 병사(病死), 학살 같은 살벌한 단어들로 담담하게 묘사한다.

질병과 죽음의 관계에 대한 성찰에서 두 번째로 흔한 담론은 전자를 후자의 전 단계로 인식하는 것이다. 히포크라테스는 질병을 생사의 갈림길로서의 '위기'의 징후로 보았다. 그로부터 약 400년 뒤에 세네카는 질병을 '죽음의 예행 연습'이라고 명명했다. 그는 루킬리우스에게 보낸 편지에서 자신이 천식으로 휴가를 얻었다고 말한다. 온갖 병을 다 앓아봤지만 죽을 듯한 발작을 동반한 천식은 아무리 해도 적응이 안 된다면서, 이 천식의 발작을 '임종 때의 호흡' 또는 "생명의 숨"에 비유한다. 그래서 세네카는 의사들이 이것을 "죽음의 예행 연습"으로 부른다고 말한다.[128] 발작만이 아니라 어찌 보면 사는 것 자체가 죽는 것의 연습이라고 생각했던 소크라테스

---

127 Ralph Waldo Emerson, *The Conduct of Life*, London: Global Grey Ebooks, 2018, p. 4.
128 세네카, 『세네카 인생론』, 466쪽 (= 루킬리우스에게 보내는 도덕 편지 54).

의 역설(逆說)이 떠오른다.

반대로 죽음을 질병의 전 단계로 규정한 지식인도 있다. 존 던은 죽음이 질병이 오기 전부터 시작된다면서 다음과 같이 노래한다.

> 아! 인간의 처지가 얼마나 처량한가! 하나님은 최초에 인간을 그렇게 만들지 않으셨다. 하나님 자신이 "불멸"이시듯 하나님은 처음에 "연료"로 불멸의 불을 인간에게 주시어 인간이 불멸의 불꽃으로 타오를 수 있게 하셨다. 그러나 죄를 짓는 순간 인간은 스스로 그 불꽃을 꺼버렸다. 인간은 거짓된 재물에 귀 기울이다 알거지가 되었고, 거짓된 지식에 귀 기울이다 분별력을 잃었다. 그 결과로 인간은 죽게 되었으니, 인간은 병이 설치한 고문대 위에서 죽는다. …… 아, 불행은 끝이 없다! 인간은 병에 걸리면 고통스럽게 죽는 까닭에 죽을 때 죽음을 즐길 수가 없고, 고통스러운 까닭에 고통이 오기까지 기다리지 못하고 미리 걱정하고, 미리 떠벌린다. 인간은 병이나 고통 가운데 어느 하나 오지 않았는데도, 죽음이 가져오게 될 고통에 대하여 미리 생각한다. 인간의 "붕괴"는 병의 첫 변화부터 잉태되어, 병으로 가속화되고, 끝내는 죽음을 낳는다. 죽음은 이미 첫 변화부터 시작된다.[129]

죽음은 이미 병이 찾아오면서 겪게 되는 첫 변화부터 시작된다는 주장이다. 비유적 표현이지만 잘 생각해 보면 일견 맞는 말처럼 보인다. 이 책 제2부에서 더 자세히 논의하겠지만, 죽음은 꼭 죽는 순간에만 찾아오는 것이 아니다. 죽음은 시시각각 찾아올 수 있는데, 실제로 릴케의 표현대로 인간은 죽음을 늘 자신의 호주머니 속에 넣고 다니는 존재, 마치 "열매가 씨앗을 품고 있듯, 몸 안에 지니고" 다니는 존재일지 모른다.[130] 아무런 계기 없이 죽음을 항상 생각하는 것도 문제지만, 발병(發病) 등 특정 상황이 되었는데도 곧바로 죽음을 떠올리지 못하는 것도 문제다. 이렇게 보면 질

---

129 존 던, 『인간은 섬이 아니다: 병의 단계마다 드리는 기도』, 16쪽.
130 라이너 마리아 릴케, 『말테의 수기』, 7쪽 (강조: 릴케).

병과 죽음은 꼭 정해진 순서나 단계를 밟고 오는 것이 아니다.

서구의 지적 흐름 안에서 가장 극단적이고 과격한 형태로 질병과 죽음을 동일시한 담론은 노발리스에게서 발견된다. 한 단편에서 그는 질병과 죽음에 대해 다음과 같이 말한다.

> 의학. 모든 발진(發疹)은 병이라는 장르(einer Gattung Krankheit)의 수많은 개인 안으로의 분해이자 개체화를 통한 약화다. 용종, 다육질 성장물, 골종(骨腫), 암, 괴저(壞疽) 등은 완벽한 기생 동물들(또는 해저 고착 동물들)이다. 그것들은 성장하고, 양육되며, 양육하고, 자신들의 조직들은 소유하며, 분할하고, 먹는다. (진정한 삶—잘못된 삶—기만적인 증상들—질병들은 살아 있는 것처럼 보이는 죽음이다. (독(Gift)과 죽음은 하나다.) —삶의 특징들을 갖는 죽은 사람들—죽은 사람의 특징을 갖는 삶—유사 죽음(Scheintodt)—유사 질병—유사 독. 질병들은 부분적인 극복(Überwältigungen)이자 개별적 변화들이다. 죽음은 일반적 제압(Generalüberwältigung)이다. 죽음은 질병의 핵심(Centrum)이다.)"[131]

백과사전을 염두에 두고 썼기에 온갖 분야가 망라된 노발리스의 이 단편 모음집에는 의학도 그중 중요한 부분을 차지한다. 여기서 그는 '질병'을 "살아 있는 것처럼 보이는 죽음"으로 정의한다. 즉 질병이 곧 죽음이라는 것이다. 그리고 독을 질병을 유발하는 하나의 인자로 본다면, "독과 죽음은 하나"라고 주장한다. 이 주장은 결국 '질병과 죽음이 하나'라는 말과 같다. 마지막 구절에서 노발리스는 질병에서 가장 중요한 요소는 죽음이라고 말한다. 즉 살아 있는 죽음이 질병이고, 죽어 있는 질병이 죽음이라는 것이다.

유사한 주장이 아메리에게서도 발견된다. 그는 이 책 제1장에서 인용한

---

131 Novalis, *Schriften*, vol. 3, pp. 264~65 (= "Das Allgemeine Brouillon", 128) (강조: 노발리스).

노화에 대한 사유를 담은 책에서 다음과 같이 주장한다. "나이를 먹어가며 우리는 결국 죽어감과 더불어 살아야만 한다. 그야말로 괴이하고 감당하기 힘든 부조리한 요구다. 어쩔 수 없이 감내해야만 하는 굴욕이랄까. 겸허하게 받아들이는 게 아니다. 우리는 그저 겸손을 강요받은 굴종으로 늙어 죽어가는 자신을 바라볼 뿐이다. 치유가 불가능한 병의 모든 증상은 우리가 세상에 태어나면서 감염된 죽음이라는 이름의 바이러스가 벌이는 알 수 없는 작용 탓으로 빚어진다. 그런 바이러스가 있다는 것은 알았지만, 나와는 전혀 상관없는 것처럼 보였다. 이제 나이를 먹어가며 죽음이라는 이름의 바이러스는 잠복해 있던 은신처에서 빠져나온다."[132] 인간은 죽음이라는 질병에 감염된 채로 태어나 살아가다 늙어 죽어간다. 이 죽음이라는 이름의 바이러스는 인간에게 나타나는 모든 질병의 증상에 인간이 알아챌 수 없도록 은밀하게 작용한다. 그러면서 그 질병들을 통제한다. 물론, 그 종착점은 죽음이겠지만 말이다. 따라서 죽음은 우리 몸 안에서 모든 질병을 통제하는 일종의 컨트롤 타워인 셈이다.

그렇다고 해서 질병과 죽음이 꼭 동일선상 또는 연장선상에서만 논의될 수 있는 주제가 아님은 자명하다. 둘 사이의 차이에 주목하고 이 문제를 천착한 지식인이 바로 르네상스 시기 영국의 인문주의자 모어다. 그는 주저 『유토피아』에서 다음과 같이 주장한다. "대부분의 유토피아 사람들은 사후에 사람들이 누리는 행복이 지대하고 영원하다고 절대적으로 확신합니다. 그래서 질병에 대해서는 슬퍼하지만, 죽음에 대해서는 슬퍼하지 않습니다. 다만 더 살고 싶어 애달파하면서 절망 속에 죽어가는 사람에 대해서는 안쓰러워합니다."[133] 물론, 질병과 죽음 자체의 비교라기보다는 질병과 죽음에 대한 유토피아 사람들의 태도의 차이를 설명하고 있기는 하지만, 이를 통해 우리는 모어가 질병과 죽음을 어떻게 다르게 인식하고 있었

---

132 장 아메리, 『늙어감에 대하여: 저항과 체념 사이에서』, 210쪽.
133 Thomas More, *Utopia*, 1516; 토머스 모어, 주경철 옮김, 『유토피아』, 을유문화사, 2020, 139쪽.

는지 간접적으로 알 수 있다. 그에게 질병은 괴롭고 슬픈 일이지만, 죽음은 고통으로부터의 해방이기에 결코 나쁜 일도 슬퍼할 일도 아니었다. 그 이유는 사후의 삶이 행복하고 영원할 것이기 때문이다. 도덕적 잣대를 들이댄다면, 질병은 악이고 죽음은 선이다. 이러한 발상이 기독교로부터 절대적인 영향을 받고 나왔음은 물론이다.

질병과 죽음의 관계 담론 범주에서 마지막으로 다룰 주제는 질병과 죽음의 관계를 전도된 각도에서 고찰한 경우다. 가령, 우나무노는 질병의 반테제인 건강을 죽음으로 인식했다. 다음 인용문을 보자.

> 그것도 일종의 병이었을까? 어쩌면 그럴지도 모른다. 그러나 병을 소홀히 하거나 건강을 돌보지 않는 자는 본질적으로 동물에 지나지 않으며 병자인 것이다. 어쩌면 우리 모두가 다 병에 걸려 있는지도 모른다. 삶 자체가 이미 포로의 신세에 지나지 않기 때문이다. 그러니까 가능한 한 유일한 건강은 죽음인 것이다. 그러나 우리가 가지고 있는 그 병은 모든 강력한 건강의 샘이다. 그 고뇌의 가장 깊은 곳에서부터, 불멸에 대한 우리의 감정의 심연으로부터 인간은 다른 하늘이 비치는 곳으로 나온다. 그것은 단테가 지옥의 가장 깊숙한 곳에서부터 별을 다시 보기 위해 나온 것과도 같다.[134]

건강을 죽음에 비유한 것은 삶을 죽음에 비유한 것과는 또 다른 차원의 충격적인 역발상이다. 이것은 그 둘을 매개하는 질병이라는 안티테제를 상정하지 않는다면 나올 수 없는 변증법적 사유의 결과물이 아닐까? 왜냐하면 바로 이어지는 문장에서 우나무노는 '질병이 곧 건강의 강력한 원천'이라고 천명하기 때문이다. 건강이 죽음이요 질병이 건강의 원천이라면, 건강과 질병과 죽음은 각각 어떤 관계에 있을까? 변증법적으로 보자면, 어느 한 범주는 다른 범주를 모두 포괄한다. 건강과 질병과 죽음은 각각 서로의 교집합과 여집합을 모두 공유한다. 이 세 범주는 서로 다르면서도 결국

---

134 미겔 데 우나무노, 『삶의 비극적 감정』, 93쪽.

같은 것으로 보아야 한다. 그래야만 우나무노의 관점을 제대로 이해할 수 있다.

한편, 파스칼은 의술을 질병을 치료하는 행위가 아닌, 궁극적으로는 환자를 죽음에 이르게 하는 행위로 간주했다. 그는 『팡세』에서 다음과 같이 말한다. "의사들이 너를 치료하지 못할 것이다. 왜냐하면 너는 필경에는 죽게 될 것이기 때문이다. 그러나 네 몸을 치료하여 죽지 않도록 만들 자는 바로 나이다."[135] 죽음으로 인한 의술의 한계를 지적한 글이다. 여기서 '나'는 문맥상 기독교적 신, 구체적으로 예수 그리스도를 지칭한다. 의사는 제아무리 현대 의학 지식과 기술을 총동원해도 결코 죽어가는 인간을 살려낼 수 없다. 잠시 삶을 연장하거나 병세를 완화하는 역할밖에 할 수 없다. 이승에서든 저승에서든, 현생(現生)에서든 차생(次生)에서든, 죽은 인간을 살려낼 수 있는 존재는 적어도 기독교 신자의 관점에서 창조주이자 조물주인 신(神)밖에 없다. 사실, 환자 입장에서 병을 극복하는 데 가장 선행되어야 할 조건은 낫고자 하는 환자 본인의 의지이거나, 아니면 신자의 경우에 외부 절대자의 의지이다. 의사나 의술은 그저 치료 행위의 보조수단에 불과할 뿐 근본적으로 치유자는 아니다. 하늘은 스스로 돕는 자를 돕듯이, 병을 고칠 수 있는 사람은 궁극적으로 환자인 나 자신이다.

질병의 종류에 대한 담론은 그 중요도가 다소 떨어질 뿐만 아니라 개개의 질병을 언급한 서구 지식인들의 수도 많지 않기에 여기에서는 소략하고 넘어가고자 한다. 여기에 해당하는 사례들은 철학자나 사상가보다 작가에게서 많이 발견된다. 먼저 전염병부터 살펴보자. 토마스 만(Thomas Mann)은 1912년 발표한 중편 소설 「베네치아에서의 죽음」에서 콜레라에 대해 다음과 같이 묘사한다.

    몇 해 전부터 인도 콜레라가 점점 확산하는 추세를 보였다. 갠지스강 삼

---

135 블레즈 파스칼, 『팡세』, 588쪽.

각주 지역의 따듯한 습지대에서 발생한 콜레라는 인간의 출입을 허락지 않는 밀림과 섬 지대 원시림의 악취 나는 숨결로 더욱 힘을 받아, 인도 북부를 엄청난 위력으로 장기간 휩쓸었다. 그러다 동쪽으로는 중국을, 서쪽으로는 아프가니스탄과 페르시아를 덮쳤고, 카라반의 주 교통로를 따라 아스트라한으로 세력을 넓히다가 급기야 모스크바까지 급습했다. 유럽은 이 유형이 거기에서 육로로 진입할까 봐 벌벌 떨었는데, 정작 병균은 시리아 상선에 의해 해로로 유입되어 지중해 항구들에서 거의 동시다발로 출몰했고, 툴롱과 말라가에서 슬며시 고개를 드는가 싶더니 팔레르모와 나폴리에서 여러 차례 가면을 벗어던졌으며, 이어 전 칼라브리아와 풀리아에서도 물러날 기미를 보이지 않았다. 그때까지만 해도 반도의 북부는 무풍지대였다. 그러나 그것도 올 5월 중순에 끝나고 말았다. 베네치아에서 같은 날에 부두 하인과 여자 채소 장수의 뼈만 남다시피 한 거무튀튀한 시신에서 끔찍한 비브리오균이 발견된 것이다. 베네치아 당국은 이 사실을 쉬쉬했다. 그러나 일주일 뒤 그 수는 열 명, 스무 명, 서른 명으로 불었고, 발생 구역도 다양해졌다. 그러던 어느 날 베네치아에서 며칠 휴가를 보내고 고향 도시로 돌아간 한 오스트리아 남자가 명백한 콜레라 증세를 보이며 숨을 거두었다. 석호 도시의 재난에 대한 소문이 처음으로 독일 일간지에 실리게 된 것도 그때였다. 베네치아 당국은 도시의 보건 상태가 더할 나위 없이 훌륭하다는 점을 강조하며 병균을 퇴치하기 위해 시급한 조치들을 취해 놓았다고 발표했다. 그러나 야채와 육류, 우유도 벌써 감염된 모양이었다. 당국에서 아무리 부인하고 쉬쉬해도 좁은 골목에서 죽어가는 사람의 수는 자꾸 불어났다. 때 이르게 밀려온 무더위가 운하의 물을 미지근하게 데우는 바람에 병균 확산에 특별히 우호적인 환경이 조성된 것이다. 그랬다. 전염병은 여기서 새로운 힘을 받은 듯했고, 병원체의 내성과 번식력도 뚜렷이 배가된 듯했다. 병에 걸리면 회복되는 경우는 드물었다. 백 중 팔십이 죽었다. 그것도 끔찍한 방식으로. 병균이 극도로 사납게 들이닥쳐 흉악한 형태로 병자를 휘저어 놓고 가는 경우가 잦았기 때문이다. 일명 '고사(枯死)증'이라는 이 증세는 몸이 혈관에서 다량으로 분비된 수분을 배출할 수가 없어 발생하는데, 환자는 몇 시간 내에 바짝 말라붙고 혈액이 역청처럼 끈끈해지면서 경련을 일으키고 쉰 목소리로 끙끙 앓으며 질식해 숨졌다. 종종 가벼운 증세로 앓다가 갑작스레 혼수상태에 빠져 깨어나지 못하거나 여전히 누워 있는 경우도 있었다.[136]

여기서 굳이 이 긴 인용문을 제시한 이유는 마치 신문의 뉴스 보도처럼 보이는, 노벨 문학상 수상 작가 토마스 만의 독특한 산문 스타일을 통해 서구 지식인들이 전염병에 대해 어떤 태도를 지녔는지 독자들이 간접적으로나마 느끼도록 하기 위해서다. 인도 북부에서 시작된 콜레라가 어떻게 동쪽과 서쪽으로, 그래서 나중에는 유럽의 이탈리아와 오스트리아 그리고 독일에까지 퍼지게 되었는지와 콜레라에 걸린 사람이 어떻게 죽어가는지에 대한 상세한 묘사가 압권이다. 토마스 만의 지적처럼 실제로 콜레라의 초기 발생 지역은 인도의 갠지스강 하류의 벵골에서 방글라데시에 걸친 지역으로 추정된다. 가장 오래된 콜레라 기록은 기원전 300년까지 거슬러 올라가지만 세계적 대유행은 보통 19세기에 들어와서, 즉 1817년에 시작되었다. 이후 19세기 중후반과 20세기 초반까지 총 여덟 차례의 아시아형 콜레라의 대유행이 있었다. 그러나 1884년 독일의 세균학자 로베르트 코흐(Robert Koch)에 의해 콜레라균이 발견되고 방역 체계가 강화되면서 아시아형 콜레라의 세계적 유행은 진정되었다.[137] 인용문을 보면 이 무서운 전염병에 대한 작가 본인의 공포가 고스란히 느껴진다. 철학자나 사상가들이 주로 질병과 죽음에 초연하라고 가르쳤다면, 작가들은 이처럼 적나라하고 처절한 묘사를 통해 질병과 죽음을 경계하도록 만든다.

전염병에 대한 소설로 빼놓을 수 없는 작품이 카뮈의 장편 소설 『페스트』다. 1947년 발표된 이 작품은 주인공인 의사 베르나르 리유가 친구 장

136　Thomas Mann, "Der Tod in Venedig", 1912; 토마스 만, 박종대 옮김, 『베네치아에서의 죽음 외 11편』, 현대문학, 2013, 296~97쪽.
137　「콜레라」, 『위키백과: 우리 모두의 백과사전』, https://ko.wikipedia.org/wiki/%EC%BD%9C%EB%A0%88%EB%9D%BC (검색일: 2022년 12월 19일).

타루를 비롯해 그 밖의 지인들과 더불어 알제리의 오랑시(市)에서 발생한 페스트에 맞서 싸워 나간다는 이야기를 줄거리로 한다. 이 작품 역시 페스트라는 전염병의 증상을 자세히 묘사한다.

리유가 아무 말도 하지 않고 가만히 있었기 때문에 사람들은 그의 의견을 물었다. "이건 장티푸스 같은 성격의 열병이지만 멍울과 구토증을 동반하고 있습니다. 저는 멍울을 수술해 보았습니다. 그래서 그것의 분석 실험을 요청했는데, 그 결과 연구소에서는 굵직한 페스트균 같은 것을 발견할 수 있었다고 합니다. 그러나 엄밀하게 말씀드리자면 균의 어떤 특수한 변화 형상들이 과거의 전통적인 설명과는 일치하지 않는다는 것을 지적해야겠습니다." 리샤르는 바로 그 점 때문에 주저하게 되는 것임을 강조하고, 적어도 여러 날 전부터 시작한 일련의 분석 실험의 통계 결과를 기다릴 필요가 있다고 말했다. "어떤 세균이" 하고 잠시 동안 가만히 있던 리유가 말했다. "사흘 동안에 비장의 용적을 네 배로 불어나게 하고 장간막의 임파선이 오렌지만큼 커지고 죽처럼 물컹물컹해지게 만들어놓는다면 이건 그야말로 일말의 주저도 허락하지 않는 사태라고 봐야 합니다. 전염된 가정의 수는 날로 증가하고 있습니다. 병이 퍼지고 있는 추세로 봐서는, 이 상태가 중지되지 않는 한 2개월 내에 이 도시의 반수가 생명을 잃게 될 위험이 있습니다. 그러므로 그것을 페스트라 부르건 지혜열이라 부르건 그건 별로 중요한 게 아닙니다. 다만 중요한 것은 시민들의 반수가 목숨을 잃는 것을 저지하는 일입니다."[138]

토마스 만보다는 표현이 많이 순화되어 있기는 하지만, 그래도 질병에 대한 두려움과 공포는 그에 못지않은 강도로 묘사되어 있다. 리외가 조사한 바에 따르면, 인류 역사상 30차례에 걸친 페스트의 팬데믹으로 사망한

---

138 Albert Camus, *La Peste*, 1947; 알베르 카뮈, 김화영 옮김, 『페스트』, 책세상, 2023, 77~78쪽.

사람의 숫자는 대략 1억 명 정도이다. 눈앞에 보이지도 않는 1억 구의 시신은 그에게 한 줄기 연기에 불과한 것처럼 느껴졌다. 하지만 더 한심한 것은 전염병을 대하는 오랑 시민들의 무지와 무관심이었으며, 전염병을 하나님의 징벌로 해석하는 예수회 소속 파늘루 신부의 황당한 설교였다. 이 작품의 심오한 주제 중의 하나가 무엇인지는 소설의 마지막 묘사를 보면 알 수 있다.

시내에서 올라오는 환희의 외침 소리에 귀를 기울이면서, 리유는 그러한 환희가 항상 위협을 받고 있다는 사실을 상기하고 있었다. 왜냐하면 그는 그 기쁨에 들떠 있는 군중이 모르는 사실, 즉 페스트균은 결코 죽거나 소멸하지 않으며, 그 균은 수십 년간 가구나 옷가지들 속에서 잠자고 있을 수 있고, 방이나 지하실이나 트렁크나 손수건이나 낡은 서류 같은 것들 속에서 꾸준히 살아남아 있다가 아마 언젠가는 인간들에게 불행과 교훈을 가져다 주기 위해서 또다시 저 쥐들을 흔들어 깨워서 어느 행복한 도시로 그것들을 몰아넣어 거기서 죽게 할 날이 온다는 것을 알고 있었기 때문이다.[139]

페스트는 잠잠해진 듯 보이지만 절대로 사라지지 않고 질병과 죽음은 앞으로도 계속될 것이라는 작가의 마지막 경고성 발언이다. 방심은 금물이며 죽음은 늘 기억되어야 한다. 코로나19가 끝나가는 듯 보이지만, 다시 변종 코로나바이러스가 기승을 부리는 오늘날의 팬데믹 상황을 보더라도 카뮈의 일침은 여전히 유효하다. 이 작품이 주는 또 다른 메시지는 인간 각자가 자기 안에 페스트균을 갖고 있고 자신을 돌보지 않으면 남에게 병을 옮길 수 있다는 사실, 즉 인간이라면 누구나 자신만의 치명적인 질병을 안고 살아가기에 늘 스스로 주의를 기울이지 않으면 안 된다는 경고다.

전염병은 아니지만 우리 인간에게, 특히 현대인에게 흔히 발생하는 정신질환 하나만 더 언급하고 다음 주제로 넘어가자. 바로 우울증이다. 이 주제

---

139 알베르 카뮈,『페스트』, 443쪽.

에 대해서는 서구의 지식인들이 그동안 의외로 많은 성찰을 쏟아냈다. 이미 16~17세기에 존 던은 이 병에 대해 다음과 같이 언급한다. "인간은 잠에서 깨어나, '내가 잠들어 있었을 때의 나와, 내가 죽었을 때의 내가 별로 다를 것이 없다'라고 자신에게 말하면서, 잠과 너무나 닮은 죽음의 끔찍하고 무서운 모습을 생각해 낸, 백일몽, 우울증에 대해 부끄러워할 것이다."[140] 물론, 주제는 잠과 죽음의 친화성이지만, 근대 초라는 비교적 이른 시기에 우울증을 언급한 점이 그저 신기하기만 하다. 여기서 우울증은 신기루처럼 명료하지 못하고 몽롱한 상태를 대변하는 상징어로 쓰인다. 그러다가 18세기 말에 이르면, 노발리스가 아주 구체적이고 노골적으로 이 병을 다음과 같이 진단한다. "우울증(Hypochondrie)은 매우 특이한 질병이다. 작고 숭고한 우울증이 있다. 이로부터 사람들은 영혼으로 들어가고자 노력해야 한다."[141] 우울증은 이제 서서히 정신과 영혼, 즉 마음의 병이라는 명확한 인식이 보이기 시작한다. 19세기 중후반에 오면 다양한 지식인들이 자신의 작품에서 이 병을 언급하는 모습을 볼 수 있다. 가령, 톨스토이의 단편 소설 「이반 일리치의 죽음」에서 관 안에 누워 있는 이반 일리치의 시신을 보고 공포에 휩싸인 그의 친구 표트르 이바노비치는 다음과 같이 마음속으로 속삭인다. 가령, 톨스토이는 단편 소설 「이반 일리치의 죽음」에서 관 안에 누워 있는 이반 일리치의 시신을 보고 공포에 휩싸인 그의 친구 표트르 이바노비치의 심정을 다음과 같이 묘사한다. "이 일이 이반 일리치에게 일어난 일이지 자기에게 일어난 일은 아니며, 자기에게는 이런 일이 일어나서도 안 되고 일어날 수도 없다는 평범한 생각이 구원처럼 그[표트르 이바노비치]에게 찾아왔다. 그런 생각을 하면 우울한 기분에 굴복하게 되지만, 슈바르츠가 얼굴로 분명히 이야기했듯, 그래서는 안 되는 일이었다."[142] 여기서는 우울증이 죽음에 대한 두려움과 불안에서 기인하

---

140 존 던, 『인간은 섬이 아니다: 병의 단계마다 드리는 기도』, 159쪽.
141 Novalis, *Schriften*, vol. 2, p. 395 (= "Philosophische Studien des Jahres 1797", 61).

는 일종의 심리적인 위축증으로 묘사된다.

우울증을 자살과 연관해 고찰한 최초의 인물은 뒤르켐이다. 그는 정신 질환에 따른 자살의 종류를 (1) '조병(躁病) 자살', (2) '우울증 자살', (3) '강박증 자살', (4) '충동적 혹은 자동적 자살' 등 네 가지로 분류하는 가운데, 우울증 자살은 다른 종류의 정신 질환적 자살과 달리 고정적이고 만성적이며 지속적이라는 특징이 있다고 강조한다. "이것은 극단적인 우울과 과도한 슬픔이라는 일반적 상태와 관련되어 있어 환자가 주위의 사람 및 사물들과의 관계를 더 이상 인식하지 못하는 경우에 일어난다. 그는 즐거움에 아무런 매력도 느끼지 못한다. 그는 모든 것을 어둡게 본다. 그에게 삶은 권태롭고 고통스럽게 보인다. 그런 성향이 지속적인 것과 같이 자살에 대한 생각도 마찬가지다."[143] 특별히 정신의학이나 심리학 분야에서의 학문적 경력이 없었던 뒤르켐이 우울과 자살의 밀접한 관계와 그 특징을 이토록 냉철하게 포착한 점이 놀랍다. 20세기 들어 뒤르켐에 이어 우울과 자살의 연관성에 주목한 사상가는 독일의 실존주의 철학자 야스퍼스다. 그는 실존철학을 분석한 책에서 다음과 같이 말한다. "흔히 우울증에 기본적으로 수반되는 견딜 수 없는 불안 상태는 자살을 촉발한다."[144] 자살에 대해서는 뒤의 별도의 장에서 자세히 다루어질 예정이기에 우울과 자살의 관계에 대해서는 이 정도로 마치자.

우울증을 정신의학적으로 분석한 최초의 인물은 프로이트다. 그는 1917년 발표한 「애도와 우울」(Trauer und Melancholie)에서 애도와 우울을 다음과 같이 구분한다.

> 우울증이란 의식에서 떠난 (무의식의) 대상 상실과 어떤 식으로든 연관

---

142 레프 톨스토이, 윤우섭 옮김, 『이반 일리치의 죽음』, 현대지성, 2023, 18쪽.
143 에밀 뒤르켐, 『자살: 사회학적 연구』, 38~42쪽, 39쪽.
144 Karl Jaspers, *Philosophie II: Existenzerhellung*, Berlin: Springer, 1973; 칼 야스퍼스, 신옥희 외 옮김, 『철학 II: 실존조명』, 아카넷, 2019, 482쪽.

이 있지만, 반대로 슬픔의 경우는 상실에 관한 그 어떤 것도 무의식적인 것이 아니라는 점이다. …… 슬픔의 경우는 빈곤해지고 공허해지는 것이 세상이지만, 우울증의 경우는 바로 자아가 빈곤해지는 것이다.[145]

슬픔이 자아에게 이제 대상이 죽었다고 선언하면서 자아에게는 계속 살아가는 것이 좋다고 부추김으로써 자아로 하여금 대상을 포기하도록 강요하는 것처럼, 우울증에서 애증 병존의 모든 갈등은 대상을 비난하고, 경시하고, 심지어는 대상을 제거함으로써 대상에 대한 리비도의 집착을 느슨하게 한다.[146]

인용문에서 'Trauer'가 '슬픔'이라는 중립적인 단어로 번역되어 있지만, 사실 이 단어는 단순히 일상 용어로 흔히 사용하는 슬픔(Traurigkeit)이라 기보다는 대체로 사람의 죽음과 관련된 슬픔을 의미한다. 따라서 '비애', '애통', '애도'에 가깝다. 독일어로 '장례식'을 'Trauerfeier'로, '사망 통지'나 '부고'를 'Traueranzeige'로 표현하는 것만 보아도 이 점을 잘 알 수 있다. 프로이트는 이 글에서 '애도'와 '우울'이 동일한 양상이라고 주장한다. 왜냐하면 양쪽 모두 사랑하는 대상을 상실했을 때 나타나기 때문이다. 하지만 이 둘은 서로 다르다. 애도가 자신이 무엇을 상실했는지 알 때 나오는 감정이라면, 우울은 자신이 누구를 잃었는지는 알지만 무엇을 잃었는지 모를 때 발생한다. 애도가 표출되지 못하면 우울이 된다. 따라서 우울이 심해지면 잃어버린 대상에 대한 집착이 강해지면서 자신을 죽음으로 내몰 수 있다.

한편, 우울은 퀴블러-로스가 주장한, 즉 시한부 환자가 죽음을 받아들일 때 보이는 죽음 수용의 5단계설에서 네 번째 단계에 해당한다.[147] 마지

---

145 Sigmund Freud, "Trauer und Melancholie", 1917; 지크문트 프로이트, 윤희기 옮김, 『무의식에 관하여』, 열린책들, 1997, 243~70쪽, 인용은 251~52쪽.
146 지크문트 프로이트, 『무의식에 관하여』, 269쪽.

막 단계인 죽음 수용(Acceptance)의 직전 단계로서 우울(Depression)은 감정의 침체기로 환자가 모든 것을 포기하고 체념하면서 죽음을 결국 받아들이기로 하는 마지막 관문이다. 즉 체념과 포기가 우울로 나타난다는 것이다.

이제 전염병이나 정신 질환과는 차원을 달리하는 '영혼의 질병'에 대해 살펴보자. 세네카는 일찍이 질병과 고통이 몸뿐만 아니라 영혼까지 지배하도록 해서는 안 된다며, 루킬리우스에게 보내는 한 편지에서 다음과 같이 말한다. "'질병은 아무것도 못하게 만들어 버립니다. 나를 모든 일에서 떼어 놓아버렸어요.'라고 말하는 건가? 자네는 몸이 질병에 사로잡혀 버렸지만, 영혼까지 사로잡힌 것은 아니네."[148] 나중에 이 책에서 '육체와 영혼'이 별도의 장(章)에서 자세히 설명되겠지만, 세네카는 이 편지에서 인간을 육체와 영혼으로 나눈 다음 육체의 질병을 영혼의 건강으로써 극복해 나가라고 주문한다. 비록 몸은 바이러스 같은 물질적 외부 조건에 쉽게 굴복할 수 있지만 영혼까지 그러한 물리적 공격에 무력해져서는 안 된다는 충고다. 육체가 질병에 잠식당하는 것은 어쩔 수 없다 하더라도, 영혼은 오히려 그 질병에 맞서 싸울 수 있고 또 싸워야 한다는 요청이다. 왜냐하면 세네카가 보기에 적어도 "몸은 건강을 위해 많은 것을 필요로 하지만, 영혼은 자기 스스로 성장하고 자기 자신을 양식으로 삼아 자기 자신을 단련"해 나가기 때문이다.[149] 그만큼 육체는 외부의 물질세계에 취약하지만, 영혼은 외부의 도움 없이도 자신을 건강하게 하고 성장시켜 나갈 능력이 있다는 것이다. 따라서 세네카의 충고와 요청을 제대로 실천할 수만 있다면, 인간의 영혼은 모든 육체적 질병을 궁극적으로 이겨낼 수 있을 것이다.

147　Elisabeth Kübler-Ross, *On Death and Dying: What the Dying Have to Teach Doctors, Nurses, Clergy & Their Own Families*, New York: Macmillan, 1969; 엘리자베스 퀴블러 로스, 이진 옮김, 『죽음과 죽어감』, 청미출판사, 2018, 85~238쪽.
148　세네카, 『세네카 인생론』, 522쪽 (= 루킬리우스에게 보내는 도덕 편지 78).
149　세네카, 『세네카 인생론』, 525쪽 (= 루킬리우스에게 보내는 도덕 편지 80).

그러나 세네카는 영혼의 자가 치유 또는 육체 치료 능력과 별개로 영혼 자신이 질병에 쉽게 노출되기도 한다고 말한다. 영혼을 육체와 마찬가지로 물체로 규정한 세네카는 영혼의 병으로 "탐욕, 잔혹함, 단단히 응고되어 치유할 길이 없는 상태가 되어버린 악덕", "사악함과 거기에 속하는 모든 변종, 악의, 질투, 오만" 등을 거론한다.[150] 인간의 추악한 욕망, 무자비함, 시기, 거만 등 모든 비도덕적 감정이 영혼을 타락시키는 질병이라는 것이다. 이것들은 오늘날의 조현병과 조울증 같은 심리적이고 정신적인 질환과는 전혀 무관한, 또 다른 차원에서 인간을 망가뜨리는 영혼의 질병들이다.

세네카와 비슷한 시기에 소아시아의 프리기아에서 태어나 로마에서 활동했던 노예 출신의 스토아철학자 에픽테토스(Epictetus)도 육체의 질병이 정신에까지 영향을 끼쳐서는 안 된다며 다음과 같이 주장했다. "병은 몸에는 장애이지만, 의지가 방해받기를 원하지 않는 한 의지에는 장애가 아니다. 절뚝거림은 다리에는 장애이지만, 의지에는 장애가 아니다. 만사에 이렇게 생각한다면 장애는 다른 것에 해당될 뿐 네게는 해당되지 않음을 깨닫게 될 것이다."[151] 실제로 다리에 장애를 입고 평생을 절름발이로 살면서 의지의 철학을 완성했던 에픽테토스다운 발언이다. 아무리 자신이 장애를 가지고 있다 하더라도 그 장애로 정신, 의지, 영혼까지 장애를 입은 채로 살아가지 말라는 엄중한 충고다. 의지만 제대로 발휘된다면 그 어떤 육체적 장애가 있더라도 비장애인으로 살아갈 수 있다. 이때 장애는 더 이상 장애가 아니라 불편일 뿐이다. 결국 세네카나 에픽테토스의 발언은 한결같이 모든 병이 마음이나 정신 또는 영혼에서 오며, 모든 병을 고치는 것 또한 마음, 정신, 영혼일 수 있다는 금언으로 독해해야 한다.

---

150 세네카, 『세네카 인생론』, 606쪽 (= 루킬리우스에게 보내는 도덕 편지 106).
151 Epictetus, *Encheiridion & Discourses*, in: Epictetus, *How to Be Free: An Ancient Guide to the Stoic Life*, (ed. & trans.) Anthony A. Long, Princeton: Princeton University Press, 2018; 에픽테토스, 안규남 옮김, 『어떻게 자유로워질 것인가?: 불안감에서 벗어나고 싶은 현대인을 위한 고대의 지혜』, 글담출판사, 2020, 62쪽.

마지막으로 인간의 여러 속성을 질병에 비유한 사례들을 살펴볼 차례이다. 먼저 토머스 모어는 다음과 같은 주장으로 '오만'을 최악의 질병으로 간주했다. "만일 단 하나의 괴물, 즉 최악의 질병이자 만악의 근원인 오만만 없었다면, 사람들이 자신의 진정한 이익이 어디에 있는지를 알아내는 분별력과 또 우리의 구주 예수 그리스도의 권위 덕분에 모든 세상 사람이 유토피아의 법을 받아들였으리라고 확신합니다."[152] 여기서 오만은 그저 단순한 병이 아니라 유일한 괴물이자 가장 나쁜 병이며 모든 악의 원천으로 정의된다. 오만이라는 정서는 역사적 기원을 고대 그리스에 두고 있다. 20세기 역사학자 아널드 토인비(Arnold Toynbee)가 역사 해석학 용어로 사용한 '휘브리스'(hybris)가 바로 그것으로, 이 말은 본디 "신의 영역까지 침범하려는 인간의 오만함"을 뜻하는 그리스어다. 이 경우에 그런 인간(들)에게는 복수의 여신인 네메시스(Nemesis)가 반드시 징벌을 내린다는 것이다. 그래서인지 단테도 '오만'을 '질투', '분노', '태만', '탐욕', '폭식', '색욕' 등과 더불어 인간이 참회해야 할 일곱 가지 죄 가운데 하나로 여겼다. 죽음도 불사할 정도로 헨리 8세(Henry Ⅷ)의 이혼을 반대했던 경건하고 독실한 가톨릭 신자 모어의 눈에는 이처럼 감히 신에게 범접하거나 신까지도 넘어서려는 인간의 오만함이 최고의 악으로 비쳤을 법하다.

인간의 또 다른 부정적 마음가짐인 '절망'을 질병에 비유한 사람은 키르케고르다. 그는 상징적 제목을 달고 있는 저서 『죽음에 이르는 병』에서 기독교적 개념인 '원죄'에 상응하는 '절망'을 죽음에 이르는 병으로 정의했다. 진짜 바이러스 같은 병원균이 아니라 인간의 마음으로부터 나오는 심리적·정신적 바이러스도 인간을 죽게 만든다고 본 것이다.

우선, 죽음에 대한 키르케고르의 태도부터 남다르다. 즉 그는 보통 사람들과는 다른 각도에서 죽음에 접근한다. "인간적으로 말하면 죽음은 모든 것의 끝이다. 인간적으로 말하면 단지 생명이 있는 동안에만 희망이 있다. 그런데 기독교적인 의미에서 죽음은 결코 모든 것의 끝이 아니다. 그것은

---

152 토머스 모어, 『유토피아』, 153쪽.

모든 것의 내부에 있어서, 즉 영원한 생명 안에서 하나의 작은 사건에 지나지 않는다. 기독교적인 의미에서는 단순히 인간적인 의미에서의 생명에서보다 무한히 많은 희망이 죽음 안에 존재한다. 이 생명이 건강과 활력으로 넘쳐날 때보다도 더욱 많은 희망이 존재한다."[153] 인간적인 관점에서 보면 죽음이 종말이자 절망이지만, 기독교의 입장에서 보면 죽음은 생명 속의 작은 일에 불과하며 어쩌면 그 안에 더 많은 건강과 힘을 담고 있는 사건일 수 있다. 죽음이 새로운 생명과 힘의 시작일 수 있다는 이러한 관점에서 기시감이 느껴지지 않는가? 그렇다! 우리가 앞서 제1장에서 이미 살펴보았던 내용들이다. 키르케고르는 기독교에서 흔히 말하는 죽음을 통해 새롭게 탄생하고 부활한다는 의미가 바로 여기에 있다고 생각한 듯하다. 따라서 그에 따르면, "기독교적인 의미에서는 죽음조차도 '죽음에 이르는 병'이 아니다. 하물며 지상적(地上的)이며 시간적인 고뇌, 즉 곤궁·질병·비참·고난·재해·고통·번민·비애·통한 따위로 불리는 어느 것이 그러하겠는가!"[154] 기독교에서는 죽음이라는 개념이 아예 있을 수 없음을 강조한 것이다. 그래서 키르케고르가 보기에 비기독교인이나 자연인과 달리 참 그리스도교인이라면 죽음을 두려워해야 할 까닭이 없다. 자신 안에는 생명과 희망, 건강과 힘만이 있기 때문이다.

그러나 어떠한 희망도 품지 못할 때, 즉 절망에 빠질 때 인간은 죽음에 이르게 된다. 키르케고르의 주장을 직접 들어보자.

'죽음에 이르는 병'이라는 이 개념은 독특한 의미로 이해되어야 한다. 보통 그것은 그 종국(終局)과 결이 죽음이라는 병을 의미하고 있다. 사람들은 치명적인 병을 죽음에 이르는 병이라고 한다. 이런 의미로서 절망은 결코 죽음에 이르는 병이라고 말할 수 없다. 기독교의 입장에서 보면 죽음이

---

153 Søren Abbye Kierkegaard, *Sygdommen Til Døden*, 1849; 키르케고르, 박병덕 옮김,『죽음에 이르는 병』, 육문사, 2023, 31쪽.
154 키르케고르,『죽음에 이르는 병』, 32쪽.

란 그 자체가 생(生)으로의 이행(移行)이다. 따라서 기독교에 있어서 지상적 육체적인 의미로서의 죽음에 이르는 병 따위는 전혀 고려되지 않는다. 물론, 죽음이 병의 종국임은 틀림없지만 그 죽음이 최후는 아니다. 죽음에 이르는 병이라는 것을 가장 엄밀한 의미로 이야기한다면 그것은 종국이 죽음이고 죽음이 종국이 되는 그런 병이어야 한다. 절망이 바로 그런 병이다.[155]

키르케고르는 절망을 '병'이자 동시에 '죄'로 보았다. 그에게 절망은 죽음에 이르게 하는 병이자 죽음에 이르게 하는 죄이기도 했다. 그 죄에 대한 처벌은 곧 죽음이다. "죄란 인간이 신 앞에서 신의 관념을 가지고 있으면서 절망하여 자기 자신으로 있으려고 하지 않는 것, 또는 절망하며 자기 자신으로 있으려고 하는 것을 말한다. 따라서 죄는 약함이나 반항의 도가 강화된 것, 다시 말해 절망의 도가 강화된 것으로 '신 앞에서'라는 데에 중점을 두고 있다."[156] 우리는 아우구스티누스부터 시작해 꾸준히 이어져 온 죄, 병, 죽음에 대한 일관된 관념이 키르케고르까지 자연스럽게 이어지고 있음을 본다.

인간의 또 다른 부정적 요소인 '악행'을 질병에 비유한 사람은 니체다. 그는 『차라투스트라는 이렇게 말했다』에서 다음과 같이 주장한다. "'작은 악행에서 느끼는 기쁨이 많은, 엄청난 악행을 하지 않도록 막아준다.' 너희들이 하는 말이다. 그러나 여기서는 절제를 할 상황이 아니다. 악행은 농양과도 같다. 그것은 가려움을 일으키며, 긁게 만들어 결국 터져 나온다. 악행은 정직하다. '보라, 나는 질병이다.' 악행은 이렇게 말한다. 이것이 바로 악행의 정직성이라는 것이다."[157] 작은 악행을 저지르면서 느끼는 작은 만족감이 더 큰 악행을 저지르지 못하도록 만들어 준다고들 말한다. 하지만 악행은 그 자체로 질병이라서 아무리 작은 악행이라 하더라도 결국 악

---

155 키르케고르, 『죽음에 이르는 병』, 46쪽.
156 키르케고르, 『죽음에 이르는 병』, 160쪽.
157 프리드리히 니체, 『차라투스트라는 이렇게 말했다』, 147쪽.

행일 뿐이기에 그것을 결코 정당화하거나 미화해서는 안 된다. 악행을 선행으로 둔갑하는 재주는 니체도 갖지 못했나 보다. 왜냐하면 악행은 적어도 니체의 눈에 '정직한 질병'으로 보였기 때문이다.

인간의 좋은 성향도 종종 질병에 비유되곤 했다. 가령, 파스칼은 인간의 '호기심'을 가장 큰 질병에 비유했다. 다른 성향도 아니고 인간의 지적 자극과 교육 및 학습에서 중요한 요인으로 간주되는 호기심을 무슨 연유로 질병에 비유했을까?

> 사람들이 어떤 것이 진리인지를 모르고 있을 때에는 그들의 생각을 고정시켜 주는 어떤 공통된 오류가 존재하는 것이 좋다. 예를 들면 사람들이 계절의 변화와 질병의 악화 등의 원인을 달에다가 부여하는 것과 같은 것이다. 왜냐하면 인간의 가장 큰 병은 알 수 없는 것들에 관해서 불안스럽게 호기심을 갖는 것이기 때문이다. 그리고 인간이 오류에 빠져 있는 것은 쓸데없는 호기심에 빠져 있는 것만큼 그렇게 나쁜 것이 아니다.[158]

알 수 없는 것들에 관한 불안하고 불필요한 호기심이 인간의 가장 큰 병이라는 주장인데, 여기서 병은 악습이나 잘못된 관행으로 이해해도 무방해 보인다. 왜냐하면 파스칼은 잘못된 호기심이 인간을 고질병인 잘못된 믿음, 즉 미신이나 속신(俗信) 아니면 사이비 종교에 빠뜨릴 수 있다고 보았기 때문이다. 파스칼은 그러느니 차라리 오류에 빠져 있는 편이 낫다고 말한다. 오류는 바로잡아 정정하면 되지만, 미신이나 사이비 종교는 한 번 빠지면 쉽게 헤어나지 못하고 계속 잘못된 길로만 들어가기 때문이다. 따라서 우리는 나쁜 길로 빠질 수 있는 병약한 호기심이 아니라 우리를 성장케 하는 건강한 호기심을 가질 필요가 있다.

호기심을 넘어 급기야 '사랑'을 질병에 비유한 지식인도 있었으니, 그가 바로 감상주의(感傷主義)의 대가 노발리스다. 그는 "사랑은 전적으로 질병

---

158 블레즈 파스칼, 『팡세』, 395쪽.

이다"(Liebe ist durchaus *Kranckheit*)라고 주장한다.[159] 간략한 문구나 단어의 나열로만 되어 있는 그의 다른 단상과 마찬가지로 이 구절 역시 적절한 해석이 필요하다. 그가 사랑하던 어린 약혼녀 소피 폰 퀸(Sophie von Kühn)이 죽고 난 후에 쓴 단상이라는 점에서, 사랑을 마치 열병에 비유한 듯하다. 흔히 사랑의 열병을 앓는다고들 하지 않는가. 노발리스가 사랑을 이처럼 '전적인 질병'에 비유한 이유는 아마도 한 번 빠지면 결코 헤어 나올 수 없는 마약 또는 블랙홀 같은 것으로 보았기 때문일 것이다. 그러니 이때 질병은 나쁜 의미가 아니라 사람이 어느 한 곳에 집중하도록 만드는 긍정적인 에너지와 이미지를 함축하는 단어로 보아야 한다.

지금까지 질병에 대해 서구의 지식인들이 어떤 생각을 하고 어떤 태도를 취해 왔는지, 그리고 어떤 담론을 펼쳐 왔는지를 다양한 범주로 나누어 살펴보았다. 육안으로는 보이지도 않는 인간의 최대의 적들을 향한 이 기나긴 투쟁의 역사는 또 다른 관점과 의미에서 우리에게 '생태주의'의 중요성을 일깨워 준다. 자연 안에서 일어나는 모든 일이 자연적 현상이라면, 질병 또한 자연의 생태계 안에서 일어나는 자연적 현상일 수밖에 없기 때문이다. 다른 자연의 산물들과 마찬가지로 인간에게 해롭거나 유익한 미생물과의 공존과 대응 방안의 모색은 인류의 생존을 위해 필연적인 전략으로 떠오르고 있다. 다시 말해, 병은 이제 인간이 미생물과의 싸움을 넘어 미생물과의 전략적 공생 관계의 형성이라는 새로운 과제를 안고 인류가 풀어야 할 숙제가 되었다. 만일 모든 미생물을 박멸하는 끔찍한 방법으로 모든 질병으로부터 완전히 벗어나고자 할 때 곧바로 인류는 커다란 재앙을 맞게 될 것이다. 인류의 종말은 외부에서가 아니라 내부에서부터 올 가능성이 크다.

---

159 Novalis, *Schriften*, vol. 3, p. 667 (= "Fragmente und Studien 1799-1800", 607) (강조: 노발리스).

제3장

죽음을 향한 여정: 노화와 노년

'노년' 또는 '노화'는 '죽음에 다가가는 과정'이라고 할 수 있다. 노화에 대한 태도는 일반적으로 크게 두 가지로 나뉜다. 죽음을 자연스러운 것으로 받아들이면서 순응하는 태도가 그 하나요, 죽음을 두려워하고 수용하길 꺼리면서 부정적으로 인식하는 태도가 다른 하나다. 첫 번째 태도에 주목해 보자면, 인간에게 노화란 죽음과의 친화력을 키워가는 과정이다. 삶에 적극적이고 능동적인 사람은 죽음을 두려워하기보다는 삶을 즐기려고 노력한다. 죽음에 대한 공포는 어쩌면 일상을 무료하게 보내는 사람들에게서나 나타나는 현상일지 모른다. 노화에 대해 첫 번째 태도를 보이는 사람들은 늙는다는 것을 젊음의 상실이나 삶에서의 생기의 소멸로 간주하는 것이 아니라 삶과 죽음의 의미를 새롭게 인식하는 계기이자 출발로 읽는다. 그 점에서 늙음은 쇠퇴가 아니라 '쇠퇴에 이르는 성숙'이라고 할 수 있다. 마치 젊음이라는 말 안에 생기발랄이나 적극성 같은 긍정적인 이미지뿐만 아니라 미숙, 실수, 오류 등 부정적 의미도 함께 담겨 있듯이 말이다.

그러나 이러한 성숙한 마음가짐을 갖고 늙어가는 사람이 과연 얼마나 될까? 대부분은 노화에 대해 두 번째 태도를 지니면서 살아가지 않을까 싶다. 아울러 노화나 노년을 부정적으로 생각하는 이유도 아마 많은 경우에 죽음 자체를 두려워해서라기보다는 죽음으로 인해 살면서 세워 두었던 목표와 계획이 혹시 노화 현상과 그에 따른 예상보다 빠른 죽음으로 물거품이 되지 않을까 하는 막연한 불안과 공포심 때문일 것이다. 사람들은 이런 불안과 공포가 자신에게 아무런 도움도 되지 않는다는 사실을 모르지 않지만, 그런 감정이 어떤 계기가 되어 자신을 엄습하면 도저히 어찌해 볼 도리가 없는 경우가 허다하다. 나이가 들어 늙어간다는 사실이 특별히 두려운 것은 아니지만 가끔은 기분이 언짢게 느껴지는 이유도 바로 거기에 있을 것이다.

죽음만큼이나 자연스러운 현상이어서인지 노화나 노년은 적지 않은 서구의 지식인들이 즐겨 사유해 왔던 주제 가운데 하나임이 확인된다. 이 주제 역시 서구의 많은 지식인이 쏟아 낸 담론을 수집, 정리해 보았을 때, 다음 네 개의 범주로 분류된다. (1) 먼저 노년이나 노화에 대한 개념 정의다. 긍정적으로 정의한 사람, 부정적으로 정의한 사람, 객관적으로 정의한 사람, 엉뚱한 비유를 들어가면서 매우 주관적으로 정의한 사람 등 그 편차도 매우 크다. (2) 다음은 노년의 장점을 논한 경우다. 이들은 노인이나 늙어가는 현상이 어떤 장점, 미덕, 가치 등을 갖는지 논파한다. 고개를 끄덕이게 할 만큼 설득력 있고 타당성 있는 주장들도 많지만 모두 그런 것은 아니다. 대체로 단지 늙은 자신을 미화하거나 합리화하는 주장이 아니라 노인이 가져야 할 훌륭한 요소와 자질을 되도록 많이 간직하도록 노력하라는 충고와 조언 등이 주를 이룬다. (3) 세 번째는 늙음이 갖는 단점 또는 비판받아 마땅한 점들에 대한 언급이다. 노년의 장점 담론이 노년의 미화나 합리화의 의혹을 일으킨다면, 노년의 단점 담론은 반대로 노년에 대한 체념과 비관의 뉘앙스를 풍긴다. 그것은 곧 죽음에 대한 체념과 비관 때문에 그럴 것이다. (4) 마지막으로 노화를 병리 현상으로 보는 견해들이 있다. 이것은 다시 둘로 나뉘는데, 먼저 노화를 병으로 주장하는 담론이 그 하나다. 이 범주에 드는 서구의 지식인이 많은 것은 아니지만, 그렇다고 전혀 없는 것도 아니다. 그리고 그 이유와 논거를 살펴보는 것도 매우 흥미로운 경험이다. 또 하나는 노화 또는 노년을 죽음 그 자체로 보는 경우다. 이에 대한 논의는, 이 책 전체를 고려한다면 이 장에서 가장 중요하게 다루어져야 할 주제다.

노년을 개념 정의한 최초의 사례는 고대 그리스의 초기 자연철학자들에게서 찾아볼 수 있다. 가령, 원자론자였던 레우키포스와 데모크리토스는 '노년'을 "육체적 능력의 상실"로 정의했다. "노년은 몸 전체의 능력 상실이다. 모든 것을 지니고 있지만 모든 것에 부족함이 있다."[160] 노년이 되었다고 해서 신체 부위나 장기 등이 손상되거나 상실되는 것은 아니지만, 그 모든 신체 부위와 장기가 제 기능을 발휘하지 못할 때가 많다. 게다가 신체의 특정 부위만이 아니라 모든 부위와 장기가 약해진다. 아마도 원자론자들이면서 서구 최초의 화학자들이었던 이들의 눈에 사물을 구성하는 최소 단위인 원자처럼 인간의 신체를 구성하는 최소 단위인 세포의 노화가 곧 육체의 노화이며, 또 그 노화가 기능 쇠퇴나 약화로 이어지기에 그렇게 주장했을 것이다.

헤겔 역시 매우 유사한 주장을 펼친다. 그는 『철학 강요』에서 "노화로 인한 죽음은 힘의 상실, 즉 축소의 일반적인 단순한 상태"라고 말한다.[161] 물론, 이 인용문만 보면 주어가 노화가 아니라 죽음이기에 약간의 혼란을 주지만, 문맥상 죽음이 아니라 노화에 방점이 찍힌 것으로 읽어야 한다. 왜냐하면 죽음은 힘의 상실로 인한 약화가 아니라 소멸 그 자체를 뜻하기 때문이다. 약화는 죽음이 아니라 노화의 결과로 나타나는 현상이다. 더구나 여기서 힘의 상실을 육체의 약화로 독해해야 하는 이유는 바로 다음에 이어지는 '축소'라는 단어 때문이다. 헤겔이 여기서 죽음을 진정한 주어로 생각했다면 축소가 아니라 소멸, 즉 부재(不在)라는 단어를 썼을 것이다.

---

160 Leucippus' & Democritos' Fragments(인용 출처: 스토바이오스. 『선집』 III. 4. 재인용 출처: 탈레스 외, 『소크라테스 이전 철학자들의 단편 선집』, 636쪽).

161 Georg Wilhelm Friedrich Hegel, "Enzyklopädie der philosophischen Wissenschaften im Grundrisse II", p. 535.

늙으면 힘이 없어지고 몸이 줄어들기 마련인데, 이러한 자연스러운 현상을 헤겔이 그렇게 표현했을 가능성이 크다. 한마디로 헤겔의 이 문장은 '노화란 자연스러운 죽음의 과정'임을 설파한 것으로 풀이된다.

셸러 또한 노년을 "신체적 기능과 그 내용에 대한 자각과 반성이 일어나도록 만드는 생애 주기"로 정의했다. 우선 그는 1926년과 1927년 사이에 '노화'에 대해 다음과 같이 썼다. "물리적[신체적] 기능과 그 내용에 대한 자각은 반성의 정도에 따라, 반성의 사슬의 단계에 따라 모든 기능과 내용에서 동시에 일어나는 것은 결코 아니다. 특히 모든 다양한 시기(생애 주기)에 일어나는 것은 아니다. [그 자각을 위해] 결정적인 것은 저항의 정도와 유형 및 그에 대한 고통이다."[162] 육체적 기능이 망가지면서 그에 대해 고통을 느끼며 자각하는 시기가 노년이며, 망가져 가는 과정이 노화라는 이야기다. 더 나아가 셸러는 노화를 '육체와 영혼의 결합의 붕괴'라고까지 정의한다. 그에 따르면, "사람은 나이가 들면서 몸과 영혼의 결합이 무너진다. a) 기관, b) 신체 기능, c) 정신 기능이 노화 과정에 의해 영향을 받는 정도[에 따라 그렇다]."[163] 가령, 알츠하이머가 반드시 노인에게만 오는 병은 아니지만, 주로 노인에게서 많이 발병한다는 점에서 셸러의 주장은 설득력을 얻는다. 꼭 치매가 아니더라도 인간이 나이가 들면 지적 능력의 쇠퇴나 기억력 감퇴 등 정신적 기능에 문제가 발생하기 때문이다.

노화란 이처럼 서구 지식인들에게서 일차적으로 육체적 능력, 기능, 힘, 세포 등의 쇠퇴나 약화 또는 상실이나 축소를 의미했다. 그런데 육체적 능력과 세포의 상실은 곧 생명 현상의 축소를 의미한다. 과거 서구의 지식인들은 이 점을 더 많이 지적해 왔다. 가령, 마르쿠스 아우렐리우스는 '노화'의 진정한 의미를 다음과 같이 설파한다.

우리의 생명이 나날이 꺼져 간다는 사실 외에 또 다른 사실 하나를 간

162　Max Scheler, "Weitere Aufzeichnungen zu Altern und Tod", p. 332.
163　Max Scheler, "Weitere Aufzeichnungen zu Altern und Tod", p. 338.

과해서는 안 된다. 즉 어떤 사람의 생명이 얼마간 더 연장된다 하더라도 과연 사고력이나 이해력이 그대로 남아서 사물을 뚜렷이 식별하고, 신과 인간을 이해하는 데 사색 능력을 계속해서 유지할 수 있느냐 하는 것이다. 노령기에 접어들더라도 신체적 배설 작용이나 식욕, 상상력 등에는 크게 이상이 따르지는 않는다. 그러나 자신의 능력을 발휘하는 힘, 의무를 정확하게 수행하는 힘, 주변에서 일어나는 모든 문제를 판단하는 힘, 최후의 순간을 분별하는 힘 그리고 그동안 숙련시킨 이성의 기능은 쇠퇴하기 마련이다. 그러므로 서두르지 않으면 안 된다. 우리는 매일매일 죽음을 향해 걸어가고 있으며, 동시에 사물에 대한 이해력은 점점 쇠약해져 가고 있기 때문이다."[164]

노화란 '우리의 생명이 나날이 꺼져 가는 현상'을 말한다. 몸은 약해졌을지 몰라도 기본적인 본능이나 욕구에는 크게 문제가 없다. 하지만 문제는 사유 능력이다. 마르쿠스 아우렐리우스는 늙으면 이성적이고 합리적이며, 논리적으로 사고하고 이해하면서 판단할 능력이 현저히 쇠퇴한다고 생각했다. 육체의 노쇠만이 아니라 정신의 약화까지도 걱정했던 것이다. 근대에 들어와 파스칼 또한 "사람들은 너무 젊어도 잘 판단하지 못하며, 너무 늙어도 마찬가지이다"라고 말하면서 노인과 노년에 대해 회의적인 태도를 보였다.[165] 하지만 마르쿠스 아우렐리우스나 파스칼의 관점은 정신적 성숙과 지혜 등을 노년의 장점으로 내세웠던 다른 많은 서구 지식인들의 생각과 정면으로 배치(背馳)된다.

이 문제에 대해서는 다음 주제를 다룰 때 더 심도 있게 논의해 나가겠지만, 여기서 잠깐 세네카의 생각을 예로 들어보자. 그는 노년이란 '영혼에는 절정기이지만 몸에는 해악을 끼치는 시기'로 규정했다. 루킬리우스에게 보낸 그의 편지 중에 다음과 같은 구절이 나온다.

---

164 마르쿠스 아우렐리우스, 『명상록』, 39쪽.
165 블레즈 파스칼, 『팡세』, 26쪽.

친애하는 루킬리우스에게, 내가 이미 노년이 눈앞이라고 자네에게 말한 것이 바로 얼마 전이었는데, 지금은 벌써 노년을 넘겨버린 것이 아닌가 하고 두려워하고 있네. 이제 이 나이, 적어도 이 몸에는 그것과는 다른 말이 어울리네. 왜냐하면, 노년이란 힘이 쇠약한 나이를 나타내는 말로, 산산이 파괴된 나이는 아니기 때문이네. 이젠 나를 늙어빠져서 마지막에 이른 사람으로 생각해주게나. 그래도 내 얘기를 들어주게. 나는 나 자신에게 축사를 보내고 있네. 영혼에는 나이에 의한 해악을 느끼지 않고, 느낀다면 몸에 대해서이니까. 늙은 것은 악덕과 악덕의 앞잡이를 이루는 것뿐이네. 영혼은 생기가 넘치고, 몸과 그다지 상관없이 사는 것을 기뻐하고 있다네. 이미 자신의 짐의 대부분을 내렸으니까. 영혼은 홀가분하게 서서 노년에 대해 나와 논쟁을 벌이고 있네. 영혼은 지금이 자신의 절정기라고 말하네. 그 말을 우리는 믿어야 하네. 영혼에게 영혼의 좋은 열매를 누릴 수 있게 해주세나. 영혼은 사색을 하라고 명령하고 있네.[166]

세네카는 노년이 육체적 쇠락기임을 인정한다. 하지만 쇠락했을지는 몰라도 산산이 부서지면서 파괴된 시기는 아니라고 역설한다. 그러면서 그는 노년이 동시에 영혼적 성숙기임을 강조한다. 영혼에는 최고의 시기라는 것이다. 왜냐하면 육체는 무너져갈지 몰라도 영혼은 죽음에 가까이 다가갈수록 더욱 생생히 살아난다고 생각했기 때문이다. 더구나 죽음을 앞둔 사람에게 영혼은 자신의 모든 일생을 회고하고 정리하면서 결산해야 하는 임무를 갖는다. 그러니 육체보다도 더 총기(聰氣)를 발휘하면서 생생해져야 하지 않겠는가.

아무튼 이 문제는 뒤에 가서 언급하기로 하고 원래 논의로 돌아가 보자. 아메리 같은 작가도 노화를 '천천히 시들어 가는 과정'으로 정의했다. 그는 노화에 관한 책에서 이 현상을 약간 문학적으로 다음과 같이 표현했다. "죽음과 죽어간다는 것을 둘러싼 많은 사실을 알고 있다고 믿는 A에게, 살

---

166 세네카, 『세네카 인생론』, 424쪽 (= 루킬리우스에게 보내는 도덕 편지 26).

아서 확인하는 죽음의 모습이란 늙어가며 알게 된 천천히 시들어 감이다. 그는 이 쇠락의 원인을 다시금 속박과 질식에서 찾았다."[167] 여기서 'A'는 아마도 '아메리'의 앞글자로서 저자 자신을 지칭한 것으로 보인다. 시들어 간다는 표현은 사실 인간이나 동물이 아니라 식물에 쓰는 것이 일반적이다. 한자어로 쇠약해 마른다는 뜻의 '위조'(萎凋)나 마르고 시든다는 뜻의 '고조'(枯凋)라는 단어가 없는 것은 아니지만 거의 쓰임새가 없으며, 그냥 순우리말로 '시들다'라는 표현이 더 많이 쓰인다. 시들어 가는 식물로 비유하든 꺼져 가는 촛불로 비유하든 간에, 늙어간다는 것은 점점 쇠락해 가는 것이다. 여기에 해당하는 한자어로 그런대로 쓰임새가 전혀 없지는 않은 '조락'(凋落)이라는 단어가 있다. 이처럼 아메리에게 노화는 인간이 죽어 가는 모습을 의미했다.

20세기 독일 철학자 마르크바르트 역시 이와 관련해 언급할 만하다. 그는 노화를 주제로 한 책에서 노년을 '미래가 줄어드는 생애 구간'으로 정의하면서 다음과 같이 말한다.

> 우리의 가장 확실한 미래는 우리의 죽음입니다. 늙으면 이러한 미래가 항상 임박해 있습니다. 하지만 죽음은 다가오는 미래로서 우리가 미래를 더 많이 가지고 있지 않다고 선언해 버립니다. 미래가 축소되는 생애 구간으로서 늙음의 단계에서는 미래가 점점 사라지는 통에 우리가 미래에 대한 환영을 발전시키고 유지하는 것은 어렵습니다.[168]

만일 우리가 '격언'을 '누구나 알지만 미처 깨닫지 못했던 사안을 멋진 표현으로 일깨워 주는 명구'로 정의한다면, 마르크바르트의 노년에 관한 정의도 격언에 속한다고 할 수 있다. 왜냐하면 '희망'이나 '미래'는 대체로

---

167 장 아메리, 『늙어감에 대하여: 저항과 체념 사이에서』, 198쪽.
168 Odo Marquart, *Endlichkeitsphilosophisches: Über das Altern*, Stuttgart: Reclam, 2013; 오도 마르크바르트, 조창오 옮김, 『늙어감에 대하여』, 그린비, 2019, 92쪽.

어린아이들이나 젊은 사람들에게 해당하지 나이 든 사람들에게는 어울리지 않는 단어들이기 때문이다. 늙은 사람에게 미래가 창창하다고 말하는 것은 어쩌면 빨리 죽으라는 말보다도 더 심한 욕일 수 있다. 영원히 죽지 말라는 말처럼 살벌한 저주가 또 어디 있겠는가! 그만큼 노년은 미래가 거의 남아 있지 않은 생애 주기인 것이 맞다. 다른 생애 주기도 그렇지만 특히 노년에 적합한 확실한 미래는 '죽음'밖에 없다. 이러한 특징을 마르크바르트는 "노년의 무자비함"(Radikalität des Alters)이라고 명명했다.[169]

유사하면서도 약간 다른 관점에서 노화를 매우 설득력 있게 정의한 경우도 있다. 가령, 20세기 초반 '의식의 흐름' 수법을 활용한 심리주의 문학의 창시자 가운데 한 사람으로 잘 알려진 마르셀 프루스트(Marcel Proust)는 『잃어버린 시간을 찾아서』에서 '노화'를 '젊음의 죽음'으로 정의한다. "우리가 여러 해 후에 다시 만난 여성을 더 이상 사랑하고 있지 않다면, 여성과 우리 사이에는 사실상 양쪽 다 이 세계에 속하지 않는다고 할 수 있을 만큼 죽음의 심연이 깔려 있지 않은가? 우리가 더 이상 사랑하지 않는다는 사실이 과거의 여성과 과거의 우리 자신을 죽은 것이나 다름없게 만들기 때문이다."[170] 시간이 흘러 사랑이 식으면 과거에 사랑했던 연인은 지금 시점에서 보면 죽은 것이나 다름없다. 즉 이것은 한때 연인이었던 두 사람이 실제로 죽었다는 '육신의 죽음'이 아니라 둘 사이에 서로 사랑하던 상태가 죽었다는 것, 즉 '관계의 죽음'을 뜻한다. 마찬가지로 우리가 나이 들어 늙게 되면 우리의 젊었던 시절은 죽고 없다. 이처럼 늙는다는 것은 젊음이 죽어간다는 것이며, 노년은 '젊음의 죽음'을 대가로 치르고 얻은 결과물인 셈이다. 그래서 젊어서 죽은 사람은 우리의 머릿속에 영원한 젊은이로 각인된다. 이는 또 다른 의미의 영생이 아닐까?

죽음이나 노화는 어쩌면 삶이나 젊음 같은 반대 처지에서 보면 난해한

169　오도 마르크바르트, 『늙어감에 대하여』, 90쪽. 이 문구는 그가 2006년 10월 19일 언어와 시를 위한 독일 아카데미 가을 총회에서 행한 강연의 제목이기도 하다.

170　Marcel Proust, *Remembrance of Things Past*, (trans.) C. K. Scott Moncrieff & Stephen Hudson, 3 vols., London: Penguin Classics, 2016, vol. 3, p. 713.

현상일 수 있다. 죽음이 이해하기 어렵다면 노화 또한 이해하기 어려울 수밖에 없다. 그 때문에 프루스트는 다음과 같이 말한다. "시체가 한때 살아 있었다는 사실을 깨닫는 것이나 한때 살아 있던 사람이 지금 죽어 있다는 사실을 깨닫는 것이 어려운 일인 것처럼, 한때 젊었던 사람이 지금 늙어 있다는 사실을 이해하는 것 역시 (젊음의 말살, 힘과 활력이 가득한 인격의 소멸은 허무의 시작이므로) 거의 똑같은 방식으로 어렵다."[171] 노화란 이처럼 "젊음의 말살"이자 "힘과 활력이 가득한 인격의 소멸"이다. 우리는 늙은 사람이 한때 젊었다는 사실을 머리로는 이해할지 몰라도 감각으로는 전혀 이해하지 못한다. 그만큼 노화란 한때 젊었던 시절을 상상하거나 이해하지 못할 정도로의 급격한 변화 내지 쇠퇴이기 때문이다. 아마도 노년이 삶보다는 죽음에 더 가까이 있기 때문에 더욱 그럴 것이다.

한편, 노년은 '시간'을 민감하게 느끼는 시기이기도 하다. '노화와 시간의 상관성'에 대한 담론은 그동안 꽤 많은 서구 지식인들이 펼쳐 왔는데, 그 중 대표적인 인물이 바로 아메리다. 그는 "우리는 늙어가며 시간을 발견한다"라고 주장한다.[172] 액면 그대로만 읽었을 때 무슨 소리인지 알 듯 모를 듯한 발언이다. 어릴 때나 젊을 때는 시간을 아예 모르거나 의식하지 못하고 살다가 늙어서야 비로소 시간을 절실히 느끼고 깨달으며 의식하기 시작한다는 뜻이 아닐까? 이 의문에 대해 아메리는 노화란 시간의 무게를 감지하는 것이라고 해명한다. "늙었다는 것 혹은 늙어간다는 것을 감지한다는 말은 요컨대 몸, 그리고 우리가 영혼이라 부르는 것 안에서 시간의 무게를 느낀다는 뜻이다. 젊다는 것은 몸을 시간에, 원래는 시간이 아닌 인생이자 세계이자 공간에 던진다는 뜻이다."[173] 우리는 시간의 흐름을 보통 배가 고프거나 목이 마르거나 대소변이 마렵거나 졸릴 때 같은, 이른바 자연스러운 생리적 욕구를 느낄 때 지각한다. 한마디로 몸의 변화를 통

---

171 Marcel Proust, *Remembrance of Things Past*, vol. 3, p. 953.
172 장 아메리, 『늙어감에 대하여: 저항과 체념 사이에서』, 32쪽.
173 장 아메리, 『늙어감에 대하여: 저항과 체념 사이에서』, 38~39쪽.

해 시간의 흐름을 인식하게 된다. 왜냐하면 시간은 공간과 달리 지각되는 실체가 아니기 때문이다. 어릴 때나 젊을 때는 아직 자신에게 많은 시간이 주어져 있음을 본능적으로 알기에 특별히 시간의 압박을 느끼지 않는다. 하지만 노년이 되면 사정이 180도 달라진다. 노인들은 자신에게 주어진 시간이 얼마 남지 않았다는 사실을 본능적으로 알기에 시간에 민감해질 수밖에 없다. 노년기는 이처럼 시간에 예민해지는 생애 구간이다. 그래서 아메리는 '노화'를 특별히 '시간의 불가역성의 체험'으로 정의한다. "늙어가는 노인이 자신의 늙어감 자체를 있는 그대로 정확히 받아들일수록 그는 되돌려질 수 없는 시간을 그만큼 더 정확히 경험한다."[174] 늙어갈수록 사람은 시간이 되돌려질 수 없음을 매일매일 느끼면서 살아가기 때문이다. "그래서 늙어가는 사람은 자신 안에 쌓인 시간을 인생으로 기억(Erinnern)한다. 그에게 다가오는 것은 죽음이다. 죽음은 그를 공간에서 통째로 들어내리라. 그 자신과 그의 몸에서 남는 것을 탈공간화하면서 그에게서 세상과 인생을 앗아가리라. 그에게서, 세계에 있는 그의 공간을 빼앗으리라. 바로 그래서 늙어가는 사람은 다만 시간일 뿐이다. 그러니까 노인은 전적으로 시간을 살아가는 존재이자, 시간의 소유자이며, 시간을 인식하는 사람이다."[175] 아메리의 눈에 노인은 한마디로 '시간적 존재'로 비친다. 시간을 예민하게 느끼는 학문이 역사학이라는 점에서 노인은 '역사적 존재'이기도 하다.

헤세 역시 노년과 시간의 밀접한 연관성을 지적한 대표적 독일 작가다. 그는 무엇보다 노년이 특별히 시간이 빠르게 지나감을 느끼는 생애 주기임을 강조하면서 "나이가 들면 해(年)는 엄청난 속도로 빨리 흐르지만 날(日)이나 시간은 아주 천천히 지나가는 것 같은 모순을 자주 느낀다"라고 말한다.[176] 아마 자신의 경험에서 우러나온 말일 것이다. 실제로 하루든 1년

---

174 장 아메리, 『늙어감에 대하여: 저항과 체념 사이에서』, 45쪽.
175 장 아메리, 『늙어감에 대하여: 저항과 체념 사이에서』, 39쪽.
176 헤르만 헤세, 『어쩌면 괜찮은 나이』, 29쪽.

이든 간에, 나이가 들수록 시간이 빨리 지나간다고 느끼는 것은 자연스러운 일임이 과학적으로 입증되었다. 그 이유는 우리의 행동과 인식, 운동과 학습, 자발적 움직임, 동기 부여, 기억, 기분 등에 중요한 역할을 하면서 몸 안의 생체 시계를 작동시키는 중추 신경계의 신경 전달 물질인 도파민(dopamine)이 나이가 들면 적게 분비되기 때문이다. 도파민이 적게 분비되면 그만큼 뇌에서 일하는 신경 세포들의 정보 처리 속도는 느려지며, 머릿속은 실제의 속도와 달리 마치 슬로우 모션처럼 천천히 움직이면서 시간이 빨리 흐른다고 느낀다는 것이다. 노화란 결국 시간의 빠름을 자연스럽게 체감하는 변화 과정이다.

또한 헤세는 "세상의 흐름과 함께하지 않을 때 사람은 빨리 늙는다"라고 주장한다.[177] 세상과 부대끼며 열심히 살아가는 사람, 남과의 사회적 관계를 꾸준히 이어가는 사람에게 노화는 천천히 진행된다. 아니면 아예 세상을 등지고 은둔하면서 자기 수양을 쌓아나가는 사람이라면 모르되, 속세에 살면서도 세상과 멀어져가는 사람은 빨리 늙게 마련이다. 왜냐하면 안 그래도 시간은 빨리 흘러가는데, 그것을 잊거나 의식하지 않기 위한 최고의 수단이 바로 바쁘게 살아가는 것일지도 모르기 때문이다. 헤세는 세월의 빠름을 다음과 같이 노래한다.

쏜살같이 흐르는 세월!: 불과 얼마 전까지도 나는 어린아이로/팽팽한 얼굴 가득 미소 지으며 웃었네./어느새 나는 이미 늙은 노인./살아온 이야기를 서툴게 털어놓고,/충혈된 눈으로 흐릿하게 바라보고,/이제는 꼿꼿하게 걷지도 못하는./오, 눈 깜짝할 사이에 인생은 저무나니/어제는 새빨갛고, 오늘은 우매하고,/모레는 죽음!/내가 사랑했던 사람들이 나를 속이지 않았다면,/아내가 나를 두고 떠나지 않았다면,/나는 아직도 노래를 부르며 길을 배회하고/여전히 푸른 젊음으로 침대에 누워 있으리./그러나 여자들이 당신을 두고 가버리면/젊은이여, 그럼 당신은 길을 잃고 헤매며,/위스키 한잔 들

---

177 헤르만 헤세, 『어쩌면 괜찮은 나이』, 29쪽.

이키고 애써 용기를 추스르리./그런 다음 물러나고, 퇴장하게 되리니.[178]

이 시를 읽고 있으면 인생이나 이 세상의 무상함이 느껴지기보다는 시간과 세월의 빠름이, 특히 노년과 노화를 통해 절감된다는 당연한 사실이 새롭게 다가옴을 느낀다. 어제는 아이였으나 오늘은 노인이고, 내일은 결국 죽음이 찾아올 것이라는 뜻밖의 자각 말이다. 인간은 세상이라는 연극 무대에 갑자기 나타나 인생이라는 작품에서 주인공으로 연기를 펼치다가 극이 끝나면 홀연히 무대 뒤로 사라지는 배우다. 이 평범한 진리를 사람들은 대부분 노인이 되어서야 깨닫는다. 그 점에서도 노년은 시간 자체를, 또는 시간과 세월의 빠름을 민감하게 느낄 수밖에 없는 시기라고 할 수 있다.

노화를 '추함'의 관점에서 정의한 경우도 있다. 가령, 마르크바르트는 노년이 아름다운 것보다는 추한 것을 많이 보여 주는 생애 구간임을 강조하면서 독일 철학자 프란츠 베츠(Franz Wetz)와의 대담에서 다음과 같이 말한다.

    베츠: 서구 사회에서 늙음이 이전 시대보다 오늘날 더 오래 지속되기 때문에 노년기는 세 단계로 구분됩니다. 첫 번째 단계는 고상한 중산층의 활동적인 초반 은퇴자로서 여행, 교육, 스포츠를 합니다. 두 번째 단계는 진전된 노년 단계로서 이미 육체적·정신적 제한을 느끼게 됩니다. 마지막 단계는 매우 약한 상태, 도움이 상당히 필요한 상태의 단계입니다. 선생님, 선생님은 어느 단계에 있으십니까? 선생님께서는 이러한 단계들 간의 이동을 경험하신 적이 있으십니까?

    마르크바르트: 당연히 저는 85세의 나이로 늙음의 첫 번째 단계를 이미 훌쩍 넘겼고 이제는 진전된 노년 단계에 와 있습니다. 정확히 말하자면 저는 그동안 이미 세 번째 단계 턱밑까지 와 있습니다. 옛날부터 세 번째 단

---

178 헤르만 헤세, 『어쩌면 괜찮은 나이』, 66~67쪽.

계는 도움이 상당히 필요하기 때문에 제2의 유년기라고 불렀습니다. 늙음의 과정이 연속적으로 진행되어 한 단계에서 다음 단계로 진행할 때에는 경계 구간이 있을 것이고, 이 구간은 보통 육체적으로 느낄 수 있습니다. 만성적인 병의 수가 지난 15년 동안 꾸준히 증가해 왔습니다. 나이를 새롭게 먹을 때마다 병이 드는 부분의 수도 증가합니다. 그래서 병이 느는 것은 놀랍지도 않습니다. 움직임의 수단인 육체는 이제 제한적으로만 가능합니다. 이는 철학자의 가장 중요한 도구인 청각, 시각, 언어 능력에도 해당합니다. 저의 감각들은 상당한 정도로 수용 능력을 잃었습니다. 자비 없는 수많은 진실이 존재합니다. 늙음은 위태로운 역사이고, 많은 나이는 추한 것, 더 이상 아름답지 않은 것을 많이 가져옵니다.[179]

    노년의 불편한 진실을 콕 집어 이야기하는 마르크바르트의 모습이 진솔해 보인다. 노년기를 3단계로 구분한 방식도 참신하고, 85세의 나이로 자신이 죽음 직전의 상태에 있다고 고백하는 것도 마음을 울린다. 이처럼 늙어간다는 것은 질병에 취약해진다는 것, '제2의 유년기'라고 불릴 정도의 돌봄 노동을 필요로 한다는 것, 마지막으로 추해진다는 것을 뜻한다. 이 모든 것이 진실이기에 더욱 슬프다. 우리 모두가 곧 경험할 것이기에 그렇다. 늙어간다는 것은 그만큼 추해져 간다는 뜻이리라. 이때 추하다는 것은 단지 외양만을 말하는 것이 아니다. 남의 도움, 즉 요양과 간병 같은 돌봄을 받아야만 살아갈 수 있다는 점 자체가 이미 인간으로서의 존엄성을 상실한 상태, 그 사람의 밑바닥을 다 내보인 상태를 뜻하기에 추하다는 것이다. 아름답지 않은 모든 것이 추한 것은 아니지만 노약자들의 그런 모습은 단순히 아름답지 않은 것으로 끝나지 않는다.
    노년과 노화는 이처럼 다양하게 정의되어 왔다. 이제 노년과 노화의 장·단점에 대해 살펴볼 차례다. 먼저 장점부터 살펴보자. 플라톤의 『국가』 도입부를 보면, 소크라테스가 시칠리아의 시라쿠사에서 아테네로 이주해

---

179 오도 마르크바르트, 『늙어감에 대하여』, 98~99쪽.

온 재류외인(在留外人)으로 방패 공장을 세워 큰 부자가 된 노인 케팔로스(Kephalos)와 나누는 대화 가운데 '노년'에 대해 찬양하는 부분이 나온다.

그래서 내[소크라테스]가 말했네. "케팔로스 옹, 나는 연로하신 분들과 이야기하기를 좋아해요. 우리는 그분들한테서 배워야 한다고 생각하니까요. 마치 어쩌면 우리도 지나가야 할 길이 어떠한지, 거칠고 험한지, 아니면 쉽고 순탄한지 우리보다 먼저 그 길을 지나간 사람한테서 배우듯이 말이에요. 그대는 지금 시인들이 '노년의 문턱'이라고 말하는 그런 연세가 되신 만큼, 나는 무엇보다도 어르신의 심경이 어떠한지 듣고 싶어요. 산다는 것이 힘드신가요? 아니면 뭐라고 말씀하시겠어요?" 케팔로스 옹이 말했네. "제우스에 맹세코, 내 심경이 어떠한지 그대에게 말하겠소, 소크라테스 선생. 나는 또래의 늙은이 몇 명과 가끔 모이곤 하는데, 옛 속담 그대로지요. 만나면 대부분 그들은 불평을 늘어놓기 시작해요. 그들은 젊은 시절의 즐거움을 그리워하며, 연애하고 술 마시고 잔치에 참석하던 일 등등을 회상하지요. 그러다가 그들은 자기들이 지금은 더 이상 그렇게 할 수 없는 것을 크나큰 상실로 여기고 화를 내곤 하지요. 그때는 잘 살았는데 지금은 살아도 사는 것이 아니라고 생각하는 것이지요. 그들 중 몇몇은 자기들이 늙었다는 이유로 가족에게 괄시받는다고 투덜대며, 그래서 온갖 참상이 다 노년 탓이라고 읊어대곤 하지요. 그러나 소크라테스 선생, 이들은 탓해서는 안 될 것을 탓하고 있는 듯해요. 그게 정말 노년 탓이라면, 나도 노년과 관련하여 똑같은 경험을 했을 테고, 다른 노인들도 모두 같은 경험을 하겠지요. 그러나 전혀 그렇게 느끼지 않는 사람도 나는 여럿 만났소. 예컨대 누가 시인 소포클레스에게 '소포클레스 선생, 그대의 성생활은 어떠시오? 그대는 아직도 여자와 동침할 수 있나요?'라고 물었을 때 나는 그 자리에 있었는데, 소포클레스 님은 '예끼, 이 사람, 그런 말 말게. 나는 거기에서 벗어난 것이 얼마나 기쁜지 몰라. 꼭 미쳐 날뛰는 포악한 주인에게서 벗어난 것 같다니까'라고 대답하더군요. 그때도 그분의 대답이 훌륭하다고 생각했지만, 지금도 그때 못지않게 그렇다고 생각하오. 노년이 되면 의심할 여지없이 그런 감정들에서 해방되어 마음이 아주 편해지니까. 욕망들이 한풀 꺾여 귀찮게 조르기를 멈추면 소포클레스가 말한 그대로 우리는 미쳐 날뛰는 수많은 주인에게서 해방된다는 말이오. 이 점에서나 가족과의 관계에서나 탓할 것은 한 가지뿐인데 그것은 노년이 아니라 성격이라오, 소크라테스 선생. 사람 됨됨이가 반듯하고 자족할 줄 알면 노년도 가벼운 짐에 불과하다오. 그렇지 않으면, 소크라테스 선생, 노년뿐 아니라 젊음도 견디기가 힘들다오."[180]

이처럼 노년은 모든 욕망과 갈등에서 벗어나 자유와 평화를 가져다주기에 행복한 시기일 수 있다. 즉 노년의 최고 행복은 모든 욕망으로부터의 해방이라는 것이다. 만일 가족과 불화나 갈등을 겪고 있다면 그 원인은 한 가지밖에 없는데, 그것은 고령 때문이 아니라 그 사람의 성격 때문이라는 것이다. 그러니 인격을 수양하고 자족할 줄 안다면 노년도 별로 짐이 되지 않는다는 것이다. 이 두 가지, 즉 인격의 수양과 자족의 태도가 없다면 노년뿐만 아니라 젊음도 다루기가 힘들어진다. 자급자족(autarkeia)이라는 그리스인들 특유의 생활 태도에다 소크라테스 같은 철학자나 할 법한 정신 수련까지 곁들인다면 노년은 분명 불행이 아니라 오히려 행복한 시기일 것이다. 그러나 과연 그럴 수 있는 현대인이 얼마나 될까?

비슷한 생각이 키케로에게서도 발견된다. 그는 『노년에 대하여』에서 대(大)카토(Marcus Porcius Cato)를 주인공으로 설정해 주제를 풀어 나간다. 대카토는 노년에 제기되는 네 가지 비난을 소개하는데, 그것은 (1) 노년에는 활동적인 일을 할 수 없고, (2) 신체가 쇠약해지며, (3) 거의 모든 쾌락을 박탈당하고, (4) 죽음이 멀지 않다는 것이다. 이 책은 바로 이러한 비난이 잘못되었다는 것을 하나하나 반박해 나간다. 먼저 첫 번째 비난에 대한 반박 논거는 이렇다. 노년에 활동적인 일을 할 수 없는 것은 사실이지만, 마치 배에서 돛대에 오르고 갑판을 뛰어다니는 젊은이들보다 키잡이가 더

---

180 Platon, *Politeia*; 플라톤, 천병희 옮김, 『국가』, 도서출판 숲, 2017, 27~29쪽 (= *Politeia*, 328c-329d).

중요하듯이 "큰일은 체력, 날렵함, 민첩성이 아니라 숙고, 지도력, 목표 의식으로 하는 것"이고 "이러한 자질은 나이가 들면서 약해지지 않고 외려 향상된다"라고 주장한다. 그러기에 대카토는 노인이 되면 조금씩이나마 정신적·육체적으로 꾸준히 활동하고 그 활동을 유지하는 것이 중요하다고 말한다. 두 번째 비난인 신체의 쇠약에 대해서도 대카토는 젊은 사람들과 비교하면서 그들보다 육체가 약해졌다고 한탄할 것이 아니라 나이에 맞는 활동을 하고 자립심을 유지하는 것이 필요하다고 말한다. 중요한 것은 육체가 아니라 지혜와 판단력 같은 정신이라는 것이다. 세 번째 비난인 모든 쾌락의 박탈에 대해서도 대카토는 노인이 되어 성욕이 감퇴하는 것을 안타깝게 생각할 것이 아니라 축복으로 여겨야 한다고 말한다. 더구나 다른 욕구도 거의 사라져 "만취, 소화 불량, 불면의 밤이 없다네!"라고 일갈한다. 그러면서 노년에 이르러 이제 '우정', '활발한 두뇌 활동', '농사', '환경', '존경받는 삶'이라는 새로운 쾌락을 얻게 된다고 역설한다. 마지막 비난인 "죽음이 가까워졌다"에 대해서도 대카토는 이것이 '당연한' 사실이며, 이것을 깨닫지 못한 사람이 오히려 불행함을 지적한다. 그래서 그는 어차피 죽음이나 사후세계 등에 논란이 있고 죽음을 피할 수 없다면 죽음을 반기라고 충고한다. 그리고 죽음이 삶의 노고에서 벗어나 편안한 상태로 들어가는 것이기에 오히려 삶의 목표를 성취하는 것이라고 강조한다.[181]

이처럼 키케로는 대카토의 입을 빌려 노년을 불행으로 보는 것에 반박하고 노인도 위대한 일을 성취할 수 있다고 조언한다. 노년을 찬양하는 그의 눈에는 노인들이 관능적 쾌락으로부터 해방된 것도 일종의 구원이고, 그렇기에 그들의 죽음도 더 이상 위기라고 할 수 없다. 그는 좋은 노년을 보내기 위해서는 다음과 같은 일들을 실천할 것을 주문한다. (1) 좋은 노년을 살기 위한 토대는 젊을 때 마련되기에 젊어서 시작하라. (2) 물질적·육체적 쾌락에 지나치게 빠져들지 않도록 조심하라. (3) 인생의 매 단계에

---

181 Marcus T. Cicero, *De Senectute*; 키케로, 오흥식 옮김, 『노년에 관하여』, 궁리, 2002.

서 목적 의식을 가져라. (4) 계속 일하라. 특히 늘 관심을 가져온 일을 손에서 놓지 마라. (5) 두뇌를 활발하게 사용하라. 읽고, 쓰고, 생각하라. (6) 기억력을 단련시켜라. (7) 계속 새로운 것을 배워라. (8) 장기적으로 친구들과 대화를 나누어라. (9) 연륜에 따라 쌓인 경험을 청년들과 나누어라. (10) 적당한 운동과 식사와 음주를 즐겨라. (11) 자립심을 최대한 유지하라. (12) 자신의 한계를 인정하고 노년의 삶을 편안하게 받아들여라. (13) 죽음이 나를 기다린다는 것이 좋은 일임을 인정하라.[182]

톨스토이도 또한 노령의 삶이 가치 없다는 생각은 잘못된 것이라고 반박한다. "사람들은 '노령에 이른 사람의 삶은 중요하지 않다. 그들은 이미 여생을 보내는 데 지나지 않는다'는 식으로 생각한다. 그러나 이것은 옳지 않다. 노령에는 자기에게나 타인에게나 모두 중요하고 소중한 삶이 이루어진다. 삶의 가치는 죽음으로부터의 거리의 제곱에 반비례한다. 노령에 이른 사람들 자신도, 주위 사람들도 함께 이 사실을 이해한다면 얼마나 좋으랴. 특히 마지막 숨을 거두는 순간은 귀중하다."[183] 아이작 뉴턴(Isaac Newton)의 '만유인력의 법칙'에 빗댄 톨스토이의 '인생가치(人生價値)의 법칙'에 따르면, 삶의 가치는 죽음과의 거리가 가까울수록 커지고 멀어질수록 작아진다. 노년의 삶이 죽음에 가까이 다가갈수록 큰 가치를 지니는 이유는 아마도 오랜 삶의 체험과 연륜이 빚어낸 지혜로움과 성숙함 또는 포용력 등이 자신이나 주변인들의 삶에 풍부함을 제공해 주기 때문일 것이다. 물론, 이에 대한 톨스토이 자신의 자세한 해명이나 설명은 없다. 결국 삶의 가치는 죽음과 맞닿는 순간 정점에 이른다. 죽음은 삶의 가치가 완전히 실현되는 장소이자 생의 의미가 극대화되는 지점이다. 톨스토이의 이러한 주옥같은 발언을 통해 우리는 노년을 죽음만 기다리면서 헛되이 보낼 것이 아니라 매 순간 알차고 보람되게 보내야 한다는 귀중한 교훈을 얻는다.

고대 그리스의 자연철학자 레우키포스와 데모크리토스도 노년의 미덕

---

182 키케로, 『노년에 관하여』.
183 똘스또이, 「인생의 길」, 『인생이란 무엇인가 2: 사랑』, 418쪽.

이 절제에 있음을 강조한다. "젊음의 장점은 힘과 아름다운 모습이지만 노년의 꽃은 절제이다."[184] 아마 그들도 노년이 젊음과 달리 아름답지 않은 시기임을 부정하지는 않았을 것이다. 만일 젊음이 강함과 아름다움을 상징한다면, 늙음은 자연스럽게 약함과 추함을 웅변한다. 대신에 젊음의 단점이 미숙함과 부족함이라면, 늙음의 장점은 곧 성숙함과 풍부함에 있다. 그 때문에 소포클레스(Sophocles)나 케팔로스의 말처럼 노인들은 자신들의 욕망을 제어할 줄 안다. 욕구를 통제할 수 있다는 것은 그것을 절제할 수 있다는 뜻이다. 절제는 포기나 상실과는 다르다. 포기나 상실이 결핍 속에서 제거되지 않은 욕구가 커지면서 오히려 더 큰 갈망으로 남아 있는 상태라면, 절제는 비록 부족할지라도 더 이상 욕심을 부리지 않고 차분해진 상태를 말한다. 차고 넘쳐서 욕심을 부리지 않을 수도 있지만, 없거나 부족해도 그것을 얻어보았자 그다지 유용하지 않거나 큰 의미가 없음을 알고 마음을 다잡는 것이 절제다. 모든 노인이 그렇다는 것이 아니라 노인이 되면 그렇게 될 수 있고 또 그렇게 되어야 한다는 것이다.

릴케도 노화를 좋은 일이라며 칭송한다. 『말테의 수기』에 다음과 같은 구절이 나온다.

> 그리고 나는 아무도, 아무것도 없이 트렁크 하나에 책 보따리 하나를 들고, 사실 호기심도 없이 세상을 떠돌아다니고 있다. 이 무슨 삶이란 말인가. 집도 없고, 물려받은 물건도 없고, 개도 없이. 추억이라도 있었으면. 하지만 누가 추억이 있겠는가. 어린 시절이야 있었겠지만 있어도 파묻혀 있는 것 같다. 그 모든 것에 도달할 수 있기 위해서는 어쩌면 늙어야 하리라. 늙는다는 것은 좋은 일이라고 나는 생각한다.[185]

---

184 Leucippus' & Democritos' Fragments(인용 출처: 스토바이오스. 『선집』 III. 4. 재인용 출처: 탈레스 외, 『소크라테스 이전 철학자들의 단편 선집』, 636쪽).
185 라이너 마리아 릴케, 『말테의 수기』, 13쪽.

물론, 노년에 대한 절대적 찬양이라기보다는 약간 체념에 가까운 넋두리처럼 보이기도 하지만, 그래도 우리는 여기서 노년의 장점을 누구보다도 정확히 꿰뚫어 보고 있는 릴케와 마주한다. 그것은 모든 삶의 구속과 질곡으로부터 해방된 시기가 바로 노년이라는 것이다. 과거에 좋았던 일, 나빴던 일, 즐거웠던 일, 슬펐던 일들을 뒤로 하고 비록 빈털터리 상태일지라도 이 모든 일을 추억할 수 있는 시기가 바로 노년이다. 거듭 강조하지만 노화의 장점은 이처럼 삶의 성숙과 완숙에 있다.

나이 든 헤세 또한 노년을 좋게 평가했다. 그가 지적한 노년의 장점들은 무척 많은데, 그것을 정리하면 다음과 같다. (1) 고통에 대해 거리 두기, (2) 젊은이들에게 지혜로운 조언 전하기, (3) 죽음을 배우며 죽어가기, (4) 여유로움과 지혜로움을 전유하기, (5) 속세에 대해 초연하기, (6) 겸손하기, (7) 영원을 사유하기 등이다. 그럼 그 각각의 전거를 예시해보자. 먼저 고통에 대해 헤세는 다음과 같이 읊조린다. "나이 든다는 것이란 …… 고통마저도 별 의미가 없어지는 것. 우리는 그것이 곧 지나가버리리라는 것으로 위안을 삼는다."[186] 고통조차 의미가 없어져 버리는 시기가 노년기인 이유는 그 고통 또한 조금 있으면 금세 지나가버릴 것이라는 것을 잘 알기 때문이다. 또한 노인이 되면 젊은 세대에게 삶의 경험을 전해 줄 수 있다. "노인이 할 수 있는 일이라고는 한 살이라도 나이가 적은 사람에게 지혜로운 조언을 해주는 것뿐이기에, 나도 자네에게 조언과 충고를 하려고 하네."[187] 헤세는 노인의 다음 장점으로 죽음을 배울 수 있다는 점을 든다. "노인이 되는 것도 젊은이가 되는 것처럼 아름답고 성스러운 과제를 안는다. 죽음을 배우고 죽어가는 것도 다른 모든 것처럼 대단히 중요한 과업이다(삶의 의미에 대한 경외감과 삶의 성스러움을 완성하는 것이라고 전제한다면)."[188] 헤세는 아마 할 수만 있다면 지옥(地獄)과도 친숙해져야 할 시기가 노년기

---

186 헤르만 헤세, 『어쩌면 괜찮은 나이』, 75쪽.
187 헤르만 헤세, 『어쩌면 괜찮은 나이』, 91쪽.
188 헤르만 헤세, 『어쩌면 괜찮은 나이』, 130쪽.

라고 생각한 듯하다. 그는 또한 여유로움과 지혜로움을 가질 수 있는 것도 노년의 축복이라고 말한다. "노년기에는 고통이 많다. 하지만 그것에도 축복이 있다. 그중에 하나가 우리와 우리의 문제와 우리의 고통 사이에서 자라난 복종과 권태와 망각의 보호막이다. 물론, 그것은 태만, 굳어짐, 끔찍한 무관심일 수도 있다. 하지만 아주 잠시 동안이라도 전혀 다른 시각으로 보이면서 여유, 인내, 재치, 지고한 지혜와 도(道)가 될 수 있다."[189] 속세에 대한 초연한 태도도 헤세의 눈에는 노년의 장점으로 포착된다. "나이가 들어 몸이 쪼그라들면서 좋은 점도 있다. 세계사나 주식 시장 따위의 외부 세계에 대해 이전보다 훨씬 더 무심해지는 것이 그것이다."[190] 헤세는 노인이 되면 겸손해진다는 점도 지적하는데, 이는 노년의 장점이라기보다는 미덕으로 평가된다. "나이가 들면 사람들은 겸손해진다. 잠을 푹 자고 몸이 어디 아프지 않은 것만으로도 이제 만족할 정도가 되는 것이다."[191] 끝으로 영원에 대해 사유하기도 헤세가 생각한 노년의 장점에 들어간다. "새로운 삶의 단계로 입문할 때 '노인'이 되기 시작하면, 그는 어떤 선물을 받기를 소망한다. 삶이 그를 그 단계까지 올라가게 허락한 것들, 즉 다른 사람의 판단에 덜 의존하고, 열정에 휩쓸리지 않으며, 아무런 방해 없이 영원을 생각할 수 있는 그런 선물 말이다."[192]

헤세의 이 마지막 구절은, 사람의 인생을 하루로 본다면 창밖의 저녁노을을 보며 편안하게 휴식을 취하는 노년을 연상시킨다. 실제로 앞서 언급했던 마르크바르트는 노년을 '커다란 휴가'로 규정했다. 그와 베츠의 대화를 더 인용해 보자.

베츠: 노망난 명예심에 시달리지 않는다면, 그리고 어느 정도 건강하

---

189 헤르만 헤세, 『어쩌면 괜찮은 나이』, 138쪽.
190 헤르만 헤세, 『어쩌면 괜찮은 나이』, 236쪽.
191 헤르만 헤세, 『어쩌면 괜찮은 나이』, 236쪽.
192 헤르만 헤세, 『어쩌면 괜찮은 나이』, 251쪽.

고 가난하지 않고 유쾌한 관용을 가진다면 늙음은 일종의 휴가일 수 있습니다. ……

마르크바르트: 선생님이 처음에 언급한 늙음의 첫 번째 단계는 커다란 휴가라는 특징을 가질 수 있습니다. 두 번째 단계부터 이는 더 이상 맞지 않으며 세 번째 단계에선 전혀 그렇지 않습니다.[193]

앞서 베츠가 노년을 3단계로 구분했을 때 적어도 1단계, 즉 막 은퇴하고 노년 생활에 접어든 초기는 편안하고 부담 없이 쉴 수 있는 시기다. 쉼 없이 달려온 지난날들에 대한 멋진 보상이 아닐 수 없다. 이보다 더 달콤한 장기 휴가가 또 있을까! 이 점을 마르크바르트도 인정한다. 하지만 딱 거기까지다. 노년의 2단계와 3단계로 접어들면 그것은 더 이상 휴가가 아니라 활동의 급격한 축소로 인한 무기력의 단계에 빠지기 때문이다. 죽음이라는 종착점을 향해 가는 완행 열차에 올라탄 느낌이랄까? 그렇지만 그나마 노년의 첫 단계에서 쉼이 있다는 것은 은퇴자들에게는 분명 커다란 행운이다.

마르크바르트를 좀 더 파고들어 가 보자. 그가 제시한 노년의 두 번째 장점은 관용이다. 그는 주장한다. "노년기에 이르면 새로운 장점이 추가되는데, 이는 스스로 더 이상 뭔가를 증명하지 않아도 되고, 더 못해도 된다는 것입니다. 이는 커다란 관용을 낳습니다. 늙은이는 실수나 결점을 쉽게 넘어가며 결점이 실제보다 더 심각하지 않다면 큰마음으로 넘어갈 줄 압니다. 늙은이는 사물들이 그냥 흘러가게 내버려 둘 수 있습니다."[194] 젊을 때는 실수를 자주 저지르지만, 그래도 되도록 실수하지 않으려고 애쓴다. 반대로 늙으면 잘 실수하지 않지만, 설령 실수를 저질러도 대체로 넘어간다. 이 실수에 대한 관용의 원칙은 자신이 저지르건, 타인이 저지르건 마찬가지다. 관용은 비단 크고 작은 실수뿐만 아니라 삶의 모든 영역에 적용된

---

193 오도 마르크바르트, 『늙어감에 대하여』, 112쪽.
194 오도 마크르바르트, 『늙어감에 대하여』, 113쪽.

다. 모든 잘못된 일에 대해 '그러면 좀 어때? 인생 뭐 별거 있나?'라고 하면서 너그러워진다. 노년이 되면 세상을 보는 눈이 넓어지고 관대해져 그럴 것이다. 왜냐하면 그에게는 살아갈 날이 살아온 날과 비교해 너무도 형편없이 적게 남아 있기 때문이다.

마르크바르트는 노년의 세 번째 장점으로 이론 능력이 갖추어진다는 점을 꼽았다. 우리는 앞서 마르쿠스 아우렐리우스가 노년을 육체뿐만 아니라 정신도 약화한 생애 주기로 간주했음을 지적했다. 흔히 노망이 들었다거나 치매에 걸린 환자들에게는 결코 틀린 말이 아니다. 그리고 일반적으로 나이가 들어가면서 뇌세포가 죽어감에 따라 기억력도 감퇴하고 지적인 능력도 떨어지는 것이 사실이다. 하지만 마르쿠스 아우렐리우스의 발언은 정신력과 지력을 지속해서 발휘하는 노인들에게는 전혀 해당하지 않는다. 가령, 은퇴 이후에 계속해서 연구하고 논문이나 책을 펴내는 학자, 특히 인문·사회과학자에게 노화는 쇠퇴가 아니라 성숙을 의미한다. 경험과 연륜이 쌓여가면서 더 심도 있는 연구 성과가 나올 수 있기 때문이다. 칸트를 유명하게 만든 세 권의 비판서가 각각 그의 나이 57세, 64세, 66세에 발표되었다는 사실을 염두에 둔다면 수긍할 만하다. 100세 시대인 오늘날의 나이로 환산하면 70대 후반부터 80대 초반 정도가 아닐까? 마르크바르트의 말을 직접 들어보자.

> 마르크바르트: …… 늙음이 이론 능력을 갖추게 한다는 나의 기본 명제는 특히 나 자신에 의해 너무 긍정적이고 낙관주의적이고 너무 좋게만 해석되어 왔습니다. 그동안 나의 늙음은 좀 더 진행되었습니다. 늙음은 사실에 대한 섬세한 감각을 형성합니다. 하지만 사물들을 날카롭게 본다는 것은 끔찍한 일일 수도 있습니다. 따라서 이론 능력은 단순히 경감만을 의미하지는 않습니다. 여기에 늙음이 주는 짐을 인식할 수 있습니다. 이는 어느 정도 진전된 이론 능력입니다. 이 능력은 말하자면 늙음이 나쁠 수 있다는 것, 즉 늙음에서 나쁜 점을 인식하는 능력입니다.[195]

노화는 이처럼 환영(幻影)을 거부하며, 사물을 있는 그대로 관찰하도록 만들어 주고 섬세하게 느낄 수 있도록 해 주며, 마지막에는 이론적인 능력까지 갖추도록 도와준다. 심지어 노화는 늙어가는 것이 좋지 않다는 사실도 인식하도록 해 줌으로써 자신에게 메타적 인지 능력까지 부여한다. 노화에 대해 이보다 더한 찬사가 있을 수 있을까!

그러나 과연 노년이 이러한 장점들만 갖고 있을까? 전혀 그렇지 않다는 사실을 누구나 알고 있다. 서구의 지식인들은 그동안 노년에 어떤 단점들이 있는지에 대해서도 반복해 논의해 왔다. 이미 앞서 키케로가 노년이 어떤 단점을 갖고 있으며, 어떤 비난을 받는지에 대해 충분히 언급했다. 물론, 이에 대한 반박들이 그의 『노년에 대하여』의 주제이기는 했지만 말이다. 그렇다면 키케로가 지적했던 것 이외에 노년과 노화에는 어떤 단점들이 있을까? 노년은 무엇보다 사회생활을 하다가 은퇴해 사회로부터 멀어지는 시기다. 이 점을 특별히 주목한 사람은 엘리아스다. 그는 노쇠해 간다는 것은 곧 공동체로부터의 분리와 소외를 의미한다고 말했다.

> 이 문제는 단지 실제로 삶을 마치는 것, 사망 증명서와 묘지의 문제는 아닐 것이다. 많은 사람이 천천히 죽어간다. 즉 많은 이들이 병약해지고 노쇠해진다. 물론 임종하는 마지막 순간이 중요하기는 하다. 그러나 사람들과의 이별은 그보다 훨씬 일찍 시작된다. 종종 노쇠는 그 병약함으로 인해 삶과 다른 것으로 생각되기도 한다. 서서히 쇠락해 간다는 사실이 그 사람들을 삶으로부터 격리시키는 것이다. 그런 사람들은 점차 사람들과 어울리지도 못하고 쓸쓸하게 느끼면서 여전히 사람들이 주위에 남아 있기를 바란다. 그것이 가장 힘든 것이다. 즉 살아 있는 사람들의 공동체에서 나이 든 사람, 즉 죽어가는 사람들이 암묵적으로 분리되는 것, 친한 사람들과의 관계가 점차 차가워지는 것, 일반적으로 그들에게 삶의 의미와 안온함을 주었던 사

---

195 오도 마르크바르트, 『늙어감에 대하여』, 116쪽.

람들로부터 멀어지는 것, 이것이 가장 힘든 일이다.[196]

일찍이 마르크스가 인간의 소외 현상을 (1) 상품(사물)으로부터의 소외, (2) 세계로부터의 소외, (3) 자신으로부터의 소외 등 3단계로 구분했는데, 엘리아스는 그중 두 번째 단계의 소외가 노년층에서 완벽하게 실현된다고 주장한다.

아메리도 노화 현상을 소외라고 주장했다. "나이를 먹는다는 것, 이는 곧 우리 존재의 부정인 동시에 '존재하지 않음'으로 향해 나아간다는 뜻이다. 명백한 진리인 탓에 그 어떤 이성적 위로도 발가벗겨지고 마는 황량한 삶의 지대가 '늙음'이다. 그 무엇도 계획하지 말아야 한다. 늙어가며 우리는 세계가 사라지고 오로지 시간만 남은, 내면만 덩그러니 끌어안은 의미가 된다. 나이를 먹으며 우리는 우리 몸이 낯설어짐과 동시에 그 둔중한 덩어리가 그 어느 때보다도 더 가깝게 느껴진다."[197] 여기서 노화란 인간이 부재(不在)를 향해 감으로써 세계와 자신으로부터 낯설어지는 과정, 즉 자기 소외의 과정으로 정의된다. 엘리아스와 달리 아메리에게 인간은 '노화'를 통해 세계뿐만 아니라 자신으로부터도 소외를 경험한다. 이러한 자기 소외는 '존재하던 내가 존재하지 않게 됨으로써 겪게 되는 자연스러운 현상'일 것이다.

그러다 보니 노화는 곧 세계와 적대적인 관계에 놓일 수밖에 없다. 이 점을 마르크바르트는 예리하게 포착한다. 그는 베츠와의 대담에서 "늙으면 늙을수록 자기를 둘러싼 세상은 더욱 더 구체적인 의미에서 적대적이 됩니다. 층계를 더 오르기 힘들고, 도로는 더 건너기 위험하고 짐은 더 들기 힘들어집니다. 차에 타는 것도 더욱 더 힘들어집니다"라고 말한다.[198] 분명 세상은 노인을 위해 존재하지 않는다. 『걸리버 여행기』나 『이상한 나라의

---

196 노르베르트 엘리아스, 『죽어가는 자의 고독』, 8쪽.
197 장 아메리, 『늙어감에 대하여: 저항과 체념 사이에서』, 209~10쪽.
198 오도 마르크바르트, 『늙어감에 대하여』, 106쪽.

앨리스』 같은 판타지 문학이라면 모르되, 노년층만을 위한 노인 천국의 나라 내지 노인 친화적인 사회는 이 세상 어디에도 없다. 오죽하면 미국의 영화 감독 코엔 형제(Joel & Ethan Coen)가 2007년 제작한 「노인을 위한 나라는 없다」(No Country for Old Men)라는 범죄 스릴러 영화도 있지 않은가! 물론, 이 영화 제목을 우리말로는 원래 「(이것은) 노인을 위한 나라가 아니다」라고 번역했어야 했다는 주장도 있지만, 하여튼 이 세상은 결코 노인들에게 친화적이지 않다. 마치 모든 사회 시스템이 대체로 오른손잡이들을 위해 설계되고 만들어진 것처럼 세상은 일반적으로 젊은 사람들을 위해 설계되고 만들어진다. 노인은 그만큼 세계에 적대적인 관계에 놓일 수밖에 없다. 이 세상이 노인을 차별하기 위해서 만들어진 것은 아니지만 만들다 보니 자연스레 노인이 차별당하는 세상이 되고 만 것이다.

  헤세는 노화를 "인생의 행복이 점점 상실되어 가는 과정"이라고 보았다. "나이 든다는 것이란 과거의 기쁨이 곤혹스러운 것이 되고, 삶의 원천이 점점 흐릿해지는 것"이다.[199] 앞서 키케로도 노인이 되면 많은 쾌락을 박탈당한다고 말했는데, 헤세는 거기에 한술 더 떠 노년이 되면 과거에 만끽했던 기쁨까지도 곤혹스러워진다고 주장한다. 아마도 과거 한때 젊었을 적의 기쁨까지도 좋은 추억이 아니라 나쁜 기억으로 전화(轉化)할 만큼 현재 겪는 노년의 고통이 크기 때문이어서 그럴 것이다. 게다가 노화는 삶을 지탱해 주는 뿌리까지 흔들면서 살아갈 힘이나 희망까지도 옅어지게 만든다. 한마디로 삶이 아니라 죽음이 삶의 목표가 되어 버리는 생애 주기가 바로 노년이다. 그 밖에 노화와 노년의 단점으로 이미 앞서도 일부 논의했던 육체의 쇠약해짐, 활력의 상실, 질병에의 노출, 추함, 외로움, 허무함 등을 추가할 수 있을 것이다.

  마지막으로 노화를 병리 현상 또는 죽음 그 자체로 보는 담론을 살펴보자. 존 던은 노화를 '질병'으로 보았다.

---

199 헤르만 헤세, 『어쩌면 괜찮은 나이』, 75쪽.

노인의 집 안으로 들어와 모습을 드러낸 '죽음'은 노인에게 왔다고 말하지만, 젊은이의 '등' 뒤에 서 있는 죽음은 아무 말도 하지 않는다. '나이가 들었다는 것' 자체가 하나의 '병'이다. 젊었을 때 죽음은 단지 복병으로 존재할 뿐이다. 우리가 노인이든 젊은이든, 우리는 '보초'를 세워서 모든 불편을 철저히 조사하기 위해 의사들을 필요로 한다. 무엇이나 우리를 죽일 수 있다. 머리카락 하나, 깃털 하나라도 우리를 죽일 수 있다. 아니, 죽음을 방어할 최상의 해독제조차 죽음을 불러올 수 있다. 최상의 강심제가 치명적인 독약이 될 수도 있다.[200]

여기서 질병으로 정의된 노화는 곧 죽음을 상징한다. 젊었을 때조차 이 죽음은 복병으로 숨어 때를 기다린다. 그것도 의사라는 보초를 우리 몸 밖에 세워 두고서 말이다. 그러다 어느 순간 인간은 허무하게 죽어간다. 아주 사소한 물건으로도, 매우 평범한 상황에서도 쉽게 죽을 수 있는 것이 바로 인간이다. 심지어 죽음을 방지하기 위해 만든 최고의 해독제나 강심제조차 우리를 독살할 수 있다.

존 던이 노화를 병이라고 보았다면, 그보다 1세기 전에 모어는 아예 노년, 즉 늙어 있는 상태 그 자체를 병으로 진단했다. 『유토피아』에는 다음과 같은 구절이 나온다. "특히 노년에 들어 배우자를 내쳐서는 안 된다고 보는데, 노년은 병을 동반하는 정도가 아니라 그 자체가 병이므로 이때야말로 배우자가 가장 필요하다는 것입니다."[201] 늙으면 질병이 따라오기 마련이라지만 그렇다고 노년 자체를 질병으로 간주했다는 것은 좀 지나친 감이 있다. 마치 노인들을 무균 상태의 갓난아기 옆에 붙어 있는 반려견처럼 병균 덩어리로 취급하는 인상을 주기 때문이다. 또 다른 비유로 그것은 마치 정당방위 같은 어떤 불가피한 사정으로 범죄를 저지른 모든 범죄 혐의자를 두고 전후 사정을 고려하지 않은 채 무작정 죄악 덩어리로 몰아가는

---

200 존 던, 『인간은 섬이 아니다: 병의 단계마다 드리는 기도』, 72~73쪽.
201 토머스 모어, 『유토피아』, 116쪽.

것과도 마찬가지다. 늙어서 여기저기 약해지고 면역력이 떨어져 병이 생기는 것일 뿐, 노년 자체가 병은 아니다. 물론, 몸안에 젊은 사람들보다 더 많은 병균을 보유할 가능성은 크지만 그렇다고 모든 노인을, 즉 노년 자체를 병으로 규정할 수는 없다. 그렇게 말하면 모든 인간이 보균자이기 때문에, 더 정확히는 노인뿐만 아니라 인간 자체를 질병이라고 보아야 한다. 따라서 모어의 발언은 노인이 되면 많은 병을 몰고 오기 때문에 반드시 옆에서 돌볼 사람이 필요하다는 점을 강조하기 위해 쓴 과장된 표현으로 해석해야 옳다.

그나마 '병'은 약과다. 노화나 노년을 아예 '죽음'과 동일시한 사람들도 있기 때문이다. 그 선봉장에 소크라테스가 있다.

> 예컨대 어떤 사람이 어릴 적부터 노년에 이르기까지 같은 사람이라고 일컬어진다 해도, 그는 사실은 같은 속성을 그대로 유지하는 것이 아니라 부단히 새로워지며, 전에 갖고 있던 머리털, 살, 뼈, 피는 물론이요 몸 전체를 잃어가고 있어요. 그리고 이런 현상은 몸에만 국한되는 것이 아니라 혼에도 일어나요. 습관, 성격, 의견, 욕망, 쾌락, 고통, 두려움도 어느 것 하나 어떤 개인의 혼 안에 그대로 머물러 있지 않고, 어떤 것은 생겨나고 어떤 것은 소멸하니 말이에요. 이보다 훨씬 더 이상한 것은, 지식도 어떤 것은 생겨나고 어떤 것은 소멸하여, 우리는 지식과 관련해서도 결코 같은 사람으로 남지 않으며, 그 점에서는 우리의 개별 지식도 마찬가지지요. 우리가 '학습'이라고 일컫는 것도 지식이 우리를 떠나기에 존재하는 것이지요. 망각은 지식이 떠나가는 것인데, 학습은 떠나가는 기억 대신 새로운 기억을 주입하여 같은 지식으로 보이도록 우리의 지식을 보존하니까요. 모든 필멸의 존재는 이런 식으로 보존되지요. 신적인 존재처럼 모든 면에서 영원히 같은 존재로 머무름으로써가 아니라, 늙어서 소멸하는 것이 자기를 닮은 젊은 것을 뒤에 남김으로써 보존된다는 말이에요.[202]

---

202 플라톤, 『소크라테스의 변론/크리톤/파이돈/향연』, 314~15쪽 (= *Symposion*,

삶은 매 순간이 탄생과 죽음의 순환 또는 반복 과정이다. 인간은 살아가면서 끊임없이 낡은 세포, 지식, 감정, 영혼은 죽여가고 새로운 세포, 지식, 감정, 영혼을 만들어가기 때문이다. 인간은 매 순간 죽음을 경험하면서 살아간다. 인간의 삶은 불멸하는 신의 삶처럼 영원히 같은 존재로 남는 과정이 아니라 자신을 닮은 몸과 영혼을 계속 뒤에 남기면서 필멸하는 과정이다.

아메리도 삶이 세계로 나아가는 것을 의미한다면 노년에 남아 있는 것은 죽음뿐이라고 설파한다. 그러한 결론의 도출 과정을 추적해 보자. 우선 그에게 노화란 앞서 한 차례 인용했듯이, "몸, 그리고 우리가 영혼이라 부르는 것 안에서 시간의 무게를 느낀다는 뜻이다."[203] 하지만 시간의 무게를 느끼면서 늙어간다는 것은 서글프게도 죽어간다는 것을 의미한다. 이처럼 노화와 죽음은 함께 간다. "늙어가는 이는 죽음을 생각한다. 처음에 떠올리는 죽음은 객관적인 사건이다. 다시 말해서 아직은 생존자로서 일정 정도 거리를 두고 바라보는 죽음이다."[204] 인간은 이처럼 늙어가는 것을 통해 '죽음의 모습'을 경험하고 확인한다.[205] 아메리가 보기에 늙어간다는 것은 죽음과 더불어 살아간다는 것을 뜻한다. 그리고 죽음과 더불어 산다는 것은 자기 기만의 반복 과정을 의미한다.

죽음과 더불어 산다고 하는 것은 자신의 유약함을 깨닫는 것을 뜻하지 않는다. 또 무(無)의 무의미함에 익숙해진다는 것을 의미하지도 않는다. 그저 공허하고 잘못된 기대, 자기 기만을 되풀이하는 연습에 익숙해질 뿐이다. 죽음을 맞이하는 인간은 자신이 이내 존재하지 않을 것이라는 사실을 알면서도 이를 한사코 부정하며 자기 기만의 희생자가 된다. 결국 언젠가

207c-208b).
203 장 아메리, 『늙어감에 대하여: 저항과 체념 사이에서』, 38쪽.
204 장 아메리, 『늙어감에 대하여: 저항과 체념 사이에서』, 173쪽.
205 장 아메리, 『늙어감에 대하여: 저항과 체념 사이에서』, 198쪽.

는, 그것도 아주 빠른 시간에 판결이 법적 효력을 얻어 집행되리라는 것을 알면서도 이를 인정하지 않으려 하기 때문이다.[206]

여기서 '자기 기만'이란 자신은 죽지 않을 것이라는 착각, 자신이 곧 존재하지 않을 것이라는 사실을 알면서도 이를 한사코 부정하는 현상을 말한다. 늙어간다는 것, 죽음과 더불어 산다는 것은 이처럼 자신이 불사의 존재라는 거짓된 환상을 반복해가는 과정이다.

아메리는 노화와 죽음의 마지막 연관성으로 '타협' 개념을 제시한다. 그에 따르면, 늙어간다는 것은 죽음과 타협해 나간다는 뜻이기도 하다. 사람들 "모두는 늙어가면서 죽음과 일종의 타협을 맺는다. 평화 협정이 아니라 타협. 추하게 들릴 수도 있겠지만 어딘가 수상한 타협이다. 이 타협이 죽어가는 과정을 배운다는 의미는 아니다. 죽어가는 과정을 친숙한 마음으로 배울 수는 없는 노릇이다. 여기서 친숙함이란 배울 수 없다는 사실의 깨달음이며, '예감'을 두려움으로 되돌리는 것이자, 속박이라는 용납하기 힘든 감정인 동시에 마지막 호흡을 앞둔 절대적인 공포다. 수상한 타협은 두려움과 믿음, 저항과 체념, 거부와 수용 사이의 균형 감각이다."[207] 사실, 죽음은 엄밀하게 말해 타협의 대상이 아니다. 그저 우리가 받아들일 수밖에 없는 수용의 대상이다. 우리와 의사소통이 가능한 대상이 아니라 일방적으로 우리에게 받아들일 것을 명령하고 강요하는 주체다. 우리는 죽음이라는 주인이 운영하는 세상에 잠깐 들어와 손님으로 있다가 다시 주인에 의해 비존재로 쫓겨날 수밖에 없는 운명을 타고난 비운의 유기체다. 그래서 아메리도 이 주인과의 관계를 '평화 협정'이 아닌 '수상한 타협'이라고 명명한다. 결코 친숙해지거나 배울 수 없는 대상으로서의 죽음에 대해 우리는 공포와 믿음, 저항과 체념, 거부와 수용 사이에서 불안한 줄타기를 한다. 그럼에도 노년은 이 모든 것을 체험하는 시기다. 나중에 더 자세히 살

---

206   장 아메리, 『늙어감에 대하여: 저항과 체념 사이에서』, 204쪽.
207   장 아메리, 『늙어감에 대하여: 저항과 체념 사이에서』, 203쪽.

펴보겠지만, 고대 철학자들에게 '철학'이 죽음을 연습하는 것이었다면, 아메리에게서는 '노화'가 죽음을 연습하거나 경험하는 사건이다. 아메리에게 노화와 죽음은 닮은 꼴 정도가 아니라 일대일 대응 관계로서 완전히 일치한다.

아메리가 노화를 '죽음의 모습', '죽음을 생각하기', '죽음과 공존하기', '죽음을 연습하기', '죽음과 (수상하게) 타협하기' 등으로 정의했다면, 이제 마르크바르트는 노년을 '삶의 죽음으로의 전화(轉化)'로 규정한다.

> 그래서 늙음은 이론을 포함합니다. 이론은 항상 더 적은 미래만을 고려해야 합니다. 그렇기 때문에 이론은 항상 존재하는 것을, 무엇보다 불편한 것을 거침없이 보고 말할 수 있어야 합니다. 이론 — 또한 늙음의 이론 — 은 웃음과 유사합니다. 왜냐하면 이론은 웃음처럼 현실 앞에서 편협했던 자신의 굴복이며, '그래야만 해'에 대한 '그렇지'의 승리이기 때문입니다. 미래 순응적인 편협함이 굴복하게 되는 이러한 늙음은 '한계 반응'(Plessner)이자 일종의 웃음의 집합입니다. 왜냐하면 늙음은 생이 죽음으로 바뀌는 것으로서 — 칸트에 따르면 웃음처럼 — '긴장된 기대가 무로 변화하는 것'이기 때문입니다.[208]

노화도 아닌 노년을 죽음으로 규정하면, 보기에 따라 늙었다는 것은 곧 죽었다는 것을 뜻하는 것이 된다. 늙어가는 과정이 곧 죽어가는 과정이라고 명명한다면 어느 정도 수용할 만하지만, 늙음 자체를 죽음과 무(無) 또는 부재(不在) 등으로 정의한다면 선을 좀 넘은 것 같다는 인상을 준다. 무엇을 표현하고자 하는지 이해는 가지만 선뜻 용납하기 어렵다.

이러한 무리수 때문인지 몰라도 몽테뉴 같은 사상가는 아예 노화와 죽음을 서로 어울리지도 않고 일치하지도 않는 개념 쌍으로 간주한다.

---

208 오도 마르크바르트, 『늙어감에 대하여』, 93쪽.

극도의 노령으로 힘이 쇠약해져서 죽기를 기대하며 생명의 이러한 지속을 목표로 삼는다는 것은, 이런 죽음이 지금은 통용되지 않고 드문 일인 바에 그 무슨 꿈을 꾸고 있는 수작인가? 우리는 마치 말에서 떨어져 목이 부러진다든지 난파선에서 숨막혀 죽는 것, 갑자기 페스트나 폐렴에 걸려 죽는 것은 자연적인 죽음과는 반대되는 일이고, 우리 평상시의 조건은 이런 불길한 사건들을 제공하지 않을 것처럼, 노쇠해서 죽는 것을 자연사라고 부른다. 이런 고운 말로 좋아하지 말자. 아마도 우리는 늘 있는 보편적이고 전반적인 것을 차라리 자연이라고 불러야 한다. 늙어서 죽는다는 것은 희귀하고 특이하고 심상치 않은 죽음이며, 다른 죽음들보다도 오히려 자연스럽지 않은 것이다. 앞길이 멀면 멀수록 더욱 우리로서는 그런 생명을 바라기 힘든 일이다. 그것은 우리가 그 너머까지 넘어갈 수 없으며, 자연의 법칙이 그것을 넘지 못하게 결정해 놓은 한계이다. 그러나 그때까지 우리가 생명을 지속한다는 것은 자연이 주는 희귀한 특권이다.[209]

몽테뉴는 여기서 늙어서 죽는 것을 '비자연사'(非自然死)로, 그리고 사고사(事故死)나 병사(病死)를 자연사(自然死)로 부르고 싶어 한다는 인상을 준다. 이것은 역발상도 아니고 기상천외한 생각도 아니다. 16세기만 해도 사람들은 병이나 사고로 쉽사리 죽어갔으며, 반대로 노쇠해 죽는 경우가 드물었기 때문에 이런 발언을 할 수 있었을 것이다. 프랑스 역사가들이 쓴 『사생활의 역사』 가운데 19세기를 다룬 제4권을 보면, 1850년 프랑스의 남성 평균 수명이 38세였다고 기록되어 있다.[210] 이를 기준으로 본다면, 300년을 더 거슬러 올라가 몽테뉴가 살았던 당시 남성들의 평균 수명 또

---

209 몽테뉴, 『몽테뉴 수상록』(제1권), 344쪽.
210 Philippe Ariès & Georges Duby (eds.), *Histoire de la vie privée*, 5 vols., Paris: Éditions du Seuil, 1985~1987, vol. 4: Michelle Perrot (ed.), *Histoire de la vie privée: de la Révolution à la Grande Guerre*; 필립 아리에스·조르주 뒤비 편집, 전수연 옮김, 『사생활의 역사 4: 프랑스혁명부터 제1차 세계대전까지』, 새물결, 2002, 373쪽.

는 기대 수명이 얼마나 더 낮았을지는 가늠조차 안 된다. 그만큼 19세기 중반까지만 하더라도 서양에서 이른 죽음은 흔했고 전혀 낯설지 않은 현상이었다. 따라서 늙어서 죽는다는 것은 신의 은총이자 자연의 축복이라는 것이다. 죽음이 도처에 널려 있고 사람들이 여러 이유로 쉽게 죽어가던 시절에 오래 산다는 것은 분명 부자연스러운 일이었을 것이다. 이렇게 보면 노화와 죽음의 친화적 관계는 사실 근대를 지나 현대로 올수록 당연시되었을 뿐, 결코 전근대 시대에 통용되던 보편적 현상은 아니었음이 분명하다.

결론적으로 노화를 죽음과의 관계 속에서 지나치게 부정적으로 보았던 아메리도 문제지만, 노화에 따른 죽음을 축복으로 보았던 몽테뉴도 문제다. 여기서 '문제'라 함은 우리가 쉽사리 받아들일 수 있을 정도의 상식 수준을 넘어 과장되었다는 뜻이다. 왜냐하면 아메리처럼 늙음을 절대적으로 부정적 관점에서만 바라본다면, 우리의 내일이자 미래의 모습인 노인이 되어가는 것 자체가 무척 서글퍼지고 부담스럽게 느껴질 것이기 때문이다. 물론, 노년에 황당한 희망을 품는 것도 문제이겠지만 그렇다고 절망적으로만 본다면, 키르케고르가 정의했듯이 그것 자체가 죽음이 아니고 무엇이겠는가? 우리가 노인이 되어 미처 죽기도 전에 죽을 수야 없지 않겠는가! 늙음이 서글퍼지는 순간은 어쩌면 죽음을 예견하는 순간이 아니라 삶이 무의미하다고 느껴질 때가 아닐까? 더는 꿈과 기쁨이 없다고 느낄 때가 아마도 죽음과 다를 바 없는 순간일 것이다. 아무리 실수와 오류가 있더라도, 그리고 심지어 실패할 것을 뻔히 알면서도 끊임없이 무언가에 새롭게 도전하는 것이 젊음의 특권이라면, 늙음의 장점은 바로 성숙, 완숙, 통찰, 예견, 지혜 등에서 찾아야 할 것이다. 늙는다는 것은 그 자체로만 보면 좋은 일도 슬픈 일도 아니다. 중요한 것은 자연의 순리와 이치를 받아들이고 그 안에서 장점을 살려 나아가는 것이다. 약간 높은 차원에서 내려다보았을 때, 이 세상에는 그다지 크게 기쁜 일도 슬픈 일도 없는 듯하다. 삶은 그저 약간 기쁘고 약간 슬픈, 평범한 일상들의 연속일 뿐이다.

제 4 장

죽음과 죽어감: 죽음 수용, 죽음 돌봄(호스피스), 근사체험(近死體驗)

제1부의 마지막 주제는 죽음 직전에 발생하는 모든 현상과 죽어감이다. 예컨대, '죽음 수용'과 '죽음 돌봄(호스피스)' 같은 죽음을 대하는 방식 또는 죽어가는 과정과 근사체험 등이 여기에 해당한다. 죽음 직전에 사람들은 죽음을 어떻게 받아들이는지, 죽음을 앞둔 환자들에게는 어떤 돌봄이 필요하다고 생각하는지, 실제로 죽어간다는 것은 어떤 과정인지, 완전한 죽음에 이르지는 않았지만 죽음까지 갔다가 다시 살아 돌아온 사람들은 죽음에 대해 어떻게 생각했고 어떤 태도를 취했는지 등이 이 장에서 다룰 주요 내용이다. 그러나 불행히도 이와 관련한 내용들을 주제로 담론을 펼친 서구 지식인들은 그리 많지 않다. 주제 자체가 매우 의학적이고 심령과학적인 성격이 강한 데다가 너무 특수하고 전문적인 분야여서 그랬을 것으로 추정된다. 더구나 사람들은 일반적으로 죽음 자체를 논하지, 죽어가는 과정이 어떠한지를 논하지는 않는다.

'죽음 수용'과 관련해 가장 널리 알려진 담론은 앞서도 몇 차례 언급했던 퀴블러-로스의 '죽음 수용의 5단계설'이다. 그녀는 이 5단계 죽음 수용론을 비롯해 죽음과 죽어감에 대한 사람들의 태도를 학문적으로 종합했다. 병상에서 죽어가는 수많은 환자를 접하고 그들과 소통하면서 성찰한 결과를 1969년 『죽음과 죽어감』이라는 제목의 의학 보고서 형식의 책으로 풀어낸 그녀가 생각한 죽어감의 과정, 즉 시한부 환자가 죽음을 받아들이는 5단계는 다음과 같다. "제1단계 부정(Denial)과 고립(Isolation) — 제2단계 분노(Anger) — 제3단계 협상(Bargaining) — 제4단계 우울(Depression) — 제5단계 수용(Acceptance)."[211]

여기서 잠깐 퀴블러-로스가 이 이론을 도출하기까지의 과정을 살펴보자. 그녀는 죽음을 '혐오의 대상'으로 간주했다. 예부터 사람들이 죽음을 대하는 태도가 그랬다는 것이다. "정신과 의사의 관점에서 보면 이러한 현상은 충분히 납득할 만한 일이며, 어쩌면 죽음이란 결코 나 자신에게만큼은 일어날 수 없는 일이라는 인간의 무의식 속에 자리 잡은 절대적인 믿음이야말로 그러한 현상을 가장 잘 설명하고 있다. 인간의 무의식은 지상에서의 삶이 끝난다는 사실을 인식하기 어렵고, 따라서 인간의 삶이 끝나야 한다면 그것은 외부 누군가의 악의적인 개입으로 인한 것이어야 한다. 간단히 말해서 우리의 무의식 속에서 우리는 누군가에 의해 죽임을 당하는 것만 가능할 뿐, 자연적인 원인이나 노화로 죽는 것은 상상할 수가 없는 일인 것이다. 따라서 죽음은 불길한 일이고, 두려운 사건이며, 그 자체로 심판 혹은 처벌을 요하는 일인 것이다."[212] 그래서 그녀는 죽음에 관한 의식(ritual)의 의미가 신의 분노를 진정시키고 처벌을 최소화하는 데 있다고 생각했다. "죽음과 관련한 관습과 예식의 목적은 신의 분노, 혹은 죽은 자의 분노를 가라앉히고 그들이 받게 될 처벌을 최소화하는 것이었다."[213] 이처럼 그녀의 눈에 죽음은 예나 지금이나 똑같이 두렵고 끔찍한 사건으로 비쳤다. 달라진 것이 있다면 그것은 죽음을 대하는 우리의 태도와 방식이다. "죽음은 우리 인간에게 여전히 두렵고 끔찍한 사건이다. 비록 우리 자신이 어느 정도 극복했다고 믿는다 해도 죽음에 대한 두려움은 인간이라

---

211 엘리자베스 퀴블러-로스, 『죽음과 죽어감』, 85~238쪽.
212 엘리자베스 퀴블러-로스, 『죽음과 죽어감』, 32쪽.
213 엘리자베스 퀴블러-로스, 『죽음과 죽어감』, 34쪽.

면 누구나 지니고 있는 공통적인 감정이다. 달라진 게 있다면 죽음과 죽어감, 그리고 죽어가는 환자들을 다루고 대하는 우리의 방식이다."[214]

퀴블러-로스가 보기에 현대인의 죽음은 평화로운 죽음과는 거리가 멀다. "인간이 평화로운 죽음을 맞이하지 못하게 된 데에는 여러 가지 이유가 있을 것이다. 그중에서 가장 중요한 요인은 현대 사회에서 죽음이라는 것이 여러 면에서 좀 더 외롭고 좀 더 기계적이며 좀 더 비인간적인 것이 되었다는 점을 들 수 있다. 때로는 환자가 실질적으로 사망한 시점을 판단하기조차 어렵다. 죽음을 앞둔 환자들은 종종 익숙한 환경을 떠나 응급실로 내몰리기 때문에 죽음은 더욱 외롭고 비인간적인 것이 되었다."[215] 이처럼 현대인은 병원 응급실에 도착해 모든 주변 환경으로부터 소외되면서 죽어간다. 그 과정에 대한 묘사가 다소 극적이다.

자, 우리의 환자가 응급실에 도착했다. 그는 곧바로 바쁜 간호사와 인턴, 레지던트, 혈액을 채취하거나 심전도를 체크할 의료 기사들에게 둘러싸인다. 엑스레이실로 옮겨져서 자신의 상태에 관해 의사와 가족이 주고받는 얘기를 듣게 된다. 그렇게 서서히 환자는 사람이 아닌 짐짝 취급을 당한다. 환자는 이제 인간이 아니다. 모든 결정이 그의 의사와 상관없이 내려진다. 환자가 혹시 반항이라도 하면 진정제를 놓을 것이고, 환자의 체력이 감당할 수 있는지 여부를 한동안 관찰한 후, 환자를 수술실이나 중환자실로 옮긴다. 환자는 이제 엄청난 걱정과 비용 지출의 대상으로 변한다. 휴식과 평화를 주고 품위를 유지하게 해달라고 울부짖어도 정맥 주사, 수혈, 필요하면 인공 심장 이식이나 기관 절개술까지 이루어진다. 환자는 단 하나의 질문이라도 던질 수 있는 단 1분의 시간을 원하는 한 사람의 인간이건만 그의 심장 박동수와 맥박, 심전도, 심폐 기능, 분비물이나 배설물 등을 검사하려는 사람들만 주위에 북적일 뿐, 그를 인간으로 대하는 사람은 아무도 없다.[216]

---

214 엘리자베스 퀴블러-로스, 『죽음과 죽어감』, 36쪽.
215 엘리자베스 퀴블러-로스, 『죽음과 죽어감』, 40쪽.

그녀가 의사로서 환자의 영혼에 자신을 투영하면서 순전히 환자의 입장에서 바라본 자세한 심리 묘사다. 겪지 않아도 누구나 공감할 수 있는 묘사다. 죽음을 코앞에 두고 병원에 실려 온 사람이라면 누구나 그렇게 죽어갈 테니까 말이다. 인간으로서 존엄과 품위를 유지하면서 죽어가는 것이 이처럼 힘든 일일 줄 누가 상상이나 했겠는가! 마치 짐짝 취급당하며 실험실의 쥐 같은 관찰 대상으로 또는 돈 먹는 하마 같은 걱정의 대상으로 죽어간다면 누군들 서럽지 않겠는가! 이처럼 현대인은 '인간'으로서 죽어가는 것이 아니라 '사물'로서 죽어간다.

퀴블러-로스의 이러한 주장들로부터 현대인이 배워야 할 중요한 교훈이 있다면, 그것은 바로 다른 대다수 현대인처럼 죽음을 회피하거나 밀쳐 내려고 하지 말고 정면으로 마주하면서 받아들이라는 것이다. 그렇게 했을 때 또는 그렇게 해야만 마음의 평화가 찾아오기 때문이다. 그래서 그녀는 말한다. 자신의 죽음에 대한 부정은 곧 타인의 죽음에 대한 방조 또는 일조라고 말이다. "종교적인 의미에서의 죽음의 부정, 다시 말해서 지상에서의 고통이 의미 있는 것이며 죽으면 천국에서 전부 다 보상받는다는 믿음은 환자들에게 삶의 희망과 목적을 주었던 데 반해, 사회에서의 죽음의 부정은 사람들에게 살아갈 희망과 목적을 주기는커녕 오히려 불안을 가중했고 우리의 파괴 성향과 공격 성향에 기여했다. 우리는 진실을 외면하고 우리 자신의 죽음을 부정하기 위해 다른 사람을 죽이기에 이르렀다."[217] 여기서 그녀는 '죽음의 부정'을 종교적 차원과 사회적 차원 등 두 영역으로 나누어 설명한다. 종교적 차원에서의 죽음의 부정은 환자들에게 삶의 희망을 주지만, 사회적 차원에서는 오히려 그들에게 불안감과 파괴 및 공격 성향만 키운다는 것이다. 즉 종교에서는 내세 담론을 내세우지만, 사회에서는 자신의 삶과 죽음이 타인의 삶과 죽음과 반비례 관계에 있는 것처럼 말들을 한다. 마치 죽음의 총량 법칙이 있기라도 하듯이 말이다. 자신의

---

216 엘리자베스 퀴블러-로스, 『죽음과 죽어감』, 41~42쪽.
217 엘리자베스 퀴블러-로스, 『죽음과 죽어감』, 53~54쪽.

죽음을 부정하면 마치 타인이 대신 죽기라도 하는 것처럼 말이다. 사실, 이러한 주장이 전혀 잘못되었다고 할 수 없는 이유가 있다. 사회적 차원에서 말하자면, 한 사회가 갖는 자산과 지위, 권력은 한정되어 있다. 그 안에서 살아가는 구성원들은 그 한정된 자산과 지위, 권력을 차지하기 위해 마치 제로섬 게임처럼 서로 투쟁을 벌인다. 그것을 차지한 사람들은 사회의 지배 계층이 되고 거기서 밀려난 사람들은 피지배 계층이 되면서 사회 계급이 형성된다. 이러한 논리로 보자면, 누군가 어떤 기회를 누리거나 높은 지위에 올랐다는 것은 그만큼 다른 사회 구성원들이 그 기회를 박탈당했거나 낮은 지위로 떨어졌다는 것을 의미한다. 이처럼 유물론적이고 사회적인 관점에서 보자면, 누군가의 죽음은 누군가의 삶을 의미하기에 그녀의 논리는 나름 타당하다.

따라서 퀴블러-로스는 우리가 우리의 죽음을 부정하지 않고 자기 죽음의 문제를 대면하면서 수용할 때 비로소 평화로워질 수 있다고 말한다. "마침내 우리는 우리 자신의 죽음이라는 진실을 대면하고 수용함으로써 평화를 — 국가 간의 평화는 물론이고 우리 내면의 평화까지도 — 얻을 수 있을 것이다."[218] 죽음에 대한 진지한 태도를 촉구한 것이다. "나는 누구나 실제로 죽음과 맞닥뜨리기 전에 평상시에 습관적으로 죽음과 죽어감에 대해 생각해 보아야 한다고 믿는다. 그렇게 하지 않으면, 가족 중 한 사람이 받는 암 선고가 우리 자신의 죽음을 냉혹하게 일깨워 줄 것이다. 따라서 병을 앓는 시간 동안 자신의 죽음과 죽어감에 대해 생각해 볼 수 있다면, 실제로 죽음과 조우하게 되건 혹은 삶이 연장되건, 그 시간이 축복일 수도 있다."[219] 삶이 계속 이어져도 축복이요, 설령 죽음이 찾아와도 그것이 결코 불행일 리 없다. 오히려 죽음에 대해 생각해 볼 수 있는 시간이 찾아왔다는 사실 자체가 행운일 수 있기 때문이다. 이런 논리를 따라가다 보면 언제 어떻게 불의의 사고로 목숨을 잃을지 모르는 우리 인생에서 무

---

218 엘리자베스 퀴블러-로스, 『죽음과 죽어감』, 57쪽.
219 엘리자베스 퀴블러-로스, 『죽음과 죽어감』, 73쪽.

탈하게 하루하루를 살아가는 것 자체가 매직(magic)이 아니고 무엇이란 말인가. 일상이 바로 신비다. 그러니 범사(凡事)에 감사할 일이다.

사실, 지금까지의 퀴블러-로스 담론은 그 이후 그녀 자신이 전개한 죽음을 대하는 인간의 5단계의 태도와 관련한 이론의 서론 격에 해당하지만, 내가 보기에는 결론이라고 해도 무방하다. 왜냐하면 이들 주장에는 그녀가 죽음과 죽어감에 대해 말하고자 하는 모든 정수(精髓)가 담겨 있기 때문이다. 비록 환자들이 이러한 단계를 거치면서 결국 죽음을 수용하게 되겠지만, 그녀는 이러한 단계들을 거치지 않고 곧바로 죽음을 통찰할 수 있다면 그것처럼 바람직한 것도 없다고 생각했다. 왜냐하면 여러 단계를 거치면서 인간은 심리적·감정적·시간적 소모 현상을 겪기 때문이다. 어차피 도달한 종착점이 죽음의 수용이라면 그 먼 길을 돌아오는 것이 너무 억울하고 허무하지 않은가! 하지만 대부분의 인간은 굳이 그 먼 길을 돌고 돌아온다. 몇몇 현자들을 제외하곤 말이다.

그렇다면 고대부터 현대까지 서구 지식인들은 '죽음의 수용'이라는 문제에 대해 퀴블러-로스의 5단계설에 딱 일치하거나 유사한 태도를 보여왔을까? 즉 그들의 관점은 퀴블러-로스의 입장과 같았을까, 아니면 달랐을까? 미리 말하지만 이 장에서 다루어질 주제는 제2부에서 살펴볼 죽음 일반에 대한 서구 지식인들의 태도와 관점이 아니다. 그들이 죽음을 실제로 어떻게 맞이했는지를 추적하는 것이 이 장의 과제다. 즉 추상적이고 사변적인 의미의 죽음이 아니라 자신 또는 주변 사람들의 죽음을 어떻게 받아들였는지가 관건이다. 먼저 열병으로 불귀의 객이 된 친구의 사망 소식을 접하고 죽음을 간접 체험한 아우구스티누스의 태도는 퀴블러-로스와는 사뭇 다른 모습을 보여 준다. 물론, 자신에게 닥친 죽음이 아니어서 그랬을지도 모른다. 퀴블러-로스가 말한 첫 두 단계의 특징인 죽음의 '부정'과 '분노'의 감정 대신에 아우구스티누스는 죽음에 대해 '증오'와 '공포'의 감정을 여과 없이 드러낸다. 이 분위기를 한껏 느낄 수 있는 『고백록』에서의 좀 긴 인용문 두 개를 연속해 읽어보자.

그 친구는 아주 심한 열병에 걸려서, 마치 죽은 것처럼 오랫동안 의식도 없이 땀을 흘리며 누워 있었기 때문에, 사람들은 그가 회복하는 것은 불가능하다고 여기고서는, 아무런 의식도 없는 그로 하여금 세례를 받게 하였습니다. …… 얼마 후에 그 친구는 열병에서 회복되어 살아났습니다. …… 그 친구는 며칠 후에 내가 없는 사이에 열병이 재발해서 죽었습니다. 내 마음은 슬픔으로 뒤덮여 어두워졌고, 어디를 둘러보아도 내 눈에 보이는 것은 죽음뿐이었습니다. 고향은 내게 고통스러운 곳이 되어버렸고, 아버지의 집은 이상할 정도로 불행한 곳이 되어 버렸으며, 그 친구와 함께 했던 모든 것은, 그가 떠나고 없는 지금에 있어서는, 끔찍스럽게 괴로운 것들로 변해 버렸습니다. 나의 눈은 어디에서나 그 친구를 찾고 있는데, 그는 그 어디에서도 보이지 않았습니다. 나는 그 친구가 보이지 않는 모든 장소를 싫어하였습니다.[220]

영원하지 않은 것들을 좋아하여 거기에 묶여 있는 영혼을 지닌 사람은 누구든지 불행하고 비참한데, 그 영혼은 그것들을 잃었을 때에 갈기갈기 찢어지고, 그제야 그것들을 잃기 이전부터 이미 자신이 처해 있던 그 불행함과 비참함을 깨닫게 됩니다. 당시의 내가 그랬습니다. 나는 지독히도 비통하게 울었지만, 그 비통한 쓰라림 속에서 마음의 안정과 평안을 찾았습니다. 그래서 나는 친구를 잃어서 불행하고 비참하게 된 것이었지만, 이제는 그 친구보다도 나의 불행하고 비참한 삶을 더 사랑해서 꼭 붙들었습니다. 왜냐하면 나의 불행하고 비참한 삶에 변화를 주고자 하는 마음이 내게 없었던 것은 아니지만, 나의 그러한 삶을 잃는다고 생각하니, 그것이 앞서 내 친구를 잃었을 때보다도 더 끔찍하게 느껴졌기 때문이었습니다. …… 내 친구를 못 잊고서 그리워하면 할수록, 내 친구를 내게서 빼앗아 가 버린 저 지독하게 잔인한 원수인 죽음은 내게 더 큰 증오와 두려움의 대상으로 다가왔습

---

220 Augustinus, *Confessiones*; 성 아우구스티누스, 박문재 옮김, 『고백록』, CH북스, 2017, 110~11쪽 (= *Confessiones*, IV, 4,8-4,9).

니다. 왜냐하면, 한순간에 갑자기 내 친구의 목숨을 앗아가 버린 그 죽음은 그 누구의 목숨도 그렇게 앗아가 버릴 것이라는 생각이 내 마음을 꽉 채우고 있었기 때문이었습니다. …… 다른 사람들은 살아서 돌아다니고 있는데, 내가 그토록 사랑했고 절대로 죽지 않을 것 같았던 내 친구는 죽고 없다는 사실이 내게는 너무나 이상하고 낯설었습니다. 그리고 그러한 사실보다 더욱 더 이상하고 낯설었던 것은, 그 친구는 죽고 없는데, 그 친구의 '나머지 절반'이었던 나는 이렇게 멀쩡하게 살아 있다는 사실이었습니다. 어떤 사람이 자기 친구를 '자신의 영혼의 나머지 절반'이라고 부른 것은 적절한 것이었습니다. 왜냐하면, 나와 그 친구는 비록 몸은 서로 각각이었지만, 그 몸속에 들어 있는 영혼은 동일하다고 나는 느꼈기 때문입니다. 그래서 절반만을 가지고 살고 싶지 않았기 때문에, 내게는 그런 나의 삶이 끔찍하였습니다. 하지만 그 친구의 나머지 절반인 나마저 죽는다면, 내가 그토록 사랑했던 그 친구가 완전히 죽게 될 것이었기 때문에, 내게는 죽음에 대한 두려움이 강하게 자리 잡고 있었던 것일지도 모릅니다.[221]

죽음이 공포로 느껴지는 이유는 지금 살아 있는 내가 죽을까 봐 두려워서이고, 삶이 공포로 느껴지는 이유는 나의 반쪽 영혼이 죽었을 때 그 영혼 없이 살아 있는 내 삶이 괴롭게 느껴지기 때문이다. 그리고 죽음을 두려워하는 여러 이유 중의 하나는 이제는 죽고 없지만 내가 사랑했던 사람들이 나의 죽음으로 완전히 사라지지 않을까 하는 두려움 때문이다. 절친이 되었든, 애인이 되었든, 배우자가 되었든, 아니면 가족 가운데 가장 사랑하는 사람이 되었든, 내 반쪽 영혼은 나의 일부이고, 그 반쪽 영혼이 죽었다면 당연히 나의 반쪽도 죽었다는 것을 의미한다. 죽음을 이보다 더 확실하고 적나라하게 체험할 수 있는 방법이 또 있을까?

자신의 또는 가장 가까운 지인의 죽음은 이처럼 자신의 일부 또는 심할 경우 자신의 전부를 망가뜨린다. 그러한 죽음은 자기 영혼의 일부 또는

---

221 성 아우구스티누스, 『고백록』, 113~14쪽 (= *Confessiones*, IV, 6,11).

전체의 파괴와 소멸을 가져오기 때문이다. 아우구스티누스의 다음 발언을 주목해 보자.

> 나는 내 영혼이 산산조각이 나서 피를 흘리고 있었고, 나에 의해서 이리 저리 끌려다니는 것을 참을 수 없어 한다는 것을 알고 있었지만, 딱히 내 영혼이 쉴 만한 곳을 찾을 수 없었기 때문에, 그런 내 영혼을 끌고 다닐 수 밖에 없었습니다. 아름답고 멋진 숲에서도, 노래 부르며 즐겁게 노는 곳에서도, 향기를 발산하는 꽃들이 만발한 정원에서도, 온갖 산해진미가 차려진 잔치 자리에서도, 향락이 있는 침실에서도, 책들이나 시가들에서도, 내 영혼은 안식과 평안을 발견할 수 없었습니다. 내게는 모든 것이 끔찍하게 여겨졌고, 심지어 빛조차도 끔찍하게 느껴졌습니다.[222]

죽음을 접하고 슬픔이 극에 달했을 때, 인간의 영혼이 어떻게 되는지를 묘사한 훌륭한 글귀다. 죽음이라는, 더 정확히는 죽음에 대한 증오와 원망이라는 생각에 꽂히면 아무리 자기 몸이 지상낙원에 있다고 한들, 내 영혼은 결코 평안과 안식을 찾을 수 없다.

여기서 바로 우리는 죽음의 수용과 돌봄 여부가 우리 영혼의 평안과 안식을 위해 얼마나 중요한 이슈인지 절감하게 된다. 죽음을 어떻게 수용하는지, 그리고 죽어가는 사람을 어떻게 돌봐 주어야 하는지 알아보는 것은 죽어감을 대하는 방식이 어떠한지를 알아보는 중요한 척도다. 그렇다면 죽음 또는 죽어감의 돌봄으로 알려진 호스피스에 대해 서구 지식인들은 어떤 입장을 보여 왔을까? 우선 이 주제에 대한 담론을 펼친 서구 지식인이 거의 없다는 사실이 우리를 당혹스럽게 한다. 사실, '호스피스'(hospice)라는 말이 비록 그 출발은 '중세 유럽 여행의 순례자들에게 숙박을 제공하던 작은 교회'였을지 몰라도 오늘날 우리가 사용하는 것처럼 죽음을 앞둔 또는 죽어가는 환자를 돌본다는 의미로 정착한 것은 비교적 최근의 일이

---

222 성 아우구스티누스, 『고백록』, 115쪽 (= *Confessiones*, IV, 6,12).

다.²²³ 이 점을 감안한다면 이 문제에 대한 서구 지식인들의 무관심이 그리 놀랄 일은 아니다. 하지만 아무리 그렇다 하더라도 '죽음' 자체와는 또 다른 의미의 '죽어감'을 사유의 대상으로 삼은 서구 지식인이 거의 없었다는 사실은 다소 충격적이다. 그 얼마 안 되는 지식인들 가운데 가장 두드러진 인물이 바로 모어다. 『유토피아』에서 그는 호스피스의 중요성을 다음과 같이 역설한다.

> 환자와 죽어가는 사람에 대한 간호: 앞에서 이야기한 것처럼, 이 나라에서는 환자들을 아주 극진히 간호하며, 그들을 위한 약과 음식은 어느 것 하나 소홀히 하지 않습니다. 또 불치병으로 고생하는 사람들의 고통을 경감시키기 위해 많은 노력을 합니다. 환자를 방문한 사람은 곁에 앉아서 그와 대화하며 최선을 다해 위로합니다. 하지만 그 병이 치료 불가능할 뿐 아니라 극심한 고통이 계속된다면 사제와 공무원이 찾아와서 더 이상 그런 고통을 당하지 말라고 재촉합니다. 그들은 환자에게 그들이 더 이상 삶의 의무를 다할 수 없으며 그 자신과 남에게 짐이 된다는 사실을 상기시킵니다. 실제로 그는 살 만큼 산 것입니다. 그들은 환자에게 질병이 더 이상 자신을 제물로 삼지 않도록 해야 하며, 이제 사는 것이 단순히 고통에 불과하고 이 세상이 감옥처럼 된 이상 삶의 고통으로부터 스스로 해방되든지 아니면 다른 사람에게 부탁해서 해방되라고 말합니다. 그들의 견해에 따르면 이는 쾌락에 종지부를 찍는 것이 아니라 고통에 종지부를 찍는 것이므로 현명한 일입니다. 그리고 그 환자는 신의 의사(意思)의 해석자인 사제의 충고에 따랐으므로 그렇게 죽는 것은 신성하고 경건한 행위라는 것입니다.²²⁴

---

223 기관 또는 제도로서 현대적 의미의 '호스피스'의 출발은 영국의 간호사 시슬리 손더스(Cicely Saunders)가 1967년 영국 런던 교외에 설립한 '성(聖) 크리스토퍼 호스피스'(St. Christopher's Hospice)로 알려져 있다. Cf. 「호스피스」, 『위키 백과: 우리 모두의 백과사전』, https://ko.wikipedia.org/wiki/%ED%98%B8%EC%8A%A4%ED%94%BC%EC%8A%A4 (검색일: 2022년 12월 3일).

224 토머스 모어, 『유토피아』, 112~13쪽.

이 글에는 호스피스뿐만 아니라 불치병, 고통 완화 요법, 안락사 및 존엄사 등의 주제들도 함께 들어 있다. 거듭 말하지만 비록 그 출발이 중세 또는 문헌에 따라서는 고대 그리스까지 거슬러 올라간다고 알려져 있지만, 그 자체로 매우 현대적인 개념인 호스피스의 중요성이 이처럼 15~16세기에 역설되고 있다는 사실이 놀랍다. 인간이 살아가면서 느끼는 육체적·정신적 고통을 어떻게 해소하고 극복할 것인지는 비단 죽음이나 호스피스 개념을 동원하지 않아도 동서고금을 막론하고 모든 인간이 고민해 온 숙제처럼 보인다.

19세기에 오면 톨스토이가 세네카를 인용하면서 훌륭하고 기쁘게 죽어가자고 제안한다. "노령에 이르기 전에 나는 선한 삶으로 일관하고자 노력했다. 노령에 달한 오늘에는 훌륭한 방법으로 죽으려고 애쓰고 있다. 그리고 훌륭한 방법으로 죽으려면 기쁘게 죽는 것이 필요하다."[225] 죽음 자체가 아니라 죽어감을 멋지게 장식하자는 제안이다. 결국 '삶은 선하게, 그리고 죽음은 멋있게!'라는 모토다. 그러나 이것을 실천할 수 있는 사람이 과연 얼마나 될까? 멋진 일은 그만큼 어려운 일이다.

'죽어감'과 '근사체험'도 이 장(章)에서 다루어야 할 주요 주제다. 이 주제에 대한 담론은 크게 (1) 죽어감의 개념 정의, (2) 죽음(죽어감)의 부정과 근사체험의 인정, (3) 죽어가는 과정의 고통스러움과 끔찍함 또는 불쾌함, (4) 죽어가는 과정의 외로움, (5) 죽음과 죽어감의 차이 등으로 분류된다.

먼저 죽어감이란 무엇인지에 대해 개념 정의한 담론을 살펴보자. 이에 대한 사례는 외관상 많지 않아 보이지만 해석 여하에 따라 의외로 많을 수도 있다. 첫 번째로 눈에 띄는 인물이 바로 노발리스다. 그는 '죽음의 사도(使徒)'인 낭만주의 작가답게 나중에 살펴볼 '죽음'뿐만 아니라 '죽어감'에 대해서도 자신의 독특한 견해를 피력한다. 그에 따르면, "죽어감은 진짜

---

225 톨스토이, 「인생의 길」, 『인생이란 무엇인가 2: 사랑』, 418쪽.

철학적 행위다(Sterben ist ein ächtphilosophischer Act)".[226] 노발리스의 다른 문장들처럼 이 문장도 역시 앞뒤 설명이나 문맥 없이 해석의 손길을 기다리면서 마치 경구처럼 덩그러니 놓여 있다. 먼저 '죽어감'으로 번역한 독일어의 'Sterben'이라는 동사 또는 동명사는 영어의 'die' 또는 'dying'에 해당한다. 즉 죽음이라는 뜻의 영어 'death'에 해당하는 독일어의 'Tod'와 달리, 이 단어는 죽는 행위 또는 죽어가는 행위를 지칭한다. 따라서 '죽음'으로 번역하면 안 되고 '죽는 것' 또는 '죽어가는 것' 아니면 '죽어감'으로 번역해야 옳다. 노발리스가 이 '죽어감'을 '진짜 철학적 행위'라고 표현한 것은, 추정컨대 '철학은 죽음을 연습하는 행위'라는, 소크라테스 이래 내려온 서구의 전통적인 철학적 죽음관을 자기 용어로 변환한 것으로 보인다. 이 정의를 내 나름대로 해석하자면, 그것은 죽어가는 것이야말로 삶에 대한 고민을 마무리하는 과정이라고 풀이하고 싶다. 죽음을 삶의 극적인 정점으로, 그리고 철학을 삶에 대해 성찰하고 고민하는 학문으로 간주한다면, 이 풀이가 쉽게 이해되리라 본다.

톨스토이 또한 죽어감을 독특하게 개념 정의한다. 그가 보기에 '죽어가는 것'은 '영원에의 참여'를 뜻한다. "죽어가는 중이라는 것은 이미 어느 정도까지 영원에 참여하고 있는 것이다. 때로 죽은 사람이 무덤 속에서 우리와 대화를 하는 것처럼 생각된다. 또 죽은 사람이 우리에게 말하는 것은 우리에게는 명령처럼 여겨진다. 우리는 죽은 사람을 거의 예언자처럼 상상한다."[227] 살아 있는 사람에게 죽음은 불안과 공포의 대상이다. 가장 큰 이유는 아마도 우리가 죽음을 직접 경험할 수 없기 때문일 것이다. 실체가 모호한 부정형(不定形)의 대상으로서 죽음은 나에게 그저 무섭고 두려운 존재다. 그래서 이 경험할 수도 경험될 수도 없어 그 실체를 전혀 알 수 없는 행위로서의 죽어감은 인간에게 신비롭게 느껴진다. 죽어감은 영원에,

---

226 Novalis, *Schriften*, vol. 2, p. 374 (= "Philosophische Studien des jahres 1797", 35).
227 톨스또이, 「인생의 길」, 『인생이란 무엇인가 2: 사랑』, 432쪽.

즉 신의 영역에 발을 들여 놓는 행위다. 그래서 죽은 사람이 그에게는 예언자, 선지자, 신의 대리자로 비쳤을 것이다. 한마디로 죽어감은 그에게 영원의 세계에 들어가는 것이고 신적 존재로 거듭나는 과정을 의미했다.

프루스트 역시 죽어감에 대해 간접적으로 개념 정의를 시도한다. 그는 우리의 자아가 매일 죽어간다고 전제하며, 우리가 매일 죽어간다는 사실을 늙어간다는 사실에서 경험한다고 말한다. "죽은 사람에 대한 애착이 희미해지는 이유는 그들이 죽었기 때문이 아니라 우리가 죽어가고 있기 때문이다."[228] 이는 매우 독특한 접근 방식이다. 우선 가까운 사람이 죽었다. 이때 일반적으로 사람들은 이렇게 생각한다. 죽은 지 얼마 안 된 시점에서는 그 죽음에 대한 기억이 생생해 슬픔과 안타까움이 크지만, 시간이 지날수록 그 기억이 흐릿해지면서 고인에 대한 애착도 점점 옅어지는 것이라고 말이다. 그러나 프루스트는 그 이유를 우리가 매일 죽어간다는 사실에서 찾았다. 죽은 지인처럼 자신도 곧 죽을 것이기 때문에, 죽은 사람 그리고 죽음 자체에 대해 안타깝게 생각할 이유가 전혀 없다는 것이다. 그 점에서 프루스트에게서 늙어감은 죽어감이 아니라 죽어감이 곧 늙어감이다. 매일매일 살아간다는 것은 매일매일 죽어간다는 뜻이고, 매일매일 죽어간다는 것은 매일매일 죽음에 대한 관념이 희박해져 간다는 것을 의미한다. 내가 죽어가는데 죽은 사람, 죽음, 죽어감 등에 대해 특별한 감정이나 관념을 가질 이유가 없다. 그저 살다가 죽으면 그만이니까 말이다. 이처럼 우리의 자아는 매일 끊임없이 죽어간다.

엘리아스는 죽어감을 '폭력적 행위'로 규정한다. "어떤 모습으로 나타나든 죽어가는 것은 폭력적인 행위이다. 한 인간의 갑작스런 혹은 점진적인 부패는 그것이 나쁜 사람들에 의해 가해진 것이든 맹목적인 자연 과정에 의한 것이든 궁극적으로 죽어가는 당사자에게는 별로 중요하지 않다. 따라서 사회 내부에서 폭력이 억제되는 수준이 높아졌다는 사실 역시 죽음에 대한 반감, 더 정확히는 죽어가는 사람에 대한 반감을 만들어 내는 데

---

228 Marcel Proust, *Remembrance of Things Past*, vol. 3, p. 617.

기여한다."²²⁹ 죽어가는 행위 자체가 파괴적이고 폭력적이라는 주장인데, 엘리아스는 더 나아가 현대가 비폭력적으로 변해갈수록 죽음 또는 죽어감에 대한 반감과 혐오감은 커져만 간다고 말한다. 현대로 올수록 죽음과 죽어감이 모두 사람들에게 낯선 주제라는 점을 강조한 것이다.

한편, 『죽음의 역사』의 저자로 유명한 20세기 프랑스 역사가 아리에스는 죽어감을 사회적 가치와 지위의 상실 과정으로 정의한다.

> 죽어가는 자는 더 이상 지위를 지니지 않는다. 왜냐하면 그는 더 이상 사회적인 가치를 지니지 않기 때문이다. 그런 이유로 '죽음의 침대라는 말'은 더 이상 중요시되지 않는다. 옛날에는 죽어가는 사람은 최후의 순간까지, 그리고 그 순간을 넘어서까지 자신의 가치를 간직하고 있었다. 왜냐하면 그는 당시의 사람들이 믿고 있던 내세에 대한 가치를 간직한 채 죽어갔기 때문이다. 종교적 신앙심의 쇠퇴와 여러 구원의 종교에서의 종말론의 소멸은, 이미 거의 무기력해져 망령이 든 한 인간으로부터 모든 신용을 앗아가 버렸을지도 모른다. 바로 이런 분석은 전적으로 설득력을 지닐 것이다. 현실적으로 상황은 더욱 복잡하다. 이미 중세와 르네상스의 그리스도교도들에게서 지복자(至福者)들의 천국에서의 사후 존속과, 영광과 명성에 의한 지상에서의 사후 존속을 구별하는 것은 항상 어려운 일이다. 양자가 서로 뒤섞여 있으며, 밀접하게 연관되어 있다. 그런데 이 두 가지 '모두가' 현대 세계에서 거의 사라져 버렸다. 내세에 대해 회의를 품기 시작하는 순간부터 사람들은 명성이란 허망한 것이라는 확신을 가졌다.²³⁰

---

229 노르베르트 엘리아스, 『죽어가는 자의 고독』, 96쪽.
230 Philippe Ariès, "La mort et le mourant dans notre civilisation", *Revue française de sociologie* 14, 1973, pp. 125~28. 다음 문헌에서 재인용함. Philippe Ariès, *Essais sur l'histoire: de la mort en Occident du Moyen Âge à nos jours*, Paris: Éditions du Seuil, 1975; 필리프 아리에스, 이종민 옮김, 『죽음의 역사』, 동문선, 2016, 286쪽.

죽어가는 자는 더 이상 사회적 가치를 지니지 않기에 지위와 명성을 갖지 않는다. 죽어감은 이처럼 사회로부터의 격리와 고립, 소외와 소멸로 이어진다. 사람들의 기억에는 남을지언정 현실 사회에서는 영원히 사라져가는 것이 바로 죽어가는 과정이다. 죽어감은 이처럼 생물학적으로 태어난 한 인간이 사회 안에서 살다가 사회적으로 소멸해 가는 과정이라고 할 수 있다. 이때 죽어감은 생물학적 탄생에서 사회적 소멸로의 이전을 뜻한다.

마르크바르트는 죽어감을 '불쾌한 경험'으로 정의한다. 그는 한 대담에서 죽어감에 대해 다음과 같이 말한다. "죽어감이 불쾌할 수 있기 때문에 저는 무조건 그것을 의식적으로 경험하는 것을 중요하다고 여기지 않습니다. 동시에 가까이 있는 사람들이 내가 죽어갈 때—그럴 수 있다는 것이 전제된다면—나와 함께 할 것이라는 점이 저를 진정시킵니다. 만약 작별할 가능성이 주어진다 해도 얼마만큼 내가 이들뿐 아니라 나 자신과 작별할 수 있을지 저는 알지 못합니다."[231] 아리에스 또는 엘리아스가 죽어감을 '사회로부터의 이탈'로 정의했다면, 마르크바르트는 '가까운 사람들과의 작별'로 이해한다. 이 경험이 불쾌한 이유는 아마도 그것이 대체로 고립과 고독 속에서 이루어지기 때문일 것이다. 그래서 마르크바르트는 이러한 불쾌한 경험을 그나마 가까운 사람들 속에서 겪을 때, 비록 유쾌함으로 바꾸진 못하더라도 커다란 위안과 위로로 완화시킬 수 있다고 말한다. 그러나 그들과 작별한다고 해도 정작 나 자신과 작별할 수 있을지는 모른다면서 마지막 의문을 제기한다. 죽어가는 과정에서 가장 중요한 것은 어쩌면 바로 자기 자신과의 이별일지 모른다.

다음 주제는 죽음(죽어감)의 부정과 근사체험의 인정이다. 이 주제를 다룬 최초이자 동시에 마지막 서구 지식인은 고대 그리스의 원자론자들이다. 레우키포스와 데모크리토스는 죽음에 가까이 다가가는 것은 있을지언정 완전한 죽음 또는 완전한 소멸은 없다고 주장한다.

---

231 오도 마르크바르트, 『늙어감에 대하여』, 123쪽.

죽은 것처럼 보였다가 나중에 다시 살아나는 것들에 관한 이야기들을 다른 많은 옛 사람이 수집했고, 특히 자연철학자인 데모크리토스도 『하데스에 관하여』라는 저술 속에 수집했다. 그리고 저 뛰어난 인물 코로테스, 그러니까 플라톤의 적대자이며 철저한 에피쿠로스파 사람이었던 그가 에피쿠로스 교설의 선구자(인 데모크리토스)의 것(학설)을 몰랐을 리가 없고 (그것을) 몰라서 죽은 사람들이 다시 살아나는 것이 어떻게 가능한지를 탐구했을 리도 없다. 왜냐하면 그 죽음은 몸의 생명 전체가 꺼져버린 것이 아니라, 아마도 일종의 타격이나 손상에 의해서 졸도했던 것 같은데, 혼을 묶는 끈들이 골수에 뿌리내린 채 여전히 머물러 있었고, 심장(kardia)도 (자신의) 깊은 곳에 들어 있는 생명의 불씨를 유지하고 있었던 것처럼 보이기 때문이다. 이것들이 남아 있음으로 해서 몸은 소생(psychōsis)을 위한 준비가 되어 있었고 그래서 꺼졌던 생명을 다시 되살렸던 것이다.[232]

가짜 죽음은 있을지 몰라도 진짜 죽음은 없다는 주장인데, 아무리 고대인들의 생각이었음을 감안하더라도 다소 충격적이다. 어떻게 죽은 사람이 다시 버젓이 살아난다는 것을 당연한 사실처럼 받아들일 수 있을까? 피타고라스처럼 윤회설도 아니고 소크라테스처럼 영혼불멸설도 아닌, 그저 죽은 사람이 그대로 되살아난다는, 마치 영화나 소설에서 나올 법한 발상은 조야하다거나 유치한 정도를 넘어 매우 황당해 보인다. 아무리 앞의 글이 오늘날 심정지 상태에 있던 사람을 자동제세동기(AED) 등을 활용해 극적으로 되살려 내는 행위를 연상시킨다고 하더라도 말이다. 특별히 기적 같은 일이 일어나지 않고서야 죽은 사람은 깨어날 수 없고 또 그래야 자연스럽다.

당혹스럽고 비현실적으로 생각했던 데모크리토스와 달리, 로마 공화정

---

232 Leucippus' & Democritos' Fragments(인용 출처: 프로클로스. 『플라톤』의 「국가」 주석 II. 113. 6. 재인용 출처: 탈레스 외, 『소크라테스 이전 철학자들의 단편선집』, 578쪽).

말기의 에피쿠로스주의자였던 루크레티우스는 사람이 죽어가는 과정을 매우 적나라하게 묘사했다. 이것은 우리의 다음 주제인 죽어가는 과정의 고통스러움과 끔찍함 또는 불쾌함을 보여 주는 첫 사례다.

> 우리는 자주 사람이 조금씩 죽어가는 것을 본다. 또 부위별로 생생한 감각을 잃어가는 것을, 우선 발에서 발가락과 발톱들이 퍼렇게 되어가는 것을, 다음으로 발과 다리가 죽는 것을, 그 다음엔 다른 지체들을 두루 통해 점차적으로 싸늘한 죽음의 자취가 지나가는 것을, 영혼의 이 본성은 쪼개져서 떠나가며, 한 번에 통째로 스러지지 않으므로, 그것은 필멸적인 것으로 여겨져야 한다. …… 영혼은 잘게 나뉘어 바깥으로 흩어지며, 따라서 소멸한다. 더욱이 설사 우리가, 잘못된 것이지만 기꺼이 양보해 주고, 영혼이 죽어가면서 조금씩 조금씩 빛을 떠나는 사람들의 육체 속에서 한데 모일 수 있다고 쳐준다 하더라도, 그래도 영혼이 필멸의 것임을 시인해야만 하며, 그것이 바람 속으로 흩어져 소멸하는지, 아니면 자신의 부분들로부터 한 곳으로 집결되어 둔해지는지는 중요하지 않다.[233]

루크레티우스에 따르면, 인간은 죽으면 육체만 썩어 소멸하는 것이 아니라 영혼도 잘게 쪼개져 흩어지면서 사라진다. 인간의 죽음은 이처럼 육체와 영혼 모두에 필멸적이며 불가역적이다. 죽음은 불가피하며 되돌릴 방법도 없다. 심지어 영혼이 소멸하는 방법에 대한 논쟁도 무의미하다. 그 이유는 이렇게 소멸하나 저렇게 소멸하나 소멸한다는 사실에는 변함이 없기 때문이다. 죽어본 사람이 없는 다음에야 영혼이 어떻게 소멸하는지 경험적으로 알 수 있는 사람이 있을 수 있을까? 심지어 죽었다 다시 깨어나는 경우가 있다 하더라도 말이다. 아니 오히려 그 경우라면 더욱 더 영혼은 소멸하지 않는다고들 말한다. 영혼조차 소멸하면 그 영혼이 다시 육체로 복귀할 가능성은 완전히 사라지기 때문이다. 죽음은 이해할 수 없기에 불가사

---

233 루크레티우스, 『사물의 본성에 관하여』, 228~30쪽.

의한 것이 아니라 체험할 수 없기에 불가한 것이다. 즉 죽음은 인식이나 이해가 아니라 상상이나 추론의 대상일 뿐이다.

몽테뉴도 죽어가는 것이 괴롭다는 생각을 피력한다. 그에 따르면, 죽는 것이 아니라 죽어가는 것이 괴롭다는 것이다. "짧은 죽음은 인생의 최고 요행이라고 플리니우스는 말하였다. 사람들은 이것을 인정할 마음이 안 난다. 죽음을 흥정하기가 두렵고 눈을 똑바로 뜨고 그것을 보지 못하는 자는, 어느 누구도 죽을 결심을 가진 자라고 말할 수 없다. 고문을 당할 때에, 인생의 종말로 달음질치며 형의 집행을 서둘러서 재촉하는 자들이 보이지만, 그들은 결단력이 있어서 그렇게 하는 것이 아니다. 그들은 죽음을 생각할 시간을 없애 버리려고 하는 것이다. 죽는 것이 싫다는 것이 아니라, 죽을 때의 괴로움이 정말 싫다는 것이다. 나는 죽고 싶지 않다. 그러나 죽어 버린 것은 무관하다(키케로)."[234] 죽음은 행복이고 행운이지만, 죽어감은 고통이자 불행이라는 주장이다. 인간이 죽어감을 겪지 않고 죽을 수만 있다면 얼마나 행복할까! 죽어감을 피할 수 없다면 그 과정과 기간이 짧으면 짧을수록 좋을 것이다. 인간은 태어날 때도 그 좁은 산도(産道)를 뚫고 나오면서 힘들어하지만 죽을 때도 이렇게 고통을 겪어야 겨우 죽을 수 있다. 그렇다면 탄생과 죽음, 삶과 죽어감, 이 모두는 고통의 연속인 셈이다. 살아가면서 순간순간 느끼는 짤막한 쾌락이나 행복을 감히 그 나머지 모든 생애 구간에서 느껴야 하는 커다랗고 기나긴 고통과 불행에 비교할 수 있을까?

괴테 역시 『젊은 베르테르의 슬픔』에서 베르테르가 죽어가는 고통스러운 과정을 다음과 같이 자세히 묘사한다.

한 이웃 사람이 탄약으로 인해 번쩍하는 불꽃을 보았고 총성을 들었다. 그러나 모든 것이 잠잠했기 때문에 그는 더 이상 주의를 기울이지 않았다. 아침 여섯 시에 하인이 등불을 들고 들어왔다. 그의 주인이 쓰러져 있었고

---

234 몽테뉴,『몽테뉴 수상록』(제2권), 671~72쪽 (강조: 몽테뉴).

권총이 발견되었으며 피가 흥건했다. 그는 소리치면서 베르터의 몸을 흔들었지만, 대답이 없었고 단지 아직까지도 숨이 약간 그르렁거리고 있을 뿐이었다. 그는 의사를 부르러 달려갔고 알베르트의 집에도 달려갔다. 로테는 초인종 소리를 듣자 사지와 온몸이 벌벌 떨려오기 시작했다. 그녀는 남편을 깨웠고 그들은 자리에서 일어났다. 하인이 울부짖고 더듬거리면서 소식을 전했고 로테는 실신하여 알베르트 앞에 쓰러졌다. 의사가 그 불행한 사람에게 왔을 때 그는 베르터가 가망이 없는 상태로 땅바닥에 누워 있는 것을 발견했는데, 맥박은 아직 뛰고 있었으나 사지는 이미 마비되어 있었다. 베르터는 오른쪽 눈 윗부분에다 총을 쏘아 탄환이 머리를 관통했으며, 뇌수가 흘러나와 있었다. 그의 팔뚝의 핏줄을 째고 사혈(瀉血)을 시도해 보았지만, 하지 않아도 될 처치였으며, 피만 흘러나왔고, 그는 아직도 숨은 쉬고 있었다. …… 알베르트가 받은 당황스러운 충격과 로테의 비통함에 대해서는 더 이상 아무런 말이 필요 없을 것이다. 노(老) 대행관이 소식을 듣고 급히 달려 들어왔다. 그는 지극히 뜨거운 눈물을 쏟는 가운데 죽어가는 베르터에게 키스했다. 대행관의 나이 든 아들들이 곧장 아버지의 뒤를 따라 도보로 와서는 도저히 참을 수 없이 고통스러운 표정 속에서 침대 옆에 무릎을 꿇었다. 그러고는 베르터의 두 손과 입에 키스했다. 베르터가 늘 가장 사랑했던 만이는 그의 입술에서 자신의 입술을 뗄 줄을 몰랐다. 나중에 베르터가 숨을 거두자 사람들이 소년을 억지로 떼어냈다. 낮 열두 시에 베르터는 죽었다.[235]

물론, 죽어가는 베르테르의 관점이 아니라 주변의 살아 있는 사람들의 시각에서 이루어진 이 죽어감에 대한 매우 객관적인 묘사는 훗날 독자들이 3인칭이 아니라 1인칭의 죽음으로 느끼게 만드는 묘한 마력을 지니며 되살아난다. 흥건한 피, 그르렁거리며 아직 남아 있는 숨, 마비된 사지, 미

---

235 Johann Wolfgang von Goethe, *Die Leiden des jungen Werthers*, 1774; 요한 볼프강 폰 괴테, 안삼환 옮김, 『젊은 베르터의 괴로움』, 부북스, 2019, 233~35쪽.

약하게 느껴지는 맥박, 머리에서 흘러나온 뇌수, 사혈의 시도로 쏟아져 나온 혈액 등은 자연과학에도 조예가 깊었던 괴테의 의학적·생리학적 입장이 느껴지는 문학적 표현들이다. 이 표현들만 읽어도 베르테르의 고통이 전부 느껴지는 듯하다.

다음 주제는 죽어감에 대한 불안과 공포다. 대체로 서구 지식인들은 죽어감보다도 죽음 자체에 대한 불안과 공포를 주제로 더 많은 담론을 펼쳐왔다. 이 주제로 자기 생각을 전개한 몇 안 되는 사례 가운데 셸러가 있다. 그는 「노화와 죽음」을 주제로 한 1923/1924년 강의에서 '죽음'에 대한 불안과 공포를 매우 다층적으로 분류했는데, 그중 하나가 "죽어감(Sterben)에 대한 두려움"이다.

> 죽음에 대한 불안, 죽음에 대한 두려움, 죽음에 대한 동경; 죽음 몰아내기(Todesangst, -furcht, -sehnen; Verdrängung): 죽음에 대한 두려움은 본질적으로 영적[정신적]인 것이다. 동물은 죽음에 대한 두려움을 모른다. 동물은 죽음에 대한 불안만 안다. 죽음에 대한 두려움의 구성 요소는 다음과 같다. 1. 일부에서는 '상상할 수 없다'고 주장하는, 존재하지 않는 것에 대한 형이상학적 두려움, 2. 죽음 이후 영혼의 가능한 운명, 3. 죽어감(Sterben)에 대한 두려움, 4. 사랑하는 사람과 소유물과의 이별에 대한 두려움, 5. 자신의 정신적 과제와 작업 등의 불완전성에 대한 두려움 등이다. 우리는 죽음에 대한 두려움에 더 이상 관심이 없다. 왜냐하면 그것이 비록 본능에 의존하기는 하지만 본능적이지는 않기 때문이다.[236]

결국 죽음에 대한 불안과 공포를 구성하는 많은 요소 가운데 하나가 바로 죽어가는 과정에 대한 불안과 공포라는 주장인데, 내가 보기에 이 요

---

[236] Max Scheler, "Altern und Tod (Vorlesung 1923/24: Das Wesen des Todes)", Max Scheler, *Gesammelte Werke*, vol. 12: Schriften aus dem Nachlass, (ed.) Manfred Frings, vol. 3: "Philosophische Anthropologie", pp. 253~327, 인용은 p. 323 (강조: 셸러).

소는 그중 핵심을 이룬다. 죽음이 두려운 이유는 다각도로 추정 가능한데, 내가 보기에 가장 큰 이유는 두 가지다. 첫째, 거듭 말하지만 그것을 체험할 수 없기 때문이다. 체험할 수 없으니 알 수도 인식할 수도 없다. 알 수 없는 미지의 대상에 대한 막연한 불안함과 공포심은 인간의 본성에 속한다. 죽음에서 미지란 무엇보다도 사후에 우리 존재에 어떤 일이 발생하는지 알 수 없음을 지시한다. 단순한 부재인지, 소멸인지, 부활인지, 윤회인지, 영생인지, 도무지 알 길이 없다. 둘째, 죽어가는 과정의 고통 때문이다. 그 과정이 얼마나 고통스러운지 말해 줄 수 있는 사람은 아무도 없다. 다만 의학적으로나 생리학적으로 추정될 뿐이다. 또한 죽어가는 과정은 비록 체험 가능하다고 할 수 있지만, 그 결과 어떤 일이 발생하는가에 대해서는 알 수 없기에 전체적으로 보면 결국 체험 불가능한 영역이라고 보아야 한다. 따라서 죽음에 대한 공포의 실체는 체험과 지식 및 인지 불가능한 영역, 즉 미지의 세계에 대한 막연한 불안과 공포로 요약된다. 죽음이 두려운 이유로 흔히 제시되는 주변 지인들과의 이별이나 자기가 하던 일을 완성하지 못한 아쉬움 등은 사실 부차적인 이유에 불과하다. 어쩌면 이런 것들은 불안이나 공포의 이유가 아니라 아쉬움이나 안타까움의 이유일지 모른다.

다음은 죽어가는 과정의 외로움에 대한 담론이다. 사실, 이 담론의 주제는 독특함과는 거리가 멀다. 왜냐하면 인간이 누군가와 더불어 죽지 않는다는 사실은 너무도 자명하고 평범한 진리이기 때문이다. 아무리 동반 자살하거나 사건 사고로 함께 죽는 경우라 하더라도 죽는 순간은 각자 자신만의 죽음을 죽는다. 심지어 로마의 네로 황제처럼 타인의 조력으로 죽음을 맞이한 경우라 할지라도 죽음은 언제나 오롯이 혼자서만 감당할 수밖에 없는 사건이다. 또한 인간은 누군가의 죽음을 대신 죽을 수도 없다. 아무리 돈이나 명예를 위해 또는 순수한 이타심에서 누군가를 대신해 죽는 경우라 할지라도 이때의 죽음 또한 죽는 사람이 감당해야 할 몫이고, 그렇게 해서 잠시 죽음을 모면한 사람도 언젠가는 자신을 대신해 죽은 그 사람처럼 죽음을 온전히 홀로 겪게 된다. 그런 점에서 외롭게 죽는다는 것은 고독사를 의미하는 것이 아니라 죽어갈 때는 누구나 자신만의 죽음을 죽어간다는 뜻이다.

죽어감의 외로움을 설파한 서구 지식인으로 가장 먼저 눈에 띄는 인물은 존 던이다. 그는 한 기도문에서 다음과 같이 말한다. "그들은 그가 죽은 후 등기소 직원이 찾아오리라는 기대 이외에, 더 이상 의사를 볼 기회를 가질 수 없는 사람들이다. 그리고 그들의 죽음의 소식을 듣는 첫 사람은 그들을 매장할 매장인이 될 것이다. 도대체 누가 그들을 망각에 가두어 놓는 것인가? 그들의 죽음은 등기소에 사망자 숫자로 기록되어, 우리의 이름과 함께 생명의 책에서 그들의 이름들이 읽혀질 때까지, 우리는 그들의 이름들을 듣지 못할 것이다."[237] 사람이 죽었다는 것은 큰 사건일 텐데, 그저 사망 명부에 이름 한 줄 오르는 것으로 모든 것이 끝나 버리는, 그것으로 그 사람의 일생이 단 한 줄로 압축되고 요약되는, 그나마도 시간이 지나면 잊혀질 것이 뻔한, 그리고 자신조차 그런 일을 겪을 운명임을 알게 된 시인 존 던이 안타까운 심정으로 적은 글귀다. 이처럼 인간은 살아 있을 때도 고독하지만 죽어갈 때도 외롭게 죽어간다. 그 삶과 죽음을 누군가 대신해 줄 수 없기 때문이다.

그러나 엘리아스는 존 던과는 약간 다른 관점에서 이 문제를 제기한다. 그는 특히 현대인의 죽어감이 외로운 이유가 다른 데 있다고 보았다.

만일 죽어가는 사람이 아직 살아 있는데도 자신이 다른 이들에게 아무런 의미도 가지지 못한다고 느낀다면, 그 사람은 진정 외로운 것이다. 바로 이런 형태의 고독을 보여 주는 예가 우리 사회에 많이 존재하며 거기에는 극단적이고 예외적인 경우도 있다. 고독(Einsamkeit)이라는 개념에는 다양한 스펙트럼이 존재한다. 타인을 향한 사랑이 일찍이 상처 입고 파괴되어 나중에는 그러한 감정을 가지려 해도 이전에 받았던 충격이 떠오르고, 그 사랑의 욕망이 그에게 주었던 고통을 잊을 수 없어 타인에 대한 사랑이

---

237 존 던, 『인간은 섬이 아니다: 병의 단계마다 드리는 기도』, 74쪽.

불가능한 사람은 고독하다고 할 수 있다. 마음의 상처가 컸던 사람은 어울리지 못하게 된다. 이것이 고독의 한 형태이다. 고독의 또 다른 형태는 좁은 의미에서 사회적인 것이다. 자신이 만나고 싶은 사람들을 만날 수 없는 장소나 입장에 있는 사람들은 고독하다. 이 경우에, 또 이와 연관된 많은 경우에 고독이라는 개념은 이러저러한 이유에서 혼자 남겨진 사람들을 일컫는다. 그 사람들은 다른 이들과 더불어 살아가지만 그 다른 이들은 그에 대해 어떤 정서적 의미도 가지지 않는다.[238]

이 글은 단지 죽음이나 죽어감뿐만 아니라 현대인이 일반적으로 사회에서 느끼는 고독과 그 이유를 설명하고 있다. 인간의 삶의 의미와 가치가 철저히 사회적으로 규정된다고 본 사회학자다운 발언이다. 타인에게 의미와 가치를 갖고 영향력을 끼치면 그는 존재와 삶의 의미를 획득할 뿐만 아니라 죽어갈 때도 외롭지 않다. 오히려 기억되고 애도 내지 찬양되거나 심지어 추앙된다. 죽어서 비난이나 비판받는 사람조차 사회적 관점에서 보면 아무런 언급이나 기억조차 되지 않는 사람보다 덜 외롭고 더 의미 있는 삶을 살다 갔다고 할 수 있다. 이처럼 한 인간의 삶의 의미, 그리고 죽어갈 때의 고독 여부는 철저히 타인과의 사회적 관계망 속에서 결정된다. 삶과 존재의 의미와 가치를 타인과의 관계망이 아니라 자신에 대한 철학적 성찰 또는 역사적 사유 속에서 찾을 수는 없을까?

이 장에서 논의할 마지막 주제는 바로 죽음과 죽어감의 차이다. 죽음과 죽어감을 구별한 최초의 인물은 아우구스티누스다. 그는 먼저 "생명 감각이 없어지는 때, 곧 죽는 때를 죽어가는 때라고 할 것인가 또는 죽은 때라고 할 것인가?"라고 묻는다. 즉 아직 죽지 않고 감각이 살아 있는 때를 죽어가는 때라고 해야 할까, 죽은 때라고 해야 할까를 물은 것인데, 이 물음은 달리 표현하면 "죽어감과 죽음의 경계는 어디에 있을까?"가 된다. 이 물음이 우리의 논의에서 중요한 이유는 '죽음' 자체가 아니라 '죽어감'의 개념

---

238 노르베르트 엘리아스, 『죽어가는 자의 고독』, 71~72쪽.

정의가 문제가 되기 때문이다.

죽어가는 사람에게 슬픔과 고통스러운 감각이 있게 만드는 그 과정도 죽음이 아니라는 것이 분명하게 된다. 그들이 감각이 있는 동안은 확실히 살아 있다. 아직 살아 있다면 죽음 속이 아니라 죽음 전이라고 해야 한다. 죽음이 가까워질 때 있던 고통스런 감각은 죽음이 오면 제거되기 때문이다. 그렇기 때문에 사망이 임박해서 이미 최후의 고통으로 신음하면서도 아직 죽지 않은 사람을 죽어간다고 형용하기 어려운 것이다. 그러나 이미 임박한 죽음이 실제로 온 때에는 그들을 죽어간다고 하지 않고 죽었다고 하므로, (그 죽기 전에는) 죽어간다고 하는 것이 옳다. 따라서 살아 있는 사람만이 죽어갈 수 있다.[239]

결국 '죽어감'이란 '살아 있음'과 '죽어 있음'의 경계 지점이라고 할 수 있다. 즉 죽어감이란 살아 있으면서 아직 죽지는 않은 상태를 말한다. 달리 말하자면, 삶과 죽음이 공존하는 상태라고 할 수 있다. 뒤집어 말하면 삶과 죽음이 없는 상태라고도 할 수 있다. 삶도 아니고 죽음도 아닌 상태가 바로 죽어감이다. 그래서 '죽어감'(Dying; das Sterben)이란 정의하기가 매우 까다롭고 어려운 개념이다. 이해하기 어려운 개념이 아니라 규정하기 어려운 개념이다.

몽테뉴 또한 죽음과 죽어감의 차이에 주목했다. 아우구스티누스가 죽음과 죽어감의 차이를 생명 감각의 유무에서 찾았다면, 몽테뉴는 고통과 연민의 유무에서 찾았다. "나는 다른 사람의 쓰라린 사정에는 깊이 동정한다. 그리고 어떠한 경우라도 내가 울 수만 있다면 같이 따라 울어 줄 것이다. 눈물만큼 내 눈물을 끄는 것은 없다. 진짜뿐 아니라 가짜건 꾸민 것이건 마찬가지이다. 죽은 자들은 가련할 것도 없다. 오히려 부러워진다. 그러나 죽어가는 자들은 아주 가련해 보인다. 야만인들이 죽은 사람의 고기

---

239 성 아우구스티누스, 『신국론: 하나님의 도성』, 626쪽 (= De Civitate Dei, XIII, 9).

를 구워 먹는 것은 그들이 살아 있는 사람을 괴롭히고 박해하는 것만큼 내 기분을 거스르지 않는다. 법을 집행하는 경우라도, 그것이 아무리 정당한 일이라도 나는 눈을 똑바로 뜨고는 쳐다보지 못한다."[240] 심지어 법 집행에 따른 정당한 행위라 하더라도 살아 있는 사람에게 가하는 고통은 없어져야 한다는 몽테뉴의 인본주의적 관점이 돋보인다. 동시에 죽은 사람들이 딱해 보이기는커녕 오히려 부럽기까지 하지만 죽어가는 사람들은 정말 딱해 보인다는 발언은, 죽음은 차라리 행복할 수 있지만 죽어감은 최고의 불행이라는 사실을 지시한다. 죽어감의 고통만 없다면 죽음은 얼마든지 수용할 수 있다는 표현이기도 하다. 노년에 잠을 자다가 평안히 죽는 것을 인생 최대의 로망으로 꼽는 이유도 여기에 있지 않을까?

20세기에 들어와 아메리 역시 죽음과 죽어감의 차이를 예리하게 천착한 작가로 유명하다. 그는 이 차이를 어디에서 찾고 있을까?

> 죽음은 죽어감이 없이는 공허하지만, 죽어감 역시 공허한 죽음이 없으면 아무 내용을 가지지 못한다. 죽어감과 그나마 남은 생기와 죽음이라는 총체적인 황야 사이에는 뛰어넘을 수 없는 심연이 일단 그 입을 벌린다. 이 심연은 죽음을 앞두고 고통으로 신음하는 사람이 이른바 침묵하는 시체와는 다르다는 상투적 표현 따위로 메워질 수 있는 게 아니다. 그렇지만 여기서 이미 죽어감이란 '이승에서 저승으로 넘어감'이라는 거의 아무것도 아닌 걸 뜻하는 게 아니라, 시간상 손으로 잡아볼 수 있을 것처럼 예상되는 '죽음을 향해 나아감'이라는 논리적으로 충분히 토론할 수 있는 개념이다. …… 그러나 엄밀한 의미에서 죽기 전에 죽는 사람은 아무도 없다. 그러니까 누구도 현재형으로 죽어가지 않는다. 언제나 그저 그는 죽어갔다는 과거형으로 말해질 수 있을 따름이다. 죽어간다는 말이 개념으로 자리를 잡는 것은, 오로지 이미 들어선 죽음으로 그 말이 논리적 정당성을 얻을 때뿐이다.[241]

---

240 몽테뉴, 『몽테뉴 수상록』(제1권), 451~52쪽. 마지막에서 두 번째 번역 문장은 원문을 참조해 가독성 있게 약간 수정했음을 밝혀 둔다.

죽어감은 논리적으로 죽음을 전제로 한다. 죽음 없이는 죽어감을 생각할 수도 없고 상상할 수도 없기 때문이다. 영원히 죽어가는 또는 죽어갈 수 있는 사람은 없다. 그 점에서 죽어감은 짧고 죽음은 길다. 죽어감은 현실적이고 죽음은 추상적이다. 죽어감은 현재형이지만 죽음은 과거형이다. 이 차이를 '죽어간다'와 '죽었다', '죽을 것이다'로 구분해 보자. 일반적으로 죽음은 이 모두를 의미하지만, 좀 더 구체적으로는 '죽을 것임'이라는 미래형으로 죽음을 논하는 경우는 드물다. 대체로 죽음은 죽은 사람이나 죽어가는 사람을 염두에 두고 쓰는 말이다. 물론, 미래에 내가 죽을 것이라는 점을 예상하고 죽음 담론을 펴는 경우가 있다고 할지라도, 그 경우는 더욱 추상화된 형태의 담론이 될 수밖에 없기에 여기서는 논외로 하자. 바로 그 때문에 일반적으로는, 더구나 아메리의 논지에 따르자면 죽음은 과거형이다. 그것이 더 논리적이기 때문이다. 따라서 아메리가 보기에 죽어감은 오직 죽음 속에서만 '현재적 의미'를 갖는다.

지금까지 죽음 이전 단계에서 나타나는 여러 현상이나 사실 또는 개념 등에 대한 서구 지식인들의 생각을 다방면으로 살펴보았다. 아무리 죽음과 연관되었다고는 하지만 삶, 질병, 노화, 죽어감 등이 그 자체로 죽음일 수는 없다. 우리는 이제껏 '죽음'이라는 거대한 성(城)의 입구로 향하는 길을 쭉 걸어온 셈이다. 이제 그 성 안으로 들어가는 정문에 겨우 다다랐다. 이제 본격적으로 성 내부의 모습이 어떤지 조심스럽게 탐사해 보자.

---

241 장 아메리, 『늙어감에 대하여: 저항과 체념 사이에서』, 178~79쪽 (강조: 아메리).

제2부

죽음 자체

제5장

자연이 준 멋진 선물: 전통 시대의 죽음관

'죽음'은 과거 서구의 지식인들이 가장 선호하는 사유 대상 가운데 하나였다. 삶의 끝이 아니라 삶과는 별개 차원을 구성하는 세계가 바로 죽음이다. 따라서 죽음은 삶의 연장선에 존재하는 그 어떤 것도 아닐 뿐만 아니라 삶의 단절이나 불연속으로 이해될 필요도 없다. 죽음은 그저 삶과는 전혀 다른 범주에 속하는 또 다른 영역일 뿐이다. 하지만 죽음은 나를 세상으로부터, 즉 삶으로부터 절연하는 유일한 수단이다. 이때 죽음은 비록 삶과는 다른 시공간 속에 있지만 그래도 삶과 맞닿아 있다는 점에서 궁극적으로는 삶과 함께 공존한다. 우리가 앞서 제1장에서 살펴보았듯이, 죽음은 삶의 종말이나 부재가 아니라 일상적 의미와는 완전히 다른 의미의 삶일 뿐이다.

과거 서구 지식인들의 죽음 관련 담론들은 그 분량이 너무 방대해 그것들을 일목요연하게 정리하고 체계적으로 분류하는 작업이 거의 불가능하다. 여기서는 그 분량과 내용 등을 고려해 크게 고대부터 19세기 중반까지, 즉 서구에서 산업화와 본격적인 근대화가 시작되기 직전까지의 전근대 또는 초기 근대에 해당하는 이른바 전통 시대를 하나로 묶고, 19세기 중반부터 현대까지를 다시 하나로 묶어 고찰하는 방법을 택했다. 그 대상을 인물로 보자면, 헤라클레이토스부터 미국의 실용주의 철학자인 윌리엄 제임스(William James, 1842~1910)까지가 전자에 해당하고, 니체(1844~1900)부터 영국 철학자 스티븐 케이브(Stephen Cave, 1973~)까지가 후자에 해당한다. 이 장(章)에서는 전자를 먼저 다룬다. 전통 시대라고는 하지만 고대부터 19세기 중반까지의 시기를 다루는 만큼 죽음 담론에서 근현대적인 모습도 상당히 포착된다. 따라서 시대 구분의 자의성에 대해 문제를 제기할 독자도 있을 것이다. 거듭 말하지만 이 책의 핵심에 해당하는 죽음 담론을 이렇게 두 개의 장으로 나눈 이유는 다음과 같다. 첫째, 지식인들이 죽음 담론에 대해 남긴 방대한 분량의 사료뿐만 아니라 이 책의 각 장(章) 분량의 균형적 배분을 고려했기 때문이다. 둘째, 전통 시대를 고대부터 서구에서 영국을 제외한 유럽 대륙 국가들과 미국에서의 산업화가 본격적으로 시작된 1830~40년대까지로 보았기 때문이다. 더구나 1844년 태어난 니체는 포스트모더니즘 철학 등을 고려했을 때 현대성을 가장 많이 담지하고 있는 사상가이기에 다음 장(章), 즉 현대 서구의 죽음 담론의 출발점으로 삼았다. 셋째, 이 이유가 가장 중요한데, 죽음을 대하는 서구 지식인들의 태도에 커다란 균열과 변화의 조짐이 보이기 시작한 것이 대체로 19세기 중반 이후, 즉 산업화가 본격적으로 시작되면서부터이기 때문이다. 전통 시대에는 죽음을 두려워하거나 거부하지 않고 기꺼이 수용해 오히려 삶을 성찰하는 계기로 삼으라는 충고가 주를 이루었다면, 현대에 오면 죽음을 멀리하거나 부인하거나 금기시함으로써 급기야 이전 시대보다 훨씬 더 추상적·관념적·사변적으로 사유해 나가기 시작한다. 물론, 이러한 현상을 지식인 각 개인과 전체에 일반화할 수는 없지만, 대체로 그러한 경향이 엿보이는 것은 분명한 사실이다.

본격적인 논의에 앞서 서술과 독자들의 이해 편의 등을 고려해 먼저 담론을 분류하는 작업부터 해 보자. 다시 말하지만 전통 시대 서구 지식인들의 죽음 담론을 내용별로 분류하는 것은 불가능하다. 왜냐하면 그 양도 방대할 뿐만 아니라 내용 또한 너무나 복잡하기 때문이다. 따라서 여기서는 그 다양한 내용을 접근법에 따라 나누어 살펴보고자 한다. 접근법을 크게 분류하면 대략 다음과 같다. 첫째, 철학적 접근이다. 여기서는 소크라테스를 시작으로 고대 로마, 중세, 근대까지 꾸준히 이어져 온, 죽음을 철학의 연습 대상으로 간주했던 모든 담론이 최우선 순위를 차지한다. 더불어 죽음을 무(無)나 비존재(부재) 또는 진리, 본질 등 형이상학적으로 사유한 또는 이와 유사하게 철학적으로 접근한 모든 시도가 이 범주 안에 포함될 것이다. 둘째, 도덕적 접근이다. 죽음을 좋은 것[善] 또는 나쁜 것[惡]으로 보았거나 이와 비슷하게 사유한 모든 도덕적 또는 윤리적 관점들이 여기에 들어간다. 셋째, 종교적 접근이다. 달리 말하면, 분석 대상이 서구 지식인들인 만큼 아무래도 모두 기독교적인 접근으로 묶인다. 이 전통에 따르면 죽음은 하나님의 벌로 인식된다. 더불어 내세관에 입각해 죽음 뒤의 사후세계 또는 영생을 믿기에 속세에서는 죽음이 있지만 천국에서는 죽음이 없다고 주장된다. 넷째, 자연과학적 접근이다. 달리는 자연철학적·유물론적·생태학적·생물학적 접근이라고도 할 수 있다. 죽음을 자연으로 또는 자연으로의 회귀로 또는 원소의 분해 작용 등으로 본 사례들이 모두 여기에 해당한다. 또한 죽음을 유기적인 것에서 비유기적인 것으로 변한 것으로 보거나 진화론적 또는 유물론적 차원에서 논의한 모든 시도도 이 범주 안에 들어간다. 다섯째, 심리(학)적 접근이다. 보기에 따라서는 정신의학적 또는 심령과학적 접근으로 이해될 수도 있다. 가령, 죽음을 육체와 영혼의 분리 현상으로 또는 영혼의 표현으로 바라본 경우들이 이 범주에 들어간다. 물론, 육체와 영혼 담론은 제3부의 별도의 장에서 따로 자세히 논의될 예정이기 때문에, 여기서는 어떤 사상가들이 이 문제를 거론했는지 정도만 지적하고 간략히 넘어갈 예정이다. 그 밖에 죽음을 공포, 불안 등 인간 심리의 차원에서 논의한 담론도 모두 이 안에 포함된다. 아울러 죽음을 잠 또는 밤에 비유한 담론들 역시 여기에 포함했다. 여섯째, 불가지론적 접근이다. 이에 따르면 죽음은 알 수 없는 것이다. 죽음은 경험될 수도 이해될 수도 없는 현상이기 때문이다. 이와 유사한 주장을 편 모든 사상, 나아가 죽음을 신비롭게 본 견해들도 여기에 포함된다. 일곱째, 정치적 접근이다. 죽음을 세상의 지배자 또는 권력자로 본 사상 등 죽음과 지배 또는 죽음과 권력과의 관계를 논한 담론들이 이 범주 안에서 다루어질 것이다. 여덟째, 사회적 접근이다. 모든 인간을 평등하게 만든다는 점에서 죽음을 '사회적 균형자' 또는 '사회적 평등자'로 간주한 사상들이 이 관점에 해당한다.

먼저 첫 번째 범주인 철학적 접근을 대표하는 소크라테스부터 살펴보자. 그에게 철학은 죽음을 연습하는 것이다. 이 말을 뒤집으면 죽음은 철학의 연습 대상이다.

> 혼이 몸의 어떤 것도 함께 끌고 가지 않고 순수하게 몸을 떠난다고 가정해 보게. 혼은 살아 있는 동안 몸과 기꺼이 어울리지 않고 피했으니 말일세. 또한 혼이 그 자체 안에 함께 모여 있다고 가정해 보게. 혼은 항상 그런 일에 수련을 쌓았으니 말일세. 그것이 바로 올바르게 철학을 수행하는 것이자 실은 편안하게 죽는 수련을 쌓는 것이라네. 그것이 죽음의 수련이 아니란 말인가?[1]

철학이 죽음을 연습하는 것이라는 소크라테스의 이 논거는 이후 서양의 죽음 철학사의 큰 방향을 결정짓는다. 이 논거는 소크라테스 이래 수많은 철학자에게서 원형 그대로, 아니면 다양한 모습으로 변주되어 반복해 등장한다. 죽음의 연습으로서 철학의 정체성을 확대 해석하면 철학을 한다는 것은 곧 죽음을 사유하고 수련하며 체화(體化)한다는 뜻이다. '체화'란 국어사전에 "생각, 사상, 이론 따위가 몸에 배어서 자기 것이 됨" 또는 "(생각이나 사상이) 물체로 변화함 또는 물체로 변화하게 함"을 의미한다고 기술되어 있다.[2] 죽음을 생각하고 수련한 이후에 내면화해 내 것으로

---

1 플라톤, 『소크라테스의 변론/크리톤/파이돈/향연』, 169쪽 (= *Phaidon*, 80e-81a).
2 「체화(體化)」, 『표준국어대사전』 https://ko.dict.naver.com/#/entry/koko/7b640ae23a7148c8854da7a9d3399402 (검색일: 2023년 1월 12일).

만드는 것이 곧 철학이라는 이야기다. 단순하게 이야기하면 철학은 죽음을 탐구 대상으로 하는 학문이다. 그렇기에 철학자의 유전자 안에는 죽음의 DNA가 들어 있거나 들어 있어야 한다. 그 때문에 소크라테스 이래로 오늘날까지 철학과 죽음은 떼려야 뗄 수 없는 밀착 관계를 유지해 오고 있다.

헬레니즘 시대의 에피쿠로스도 소크라테스의 교지를 떠받든다. 그는 메노이케우스에게 보내는 편지에서 다음과 같이 말한다. "한편 젊은 사람들에게는 잘 살라고 충고하면서 늙은 사람들에게는 인생을 잘 끝내라고 충고하는 사람은 어리석다. 왜냐하면 삶 자체가 바람직할 뿐 아니라, 잘 사는 것과 잘 죽는 것의 연습은 동일한 것이기 때문이다."[3] 직접 언급되어 있지 않지만, 이 인용문은 잘 사는 것의 연습과 잘 죽는 것의 연습이 곧 철학임을 암시한다. 소크라테스가 잘 죽는 것의 연습이 철학이라고 말했다면, 에피쿠로스는 잘 죽는 것만이 아니라 잘 사는 것의 연습 또한 철학이라고 말한 셈이다. 현대 식으로 표현하자면, 웰비잉과 웰다잉이 동일하며, 둘 다 철학하는 사람들이 지향해야 할 목표다.

로마 공화정 말기의 키케로도 소크라테스의 생각을 그대로 수용한다. 하지만 그 역시 그것을 그대로 수용하는 것이 아니라 약간 변형해 받아들인다.

소크라테스가 생각하고 주장한 것에 의하면, 육체를 벗어난 영혼에게는 두 가지 길이 있습니다. 스스로를 인간적 죄악으로 더럽히고 온갖 욕정을 탐닉하고 욕정에 눈이 멀어 개인적인 악덕과 악행으로 스스로에게 오점을 남기고 혹은 국가에 대하여 씻을 수 없는 잘못을 저지른 사람들은 신들의 회합에 이르지 못하는 길을 가게 됩니다. 반대로 스스로를 정결하고 깨끗하게 지키며 육체적인 것과 최소한으로 접촉하면서 육체적인 것을 멀리하며 인간의 육체 안에서일망정 신적인 삶을 흉내 낸 사람들은 그들이 원래

---

3 에피쿠로스, 『쾌락』, 44쪽 (= *Letter to Menoeceus*).

출발하였던 곳으로 향하는 곧은 길을 만나게 됩니다. …… 그리하여 철학자의 삶은 소크라테스의 말처럼 죽음에 대한 준비입니다. 우리가 욕정을 멀리하여 육체로부터 영혼을 떼어놓으며, 육체를 시중들고 봉양하는 것과 관련된 사적인 것을 사양하며, 정치 등 공적인 업무도 멀리할 때에, 내 말하노니, 이는 영혼을 본래적 모습으로 되돌리며 스스로를 자제하여 육체로부터 최대한 분리시키는 일이라 하겠습니다. 그런데 영혼을 육체로부터 분리하는 일은 다른 무엇이 아니라 바로 죽음을 배우는 일입니다. 그러므로 이를 깊이 생각하여 육체로부터 우리 자신을 떼어냅시다. 다시 말해 죽음을 연습해 봅시다.[4]

소크라테스가 철학을 '죽음 연습하기'로 정의했다면, 키케로는 철학을 '영혼 단련하기'로 규정한다. 여기서 '영혼'은 '정신'을 포함한다. 하기야 키케로는 이 책의 다른 곳에서 "그런데 영혼을 일구는 일이 바로 철학입니다"(Cultura autem animi philosophia est)라고 주장한다.[5] 아니, 철학을 하기 이전에 이미 인간이라면 누구나 정신과 영혼을 육체로부터 분리해 세속에 찌든 상태가 아니라 순수했던 본래 상태인 출발점으로 되돌려 놓는 연습을 해야 한다고 설파한 것이다. 그리고 군이 철학과 죽음을 연결한다면 키케로는 소크라테스의 말을 달리 해석해 철학이 '죽음 연습하기'가 아니라 '죽음 대비하기'("죽음에 대한 준비") 또는 '죽음 학습하기'("죽음을 배우는 일")라고 주장한다. 이 얼마나 멋진 변형이자 외연의 확장인가!

로마 제국 시대의 세네카도 역시 선배 철학자들의 관점을 액면 그대로 받아들인다. 그는 루킬리우스에게 보낸 편지에서 다음과 같이 말한다. "언제나 배워야 하는 것은, 우리가 알고 있는지 모르고 있는지 시험할 수 없는 것이네. '죽기 위한 연습을 하라.' 이 말을 한 사람은, 자유롭기 위해 연

---

4 Marcus T. Cicero, *Tusculanae Disputationes*; 키케로, 김남우 옮김, 『투스쿨룸 대화』, 아카넷, 2014, 81~85쪽.
5 키케로, 『투스쿨룸 대화』, 157쪽.

습을 하라고도 말했네. 죽는 방법을 배운 사람은 노예 근성을 버린 사람으로, 그는 어떠한 권력도 초월해 있네. 적어도 어떠한 권력도 닿지 않는 곳에 있지. 그 사람에게 감옥과 감시, 빗장 같은 것이 무슨 의미가 있겠나?"[6] 여기서 죽음을 연습하라고 조언한 사람으로 세네카가 꼽은 사람은 소크라테스가 아니라 에피쿠로스다. 에피쿠로스주의자였던 세네카로서는 어쩌면 당연한 행보였을 것이다. 하지만 세네카의 죽음 연습 담론에서는 '철학'이 빠져 있다. 굳이 철학자가 아니더라도 현명하게 살고자 하는 사람이라면 누구나 죽음을 연습하며 살아가야 하기 때문이다.

근대 초의 존 던 역시 소크라테스의 가르침을 금과옥조로 받아들인다. 존 던의 노래 중에는 다음 구절이 나온다. "가장 사랑하는 이여, 그대가 싫증 나서 내가 가는 것이 아니오. 또 세상이 내게 더 적합한 사랑을 보여주리라는 희망 때문도 아니라오. 그러나 나는 결국 죽어야 할 테니, 이게 최선이지요. 내 자신 장난삼아 이렇게 거짓 죽음으로 죽는 연습을 해 보는 것이."[7] 존 던은 '사랑하는 사람과의 이별'을 '죽음 연습'에 비유한다. 이처럼 '죽음 연습'의 외연이 점점 더 확대되어 근대 초에는 철학을 넘어 일상 용어로까지 쓰이고 있음을 알 수 있다.

죽음 개념에 대한 철학적 접근으로 거론할 수 있는 그다음의 중요한 철학자는 죽음을 '무'(無)라고 정의했던 에피쿠로스다. 앞서 간간이 소개되었던 그는 서구의 죽음 담론의 역사에서 소크라테스만큼이나 핵심적인 비중을 차지하는 인물이다. 서양 철학사를 통틀어 죽음에 관한 언급으로 가장 유명한 에피쿠로스의 다음 문구를 눈여겨 보자.

'죽음이 우리에게 아무것도 아니다'라는 믿음에 익숙해져라. 왜냐하면 모든 좋고 나쁨은 감각에 있는데, 죽으면 감각을 잃게 되기 때문이다. 따라서 '죽음이 우리에게 아무것도 아니다'라는 사실을 제대로 알게 되면, 가사성

---

6 세네카, 『세네카 인생론』, 426쪽 (= 루킬리우스에게 보내는 도덕 편지 28).
7 김선향, 『존 던의 연가: 그 사랑의 해법』, 37쪽.

(可死性, 必滅性)도 즐겁게 된다. 이것은 그러한 앎이 우리에게 무한한 시간의 삶을 보태어 주기 때문이 아니라, 불멸에 대한 갈망을 제거시켜 주기 때문이다. '죽음은 두려운 일이 아니다'라는 사실을 진정으로 깨달은 사람은, 살아가면서 두려워할 것이 없다. 그러므로 '내가 죽음을 두려워하는 이유는, 죽을 때 고통스럽기 때문이 아니라, 죽게 된다는 예상이 고통스럽기 때문이다'라고 말하는 사람도 헛소리를 하는 셈이다. 왜냐하면 죽음이 닥쳐왔을 때 고통스럽지 않은데도 죽을 것을 예상해서 미리 고통스러워하는 일은 헛되기 때문이다. 그러므로 가장 두려운 악인 죽음은 우리에게 아무것도 아니다. 왜냐하면 우리가 존재하는 한 죽음은 우리와 함께 있지 않으며, 죽음이 오면 우리는 존재하지 않기 때문이다. 그렇다면 죽음은 산 사람이나 죽은 사람 모두와 아무런 상관이 없다. 왜냐하면 산 사람에게는 아직 죽음이 오지 않았고, 죽은 사람은 이미 존재하지 않기 때문이다.[8]

죽음이 두려운 이유는 개인이 그것을 체험할 수 없고, 따라서 그것을 알 수 없기 때문이다. 그러나 한편으로 생각하면, 죽음을 체험했다면 그러한 체험은 이미 죽은 다음에 이루어진 것이기에 결국 체험한 것이 아니게 되며, 죽기 전에는 죽음을 체험할 수 없기 때문에 죽음을 체험했다고 말할 수 없다. 에피쿠로스가 죽음이 닥쳤을 때 나는 더 이상 존재하지 않고, 내가 존재할 때는 죽음이 오지 않으므로 죽음은 결국 존재하지 않는다고 주장했던 이유도 바로 여기에 있다. 즉 죽음에 대한 공포는 어쩌면 이성에 위배되는 것이기에, 그는 죽음을 전혀 두려워할 필요가 없다고 주장했다. 그러나 이러한 담론이 인간의 죽음에 대한 본원적 공포를 근본적으로 제거해 주지는 못한다. 왜냐하면 아무리 이성적으로 죽음을 두려워할 필요가 없다고 생각해도 감정적으로 죽음을 완전히 무시하거나 두려워하지 않을 자신이 있는 사람은 거의 없기 때문이다. 죽음에 대한 공포는 비단 인간만이 아니라 생존을 추구하는 모든 생명체가 품고 있는 아주 본원적인

---

8 에피쿠로스, 『쾌락』, 43~44쪽 (= Letter to Menoeceus 125) (강조: 최성철).

감정일 것이다. 요컨대, 이성적으로는 에피쿠로스의 말이 수긍이 가지만 감정적으로는 전혀 받아들여지지 않는다. 따라서 풀리지 않을 이 난문을 여기서 해결하려 하지 말고 그저 고대 현인의 가르침 정도로 수용하고 넘어가자.

에피쿠로스는 죽음이 없다는, 그래서 죽음을 두려워할 필요가 없다는 또 다른 논거로 죽음에는 지각이 없기 때문이라고 주장한다. "모든 선과 악은 지각에 있지만 죽음은 지각이 없기 때문에, 죽음은 우리에게 아무것도 아니라는 생각에 익숙해져라."[9] 많은 사람이 죽음을 악으로 생각하지만, 사실 죽음은 악도 선도 아니다. 아니 그 이전에 죽음은 지각할 수도 없고 지각되지도 않는다. 앞서 언급했던 것처럼 죽음은 체험되지 않기 때문이다. 경험할 수 없는 대상을 지각하거나 인식할 수 있는 사람은 없다. 따라서 죽음은 엄밀히 말해 경험이나 인식의 대상이 아니라 사변이나 상상의 대상일 뿐이다.

에피쿠로스의 논리에 따르면, 죽음은 이처럼—비록 그 자신은 "가장 두려운 악"으로 규정하기는 했지만—선 또는 악이라는 도덕적 잣대로 평가할 수 있는 대상이 아니다. 죽음은 형이상학적 주제로서 도덕 너머에 있다. 죽음에 관한 이러한 객관적 관찰은 19세기 미국의 실용주의 철학자 제임스에게서도 나타난다.

이제 원시적이고 원초적인 무언가를 갈망하게 됐다. 수평을 다시 맞추기 위해 아르메니아 학살 사건 같은 끔찍한 일이 필요하다 하더라도 말이다. 이곳 질서는 너무 지루하다. 이곳 문화는 어딘가 부족하다. 이곳의 선은 너무 밋밋하다. 악당도 고통도 없이 펼쳐지는 이곳의 인생 극장은 너무나 재미없다. 이곳 사회는 너무 정제돼 있어서 인간에게 내재한 야수에게 권할 만한 것이 기껏해야 크림소다밖에 없다. 호수 위로 떠 오른 미지근한 태양에

---

9 Epicuros, *Letter to Menoeceus* 124. 다음 문헌에서 재인용함. James Warren, *Facing Death: Epicurus and his Critics*, Oxford: Clarendon Press, 2004, p. 18.

지글지글 끓고 있는 이 도시에서 나는 살아갈 자신이 없다. 위험이라고는 없는 이 끔찍한 세계에서 나는 살아갈 자신이 없다. 차라리 나는 죄와 고통이 가득한 거대한 황무지 같은 바깥세상에서 살아갈 기회를 놓치지 않겠다. 그곳에는 높이와 깊이가 있다. 벼랑처럼 가파른 이상이 있다. 어슴푸레 빛나는 장엄함과 무한함이 있다. 무엇보다도 그곳에는 사실상 죽음이나 다름없을 만큼 평범함이 절정에 차오른 이곳에 비해 희망과 구원이 천 배는 더 많다."[10]

여기서 죽음은 비유적으로 아무런 악과 죄도 없는, 그저 지루함만이 지배하는 평범한 세계로 묘사된다. 흔히 죽음이 나쁘다고들 말하지만, 이 세상에 태어나는 일이 꼭 좋다고만 할 수 없는 것처럼 이 세상을 떠나는 일이 꼭 나쁘다고만 할 수는 없는 노릇이다. 자신의 가치관으로 좋고 나쁘고를 따져 묻는 것이야 개인적인 취향의 문제인 만큼 그것의 잘잘못을 따지기가 어렵지만, 출생과 죽음에 대해 도덕적 가치 판단을 내리는 일은 결코 객관성을 담보해야 하는 학문적인 태도라고 할 수 없다. 에피쿠로스가 죽음에 대해 도덕적인 가치 판단에서 벗어나 거리를 두라고 가르쳤다면, 제임스는 죽음과 삶에 대한 도덕적 가치 판단을 넘어서는 것은 물론 오히려 지루하고 무료하기 짝이 없는 일상에서 벗어나 비록 죽을지도 모르지만 요란하고 의미로 충만한 번잡한 삶 속으로 뛰어들라고 충고한다. 이러한 담론 속에는 죽음에 대한 성찰은 죽어 있고 도리어 죽음도 불사하는 삶에 대한 기대와 희망이 활활 타오른다.

19세기 중반까지 서구의 전통 시대를 통틀어 죽음을 아무것도 아니라

---

10 William James, *Talks to Teachers on Psychology: And to Students on Some of Life's Ideals*, London/Bombay/Calcutta: Longmans Green and Co., 1899, pp. 270~71. 다음 문헌에서 재인용함. Michael Hauskeller, *The Meaning of Life and Death: Ten Classic Thinkers on the Ultimate Question*, London: Bloomsbury Academic, 2020; 미하엘 하우스켈러, 김재경 옮김, 『왜 살아야 하는가: 삶과 죽음이라는 문제 앞에 선 사상가 10인의 대답』, 청림출판, 2021, 303~04쪽.

고, 즉 무(無)라고 정의한 에피쿠로스와 가장 유사한 담론을 펼친 인물은 포이어바흐다. 포이어바흐는 '죽음의 윤리적 의미'를 다음과 같이 규정한다. "인간의 모든 행동은 사랑에서 비롯되는데, 그것은 모든 행동에서 발견되고 인식될 수 있다. 사람이 그 자신을 위한 존재가 된다는 것은 불가능한 일이다. 만일 그가 단지 성취되지 않은 그 자신을 위한 존재와 그 자신을 견딜 수 있다면, 그는 가장 견딜 수 없는 것, 즉 무(Nichts)를 견딜 수 있을 것이다. 당신은 그 자신을 위한 존재를 무로부터 구별할 수 없을 것이다. 존재는 관계로 가득 찬 충만함이고, 내용으로 가득 찬 연결이며, 가장 다양한 연관 관계들의 무궁무진한 자궁이다. 존재하는 것은 필연적으로 다른 것과 함께 있고, 다른 것 안에 있으며, 다른 것을 위해 있다. 존재는 친교다. 그 자신을 위해 있는 것은 자기 고립이고 비사회성이다."[11] 삶 또는 존재가 이처럼 '다른 존재와의 관계'를 의미한다면, 죽음 또는 비존재는 '존재와의 관계가 없음', 곧 '무' 또는 '아무것도 아님'을 의미한다. 죽음은 이처럼 윤리적으로 '고립무원'의 상태를 말하고 그것은 나중에 '의미 없음'으로까지 발전한다.

그래서 포이어바흐는 죽음을 부재(不在)로서 귀신이나 유령 같은 존재라고 말한다. "오직 죽음 이전에 그리고 죽음 안에서만 죽음은 죽음이고 고통스럽다. 즉 죽음은 유령 같은 존재다. 왜냐하면 죽음은 오직 죽음이 없는 곳에만 있고, 만일 죽음이 존재한다면, 죽음은 없기 때문이다(*der Tod ist so ein gespenstisches Wesen, dass er nur ist, wenn er nicht ist, und nicht ist, wenn er ist.*)."[12] 이 문구만 보면, 포이어바흐는 에피쿠로스를 패러디한 것처럼 보인다. 에피쿠로스가 삶과 죽음을 대비해 살아 있을 때는 죽음이 없고, 죽

---

11 Ludwig Feuerbach, "Gedanken über Tod und Unsterblichkeit", in: Ludwig Feuerbach, *Sämtliche Werke*, (eds.) Wilhelm Bolin & Friedrich Jodl, Stuttgart-Bad Cannstatt: Frommann-Holzboog, 1960, 1st ed. 1903-1911, vol. 1, pp. 3~90, 인용은 p. 15.

12 Ludwig Feuerbach, "Gedanken über Tod und Unsterblichkeit", *Sämtliche Werke*, vol. 1, p. 84 (강조: 포이어바흐).

고 나면 역시 죽음이 없다는 논거로써 죽음이 존재하지 않는다고 주장했다면, 포이어바흐는 죽음 자체를 주어로 해서 죽음이 없다면 죽음이 있고, 죽음이 있다면 죽음이 없다고 말한다. 말장난이나 모순처럼 보이는 이러한 포이어바흐의 변증법적 논증 안에는 에피쿠로스가 말한 '삶'이 내재되어 있는 것으로 해석되어야 한다. 왜냐하면 삶이 있다면 죽음이 없고, 죽음이 있다면 삶이 없다고 말해야 앞의 인용문이 이해되기 때문이다. 그것이 아니라면 포이어바흐는 어쩌면 죽음에 대해 죽음이 있다고 말하는 순간 홀연히 사라지고, 죽음이 없다고 생각할 때 불현듯 찾아오는 그런 불가사의한 현상으로 생각했을지도 모른다. 어떻게 해석하든 간에, 포이어바흐의 수사학적 표현이 에피쿠로스의 논증을 곧바로 연상시키는 것은 사실이다.

중요한 것은 이러한 논증으로써 포이어바흐가 말하고자 하는 바가 궁극적으로 무엇인지를 포착하는 일이다. 그것은 죽음이 오직 살아 있는 사람에게만 의미 있는 우리 머릿속 상상의 존재라는 점이다.

> 죽음은 오직 살아 있는 사람들을 위한 죽음일 뿐이다. 죽음은 그 자체로 아무것도 아니며, 실증적인 것도 절대적인 것도 아니다. 죽음은 당신의 관념(Vorstellung)이나 비교(Vergleichung)를 떠나서는 실재하지 않는다. 당신은 죽은 존재를, 마치 당신의 관념 속에 있는, 한때 살아 있던 존재와 비교한다. 그리고 이러한 비교를 통해서 비로소 당신은 죽음을 확정하고, 죽음을 독립적인 존재로 만들며, 죽음을, 공포와 전율을 가지고 하나의 잔혹한, 죽은 사람에 민감한, 생명의 실증적 파괴라고 생각한다. 그러나 죽음은 결코 실증적인 파괴가 아니라 스스로 자신을 파괴시키는 파괴일 뿐이다. 그 파괴는 그 스스로 무효한(nichtig), 무(Nichts)로서의 파괴다. 죽음은 심지어 죽음의 죽음이다(der Tod ist selbst der Tod des Todes). 죽음은 생명을 끝내면서 그 자신을 끝낸다. 죽음은 그 자신의 무(無)형상과 무(無)내용(Gehalt- und Inhaltslosigkeit)으로 죽는다.[13]

포이어바흐의 논거는 이렇다. 죽음은 실체가 없다. 죽음에는 얼굴도 없다. 죽음은 마치 용(龍), 봉황, 해태, 유니콘(unicorn), 피닉스(phoenix)처럼 상상의 존재다. 죽음에 대한 공포나 파괴적 성격 등은 모두 우리가 이미 죽은 사람들을 그들이 살아 있을 때와 비교하면서 머릿속에 떠올려 만들어 낸 가상의 관념들일 뿐이다. 그래서 죽음은 아무것도 아니다. 죽음은 비록 살아 있는 사람에게는 의미가 있을지 몰라도, 죽음 그 자체로 보면 무이고 부재이며 무효성일 뿐이다.

죽음을 연습하든 죽음을 아무것도 아닌 것으로 여기든 간에, 이 모든 것은 사실 전통 시대 서구 철학자들이 죽음과 벌인 투쟁의 일환으로 해석된다. 죽음에 대한 전통 시대의 서구 지식인들의 철학적 접근은 이처럼 죽음의 극복 담론을 통해서도 뚜렷하게 드러난다. 이를 가장 상징적으로 보여 주는 인물이 바로 존 던이다. 그의 유명한 시 「죽음아 뽐내지 마라」 (Death Be Not Proud)를 보자.

죽음아 뽐내지 마라, 비록 어떤 이들은 네가/억세고 무섭다 했지만, 너 안 그렇기 때문./네가 쓰러뜨렸거니 하는 자들은/죽지 않으며, 가련한 죽음아, 너는 날 죽일 수도 없기 때문./네 영상에 불과한, 휴식과 잠으로부터,/ 많은 쾌락이라면, 너에게선 반드시 더 흘러나오리라,/그리고 가장 선한 자들이 가장 일찍 너하고 가노니,/이는 육체의 안식이며 영혼의 구원이니라./ 너는 운명과 기화(奇禍, 뜻밖에 당하는 재난)와 군주들과 절망자들의 노예,/ 그리고 독약과, 전쟁과, 질병과 동거하는데,/아편이나 마약도 우리를 똑같이 잠들일 수 있고,/네 타격보다 좋도다, 그런데 너는 왜 으스대느냐?/잠깐 한 잠 자고 나면, 우리는 영원히 잠 깨어,/죽음은 이제 없으리라, 죽음아 네가 죽으리라.[14]

---

13 Ludwig Feuerbach, "Gedanken über Tod und Unsterblichkeit", *Sämtliche Werke*, vol. 1, pp. 84~85.
14 존 던, 심명호 옮김, 『사랑하는 사람이여』, 민음사, 1996, 74쪽.

존 던의 시들을 편역한 번역자에 따르면, 이 시는 "현대적인 감각이 풍부하다". 즉 그의 시는 "전원적이고 목가적인" "남녀의 사랑"이 아니라 "정신과 육체, 죽음과 삶과 사랑을 현대적으로 서술"한다.[15] 그만큼 이 시는 죽음에 맞서 당당히 싸우는 주인공의 열정적인 모습을 묘사한다. 결국 시인은 죽음을 죽이는데, 이것은 굉장한 역발상이 아닐 수 없다. 죽음과의 싸움에서 승리를 거둘 수 있는 가장 좋은 방법은 죽음을 더 이상 없게 만드는 것이기 때문이다. 이 발상은 더 이상 서양의 전통 시대의 정신에 상응하지 않는다. 번역자의 해설처럼 근대가 아니라 현대적인 심성이 읽힌다. 죽음이 사라지면 인간은 영생을 얻게 된다. 그것도 죽음의 이미지인 잠깐의 잠을 자고 난 다음에 말이다. 그리고 선한 자들이 일찍 죽는 것은 '육체의 안식'과 '영혼의 구원'을 얻는 행위이니 오히려 더 좋은 일이다. 죽음은 '운명과 재난의 노예'이고 '전쟁과 질병의 동거인'이다. 그래서 그는 하찮은 아편이나 마약으로도 인간을 잠재울 수 있는 만큼 감히 뽐내지 말라며 죽음을 질타한다.

한편, 죽음과 맞서 싸우는 내가 아니라 죽음 자체를 자기 극복으로 본 사람도 있다. 가령, 노발리스는 다음과 같이 주장한다. "죽음은 자기 승리(Selbstbesiegung) — 모든 자기 극복(Selbstüberwindung)처럼 하나의 새롭고 더 가벼운 실존을 만들어 낸다."[16] 존 던의 시와는 반대로 노발리스의 단상은 죽음을 승리자로, 그리고 인간을 패배자로 만든다. 20세도 안 된 자신의 어린 약혼녀뿐만 아니라 20대 후반의 나이에 자신마저 병으로 죽어갔으니, 죽음을 이겨낼 도리는 없으리라 생각했을 것이다. 이는 죽음과의 투쟁에 나선 인간이 자신의 완패를 선언한 꼴이다. 죽음은 자신을 극복함으로써, 즉 인간에게 승리를 거두고서 소멸하는 것이 아니라 또 하나의 새로운 실존, 즉 새로운 생명체를 만들어 낸다. 이 점이 위안이라면 유일한

---

15 심명호, 「역자 해설」, 존 던, 『사랑하는 사람이여』, 83쪽.
16 Novalis, *Schriften*, vol. 2, p. 414 (= "Vermischte Bemerkungen und Blüthenstaub", 11).

위안일 것이다.

죽음을 진리로 해석한 것도 철학적 접근의 범주에 들어간다. 이 관점을 피력한 인물 또한 노발리스다. 약혼녀 소피의 죽음을 문학적으로 승화시킨 결과물이자 죽음을 예찬한『밤의 찬가』에서 그는 다음과 같이 토로한다.

> 지상의 화려함도 또 내 슬픔도 그렇게 멀리 달아났으니 ─ 아련한 비애는 깊이를 알 수 없는 새로운 세계 속으로 흘러 들어갔다 ─ 밤의 열광이여, 하늘의 잠이여, 바로 그대가 내게로 다가왔다 ─ 내 주변은 살며시 솟아올랐고, 속박에서 벗어나 새로 태어난 나의 정신이 그 위로 떠올랐다. 언덕은 먼지구름으로 변했으며 ─ 나는 구름 사이로 드러난 내 연인의 빛나는 모습을 볼 수 있었다. 그녀의 두 눈에선 영원(永遠)이 쉬고 있었다 ─ 나는 그녀의 손을 붙잡았고, 눈물은 불꽃을 머금은 견고한 끈이 되었다. 수천 년 세월이 저 멀리 아래편으로 폭풍우처럼 스쳐 지나갔다. 나는 그녀의 목을 끌어안고 새로운 삶의 황홀한 눈물을 흘렸다. ─ 이것이 최초의 유일한 꿈이었다 ─ 그때부터 비로소 나는 밤하늘과 그 빛과 내 연인을 향한 영원불변의 신앙을 느끼게 되었다.[17]

여기에는 비록 '진리'라는 단어가 단 한 번도 안 나오지만 내용은 밤, 즉 죽음이 나에게 진리의 빛에 눈 뜨도록 만들었음을 고백하는 것으로 채워져 있다. 밤이 그리고 소피의 죽음이 나를 새로운 세계로 이끌었다는 것이다. 노발리스의 많은 천재적인 아이디어에, 그리고 그의 지적 성장과 발전에 약혼녀의 때 이른 죽음이 결정적 영향을 끼쳤음을 감안한다면, 가장 사랑했고 가까웠던 사람의 죽음이 한 사람을 어떻게 긍정적으로 변화시킬 수 있는지 보여준 사례로 이보다 더 적합한 것은 없을 것이다.

또한 노발리스는 '진리'와 비슷하게 '본질'이라는 단어로써도 죽음에 다가간다. 한 연구 노트에서 그는 "사랑은 절대적 의지를 통해서 종교로 넘어

---

17 Novalis, *Schriften*, vol. 1, p. 135 (= "Hymnen an die Nacht, 3).

간다. 사람은 죽음을 통해서만 자신의 최상의 본질에 합당하게 된다"라고 적고 있다.[18] 가까웠던 사람의 죽음이, 그리고 죽음에 대한 그런 심오한 성찰이 어떻게 한 사람을 진정한 현인으로 거듭나게 할 수 있는지를 노발리스의 사례가 실증적으로 보여 준다. 급기야 노발리스는 "스스로 죽는다는 것은 하나의 진정한 철학적 행위"라고까지 선언한다.[19] 철학 연습의 대상이었던 죽음이 이제는 철학 그 자체가 된 것이다. 서구 지식인들을 통틀어 노발리스만큼 죽음을 민감하게 받아들인 사상가도 드물 것이다.

톨스토이도 역시 노발리스와 비슷하게 죽음을 우리 자신이 참된 자아를 발견하도록 돕는 매체로 간주한다. "모든 재앙이나 불행은 우리 삶의 밑바탕을 이루는 신적이고 불멸한 '어떤 것'을 우리를 위해 내부에 보여 준다. 그리고 세상 사람들의 판단에 따르면 최대의 불행인 죽음은 우리에게 참된 자기를 완전하게 보여 준다."[20] 삶이 아니라 죽음이 우리의 정체성을 확인해 준다는 말이다. 그 사람이 누구인지는 그 사람의 죽음이 말해 준다는 것이다. 확대 해석한다면, 한 사물의 본질은 그 사물의 죽음에 있다는 것일까? 그렇다면 이것은 일종의 '죽음주의'일까?[21]

한편, 헤겔은 죽음을 '자유 현상'으로 규정한다. 그는 자연법을 설명하는

---

18 Novalis, *Schriften*, vol. 2, p. 395 (= "Philosophische Studien des jahres 1797", 57).
19 Novalis, *Schriften*, vol. 2, p. 395 (= "Philosophische Studien des jahres 1797", 54).
20 똘스또이, 『인생이란 무엇인가 2: 사랑』, 432쪽.
21 '죽음주의'에 해당할 만한 영어 단어로 'thanatism'과 'deathism'이 있다. 그러나 이들 단어는 일반 영어사전으로는 나오지 않는다. 네이버 영어사전으로 검색하면, 'thanatism'은 죽음과 더불어 영혼이 소멸한다는 '영혼사멸설'로, 'deathism'은 죽음이 자연스럽거나 불가피하고 심지어 바람직하다고 생각하는 '죽음주의'로 각각 번역되어 있다. 독일어에서도 'Todismus'라는 단어가 있을 수 있는데, 1911년 출판된 한 책의 제목(Sydler Todus, *Todismus. 'Moderne Weltanschauung'*, Berlin/Leipzig, 1911)에서만 사용되었을 뿐 일상용어로도 안 쓰이고 심지어 사전에도 나오지 않는다. 어쨌든 이들 단어는 내가 여기서 말한 한 대상의 본질이 그 대상의 죽음에 놓여 있다는 의미의 '죽음주의'와는 다르다. 마치 역사주의가 한 사물의 본질이 그 사물의 역사에 놓여 있다고 보는 관점처럼 말이다.

자리에서 다음과 같이 말한다. "이 부정적으로 절대적인 것, 이 순수한 자유는 그 자신의 죽음의 현상 안에 존재한다. 그리고 주체는 죽음의 능력을 통해서 스스로 자유롭다는 것을 그리고 전적으로 모든 강제에 초탈해 있다는 것을 증명한다."[22] 읽기에 따라서는, 인간은 죽음을 통해서만 자신이 완전히 자유롭다는 점을 증명할 수 있다는 주장 때문에 마치 자살을 독려하는 것처럼 보이지만 사실은 전혀 그렇지 않다. 여기서 헤겔은 인간이 국가, 사회, 법, 제도, 관습 등 그 무엇이 되었든 외부 환경에 속박될 수밖에 없기에 결국 완벽한 자유는 죽음을 통해서만 이루어질 수 있다는 점을 강조하고 있을 뿐이다. 이 점에서 헤겔에게서 죽음은 '자유'를 표상한다.

죽음을, 인생을 성찰하도록 만드는 자극제로 인식한 경우에도 죽음에 대한 철학적 접근 범주 안에서 다룰 수 있다. 가령, 에머슨은 1844년에 발표한 「비극적인 것」(The Tragic)이라는 제목의 논문에서 다음과 같이 주장한다.

> 남자나 여자나 30세가 되면, 아니 그보다 빨리 모든 탄력성과 쾌활함을 잃고 제일 처음 세웠던 계획마저 실패로 끝나면 그냥 포기를 하고 만다. 그러나 우리 주변의 사람들이 이런 남녀보다도 나약한 존재인지 아닌지는 별도로 악덕, 고통, 병환, 빈곤, 불안정, 분열, 공포, 죽음이라는 것의 가치를 고려하지 않은 인생론은 아무런 권리도 얻을 수 없을 것이다.[23]

기대 수명이 거의 100세인 오늘날의 관점에서 보면 30세부터 노화가 시작된다는 에머슨의 주장을 액면 그대로 받아들이기 어렵겠지만, 평균 수

---

22 Georg Wilhelm Friedrich Hegel, "Über die wissenschaftlichen Behandlungsarten des Naturrechts, seine Stelle in der praktischen Philosophie und sein Verhältnis zu den positiven Rechtswissenschaften", in: Georg Wilhelm Friedrich Hegel, *Werke*, 20 vols., vol. 2: "Jenaer Schriften, 1801-1807", p. 479.
23 Ralph Waldo Emerson, "The Tragic", 1844; 랠프 왈도 에머슨, 차전석 옮김, 『에머슨 수상록: 천 년을 같이 있어도 한 번의 이별은 있다』, 나래북, 2013, 186~87쪽.

명이 40세 안팎이었던 19세기 서구 사회를 기준으로 보면 이해가 안 되는 것도 아니다. 에머슨은 아무리 인생의 패배자나 낙오자가 되었다고 할지라도 그와 무관하게 질병, 고통, 죽음 등을 사유하지 않는 삶은 무가치한 것이라며 일침을 날린다. 이때 죽음은 삶을 성찰하도록 유도하고 자극하는 최고의 무기이자 도구가 된다. 마치 소크라테스가 했다는 말로 플라톤이 전한 유명한 문구를 에머슨의 주장에 대입하면, "죽음을 음미하지 않는 삶은 살 보람이 없다!"

다음으로 죽음에 대한 도덕적 또는 윤리적 접근으로 눈을 돌려 보자. 죽음을 좋은 것[善]으로 본 최초의 사례는 역시 소크라테스에게서 발견된다. 그는 신성 모독죄와 혹세 무민죄로 기소되어 아테네 시민 법정에서 사형 선고를 받은 뒤, 독배를 마시고 죽기 전에 배심원단 앞에서 다음과 같이 최후 진술한다.

내가 여러분에게 말씀드리지요. 아마도 내게 일어난 것이 좋은 일인 듯합니다. 우리가 죽음을 나쁜 것으로 생각한다면 그것은 잘못된 생각인 것 같습니다. 내게는 이를 입증할 유력한 증거가 있습니다. 내가 나에게 이로운 행동을 하려고 하지 않았다면, 나와 친숙해진 그 신호가 반대하지 않았을 리 만무하니까요. 우리는 생각을 바꿔 죽음이 나름대로 좋은 것이기를 바랄 수 있는 상당한 이유가 있다는 점을 알아야 합니다. 죽음은 둘 중 하나입니다. 죽음은 일종의 소멸이어서 죽은 자는 아무것도 지각하지 못하거나, 아니면 사람들이 말하듯 죽음은 일종의 변화이고 이승에서 저승으로 이주하는 것입니다. 그리고 만약 죽으면 아무 지각도 없어 죽음이 꿈 없는 잠과 같은 것이라면, 죽음은 놀라운 이득임이 틀림없습니다. 생각건대 만약 어떤 사람이 꿈도 꾸지 않을 만큼 깊은 잠을 잔 밤을 골라, 지금까지 살아온 다른 밤과 낮과 비교해 보고 나서 지금까지 살아오면서 그런 밤보다 훌륭하고 더 즐겁게 보낸 낮과 밤이 과연 얼마나 되는지 충분히 숙고해 본 뒤에 말해야 한다면, 보통 사람은 말할 것도 없고 아마 페르시아 대왕이라도 그런 낮과 밤이 나머지 낮과 밤보다 쉽게 헤아릴 수 있을 정도라는 것을 그는 알게 될 것입니다. 죽음이 그런 것이라면, 나는 죽음이 이득이라고 말하겠습니다. 그럴 경우 영원조차 단 하룻밤보다 더 길어 보이지 않을 테니까요. 또한 죽음이 이승에서 저승으로의 이주와 같은 것이라면, 그리고 사람들 말처럼 죽은 사람은 모두 그곳에 있는 것이 사실이라면, 배심원 여러분, 이보다 더 큰 축복이 어디 있겠습니까? …… 이제 떠날 시간이 되었습니다. 나는 죽으러 가고, 여러분은 살러 갈 것입니다. 그러나 우리 중에서 어느 쪽이 더 나은 운명을 향해 가는지는 신 말고는 아무도 모릅니다.[24]

읽기에 따라서는 죽음을 아무런 이유도 모른 채 두려워하지 말라는 현자의 가르침 정도로 독해할 수 있다. 하지만 여기서 소크라테스가 말하고자 하는 바는 죽음을 단지 무서워하지 말라는 충고가 아니라 오히려 죽음을 선(善)으로 간주할 수 있는 타당한 근거가 있고 따라서 죽음을 좋은 것으로 생각해야 한다는 것이다. 즉 죽음은 소멸이거나 아니면 이주(移住)일 텐데, 둘 다 좋은 것이다. 소멸은 "꿈 없는 잠"이어서 좋고 "이승에서 저승으로의 이주"는 새로운 세상을 맛보는 것이어서 좋다. 우리가 숙면했을 때 흔히 '밤에 꿈 한 번 안 꾸고 잘 잤다'고들 말하는데, 죽음은 바로 그런 숙면과 같다는 것이다. 심지어 죽음은 이승에서 저승으로의 여행이기에 '큰 축복'이라고까지 선언된다. 장담컨대, 죽음 예찬의 전거로 이보다 더 적절한 사례는 찾기 어려울 것이다. 왜냐하면 서구 지식인들이 보인 죽음 예찬의 적지 않은 사례들이 소크라테스처럼 순수하게 철학적이거나 윤리적이라기보다는 대체로 감상적(感傷的)이고 탐미적 또는 염세적이었기 때문이다. 삶이 고통이니 죽음이 아름답고 멋질 것이라는 생각은 소크라테스의 의중과는 거리가 멀어도 너무 멀다. 그는 삶도 진지하게 음미하며 성찰하면서 살아야 하고, 죽음도 나쁜 것으로 생각해 두려워하거나 회피하려

---

24 플라톤, 『소크라테스의 변론/크리톤/파이돈/향연』, 72~76쪽 (= *Apologia Sokratous*, 40b-42a).

는 어리석은 행동을 보이지 말라고 가르친다.

고대 그리스 아테네의 시인 소포클레스 역시 죽음을 최선까지는 아니지만 차선으로 보았다. 그가 지은 아테네 비극 작품 가운데 테베 3부작, 즉 오이디푸스 왕 3부작에서 마지막으로 쓴 『콜로노스의 오이디푸스』에는 다음과 같은 합창 구절이 나온다. "태어나지 않는 것이 더할 나위 없이 좋은 일이지만, 일단 태어났으면 되도록 빨리 왔던 곳으로 가는 것이 그다음으로 좋은 일이라오."[25] 불생(不生)이 최선이지만 죽음이 차선이라는 말은 이왕 태어나 살아가는 인생에서 죽음이 최선이라는 말과 같다.

키케로 역시 죽음을 나쁘지 않은 것 또는 좋은 것으로 본 대표적인 사상가다. 그는 죽음이 불행의 종결을 의미하기에 선(善)이라고 생각했다. 『투스쿨룸 대화』에서 키케로는 학생이 죽음을 악이라고 규정하자, 선생이 그렇다면 죽음이 죽을 사람에게 악인지 죽은 사람에게 악인지를 묻는다. 그러자 학생은 둘 다에게 악이라고 생각한다고 말한다. 이에 대해 선생은 악이라면 불행을 말할 텐데 죽을 사람이나 죽은 사람에게 죽음이 불행이라고 생각하는지를 묻자, 학생은 그렇다고 대답한다. 그러자 선생은 그렇다면 인간은 모두 그리고 영원히 불행할 것이라고 말한 후에, 그렇지만 살아 있는 사람에게 "죽음과 함께 불행이 끝난다"라고 생각할 수 있기에 죽음은 악이 아니라고 말한다. 그리고 죽은 사람이 불행할 것이라는 주장에 대해서도 그런 주장은 모두 이야기꾼들이 만들어 낸 상상이기에 죽음 이후에는 불행이 없고, 따라서 죽은 사람에게도 "죽음은 결코 악이 아니"라고 말한다.[26] 또한 죽음 이후에 영혼이 남아 있든 소멸하든 간에, 불행이 아니라는 점에서 죽음은 역시 악이라고 할 수 없다고 말한다. "영혼이 남아 있을 경우 죽음은 우리를 행복하게 할 것이며, 혹은 감각의 결여로 불행하게 만들지 못할 것[…]입니다."[27] 물론, 죽음을 선악이라는 이분법적 구도로 나

---

25 Sophocles, *Oidipous epi Kolonoi*; 소포클레스, 천병희 옮김, 『소포클레스 비극 전집』, 도서출판 숲, 2008, 206쪽 (= *Oidipous epi Kolonoi*, 1225).

26 키케로, 『투스쿨룸 대화』, 11~23쪽.

누는 것은 바람직한 태도라고 할 수 없지만, 키케로는 죽음이 비록 선이 아닐지는 몰라도 악이 아닌 것만은 분명하다고 생각했다. 죽음이 이처럼 악, 즉 불행이 아니라면 선까지는 몰라도 선에 가까운 것으로 볼 여지가 큰 것은 사실이다. 현명하기로는 죽음을 악으로 보지 않는 것이고, 더 현명하기로는 죽음을 선으로 여겨 버리는 것일지 모른다. 그런 태도가 오히려 마음이 편안해질 수 있기 때문이다. 에피쿠로스가 말했던 것처럼 마음에 평정이 온다면 그것이 곧 행복이자 행복으로 가는 지름길이니 말이다.

루크레티우스 역시 이 계열에서 빼놓을 수 없다. 그는 죽음을 평온한 휴식이자 안식이라고 생각했다. 『사물의 본성에 관하여』의 영혼과 정신의 구조를 설명하는 곳에서 루크레티우스는 '죽음'을 "걱정 없는 휴식"이라고 명명한다.[28] 또 다른 곳, 즉 생명을 연장하고자 하는 욕구에 대한 시구에서는 다음과 같이 노래한다.

왜 그대는 죽음에 대해 신음하고 눈물을 흘리는가? 왜 이렇게 묻는가 하면, 만일 지나간 이전의 삶이 그대에게 즐거운 것이었고, 모든 축복이 마치 잔뜩 구멍 난 그릇에라도 모여 담긴 듯 흘러나가 즐기기도 전에 사라져버린 게 아니라면, 어리석은 이여, 왜 그대는 잔치객처럼 삶으로 충만한 채 물러나서, 평온한 마음으로 걱정 없는 안식을 취하지 않는가? 반면에, 만일 그대가 거둔 것들이 쏟아져 사라졌고, 삶이 난관에 부딪혔다면, 왜 그대는 다시금 안 좋게 끝나고 즐기기도 전에 몽땅 무너져버릴 것을 더 덧붙이려 애쓰는가? 차라리 삶과 노역의 끝을 맺지 않고서? …… 여기서 눈물을 치워라, 못된 자여, 불평을 자제하라. 그대는 삶의 모든 상급을 누리고서 스러지는 것이다. 하지만 그대는 항상, 없는 것을 그리워하고 있는 것들은 무시하니, 삶은 그대에게 완전치 못한 것으로 즐기지 못한 것으로 지나가고, 죽음은 예기치 않은 그대 머리맡에 다가서는 것이다. 그대가 만족하고 좋은 것

---

27 키케로, 『투스쿨룸 대화』, 33~35쪽.
28 루크레티우스, 『사물의 본성에 관하여』, 212쪽.

으로 가득 차서 떠날 수 있기 전에. 하지만 그래도 이제 그대의 나이에 어울리지 않는 모든 것을 떠나보내라, 그리고 평온한 마음으로, 자, 이제, 〈다른 이들에게〉 양보하라."[29]

살았을 때 행복했던 자는 잔치가 끝난 뒤에 안식을 취한다고 생각해야 하고, 살았을 때 불행했던 자는 이제 더 이상의 불행이 없음에 감사해야 한다. 이 경우나 저 경우 모두 죽음은 '평온한 마음'으로 취하는 '걱정 없는 안식'이다.

로마의 공화정 말기(기원전 1세기)에 태어나 제정 초기(기원후 1세기)에 활동하며 살았던 로마의 시인 오비디우스(Ovidius)도 죽음을 '신의 선물'이라고 불렀다. 그는 『변신 이야기』(Metamorphoses)에서 헤르쿨레스의 죽음을 묘사하면서 다음과 같이 쓰고 있다. "사투르누스의 따님이여, 내 파멸을 보고 즐기시오! 즐기시란 말이오. 잔인한 분이여, 그대는 높은 곳에서 이 재앙을 내려다보며 잔혹한 마음속으로 실컷 좋아하시오! 그리고 내가 내 적에게도, 그러니까 그대에게도 동정을 받아야 한다면, 이토록 심한 고통을 당하고 있고 고역을 위해서 태어난 내 이 가증스러운 목숨을 거두어가시오. 죽음은 나에게는 선물이오."[30] 물론, 고통스럽게 살아 있느니 차라리 죽는 것이 낫겠다고 생각한 헤르쿨레스의 입을 통해 한 말이지만, 오비디우스 자신도 얼마든지 죽음을 신이 인간에게 하사한 선물로 생각했을 가능성이 크다.

고대의 철학자와 시인들은 이처럼 죽음을 찬미하거나 적어도 악으로 보려 하지 않았다. 아마도 이것은 죽음이 그들의 삶에 너무 적나라하게 노출되어 있었고, 또한 동시에 죽음으로부터 삶의 지혜를 얻고자 했기 때문에 나온 필연적인 결과였을 것이다. 죽음을 기독교적 하나님에게 귀의하는

---

29 루크레티우스, 『사물의 본성에 관하여』, 256~57쪽.
30 Ovidius, *Metamorphoses*, (ed.) Williams S. Anderson, München/Leipzig, 2001; 오비디우스, 천병희 옮김, 『변신 이야기』, 도서출판 숲, 2019, 389쪽 (= *Metamorphoses*. IX 176-181).

것으로 간주했던 중세 사상가들의 신학적 담론은 뒤에서 따로 다룰 예정이니 잠시 미루고 근대로 넘어가면, 19세기의 프랑스 시인 보들레르가 죽음을 감상적으로 찬미한 대표적 작가로 떠오른다. 그의 유명한 시집 『악의 꽃』에 나오는 「가난한 자의 죽음」이라는 제목의 시를 음미해 보자.

> 아! 우리를 위로하고 살아가게 해 주는 것은 죽음;/그것은 삶의 목표, 그것은 유일한 희망,/선약처럼 우리 몸을 돌아 취하게 하고,/우리에게 저녁까지 걸어갈 용기를 준다.//폭풍에도 눈이 내려도 서리가 와도,/그것은 캄캄한 우리 지평선에 깜빡이는 불빛;/그것은 책에도 적혀 있는 유명한 주막,/우리는 거기서 먹고 자고 쉴 수 있으리;//그것은 '천사', 자력 가진 손가락 속에/잠과 황홀한 꿈의 선물을 쥐고,/가난하고 헐벗은 사들의 잠자리를 마련해 준다;//그것은 '신들'의 영광, 그것은 신비한 곳간,/그것은 가난한 자의 지갑, 그리고 옛 고향,/그것은 가보지 못한 '천국'을 향해 열린 회랑!³¹

이 짤막한 시에서 표현된 죽음의 상징어들을 열거해 보자. 삶의 '위로', '삶의 목표', '유일한 희망', '선약', 우리를 '취하게' 하는 것, 우리에게 '용기를' 주는 것, '지평선 깜빡이는 불빛', '먹고 자고 쉴 수 있'는 '주막', '황홀한 꿈의 선물', '잠자리', '신들의 영광', '신비한 곳간', '가난한 자의 지갑', '옛 고향', '천국을 향해 열린 회랑' 등등. 이 모든 시어(詩語)는 상대적으로 죽음을 예찬하는 긍정적이고 평온하며 희망에 찬 단어들이다. 가난한 자들은 삶이 고달프고 고통스럽기 마련이다. 그들에게 죽음은 영원한 쉼터를 의미한다. 그들에게 죽음은 단순히 삶의 종착점으로서가 아니라 삶의 궁극적인 의미이자 희망이자 꿈으로 다가온다. 실제로 이 시를 번역한 번역자의 해설도 큰 차이가 없다. "가난한 자들에게 죽음은 어둠이 아니라, 희망이며 꿈이다. 또한 고통스러운 삶을 위로하고 취하게 하는 묘약이다. 왜냐면 죽음은 가난의 끝을 의미하며 하늘에서의 약속된 보상을 의미하기 때

---

31 샤를 보들레르, 『악의 꽃』, 320쪽.

문이다. 지상의 삶의 고통은 어둠, 폭풍우, 눈, 서리 등에 의해 표현되고, 반면 죽음은 안식처, 빛, 양식, 휴식, 행복한 잠, 부의 꿈으로 그려져 있다. 죽음은 긴 귀양살이의 끝이며 천국을 향해 열린 회랑이다."[32] 모두 수긍할 만한 해석이다. 같은 시집에 들어 있는 보들레르의 또 다른 시 「연인들의 죽음」에서도 죽음은 "가벼운 향기 가득한 침대", "기이한 꽃들", "마지막 불꽃", "거대한 횃불", "거울", "빛", "장밋빛", "천사의 문" 등 밝은 시어들로 묘사되어 있다.[33]

물론, 보들레르의 시들에서 죽음이 항상 밝은 이미지로만 그려진 것은 아니다. 아니, 어쩌면 어두운 이미지들이 더 많이 등장한다고 해야 할지 모른다. 이 부분은 나중에 다시 논의될 예정이니 이 정도의 암시만 주고 넘어가자. 보들레르 못지않게 죽음에 강한 긍정의 이미지를 불어넣은 대표적인 사상가로 노발리스를 꼽을 수 있다. 우선 노발리스에게 "죽음이란 우리 삶을 낭만적으로 만드는 원리다. 죽음이 마이너스(-)라면 삶은 플러스(+)다. 죽음을 통해 삶은 강해진다."[34] 해석하면, 죽음을 생각하거나 간접 경험함으로써 사람들은 삶을 열심히 살려고 노력하게 된다는 뜻이다. 또 다른 단상에서는 이렇게 적고 있다. "죽음 — 사랑하는 존재들의 내밀한 결합."[35] 죽음은 사랑하는 존재들을 연결해 주는 수단이기도 하다. 아마도 약혼녀였던 소피의 죽음에서 영감을 받고 쓴 듯한 이 글귀는 살아 있을 당시 서로 사랑하던 연인들이 죽음에 이르면 더욱 단단하고 밀접하게 연결된다는 뜻으로 읽힌다. 노발리스는 급기야 죽음을 낭만주의적으로 찬미하기에 이른다. 『밤의 찬가』에 나오는 다음 시들을 눈여겨 보자.

    오! 사랑하는 이[죽음]여,/나를 더 거세게 빨아들여다오,/내가 죽어서/사

---

32 윤영애, 「작품 해설」, 샤를 보들레르, 『악의 꽃』, 333쪽.
33 샤를 보들레르, 『악의 꽃』, 319쪽.
34 Novalis, *Schriften*, vol. 3, p. 559 (= "Fragmente und Studien 1799-1800", 30).
35 Novalis, *Schriften*, vol. 3, p. 389 (= "Das Allgemeine Brouillon", 653).

랑할 수 있도록./나는 젊음을 되찾아 주는/죽음의 밀물을 느낀다./내 피는/
향유와 에테르로 변한다 — /낮에는 신앙과 용기로 충만한 삶을 살아가던
나도/밤이 되면 성스러운 불꽃 속에서/밤들을 죽이노니.[36]

죽음을 향한 그리움: 저 아래 대지의 모태 속,/빛의 왕국을 등진 곳,/고통
의 진노와 모진 창끝 없는 곳에/기쁜 하강의 징표 있다네./우리는 좁다란
배에 몸을 싣고/순식간에 천상의 강가에 닿는다네.//우리 영원한 밤을 찬
양하세,/영원한 잠을 찬양하세./한낮은 우리 몸을 따뜻하게 데웠으나/ 긴
근심은 마음을 시들게 했도다./낯선 것을 향한 욕망은 꺼져버렸으니,/이제
우리 아버지의 집으로 돌아가려 하네.[37]

두 시 모두 죽음을 동경하거나 예찬하는 내용을 담고 있다. 첫 번째 시
는 죽음이 나를 데려가기를 갈구하는 내용이며, 두 번째 시는 죽음을 찬
양하면서 역시 원래 태어났던 곳으로 돌아가기를 희구하는 내용이다. 특
히 두 번째 시에서 '밤'과 '잠', 그리고 '아버지 집'은 모두 죽음을 상징한다.

그러나 죽음을 동경하거나 찬미할 만큼 좋은 것으로 본 것과는 정반대
로 죽음을 악이나 나쁜 것 또는 부정적인 것으로 본 전통 시대 서구 지식
인들도 적지 않았다는 사실이 특별히 환기될 필요가 있다. 가령, 그리스
초기 자연철학자 레우키포스와 데모크리토스는 죽음에 대해 다음과 같이
말했다고 전해진다.

한편으로 데모크리토스에 따르면, 냄새를 풍기는 것과 이것들의 추악한
모습을 상상함으로써 혐오감을 느끼는 것도 부패(sēpedōn)와 관련이 있다.
왜냐하면 포동포동한 살과 아름다움을 갖춘 사람들이라도 죽으면 그들의
모습이 그런 상태로 전락해 버리기 때문이다. …… 그리고 모든 사람이 밀

---

36 Novalis, *Schriften*, vol. 1, p. 139 (= "Hymnen an die Nacht, 4).
37 Novalis, *Schriften*, vol. 1, p. 153 (= "Hymnen an die Nacht, 6).

론(Milōn)처럼 포동포동한 살을 가지고 있었다 해도 얼마 안 가 해골이 되며, 결국에는 최초의 자연(physeis)으로 해체되기 때문에, 사람들은 (시체를) 묘지로 보낸다. (죽은 사람의) 나쁜 안색이나 일반적으로 추한 모습에 대해서도 이미 말한 바와 마찬가지라는 것을 분명히 알아야 한다.[38]

여기서 죽음이란 죽은 사람, 즉 시체를 말한다. 아울러 시체는 다시 부패와 연관되며 그것은 추악함을 연상시킨다. 한때 아무리 싱싱한 젊음을 유지하고 아름다웠던 사람이라도 죽고 나면 이처럼 끔찍한 모습으로 변한다. 여기서 죽음은 시체, 해골, 묘지, 자연, 해체와 연관된 혐오스러운 개념이다. 거의 최초의 유물론자들이자 원자론자들답게 레우키포스와 데모크리토스는 죽음을 이처럼 자연적으로 해부하면서 그것에 대한 부정적 감정을 여과 없이 드러낸다. 그들에게 죽음은 곧 혐오의 대상으로서의 시체 또는 부패 그 이상도 이하도 아니었다.

에피쿠로스 역시 죽음을 '가장 두려운 악'이라고 규정했음은 이미 앞서 살펴보았다.[39] 그러나 에피쿠로스가 이렇게 표현했다고 해서 그가 죽음을 실제로 그렇게 생각했다고 단정할 수는 없다. 왜냐하면 에피쿠로스는 보통 사람들이 죽음에 대해 보이는 두려워하거나 회피하려는 태도를 없애주기 위해 죽음이 아무것도 아니라는 점, 즉 사람들이 '악'(惡)으로 생각하기 쉬운 죽음이 사실은 '무'(無)라는 점을 역설하면서 그 문구를 사용했기 때문이다. 따라서 과장법 또는 역설법의 하나로 이해하는 것이 더 타당해 보인다.

로마 시대로 넘어오면 죽음을 부정적으로 본 지식인으로 세네카가 두드러진다. 그는 죽음을 "공통적인 재앙"이라고 불렀다. 「인생의 짧음에 대하여」라는 글에서 그는 다음과 같이 말한다. "사람들은 언젠가는 죽을 몸

---

38 Leucippus' & Democritos' Fragments(인용 출처: 필로데모스, 『죽음에 관하여』 29. 27. 재인용 출처: 탈레스 외, 『소크라테스 이전 철학자들의 단편 선집』, 578~79쪽).

39 에피쿠로스, 『쾌락』, 43쪽 (= Letter to Menoeceus 125).

인데, 심술궂은 자연을 탓한단 말이야. 파우리스군. 그렇지 않아. 그 까닭은 기간마저 덧없이 빨리 지나가기 때문에, 매우 한정된 사람을 제외하고는 삶의 준비가 이루어지는 순간에 버림을 받게 되는 거라고. 이처럼 그들의 이른바 누구에게나 공통적인 재앙을 한탄하는 것은, 오직 일반 대중이나 무지한 부류에게만 있는 일이 아니야. 저명한 사람들도 이 같은 기분에 한탄을 자아내기 마련이야."[40] 모두 죽을 운명을 타고난 인간들이 자신들의 죽음을 애꿎은 자연의 탓으로 돌리는 것도 어리석고, 삶을 제대로 된 준비도 없이 어설프게 살다가 죽는 것도 안타까우며, 누구나 겪는 이 보편적인 재앙을 한탄하는 것도 우매한 짓이라며 꾸짖는다. 그래서인지 루킬리우스에게 보내는 한 편지에서 세네카는 죽음을 '고통'이라고 외친다. "죽음이여, …… 너는 고통이다. 고통이라면, 거기 있는 통풍 환자도 경멸하고, 저기 있는 위가 약한 남자도 맛있는 음식을 즐기면서 참으며, 젊은 여자는 출산할 때도 이를 악물고 견딘다. 내가 견딜 수 있다면 너는 가벼운 것이고 견딜 수 없다면 이내 끝날 것이다."[41] 인간은 매일 죽어가고 죽음에 이르기까지 많은 죽음을 경험하며, 마지막에는 하나의 죽음을 맞이한다는 것이다.

신의 나라와 지상의 나라 사이의 싸움에서 궁극적으로 신의 나라가 승리를 거두리라는 일종의 역사신학적 예언서『신국론』으로 중세를 예비했던 아우구스티누스도 죽음을 악으로 본 대표적 사상가다. 그는 다음과 같이 말한다. "서로 결합되어 있는 영혼과 육체를 분리하는 죽음은 대체로 악이다. 그러므로 몸이 죽는다는 것은, 곧 영혼과 몸을 분리하는 것은, 당장 죽어가는 사람을 위해서는 선이 아니다. 살아 있는 사람에게서 서로 긴밀히 결합되어 있는 두 가지 것을 떼어 낸다는 것은 부자연한 느낌을 주며 신경에 거슬리는 일이다. 이것은 영혼과 몸이 하나가 되어 있기 때문이며,

---

40 세네카,『세네카 인생론』, 276쪽 (=*삶의 짧음에 관하여*). 이 인용문에서 나오는 파우리스라는 인물은 이 글이 쓰인 48~55년 무렵, 로마의 곡물을 관리하는 식료품 장관으로 나름 중요한 인물이었다.

41 세네카,『세네카 인생론』, 418~19쪽 (= 루킬리우스에게 보내는 도덕 편지 24).

이 느낌은 감각이 완전히 없어질 때까지 계속된다. 육신이 큰 타격을 받거나 영혼이 갑자기 졸도할 때에는 이런 고민이 짧게 끝나며 고통을 느끼지도 못한다."[42] 죽음을 육체와 영혼의 분리로 이해한 담론에 대해서는 죽음에 대한 심리(학)적 접근과 제3부에서 자세히 다루어질 예정이지만, 적어도 이 글만 놓고 보자면 그것은 마치 세속인의 관점처럼 보인다. 왜냐하면 성직자나 신학자라면 육체와 영혼의 분리인 죽음 자체를 천국에서의 영생을 누리기 위한 선(善)의 과정으로 볼 법도 한데, 그러한 분리 현상 자체를 악(惡)으로 규정하고 있기 때문이다. 그러나 바로 뒤이어 죽음에 대한 신학적 접근에서 언급하겠지만 이러한 해석 또한 타당하지 않다. 왜냐하면 아우구스티누스의 죽음관은 매우 복잡해 한두 문장으로 해석할 수 없기 때문이다.

근대 초의 파스칼도 죽음을 "비참"과 "무지"와 "절망"과 다를 바 없다고 생각했으며, 죽음을 궁극적으로는 인간의 "자연적인 불행"으로 규정했다. 그의 주장에 따르면 이렇다. 먼저 인간이 위대한 이유는 인간이 "비참하다는 사실"을 알고 있기 때문인데, 그렇다고 인간의 비참함이 사라지는 것은 아니다.[43] "이러한 비참에도 불구하고 그는 행복해지기를 원하고, 행복해지기만을 원하고, 행복해지기를 원하지 않을 수 없다. 하지만 그는 어떻게 행동할 것인가? 잘하기 위해서는 불사신이 되어야만 할 것이다. 그러나, 그럴 수가 없기 때문에 그는 그런 것을 생각하는 것을 자제하기로 마음먹었다. 사람들은 죽음과 비참과 무지를 치유할 수가 없었기 때문에, 그들은 그런 것들을 결코 생각하지 않기로 마음먹었다."[44] 인간이 비참을 극복하기 위해 행복을 추구하지만, 결국 찾은 것은 다시 죽음과 비참뿐이라는 것이다. 삶이란 이처럼 음악의 되돌이표 부호처럼 항상 원래 자리, 즉 죽음으로 되돌아온다. 그리고 이 세상의 모든 것이 우리를 죽음에 이르게 할 수 있다.

---

42 성 아우구스티누스, 『신국론: 하나님의 도성』, 624쪽 (= *De Civitate Dei*, XIII, 6).
43 블레즈 파스칼, 『팡세』, 74쪽.
44 블레즈 파스칼, 『팡세』, 89~90쪽.

"벽"이나 "계단"처럼 인간에게 "도움을 주기 위해 만들어진 사물들"조차 인간을 죽일 수 있다.[45] 그만큼 인간은 유약하고 비참한 존재다. 바로 이처럼 죽을 수밖에 없는 유약한 존재로서 인간의 필멸성, 이것이 바로 파스칼로 하여금 인간을 우주와 "자연 가운데서 가장 연약한 한 개의 갈대", 그것도 "생각하는 갈대"에 비유하도록 만든 배경이 되었을 것이다.[46] 인간은 이처럼 "연약하고도, 죽어갈 조건으로부터 오는 자연적인 불행"을 벗어날 수 없는 존재다.[47] 파스칼에게서 '죽음'은 '비참'과 '무지'처럼 인간이 '치유'할 수 없는, 극복할 수 없는 대상이었다.

계몽주의 철학자 루소도 죽음을 부정적으로 그린 대표적인 지식인이다. 그의 교육 사상이 잘 담긴 『에밀』에는 다음과 같은 구절이 나온다.

> 피·상처·울음소리·신음·고통스러운 수술의 기구 같은, 고통의 대상물을 감각에 가져오는 것 모두가, 모든 사람의 마음을 보다 일찍, 보다 널리 사로잡는다는 사실이 일반적으로 인정된다. 파괴의 관념은 더욱 복잡해서 같은 감명을 주지 않는다. 죽음의 이미지는 더 늦게 더 약하게 오는데, 그것은 아무도 죽어본 경험을 스스로 갖는 일은 없기 때문이다. 단말마를 느끼려면 송장을 본 적이 있어야 한다. 한데 이 이미지가 일단 우리 머릿속에 제대로 새겨지고 나면, 그때 그것이 감각을 통해 주는 완전한 파괴의 관념 때문에, 또는 그 순간이 모든 사람에게 불가피하다는 것을 알고 분명 피할 도리 없는 그 상태에 더욱 심하게 마음이 동요된 것이 느껴지기 때문에, 우리 눈에 이보다 더 끔찍스러운 광경은 없게 된다.[48]

'피', '상처', '울음소리', '신음', '수술의 기구', '파괴', '송장' 등 고통을 연상

---

45 블레즈 파스칼, 『팡세』, 596쪽.
46 블레즈 파스칼, 『팡세』, 148쪽.
47 블레즈 파스칼, 『팡세』, 91쪽.
48 장-자크 루소, 『에밀 또는 교육론』, 327쪽.

시키는 단어들이 줄줄이 죽음의 이미지로 그려진다. 자신을 도와주려던 데이비드 흄과의 관계가 완전히 틀어지게 만든 원인으로도 작용했던 루소의 지나치게 풍부한 감수성이 잘 느껴지기도 한다.[49] 감각과 감정의 중요성을 강조했던 그의 입장에서 본다면, 죽음은 분명 꺼림칙한 주제였을 것이다.

19세기에 오면 포이어바흐가 죽음을 '악'으로 규정한다. 죽음을 악으로 본 것을 넘어 아예 죽은 사람까지도 악하다고 말한다. "죽은 자는 악하다. 왜냐하면 죽음 자체가 어떤 사악한 것이기 때문이고, 죽음이 인간에게서 그의 생명을 빼앗아 가고, 그의 자기애와 그의 삶의 욕구에 가장 심각한 상처를 입히기 때문이다. 무엇보다도 이 점은 비자연적이고 폭력적인 죽음에 해당한다. 그 때문에 다음과 같은 말이 나온다: '죽음은 죽음으로써 속죄되리라! 불의는 불의에 추가될 것이고, 시체들에는 시체들만 추가될 것이다!'"[50] 포이어바흐가 죽음과 망자들을 싸잡아 악으로 몰아간 이유는 죽음을 인간에게서 생명을 빼앗아 가는 절도범 같은 존재로 보았기 때문이다. 인간은 죽음이라는 범죄자에게 목숨을 빼앗긴 피해자에 불과하다.

한편으로 악, 소멸, 파괴 같은 죽음 자체의 부정적 의미나 이미지보다도 죽음이 가져오는 부정적 결과의 측면에서 죽음을 나쁘게 본 사례도 있다. 가령, 소크라테스의 목숨을 구하려 노력했던 크리톤(Kriton)은 죽음이 자신의 의무와 책임을 벗어던지는 행위라며 비난한다. 크리톤은 다음과 같이 말한다.

소크라테스, 자네는 목숨을 구할 수 있는데도 자포자기하려고 하는데,

49　David Edmonds & John Eidinow, *Rousseau's Dog: Two Great Thinkers at War in the Age of Enlightenment*, New York: Ecco, 2006; 데이비드 에드먼즈·존 에이디노, 임현경 옮김, 『루소의 개: 18세기 계몽주의 살롱의 은밀한 스캔들』, 난장, 2011 참조.
50　Ludwig Feuerbach, "Die Unsterblichkeitsfrage vom Standpunkt der Anthropologie", in: Ludwig Feuerbach, *Sämtliche Werke*, vol. 1, pp. 91~262, 인용은 pp. 230~31.

나는 자네의 그런 행위가 옳다고 생각지 않네. 자네는 자네 적들이 자네에게 안겨줄 법한, 아니 자네 적들이 자네를 파멸시키고 싶어서 서둘러 자네에게 안겨 주었던 운명을 자네 자신에게 안겨 주려고 서둘고 있네. 게다가 내가 보기에, 자네가 하는 짓은 자네 아들들을 버리는 행위인 것 같아. 자네 아들들을 양육하고 교육시킬 능력이 있는데도 자네가 그 애들을 남겨 두고 그 애들 곁을 떠나니 말일세. 그러니까 자네는 그 애들이 어떤 운명을 당하든 내 알 바 아니라는 것이겠지. 하지만 그 애들은 십중팔구 부모 잃은 고아들이 당하곤 하는 그런 운명을 당할 걸세. 애당초 자식을 낳지 말든지, 일단 낳았으면 양육하고 교육시키는 노고를 끝까지 져야 할 것 아닌가! 한데 내가 보기에, 자네는 가장 무책임한 길을 택하는 것 같네. 자네는 평생 미덕에 마음을 써 왔다고 주장하는 만큼 훌륭하고 용감한 사람이 택할 법한 그런 길을 선택해야 하는데 말이야.[51]

물론, 이러한 크리톤의 주장을 죽음에 대한 도덕적·윤리적 접근의 부정적 사례로 제시하는 것이 합당한 것인지에 대해서는 논란이 있을 수 있다. 하지만 죽음이 죽는 사람 못지않게 남겨진 사람들에게도 큰 고통을 주는 악일 수 있다는 측면에서 본다면, 이런 종류의 담론도 얼마든지 여기서 논의될 수 있다고 생각한다. 죽음은 자신의 사회적 책무를 저버리는 일이다. 그 점에서 이러한 관점은 어쩌면 죽음의 사회적 접근의 범주에서도 다루어질 수 있을 것이다.

다음은 죽음에 대한 종교적 접근이다. 사실, 이 접근이야말로 죽음을 사유하거나 성찰할 때 가장 일반적으로 취하는 보편적 관점일 수 있다. 더구나 서구가 기독교라는 종교로 통일되고 결속된 문명권임을 감안한다면, 이 주제는 우리의 논의에서 자연스럽다 못해 필연적인 것처럼 보인다. 서양에서 유럽 대륙 역사의 출발을 기독교가 지배했던 중세로 잡는다면, 죽음

---

51 플라톤, 『소크라테스의 변론/크리톤/파이돈/향연』, 84~85쪽 (= *Kriton*, 45c-45d).

에 대한 기독교적 접근의 출발점을 이루는 사상가는 두말할 여지 없이 아우구스티누스다. 로마 제국 말기의 교부철학자였던 그는 죽음을 하나님이 내리는 '벌'로 정의했다.

> 처음 사람들이 타락해서 죽을 신세가 되었다: 우리의 현재 세계의 출현과 인류의 시초에 관해서 심히 어려운 문제들을 처리했으므로, 다음에는 주제의 논리적 순서에 따른 처음 사람의 또는 처음 사람들의 타락에 대해서, 그리고 인간의 죽음의 기원과 확산에 대해서 논의했다. 하나님은 사람을 천사들과 같이 만드신 것이 아니다. 곧 죄를 짓더라도 결코 죽을 수 있도록 만드신 것이 아니다. 사람의 경우에는 순종의 의무를 다하면 천사들과 같은 영생과 영원한 행복을 얻어, 죽음이 개입하는 때가 없으며, 불순종에 대해서는 죽음으로 공정한 벌을 받도록 창조하셨다.[52]

죽음은 최초의 인간 아담이 저지른 죄 때문에 하나님이 내린 벌로 생겨났다. 철저히 기독교적인 관점인 이 견해에 따르면, 인간의 죽음은 원죄(原罪)의 결과로 온 것이다. 만일 아담과 하와가 선악과를 따먹지 않고 그 어떠한 불경스러운 죄도 짓지 않았더라면 어땠을까 하는 유쾌한 상상도 해 봄 직하다. 그랬다면 인간은 낙원에서 영생을 누렸을 것이다. 하지만 이런 종류의 상상은 곧바로 불쾌한 추론으로 막을 내린다. 만일 인간이 불사(不死)의 존재였더라면 안 그래도 현재 100억 명을 향해 달려가고 있는 이 지구상의 인류는 그야말로 초과밀 현상의 포화 상태를 견디지 못하고 진작 멸망했을 것이다. 지구 온난화나 환경 오염 같은 문제는 논란거리조차 되지 못했을 것이다. 어쩌면 상상할 수 없을 정도의 먼 과거에 이미 지구라는 행성은 다른 형태로 변형되었거나 아예 소멸하고 말았을지도 모른다. 그 점에서 죽음은 앞서 소크라테스가 말했던 것처럼 어쩌면 신이나 하늘이 내린 엄청난 축복이 아닐 수 없다. 모든 것을 떠나 지구 환경을 위해서

---

52 성 아우구스티누스, 『신국론: 하나님의 도성』, 619쪽 (= *De Civitate Dei*, XIII, 1).

라도 말이다.

한편, 아우구스티누스는 인간이 두 개의 또는 두 번의 죽음을 겪는다고 말한다. 즉 하나는 육체의 죽음이고, 다른 하나는 영혼의 죽음이다. 일반적으로 기독교를 비롯한 대부분의 종교에서는 사람이 몸은 죽어도 영혼은 영원히 산다고들 말한다. 그러나 아우구스티누스는 인간의 몸이 죽고 난 이후에, 그 영혼이 악하다면 최후의 심판을 통해 또 죽을 수 있다고 말한다. 먼저 첫 번째 죽음에 대한 아우구스티누스의 설명을 들어 보자.

> 우선 사람의 영혼이 영생불사하리라고 하는 것은 바른 말이지만, 거기에도 독특한 죽음이 있다. 영혼이 영생불사한다고 하는 것은 영혼의 생명과 감각은 아무리 미약하게 되어도 결코 완전히 없어지지 않는다는 뜻이다. 그와 반대로 몸이 죽는다는 것은 몸에서 생명이 완전히 떠날 수 있으며, 몸 자체에는 독자적인 생명이 없다는 뜻이다. 따라서 하나님이 영혼을 버리시면 영혼이 죽는 것과 같이, 영혼이 몸에서 떠나면 몸은 죽는다. 그래서 하나님으로부터 버림을 받은 영혼이 몸을 떠날 때에는 영혼과 몸, 곧 사람 전체가 죽는다. 이럴 때에 영혼은 하나님에게서 생명을 얻지 못하여, 몸도 영혼에게서 생명을 얻지 못하기 때문이다.[53]

다음은 두 번째 죽음에 대한 설명이다.

> 영혼은 선하게 살 때에 하나님으로부터 생명을 받는다. 하나님이 영혼 안에서 선을 행하시지 않으면 선한 생활을 할 수 없기 때문이다. 그러나 영혼이 몸안에 있으면, 영혼이 하나님으로부터 생명을 얻든 얻지 못하든 간에 몸은 영혼에게서 생명을 얻는다. 불경건한 사람들의 몸에 있는 생명은 그 영혼에서 오는 것이 아니라 그 몸에서 온다. 영혼은 죽은 때에도, 곧 하나님으로부터 버림을 받은 때에도 그들의 몸에 생명을 줄 수 있다. 영혼 자체

---

53 성 아우구스티누스, 『신국론: 하나님의 도성』, 619쪽 (= *De Civitate Dei*, XIII, 2).

의 생명은 아무리 미약할지라도 그 영생불사의 근원이 되며, 그치는 일이 없기 때문이다. 그러나 최후의 심판으로 벌을 받고 있는 존재는 생명이라기 보다 사망이라고 하는 것이 좋을 것이다. 그런 사람은 감각이 없어진 것은 아니지만, 그 감각에는 즐거운 쾌감이나 건전한 안정감이 없고, 고통스러울 뿐이므로 벌이 되는 것이다. 그뿐 아니라 그것은 하나님과 영혼 또는 영혼과 몸이라는 결합되었던 두 본질을 분리하는 처음 사망이 있은 후에 있기 때문에 둘째 사망이라고 부른다. 따라서 첫째 사망 즉 몸이 죽는 것은 선한 사람들에게는 선이 되며 악한 사람들에게는 악이 된다고 할 수 있다. 그러나 둘째 사망은 선한 사람들에게 오지 않는 것이므로, 물론 아무에게도 선한 것이 되지 않는다.[54]

선한 사람들은 한 번 죽지만 악한 사람들은 하나님의 구원을 받지 못해 두 번 죽는다. 거듭 말하지만 죽음은 죄를 지은 자들, 즉 악인들에게 하나님이 내리는 벌이다. 죽음은 아담이 지은 원죄에 대한 하나님의 보복이다. 그런 만큼 뒤집어 말하면, 죽음은 기독교인들에게 귀중하고 유익한 것이다. 왜냐하면 기독교인들은 제1사망에서 죽음을, 제2사망에서 생명을 얻기 때문이다. "진리를 위해서 첫째 사망을 당하는 성도들은 둘째 사망에서 해방된다."[55] 아우구스티누스에게서 죽음은 악이지만 이보다 더 큰 악, 즉 최악은 두 번째 죽음을 맞이했을 때다. 이때 육체와 영혼은 재결합한다. "영혼과 신체가 분리되는 사망이 아니라, 영원한 벌을 받기 위해서 둘이 결합되는 사망은 모든 악 가운데서 가장 나쁜 악이다. 거기서는 죽음 전이나 죽음 후의 상태에 있을 것이 아니라, 항상 죽음 안에 있을 것이며, 따라서 결코 살아 있거나 죽어 버리는 것이 아니라 끝까지 죽어가고 있을 것이다."[56] 결국 인간은 영원한 벌을 받지 않기 위해서라도 한 번만 죽어야 한

---

54 성 아우구스티누스, 『신국론: 하나님의 도성』, 620쪽 (= *De Civitate Dei*, XIII, 2).
55 성 아우구스티누스, 『신국론: 하나님의 도성』, 625쪽 (= *De Civitate Dei*, XIII, 8).
56 성 아우구스티누스, 『신국론: 하나님의 도성』, 630쪽 (= *De Civitate Dei*, XIII, 11).

다. 바로 영원한 죽음[永死]을 피하기 위해서라도 말이다.

앞서 이 책의 제1장에서 인용했던 중세의 천재 철학자 아벨라르의 영원한 연인 엘로이즈는 인간의 죽음을 의미론적으로 두 종류로 분류한다. 하나는 세상에 대한 죽음이요, 또 하나는 신에 대한 영생이다. 엘로이즈가 썼을 것으로 추정되는 다음 조시(弔詩)를 보자.

> 경건한 목자를 잃고 우는 양들/믿는 이의 무리가 이 불쌍한 양들을 위로할지어다./아, 이 슬픔. 죽음의 게걸스런 입에 사라진 망자를/슬픔도 한숨도 살려낼 수는 없으니./그렇다면 이 눈물은 무엇이란 말인가? 그토록 큰 고통이/무슨 소용인가? 이 고통은 아무런 도움이 되지 않고 오히려 해를 줄 뿐./하지만 눈물에 아무 유익이 없다 하더라도/아버지의 죽음을 슬퍼하는 것은 그럼에도 인간적인 일./더 나아가 그 죽음을 기뻐하는 것은 경건하기까지 한 일. 만약 지성의 힘이/슬픔의 힘들을 무화시킬 수 있다면./실상 그런 죽음은 죽음이 아니라 삶으로 여겨지니/세상에 대해서는 죽지만, 망자 자신도 하느님에 대해서는 살기 때문./망자께서 우리를 위해 기도하시기를. 우리는 망자처럼/우리도 삶을 향해 (그리스도를 향해) 나아갈 수 있도록 기도할 뿐이니. 아멘.[57]

앞서도 언급했듯이, 이 시는 1122년 9월 16일 사비니 수도원의 창립자였던 비탈리스가 세상을 떠나자 그를 추도하기 위해 아르장퇴유(Argenteuil) 수녀원의 한 수녀에 의해 작성된 조시(弔詩)인데, 그 작자는 아마도 엘로이즈였을 것으로 추정된다. 이 시에서 작자는 사람이 죽으면 세상에 대해서는 죽을지 모르지만 하나님에 대해서는 오히려 사는 것임을 역설한다. 여기서 특기할 점은, 죽음을 감정적으로 슬퍼하는 일은 인간적이고 세속적인 일이지만 죽음을 지성적으로 기뻐한다면 그것은 경건하고 종교적인 일이라고 읊었다는 것이다. 엘로이즈 같은 천재 시인이 아니면 도

---

57 Constant J. Mews, *The Lost Love Letters of Heloise and Abelard*, p. 162.

저히 떠올릴 수 없는 시구가 아닐까? 인간적인 슬픔을 종교적인 기쁨으로, 세속적인 죽음을 초자연적인 영생으로 승화시키라는 요청의 발상이 12세기 중세 한복판에 나왔다는 사실이 놀랍다.

죽음에 대한 기독교적 접근으로 주목할 만한 또 한 명의 중세인은 에크하르트다. 그는 죽음을 '하나님을 영접하는 일'이라고 주장한다.

> 하나님을 보아야만 하는 사람은 어떻게 해야 할까요? 그는 죽어야 합니다. 우리 주님은 다음과 같이 말씀하십니다. "네가 내 얼굴을 보지 못하리니 나를 보고 살 자가 없음이니라"(출애굽기 33:20). 이제 성 그레고리우스는 다음과 같이 말합니다. "하나님은 죽었다. 이 세상을 위해 죽었다. 이제 죽은 사람이 '그것에 대해' 어떻게 느끼고, 세상에 있는 모든 것이 그에게 얼마나 적게 영향을 미치는지 직접 보라. 이 세상에서 죽는다고 해서 하나님을 위해 죽는 것은 아니다." 성 아우구스티누스는 다양한 기도를 드렸습니다. 그는 말합니다. 주님, 당신과 저를 알게 해 주십시오. "주님, 저에게 자비를 베푸시고, 당신의 얼굴을 보여 주시고, 제게 죽음을 주시고, 제가 당신을 영원히 볼 수 있도록 제가 죽지 **않도록** 해 주십시오." 이것이 바로 [죽음에 관한] 첫 번째 것[원칙]입니다. 즉 하나님을 보고자 한다면 인간은 죽어야 한다는 것입니다.[58]

에크하르트에 따르면, 하나님을 뵙고자 한다면 인간은 누구나 먼저 죽어야 한다. 이것이 죽음에 관한 기독교의 제1원칙이다. "신이 생명보다 더 나은 존재로 우리를 데려가실 수 있도록 우리는 신 가운데 죽는 것을 찬미합니다. 그 가운데 우리의 생명이 살고, 그 가운데 우리의 생명이 존재가 되는 그러한 존재로 신이 우리를 데려가실 수 있도록 말입니다. 인간은 자신에게 더 나은 존재가 주어지도록, 죽음에 자신을 기꺼이 내놓아야 합니

---

58 Meister Eckhart, *Meister Eckhart Werke*, vol. 1, p. 483 (= Predigt 45) (강조: 에크하르트).

다. 죽어야 합니다."⁵⁹ 여기서 죽음은 신을 영접할 수 있는 유일한 수단으로 전화(轉化)한다. 즉 죽음은 종교 또는 신앙 행위의 도구이자 방법이 된다. 인간의 영원한 삶을 위해서가 아니라 하나님을 직접 뵙고 숭배하기 위해서 말이다. 죽음은 삶의 종결 방법이 아니라 하나님과의 대면 접촉의 매개 수단이다. 그런 후에야 비로소 인간은 영생을 누린다고 설파된다. 육체는 죽지만 영혼은 살아남아 하나님을 뵙고, 천국에서 영원한 삶을 영위해 나간다.

이처럼 죽음을 종교적으로 표상하는 개념이 '영원'이다. 죽음은 종교적 관점에서 이처럼 영원과 내밀한 관계에 있다. 죽음을 영원의 이미지로 그려 낸 대표적인 사상가는 파스칼이다. 그는 이미 이 책 제1장에서 한 차례 인용했듯이, 『팡세』에서 "이 세상의 삶은 한순간에 불과하며 죽음의 상태는 …… 영원하다"라고 말한다. 그래서 그는 "우리들의 모든 행동과 모든 생각은 이 영원의 상태가 어떠한가에 따라서 전혀 다른 길을 선택하지 않으면 안" 되며, "우리들의 최종 목표가 될 이 점을 바라봄으로써 발걸음을 조절하지 않는다면 정상적인 지각과 판단력을 가진 사람으로서는 한 걸음도 내디딜 수가 없다"라고 주장한다. 경어체로 쓴 편지 형식의 한 단상에서 그의 발언은 계속 이어진다. "그렇지만 영원은 여전히 존재합니다. 그리고 그들은 이 영원의 문을 열어 주는 죽음으로부터 매 순간 위협을 받고 있기 때문에 그들은 어떤 성격의 영원이 그들을 위해서 영원히 준비될 것인지를 모르는 채 잠깐만 지나면 틀림없이, 영원히 무가 되든지 아니면 영원히 불행 속에 빠지든지 할 수밖에 없는 무서운 필연에 직면하게 될 것입니다."⁶⁰ 살면서 죽음, 즉 영원을 염두에 두지 않고 고민하는 삶을 살지 않으면 삶 자체가 영원한 무위 또는 불행으로 전락할 수 있다는 경고의 메시지다. 따라서 언제나 죽음의 위협을 받고 살아가는 우리 삶의 최종 목표는 '죽음'이 아니라 '영원'이 되어야 한다.

---

59 Meister Eckhart, *Meister Eckhart Werke*, vol. 1, p. 101 (= Predigt 8).
60 블레즈 파스칼, 『팡세』, 476쪽.

포이어바흐 또한 죽음과 영원을 묶어 성찰했던 대표적인 사상가다. 그는 죽음과 불멸성을 고찰한 저술에서 모든 시간적인 것은 필멸의 운명을 갖지만 죽음과 같은 영원한 것은 영원히 존재하니, 인간은 죽어서 영원히 살 수 있다는 교지를 시(詩)로 전한다.

죽음과 영원에 대하여: 인간은 영원히 살아간다. 그러니 알아둬라! 인간들이 죽는다는 사실을/모든 시간적인 것은 죽음이다. 그렇다 오직 영원한 것만이 존재한다.//그래 당신은 언젠가는 먼지로 변하겠지, 그렇지만/당신이 고귀하다고 생각했던 그것, 당신이 가장 진심으로 사랑했던 그것은 결코 소멸하지 않는다.//인간의 본질은 인간이 사랑했던 바로 그 대상뿐이다./인간이 어떤 대상을 사랑하지 않는다면, 인간은 지푸라기처럼 공허하다.//당신은 당신의 인격과 살덩이를 삶의 모범으로 영원히 살아가지는 않는다./오직 사랑 속에서만 당신은 죽음을 향해 계속 앞으로 살아간다.[61]

인간은 영원히 살아가기 위해 먼저 죽어야 한다. 이것은 아우구스티누스나 에크하르트가 인간이 신을 영접하기 위해서는 먼저 죽어야 한다며 펼쳤던 논리의 변주처럼 보인다. 영구히 살기 위해서든 하나님을 받아들이기 위해서든 간에, 그러한 목표에 도달하기 위해 가장 먼저 수행해야 할 일은 죽는 것이다. 죽음이 없으면 영원도 천국도 없다. 그 점에서 죽음에 대한 종교적 접근은 대체로 미래의 죽음이 아니라 현재의 삶을 고통이나 악으로 간주하도록 만드는 폐단이 있다. 아니, 미래의 죽음은 오히려 권장되는 경우가 많다. 이러한 폐단은 비단 영문도 모른 채 태어나는 순간 사람을 죄인으로 만들어 버리는 기독교에서만 나타나는 현상이 아니다. 불교에서도 인생을 고해(苦海)로 규정하면서 속세에서 벗어나는 삶을 살도록 권유하고 있으며, 죽으면 열반에 들 뿐만 아니라 또 다른 생명체로 태어난다

---

61 Ludwig Feuerbach, "Gedanken über Tod und Unsterblichkeit", 1830, *Werke in sechs Bänden*, vol. 1, p. 337.

고 가르친다. 그 밖에 이슬람, 유대교, 힌두교, 조로아스터교, 마니교 등 역사상 또는 오늘날 존재하는 거의 모든 종교도 역시 기본 가르침들은 대동소이하다.

이제 죽음에 대한 자연(과학)적 접근을 살펴볼 차례다. 이 범주에 속하는 담론의 특징은 죽음을 자연이나 자연적인 것 또는 자연으로의 회귀 및 원소의 분해 작용으로 간주했다는 점이다. 여기에 속하는 최초의 사상가로 사람들은 흔히 진정한 의미의 최초의 유물론자이자 원자론자라고 할 수 있는 레우키포스와 데모크리토스를 떠올리겠지만, 사실은 그렇지 않다. 오늘날까지 남아 있는 그들의 단편 중에는 그런 발언은 고사하고 그와 유사한 언급조차 발견되지 않는다. 물론, 그들이 생전에는 죽음을 자연이나 원소의 분해로 생각했거나 말했을 수도, 또는 심지어 글로 남겼을지 모르지만 말이다.

레우키포스나 데모크리토스만이 아니다. 죽음을 자연적인 것으로 인식한 최초의 서구 지식인들은 초기 그리스 자연철학자들이나 심지어 자연과학이 무척 발달했던 헬레니즘 시대의 그리스인들이 아니었다. 그것은 뜻밖에도 로마인들, 특히 로마의 스토아철학자들이었다. 먼저 풍부하지는 않지만 그 맹아적인 모습이 키케로에게서부터 나타나기 시작한다. 그는 죽음을 '신과 자연이 준 선물'로 생각했다. 『투스쿨룸 대화』에서 그는 죽음을 맞이하는 태도에 대한 도덕률과 관련해 다음과 같이 말한다.

이제 삶을 떠나야 한다는 통보가 신으로부터 당도할 때에 우리는 즐겁게 감사하며 이에 복종할 것이며, 감옥으로부터 벗어나며 사슬에서 풀려나는 것이라 생각할 것이며, 영원한 거처 혹은 명백히 우리의 거처라고 할 곳으로 이주할 것이며 혹은 어떤 고통의 감각도 갖지 않을 겁니다. 혹은 아무런 통보도 없이 찾아오더라도 다른 사람들에게는 끔찍한 최후의 날을 다만 축복의 날이라 우리는 생각하며, 불멸의 신들이나 만물의 어머니인 자연이 부여한 것으로 결코 불행이 아니라고 생각합시다. 우리는 이렇게나 우연에 의해 씨 뿌려져 태어난 존재가 아닙니다. 이는 우리 인간을 돌보는 어떤 존재가 성취한 일이며, 인간이 모든 고난에서 벗어나면 다시 인간을 죽음이라는 영원한 고통 속에 처박아 버리기 위해 인간을 만들고 키운 것이 아니기 때문입니다. 오히려 그는 우리를 위한 항구 혹은 피난처로 죽음을 만들었다고 생각합시다.[62]

모든 고통으로부터의 해방이자 모든 사람에게 필연적으로 발생하는 일이기에 결코 불행이 아니라고 역설했던 키케로의 죽음에 대한 다양한 문학적 정의가 돋보인다. '신'으로부터 오는 '통보', "감옥으로부터 벗어나며 사슬에서 풀려나는 것", "영원한 …… 우리의 거처", "어떤 고통의 감각도 갖지 않"는 것, 갑작스럽게 찾아오는 "축복의 날", "불멸의 신들이나 만물의 어머니인 자연이 부여한 것", '불행'이나 '우연'이 아닌 행복한 또는 필연적인 사건, "우리를 위한 항구 혹은 피난처" 등이 그것이다. 이 많은 정의 가운데에서도 특별히 "만물의 어머니인 자연이 부여한 것"이라는 문구에 주목해 보자. 내가 조사한 자료에 따르면, 이 문구는 고대 그리스와 로마의 고전 작가들을 통틀어 죽음을 자연적인 현상으로 인식한 최초의 사례다. 물론, 물질인 우리 몸을 구성하는 최소 단위로 원자의 분해나 해체 같은 자연과학적 인식과는 아직 거리가 있지만, 그래도 '신', '하늘', '영혼', '영원' 같은 추상적 개념들로만 죽음을 설명하려던 다른 고대인들과는 분명 차별화된 모습이다.

다음으로 중요한 인물은 에픽테토스다. 역시 내 조사에 따르면, 그는 죽음을 자연과 동일시한 최초의 서구 사상가다. 물론, 그가 이 말을 직접 하지는 않았지만 정황상 그렇다. 『엥케이리디온』(*Encheiridion*)에 기록된 그의 가르침에 귀 기울여 보자.

명심하라. 욕망은 원하는 것의 획득을 추구하고 혐오는 원하지 않는 것

---

62 키케로, 『투스쿨룸 대화』, 139쪽.

의 회피를 추구하며, 원하는 것을 얻지 못하면 불행해지고 원치 않는 것과 만나면 비참해진다. 그러니 만일 자연을 거스르는 것 가운데 네게 달려 있는 것만 피할 수 있으면 원하지 않는 일은 하나도 겪지 않을 것이다. 그러나 병이나 죽음, 가난을 피하려 든다면 비참한 결과를 맞이할 것이다. 그러니 우리에게 달려 있지 않은 모든 것을 피하려 들 것이 아니라 자연을 거스르는 것 중 우리에게 달려 있는 것에 대해서만 회피를 추구하라. 우리에게 달려 있지 않은 것에 대한 욕망은 지금 당장 버려라. 어떤 것이든 우리에게 달려 있지 않은 것을 욕망한다면 너는 불행해질 수밖에 없고 우리에게 달려 있는, 욕망해도 좋은 것마저 얻지 못할 것이다. 오로지 원하는 것의 추구와 원하지 않는 것의 회피에 집중하되, 무리하지 말고 조건부로 이러한 태도를 실행에 옮겨라.[63]

간단히 말해 죽음을 피하려 들지 말고 그 자연을 받아들이라는 교의다. 나에게 속하지 않는 것을 바라는 것은 욕심이 아니라 횡포다. 남에게 민폐를 끼치는 것일 뿐만 아니라 자신에게도 패악질하는 꼴이다. 자신에게 속한 것, 그리고 자연에 어긋나지 않는 것 등 옥석을 가려 추구할 것은 추구하고 버릴 것은 과감히 버리는 생활 태도를 취하지 못한다면 영원히 불행해질 것이다. 그러니 죽음 또한 자연스럽게 받아들여야 한다. 죽음이 곧 자연이기 때문이다. 에픽테토스의 비슷한 가르침은 계속 이어진다.

그 무엇에 대해서건 "잃어버렸다"고 말하지 말고 "돌려주었다"고 말하라. 사랑하는 자식이 죽었는가? "돌려준 것이다." 너의 아내가 죽었는가? "돌려준 것이다." "네 땅을 빼앗겼다고?" 아니, 제자리로 돌아간 것이다. "네 땅을 빼앗은 자는 나쁜 사람이라고?" 너는 제공자가 땅을 제자리로 돌려놓기 위해 이용했을 뿐인 사람한테 왜 신경을 쓰는가? 너한테 자신, 아내, 땅이 있

63　에픽테토스, 『어떻게 자유로워질 것인가?: 불안감에서 벗어나고 싶은 현대인을 위한 고대의 지혜』, 53~54쪽 (= Encheiridion, 2).

다면 마치 여행자들이 임시 숙소를 대하듯 그들을 네 것이 아닌 것으로 대하라.[64]

애초에 나에게 소속된 것은 아무것도 없다. 살면서 획득한 모든 것, 그것은 원래 내 것이 아니라 자연에 속했던 것으로 사용 후에 또는 잠시의 점유 후에 되돌려 주어야 한다. 생명도 마찬가지다. 내 생명이 과연 내 것일까? 세상에 태어나 마치 도서관에서 대출한 책처럼 잠시 빌려 사용하다 원래의 주인인 자연에 반납하는 것이 우리의 생명이다. 따라서 만일 살아날 가망이 전혀 없는 사람에게 연명 치료를 한다는 것은 제때 책을 반납하지 않은 일종의 연체 행위와 다를 바 없다. 얼마가 될지도 모를 막대한 연체료를 물면서까지 읽지도 않을 책을 계속 붙들고 싶은가? 에픽테토스에게서 죽음이란 이처럼 자신의 생명을 자연에 되돌려 주는 행위였다. 따라서 그에게 죽음은 '자연으로의 회귀'를 의미했다.

죽을 시간이 다 되었다면? 왜 "죽는다"고 말하는가? 그것을 비극적인 사건으로 만들지 마라. 다음과 같이, 있는 그대로 말하라. "너를 이루고 있는 재료가 원천 회귀할 시간이야." 보라, 여기에 무슨 끔찍함이 있는가? 그 일로 세계가 잃는 것이 무엇이 있는가? 들어본 적도 없는 굉장하고 이상한 일이라도 일어나는가? 고작 이런 것을 가지고 폭군이 우리를 두려움에 떨게 한단 말인가? 호위병들의 검이 길고 날카롭게 느껴지는 이유가 고작 이런 것 때문이라는 말인가? 이 모든 것을 살펴보고서, 나는 누구도 나에 대한 권한을 갖고 있지 않다는 사실을 깨달았다. 나는 신에 의해 해방되었고, 신의 명령을 알게 되었다. 나를 노예로 둘 힘을 가진 사람은 아무도 없다. 자유를 가져올 수 있는 힘과 옳은 판단을 내릴 수 있는 힘은 내 안에 있다."[65]

---

64 에픽테토스, 『어떻게 자유로워질 것인가?: 불안감에서 벗어나고 싶은 현대인을 위한 고대의 지혜』, 64쪽 (= *Encheiridion*, 11).
65 에픽테토스, 『어떻게 자유로워질 것인가?: 불안감에서 벗어나고 싶은 현대인을 위한 고대의 지혜』, 165~66쪽 (= *Discorses*).

나를 구성하는 육체라는 물질, 대략 60조 세포로 이루어진 나의 몸이 죽으면 종국에는 모두 해체되고 분해된다. 그것은 시신을 화장하든 안 하든 마찬가지다. 에픽테토스의 말이 아니더라도 과학으로 입증된, 아니 누구나 아는 객관적이고 상식적인 사실이다. 그리고 이 사실은 내 몸의, 그리고 내 생명의 원래 주인은 내가 아니라 자연이라는 말과 같다. 그만큼 내가 살다가 죽는 일은 무척 자연스럽고 자연에 합당한 일이다. 개인을 사회적 존재와 자연적 존재로 나누어 보았을 때, 삶을 이어가는 동안은 사회적 존재로 살아가다 죽으면 완전히 자연적 존재로 되돌아가는 것이 바로 인생이다.

에픽테토스와 같은 스토아철학자였던 마르쿠스 아우렐리우스도 똑같은 견해를 피력한다. 그에게 죽음은 자연 현상 그 자체였다. 『명상록』에서 그는 말한다. "만물은 얼마나 빨리 소멸하는가? 육체는 우주 속으로, 기억은 시간 속으로 순식간에 사라지고 만다. …… 우리가 죽음에 대해 진지하게 사색하고 막연히 떠오르는 공포심을 제거한다면, 죽음이란 하나의 자연 현상에 불과하다는 것을 깨닫게 될 것이다. 아니, 오히려 자연의 끝없는 번영과 순환을 위해 반드시 필요한 과정임을 인식하게 될 것이다."[66] 우리의 죽음은 자연 순환에도 절대적으로 도움이 되는 일이기에 환경주의자나 생태주의자라면, 아니 그러한 거창한 이념이 없더라도 죽음을 슬퍼할 이유는 전혀 없다. 오히려 기꺼이 기뻐해야 한다. 죽음은 자연의 이치에 합당한 일이기 때문이다. "탄생과 마찬가지로 죽음 역시 자연의 한 신비"다. "탄생할 때 결합되었던 원소들이 분해되면 그것이 바로 죽음인 것이다. 따라서 삶과 죽음에 관한 어떠한 것도 수치스럽게 생각할 필요가 없다. 왜냐하면 그것은 이성이 부여된 인간의 본질에 어긋난 것이 아니며, 결코 창조의 섭리에도 반하는 것이 아니기 때문이다."[67] 생명이 원소들의 합성이라면 죽음은 그 원소들의 분해다. 그리고 죽는다는 점에서 인간은 누구나 공평하

---

66 마르쿠스 아우렐리우스, 『명상록』, 32~33쪽.
67 마르쿠스 아우렐리우스, 『명상록』, 59쪽.

다. "마케도니아의 알렉산드로스 대왕과 그의 마부도 죽음 앞에서만큼은 공평했다. 그들은 모두 똑같이 우주의 생성 요소로 환원되었거나 원자들 속으로 흩어져 버린 것이다."[68] 유사한 단어들의 반복 같지만, 그래서 죽음은 "이 세상을 구성하는 모든 사물의 원자에로의 분해"로 정의된다.[69]

이처럼 마르쿠스 아우렐리우스는 비슷한 단어들을 나열하면서 죽음을 마치 애초의 사물의 질서로의 회귀를 의미하는 것처럼 말한다. 그에게 죽음이란 한마디로 자연이라는 출발점으로의 복귀 현상이다. 이 경우 탄생이나 죽음은 동일선상에 있다. 즉 출발점이 같다는 것이다. 그 점에서 그의 마지막 일침은 압권이다. "결국 사람의 일이란 얼마나 덧없고 무상한 것인가? 어제만 해도 한 방울의 정액에 불과했던 것이, 내일이면 한 줌의 재로 화하는 경로를 관찰해 보라. 우리는 지상에서의 이 덧없는 순간을 자연에 순응하며 보낸 다음, 순순히 휴식의 상태로 돌아가야 한다. 저 무화과 열매가 자기를 낳고 길러 준 대자연에 감사하며 떨어지듯이."[70]

자연을 경시했던 기독교가 지배하던 중세에는 죽음을 자연적 현상으로 고찰한 문헌이 거의 발견되지 않는다. 관련 문헌은 16세기 또는 17세기에 와서야 비로소 희미하게 등장하기 시작한다. 가령, 존 던은 죽음을 자연의 소멸이 아니라 그 변화로 인식했다.

> 모든 인류는 한 '저자'가 쓴 한 권의 '책'이라 할 수 있다. 한 인간이 죽으면, 하나의 '장'(chapter)이 책에서 찢겨나가는 것이 아니라, 그의 장(章)이 더 나은 언어로 번역되는 것이다. 사람이 죽으면 책의 모든 '장'은 그렇게 번역되어야 한다. 하나님이 고용한 다양한 번역사들은 어떤 내용은 '나이'[老死]로 번역하고, 어떤 내용은 '병'[病死]으로, 어떤 내용은 '전쟁'[戰死]으로, 어떤 내용은 '정의'[義死]로 번역한다. 그러나 하나님의 손길은 모든 번

---

68 마르쿠스 아우렐리우스, 『명상록』, 124쪽.
69 마르쿠스 아우렐리우스, 『명상록』, 158쪽.
70 마르쿠스 아우렐리우스, 『명상록』, 80쪽.

역에 관여하신다. 하나님은 흩어진 낱장들을 모두 다시 묶으시고, 도서관에 비치한 모든 책은 누구나 볼 수 있도록 펼쳐져 있다."[71]

죽음을 소멸이 아니라 '천상 언어로의 번역'으로 정의한 것은 매우 시적(詩的)이다. 비록 '변화'라는 단어는 없지만 죽음이 소멸이 아니라 번역이라는 것은 새롭게 변해 다시 태어난다는 뜻으로 풀이된다. 하나님은 개개인의 죽음을 모두 돌보고 그 죽음들을 엮어 신의 언어로 번역한 뒤에 책으로 편집해 출판한다. 따라서 아무리 하찮아 보이는 사람이나 아무리 별 볼 일 없어 보이는 죽음이라도 기독교적 신의 입장에서는 모두 소중히 다루어져야 할 대상이기에 우리가 삶을 그리고 죽음을 슬퍼할 이유는 전혀 없다.

18~19세기로 오면 죽음에 대한 자연적 접근은 두드러지게 활성화되어 나타난다. 횔덜린은 미완성의 비극 작품 『엠페도클레스의 죽음』에서 '죽음'을 "자신의 원소(元素)로 되돌아가는 것"으로 정의했다.[72] 고대의 로마 사상가들과 다른 점은 죽음을 그냥 자연의 원소로의 회귀가 아니라 각자 자신이 가지고 있던 원소로의 회귀로 명시하고 있다는 것이다. 고대에서 중세를 지나 근대로 오면서 개인주의 이념이 더욱 강해지면서 나타난 결과물로 보인다. 고대 로마인들에게서는 볼 수 없는 또 다른 특이점은 횔덜린이 죽음을 '유기체에서 비유기체로의 변화'로 인식하고 있다는 점이다. 이것은 매우 과학적인 관점이다. 다음 문장을 보자.

> 한가운데에는 개별자의 죽음이 놓여 있다. 다시 말해서 유기적인 것이 자신의 개성을, 극단에 이르게 되었던 자신의 특수한 현존재를 내려놓는 순간이 놓여 있는 것이다. 비유기적인 것은 자신의 보편성을 처음에서처럼 이상적인 혼합 가운데에서가 아니라, 사실적이며 지극히 드높은 투쟁 가운

---

71 존 던, 『인간은 섬이 아니다: 병의 단계마다 드리는 기도』, 177쪽.
72 프리드리히 횔덜린, 『엠페도클레스의 죽음: 한 편의 비극』, 105쪽.

데 내려놓는다. 그러한 내려놓음은 특수한 것이 자신의 극단에 이르러서 차츰 더 자신을 보편화하고 비유기적인 것의 극단에 맞서서 활성화할 때 일어난다. 특수한 것은 중심점에서부터 차츰 더 자신을 떼어내야만 하는 데 반해서, 비유기적인 것은 특수한 것의 극단에 맞서 행동하면서 더욱 더 자신에게 집중하며, 더욱 더 중심을 획득하고 가장 특수한 것이 될 수밖에 없다. 그리고 그 지점에서 비유기적인 것으로 변화된 유기적인 것은 비유기적인 것의 개성을 붙잡고 있는 가운데 자기 자신을 재발견하고 자신에게로 되돌아가는 것처럼 보인다.[73]

고도로 추상적이고 사변적으로 표현된 상당히 난해한 문장이다. 그러나 이 모든 시어는 시칠리아의 에트나 화산의 분화구에 몸을 던져 자살한 엠페도클레스의 죽음을 극적으로 표현하기 위한 장치들로 작가가 말하고자 하는 바는 분명하다. 즉 한 개인이라는 특수성이 자연이라는 보편성으로 변하는 과정이 바로 죽음이라는 것이다. 이것을 횔덜린은 유기체가, 즉 생명이 비유기체로, 즉 시신으로 변화하는 과정이라고 묘사했다. 사물에 대해 유기체적으로 접근했다는 점에서 우리는 그가 낭만주의의 영향을 받았음을 알 수 있다. 이처럼 인간은 개인이라는 특수한 유기체의 영역에서 살다가 결국 죽음이라는 보편적 비유기체의 영역으로 넘어간다.

헤겔도 죽음을 자연적인 현상으로 보려고 시도한 흔적이 보인다. 미학에 관한 강의에서 그는 죽음을 두 가지 의미로 나누어 설명하는데, 하나는 자연의 차원이고 다른 하나는 정신의 차원이다. "죽음은 이중의 의미"를 갖는다. "첫째 죽음은 자연적인 것이 그 스스로 직접 소멸하는 것이다. 그리고 또 하나는 그저 자연적인 것의 죽음은 더 상위의 것, 정신적인 것의 탄생이다."[74] 즉 헤겔은 죽음을 첫째로 자연적인 것의 소멸, 둘째로 정신

---

73 프리드리히 횔덜린, 『엠페도클레스의 죽음: 한 편의 비극』, 225~26쪽 (강조: 횔덜린).
74 Georg Wilhelm Friedrich Hegel, "Vorlesungen über die Ästhetik I", in: Georg Wilhelm Friedrich Hegel, *Werke*, 20 vols., vol. 13, p. 451 (강조: 헤겔).

적인 것의 탄생으로 이해한다. 헤겔에게서 죽음은 일차적으로 물질, 즉 육체의 소멸이지만 그다음 단계로 가면 정신의 탄생이 이루어진다. 지극히 관념철학의 완성자다운 발언이 아닐 수 없다. 사실, 죽음을 영혼도 아니고 그저 순수히 정신적인 것으로 봄으로써 관념론적으로 이해한 사례는 서구 지성사를 통틀어 헤겔이 거의 유일하다. 그는 『논리학』에서 "이 생명의 죽음은 정신의 솟아남이다"라고 말하면서 죽음을 '정신의 분출'로 정의한다.[75] 어쩌면 이것은 죽음에 대한 관념철학적 접근이라는 또 하나의 범주로 분류해 별도로 논의할 수 있을 만한 주제다. 하지만 그러한 사례를 보여 주는 전거는 헤겔의 이 인용문이 유일하다시피 하기에 그러한 시도는 포기하도록 하자. 다시 원래 논의로 돌아가 어쨌든 관념철학자의 입에서 죽음에 대한 자연철학적 발언이 불거져 나왔다는 것은 매우 신기한 일이다. 즉 정신적인 것의 탄생이라는 2차적 의미의 죽음이 그에게 자연스러운 것이었다는 사실보다도, 자연적인 것의 소멸이라는 1차적 의미의 죽음을 유물론적 관점에서 관찰하려 했다는 시도 자체가 그저 놀라울 따름이다.

한편, 노발리스에게서도 죽음에 대한 자연적 접근과 관념론적 접근이 혼합되어 나타난다. 우선 그는 "죽음이란 개체 원리의 변화이자 **축출이다**"(Tod ist Verwandlung — *Verdrängung* des Individualprinzips)"라고 주장하는데,[76] 이때 개체는 노발리스에게서 물질과 정신을 동시에 뜻한다. 그 이유는 그에게 이 둘은 동일했기 때문이다. 이러한 변증법적 사유를 다음 문장이 예증한다. "자연과 영혼 또한 하나다. — 왜냐하면 자연이란 오직 전체의 정신, 실체적 원리로 이해되기 때문이다."[77] 결국 죽음은 그에게 '물질과 정신에서의 원리의 변화'인 셈이다. 심지어 그에게 "영혼", 즉 정신은

---

75 Georg Wilhelm Friedrich Hegel, "Wissenschaft der Logik II", in: Georg Wilhelm Friedrich Hegel, *Werke*, 20 vols., vol. 6, p. 486.

76 Novalis, *Schriften*, vol. 3, p. 259 (= "Das Allgemeine Brouillon", 100) (강조: 노발리스).

77 Novalis, *Schriften*, vol. 3, p. 249 (= "Das Allgemeine Brouillon", 59) (강조: 노발리스).

"(신체) 기관들의 체계"이기에 무기물이 아니라 '유기물'이었다.[78] 한마디로 노발리스에게서는 정신도 물질이자 유기체였고, 물질 또한 영혼이자 정신이었던 셈이다.

그러나 '삶에의 의지'를 강조함으로써 근대 비합리주의 사조와 생철학을 출범시킨 쇼펜하우어에 이르면, 죽음에 대한 자연철학적 접근이 더욱 두드러지게 나타난다. 그에게 죽음이란 물질의 쉼 없는 발산과 방출, 즉 분비 작용이었다.

한편, 물질을 쉬지 않고 발산하고 방출하는 분비 작용은 생식과는 반대로 보다 높은 차원에서 죽음과 같다. 그런데 이 경우 언제나 형태를 유지하는 데 만족하여 방출한 물질을 아까워하지 않듯이, 우리는 매일 시시각각 개별적으로 분비 작용에서 일어나는 것과 같은 일이 죽음의 경우 보다 높은 차원에서 또 전체적으로 일어난다면 같은 방식으로 행동해야 한다. 우리가 분비 작용을 아무렇지 않게 생각하듯, 죽음의 경우에도 겁내어 뒷걸음칠 필요가 없다. 따라서 이런 입장에서 보면 다른 개체를 통해 대체되는 자신의 개체성의 존속을 요구하는 것은 끊임없이 새로운 물질로 대체되는 자신의 신체 물질의 영속을 요구하는 것과 마찬가지로 불합리하게 생각된다. 시신을 방부 처리하는 것도 마치 자신의 배설물을 주도면밀하게 보존하는 것과 마찬가지로 어리석은 일이다.[79]

생식이나 죽음은 크게 보면 모두 물질대사의 과정들이다. 신체 안에서의 각 조직과 세포들 사이의 또는 신체와 외부 물질 사이의 상호 작용이라는 메커니즘을 기준으로, 이 세포와 물질들이 조합을 이루면 생식 또는 삶이 되고 분해되면 바로 노화와 죽음이 온다. 발산이든 분비든 흡수

---

78 Novalis, *Schriften*, vol. 2, p. 577 (= "Vorarbeiten zu verschiedenen Fragmentsammlungen", 235).

79 아르투어 쇼펜하우어, 『의지와 표상으로서의 세계』, 450~51쪽.

든 교환이든 간에, 이 모두는 물질 작용들이다. 그러니 자기 개체성의 존속 또는 영구적 삶을 요구하는 것이나 시신을 방부 처리해 영원히 보존하려는 것은 자연의 원칙에 어긋나는 일인 만큼 절대 해서는 안 된다. 자연스럽게 죽는 일이 바로 현명하게 사는 길이다.

19세기 유물론자였던 포이어바흐에게서도 당연히 죽음에 대한 자연철학적 접근이 나타난다. 주의할 점은 그것이 자연과학적이지 않고 자연철학적이라는 점이다. 그는 죽음을 정신과 자연에 빗대어 다음과 같이 묘사한다. "살아 있는 죽음과 죽어 있는 죽음. 살아 있는 동안에는 정신이 당신을 갉아먹고, 죽어서는 자연이 당신을 갉아먹는다. 정신은 당신의 씨를 갉아먹고, 자연은 당신의 껍질을 갉아먹는다."[80] 정신과 자연을, 즉 관념론과 유물론을 이처럼 인간의 삶과 죽음에 빗대어 멋지게 표현한 문구가 또 있을까 싶다. 살아 있는 동안에는 정신이 우리의 내면과 핵심, 즉 고갱이 또는 씨를 먹어 치운다면, 죽은 뒤엔 자연이 우리에게서 과육과 껍질, 즉 육신을 먹어 치운다. 이처럼 정신과 자연은 우리 인간을 영혼과 육체라는 양면에서 파괴한다. 또한 포이어바흐는 다른 곳에서 죽음을 '자연의 인간 부정'으로 규정했다. "자연은 이제 그 스스로 결정되고 자유 정신, 즉 의지를 통해 움직인다. 이때 이 의지는 당연히 당신의 특별한 의지가 아니다. 그리고 죽음이란 자연이 당신의 참된 의지에 순응하고 대응하기 위해 의지 자체에 의해 규정되고 지정된 자연스러운 인간 부정 외에 아무것도 아니다."[81] 특히 죽음을 정의한 뒷문장이 약간 복잡한 복문으로 되어 있지만 저자가 전달하려는 메시지는 분명하다. 자연이 그 자신의 의지에 맞게 인간을 부정한 것이 바로 죽음이라는 것이다. 여기서 주체는 결코 당신, 즉 우리 인간 자신이 아니라 자연이다. 죽음은 자살로 생을 마감하지 않는 이상 인간의 의지가 아니라 자연이 결정한다. 자연이 더 이상 인간을 용인하지 않고

80　Ludwig Feuerbach, "Anhang: Satirisch theologische Distichen", in: Ludwig Feuerbach, *Sämtliche Werke*, vol. 1, pp. 367~74, 인용은 p. 374.

81　Ludwig Feuerbach, "Gedanken über Tod und Unsterblichkeit", *Sämtliche Werke*, vol. 1, p. 17.

부정할 때 인간은 죽는다. 사물이 의식을 결정한다고 믿은 유물론자다운 사유가 아닐 수 없다.

포이어바흐와 비슷한 시기에 키르케고르도 죽음을 자연적 원소의 분해 작용으로 이해했다. 우선 그는 사람이 죽으면 흙으로 돌아간다는 의미에서 모든 인간을 '흙의 친척들'이라고 명명했다. "만일 그대가 삶의 다양한 길을 따지다가 혼란에 빠지게 된다면, '모든 길이 합쳐지는' 죽음에게로 달려가 보라. …… 거기서는 그대도 삶의 다양성을 지배할 수 있다. 왜냐하면 모두가 '흙의 친척들'인 존재들 사이에는 어떤 차별도 있을 수가 없고, 다만 가까운 가족 관계가 있을 뿐이기 때문이다. 모든 인간이 혈연 관계에 있고, 따라서 하나의 핏줄이라는 이런 삶의 혈연성이 삶에 있어서는 흔히 부정되기가 일쑤이다. 그렇지만 그들은 모두가 한 흙에서 나온 자들이고, 죽음과 인척 관계를 맺고 있으므로, 이런 인척 관계는 부인될 수가 없다."[82] 지구상의 물질이 모두 흙의 가까운 또는 먼 친척들이라는 키르케고르의 발상은 지구를 포함한 우주상의 모든 물질이 미시적 차원에서 보면 서로 연관되어 있고 상호 작용을 한다는, 현대의 천체물리학이나 양자역학에서 주장하는 관점을 선취한다.

마지막으로 19세기에 톨스토이도 죽음을 '물질적인 변화'라는 측면에서 관찰했다. 그의 주장은 이렇다. "죽음, 그것은 우리의 육체적인 변화이다. 가장 커다랗고, 가장 마지막에 일어나는 변화이다. 우리는 자기의 육체적인 변화를 끊임없이 체험해 왔으며, 또한 지금도 겪고 있다. 우리는 원래 핏덩이였다. 그다음에 젖먹이가 되고, 이어 솜털에 머리칼과 이가 나기 시작하고, 그다음엔 그 이가 빠지고 새 이가 나며, 이어서 수염이 나기 시작하고, 마침내 백발이 되고 대머리가 된다. 우리는 이러한 변화들을 두려워하지 않는다. 그런데 어째서 최후의 변화만은 두려워하는가? 이 최후의 변화 뒤에 무슨 일이 일어나는지를 아무도 우리에게 말해 준 사람이 없기 때문이다."[83] 우리가 죽음을 두려워하는 이유는 그것이 신체상의 변화 중

---

82 쇠얀 키에르케고어, 『사랑의 역사(役事)』, 611~12쪽 (강조: 키르케고르).

에 맨 마지막의 변화, 즉 그 뒤에 어떤 일이 벌어질지 전혀 알 수 없는 최종 변화이기 때문이다. 무지는 인간의 공포와 불안의 어머니다.

다음은 죽음에 대한 심리(학)적 접근이다. 가장 먼저 눈에 띄는 것은 죽음을 육체와 영혼의 분리로 보는 주장들이다. 거듭 말하지만 육체와 영혼과의 관계에 대한 논의는 이 책 제3부에서 상술할 것이기에 여기서는 어떤 사상가들이 이 문제를 거론했는지 정도만 간단히 언급하고 넘어가자.

죽음을 육체와 영혼의 분리로 본 최초의 서구 지식인은 초기 그리스 자연철학자 아낙사고라스(Anaxagoras)였다. 그는 한 단편에서 다음과 같이 말했다고 전해진다. "잠은 육체적 피로 때문에 생긴다. 실로 그런 상태는 육체적인 것이지 혼과 관련된 것이 아니다. [육체와 혼의] 분리는 [육체의 죽음일 뿐만 아니라] 혼의 죽음이기도 하다."[84] 육체와 영혼이 분리되는 현상이 곧 죽음이라는 것인데, 문제는 육체의 죽음과 함께 영혼도 죽느냐 하는 점이다. 고대 그리스인들이나 로마인들은 대체로 사람이 죽으면 육체뿐만 아니라 영혼도 죽는다고 생각했다. 이것은 매우 유물론적인 관점이다. 물론, 기독교가 지배하던 중세로 오면 달라지지만 고대에는 이렇게 생각한 사상가가 많았다. 사실, 이러한 담론은 우리 몸안에 영혼이 담겨 있다는 생각이 논의의 출발점을 이룬다. 소크라테스 이전의 그리스 초기 철학자들은 육체를 영혼을 담는 그릇과도 같은 존재로 보았다. 즉 육체는 영혼을 품는 집일 뿐만 아니라 어찌 보면 영혼의 '감옥' 또는 '무덤'이기도 하다.[85] 육체를 영혼의 무덤이라고 표현한 것은 영혼 또한 육체의 죽음과 함께 죽는 것으로 보았기 때문이다.

그러나 소크라테스에 이르면 육체의 죽음 뒤에 영혼은 죽지 않는다는

---

83 똘스또이, 「인생의 길」, 『인생이란 무엇인가 2: 사랑』, 419~20쪽.

84 Anaxagoras' Fragments(인용 출처: 아에티오스, 『학설 모음집』 V. 25. 2. 재인용 출처: 탈레스 외, 『소크라테스 이전 철학자들의 단편 선집』, 533쪽).

85 Platon, *Kratylos*; 플라톤, 김인곤 외 옮김, 『크라튈로스』, 아카넷, 2021, 60쪽 (= *Kratylos*, 400b-400c).

생각, 즉 영혼불멸설이 새롭게 자리 잡기 시작한다. 먼저 그와 그의 제자 플라톤은 죽음을 육체로부터 영혼의 해방이자 분리로 간주했다. "죽음은 바로 혼이 몸에서 분리되는 것이겠지? 또한 죽었다는 것은 몸이 혼에서 분리되어 혼자 있고, 혼이 몸에서 분리되어 혼자 있는 상태겠지? 죽음이 그것 말고 다른 것일 수 있을까?"[86] 그러면서 소크라테스는 죽음을 영혼의 '정화'로 간주했다. "나는 지금 내가 떠나라고 명령받은 여행에 큰 기대를 걸고 있으며, 그 점은 자신의 마음이 준비되어 있다고, 말하자면 정화되어 있다고 믿는 다른 사람도 마찬가지일 걸세."[87] 죽음은 소크라테스에게서 속세에 찌든 육체적 삶에서 영혼이 "마치 족쇄에서 풀려나듯" 해방되어 저승이라는 새로운 세계로 이주하고 여행하는 행위다. 이때 덤으로 영혼은 물질적 삶에서와 달리 몸에서 분리되면서 '정화'를 겪는다. 즉 죽음은 영혼이 육체에서 분리되고 정화되는 과정이다. 흥미로운 점은 분리 자체가 정화라는 것이다. 그렇다는 것은 육체와 더불어 사는 동안에 영혼은 타락해 있다는 것일까? 그렇다. 소크라테스는 죽음과 더불어 영혼이 궁극적으로 정화되고 순화된다고 말한다. 그런 후에 영혼은 계속 살아간다. 이승에서의 삶에서는 결코 경험하지 못하는 새롭고 신비로운 일이 바로 죽음이다.

그러나 에피쿠로스는 다시 영혼이 죽음과 더불어 소멸한다고 생각했다. 이미 앞서 인용한 대로 에피쿠로스는 "죽음이 우리에게 아무것도 아니다'라는 믿음에 익숙해져라. 왜냐하면 모든 좋고 나쁨은 감각에 있는데, 죽으면 감각을 잃게 되기 때문이다"라고 말하는데, 이때 감각의 소멸은 감각을 느끼는 정신과 영혼의 소멸을 의미한다. 에피쿠로스의 죽음 담론을 해석한 한 평자도 이 점을 다음과 같이 정리한다. "1. 죽음은 우리에게 아무것도 아니다. 왜냐하면 2. 죽음은 영혼의 소멸(dissolution)이기 때문이다. 그리고 3. 소멸되는 것은 지각되지 않는다. 그러므로 (명제 2와 3에 의해) 4. 죽음은 지각의 부재다. 5. 지각되지 않는 것은 우리에게 아무것도 아니다. 그

---

86 플라톤, 『소크라테스의 변론/크리톤/파이돈/향연』, 128쪽 (= *Phaidon*, 64c).
87 플라톤, 『소크라테스의 변론/크리톤/파이돈/향연』, 128쪽 (= *Phaidon*, 67c-67d).

리고 (명제 4와 5에 의해) 6. 죽음은 아무것도 아니다. 증명 완료(QED)."[88]

　죽음을 육체와 영혼의 분리 현상으로 보는 담론은 이후 계속 이어진다. 육체의 죽음 이후에 분리된 영혼이 죽든 죽지 않든 말이다. 마르쿠스 아우렐리우스도 죽음을 '육체와 영혼의 이별'로 정의했다. 그는 삶을 "항해"에, 죽음을 "하선"(下船)에 각각 비유했다.[89] 로마 제국 시대의 철학자 플로티노스 역시 같은 생각을 피력했다. "한편 용기가 죽음을 두려워하지 않는 것이라면, 다른 한편 죽음은 영혼을 육체로부터 갈라 세우는 것이다. 그러므로 혼자가 되는 것을 기꺼워하는 영혼은 죽음을 두려워하지 않는다."[90] 플라톤의 신봉자로서 신플라톤주의 철학을 전개한 플로티노스로서는 당연한 발언처럼 보인다.

　중세에도 유사한 담론은 계속 이어진다. 중세 전성기를 대표하는 스콜라 철학자 토마스 아퀴나스(Thomas Aquinas) 역시 죽음을 영혼과 육체의 분리 현상으로 간주했다. "육체로 하여금 살아 있는 것이게끔 하는 것은 영혼이며, 산다(vivere)는 것은 살아 있는 것의 존재하기(esse viventium)이므로, 이로부터 영혼은 인간 육체로 하여금 현실태에 있는 존재(esse actu)를 지니게 만드는 것이 분명하다."[91] 인간이란 질료로서의 육체와 형상으로서의 영혼의 온전한 결합이라고 할 수 있는데, 이 둘의 분리가 죽음이라면 이는 온전한 상태가 아니다. 즉 죽음은 인간 존재의 불완전한 상태를 지칭한다. 중세 말의 철학자 니콜라우스 쿠자누스(Nicolaus Cusanus) 또한 플라톤을 따라 죽음을 육체와 영혼의 분리로 정의했다. "정녕 인간은 육체와 영혼으로 단일하게 존재하는데, 죽음은 이들(육체와 영혼)의 갈라섬을 가리킨다. 그러므로 최대의 인간성 자체는 신적인 위격 안에 존립하기 때문

88　James Warren, *Facing Death: Epicurus and his Critics*, p. 24.
89　마르쿠스 아우렐리우스, 『명상록』, 41~42쪽.
90　Plotinos, *Enneades*; 플로티노스, 조규홍 옮김, 『플로티노스 엔네아데스 선집』, 누멘, 2019, 40쪽 (= *Enneades*, I 6, 6).
91　Thomas Aquinas, *Quaestiones Disputatae de Anima*; 토마스 아퀴나스, 이재룡·이경재 옮김, 『영혼에 관한 토론문제』, 나남, 2013, 30쪽 (강조: 토마스 아퀴나스).

에, 그분에게서 영혼이든 육체든 죽는 순간 공간적인 분리 이후에도—그것 없이는 저 인간이 실체로 서 있을 수 없는 한—신적인 위격으로부터 떨어져 나가는 것은 가능하지 않다."[92] 육체와 영혼의 분리라는 고대 그리스인들의 죽음관에 그 분리의 순간에도 기독교적 하나님 안에서는 최고의 인간성이 온전하게 남을 수 있다는 기독교적 영혼관이 첨가된 꼴이다. 근대 이후의 서구 지성사를 특징짓고 관통하는 헬레니즘(Hellenism)과 헤브라이즘(Hebraism)의 변증법적 종합이 이미 중세 말부터 나타나기 시작했음을 알 수 있다.

그러나 근대에 들어오면 이러한 영혼관에 균열이 생기기 시작한다. 18세기 말에 노발리스는 죽음을 '육체와 영혼의 분리'가 아니라 '영혼과 세계의 단절'로 규정한다. 그의 단편 중 약간 난해한 다음 글귀를 보자. "죽음은 다름 아닌 내부의 자극과 외부의 자극, 즉 영혼과 세계 사이의 교환(Wechsel)의 중단이다. 그 구성원—이 두 개의 영원하고 변화무쌍한 위대함의 생산물—은 육체다. 이 육체는 자극받을 수 있는 것, 즉 더 낫기로는 자극의 매개체다. 육체는 자극의 산물이면서 동시에 자극의 변이(Modificans)이자 영혼과 세계의 기능이다."[93] 영혼과 세계가 상호 작용하면서 만들어진 결과물이 바로 육체다. 죽음과 더불어 육체가 기능을 정지하고 소멸하면서 영혼과 세계 사이의 교류도 멈춘다. 이것은 죽음을 개인적 관점에서 보면 육체와 영혼의 분리일지 모르지만, 사회적 관점에서 보면 한 개인의 영혼과 외부 세계와의 소통의 단절을 의미한다. 그것은 인간과 세계와의 관계의 단절이다.

19세기 프랑스의 대문호 빅토르 위고(Victor Hugo)도 소설 『사형수 최후의 날』에서 죽음을 인간과 세계 사이의 연결의 끊김으로 묘사한다. 위고는 주인공에게 사형이 선고되는 순간을 1인칭 화법으로 다음과 같이 묘사

---

92 Nicolaus Cusanus, *De docta ignoratia*, 1440; 니콜라우스 쿠자누스, 조규홍 옮김, 『박학한 무지』, 지식을만드는지식, 2013, 377~78쪽.

93 Novalis, *Schriften*, vol. 3, p. 315 (= "Das Allgemeine Brouillon", 399) (강조: 노발리스).

한다. "사형이 언도되기 직전까지만 해도 나는 숨을 쉬고, 맥박이 뛰고, 다른 사람들과 같은 환경 속에서 살고 있다는 것을 느꼈다. 그런데 지금 나는 사람들과 나 사이에 칸막이 같은 것이 있다는 것을 뚜렷이 느꼈다. 그 어느 것도 조금 전과 같은 모습으로 보이지 않았다. 빛이 가득한 커다란 창들, 아름다운 태양, 맑은 하늘, 예쁜 꽃, 이 모든 것이 수의처럼 희고 창백했다. 내가 지나가는 길 위로 밀려드는 사람들과 어린이들마저 유령처럼 보였다."[94] 이것은 곧 사형이 선고되자마자 내 영혼이 죽었음을 암시한 문학적 표현이다. 죽으면 내 안의 모든 것이 바깥 세계와 불연속의 관계에 놓인다. 이른바 격절(隔絶)이 일어나는 것이다. 그런 후에 위고는 사형 선고를 받고 죽게 될 주인공의 딸의 입을 통해 죽음을 육체와 영혼의 분리라고 규정한다. 자기 딸과의 면회에서 자신이 친부임을 속이고 주인공이 딸과 대화하는 장면을 보자.

> 나는 다시 말을 했다. "마리! 너 아빠 있니?" "예, 아저씨." "그래. 어디 있는데?" 그녀는 놀라 눈을 더욱 크게 떴다. "아! 모르시는군요? 아빠는 죽었어요." 더욱이 그녀가 큰 소리로 말했기 때문에 나는 그녀를 떨어뜨릴 뻔했다. "죽었다고! 마리, 죽는다는 게 뭔지 아니?" "예, 아저씨. 아빠는 땅속에, 그리고 하늘나라에 있어요."[95]

물론, 평범한 관점이지만 위고는 죽음 이후에 육체와 영혼이 기거하는 장소까지 지정한다. 육체는 시신이 되어 땅속에 묻히고 영혼은 하늘로 올라간다는 것이다. 여기서 죽음이란 땅속에 묻히는 육체와 하늘로 올라가는 영혼이 분리되는 현상이다.

한편, 보들레르는 죽음을 '영혼의 승화'로 묘사한다. 앞서 시어들만으로

---

94 Victor Hugo, *Le dernier jour d'un condamné*, Paris: Librio, 2002; 빅토르 위고, 한택수 옮김, 『사형수 최후의 날』, 지식을만드는지식, 2008, 28쪽.
95 빅토르 위고, 『사형수 최후의 날』, 128~29쪽.

예시를 든 「연인들의 죽음」이라는 시를 보자.

우리는 갖게 될, 가벼운 향기 가득한 침대,/무덤처럼 깊숙한 긴 의자를,/그리고 선반에는 더 아름다운 하늘 아래/우리를 위해 피어난 기이한 꽃들 있으리,//우리의 가슴은 다투어 마지막 불꽃을 태우는/두 개의 거대한 횃불이 되어,/우리들의 정신, 쌍둥이 거울 속에/두 개의 빛을 비추리.//신비한 푸르름과 장밋빛으로 빛나는 어느 날 저녁/우린 진기한 빛을 서로서로 주고받으리,/긴 흐느낌처럼 이별을 아쉬워하며;//후에 한 「천사」 문을 방긋이 열고 들어와,/기뻐하며 살뜰히, 흐려진 거울과/사윈 불꽃을 되살려내리."⁹⁶

죽음은 소멸이 아니기에 슬퍼할 이유가 없다. 죽음은 어쩌면 물질세계에서 정신세계로의 이동에 불과할지 모른다. 왜냐하면 두 연인은 '횃불', 즉 영혼으로 되살아나고 있기 때문이다. 두 연인의 죽음은 두 영혼의 승화로 묘사된다.

톨스토이에 이르면, 죽음은 이제 완연히 '영혼의 표현'으로 거듭난다. "인간의 일생은 아침에 눈을 떠서 밤에 눈을 감을 때까지의 하루의 생활과 꼭 같다. …… 벼락이 칠 때는 이미 방전이 끝난 것이며, 따라서 벼락이 생명을 빼앗을 수 없다는 것을 우리는 안다. 그럼에도 불구하고 우리는 늘 벼락에 겁을 내고 떤다. 죽음의 경우도 이와 같다. 인생의 의의를 깨닫지 못한 인간은 죽음과 동시에 모든 것이 사라지는 것처럼 여긴다. 그래서 그는 죽음을 두려워하며 이미 떨어진 벼락이 절대로 나를 죽이지 못함에도 불구하고, 어리석은 사람이 그 벼락에서 몸을 숨기는 것처럼 죽음으로부터 달아나 숨으려 노력하는 것이다. …… 죽음, 그것은 우리의 영혼과 이어져 있는 것의 또 다른 표현이다. 이 표현과 그 안에 들어 있는 것을 혼동해서는 안 된다."⁹⁷ 우리의 삶은 이처럼 육체의 죽음과 함께 끝나지 않고

---

96 샤를 보들레르, 『악의 꽃』, 319쪽.
97 똘스또이, 「인생의 길」, 『인생이란 무엇인가 2: 사랑』, 404~05쪽.

영혼을 통해 계속된다. 그래서 죽음은 영혼의 표현이다. 그러나 그 역은 성립하지 않는다. 즉 죽음은 영혼의 표현일 뿐, 영혼이 죽음은 아니다. 죽음은 영혼이 아니라 영혼의 한 표현에 불과하다.

죽음을 공포, 불안, 두려움 등 인간 심리의 차원에서 다룬 경우도 죽음에 대한 심리(학)적 접근에 들어간다. 이 담론은 크게 다시 (1) 죽음이 공포를 낳는다고 주장하는 평서문형 담론과 (2) 죽음이 두렵지만 두려워할 필요가 없다거나 두려워하지 말라는 충고 또는 조언하는 담론으로 나뉜다. (2)의 담론이 대부분을 차지하지만 그렇다고 (1)의 담론이 없는 것은 아니다. 먼저 (1)에 해당하는 대표적인 인물이 헤겔이다. 그는 죽음이 두렵다고 직설적으로 표현한 거의 유일한 서구 지식인이다. "죽음이란, 만일 우리가 저 비현실성을 이렇게 부르고자 한다면, 가장 두려울 만한 것이다. 그리고 죽은 것을 꽉 붙잡는다는 것은 가장 커다란 힘이 요구하는 어떤 것이다."[98] 그다음 인물로는 루크레티우스를 들 수 있는데, 그는 "죽음에 대한 공포 때문에 삶에 대한, 그리고 빛을 보는 것에 대한 미움이 인간들을 사로잡는다"라고 말하면서 죽음의 공포가 결국 삶을 미워하도록 만든다고 주장한다.[99] 일견 타당한 주장이라고 생각한다. 마음이 불안하거나 무엇을 무서워하는데 어떻게 삶이 즐거울 수 있겠는가!

(1)의 범주에 드는 또 한 사람이 중세 초의 철학자 보에티우스(Boethius)다. 그는 생명체의 자기 보존 욕구는 영혼의 의지 작용이 아니라 대자연의 원리이며, 따라서 자기 보존의 중지인 죽음을 두려워하는 것은 자연적 원리에 따른 것이라고 주장한다. "지금 우리는 인식하는 혼의 의지 작용에 대해서 말하는 것이 아니고 자연의 의도에 대해서 논하고 있다. 곧 섭취한 음식물을 아무 생각 없이 소화시킨다든가, 잠잘 때 무의식 중이지만 숨을 쉬는 것과 같은 것이니 동물들에게 있어 자기 보존 욕망은 혼의 의

---

98 Georg Wilhelm Friedrich Hegel, *Phänomenologie des Geistes*, in: Georg Wilhelm Friedrich Hegel, *Werke*, 20 vols., vol. 3, p. 36.
99 루크레티우스, 『사물의 본성에 관하여』, 198쪽.

지 작용이 아니라 대자연의 원리에 의한 것이다. 그러나 압박된 여건에서는 자연이 기피하는 죽음을 의지가 가끔 받아들이기도 하고, 또 죽어 없어질 사물들이 거기에 종속되어 있고, 자연이 끊임없이 욕구하는 생식 작용도 때로는 의지로써 제약되는 것이다. 그러므로 자기 보존의 욕망은 생물의 지식 작용에서 오는 것이 아니라 대자연의 의도에서 출발하는 것이다."[100] 죽음을 두려워하는 것은 대자연의 이치라는 것이다.

(1)의 범주에 드는 마지막 인물로 존 던을 들 수 있다. 그는 죽음에 대한 공포나 불안의 제거는 신에 대한 기만이라고 말한다. "내가 병의 악화를 두려워하지 않는다고 말한다면 나는 자연을 기만하는 것이고, 내가 죽음을 두려워하지 않는다고 말한다면 나는 하나님을 기만하는 것이 된다."[101] 죽음을 두려워하는 것은 자연스러운 일이다. 죽음을 두려워하지 않는 것이야말로 비인간적이자 비자연적인 태도다. 따라서 죽음에 대한 공포는 곧 신에 대한 올바른 태도의 표현이다.

죽음에 대한 두려움의 실체가 무엇인지를 파고든 사색들도 '죽음의 공포' 담론의 첫 번째 범주에 들어간다. 가령, 세네카는 우리가 두려워하는 것은 죽음이 아니라 죽음에 관한 생각이라고 주장한다. 그는 루킬리우스에게 쓴 한 편지에서 다음과 같이 말한다. "우리가 자신이 두려워하는 원인을 찾아본다면, 실제로 그런 것과 다만 그렇게 보이기만 하는 것이 있다는 것을 발견할 것이네. 우리가 두려워하는 것은 죽음이 아니라 죽음이라는 생각이네. 실제로 우리는 죽음에서 항상 같은 거리를 유지하고 있네. 그러므로 죽음을 두려워해야 한다면 항상 두려워해야 하는 거지."[102] 참으로 가슴에 와닿는 명구가 아닐 수 없다. 에픽테토스도 이와 유사한 어조로 사람을 힘들게 하는 것은 어떤 일 자체가 아니라 그 일에 대한 생각이

---

100 Boethius, *De Consolatione Philosophiae*, 524; 보에티우스, 정의채 옮김, 『철학의 위안』, 바오로딸, 2017, 133~34쪽 (= *De Consolatione Philosophiae*, III, 산문 11).
101 존 던, 『인간은 섬이 아니다: 병의 단계마다 드리는 기도』, 60쪽.
102 세네카, 『세네카 인생론』, 433~34쪽 (= 루킬리우스에게 보내는 도덕 편지 30).

라고 역설한다. "사람을 힘들게 하는 원인은 어떤 것 자체가 아니라 그에 대한 생각이다. …… 죽음이 두렵다는 생각이 두려운 것이다."[103] 톨스토이 또한 죽음에 대한 공포의 원인이 결국 내 자신임을 강조한다. "만약 죽음이 두렵다면 그 원인은 죽음 그 자체에 있는 것이 아니라 우리들 자신에게 있는 것이다. 우리가 보다 나은 사람이 됨에 따라서 죽음은 차츰 두렵지 않게 된다. 성인(聖人)에게는 죽음이란 있을 수 없다."[104]

서구 지식인들 대부분은 그동안 죽음을 두려워할 이유가 없으니 무서워하지 말라고 조언해 왔다. 그 선봉장은 소크라테스다. 그의 주장에 따르면, 철학자는 죽음을 두려워하지 않는 자이자 죽는 것을 직업으로 삼는 자이다. 왜냐하면 철학자는 몸이 아니라 혼을 돌보는 사람이기 때문이다. 플라톤의 『파이돈』에서 소크라테스와 심미아스(Simmias of Thebes)의 대화를 들어 보자.

"혼이 그렇게 몸에서 풀려나고 분리되는 것, 바로 그것을 죽음이라고 하지 않는가?" "그렇고말고요." "그리고 혼을 풀려나게 하려는 사람들은 주로 또는 전적으로 진정한 철학자이며, 철학자들의 관심사는 혼이 몸에서 풀려나고 분리되는 것, 바로 그것일세. 그렇지 않은가?" "그런 것 같아요." "그렇다면 첫머리에서 말했듯이, 생전에 최대한 죽음에 가까운 상태로 살아가도록 자신을 준비시키는 사람이 죽음이 다가온다고 화를 낸다면 우스꽝스럽지 않겠나?" "우스꽝스럽겠지요. 왜 아니겠어요?" 그분께서 말씀하셨어요. "그렇다면 심미아스, 진정한 철학자는 사실은 죽는 것을 직업으로 삼으니, 모든 사람 중에서 죽음을 가장 덜 두려워할 것이네."[105]

---

103 에픽테토스, 『어떻게 자유로워질 것인가?: 불안감에서 벗어나고 싶은 현대인을 위한 고대의 지혜』, 58쪽 (= *Encheiridion*, 5).
104 톨스또이, 「인생의 길」, 『인생이란 무엇인가 2: 사랑』, 409쪽.
105 플라톤, 『소크라테스의 변론/크리톤/파이돈/향연』, 135쪽 (= *Phaidon*, 67d-67e).

소크라테스의 이 발언은 이후 서구 지성사의 기본 노선을 결정한다. 소크라테스 철학의 영향력이 컸던 만큼 그 파급력은 실로 막강했다. 서구 지식인들 대부분이 죽음을 두려워하지 말라는 주장을 반복해 펼쳐 왔기 때문이다. 에피쿠로스, 루크레티우스, 세네카, 에픽테토스, 디오게네스 (Diogenes of Sinope), 플로티노스, 마이스터 에크하르트, 몽테뉴, 파스칼, 쇼펜하우어, 톨스토이 등이 바로 그들이다. 여기서 특이한 사례 한두 경우만 더 짚고 넘어가자. 먼저 세네카는 죽음을 두려워해서도 안 되지만 너무 희구해서도 안 된다고 말한다. 그는 루킬리우스에게 보내는 한 편지에서 에피쿠로스의 가르침을 따라 다음과 같이 적고 있다.

에피쿠로스는 죽음을 두려워하는 사람들 못지않게, 죽음을 희구하는 사람들을 꾸짖고 있네. "인생에 지쳐 죽음을 향해 달리는 것은 어리석은 일이다. 자신이 살아온 삶이 죽음을 향해 달리지 않으면 안 되도록 만들었으니까." 또 다른 대목에서는, "죽음을 구하는 것만큼 어리석은 일이 또 있을까? 인생이 불안해진 것은 죽음을 두려워했기 때문이니까"라고 말했네. 그리고 이 말에 다음과 같은 말을 덧붙여도 좋을 걸세. 인간의 부족한 사려, 아니 그보다 광기는 무서운 것이어서, 죽음을 두려워한 나머지 죽음으로 내몰리는 사람들이 있네. 이 말들의 어느 한 가지라도 음미한다면, 자네는 마음을 굳게 먹고 죽음도 삶도 견딜 수 있게 될 것이네. 실제로 그 양쪽으로 향하게 하는 충고와 격려가 우리에게는 필요하며, 우리는 인생을 너무 사랑해서도 너무 미워해서도 안 되네.[106]

파스칼도 죽음의 공포에 대해 다음과 같은 가르침을 준다. "이 무한한 우주의 영원한 침묵이 나로 하여금 공포를 느끼게 한다."[107] 그에게는 죽음이 아니라 우주가 공포라는 것이다. 무한하면서도 고요한 우주가 죽음보다

---

106 세네카, 『세네카 인생론』, 421쪽 (= 루킬리우스에게 보내는 도덕 편지 24).
107 블레즈 파스칼, 『팡세』, 148쪽.

더 공포스럽다는 이야기다. 또한 그는 위험과 죽음의 변증법적 관계를 다음과 같이 풀어낸다. "위험을 느끼지 않을 때는 죽음을 두려워하고 위험을 느낄 때는 죽음을 두려워하지 말 것. 왜냐하면 인간은 그래야만 하기 때문이다."[108] 인간이 위험과 죽음을 동시에 두려워해서는 안 된다는 주장의 논거는 아마도 인간이 느끼는 공포의 총량이 있기 때문이 아닐까? 마치 우주에 존재하는 에너지의 총량이 일정하다는 '열역학 제1법칙'처럼 우리 인간도 평생의 삶에서 느끼는 불안과 공포의 총량이 일정했으면 좋겠다. 불안과 공포를 느낄 때도 감정의 에너지가 소모되니 말이다. 하여튼 지나친 공포, 너무 많은 대상에 대한 공포는 인간을 피폐하게 만들 뿐이다. 그러면서 파스칼은 우리가 진정으로 두려워해야 할 대상은 '급사'(急死)라고 말한다. "단 한 가지 두려워해야 할 것이 있다면, 그것은 갑작스러운 죽음이다. 그렇기 때문에 대귀족들의 집에는 고해 신부들이 머물고 있다."[109] 우리가 급사를 두려워해야 하는 이유는 그것이 준비되지 않은 죽음이기 때문일 것이다. 인간은 언제 죽을지 모르기 때문에 릴케의 말처럼 언제나 죽음에 대비하면서 살아가야 할지 모른다.

죽음에 대한 심리(학)적 접근의 다음 담론은 죽음을 잠이나 밤 또는 꿈 등에 비유한 경우다. 이 담론을 여기에 포함한 이유는 간단하다. 죽음을 잠이나 밤 또는 꿈에 비유한 것은 논리적 이유가 아니라 심리적 이유에서 비롯되었기 때문이다. 잠은 죽음의 예행 연습인 듯하다. 숙면은 죽음이라는 대규모 오페라의 리허설 정도라고나 할까. 가수(假睡) 상태는 생사를 넘나드는 과정을 더욱 현장감 있게 느껴 보는 실험극일지 모른다. 인간은 잠을 통해 비로소 죽음의 참맛을 간접적으로 체험한다. 따라서 수면을 줄이는 것은 죽음으로부터 멀어지고자 하는 몸부림이며, 습관적으로 잠을 즐겨하는 태만은 죽음을 좀 더 친숙하게 만들고자 하는 열망일 수 있다.

프랑스 작가 미셸 슈나이더(Michel Schneider)에 따르면, "고대 그리스인

---

108 블레즈 파스칼, 『팡세』, 378쪽.
109 블레즈 파스칼, 『팡세』, 610~11쪽.

들은 죽음을 '잠의 누이', '밤의 딸'이라고 불렀다. 죽음은 한솥밥을 먹는 가족 같은 존재였다. 그들은 죽음을 소박하고 친근하고 사랑스럽기까지 한 것으로 여겼다."[110] 죽음을 잠이나 밤 또는 꿈에 비유한 서구 지식인들은 무수히 많다. 먼저 헤라클레이토스는 죽음과 잠의 유사성을 다음과 같이 묘사한다. "죽음은 우리가 깨어난 뒤에 보는 것들이고, 자고 있을 때 보는 것들은 잠(hypnos)이다."[111] 우리는 깨어 있을 때 죽음을 보고, 자고 있을 때 꿈을 본다는 뜻이다. 한편, 소크라테스는 앞서 인용한 대로 죽음을 '꿈 없는 잠'에 비유해 죽음에는 이득이 많다고 보았다. 키케로는 잠을 '죽음의 모방물'이라고 생각했으며,[112] 존 던은 '죽음의 그림자'로 불렀다.[113] 또한 노발리스는 앞서 인용한 대로 죽음을 '영원한 밤' 또는 '영원한 잠'으로 묘사했으며, 쇼펜하우어 역시 죽음을 "덧없는 꿈"에 비유했다. 쇼펜하우어는 다음과 같이 말한다. "지구는 회전하여 낮에서 밤이 되고 개체는 죽음을 맞이한다. 그러나 태양 자체는 쉬지 않고 영원한 낮을 불태우고 있다. 삶에의 의지에서 삶은 확실하고, 삶의 형식은 끝없는 현재다. 아무튼 이념의 현상인 개체들이 시간 속에서 생성 소멸하는 것은 덧없는 꿈에 비유할 수 있다."[114] 우주적 관점에서 죽음은 덧없는 꿈에 불과하다는 것이다. 보들레르 역시 하인리히 하이네처럼 「하루의 끝」(La Fin de la Journée)이라는 시에서 낮이 삶을, '밤'이 죽음을 상징하는 것처럼 노래했다.[115] 톨스토이도 잠과 죽음의 유사성을 다음과 같이 설명한다.

---

110 Michel Schneider, *Morts Imaginaires*, Paris: Édition Grasset & Fasquelle, 2003; 미셸 슈나이더, 이주영 옮김, 『죽음을 그리다: 세계 지성들의 빛나는 삶과 죽음』, 아고라, 2006, 29쪽.

111 Heracleitos' Fragments(인용 출처: 알렉산드리아의 클레멘스, 『학설집』, III. 21. 재인용 출처: 탈레스 외, 『소크라테스 이전 철학자들의 단편 선집』, 261쪽).

112 키케로, 『투스쿨룸 대화』, 105쪽.

113 김선향, 『존 던의 연가: 그 사랑의 해법』, 17쪽.

114 아르투어 쇼펜하우어, 『의지와 표상으로서의 세계』, 456쪽.

115 샤를 보들레르, 『악의 꽃』, 322쪽.

우리가 육체의 죽음과 함께 파괴될 것이라고 두려워하는 그 특별한 '자아'는 시간과 공간을 초월한 기초 위에 있다. 내가 기억할 수 있는 모든 의식과 기억으로 알 수 있는 생활 이전의 의식(플라톤이 말하고 있듯이, 또 우리들 모두 느끼고 있듯이)이 결합하는 것은 외부 세계에 대해 시간·공간 밖에 있는 이 기초 위에서 성립된 나의 특별한 관계에 있다. 그러나 기억해야 할 것은 여러 가지 의식을 하나로 결합하는 각자의 특별한 '자아'를 형성하는 것이 시간 밖에 있다는 것, 이것은 언제나 있었고 또 지금도 있으며, 파괴할 수 있는 것은 특정한 시간 동안 의식의 연결에 지나지 않는 것, 이 두 가지이다. 이것을 이해하기만 하면, 육체의 죽음에 따르는, 다시 말해 시간적으로 마지막으로 의식을 파괴하는 것은 참된 사람으로서의 '자아'를 조금밖에 파괴할 수 없으며, 마치 매일 수면을 취하는 것과 같다는 것이 곧 명료하게 될 것이다. 자는 것을 두려워하는 사람은 없다. 우리가 잠을 깊이 잘 때에는 죽음에 즈음하여 일어나는 것과 같은 시간적인 의식의 멈춤이 일어남에도, 아무도 자는 것을 두려워하는 사람은 없다. 수면 때 의식이 멈추는 것은 죽음에서와 같은데도, 사람은 자는 것을 두려워하지 않는다. 자는 것을 두려워하지 않는다는 것은 그가 전에 자다가 깨어났으므로, 또 깨어날 것이라는 결론에 이르렀기 때문이 아니고, …… 자기의 참된 '자아'가 시간 밖에서 살고 있음을 알고 있고, 시간적으로 그의 몸에 나타나는 의식의 멈춤이 생명을 침범하지 못한다는 것을 알기 때문이다."[116]

잠과 죽음이 어떻게 이만큼 똑같을 수 있는지를 감탄하면서 성찰하고 나면 죽음을 두려워할 이유는 완전히 사라진다. 죽음을 열심히 두려워할 시간에 자신의 삶을 성실히 살아가는 것이 현명한 일이다. 마지막으로 신지학(Theosophy)이라는 새로운 신비주의 종교 또는 연구 분야를 개척한 인물로 평가받는 19세기 러시아 출신의 여성 사상가 헬레나 블라바츠키

---

116 Leo Tolstoy, *What Is to Be Done?*, 1886; 톨스토이, 「어떻게 살 것인가」, 톨스토이, 『인생이란 무엇인가 2: 사랑』, 474~688쪽, 인용은 575쪽.

(Helena Blavatsky) 역시 「죽음이란 무엇인가」라는 짤막한 글에서 죽음이 고대 이집트인들이나 그리스인들 또는 힌두교도들이 생각했던 것처럼 단지 "우리가 매일 밤 경험하는 것보다 더 긴 잠"일 뿐이라고 역설한다.[117]

죽음에 대한 심리(학)적 접근의 마지막 주제는 사랑(eros)과 죽음(thanatos)의 친화성이다. 사실, 이 주제는 다음 장(章)에서 프로이트의 죽음관을 다룰 때 더 자세히 살펴볼 예정이지만, 고대부터 19세기 전반기까지 전통 시대의 서구 지식인들에게서도 일부 나타나기에 여기서 잠깐 언급하고 넘어가자. 그 선봉에 미켈란젤로(Michelangelo Buonarroti)가 있다. 그는 다음과 같은 기록을 남겼다. "죽음과 사랑은 선한 사람을 하늘로 짊어지는 두 날개다."[118] 사랑과 죽음이 선한 사람을 하늘에서 데려가 품어주는 두 날개라는 의미인데, 사랑과 죽음이 선한 사람의 천상에서의 삶을 지탱하는 두 기둥이라는 뜻으로도 풀이된다. 그 둘은 그만큼 최고로 가치 있는 행위다.

존 던 역시 자신의 수많은 시에서 사랑과 죽음을 병렬시키면서 그 둘이 동일선상에서 사유될 수 있는 주제임을 암시한다. 가령, 그의 시 「황홀」을 보자. "그러니 우리 육체로 돌아가자, 그리하여/연약한 자들이 계시된 사랑을 보도록./사랑의 신비는 영혼 속에 자라지만,/그러나 육체는 사랑의 교과서요,/그리하여 만일 우리와 같은, 어느 연인이,/이 하나인 대화를 들었다면,/우리를 계속 주목하게 하라, 그는 보게 되리라,/우리가 육체로 돌아갔을 때에도 별 변화가 없음을."[119] 존 던의 거의 모든 시에는 이처럼 '사랑'과 '죽음'이 교차해 나타나고 있음을 알 수 있다. 그만큼 이 시인의 머릿속을 사랑과 죽음이 꽉 채우고 있다는 뜻이리라.

19세기에 포이어바흐도 사랑과 죽음이 하나라는 교리를 내세운다. "너

117　Helena Blavatsky, "What is Death?", A Pamphlet Distributed by the United Lodge of Theosophists, New York/Los Angeles, 2002, pp. 1~6 인용은 p. 3.

118　Michelangelo Quotes, https://www.michelangelo-gallery.com/quotes.aspx (검색일: 2021년 10월 31일).

119　존 던, 『사랑하는 사람이여』, 72쪽.

는 오직 한 번 순수한 나, 단순한 자신이 된다. 온전한 너 자신 혼자만을 위한 순간은 단 한 번뿐이다. 그 순간은 바로 비존재의, 죽음의 순간이다. 그래서 죽음은 한 개인 안에서 사랑의 계시가 된다. 왜냐하면 죽음은 오직 너 자신만을 위한 존재의 계시이기 때문이다. 너 자신만을 위한 존재는 죽음 안에서 스스로 등장한다. 그러나 이 자신이 고립의 순간에는 죽고 무(無)가 되어 없기에, 즉 이 자신이 대상을 갖지 않기를 바라는 그 순간에 스스로 존재하지 않기에, 죽음은 바로 사랑의 계시다. 그것도 네가 오직 그 대상 안에서, 그리고 그 대상과 함께 존재할 수 있다는 계시 말이다."[120] 여기서 죽음은 사랑의 최고 계시이고, 반대로 사랑은 죽음을 나타내는 최상의 표현이다. 이 글이 쓰인 시점을 대략 1830년대로 잡았을 때, 포이어바흐는 약 3세대 뒤에 가서야 겨우 등장하는 담론을 미리 선취하고 있는 셈이다. 바로 사랑과 죽음이 상반된 듯 보이지만 무의식의 차원에서는 궁극적으로 하나로 통한다는 프로이트의 사상 말이다.

이제 죽음에 대한 불가지론적 입장을 편 사상들에 대해 살펴보자. 이런 종류의 사상들이 많지는 않다. 먼저 파스칼은 예수 그리스도를 떠나서는 인간이 삶이나 죽음을 전혀 알 수 없다고 말한다. "우리들은 예수 그리스도를 통해서만 하느님을 알고, 우리 자신을 안다. 예수 그리스도를 통해서만 우리들은 삶과 죽음을 이해한다. 우리들은 예수 그리스도를 떠나서는 우리의 삶이 무엇인지 죽음이 무엇인지, 하나님이 무엇인지 우리 자신이 무엇인지를 알지 못한다. 그와 마찬가지로 예수 그리스도만을 목적으로 삼고 있는 성서가 없다면, 우리들은 아무것도 알 수 없다. 하나님의 본성과 자신의 본성 속에서 어둠과 혼란만을 보게 될 뿐이다."[121] 이것은 기독교 문명권의 서구 지식인들이 지식 또는 인식에 대해 보이는 전형적인 태도라

120　Ludwig Feuerbach, "Gedanken über Tod und Unsterblichkeit", *Sämtliche Werke*, vol. 1, p. 19.
121　블레즈 파스칼, 『팡세』, 18쪽.

고 할 수 있다. 하나님을 통하지 않고 우리가 알 수 있는 것은 없고 죽음 이전의 삶조차도 신을 통하지 않고는 알 수 없다는 식의 이러한 주장들은 근대의 과학적 또는 합리적 태도와는 거리가 멀고 단지 종교적이거나 신학적 입장만을 대변하고 있을 뿐이다.

더 나아가 파스칼은 내가 죽는다는 사실은 알지만, 죽음 그 자체는 가장 알 수 없는 대상이라며 한탄한다. "나는 머지않아 틀림없이 죽게 될 것이라는 것이 내가 알고 있는 전부이다. 그렇지만 내가 가장 알 수 없는 것은 내가 피할 수 없는 이 죽음 그 자체이다. 나는 내가 어디로부터 왔는지를 알지 못하듯이 또한 어디로 가고 있는지를 모른다. 나는 다만 이 세상에서 벗어나게 되면 영원히 허무 속에 빠지게 되거나, 아니면 성난 신의 품속으로 떨어지게 된다는 것만을 알고 있을 뿐, 이 두 가지 조건들 중에서 어떤 조건을 영원히 분배받게 될 것인지를 알지 못한다. 이것이 바로 연약함과 불확실로 가득 차 있는 나의 상태이다."[122] 이것은 비단 파스칼이라는 한 개인에게만 국한된 발언은 아닐 것이다. 인간 모두가 그렇다. '기독교적 하나님 품속으로 떨어지게 된다는 것만을 알고 있을 뿐'이라는 특정 종교의 선입견이라는 베일만 제거하고 본다면, 누구나 수긍할 만한 말이다. 내가 죽음을 알지 못하는 일차적 이유는 언제 어떻게 죽을지 전혀 알 수 없다는 불확실성 때문이다. 그러나 내가 죽음을 알지 못하는 궁극적 이유는 우주 속 내 존재의 근원과 의미 등을 알 수 없기 때문이다. 내 존재의 의미를 알 수 없는 한, 내 존재의 소멸로서 나의 죽음 또한 알 길이 없다. 즉 죽음의 몰이해성, 무개념성은 존재의 무의미성, 무가치성으로부터 솟아 나온다.

위고도 우리가 죽음을 알지 못하기 때문에 죽음이 무엇인지 차라리 죽음에게 물어보자고 제안한다. 앞서 인용했던 소설 『사형수 최후의 날』에서 그는 사형 선고를 받은 주인공의 독백 형식을 빌려 다음과 같이 말한다. "자, 그러니! 죽음에 대해 용기를 갖고, 이 끔찍한 생각을 두 손으로 움켜

---

122 블레즈 파스칼, 『팡세』, 470쪽.

쥐자. 그리고 그것을 정면으로 바라보자. 죽음에게 죽음이 무엇인지 물어보고, 무엇을 원하는지 알아보자. 그것을 온갖 방향으로 굴려서 수수께끼를 하나씩 풀고, 미리 그것의 무덤을 살펴보자."[123] 오죽 답답했으면 죽음에게 죽음이 무엇인지 물었을까? 죽음을 마치 생명체, 유기체로 가정했기에 가능한 일이다.

톨스토이는 이제 이해는 고사하고 상상조차 할 수 없는 대상이 죽음이라고 포효한다. 그의 주장은 이렇다. "육체의 죽음에 즈음하여 이루어지는 삶의 변화라는 본질은 사람의 지혜로는 알 수 없는 법이다. 우리는 때때로 죽음이란 것을 어딘가로 이주하는 것처럼 상상하려고 한다. 그러나 이런 상상은 아무 의미도 없다. 죽음을 상상하는 것은 신을 상상하는 것이 불가능한 것과 마찬가지로 불가능하다. 죽음에 대해서 우리가 알 수 있는 것은 죽음이란 것도 신에게서 발생하는 온갖 사실 또는 현상과 마찬가지로 선하다는 사실뿐이다."[124] 톨스토이는 죽음에 대한 상상이 불가능할 뿐만 아니라 무의미하다고 말한다. 그러나 그는 죽음은 신이 하는 일이니 선할 것이라는, 비기독교도인들이라면 선뜻 동의할 수 없는 주장으로 마무리한다. 종교가 없거나 무신론을 지지하는 많은 독자는 죽음이 신이 하는 일이라는 주장에도 동의하지 않겠지만, 신이 하는 일이라면 모두 선할 것이라는 억측에는 더더욱 동의하지 않을 것이다. 죽음은 종교를 떠나 그저 자연스러운 일이다. 자연의 일에 선악이 있을 수 있을까? 자연은 진위, 선악, 미추 등 우주 속의 한낱 미물에 불과한 우리 인간들이나 가질 법한 가치와는 전혀 무관하게 작동한다. 자연이나 역사의 과정에는 그 어떠한 목적도 없다. 이것을 눈치챘던 것일까? 결국 톨스토이도 죽음을 삶에 대한 인식의 단절로 정의한다. "죽음은 자신이 현재 살고 있는 삶의 인식에 대한 단절이다. 이 삶의 인식이 단절되는 모습, 이것을 나는 죽어가는 사람들에게서 본다. 그러나 이미 인식한 일이나 현상은 어떻게 되는 것일까? 나는

---

123 빅토르 위고, 『사형수 최후의 날』, 120쪽.
124 톨스또이, 「인생의 길」, 『인생이란 무엇인가 2: 사랑』, 423쪽.

그것을 모른다. 또한 알 수도 없다."[125] 경험될 수 있는 삶과 달리, 경험될 수 없는 죽음은 그만큼 불가해한 현상이다.

그다음은 죽음에 대한 정치적 접근이다. 비록 그 양이 많지는 않지만 죽음을 세상이나 인간의 지배자 또는 권력자로 본 담론들이 이 범주에 속한다. 여기에 속하는 가장 유명한 문구는 아마도 19세기 초 프랑스의 실증주의 철학자이자 사회학의 창시자로 잘 알려진 오귀스트 콩트(Auguste Comte)의 다음 명제일 것이다. "죽은 자들이 산 자들을 지배한다"(Les morts gouvernent les vivants; the Dead govern the Living).[126] 라틴어로 표현하면 "mortui vivos regunt" 또는 "mortui vivos dominantur" 정도가 될 터인데, 사실 전통적으로 내려온 라틴어의 유사한 문구로 "죽은 자들이 산 자들을 가르친다"(Mortui vivos docent)가 있다. 주로 의학, 특히 해부학 분야에서 해부용 시신이 의대생들을 가르친다는 의미에서 자주 사용되어 왔던 문구인데, 콩트는 아마도 이 문구를 패러디한 듯하다.

죽음이 세상을 지배한다는 담론의 최초 주창자는 사실 세네카다. 그는 루킬리우스에게 보낸 한 편지에서 다음과 같이 쓰고 있다.

> 죽음에 대한 세상의 평판은 좋지 않네. 그러나 죽음을 비난하는 사람들 가운데 그것을 경험한 사람은 아무도 없네. 그렇게 알지도 못하는 것을 단죄하는 것은 무분별한 짓이네. 한편으로 자네도 알다시피, 죽음은 얼마나 많은 사람을 구해주고, 얼마나 많은 사람을 고통과 가난과 슬픔과 처벌과 권태에서 자유롭게 해 주는 것인가. 죽음이 우리의 지배하에 있을 때, 우리는 그 어떤 것에도 지배받는 일이 없다네.[127]

---

125 똘스또이, 「인생의 길」, 『인생이란 무엇인가 2: 사랑』, 421쪽.
126 Auguste Comte, *Système de politique positive ou Traité de sociologie, instituant la religion de l'humanité*, 4 vols., Paris: Carilian-Gœury et V. Dalmont, 1851-1854; (trans.) John Henry Bridges, *System of Positive Polity*, 4 vols., New York: Burt Franklin, 1973, Repr. of the 1875 ed., vol. II, p. 381.

여기서 죽음은 세상 만물의 지배자로 떠오른다. 심지어 우주의 승리자라는 뉘앙스마저 풍긴다. 왜냐하면 죽음을 이길 생명체는 없기 때문이다. 따라서 죽음을 극복하고 지배할 수만 있다면 우주 최고의 절대지존으로 거듭날 것이다. 그런 불멸의 존재가 바로 신밖에 없다는 점이 우리를 슬프게 한다.

19세기에 키르케고르도 비록 세네카와 동일하지는 않지만 상당히 유사한 주장을 펼친다. 그는 『사랑의 역사(役事)』에서 "어떤 사상가도 삶을 죽음만큼은 지배할 수가 없다. 모든 착각을 철저히 음미할 뿐만 아니라, 착각을 분석적으로 그리고 또 종합적으로 음미하는 이 위대한 사상가인 죽음은 모든 착각을 밑바닥까지 따지고 음미한다"라고 말한다.[128] 종교를 떠난 세속적 관점에서 보자면, 죽음을 이길 삶은 없다. 죽음은 삶에서 잘못된 부분 또는 삶이 가진 착각 등을 교정하고 수정해 줌으로써 삶의 방향을 바로잡아 준다. 그래서 죽음은 삶의 위대한 사상가, 분석가, 통찰자, 교정자다. 삶이 힘들거든 머릿속에 그려진 자기 죽음을 앞질러 참조하면 된다.

이제 마지막 범주인 죽음에 대한 사회적 접근을 살펴볼 차례다. 모든 사람이 죽는다는 점에서 죽음은 만인을 평등하게 하는 '사회적 균형자'(social equilibrator) 또는 '사회적 수평자'(social leveler)라고 할 수 있다. 이 관점을 주창한 가장 대표적 인물이 보에티우스다. 그는 『철학의 위안』에서 시(詩)로써 다음과 같이 읊조린다.

오오, 불손한 자들아!/어찌하여 죽음의 멍에에서/목을 빼려고 헛수고를 하느냐./설사 명성이 먼 나라 백성들에게 전파되고/그들의 화제에 오르더라도/빛나는 지위로 가문의 명예를 떨칠지라도/죽음은 높은 영광도 멸시하고/죽음은 귀천을 함께 덮치고/상하를 가리지 않네./만고의 충신이었던/파

---

127 세네카, 『세네카 인생론』, 580~81쪽 (= 루킬리우스에게 보내는 도덕 편지 91).
128 쇠얀 키에르케고어, 『사랑의 역사(役事)』, 611쪽.

브리키우스의 백골은/지금 어디에 묻혀 있으며/브루투스와 준엄한 카토는/지금 무엇이 되었느냐?/가련한 명성은 공허한 이름만을/몇 자 기록해 놓았을 뿐이로구나./가령 그들을 장식한 찬사를 안다고 해서/없는 그들을 아는 것이 될까./너희는 완전히 망각된 채 누워 있을 것이니/명성도 너희를 알리지는 못하리라./또한 너희는 스러질 이름의 빛으로/더 오래 사는 줄 믿고 있지만/그것도 때가 오면 너희에게서 사라지리니/또 다른 죽음이 남았을 뿐이다.[129]

죽음은 명성을 하찮은 것으로 만든다. 정치적 권력의 유무, 사회적 지위의 고하, 경제적 빈부의 차이를 막론하고 모든 사람은 죽는다. 이 죽음의 보편성이 바로 모든 인간을 공평하고 평등하게 만든다. 또한 보에티우스는 죽음과 더불어 명성이 사라지는 것을 또 다른 죽음, 즉 제2의 죽음이 닥쳐온 것이라고 표현한다. 인간은 육체적 죽음에서 한 번 죽고, 사회적 명성의 상실과 함께 또 한 번 죽는다. 이렇게 인간은 두 번 죽는데, 이 두 번째 죽음이 바로 '사회적 죽음'이다.

헤겔과 쇼펜하우어에게서도 죽음의 보편성과 형평성 담론이 발견된다. 먼저 헤겔은 '죽음'이 "보편적인 자유의 유일한 작업과 행위"라고 말한다. "보편적 자유의 유일한 작업과 행위는 그래서 죽음이다. 그것도 그 어떠한 내적인 규모와 충족을 갖지 않는 하나의 죽음 말이다. 왜냐하면 부정되는 것은 완전하고 자유로운 자신의 충족되지 않은 지점이기 때문이다. 그 지점은 그러니까 가장 차가우면서도 가장 평평한 죽음이다."[130] 인간은 평범한 죽음 속에서 보편적 자유를 획득한다. 헤겔은 이처럼 누구나 죽는다는 죽음의 보편성이 자유를 매개로 확립된다고 보았다. 헤겔의 적대자 쇼펜하우어 역시 비슷한 주장을 펼친다. 그는 죽음을 통해 인간이 자신의 의식이 다른 사람의 의식과 다르지 않음을 확인한다고 말한다. "사물 자체로

---

129 보에티우스, 『철학의 위안』, 81~83쪽 (= *De Consolatione Philosophiae*, II, 시 7).
130 Georg Wilhelm Friedrich Hegel, *Phänomenologie des Geistes*, p. 436.

서 인간은 모든 것에서 현상하는 의지이며, 죽음은 그의 의식이 다른 것의 의식과 다르다는 착각을 없애 버린다. 이것이 영속이다. 인간이 죽음에서 면제되는 것은 그가 사물 자체가 됨으로써만 가능한데, 그 죽음의 면제는 현상에는 여타의 외부 세계의 영속과 일치한다."[131] 죽음은 하나의 개체의 특성이 다른 개체의 특성과 다르지 않다는 점을 보여 주는 현상이다. 죽음이 모든 인간에게 보편적이고 일반적인 현상이기에 그렇다. 죽음은 모든 인간을 균등화, 균질화한다. 사회적 균형자로서의 죽음 담론은 이처럼 자연스럽게 죽음의 보편성 담론으로 넘어가는데, 이 주제에 대해서는 나중에 개인(개체)의 죽음과 인류(보편)의 죽음의 관계를 논할 때 다시 상술될 것이다.

---

131 아르투어 쇼펜하우어, 『의지와 표상으로서의 세계』, 458쪽.

제6장

체험될 수 없는 금기: 현대 세계의 죽음관

대략 1840년대 태어난 서구 지식인들이 활발히 활동했던 시기는 서양에서 제국주의가 펼쳐졌던 19세기 말이었다. 또한 20세기의 문턱에 와 있었던 이때는 현대 문명의 이기들이 대부분 출현하는 데 큰 역할을 한 제2차 산업혁명이 본격적으로 전개되었던 시기이기도 하다. 한마디로 실질적인 현대화가 이루어지면서 삶의 방식이나 내용들도 많이 바뀌기 시작했으며, 이러한 변화와 더불어 학문, 사상, 예술, 철학, 문학 등 지식인들의 지적 생산물의 내용과 분위기도 달라지기 시작했다. 당연히 이 시기의 서구 지식인들의 죽음 담론도 예외가 아니다. 즉 시기적으로 1870~80년대부터 현재까지의 서구 지식인들이 생산한 지적 작품들에서의 죽음 담론은 앞 장에서 다루었던 전통 시대의 그것과 여러모로 다른 양상을 보여 준다. 물론, 연속된 부분들이 전혀 없는 것은 아니지만 그 담론의 내용이나 형식, 사유 방식 등에서 사뭇 달라진 모습이 드러난다. 심지어 연속된 부분들이라 하더라도 사유의 방향이나 깊이 등에서 차이를 보여 준다. 이른바 현대적인 죽음 담론이 펼쳐지기 시작한 것이다. 그 선봉에 니체가 있다. 현대 포스트모더니즘의 직접적 선조로 추앙받는 그를 이 장, 즉 현대 서구 지식인들의 죽음 담론의 출발점으로 삼은 것은 여러모로 의미 있고 상징하는 바가 크다. 그 뒤를 이어 프로이트, 셸러, 프루스트, 토마스 만, 릴케, 헤세, 야스퍼스, 카프카, 에른스트 블로흐, 하이데거, 벤야민, 엘리아스, 장켈레비치, 사르트르, 오이겐 핑크, 에마뉘엘 레비나스(Emmanuel Levinas) 등 이루 헤아릴 수 없이 많은 현대적 죽음 담론의 대가가 줄지어 나온다. 이들이 보여 주는 사유의 깊이나 내용, 규모 등은 그 이전 시기 사상가들의 그것과는 차원을 달리한다고 할 수 있다. 이러한 차별성의 배후에 당연히 '산업화'와 '근대화'로 통칭되는 수많은 정치적·경제적·사회적·문화적 차원에서의 변화들이 자리 잡고 있음은 물론이다. 그 출발점은 산업혁명과 프랑스혁명이었지만 그로부터 촉발된 변화의 양상들이 만개한 것은 당연히 19세기 중반 이후부터였다.

이들 현대적 죽음 담론에서 드러나는 특징들을 본격적으로 살펴보기 전에 전체적인 변화 양상을 개괄적으로 잠깐 언급하는 것도 매우 의미 있는 일이라고 생각한다. 그것들을 열거하면 다음과 같다. 첫째, 죽음에 대한 사유가 점점 더 추상화되고 사변화되기 시작한다. 즉 죽음을 점점 더 난해하고 복잡하게 사유하고 풀어냈다는 것이다. 어차피 전통 시대나 현대의 사상가들이 죽음을 경험하고 담론을 펼쳤던 것이 아님은 동일하다. 하지만 죽음이 보편화되어 있었고 주변 사람들의 죽음을 쉽게 접하면서 간접 체험할 수 있었던 전통 시대의 죽음 담론은 대부분 그들의 절절함이나 생생함이 느껴질 만큼 이해하기 쉽고 공감할 만한 부분이 많다는 특징을 갖고 있다. 죽음을 간접 체험한 양이 풍부하다 보니 가능한 일이었을 것이다. 그러한 경험에서 나온 생각이 더욱 현장감 있을 가능성이 크기 때문이다. 하지만 19세기 말이 되면서부터 세균학, 면역학, 의학, 생리학 등이 발전하기 시작하고 보건 위생의 수단이나 정책 및 관념까지 등장하고 확산하면서 인간의 수명은 눈에 띄게 증대되기 시작했다. 요컨대, 현대로 올수록 죽음은 인간에게서 점점 더 멀어져 갔던 것이다. 간접 경험할 기회조차 점차 사라지면서 현대인들은 죽음을 밀어내거나 부정하거나 금기시하기 시작했다. 이른바 '죽음의 소외 현상'이 펼쳐진 것이다. 이에 따라 죽음 담론도 자연스럽게 체험적이거나 현실적이기보다는 관념적이거나 추상적으로 흘러갔다.

둘째, 이 시기의 죽음 담론은 이전 시기와 비교해 거의 비교 자체가 불가능할 정도로 다양하고 복잡한 양상으로 전개된다. 일정한 방향을 잡거나 앞 장에서처럼 몇 개의 범주로 분류하거나 체계화할 수 있을 만한 수준이 아니다. 한마디로 일목요연하게 정리하는 것이 불가능할 정도로 현란하고 화려하게 전개되었던 것이다. 나쁘게 표현하면 중구난방에다 갈피를 잡을 수 없을 정도로 산만하고 복잡하다. 현대의 죽음 담론이 이런 양상으로 전개된 이유는 아마도 앞의 첫 번째 특징을 설명하면서 제시한 이유와 무관하지 않다고 생각한다. 즉 죽음의 경험의 불가능성 또는 죽어가는 과정의 체험 공유의 불가능성을 인지한 이들 서구 지식인들은 죽음을 알 수 없는 현상, 신비롭거나 우리 또는 나 자신과는 무관한 사건으로 간주했다. 심지어 프로이트가 지적했듯이, 나는 죽지 않을 것이라는, 설령 죽더라도 지금 당장은 아닐 것이라는 무의식과 잠재의식에서의 죽음 밀어내기도 널리 퍼지기 시작했다. 그러다 보니 이들은 고도로 추상적이거나 때로는 도저히 납득할 수 없는 난해하고 복잡한 용어로 죽음을 이야기했다. 따라서 이들 담론 전체를 몇 개의 일관된 방향으로 교통 정리하는 작업은 매우 어려울 수밖에 없다.

셋째, 죽음학(Thanatology)의 가능성이 열리기 시작했다. 19세기에 등장한 다양한 새로운 학문과 마찬가지로 이제 죽음 담론은 학문으로 발전할 수 있을 정도로 풍부해지고 다채로워졌다. 그 대표적인 인물이 앞 장에서 다루었던 포이어바흐를 필두로 20세기 초에 활동했던 독일의 철학자 셸러다. 그는 죽음의 현상학, 죽음의 인식론, 죽음의 자연철학, 죽음의 심리학, 죽음의 사회학, 죽음의 윤리학, 죽음의 형이상학 등 7개의 범주로 나누어 '죽음 철학'을 전개했다. 그 밖에 장켈레비치, 핑크, 퀴블러-로스, 셸리 케이건 등이 이 범주에 포함해 논의할 수 있는 인물들이다. 정신과 의사였던 퀴블러-로스를 제외하면, 이들 모두는 철학자다. 비록 죽음학이 이처럼 철학의 한 분과로 등장했던 것은 사실이지만, 오늘날에는 철학을 위시해 의학, 심리학, 민속학, 문화인류학, 종교학, 예술 등 여러 학문 분야와의 협업 또는 학제 간 연구 등을 통해 복잡하게 전개되면서 대표적인 종합 학문으로 성장하는 중이다. 역사학 분야로 확대하면 죽음에 대한 태도를 역사적으로 깊이 있게 추적함으로써 이른바 '죽음의 심성사(心性史)'를 개척한 프랑스 역사가 아리에스 정도가 그들과 어깨를 견줄 수 있을 것이다.

이러한 특징들 때문에 이 장에서 다루어질 현대의 죽음 담론은 기존과는 다른 방식으로 접근되어야 하고, 그러다 보면 논의의 방향이나 체계도 다르게 이루어질 수밖에 없다. 먼저 논의의 대상들이 몇 개의 범주로 나누어질 수 있는 성질의 것들이 아니기 때문에 엄청나게 나열식으로 전개될 것이다. 그렇다고 분류 체계나 기준이 아예 없는 것은 아니다. 작업 기준과 순서는 다음과 같다. 먼저 현대의 서구 지식인들이 쏟아 낸 죽음 관련 담론을 모두 끌어모아 수집한 다음, 그것들을 일정한 성향이나 특징으로 해석 및 분석해 크게 부정적인 성격의 것들과 긍정적인 성격의 것들로 나눌 것이다. 그런 다음에 먼저 부정적인 성향으로 분류된 죽음 담론을 살펴본 이후, 이어서 긍정적인 특징으로 분류된 것들을 살펴나갈 것이다. 부정적인 것들로는 죽음의 무화성(無化性) 및 부재성(不在性), 허무성, 무의미성 및 부조리성, 부정성(否定性), 우연성, 파괴성 및 폭력성, 비극성, 절망성, 시간성, 종결성 및 미완성성, 불가피성 및 불가역성, 모호성 또는 예외성 및 신비성, 외설성, 타자성 및 소외성, 냉정성 및 잔혹성, 무생물성 및 무기체성 또는 비인간성 등이 있으며, 긍정적인 것들로는 죽음의 창조성, 영원성 및 구원성, 행복성, 평화성, 매력성 및 흡인성, 혁명성, 초월성, 총체성, 완성성 및 성숙성, 현실성 및 확실성 등이 있다. 그 밖에 중립적인 성향의 담론들이 있다. 예컨대, 죽음의 시의성(時宜性), 신성성(神性性), 이성성(理性性), 편재성(遍在性), 무면성(無面性), 주체성 및 개체성(개인성), (비)실존성, 남성성 및 여성성, 이상향성(유토피아성), 유희성, 수동성, 화학성 등이 바로 그것들이다. 따라서 앞 장에서 선보였던 철학적·자연적·심리적·종교적·정치적·사회적 접근 같은 주제별 방법과 범주는 이 장에서는 더 이상 활용될 수 없다. 마지막으로 셸러를 비롯한 몇몇 지식인에게서 볼 수 있는 '죽음학'의 가능성도 잠깐 타진하고 이 장을 끝낼 것이다.

현대의 죽음 사상에서 두드러진 부정적 성향은 죽음을 무(無)로 보는 죽음의 무화성 및 부재성 담론이다. 우리가 앞서 전통 시대의 죽음 담론에서, 특히 에피쿠로스를 통해 보았던 '죽음은 아무것도 아니다'라는 생각과 여기서의 '죽음은 무(無)다'라거나 '죽음은 없다'라는 생각, 그리고 곧이어 살펴볼 '죽음의 부정성' 담론에서의 '죽음을 없다고 생각한다' 등은 모두 비슷해 보이지만 사실은 모두 다르다. '죽음은 아무것도 아니다'는 죽음을 두려워할 필요가 없다는 점을 철학적 논리로 풀어낸 것이고, 여기서의 '죽음은 무다' 또는 '죽음은 없다'라는 주장은 말 그대로 죽음이 존재하지 않는다는 것이며, '죽음을 없다고 생각한다'라는 발언도 죽음 자체를 부정하는 것이다. 특히 이 셋 가운데 앞의 두 담론은 죽음을 두려워할 필요가 없다는 논리가 배후에 있느냐와 없느냐로 차이가 나며, 뒤의 두 담론은 죽음을 순수하게 '없다'라고 또는 '없는 것'이라는 물리적 실체로 보느냐, 아니면 죽음의 존재나 관념 자체를 '없다'라고 부정하느냐로 갈린다.

'죽음이란 없다'라고 본 대표적인 인물은 셸러다. 그는 무엇보다 현대인들에게 죽음이 더 이상 없다고 보았다. "바로 이 현대인이 죽음을 염두에 두면 둘수록, 그리고 죽음에 맞서서 수도 없이 자신을 보호하려고 하면 할수록, 죽음은 결코 현대인에게 명확하게 존재하지 않는다. 현대인은 죽음에 '직면하여' 살아가지 않는다. 죽음의 부재—이것은 여기서 확실히 일종의 현대적 인간 유형의 부정적 의식 환상이다."[132] 셸러가 보기에 현대인들이 회피하거나 맞서 싸우려 하는 죽음의 실체는 존재하지 않는다. 바쁘게 살아가는 현대인들의 삶 속에서 죽음이 차지할 자리는 없다. 즉 자기 생활 안에 죽음이 없는 것이다. 그러나 실제로 없지는 않기에 죽음이 없다고 보는 것은 환상에 지나지 않는다. 그래서 현대인들은 무의식적으로 끊임없이 죽음을 부정하면서 살아간다.

---

[132] Max Scheler, "Tod und Fortleben", in: Max Scheler, *Gesammelte Werke*, vol. 10: Schriften aus dem Nachlass, vol. 1: "Zur Ethik und Erkenntnistheorie", Bonn: Bouvier, 2000, pp. 9~64, 인용은 p. 30 (강조: 셸러).

프랑스의 철학자 장켈레비치도 죽음을 '무', 즉 '없는 것' 또는 '없음'으로 보았다. 그는 1966년에 발표한 『죽음』에서 다음과 같이 말한다. "진실로 죽음에 대한 사유는 몽롱한 사유다. 더 낫기로 그것은 대부분 유사 사유(Pseudo-Denken)다. …… 죽음은 거의 사유(思惟)될 수 없다. …… 무(Nichts)에 대한 생각은 무효한 생각(ein nichtiges Denken)이다. …… 죽음은 바로 이 무(無)다."[133] 이 주장 안에는 죽음을 두려워할 필요가 없다는 염려도 숨어 있지 않고 '죽음을 없다고 생각한다'라는 식의 부정(否定)의 논리도 읽히지 않는다. 그저 죽음은 순수하게 '무'이고 '없음'이라는 것이다. 그래서 죽음을 생각한다는 것은 없는 것을 생각한다는 것이며, 그것은 곧 유효하지 않은 사유가 된다. 무의식적으로 밀어내거나 부정하는 것과 무관하게 죽음은 그저 없는 것이다.

한편, 장켈레비치와 거의 동시대를 살았던 사르트르는 죽음을 '무화'(無化)로 보았다. 즉 '없다'거나 '없음'이 아니라 '없게 하는 것'이라는 것이다. 그는 1943년에 발표한 『존재와 무』에서 다음과 같이 주장한다.

> 태풍이 어떤 생물의 죽음을 불러일으킬 수 있다 하더라도, 그 죽음은 그 것이 그런 것으로서 '체험되지'(est vécue) 않는 한 파괴는 아닐 것이다. 파괴가 있기 위해서는 먼저 인간과 존재의 어떤 관계, 다시 말하면 하나의 초월이 있어야 한다. 그리고 이 관계의 범위 안에서, 인간이 '하나의' 존재를, 파괴될 수 있는 것으로 파악해야 한다. 그것은 존재 안에서 하나의 존재를 한정적으로 잘라내는 것을 전제로 한다. 그것은, 앞에서 우리가 진리에 대해 살펴본 것처럼, 이미 무화(néantisation)이다. 그 존재는 '그것'(cela)이고, 그것 이외의 '아무것도 아니다'(rien).[134]

---

133 Vladimir Jankélévitch, *La Mort*, Paris: Flammarion, 1966; (trans.) Brigitta Restorff, *Der Tod*, Frankfurt a. M.: Suhrkamp, 2005, pp. 54~56.
134 장 폴 사르트르, 『존재와 무』, 54쪽.

물론, 굳이 따지자면 '없는 것'(Nichts)과 '없게 만드는 것'(Nichtigkeit)은 그 의미가 서로 다르다. 그러나 이 둘은 품사가 명사라는 점에서 형식에서 같고 내용도 많이 공유한다. 둘 다 '없음'을 지향하기 때문이다. 하지만 그 둘은 '없다'(nicht sein)라는 뜻의 동사와는 아예 차원을 달리한다. 명사가 상태라면 동사는 행위이기 때문이다. 죽음을 정지 상태에서 바라보는 것과 움직이는 동작의 관점에서 보는 것은 다를 수밖에 없다. 그래서 계열상 이 둘은 비록 '죽음의 무화성'으로 묶이지만, 후자는 특별히 '죽음의 부정성' 또는 '죽음의 부재성'이라는 범주로 구별된다. 이에 대해서는 바로 뒤이어 별도로 논의될 것이다.

죽음을 무로 본 사상가 한 사람을 더 보자면 레비나스다. 리투아니아의 유대인으로 태어나 1920년대에 프랑스와 독일에서 철학을 공부하고 프랑스 시민권을 취득한 이후, 줄곧 프랑스에서 활동했던 그는 죽기 2년 전인 1993년 출판한 『신, 죽음 그리고 시간』에서 죽음을 다음과 같이 정의한다. "죽음, 그것은 되돌릴 수 없는 것이다. …… 죽음의 **부정적 특성**(무화, anéantissement)은 증오나 살해의 욕망 속에 새겨진다. …… 죽음에는 변형이 아니라 무화가, 존재의 종말이 있다."[135] 모두 철학 용어인 '무화'로 번역되었지만, 사르트르가 사용한 'néantisation'이 단순히 '없게 만든다'라는 뜻을 갖고 있다면, 레비나스가 쓴 'anéantissement'은 '소멸 또는 파괴함으로써 없애 버린다'라는 좀 더 폭력적인 뜻을 담고 있다. '없음', '없게 만듦', '없애 버림'은 모두 비슷하지만 약간씩 다른 뉘앙스를 풍기는 단어들이다. 중요한 것은 죽음이 '원래 있던 존재를 없게 만든다'라는 뜻이라는 점이다.

죽음이 '무' 또는 '무화'라면 죽음은 결국 허무하다는 생각으로 이어진다. '죽음의 허무성'은 죽음의 두 번째 부정적 담론이다. 어쩌면 이것은 '삶의 무상성(無常性)'의 필연적 결과물일지도 모른다. 에스파냐의 철학자 우

---

135 Emmanuel Levinas, *Dieu, la Mort et le Temps*, Paris: Grasset, 1993; 에마뉘엘 레비나스, 김도형 외 옮김, 『신, 죽음 그리고 시간』, 그린비, 2018, 18~20쪽 (강조: 레비나스).

나무노는 죽음 자체를 허무하다고 보았다기보다 죽음에 대해 사색하고 고뇌하는 행위 자체가 쓸데없는 짓이라고 생각했다. "우리가 아무리 죽는다는 생각에 고뇌를 한다 하더라도 그것은 다 부질없는 짓이다. 왜냐하면 죽는다는 사실은 하나의 확고한 현실로 나타나기 때문이다."[136] 프루스트 역시 죽은 이에 대한 기억조차 사라질 때, 이 허무한 상황이 자아의 진정한 죽음을 초래한다고 말했다. 즉 우리가 지금 사랑하는 사람들이 언젠가 죽어 사라질 것이라는 사실을 생각하는 것도 끔찍하지만 더 이상 그 사람들을 잃었다는 상실감조차 느끼지 못할 때가 찾아온다는 사실을 깨닫는 것은 더 끔찍하다는 것이다. 바로 그것이 "우리 자아가 진정한 의미에서 맞이하는 죽음"을 뜻하기 때문이다. 이러한 죽음 이후에 "다른 자아로서의 부활"이 뒤따른다는 사실은 그다지 위안이 되지 못한다. 새로운 자아로 맞이할 삶 또는 사랑은 "결국 죽을 운명인 현존하는 자아의 손길이 닿지 않는 곳"에 있을 것이기 때문이다.[137] 한 인간이 이처럼 살다가 죽어가는 과정이, 그리고 그 삶 속에서의 사랑이나 사랑했던 사람과의 기억이나 추억조차 죽음으로 사라져 간다는 사실이 허망하고 허무하기 그지없다. 그 점에서 죽음은 그 자체로 허무 그 이상도 그 이하도 아닐지 모른다.

세 번째 부정적 성향은 '죽음의 무의미성'이다. 이 관점은 보기에 따라 무목적성, 무관심성, 더 나아가 부조리성으로 넓혀 이해할 수 있다. 자료 조사의 결과에 따르면, 상당히 많은 현대 서구 지식인이 이 담론을 전개했음이 드러난다. 가장 먼저 눈에 띄는 사람은 프로이트다. 그는 1936년 슈테판 츠바이크(Stefan Zweig)에게 보낸 한 편지에서 이렇게 썼다. "죽음을 준비하는 일은 의미의 부재를 준비하는 것이다." 죽음이란 이처럼 무의미의 세계로 들어가는 일이다. 프로이트는 1938년에 또 이렇게 말했다. "세상에 아무 목적이 없는 행위는 죽음밖에 없다." 그러면서 그는 죽음을 '무관심한 것'으로 표현했다.[138] 죽음에 대한 이들 정의는 무의미성, 무목적성,

---

136 미겔 데 우나무노, 『삶의 비극적 감정』, 93쪽.
137 Marcel Proust, *Remembrance of Things Past*, vol. 1, p. 751.

무관심성으로 요약된다. 한편으로 생각해 보면 죽음이 무의미한 것이라는 정의가 과연 무슨 의미가 있을까 싶다. 삶이 의미를 만들어 가는 과정이라는 점을 인정하려면 죽음 역시 어떤 의미가 있다고 생각해야 함에도 불구하고, 현대의 죽음 담론은 이처럼 '죽음이 무의미하다'라는 프로이트의 정의로부터 시작한다.

죽음을 무의미하다고 본 현대 서구 지식인들은 차고 넘친다. 먼저 막스 베버(Max Weber)는 종교사회학을 설명하는 자리에서 '삶의 무의미'는 '죽음의 무의미'로부터 나온다고 주장했다. "'문화'로 요약되는 것처럼 보이는 문화 인간을 향한 순수히 내부 세계적 자기 완성의, 즉 이 마지막 가치의 무의미성은 종교 사상으로 봐서는— 바로 그 내부 세계적 관점에서 보았을 때— 죽음의 외관상의 무의미성으로부터 나온다. 그런데 이 죽음은 바로 그 '문화'의 조건들 아래에서 삶의 무의미성에 결정적인 강조점을 각인하는 것처럼 보인다."[139] 삶이 의미가 있다면 죽음도 의미가 있어야 하고, 죽음이 무의미하다면 삶 또한 무의미한 것이 되어 버린다. 베버는 그 점을 꿰뚫어 본 것이다.

프루스트도 『잃어버린 시간을 찾아서』의 후반부에서 다음과 같이 말한다. "우리는 내면의 인간에게 죽음이라는 이름 역시 무의미하다는 사실을 이해한다. 시간 너머에 존재하는 인간에게 미래 따위가 무슨 두려움을 불러일으키겠는가?"[140] 죽은 것처럼 보였던 내 안의 나를 시간 밖의 존재로 새롭게 만든 나에게 죽음은 더 이상 어떠한 의미도 갖지 못한다. 여기서 프루스트가 말한 죽음의 무의미성의 의미는 다른 지식인들의 그것과 맥락이 약간 다르다. 죽음이 우리에게 의미가 있다면 그것은 시간 속에서 살아가는 인간에게서만 그렇다. 내면 또는 영원을 살아가는 시간 밖의 인간에

---

138 Sigmund Freud, "Brief an Stefan Zweig" & etc. 다음 문헌에서 재인용함. 미셸 슈나이더, 『죽음을 그리다: 세계 지성들의 빛나는 삶과 죽음』, 255~56쪽.

139 Max Weber, *Gesammelte Aufsätze zur Religionssoziologie*, 3 vols., Tübingen: J. C. B. Mohr, 1978, 7th ed., vol. 1, p. 569.

140 Marcel Proust, *Remembrance of Things Past*, vol. 3, p. 888.

게 죽음은 더 이상 아무런 의미가 없다.

사르트르 역시 약간 다른 맥락이기는 하지만 죽음이 "모든 의미를 인생에서 없애 버리는 일"이기 때문에, 삶의 의미를 전부 제거하는 사건이라고 말했음을 이미 이 책 제1장에서 지적한 바 있다.[141] 죽음은 그만큼 인생 의미의 파괴자다. 레비나스 또한 "죽음은 죽음이라는 고유한 사건 속에서 묘사되기보다 그 자신의 무-의미를 통해 우리와 관계한다"라고 주장한다.[142] 죽음은 이처럼 레비나스의 눈에 '의미 없음'으로 비쳤다. 홀로코스트의 생존자 아메리도 죽음을 다음과 같이 무의미로 정의한다. "죽음의 완전히 공허한 진리, 그 비현실적인 현실성은 우리 인생이 가지는 무의미함의 완성이다."[143] '삶의 유의미성'은 '죽음의 무의미성'으로 끝을 맺는다. 이 말은 곧 삶이 아무리 의미로 충만한 것이라 할지라도 결국 무의미함으로 종결될 수밖에 없음을 시사한다. 만일 아메리가 삶의 의미를 죽음으로 완성되는 어떤 것으로 보았다면, 죽음이 어떤 또 다른 의미로 가득 찬 것이라는 식의 다른 진술이 나왔겠지만, 불행히도 그의 눈에 죽음을 포함한 삶 자체가 결국 무의미로 향해 가는 행보로 비쳤기에 그런 식의 비극적이고 비관적인 표현이 튀어나온 것이다. 죽음이 유의미한 것인지 무의미한 것인지는 모르겠지만, 죽음을 이처럼 무의미한 것으로 규정하면 죽음의 의미는 그만큼 축소될 수밖에 없다.

어떤 대상이 의미가 없다는 것은 부조리하다는 뜻이기도 하다. 즉 '죽음의 무의미성' 담론은 곧바로 '죽음의 부조리성' 사상을 유도한다. 이 사상은 '부조리의 전도사'라 해도 무방한 사르트르와 카뮈에게서 자주 발견된다. 먼저 사르트르가 출생이나 죽음 모두 부조리한 현상으로 보았음은 이미 제1장에서 언급했다.[144] 더 나아가 그는 죽음을 기대하는 것조차 부조

---

141 장 폴 사르트르, 『존재와 무』, 873쪽.
142 에마뉘엘 레비나스, 『신, 죽음 그리고 시간』, 37쪽.
143 장 아메리, 『늙어감에 대하여: 저항과 체념 사이에서』, 182쪽.
144 장 폴 사르트르, 『존재와 무』, 885쪽.

리하다면서 다음과 같이 말한다. "그 밖에도, 죽음이 '나의' 죽음의 선고(이를테면 일주일 뒤에 있을 처형, 자신도 그 무참한 순간이 다가오고 있음을 알 수 있는 질병의 결과 등)처럼 명확하게 지정되어 있는 것이 아닌 한, 죽음이 기대되는 일은 결코 없을 것이다. 왜냐하면 죽음은, 설령 그것이 '죽음'의 기대일망정, 모든 기대의 부조리성을 드러내 보이는 것 이외의 아무것도 아니기 때문이다."[145] 죽음도 죽음에 대한 기대도 모두 부조리하기는 마찬가지다. 삶이 부조리하니 다른 모든 것도 부조리해 보이는 것이다. 카뮈도 이미 제1장에서 살펴본 것처럼 사르트르와 유사한 담론을 펼친다.[146] 똑같은 의미 없는 일을 반복하도록 처벌받은 시지프는 분명 부조리한 영웅이다. "신들에 대한 멸시, 죽음에 대한 증오, 그리고 삶에 대한 열정은 아무것도 성취할 수 없는 일에 전 존재를 다 바쳐야 하는 형용할 수 없는 형벌을 그에게 안겨 주었다."[147] 이처럼 시지프는 부조리의 대명사다. 그러나 문제는 우리 인간의 삶도 시지프의 형벌과 별반 다르지 않다는 것이다. 즉 시지프의 신화가 "비극적인 것은 주인공의 의식이 깨어 있기 때문이다. 만약 한 걸음 한 걸음 옮길 때마다 성공의 희망이 그를 떠받쳐 준다면, 무엇 때문에 그가 고통스러워하겠는가? 오늘날의 노동자는 그 생애의 그날그날을 똑같은 일에 종사하며 산다. 그 운명도 시지프에 못지않게 부조리하다."[148]

결국 죽음의 이러한 속성들로 인해 현대의 죽음 담론가들은 죽음을 부정하기에 이른다. 이것이 네 번째 부정적 성향인 '죽음의 부정성' 담론이다. 이들에 따르면, 고대의 에피쿠로스가 말했던 "내가 있을 때 죽음이 없고 죽음이 있을 때 내가 없다"라는 식의 철학적 의미에서가 아니라 죽음이 밀려났거나 그래서 우리의 삶에서 사라져 버린 오늘날의 현대적인 의미에서 '죽음은 없다'는 것이다. 그렇다면 이들은 왜 죽음이 없다고 생각했을

---

145 장 폴 사르트르, 『존재와 무』, 867쪽.
146 알베르 카뮈, 『시지프 신화』, 95쪽.
147 알베르 카뮈, 『시지프 신화』, 185쪽.
148 알베르 카뮈, 『시지프 신화』, 186쪽.

까? 현대인들은 왜 죽음을 자연스럽게 멀리하기 시작했을까? 이미 말했듯이, 현대 사회는 의학의 발달이나 보건 위생 관념의 확산으로 평균 수명이 늘면서 죽음이 드물어진 시대, 죽음이 사라진 시대, 죽음이 금기시되는 시대가 되었기 때문이다. 대부분의 현대인들은 노년에 이르러서야, 그것도 집이 아닌 병원이나 요양원 같은 의료 시설에서 죽음을 맞이한다. 따라서 옆에서 내가 죽음을 직접 경험할 일이 거의 사라진 시대가 바로 현대다. 심지어 장례식장이나 화장터, 묘소, 납골당 등이 아니면 그나마 죽음을 간접 체험할 수 있는 공간마저 없다.

그렇다면 이러한 죽음 부재의 담론, 즉 '죽음의 부정성' 사상은 누구로부터 출발했을까? 프로이트가 바로 그 주인공이다. 그에 따르면, 인간은 무의식적으로 죽음을 거부한다는 것이다.

> 우리의 무의식은 자신의 죽음을 믿지 않으며, 마치 자기가 불사의 존재인 것처럼 행동한다. 우리가 '무의식'이라고 부르는 것 — 우리 마음속에서도 가장 깊은 심층에 자리 잡고 있으며, 본능적 충동으로 이루어져 있는 것 — 은 부정적인 것을 전혀 모르고, 어떤 부정(否定)도 모른다. 무의식 속에서는 서로 모순되는 일이 동시에 일어난다. 이런 이유 때문에 무의식은 자신의 죽음을 모른다. 우리가 죽음에 부여할 수 있는 의미 내용은 부정적인 것뿐이기 때문이다. 따라서 우리 마음속에서는 죽음이 존재한다는 믿음에 대한 본능적 반응은 일어나지 않는다.[149]

현대인들은 죽음을 인정하려 들지 않고 회피하려고 한다. 인간이라면 누구나 죽을 것이라는 사실을 알지만 현대인들의 무의식은 이렇게 말한다. '그렇지만 그것은 나에게 해당되는 일이 아니다. 설령, 내가 죽는다고 하더라도 적어도 지금 당장은 아니다. 따라서 나는 죽지 않을 것이다.'

---

149 Sigmund Freud, "Zeitgemäßes über Krieg und Tod", 1915; 지크문트 프로이트, 김석희 옮김, 『문명 속의 불만』, 열린책들, 1997, 37~73쪽, 인용은 68쪽.

이처럼 현대인들은 자신들이 죽을 것이라는 사실을 알지만 동시에 자신들의 죽음을 믿으려 하지 않기에 죽음이 없다고 믿거나 믿고 싶어 한다. 이러한 이중적 태도를 프로이트는 이렇게 묘사한다. "죽음에 대한 우리의 태도는 결코 솔직하지 않았다. 물론, 마음으로는 이렇게 주장할 각오가 되어 있었다. 즉 죽음은 누구에게나 삶의 필연적인 결과이며, 인간은 누구를 막론하고 자연에 죽음을 빚지고 있기 때문에 언젠가는 반드시 그 빚을 갚아야 한다고. 요컨대, 죽음은 자연스러운 것이고 부인할 수도 피할 수도 없는 것이라고. 그러나 실제로는 어떠했던가. 우리는 마치 죽음이 피할 수도 있는 일인 것처럼 행동하곤 했다. 우리는 죽음을 뭉개 버리려고 애썼다."[150] 이처럼 프로이트는 인간 안에서 "죽음을 생명의 소멸로 인정하는 태도와 죽음을 비현실적인 것으로 부인하는 …… 두 가지 상반된 태도"가 갈등을 일으킨다고 주장한다.[151]

죽음을 인정하지 않고 부정한 대표적인 인물은 헤세다. 그의 주장을 따라가 보자. "나는 그렇게 믿는다. 세상에 죽음은 없다. 모든 생명은 영원하다. 누구나 다시 돌아온다. 모든 인간에게는 가장 내면에 자아가 있고, 그 어떤 죽음도 그것을 파괴하지 못한다. 내가 '과거'와의 교류나 재회를 믿는 것은 아니다. 그러나 나는 모든 인간의 목표에 나타난 공통점, 우리 곁을 떠난 사람들의 행동과 정신에 우리가 연결되어 있다는 것을 분명하게 믿는다. 죽음 안에서가 아니라 오직 삶 속에서만 우리는 죽은 자가 영원하고 불멸하다는 것을 다시 알게 된다."[152] 프루스트가 말한 시간을 초월해 있는 영원한 내면의 자아가 헤세에게서도 똑같이 등장한다. 이것이 바로 문학을 업으로 삼는 작가들의 특징일까? 더구나 동양 사상에 심취하고 조예가 깊었던 헤세가 불교의 윤회설이나 영혼불멸설을 믿어 이런 발언을 했을지도 모른다. 물론, 헤세가 아무리 죽음이 없다고 주장해도 있는 죽음이

---

150 지크문트 프로이트, 『문명 속의 불만』, 57쪽.
151 지크문트 프로이트, 『문명 속의 불만』, 71쪽.
152 헤르만 헤세, 『어쩌면 괜찮은 나이』, 263~64쪽.

없어지는 일은 없을 것이다. 왜냐하면 죽음은 관념이나 논리가 아니라 현상이자 사건이기 때문이다. 철학적으로 표현하면 죽음은 진리의 영역이 아니라 사실의 영역이다.

그 밖에 죽음이 없다고 주장하거나 부정한 지식인들은 꽤 많다. 죽음을 부정한 경우에도, 죽음이 모든 것을 부정한다고 본 경우에도 모두 이 담론 안에 포함된다. 먼저 사르트르는, 죽음을 기대하는 것은 모든 기대를 부정하는 것이라고 말한다. "죽음의 기대는 스스로 자신을 파괴할 것이다. 왜냐하면 죽음의 기대는 모든 기대의 부정이 될 테니까."[153] 죽음의 희구가 곧 모든 기대의 부정이라는 명제는 죽음이 곧 모든 희망을 저버리도록 만든다는 말과 같다. 죽음을 부정한 것이 아니라 죽음이 모든 것을 부정한다는 논리다. 한편, '죽음'을 "인간적인 것의 부정"으로 정의한 레비나스[154]는 죽음이 있음이자 없음이기도 하다고 말한다. "죽음은 일어날 수 있는 어떤 것, 그러나 지금은 아직 오지 않은 어떤 것이다. 누군가는 죽지만 나는 아니며 지금 당장은 아니다."[155] 죽음은 현재 일어날 수 있다는 점에서는 있음이고 긍정이지만, 아직 일어나지 않았다는 점에서는 없음이자 부정이다. 다르게 해석하면 죽음은 현재이기도 하고 미래이기도 하다. 따라서 이 담론은 '죽음의 현재성(실재성)' 또는 '죽음의 미래성(부재성)'으로 불려도 무방할 것이다.

아메리는 한발 더 나아가 죽음을 '절대적 부정'으로 정의한다. '단순한 아님'이 아니라 '절대적 아님'이라는 것이다.

> 죽음은 근원적 모순이다. 이 모순은 절대적인 '부정'으로, 다른 생각할 수 있는 모든 부정을 포괄한다. 죽음은 부정적으로만 정의될 수 있을 따름이다. 살아 있는 생명체가 가지는 수십억 개의 세포가 궁극적으로 파괴되는

---

153 장 폴 사르트르, 『존재와 무』, 875쪽.
154 에마뉘엘 레비나스, 『신, 죽음 그리고 시간』, 139쪽.
155 에마뉘엘 레비나스, 『신, 죽음 그리고 시간』, 76쪽.

게 죽음이지 않은가. 부정적 생각은 죽음으로부터 비로소 비롯된다. 죽음이 가지는 되돌릴 수 없음이야말로 부정에 총체적 의미를 불어 넣어 주는 근거다. 누군가 존재했었으며, 더는 있지 않다는 사실을 우리는 타인의 죽음을 통해서만 경험한다.[156]

죽음의 부정성을 이처럼 적나라하게 표현한 작가가 또 있을까 싶다. 여기서 죽음은 모순, 부정, 파괴, 불가역성, 부재 등 온갖 부정적 단어와 결합된다. 아메리에게서 죽음은 절대적이고 총체적인 부정성을 상징하는 현상이다. 인간 삶에서의 모든 부정성이 바로 죽음으로부터 나온다. 적어도 이 글에서만 보면 죽음은 어떻게 손 쓸 도리가 없는 가장 암울한 사유 대상이다. 삶에서 부정적인 것을 조금이라도 없애고 싶다면 되도록 죽음을 멀리해야 한다. 아무리 색안경을 벗고 보려 해도 그의 글을 읽다 보면 홀로코스트 생존 작가라는 타이틀이 눈앞을 어른거린다.

미국의 유대계 문화인류학자 어니스트 베커(Ernest Becker)는 아예 『죽음의 부정』(The Denial of Death)이라는 제목의 책까지 쓰면서 '죽음의 부정성' 문제를 천착했다. 이 책에서 베커는 키르케고르, 프로이트, 노먼 브라운(Norman Brown) 및 오토 랑크(Otto Rank) 등의 작업에 기대어 인간과 문화가 죽음이라는 개념에 어떻게 반응해 왔는지를 심리학적·철학적으로 풀어나갔다. 저자는 대부분의 인간 행동이 죽음의 불가피성을 무시하거나 피하려는 데서 취해진다고 주장한다. 그러면서 죽음을 부정하면 할수록 세상의 악의 지배는 더욱 커져만 간다고 말한다. 그래서 죽음의 부정과 악의 지배를 서로 맞물린 현상으로 진단한다. "죽음은 인간 활동의 주된 원동력이다. 이 활동의 목표는 대체로 죽음이라는 숙명을 피하고 (죽음이 인간의 최종 목적지임을 부정함으로써) 죽음을 극복하는 것이다."[157] 사람이 살

---

156 장 아메리, 『늙어감에 대하여: 저항과 체념 사이에서』, 183쪽.
157 Ernest Becker, The Denial of Death, New York: Simon & Schuster, 1973; 어니스트 베커, 노승영 옮김, 『죽음의 부정』, 한빛비즈, 2019, 19쪽.

아가면서 하는 모든 언행과 태도는 죽음으로부터, 더 정확히는 죽음을 부정하는 데서부터 비롯된다.

퀴블러-로스도 이 계열에 언급될 만한 인물이다. 죽음을 맞이하는 환자들의 임상 기록과 면담을 통해 인간이 죽음을 접하고 취하는 다섯 단계의 태도 가운데 제1단계가 '죽음을 부정하는 것'임은 이미 앞서 논의했다. 그러나 그녀는 죽음에 대한 깊은 사색을 더 밀고 나아가 종국에는 죽음이란 아예 없다고 하면서 죽음 자체를 인정하지 않는 모습을 보인다. 육체 이탈의 체험 사례들을 검토하고 연구한 결과를 쓴 『죽음 이후의 생에 대하여』 (1991)에서 퀴블러-로스는 다음과 같이 말한다.

> 슈왈츠 부인은 육체 이탈 체험을 겪은 환자들이 모여 있는 우리 모임의 첫 번째 사례였다. 그녀 때문에 우리는 전 세계에서 이와 비슷한 사례를 수집하기 시작했다. 우리는 호주에서 캘리포니아에 이르기까지 수백 가지 사례를 모았는데, 이 사례들은 모두 공통분모를 갖고 있었다. 이 체험을 한 사람들은 모두 육체가 벗어 버린 허물과도 같다는 것을 알고 있었고, 우리가 과학적인 언어로 이해하려 한다면 죽음이라 부를 수 있는 것이 실제로는 존재하지 않는다는 걸 확실하게 알고 있었다. 죽음이란 나비가 고치를 벗어던지는 것처럼 단지 육체를 벗어나는 것에 불과하다. 죽음은 당신이 계속해서 성숙할 수 있는 더 높은 의식 상태로의 변화일 뿐이다. 유일하게 잃어버린 것이 있다면 육체다. 육체는 더 필요하지 않다. 마치 봄이 와서 겨울 코트를 벗어 버리는 것과 같다. 당신은 그 낡은 코트를 더는 입고 싶어 하지 않을 것이다. 사실상 이것이 죽음이 가진 모든 것이다.[158]

그녀가 내린 결론은 '죽음이란 존재하지 않는다'이다. 이 결론은 다음 두 가지 점에서 현대의 다른 죽음 담론들과 결정적으로 다르다. 하나는 그것이 의학적 임상 실험에 토대를 둔 과학적 분석 결과라는 것이고, 다른 하

---

158 엘리자베스 퀴블러-로스, 『사후생(死後生): 죽음 이후의 삶의 이야기』, 58~59쪽.

나는 죽음을 부정하는 근거 자체를 사후의 삶의 연속성을 강조하는 데 두고 있다는 점이다. 히포크라테스를 제외하고 죽음에 관한 의학적 또는 과학적 담론을 거의 언급하지 않았던 내가 이 연관에서 퀴블러-로스라는 뜻밖의 보물을 찾아낸 것은 나에게는 엄청난 행운이었다. 더구나 그녀는 죽음을 단지 믿지 않는 것을 넘어 뜻밖에도 사후의 연속적 삶을 확신하고 있었다. 그녀의 결론을 믿고 안 믿고는 순전히 독자들의 몫이겠지만, 어쨌든 과학적 임상 실험에 몰두했던 의사가 이러한 관점을 가졌다는 사실도 놀라운데, 그것을 확신하면서 독자들에게까지 믿음을 요청했다는 사실이 놀랍기 그지없다.

죽음을 필연이나 우연 같은 양태 개념에 빗대어 정의한 현대의 서구 지식인들도 있다. 보통 죽음은 모든 인간이 겪는 일이기에 필연으로 보기 쉽지만 우연으로 정의한 사례들도 꽤 발견된다. 이른바 죽음의 다섯 번째 부정적 성향인 '죽음의 우연성' 담론이 바로 그것이다. 이 범주에서도 역시 프로이트가 선두에 있다. 그는 앞서 인용하기도 했던, 제1차 세계대전 발발에 자극받아 1915년에 쓴 「전쟁과 죽음에 대한 시대적 고찰」에서 죽음은 필연이 아니라 우연이라면서 다음과 같이 말한다. "우리는 죽음의 우발적 원인—사고, 질병, 전염병, 고령—을 강조하는 버릇이 있다. 이런 태도는 죽음을 필연적인 것에서 우연한 사건으로 바꾸려는 노력을 드러낸다."[159] 사실, 프로이트가 이 문구에서 말하고자 한 핵심은 인간이라면 누구나 죽는다는 필연적 사실이 아니라 인간은 누구나 죽음을 맞이하는 시기와 방식이 다르고 우발적이라는 점이다. 하지만 읽기에 따라서는 죽음 자체가 우발적이고 우연적임을 강조하기 위해 그런 표현을 쓴 것 같다는 인상을 준다. 하지만 더 중요한 것은 인간의 삶이나 역사 등이 우연적임을 함축하는 '죽음의 우연성' 명제가 '나'와 죽음이 무관할 수 있다는 상상, 즉 '나'는 죽지 않을 수도 있고 설령 죽더라도 지금 당장은 아니라는 환상을 내포한다는 점이다. 다시 말해 '죽음의 우연성' 안에는 '죽음의 부정성'

---

159 지크문트 프로이트, 『문명 속의 불만』, 58쪽.

이 담겨 있다. 하지만 이 모두는 어디까지나 무의식적인, 요컨대 심리학적 담론임을 명심해야 한다.

실제로 프로이트는 죽음의 우연성을 곧바로 부정하는 발언을 쏟아낸다. "전쟁은 죽음에 대한 이러한 관습적 태도[죽음을 거부하려는 태도]를 일소해 버린다. 죽음은 더 이상 부인되지 않는다. 우리는 죽음의 존재를 믿을 수밖에 없다. 사람들은 정말로 죽고, 그것도 한 사람씩 죽는 게 아니라 하루에도 수만 명씩 죽는다. 그리고 죽음은 더 이상 우연한 사건이 아니다. 물론 죽음은 여전히 총알이 누구에게 맞느냐 하는 우연의 문제인 것처럼 보이지만, 첫 번째 총알에 맞지 않은 사람이 두 번째 총알에는 맞을 수도 있다. 이렇게 수많은 죽음이 축적되면, 죽음이 우연이라는 느낌은 사라진다."[160] 그렇다고 프로이트가 죽음이 필연적이라고 주장하지는 않는다. 왜냐하면 그는 '죽음의 부정성'이라는 무의식이 인간의 심리를 지배한다는 강한 믿음을 갖고 있었기 때문이다. 죽음은 우연적이지만 전쟁을 보면 반드시 그런 것 같지도 않다는 중립적 입장을 드러낸 것으로 보는 편이 맞다.

사르트르 또한 유사한 주장을 펼친다. 그는 탄생이나 죽음이 하나의 단순한 사실, 즉 사건인 이상 그것은 우연적일 수밖에 없다고 역설한다.

> 나의 죽음이 의식과 세계의 사라짐이 되는 대신 주관성이라고 하는 자격으로서 세계 밖으로 향하는 나의 실추인 것은 타인의 탓이다. 따라서 죽음의 경우에도 타자의 존재의 경우와 마찬가지로, '사실'이라는 부정될 수 없는 근본적인 성격이 있다. 다시 말해서, 죽음에 있어서도 타자의 존재의 경우와 마찬가지로 하나의 근원적인 우연성이 있다. …… 그러므로 우리는 하이데거에 반대하여 다음과 같이 결론을 내려야 한다. 즉, 죽음은 나 자신의 가능성이기는커녕 '하나의 우연한 사실'이라는 것이다. 이 사실은 그런 것인 한에서, 원칙적으로 나에게서 벗어나는 것이며, 근원적으로 나의 사실

---

160 지크문트 프로이트, 『문명 속의 불만』, 60쪽.

성에 속하는 것이다. …… 죽음은 탄생과 마찬가지로 하나의 단순한 사실이다.[161]

영장류에 속하는 하나의 종으로서 인간은 반드시 죽는다는 '종적(種的) 죽음'이 필연이라면, 언제 어떻게 죽을지 모르는 나의 죽음, 즉 '사적(私的) 죽음'은 우연일 수밖에 없다. 왜냐하면 그것은 사르트르가 말하는 것처럼 하나의 사건에 불과하기 때문이다. 이 논리에 따르자면, 프로이트가 말한 전쟁에서의 죽음도 필연이 아니라 순전히 우연이다. 왜냐하면 아무리 수많은 사람이 죽어가는 끔찍하고 격렬한 전투 속에서도 분명히 살아 돌아오는 개인들이 있기 때문이다. 이것이 우연이 아니면 도대체 무엇이 우연이란 말인가! 모든 사건과 사실은 그것이 필연적이라고 단정할 수 없는 한 모두 우연적이다. 따라서 '나'도 '나의 죽음'도 우연이다. 사르트르의 견해는 그 점에서 전적으로 옳다.

현대의 죽음 담론에서 펼쳐진 여섯 번째 죽음의 부정적 성향은 '죽음의 파괴성 또는 폭력성'이다. 사실, 죽음을 파괴나 폭력으로 보는 것은 전혀 새로운 것이 아니다. 하지만 여기서 다루려는 것은 그런 평범한 담론이 아니라 죽음을 똑같이 파괴나 폭력으로 보았다 하더라도 그 이전 시대의 사상이나 상식적인 수준에서는 도저히 생각할 수 없는, 즉 전통성과 일반성에서 벗어난 독특한 생각들이다. 이를 대표하는 지식인으로 가장 먼저 등장하는 인물 역시 프로이트다. 그는 1929년에 발표한 「문명 속의 불만」(Das Unbehagen in der Kultur)이라는 유명한 글에서 죽음 본능(thanatos)을 파괴 본능으로 규정한 후, 이 죽음 본능과 함께 사랑 본능(eros)이 인류 문명과 개인의 발달, 심지어 모든 유기체의 생명 활동에 지대한 영향을 끼쳐 왔다고 주장한다.

이 논문을 읽는 독자들 중에는, 에로스와 죽음의 본능의 투쟁이라는 공

---

161 장 폴 사르트르, 『존재와 무』, 882~83쪽.

식을 너무 자주 들었다는 인상을 받을지도 모른다. 나는 이 투쟁을 인류가 겪는 문명 과정의 특징이라고 주장했을 뿐 아니라, 개개 인간의 발달과도 관련시켰고, 게다가 이 투쟁이 유기적 생명 전체의 비밀도 밝혀 준다고 말했다. 이 세 가지 과정의 상호 관계를 검토하는 것은 불가피한 일이라고 생각한다. 인류의 문명 과정과 개인의 발달 과정은 둘 다 생명 과정이라는 점, 즉 생명의 가장 일반적인 특징을 공유하고 있다는 점을 고려하면, 똑같은 공식이 되풀이되는 것은 당연하다.[162]

타나토스가 무언가를 공격하고 소멸시키는 '파괴적 본능'이라면, 에로스는 무언가와 결합하고 사랑하면서 새로운 생명체 같은 것을 만들어 내는 '창조적 본능'이다. 프로이트에 따르면, 인류의 문명이나 개인의 발달 과정 및 유기체의 생명 현상 등은 모두 이 두 본능의 협력 또는 상호 대립 행위로 설명할 수 있다. 물론, 나중에 질 들뢰즈(Gilles Deleuze)는 이 두 본능을 대립하는 것이 아니라 죽음 본능이 사랑 본능을 압도하면서 새로운 종합을 이룬다고 주장하기는 했지만 말이다. "죽음 본능과 에로스는 결코 상호 보충적이거나 적대적인 관계에 놓이는 법이 없다. 죽음 본능은 결코 어떤 방식으로도 에로스와 대칭을 이루지 않는다. 죽음 본능은 다만 전적으로 다른 또 하나의 종합을 증언할 뿐이다."[163] 중요한 것은 죽음이 실제적으로든 상징적으로든 간에, 에로스를 압도해 또 다른 종합을 이루든 그렇지 않든 언제나 '파괴'를 야기한다는 사실이다.

셸러도 현대인에게 죽음이 의미 없는 폭력이 되었다고 한탄한다. 「죽음과 사후(死後)의 삶」이라는 글에서 "죽음은 이 새로운 인간 유형에게는 횃불을 수그러지게 하는 젊은이도 아니요, 운명의 여신도 아니며, 해골도 아닙니다. …… 제쳐진 죽음, '비실존'에 이르기까지 해체될까 두려워 보이지

---

162 Sigmund Freud, "Das Unbehagen in der Kultur", 1929; 지크문트 프로이트, 『문명 속의 불만』, 239~341쪽, 인용은 333~34쪽.
163 Gilles Deleuze, *Différence et répétition*, 1968, 질 들뢰즈, 김상환 옮김, 『차이와 반복』, 민음사, 2019, 253쪽.

않게 된 '출석자'인 이 죽음은 새로운 인간 유형에게 나타나 마주치게 되었을 때 이제 비로소 의미 없는 폭력이자 잔혹성이 되었다"라고 말한다.[164] 여기서 새로운 인간 유형이란 현대인을 말한다. 무엇보다 현대인에 의해 멀리 밀쳐진 죽음은 그가 밀어내면 밀어낼수록, 그래서 보이지 않게 되면 될수록 소리소문 없이 찾아와 그의 생명을 앗아가는 '침묵의 살인자'라는 이미지를 갖게 되었다. 이유도 모르고 죽어가는 현대인에게 죽음은 이처럼 '의미 없는' 폭력 그 이상도 이하도 아니다.

엘리아스에게서도 죽음은 폭력적 행위였다. 1982년 발표한 『죽어가는 자의 고독』에서 "어떤 모습으로 나타나든 죽어가는 것은 폭력적인 행위이다"라고 말한 그가 죽음 자체보다도 죽어가는 과정을 폭력적인 것이라고 정의했음은 이미 앞서 살펴보았다.[165] 현대인이 죽음으로부터 멀어진 이유를 크게 (1) 기대 수명의 연장, (2) 공포를 제거해 준 과학의 발달, (3) 폭력의 감소로 인한 죽음에 대한 불안의 감소, (4) 죽음의 개인주의화 성향 등 네 가지로 꼽은 엘리아스는 죽음을 기본적으로 '폭력의 결과물'이거나 '폭력 그 자체'로 인식했다. 그에 따르면, 폭력이 억제되면 될수록 죽음에 대한 반감도 커진다. 폭력이 만연했던 과거, 특히 원시 시대나 고대와 중세에서는 죽음이 자연스럽게 보였다면, 폭력이 비교적 많이 사라진 현대에 와서 죽음은 매우 부자연스러운 부정적 현상으로 비치기 시작했다는 것이다.

다양한 방식으로 죽음을 정의한 레비나스 또한 소설가이자 연구자인 크리스티앙 카바니스(Christian Chabanis)와 나눈 대담에서 죽음을 파괴적이고 폭력적인 현상이라고 규정한다. "언제나 상호 의존적 개념들 내에서 움직이는 사유의 견지에서 보면, 죽음은 체계를 부수는 구멍이고, 모든 질서의 뒤흔듦이며, 모든 전체성의 파괴입니다."[166] 인간 삶의 모든 측면은 마

---

164 Max Scheler, "Tod und Fortleben", p. 30.
165 노르베르트 엘리아스, 『죽어가는 자의 고독』, 96쪽.
166 Emmanuel Levinas, *Altérité et transcendence*, Paris: Éditions Fata Morgana,

치 격자나 베틀처럼 가로와 세로로, 즉 씨줄과 날줄로 서로 엮여 있다. 사람들 사이의 사회적 관계도 그렇고 집단과 계급들 사이, 또는 조직과 체계들 사이도 그렇다. 모든 것이 상호 얽혀 있는 인간 사회의 거대한 구조 속에서 죽음이란 나와 타인, 내가 속한 집단과 다른 집단, 나와 내가 속한 사회의 체계 사이의 관계의 단절 또는 종말을 의미한다. 이 점을 레비나스는 "전체성의 파괴"라고 불렀다. 더 나아가 그는 죽음을 '폭군'이라고까지 말한다. 우리가 죽음을 두려워하고 절박하게 느끼는 이유는 우리의 존재가 곧 사라질 것이라는 존재론적 불안 때문이 아니라 외부에서 타자로 시시각각 찾아올 '죽음의 위협' 때문이다. "죽음의 공포 속에서 나는 '무'에 맞닥뜨리는 것이 아니라 나에 반하는 적대적 폭력에 맞닥뜨린다. 죽음의 폭력은 폭군처럼 나를 위협한다."[167] 죽음은 이처럼 폭력이자 파괴를 표상한다.

아메리 역시 죽음을 "나의 파괴"라고 부른다. 『늙어감에 대하여』에서 그는 죽음을 다음과 정의한다.

> 죽음은, 그 어떤 것이라는 모든 실체성에 대한 총체적 부정이다. 죽음을 기다린다는 것은 죽음에 다가가는 게 아니다. 죽음은 한마디로 무(無)이기 때문이다. 죽음은 시간 차원으로서의 미래를 우리에게 구해 주지 못한다. 오히려 거꾸로다. 죽음의 총체적 부정성, 그 완벽하고도 돌이킬 수 없는 와해로 그 어떤 미래의 의미도 부정한다. 그렇다. 죽음은 완전하고도 돌이킬 수 없는 와해를 의미한다(그저 무(無)일 뿐인 죽음의 의미를 말하는 데는 조건이 붙을 수밖에 없다는 점에 한해서다). 죽음은 큰 낫을 치켜들고 다른 손에는 모래시계를 든 시신이 아니다. 그런 식으로 우리를 '데려가지' 않는다. 대체 어디로 간다는 말인가? 죽음은 나의 탈공간화라는 모순된 사건에

1995; 에마뉘엘 레비나스, 김도형 외 옮김, 『타자성과 초월』, 그린비, 2020, 176쪽.
[167] Emmanuel Levinas, *Totalité et infini: Essai sur l'extériorité*, Paris: Kluwer Academic, 1971, p. 260. 다음 문헌에서 재인용함. 안상헌, 「레비나스: 죽음은 언제나 타자의 죽음이다」, 정동호 외 지음, 『철학, 죽음을 말하다』, 산해, 2004, 234~62쪽, 인용은 249쪽.

서, 말 그대로의 의미로 '나의 파괴'다.[168]

사실, 이 글만 보면 앞서 내가 논의했던 '죽음의 무화성', '죽음의 무의미성', '죽음의 부정성' 등의 담론이 모두 들어 있다. 하지만 내가 이 글을 '죽음의 파괴성'에서 인용한 이유는 마지막 문장 때문이다. 죽음은 나를 공간에서 사라지게 만듦으로써 파괴하는 폭력의 주체다. 죽음으로 인해 나는 더 이상 이 세상에 존재할 수 없다. 죽음은 나를 공간에서만이 아니라 시간에서도 빼낸다. 완벽한 탈공간화와 탈시간화를 행함으로써 죽음은 나를 비존재로 만든다. 내가 없는데 삶이, 이 사회가, 이 세상이 어찌 되든 무슨 상관이란 말인가! '죽음은 나의 파괴다'라는 명제보다 죽음을 더 잔혹하고 폭력적으로 정의할 수 있을까?

마르크바르트는 이제 죽음을 "부당한 폭력"으로 규정한다. 그가 독일 철학자 베츠와 행한 대담을 보면 다음과 같은 구절이 나온다.

베츠: 시몬 드 보부아르는 다음처럼 썼습니다. "사람들은 태어났고 살았기 때문에 죽는 것도 아니며 늙음 때문에 죽는 것도 아니다. 사람들은 무엇 때문에 죽어간다. …… 자연적인 죽음이란 존재하지 않는다. …… 모든 인간은 사멸적이지만 모든 인간에게 죽음은 사고이고, 그가 죽음을 의식하고 죽음에 만족한다 해도 이 죽음은 부당한 폭력이다." 비슷한 내용을 우리는 선생님이 매우 높이 평가하신 블루멘베르크에서 읽을 수 있습니다. "누구도 그가 죽어야만 한다는 것에 대해 위로를 받을 수 없다. 이를 위한 위로 능력, 위로를 주는 능력을 가정하는 모든 논증은 형편없고 우습기까지 한다." 선생님은 이를 어떻게 보십니까?

마르크바르트: 정확히 그렇습니다. 저는 시몬 드 보부아르와 한스 블루멘베르크에 무제한적으로 동의합니다.[169]

---

168 장 아메리, 『늙어감에 대하여: 저항과 체념 사이에서』, 40~41쪽.
169 오도 마르크바르트, 『늙어감에 대하여』, 123~24쪽.

시몬 드 보부아르(Simone de Beauvoir)나 마르크바르트는 죽음을 셸러처럼 '의미 없는 폭력'이나 엘리아스처럼 '비자연적인 폭력'이 아닌, 아예 '부당한 폭력'으로까지 부르면서 노골적으로 비난한다. 마치 죽음이 범죄를 저지르고 있는 듯한 착시 현상까지 불러일으킨다. 고대인들이 죽음을 아무리 파괴적이고 폭력적이라 하더라도 자연스럽게 받아들이고 순응하는 것이 현명하다고 생각했다면, 이제 현대인들은 죽음을 부당한 폭력배나 범죄자처럼 다루기 시작한다. 죽음을 대하는 전통 시대와 현대 세계의 결정적인 차이들 가운데 하나가 바로 이것이다. 자연, 순응, 체념, 수용, 지혜 같은 키워드는 더 이상 죽음을 밀어내거나 제거하거나 금기시하려는 현대인들을 위로해 주지도 못하고 가르침을 주지도 못한다. 죽음은 그저 부당하고 불공정하며 부조리한 폭력 그 자체로 인식된다. 죽음의 지위는 현대에 들어와 이처럼 끝 간 데 없이 추락한다.

이것은 분명 비극적인 현상이다. 죽음 자체도 비극적이지만, 죽음에 대한 사유나 담론 자체가 현대로 올수록 비극적으로 흘러간다는 인상을 준다. 다시 말해 오늘날에는 죽음에 대한 사유가 사색이나 통찰보다는 사변이나 분석으로 흐르는 듯한 인상을 준다. 방법론적으로 말하자면, 직관이나 연역보다는 추론이나 귀납에 더 쏠리는 경향을 보인다. 전통 시대처럼 죽음을 관조로써 미화하는 것도 문제이지만, 과학의 발달로 오늘날처럼 너무 있는 그대로 까발리는 듯한 냉철한 객관적 접근도 바람직해 보이지는 않는다. 냉철함이 지나치면 냉혹함이 될 테니까 말이다. 그 둘 사이의 경계는 매우 모호하다. 그래서 현대의 죽음 담론의 일곱 번째 부정적 성향은 '죽음의 비극성'이다. 이를 주도한 인물은 20세기 초반에 활동했던 유대계 독일 철학자 에른스트 블로흐(Ernst Bloch)다. 그는 주저 『희망의 원리』에서 죽음이 비극 작품에서 비극성을 구현하는 가장 강력한 도구라고 말한다. "비극 작품에 나타난 '끝'로서의 죽음. 작가들 역시 아름다운 죽음을 묘사하는 일에 조금도 피곤해하지 않았다. 만일 작가 자신이 직접 그런 태도를 취하지 않으면, 최소한 작품 속에 등장하는 인물들이 아름다운 죽음을 동경하곤 하였다. 죽음의 내면 혹은 배후에는 더 이상 아무것도 없다는 사실은 사람들을 암울하게 만들지만, 무대 공간에서 죽음은 관객의 감정을 북돋아 준다."[170] 죽음은 이처럼 동서고금을 막론하고 비극 작품의 단골 소재였다. 삶이 하나의 연극 작품이었다면 고통과 불행의 연속으로서 그것은 분명 비극이었을 것이다. 더구나 모든 삶이 결국 죽음으로 끝난다는 사실이 삶의 비극성을 최고조로 만든다. 물론, 행복한 죽음으로 끝나는 희극 작품도 있을 수는 있겠으나 그런 희극 작품 안에서조차 죽음이 기쁜 일로 묘사되는 일은 없다. 행복하게 잘 먹고 잘 살았다는 말은 들어 보았어도 불행하게 잘 못 먹고 잘 죽었다는 동화의 결말을 들어본 적이 있는가? 죽음은 모든 예술에서 슬픔을 극대화하는 최고의 오브제라고 할 수 있다.

장켈레비치 또한 죽음을 "후험적 비극"(metaempirische Tragödie)이라고 명명한다.[171] 여기서 'metaempirisch'라는 형용사를 '초험적'이라고 번역해도 크게 이상하지는 않을 것이다. 왜냐하면 'meta'가 '뒤에', '후에', '넘어서', '사이에', '함께' 등의 뜻을 갖는 그리스어 접두사이기 때문이다. 따라서 '메타 경험적'이라고 직역하는 편이 더 나을지도 모르겠다. 무엇으로 번역하든 간에, 공통점은 경험을 벗어나 있다는 점이다. 어쨌든 '후험적 비극'이라는 이 다섯 글자는 내가 이 책을 쓰기 위해 수집하고 읽은 자료 중 '죽음의 체험 불가능성'을 지시하는 최고의 표현이라고 생각한다. 장켈레비치는 같은 페이지에서 죽음을 "절대적 비극"(absolute Tragödie)이라고도 표

---

170 Ernst Bloch, *Das Prinzip Hoffnung*, 3 vols., Frankfurt a. M.: Suhrkamp Verlag, 1954-1959; 에른스트 블로흐, 박설호 옮김, 『희망의 원리』(전5권), 열린책들, 2004, 2479~80쪽. 이 번역서에서 옮긴이는 "끝'로서의 죽음"에 대해 다음과 같은 옮긴이 주를 달아 독자의 이해를 돕는다. "블로흐는 문학 작품에 묘사된 죽음은 조각할 때 사용하는 하나의 끝과 같이 작용한다고 지적한다. 마치 끝이 완성된 조각품에서 떨어져 나가듯이, 죽음 역시 완성된 비극 작품으로부터 일탈된다. 다시 말하면 죽음은 특히 비극 작품에서 삶의 난제 그리고 극적 영웅의 순수한 인격을 예리하게 드러내기 위한 도구인 끝과 다름이 없다." 에른스트 블로흐, 『희망의 원리』, 2479쪽.

171 Vladimir Jankélévitch, *Der Tod*, p. 12.

현한다.[172] 죽음은 그만큼 비극적이다. 아니, 설령 죽음이 비극적이지 않을 수 있다 하더라도 최소한 희극적이지 않은 것만은 분명하다. 희극을 압도하는 비극은 있을 수 있어도 비극을 압도하는 희극은 없지 않을까?

죽음이 비극적으로 보이는 이유는 그것이 어떠한 희망이나 기대도 주지 못하기 때문이다. 희망은 죽음이 아니라 삶에서 솟아 나오기 마련이다. 여기서 현대 죽음 사상의 여덟 번째 부정적 성향인 '죽음의 절망성' 담론이 제시된다. 이 담론은 너무 식상한 주제여서인지 몰라도 철학자나 사상가들보다는 주로 문학 작가들이 펼친다. 먼저 우나무노는 죽음을 '희망이 없는 영원함'이라고 부른다. "희망이 없고 추억이 없는 영원한 현재로서의 영원성은 죽음이다."[173] 죽음이 절망인지 아닌지는 모르겠지만, 희망이 아닌 것만은 분명하다. 죽음은 삶이 멈춘 그곳에 그대로 영원히 머문다. 그 점에서 죽음은 정지된 현재, 영원한 현재다. 우나무노가 바랬던 것은 그러한 정지된 영원, 즉 죽음의 영원이 아니라 비록 그것이 착각이나 환상에 머물더라도 지속적 영원, 즉 삶의 영원이었다. "마치 죽음 후에 이 지상의 삶이 끝없이 계속되거나 하는 것처럼, 그러니까 영원한 지속이 우리를 위해서 준비되어 있거나 한 것처럼 우리는 느껴야 하고, 그리고 그것을 느끼고 있다는 것을 행동을 통해서 실제로 보여 주어야 한다. 그런데 만약에 우리를 위해 마련되어 있는 무(無)는 절대로 안 된다."[174] 우나무노는 실제로 영원히 살기를 바랬다기보다는 영원히 사는 것처럼 느끼면서 살기를 바랬던 것이다. 그만큼 그에게는 죽음보다 삶이 더 소중했다.

20세기 초에 활동했던 노벨문학상 수상 작가 토마스 만도 죽음을 '희망의 부재(不在)'라고 생각했다. 그는 소설 「베네치아에서의 죽음」에서 죽어가는 장면을 다음과 같이 묘사한다. "며칠 뒤 아침이었다. 구스타프 폰 아셴바흐는 몸이 좋지 않아 평소보다 늦은 시각에 호텔을 나섰다. 머리가 어

---

172 Vladimir Jankélévitch, *Der Tod*, p. 12.
173 미겔 데 우나무노, 『삶의 비극적 감정』, 420쪽.
174 미겔 데 우나무노, 『삶의 비극적 감정』, 424쪽.

질어질했지만, 단지 육체적인 문제는 아닌 듯했다. 이런 현기증에 급격히 치솟은 불안감이 동반했다. 탈출구와 희망이 보이지 않는다는 감정이었는데, 이게 외부 세계와 관련해서 그렇다는 것인지, 아니면 자기 자신과 관련해서 그렇다는 것인지는 분명하지 않았다."[175] 자신이 죽어간다는 느낌은 자신에게서 희망이 사라져 간다는 느낌을 통해서만 알 수 있다. 그 점에서 죽음은 '희망의 강탈자'다. '희망'이 사라진 바로 그 자리에 '절망'이 들어선다.

죽음은 사람에게서 희망만 빼앗아 가는 것이 아니라 시간도 훔쳐 간다. 죽음의 부정적 성향에 대한 아홉 번째 담론의 주제는 '죽음의 시간성 또는 유한성'이다. 우리는 시간의 흐름을 느끼지 못한다. 시간이 흘렀음을 느끼거나 아는 것은 허기나 갈증, 변의나 수면 욕구와 같은 생리 현상을 통해서다. 마찬가지로 인간의 전체 일생을 놓고 본다면, 우리는 늙었다거나 쇠약해졌다거나 죽음이 임박했을 때 시간이 많이 흘렀음을 느낀다. 죽음은 삶의 시간이 모두 끝났음을 알리는 알람 종 같은 것이다. 그것은 인생이 시간의 제약을 받고 유한하다는 사실을 깨닫도록 만드는 일종의 경고음이다. 마치 학교에서 수업이 모두 종료되었음을 알리는 종례 종 같은 것이다. 이 주제를 다룬 최초의 현대 지식인은 셸러다. 그는 죽음이 '시간 안에서의 형태 변화의 정지'라면서 다음과 같이 말한다. "유기체도 끊임없이 하나의 **형태가 되어감**(*Formwerden*)인데, 이것은 단순히 동일한 물질적 기질의 형태 변화만이 아니라 자율적으로 된 형태 안에서 규정된 특정한 규칙에 따른 형태의 변화이기도 하다. 원시 현상. 죽음은 그 자체의 시간적 형태와 같은 형태 변화의 종점이자 각각의 리드미컬한 프로세스 단위의 결과일 뿐이다."[176] 죽음은 시간의 변화라기보다 시간의 정지, 즉 변화의 중지다. 바로 뒤이어 표현은 안 되어 있지만, 사실상 시간이 멈춘 뒤에는 영원함이 기다리고 있을 테니 죽음은 시간과 작별하고 영원으로 들어가는

175　토마스 만, 박종대 옮김, 『베네치아에서의 죽음 외 11편』, 현대문학, 2013, 308쪽.
176　Max Scheler, "Altern und Tod", p. 259 (강조: 셸러).

길목에 서 있는 경계석과 같은 것이다. 실제로 셸러는 죽음이 영원한 구원이라고 말하면서 그것이 영원과도 관계를 맺는다고 주장한다. 이 점은 죽음의 긍정적 담론인 '죽음의 영원성'에서 후술될 것이다.

죽음을 아예 시간과 연결해 논의한 인물들도 있다. 먼저 하이데거는 죽음이 어떻게 탄생과 더불어 삶의 연관 속에서 시간에 묶임으로써 '시간적'일 수밖에 없는지를 다음과 같이 설파한다.

> 탄생과 죽음 사이의 '삶의 연관'의 성격을 규정하는 일보다 더 '간단해' 보이는 것은 무엇인가? 삶의 연관은 '시간 속에서'의 온갖 체험의 연속으로 이루어진다. 하지만 이러한 의문스러운 연관의 특징을, 특히 그 특징의 존재론적 선입견을 파고들어 연구하다 보면, 특이한 결과가 나온다. 즉 이러한 체험의 연속 안에서는 사실 '그때마다의 현재'에 존재하는 체험만이 '본래' '현실적'이고, 반대로 지나간 체험이나 앞으로 하게 될 체험은 더 이상 또는 아직 '현실적'이지 않다는 것이다. 현존재는 양쪽의 한계 사이에서 자신에게 주어진 시간의 구간을 통과해 간다. 그것도 현존재가 매 현재에서만 '현실적으로' 존재하면서 자신의 '시간'의 현재 연속을 차례로 껑충껑충 건너뛰어 가는 방식으로 말이다. 그래서 사람들은 현존재를 '시간적'이라고 말한다.[177]

현존재가 시간적이라는 말은 인간이 탄생과 죽음까지의 전체 삶 속에서 언제나 시간이라는 조건의 제약과 한계 안에서 살아간다는 말과 같다. 탄생이 시간의 제약을 받는 만큼 죽음 또한 시간의 제약을 받는다. 그래서 하이데거는 인간이라는 현존재를 '죽음을 향한 존재'라고 정의한다. 심지어 그는 죽음 자체가 오직 현존재의 죽음 안에서만 존재한다고 말한다. "현존재에 걸맞게 죽음은 오직 하나의 실존적인 죽음을 향한 존재 안에서만 존재한다(Daseinsmäßig aber *ist* der Tod nur in einem existenziellen *Sein*

---

177 Martin Heidegger, *Sein und Zeit*, pp. 493~94 (강조: 하이데거).

zum Tode)."[178] 죽음조차 시간에서 벗어날 수 없는 운명에 처해 있다는 비극적 표현이다. 왜냐하면 하이데거에서 "죽음은 무한한 시간 안에서 일어나는 하나의 사건이 아니라 각자의 인간에게 주어진 유한한 시간이 종말을 고하는 사건"이기 때문이다.[179]

레비나스도 죽음을 시간과 연관해 사유한 대표적인 현대 지식인이다. 그는 먼저 죽음의 필연성을 다음과 같이 시간의 한 측면으로 규정한다. "죽을 수밖에 없음. 이것은 예측으로 환원할 수 없는 시간의 양상이며, 비록 수동적이지만 경험으로, 무의 이해로 환원될 수 없는 시간의 양상이다."[180] 하이데거에게 지대한 영향을 받은 레비나스는 하이데거처럼 죽음을 사건으로 이해하고 죽는 일이 이처럼 시간에 종속된 일임을 역설한다. 그래서 그가 내린 결론은 "죽음: 시간의 지속이 요구하는 바인 죽을 수밖에 없음(mortalité)"이었다.[181] 레비나스에게서 죽음은 이처럼 '필멸성'(mortality)이었다. 그리고 이 필멸성은 시간이 또는 시간의 지속이 요구한다. 시간성 속에서는 필멸성이 자리 잡고 있는 반면, 영원성 안에는 불멸성이 자리 잡고 있기 때문이다. 따라서 우리가 신의 죽음을 문제 삼지 않는 이상, '죽음은 필멸성이다'라는 명제는 동어반복이다. 왜냐하면 죽음 담론에서 문제를 삼는 죽음은 언제나 인간의 또는 지구상의 생명체의 죽음이기 때문이다. 여기서 드는 뜬금없는 의문은, 만일 '불멸성'(immortality)을 표상하는 신이 죽는다면, 그때는 죽음을 어떻게 정의해야 할까? 그때의 죽음은 '죽지 않을 수도 있는 것'(what might not be dead)일까? 이 세상에서, 특히 철학 분야에서 진리를 가정하며 제시하는 '반드시'(ought to be)라는 표현은 매우 폭력적인 양태어다. 모든 것이 우연처럼 보이는 이 세상에서 과연 필연이라는 것이 존재할까?

178　Martin Heidegger, *Sein und Zeit*, p. 311 (강조: 하이데거).
179　박찬국, 「죽음은 인간 개개인의 가장 고유한 가능성이다」, 정동호 외 지음, 『철학, 죽음을 말하다』, 189~212쪽, 인용은 207쪽.
180　에마뉘엘 레비나스, 『신, 죽음 그리고 시간』, 21~22쪽.
181　에마뉘엘 레비나스, 『신, 죽음 그리고 시간』, 29쪽.

죽음을 시간과 현존재를 존재하도록 만드는 가능성으로 보았다는 점에서도 레비나스는 충분히 하이데거주의자라고 할 수 있다. 레비나스는 다음과 같이 주장한다. "죽음으로 인해 시간이 있고 현존재가 있다."[182] 나 같으면 하이데거주의자라는 말도 안 되는 가정 아래 '시간이 있기에 현존재가 있고 죽음이 있다'라고 말했겠지만, 레비나스는 죽음을 마치 시간과 현존재가 있도록 만들어 주는 조물주처럼 취급한다. 여기서 죽음은 마치 모든 존재를 주관하고 통제하는 독재자로 자리매김하고 있다는 인상을 준다. 내가 보기에는 우리가 어쩔 수 없이 맞이해야 하는 운명이라는 점에서 죽음 또한 필연성을 갖는 우연일 뿐인데 말이다. 왜냐하면 우리가 반드시 죽는다는 사실은 알아도(필연성), 언제 어떻게 죽을지는 알 수 없기(우연성) 때문이다. 그렇지만 레비나스는 나중에 하이데거의 거대한 그늘에서 벗어난다. 왜냐하면 그는 죽음이 우연성이 아니라 가능성이라는 점에서는 하이데거와 생각을 공유했지만, 이 가능성을 결코 미래나 희망이나 계획을 위한 어떤 것으로 보지 않았기 때문이다. 그가 죽음을 "기획 없는 시간"으로 정의한 점만 보아도 그 점을 잘 알 수 있다.[183] 죽음이란 전혀 예측할 수도 없고 가늠할 수도 없는, 한마디로 '가능성이 없는 시간'이라는 것이다.

한편, 프랑스의 작가 모리스 블랑쇼(Maurice Blanchot)는 죽음을 내가 존재하지 않는 영역이라는 점에서 '현재가 없는 시간'으로 정의했다. 그렇다면 현재가 없는 시간이란 도대체 어떤 시간일까? "나는 이 시간과 관계하지 않는다. 나는 이 시간을 향해 뛰어들 수 없다. 왜냐하면 (그 시간 안에서) 나는 죽지 않기 때문이고 죽을 능력을 빼앗겼기 때문이다. (그 시간 안에서) 죽는 것은 익명인 아무개(on)이다. 거기서 익명인은 끊임없이 죽고 또 멈추지 않고 죽는다. …… 그것은 끝나는 지점이 아니라 다만 끝낼 수 없는 것, 고유한 죽음이 아니라 다만 그 어떤 하찮은 죽음, 진정한 죽음이 아니라 다만 카프카가 말하는 치명적인 과오에 대한 비웃음이다."[184] 죽음은 현

---

182 에마뉘엘 레비나스, 『신, 죽음 그리고 시간』, 82쪽 (강조: 레비나스).
183 에마뉘엘 레비나스, 『타자성과 초월』, 177쪽.

재도 없지만 '나'도 없는 시간이다. 현재 내가 존재한다는 주체의 현존재성이 사라진 시간이 바로 죽음이다. 왜냐하면 죽음을 가장 잘 이해하기 위해서는 그 죽음을 일단 나의 죽음으로 상정하고 이해해야 하는데, 내가 죽으면 이 세계도 현재도 나도 사라지기 때문이다. 죽음은 이처럼 '현재와 주체와 존재가 사라진 시간'이다.

현대적 죽음 담론의 열 번째 부정적 성향은 '죽음의 종결성 및 미완성성'이다. 이것은 죽음과 더불어 모든 것이 미완성인 채로 끝났다는 내용을 담고 있다. 가령, 엘리아스는 죽음을 생물학적 종결과 더불어 사회적 관계의 종말로 정의한다. "내가 여기서 제기하는 문제는 죽어가는 사람과 다른 사람들과의 관계 문제이다. 주지하듯이 그것은 발전된 사회에서는 특수한 형식을 취한다. 왜냐하면 죽어가는 과정이 진행될수록 당사자는 정상적인 사회적 삶으로부터 점점 더 멀리 격리되기 때문이다. 이 고립의 결과, 이전 사회에서는 전통적·공적 제도와 환상에 의해 준비되던 노화와 죽음의 체험이 현 사회에서는 억압되어 희미해지는 경향이 있다."[185] 인간에게 죽음은 생명 현상의 중지만이 아니라 앞서 '노화'와 '죽어감'의 담론에서 보았던 것처럼 사회적 관계의 중단도 의미한다. 즉 인간은 생물학적으로만 죽는 것이 아니라 사회적으로도 죽는다. 사회학자였던 엘리아스다운 생각이지만, 이 점은 흔히 철학자들이 간과하기 쉬운 지점이다. 사회적 존재로서 인간의 죽음은 언제나 사회적 죽음, 즉 사회적 관계의 죽음이기도 하다. 이러한 현상은 현대에 올수록 더 심화된다. 현대인들은 전통 시대보다 더욱 외롭게 죽어간다.

야스퍼스나 하이데거 같은 실존주의 철학자들도 엘리아스와 비슷한 생각을 펼쳤다. 야스퍼스는 죽음을 절단, 분리, 종말, 고독, 고통, 무력(無力)의 이미지로 그려 낸다. "나와 소통하는 가까운 사람, 가장 사랑하는 사람의

---

184 Maurice Blanchot, *L'espace littéraire*, Paris: Gallimard, 1955, pp. 160~61. 다음 문헌에서 재인용함. 질 들뢰즈, 『차이와 반복』, 257쪽.
185 노르베르트 엘리아스, 『죽어가는 자의 고독』, 97~98쪽.

죽음은 현상적인 삶에서 가장 심도 있는 절단(Schnitt)이다. 마지막 순간에 죽는 사람을 홀로 보내면서 그를 따라갈 수 없을 때 나는 홀로 남겨진다. 아무것도 되돌릴 수 없다. 모든 순간 죽음은 항상 종말일 뿐이다. 죽은 사람은 더 이상 말 걸어지지 않는다. 죽는 사람은 누구나 홀로 죽는다. 죽음 앞에서의 고독은 남아 있는 사람에게도 죽는 사람에게도 철저한 것으로 보인다. 의식이 있는 한 함께 있음의 현상은 분리의 고통인데 이는 소통의 최후의 무력한 표현이다."[186] 죽음은 그와 교류했던 사람들과의 의사소통의 중지이자 부재다. 그와 더 이상 관계를 이어갈 수 없기 때문이다. 죽은 자는 말이 없다. 행동도 없다. 그렇기에 야스퍼스는 모든 죽음이 언제나 종말이라고 선언한다. 그런데 이 종말은 언제나 '완성'이 아니라 '중단'일 뿐이다. 끝나긴 하되 언제나 미완으로 끝나는 종결, 그것이 바로 죽음이다. "가장 적극적인 삶이 그 고유한 완성을 향하여 나아갈 때, 이는 곧 그 고유한 죽음을 향하여 나아가는 것이다. 실제의 죽음은 강제적이고 중단시키는 것이다. 즉 죽음은 완성이 아니라 끝이다. 그러나 실존은 그럼에도 불구하고 자신의 가능적 완성의 필연적인 한계로서의 죽음을 향해 선다."[187] 그 점에서 야스퍼스에게서 죽음은 '중단적 종말' 또는 '미완의 종결'이었다.

하이데거도 야스퍼스와 거의 똑같은 생각을 펼친다. 그 역시 죽음이 항상 완성을 의미하는 것은 아니라고 말한다. "끝남이 필연적으로 자기를 완성함을 말하는 것은 아니다. 이제 죽음이 과연 어떤 의미에서 현존재의 끝남으로 개념 파악되어야 하는가 하는 물음이 더 절실해진다. 끝남은 우선 중지를 의미하는데, 이것도 다시금 존재론적으로 상이한 의미를 띠고 있다."[188] 죽음을 중지, 중단, 미완성으로 이해한 하이데거는 인간의 현존재를 '죽음을 향한 존재'라고 규정하기 이전에 '종말을 향한 존재'라고 정의한다. "현존재는 그가 존재하고 있는 한 이미 자신의 아직-아님으로 존재하듯

---

186 칼 야스퍼스, 『철학 II: 실존조명』, 359~60쪽.
187 칼 야스퍼스, 『철학 II: 실존조명』, 370쪽.
188 Martin Heidegger, *Sein und Zeit*, p. 325 (강조: 하이데거).

이, 그는 또한 언제나 이미 그의 종말로 존재한다. 죽음을 뜻하는 끝남은 현존재의 끝에-와-있음이 아니라 오히려 현존재라는 이 존재자의 종말을 향한 존재(Sein zum Ende)다. 죽음은 현존재가 존재하자마자 떠맡는 존재의 한 방식이다."[189] 여기서 주목해야 할 키워드는 두 가지다. 하나는 인간이 종말을 향해 가는 '종말적 존재'라는 것, 다른 하나는 인간이 언제나 죽음과 함께 존재하는 '죽음적 존재'라는 것이다. 앞서 보았듯이, 인간은 태어나면서 죽기 시작한다. 죽음은 늘 인간과 함께한다. 바로 그 때문에 죽음 또한 '인간 존재의 한 양식'으로 규정된다. 실존주의 철학자들이 인간을 너무 비관적이고 비극적인 존재로 본 것이 아니냐는 반론을 제기할 수 있지만, 이들의 발언이 일정 부분 많은 진실을 담고 있는 것은 사실이다.

마르크바르트에게서도 비슷한 생각이 발견된다. 그는 베츠와의 대담 마지막 부분에서 죽음과 종교에 대한 질문을 받고 다음과 같이 말한다. "그동안 저는 기독교 믿음 이론을 받아들이기가 힘들었습니다. …… 종교적 위로의 조그만 대체물이 저에게는 잠입니다. 잠을 충분히 자면 사람들은 많은 일을 견뎌 낼 수 있습니다. …… 저의 문제는 쇠렌 키르케고르의 문제처럼 '그냥 존재하는 대신 시를 쓴' 것입니다. 이것이 저의 문제입니다. 저의 생은 하나의 단편으로 남을 것입니다. 이는 차안에서도 피안에서도 완성되지 않을 것입니다. 이는 완성도 아니고 목표점도 아니고 단순히 곧 끝에 있을 것입니다!"[190] 마르크바르트에게서 죽음은 '삶의 미완성'이다. 심지어 그는 이승만이 아니라 저승에서도 자신을 포함해 모든 인간의 삶이 미완성인 채로 남을 것을 확신한다. 그에게 죽음은 완성이 아니라 그저 종말일 뿐이었다.

죽음에 관한 현대적 담론의 열한 번째 부정적 성향은 '죽음의 불가피성과 불가역성'이다. 특이한 점은 이 담론이 대체로 '죽음의 체험 불가능성'과 연계되어 논의된다는 것이다. 그러나 사실 이 관점은 그다지 특이하지

---

189 Martin Heidegger, *Sein und Zeit*, p. 326 (강조: 하이데거).
190 오도 마르크바르트, 『늙어감에 대하여』, 125쪽.

도 않고 새롭지도 않다. 그래서인지 현대의 죽음 담론에서 이 관점이 명시적으로 드러난 경우는 거의 없다. 다만 몇몇 경우에 죽음 자체가 아니라 그와 연관된 다른 논의를 이끌어가다가 어쩔 수 없이 언급한 사례들이 간혹 눈에 띌 뿐이다. 가령, 퀴블러-로스는 죽음이 두려운 이유가 그것의 불가피성과 예측 불가능성에 있다고 말한다. "피할 도리도 없고 예측도 불가능한 죽음의 속성 때문에 많은 이들이 죽음 앞에 두려워한다."[191] 레비나스 역시 비슷한 주장을 펼치는데, 그는 경험으로 환원하는 것이 불가능하다는 점에서 죽음을 '불가역적인 것'이라고 부른다. "죽음을 경험으로 환원하는 것이 불가능하다는 점, 죽음을 경험하는 것이 불가능하다는 사실의 자명함과 삶과 죽음이 접촉할 수 없다는 사실의 자명함은 어떤 외상보다도 더 수동적인 정감을 의미하는 것은 아닌가? 마치 충격 너머에 어떤 수동성이 있는 것처럼 말이다." 경험으로 환원할 수 없는 죽음의 불가역성, 즉 체험 불가능성을 레비나스는 특별히 "죽음의 선험성(*a priori*)"이라고 불렀다.[192] 비슷한 맥락에서 비트겐슈타인 또한 죽음의 체험 불가능성을 다음과 같이 설파한다. "죽음은 삶의 사건이 아니다. 죽음은 체험되지 않는다."[193] 죽음은 이처럼 레비나스나 비트겐슈타인에게서 경험을 넘어서거나 경험 밖의 것(초험성)도 아니고 경험 뒤의 것(후험성)도 아니며, 경험 이전의 것(선험성)이다. 바로 이 점에서 죽음은 '형이상학적'이다.

죽음이 형이상학적인 만큼 그것은 결코 인간이 알 수 있는 대상이 아니다. '경험할 수 없는 이상 인간은 결코 죽음을 알 수 없다'라는 것은 내가 이 책에서 줄곧 강조해 온 명제다. 전통 시대의 서구 지식인들의 죽음 담론은 주로 죽음을 받아들이라거나, 죽음을 통해 삶의 지혜를 배우라거나,

---

191 Elisabeth Kübler-Ross, *Death: The Final Stage of Growth*, Englewood Cliffs, NJ: Prentice-Hall, 1975; 엘리자베스 퀴블러-로스, 이주혜 옮김, 『죽음 그리고 성장』, 이레, 2010, 37쪽.
192 에마뉘엘 레비나스, 『신, 죽음 그리고 시간』, 21쪽 (강조: 레비나스).
193 루트비히 비트겐슈타인, 『논리-철학 논고』, 126쪽 (= *Tractatus Logico-Philosophicus*, 6.4311).

죽음이 선 또는 악이라거나, 죽으면 천국 또는 지옥에 간다거나, 영혼은 계속 살아남아 있을 것이라거나, 사후세계는 있을 것이라는 데 초점이 맞추어져 있었다. 설령 죽음을 알 수 없다 하더라도, 파스칼의 사례에서 드러나듯이, 최소한 죽어서 하나님 곁으로 갈 것이라는 점은 안다고 말했다. 한마디로 '죽음의 무지성(無知性)' 담론은 거의 활성화되지 못했다. 하지만 현대에 들어서면 서구 지식인들의 관점은 이제 "죽음을 알 수 없다"라는 식으로 바뀐다. 죽어서 천국이나 하나님 곁으로 간다는 믿음의 담론도 '종교의 탈신비화'(막스 베버) 또는 '기독교의 세속화'와 더불어 거의 완전히 사라진다.

이것이 바로 현대 죽음 담론의 열두 번째 부정적 성향인 '죽음의 모호성 또는 예외성 및 신비성'이다. 이 주제를 선도한 인물은 레비나스다. 그는 죽음을 "수수께끼"라고 부른다.

> 우리는 죽음에 대해서 무엇을 아는가? 죽음이란 무엇인가? 경험적으로 보자면, 그것은 어떤 행동이 멈추는 것이다. …… 죽음은 분해다. 그것은 응답/반응-없음이다. …… 죽음이란 앞서 죽음을 부인하던 얼굴의 움직임이 움직이지 못하게 되는 것이다. 죽음은 대화와 대화의 부정 사이의 투쟁이다. 이러한 투쟁 속에서 죽음은 자신의 부정적 능력을 확증한다. 죽음은 치유인 동시에 무능이다. 이 같은 애매성은, 죽음을 존재와 비-존재의 양자택일 속에서 사유하는 의미의 차원과는 다른 의미의 차원을 지시한다. 애매성, 즉 수수께끼. 죽음은 떠남이며 사망이고 부정성이다. 이 부정성이 도착하는 곳은 알려져 있지 않다. 그렇다면 죽음을 어떤 무규정성의 물음이라고 생각해서는 안 될까? 즉 주어진 것들에서 출발하는 문제로 설정된다고는 할 수 없는 그런 무규정성의 물음이라고 생각해서는 안 될까? 죽음이란 되돌아오지 않는 떠남, 주어진 자료 없는 질문, 순수한 물음표인 셈이다.[194]

---

194 에마뉘엘 레비나스, 『신, 죽음 그리고 시간』, 23~28쪽 (강조: 레비나스).

이 글 안에는 죽음에 대한 수많은 정의가 쏟아져 나온다. 행동의 정지, 분해, 응답 없음, 반응 없음, 대화와 비대화의 투쟁, 치유, 무능, 애매성, 존재와 비존재의 대립, 수수께끼, 떠남, 사망, 부정성, 무규정성의 물음, 귀환 없는 출발, 대답 없는 질문, 순수한 물음표 등이 그것들이다. 마치 열거를 위한 열거처럼 보인다. 이처럼 정의가 많다는 것은 그 어떤 정의도 정의가 아니라는 말과 똑같다. 물론, 레비나스 자신도 딱히 한 단어로 정의할 수 없었기에 수없는 단어를 나열했을 것이다. 그만큼 죽음을 알 수 없는 대상으로 여겼기 때문이다. 이 수많은 정의 가운데 무엇이 죽음에 가장 적합할까? 사람마다 대답이 모두 다를 것이지만, 내게는 '귀환 없는 출발'과 '대답 없는 질문'이 가장 마음에 와닿는다. 떠나기는 하되 되돌아오지 않는 떠남, 질문은 하되 대답과 반응이 없는 그러한 질문 말이다. 레비나스는 이 알 수 없는 죽음을 결국 '질문'이라고 규정했다. 따라서 레비나스에게서 죽음은 문법적으로 말하자면 품사상 '명사'가 아니라 '동사'였으며, 문장상 '평서문'이 아니라 '의문문'이었다. 그에게서 죽음은 대답이 아니라 질문이었고 해결이 아니라 의문이었다.

레비나스는 더 나아가 죽음을 '예외적 현상'이라고 정의한다. "죽음이 존재나 무와 관련해 어떤 의미를 갖든지 간에, 죽음은 하나의 예외이다. 죽음의 이 예-외가 죽음에 그 깊이를 준다. 죽음의 예-외 속에서 죽음과 맺는 관계는 봄(voir)도 아니고 겨눠진 것(visée)도 아니다. 그것은 순수하게 감정적인 관계다. 그것은 한 감정으로 우리의 마음을 움직이지만, 그 감정은 어떤 앞선 앎이 우리의 감성과 지성에 대해 반항함으로써 이뤄지는 것은 아니다. 죽음의 예-외 속에서 죽음과 맺는 관계는 미지의 것 속에서의 감정이고, 운동이고, 불안정(inquiétude)이다."[195] 이 문장 바로 앞에서 레비나스는 '예외'(exception)를 "붙잡아 해당 계열 외부ex-에 놓는다는 뜻"이

---

[195] 에마뉘엘 레비나스, 『신, 죽음 그리고 시간』, 30~31쪽 (강조: 레비나스). 인용문 중간에 "반항함으로써"가 국역본에는 "반항함으로써"로 되어 있는데, 이것은 문맥상 "반항함으로써"의 오기로 보인다.

라고 설명한다. 우리의 삶의 계열에서 빼내어 바깥에 둔다는 의미일 것이다. 죽음이 '예외상황'이라는 이 정의는 마치 바이마르 공화국 시절 혼란스러운 정국에서 대통령이 발동하는—흔히 우리말로 '비상사태'로 번역되는—'예외상태'(Ausnahmezustand)를 연상시킨다. 당시 법학자 카를 슈미트(Carl Schmitt)가 '주권자'를 "예외상태를 결정하는 자"로 정의했던 것처럼 말이다.[196] 그렇다면 죽음도 삶의 예외상태를 결정하는 '생의 주권자'가 아닐까? 여하튼 죽음의 예외성을 표현한 것으로 레비나스의 이 문구보다 더 적절한 것을 찾는 것은 거의 불가능해 보인다. 결국 죽음은 우리의 일상적이고 통상적인 사유의 범위를 넘어서는 주제다. 일반적 사고는 말할 것도 없고 심오한 사유로도 알 수 없는 대상이 바로 죽음이다.

아메리 역시 죽음이란 우리가 알 수 없는 절박한 수수께끼라고 말한다. "우리는 죽음보다 더 절박한 수수께끼를 알지 못한다. 죽음이라는 것의 안을 들여다볼 때 자유죽음은 그 어처구니없는 모순을 몇 배는 더 끌어올린다. 너무도 엄청나서 그 규모를 알 수 없을 정도로."[197] 여기서 '자유죽음'(Freitod)이란 독일어로 '자살'을 뜻한다. 이 주제는 다음 장에서 다루어질 것이기에 여기서 자세한 논의는 삼가겠지만, 다만 몇 가지 주요 논점은 짚고 넘어가자. 먼저 여기서 아메리는 죽음도 알기 어려운데, 자살은 더욱 더 미스테리하다고 말한다. 우리는 대상을 논리적이고 합리적으로 설명할 수 있거나 이해할 수 있을 때 모순이라는 표현을 쓰지 않는다. 모순이나 역설이라는 표현은 어느 쪽으로 설명하든 쉽게 또는 전혀 이해되지 않을 때 쓴다. 아메리는 죽음 자체를 '절박한 수수께끼'이자 '모순'이라는 단어들로써 인간의 인식 수준으로는 알 수 없는 대상으로 만들어 버린다. 과거 원시인들이 무서워하며 신비롭게 생각했던 천둥이나 번개 같은 자연 현상

---

196 Carl Schmitt, *Politische Theologie: Vier Kapitel zur Lehre von der Souveränität*, Berlin: Duncker und Humblot, 2009, 1st ed. 1922, p. 13.

197 Jean Améry, *Hand an sich legen. Diskurs über den Freitod*, Stuttgart: Klett-Cotta, 2005, 1st ed. 1976; 장 아메리, 김희상 옮김, 『자유죽음: 삶의 존엄과 자살의 선택에 대하여』, 산책자, 2010, 54쪽.

처럼 과학과 의학의 발달로 언젠가 죽음의 신비가 완전히 벗겨질 날을 기대해 본다.

하지만 아직까지는 죽음은 여전히 신비로운 대상이다. 현대의 서구 지식인들은 대부분 죽음의 실체를 밝히기보다는 죽음을 신비로운 것으로 여기기에 급급했다. 가령, 엘리아스는 살아 있는 사람이 자신을 죽어가는 사람과 동일시하지 못한다는 점이 죽음의 문제를 어렵고 이해할 수 없는 신비로운 현상으로 만든다고 주장한다.

> 검투사들이 행진하면서 황제에게 "죽으러 가는 자들이 황제께 인사드립니다"라고 예를 표했던 것은 유명한 사실이다. 어떤 황제들은 자신들이 실제로 신과 같은 불멸의 존재라고 믿었다. 어쨌든 검투사들이 "죽으러 가는 자들이 앞으로 죽을 이에게 인사드립니다"라고 외치는 것보다는 듣기에 나았을 것이다. 그러나 그 말을 할 수 있으려면 검투사도 황제도 없는 사회여야 할 것이다. 통치자에게 그 말을 하기 위해서는 …… 죽음에 대한 지금까지의 관념보다 훨씬 더 광범위하게 죽음에 대한 탈신비화가 있어야 하고, 인간은 필멸의 존재이며 어차피 다른 사람들의 도움에 기댈 수밖에 없다는 사실을 더욱 분명하게 인식해야 한다. 살아 있는 사람들은 죽어가는 사람들과 자신을 동일시하기가 어렵다는 점에서 죽음이라는 사회적 문제는 해결하기 어려운 문제이다.[198]

거듭 말하지만 죽음이 신비로운 이유는 무엇보다 죽음을 경험할 수 없기 때문이다. 더 나아가 살아 있는 사람이 죽어가는 사람들에 감정이입을 할 수도 없고 동일시하기도 어렵기 때문이다. 장례식장에 갔다고 해서, 시신을 화장하는 모습을 보았다고 해서, 영결식에 참석했다고 해서, 묘소나 납골당을 방문했다고 해서 죽음을 경험했다고 말할 수는 없다. 심지어 관에 직접 들어가 보는 입관 체험을 했다고 해서 죽음을 알 수 있는 것은 아

---

198 노르베르트 엘리아스, 『죽어가는 자의 고독』, 9~10쪽.

니다. 우리는 결코 죽어가는 자들의 고통을 느낄 수도 없고 죽은 자들의 침묵을 깨달을 수도 없으며, 따라서 죽음을 본질적으로 알 수 없다. 죽음은 신비롭기 때문에 알 수 없는 것이 아니라 알 수 없기 때문에 신비로운 것이다.

죽음을 신비 또는 비밀로 정의한 대표적인 현대 지식인은 장켈레비치다. 그는 앞서도 언급했던 『죽음』의 서문(Préface)에 해당하는 글의 제목을 아예 "신비라는 죽음과 현상이라는 죽음"으로 표현했다.[199] 생물학적·의학적 사건으로서 죽음은 '현상'이지만, 철학적·형이상학적 주제로서의 죽음은 '신비'(Geheimnis)라는 뜻이다. 프랑스어 원본에서 이 단어는 말 그대로 '신비'를 뜻하는 'mystère'로 되어 있다. 그런데 독일어 번역자는 라틴어에서 유래한 'Mysterium'이라는 독일어 단어가 있음에도 불구하고 보통 '비밀'이라는 뜻으로 더 많이 쓰이는 순수 독일어인 'Geheimnis'로 번역했는데, 원어를 살려 그냥 'Mysterium'이라고 번역했더라면 뜻이 훨씬 더 명확하게 와닿지 않았을까 생각된다. 어쨌든 장켈레비치의 방점은 죽음이 신비롭다는 사실보다는 이해하기 어렵다는 사실에 찍혀 있다.

앞서 질병을 다룬 장에서 인용했던 미국의 저술가 윌리스턴도 죽음을 신비로운 탐구 대상으로 간주한다.

인간에게 죽음을 예상하는 것보다 더 두렵고 겁나는 것은 없다. 인간의 본질에 관해서 이보다 더 집요하고 복잡한 의문들을 불러일으키는 말은 아마 없으리라. 태곳적부터 사람들은 죽음을 두려워했다. 그들은 죽음을 무시하고 거부하고 당혹스럽게 생각하면서, 그것을 조금이라도 지연시키려고 갖은 노력을 다 기울여 왔다. 그들은 신화, 종교, 철학을 통해 죽음을 다루어 보려고 무척 애를 썼다. 사실 철학은 죽음과 연관된 문제를 공부하는 것에 불과하다고 생각하는 사람들도 있다. 이를테면 쇼펜하우어는 죽음을 일컬어 '참된 영감을 주는 철학의 천재'라고 했다. 이렇듯 죽음은 요소요소에서

---

[199] Vladimir Jankélévitch, *Der Tod*, pp. 11~47.

음악, 예술, 문학에 영감을 주어온 것이다. 미켈란젤로는 이 사실을 극명하게 표현해주고 있다. '나의 모든 생각에는 죽음이 조각되어 있다.' 죽음이란 주제는 역설과 모호함으로 둘러싸여 있다. 그리고 우리들은 생명을 연장시켜 보려고 기술적으로 별짓을 다 하면서도, 다른 한편으로는 그 문제를 완전히 도외시하려는 모순된 태도를 취한다. 그만큼 죽음은 요즘 몇십 년 동안 당혹감과 불안감을 조성해 온 것이다. 더욱이 우리에게는 죽음을 인간의 추하고 악한 모든 것이 구체화된 것으로 보는, 그래서 어떤 성난 신이 우리의 죄를 징벌하는 시간으로 보는 좋지 않은 경향이 있다. 까마득한 옛날부터 우리는 죽은 사람의 시체를 더럽고 부정한 것으로 보았다. 누군가 죽으면 죽음과 만나는 공포를 느끼지 못하도록 애들을 부리나케 친척들에게 맡겼다. 또 우리는 죽음이란 말을 쓰지 않으려고 '별세, 서거'란 말로 죽음을 넌지시 표현한다. 우리는 죽은 자들을 그냥 자는 것처럼 보이게 하려고 애를 쓴다. 또 우리는 환자에게 죽을병에 걸린 사실을 숨기려 한다. 이 모든 것을 비롯한 수많은 술책은 사실 죽음에 적응할 수 없는 불안감과 마주치지 않으려는 시도이다. 왜냐하면 죽음에 직면한다는 것은 삶의 의미에 대한 궁극적인 의문과 마주치는 것이기 때문이다.[200]

  삶에 심취하면 할수록 시시각각 우리의 숨줄을 죄어오는 죽음을 우리는 인식하지 못한다. 바쁘게 살아가는 현대인에게 죽음은 기피 대상 1호일 수밖에 없다. 조금이라도 죽음을 생각하기에는 현재의 삶이 너무나도 벅차기 때문이다. 밀어내면 밀어낼수록 죽음은 원치 않게 신비로워진다.
  현대로 올수록 사람들이 죽음을 금기시하거나 신비로운 대상으로 여기는 현상은 어쩌면 전통 시대에 사람들이 섹스를 금기시하면서 신비로운 대상으로 간주했던 것과 유비된다. 섹스와 죽음의 유사점은 적지 않은 현대 서구 지식인들이 즐겨 논의한 주제였다. 그 가운데 대표적인 인물이 오랫동안 죽음의 태도의 역사를 연구했던 프랑스 역사가 아리에스다. 그는

---

200 글렌 윌리스턴·주디스 존스톤, 『영혼의 탐구』, 204~05쪽.

한 서평에서 다음과 같이 주장한다. "고도로 산업화된 사회들이 보여 주는 두드러진 특징은, 죽음이 주된 금기로서 성욕의 자리를 차지하고 있었다는 사실이다. 이것은 극히 최근에 밝혀진 현상이다. …… 죽음에 대한 금기는 현대성과 밀접한 관련이 있는 것처럼 생각되고 있었다."[201] 전통 사회에서 금기시되면서 신비화되던 성욕의 자리를 산업 사회로 오면서 죽음이 차지하게 되었다는 지적은 타당해 보인다. 바로 이것이 죽음의 현대적 특징이다.

정신분석 기법을 인류학에 적용한 것으로 유명한 영국의 유대계 인류학자 제프리 고러(Geoffrey Gorer) 또한 죽음을 섹스와 마찬가지로 신비로운 현상으로 분석한다. 그의 진단에 따르면, "성(sex)의 신비에 대한 우리의 호기심을 자극하는 환상과 죽음의 신비에 대한 우리의 호기심을 자극하는 환상 사이에는 많은 유사점이 있는 것 같다."[202] 죽음이 무엇인지 몰라도 일상에서 죽음을 쉽게 접하던 전통 시대와 달리, 현대에 오면 죽음은 사람들에 의해 밀려나고 감추어지면서 금기시된다. 성의 신비에 비유된 죽음의 신비는 장켈레비치 등이 말했던 '죽음의 신비성' 담론과는 궤와 차원을 달리한다. 즉 포르노그래피로서의 죽음 담론은 몰라서 신비로운 것이 아니라 터부시하기에 신비롭다는 논리를 내세운다. 마치 섹스가 일상적인 사회생활에서 공개적으로 언급되지 않고 은어(隱語)나 신호로 소통되는 것처럼 말이다.

고러의 '죽음의 신비성' 주장은 곧바로 현대 죽음 담론의 열세 번째 부정적 성향인 '죽음의 외설성' 담론을 유도한다. 바로 앞 문단에서 인용한 고러의 논문 「죽음의 포르노그래피」의 핵심 주장은 이렇다. 현대 사회에 의해 숨겨진 죽음은 더 이상 보이지 않게 되었고 죽음을 향한 우리의 억

---

201 Philippe Ariès, "La mort et le mourant dans notre civilisation", *Revue Française de Sociologie* 14-1, 1973, pp. 125~28; 다음 문헌에서 재인용함. 필리프 아리에스, 『죽음의 역사』, 280~81쪽.

202 Geoffrey Gorer, "The Pornography of Death", *Encounter* 5, 1955, pp. 49~52, 인용은 p. 51.

눌린 욕정은 생생하고 폭력적인 표현으로 나타났으며, 대중매체에서 다루는 죽음에 대한 이러한 병리적 표현이 포르노그래피의 한 형태라는 것이다. 결국 그는 폭력과 거리가 먼 정서적 콘텐츠가 시청자의 대인 폭력에 대한 민감성과 현실 세계에서의 죽음의 심오한 의미를 둔화시킨다고 비판한다.[203] 그렇다면 고러는 왜 죽음이 외설적이라고 주장했을까? 그는 먼저 '포르노그래피'와 '외설'을 다음과 같이 구별한다.

> 포르노그래피는 의심할 여지 없이 얌전함(prudery)의 반대 얼굴이자 그 림자인 반면, 외설(obscenity)은 점잖음(seemliness)의 한 측면이다. …… 외설은 사회 안에서 살아가는 남자와 여자의 한 측면이자 하나의 보편적인 것이다. 즉 언제 어디서나 예상치 못할 때 특정한 말과 행동이 쇼크, 사회적 당혹감, 박장대소를 만들어 낼 수 있다. 반면 환상과 망상을 만들어 내는 터부시된 행동들의 묘사로서 포르노그래피는 훨씬 더 드문 현상처럼 보인다. …… 외설을 즐기는 것은 두드러지게 사회적인 반면, 포르노그래피를 즐기는 것은 두드러지게 개인적이다.[204]

이 구분에 따르면 외설은 통상적인 범위에서 벗어난 언행으로서 보편적이고 사회적인 데 반해, 포르노그래피는 금기시된 언행의 표현이기 때문에 외설보다 훨씬 더 드물게 나타나고 은밀하며 사적이다. 고러가 보기에 죽음은 오늘날에 와서 외설이 아니라 금기시된 표현으로서 포르노그래피에 가깝다.

고러가 사용한 'obscenity'라는 단어를 사전에 나와 있는 그대로 '외설'이라고 번역하기는 했지만, 사실 우리말의 '외설'(猥褻)은 'pornography'에

---

203 Geoffrey Gorer, "The Pornography of Death". 또한 John Tercier, "The Pornography of Death", in: Hans Maes (ed.), *Pornographic Art and the Aesthetics of Pornography*, London: Palgrave Macmillan, 2013, pp. 221~35 참조.

204 Geoffrey Gorer, "The Pornography of Death", p. 49.

더 가깝다. 왜냐하면 'obscenity'는 예의 바르지 못하거나 상스럽거나 음탕하거나 역겨운, 한마디로 비도덕적인 언행을 뜻하는 단어이기 때문이다. 그런 점에서 고려의 담론도 '죽음의 외설성'을 지시한다고 할 수 있다. 성(性)과 죽음의 친화성에 주목한 다른 한 명으로 엘리아스를 들 수 있다. 그는 이 주제를 다음과 같이 설명한다. "성과 죽음 양자는 특정 사회에서 특정한 방식으로 나타난다. 즉 인간성의 발전 과정에서, 그리고 이 발전의 한 양상인 문명화 과정에서 인간이 도달한 특정 단계에 나타나는 경험과 행위에 의해 구성된 생물학적 사실이다."[205] 엘리아스는 문명화 과정에서 사회적 삶의 뒤편으로 밀려난 대표적인 사례가 바로 성과 죽음이라고 주장한다. 여기서 그가 말하고자 하는 바는, 마치 빅토리아 시대의 영국에서 성(性)이 억압되고 금기시되었던 것처럼 이제 현대에 와서는 사람들이 죽음을 억압하고 금기시하는 태도가 나타났다는 것이다. 그 점에서 성과 죽음은 친화적이다. 앞서 프로이트가 에로스와 타나토스를 대립하면서도 서로 조응하는 인간의 삶과 본능의 두 양상으로 보았던 것처럼 이제 많은 현대 서구 지식인은 성과 죽음을 그런 대상으로 보기 시작했다.

  죽음을 기피하면 할수록 죽음은 현대인들에게서 소외되어 갔다. 죽음이 현대인을 소외시켰다기보다는 현대인이 죽음을 소외시켰던 것이다. 이것이 현대 죽음 담론의 열네 번째 부정적 성향인 '죽음의 타자성 및 소외성'이다. 이 종류의 담론에서 먼저 타자성이 문제가 되는 이유는 현대인에게 죽음은 언제나 '나의 죽음'이 아니라 '타인의 죽음'이기 때문이다. 이것은 어쩌면 현대인이 죽음을 밀어내는 가장 중요한 방식일 것이다. 이 관점을 가장 두드러지게 보인 사람은 야스퍼스다. 그는 "사건으로서의 죽음은 오직 타자의 죽음으로서만 존재한다"라고 말한다. "나의 죽음은 경험될 수 없고 나는 단지 죽음과의 관계 안에서만 죽음을 경험할 수 있다. 나는 신체의 고통, 죽음에의 불안, 피할 수 없는 것처럼 보이는 죽음의 상황을 경험하고 그 위험을 넘어설 수 있다. 죽음을 경험할 수 없다는 사실은 지양

---

[205] 노르베르트 엘리아스, 『죽어가는 자의 고독』, 52쪽.

될 수 없다. 죽어가면서 나는 죽음을 겪지만(erleide) 나는 결코 죽음을 경험하지는(erfahre) 않는다. 나는 살아 있는 존재로서 나와 죽음과의 관계에서 죽음에 저항하거나 아니면 죽음으로 귀결될 수 있거나 귀결될 수밖에 없는 과정의 전 단계를 경험하거나 한다. 물론, 나는 이 모든 것을 경험하지 않고 죽을 수도 있다. 그러나 이 경험은 그 자체로서 아직 한계 상황의 표현은 아니다."[206] 현대인은 내가 죽지 않고 남이 죽는다는 사실을 통해서만 죽음을 경험할 수 있다고 착각한다. 그러나 그것은 진정한 의미의 '경험'이 아니라 다만 '상상'일 뿐이다. 왜냐하면 그것은 내가 아니라 남이 하는 경험이기 때문이다. 이처럼 현대인에게 죽음은 언제나 나와 무관한 타인, 즉 제3자의 죽음이다. 이것이 바로 '죽음의 타자성'이다.

레비나스는 이 생각을 더 급진적으로 밀고 간다. 즉 죽음을 단순히 타자의 것으로만 돌려 주체를 빼내는 것이 아니라 타인의 죽음을 나의 책임과 연결한다. 그의 말을 들어보자.

> 종말이 의미하는 죽음은 타인에 대한 책임이 됨으로써만 죽음이 미치는 모든 범위를 측정할 수 있을 것이다. 실제로 타인에 대한 책임을 통해서만 우리는 자기 자신이 된다. 우리는 양도 불가능하고 위임 불가능한 이러한 책임을 통해서 자기 자신이 된다. 타자의 죽음에 대해 내가 지는 책임은 타자의 죽음에 나를 끌어넣을 지경에까지 이른다. 이 점은 다음과 같은 매우 수긍할 만한 명제 속에 드러나 있는 것 같다. '나는 타자가 죽을 수밖에 없다는 점에서 그에게 책임이 있다.' 타자의 죽음, 그것이 현존재에게는 첫째가는 죽음이다.[207]

죽음이 현존재에게 일차적으로 타자의 죽음인 것은 맞지만 그 죽음은 언제나 나의 책임 속에서 발생하는 사건이다. 앞서 레비나스는 현존재에게

---

206 칼 야스퍼스, 『철학 II: 실존조명』, 361쪽 (강조: 야스퍼스).
207 에마뉘엘 레비나스, 『신, 죽음 그리고 시간』, 68쪽.

존재한다는 것은 곧 죽는다는 것, 죽을 수밖에 없다는 것을 의미한다고 언급했다. 그런 점에서 본다면 나라는 주체는 현재 존재하고 있지만 언젠가 죽을 것이고, 그 죽음과 무관하게 또 언제나 타인의 죽음에도 연대 책임을 져야 하는 그런 존재다. 이처럼 죽음은 나라는 존재 주변을 가득 둘러싸고 있다. 인간은 죽음에 둘러싸인 존재다. 그럼에도 나는 또 언제 어떻게 죽을지 알 수 없다는 점에서 죽음은 내 앞에 현전해 있지 않다. 그런 점에서 나는 죽음으로부터 소외되어 있다. 죽음의 입장에서 보면 나는 타자화된 존재다.

이처럼 나는 죽음에 대해, 타자에 대해, 더 구체적으로는 타자의 죽음에 대해 타자화된다. 만일 내가 죽는다면, 타인에게 나는 단지 죽었다는 사실 그 이상의 어떠한 의미도 갖지 못한다. 그런 점에서 죽음은 '자아의 타자화'이기도 하다. 이러한 생각을 드러낸 사람이 바로 사르트르다.

> '죽음'의 존재 자체는 우리 자신의 인생에 있어서 타자의 이익을 위해 우리를 송두리째 타자의 것이 되게 한다. 죽은 자로 있는 것은, 산 자의 희생물이 되는 일이다. 따라서 자기의 미래적인 죽음의 의미를 파악하려는 자는 타자들의 미래적인 희생물로서 자기를 발견해야 한다는 얘기가 된다. ……
> 그러나 '죽음의 사실'은 그 싸움 자체에서의 적대자들 가운데 어느 한쪽과 동맹을 맺는 일이 없이, 타인의 관점에 궁극적인 승리를 준다. 왜냐하면 죽음의 사실은 싸움과 도박을 다른 영역으로 옮기기 때문이며, 다시 말해서 전투자의 한쪽을 갑자기 말살하기 때문이다. 그런 의미에서 죽는다는 것은, 우리가 '타인'에 대해 쟁취한 한순간의 승리가 어떤 것이든, 또 설령 '자기 자신의 모습을 조각하기' 위해서 '타인'을 봉사하게 했다 하더라도, 죽는다는 것은 이미 타인에 의해서만 존재하도록 운명이 주어진 것이고, 자신의 의미와 자신의 승리 의미 자체까지 타인에게서 받는 것이다.[208]

---

208 장 폴 사르트르, 『존재와 무』, 880~81쪽.

좀 난해한 문장들이지만 쉽게 풀이해 보자. 만일 내가 죽는다면, 죽음은 나를 객관화하고 타자화하며 궁극적으로는 나를 소외시킨다. 그 때문에 타인들이 나에 대해 승리를 거둔다. 나는 살아 있는 타자들의 희생물로서 죽어간다. 이처럼 현대인은 죽음을 타자화하면서 소외시키기도 하지만, 그렇게 소외된 죽음이 정작 나를 무너뜨릴 때 죽음은 현대인을 매몰차게 소외시킨다. 이미 죽어가는 과정에서부터 현대인은 사람들의 관심에서 멀어지고 뒷전으로 밀려나 쓸쓸하게 죽어가기 때문이다. 이러한 관점은 엘리아스에게서도 발견된다.

> 죽음은 인간 생활에서 가장 큰 생물적·사회적 위험이다. 다른 동물적 측면과 마찬가지로 문명화 과정에서 죽음, 일종의 과정으로서든 기억 이미지로서든 죽음은 점차 사회생활의 무대 뒤로 쫓겨난다. 죽어가는 당사자들의 입장에서 본다면 이것은 그들 역시 점차 뒷전으로 밀려나고 소외된다는 것을 의미한다.[209]

현대 사회로 올수록 죽음이 배제되면서 죽어가는 인간도 그만큼 더 사회로부터 소외되어 왔다는 주장이다. 현대로 올수록 이처럼 '죽음'과 '인간'은 서로 배척하고 대립하는 길항 관계를 이루면서 상대방을 소외시키고 스스로 소외되는 과정을 겪는다.

이러한 관점이 비단 철학이나 사상 분야에서만 펼쳐진 것은 아니다. 당연히 문학 작품들에서도 드러나는데, 가장 대표적인 사례가 바로 카뮈다. 그의 소설 『이방인』은 주인공 뫼르소의 어머니의 죽음으로부터 시작된다. 어머니가 돌아가셨는데도 주인공에게 죽음은 어머니가 있던 요양원으로부터 온 사망 전보 한 통의 간단한 메시지 이상을 의미하지 않는다. 뫼르소가 그 전보에 대해 보인 반응은 마치 친구에게서 온 평범한 안부 편지를 받았을 때의 그것과 전혀 다르지 않았다. 마치 초현실주의의 정물화를

---

209 노르베르트 엘리아스, 『죽어가는 자의 고독』, 18쪽.

보는 듯한 이 비현실적인 반응은 이후 어머니의 죽은 모습을 보려고도 하지 않는 태도, 장례 절차 내내 지루해하던 모습, 모든 절차가 끝나고 이제는 숙면할 수 있겠다며 안도하고 기뻐하는 감정 등에서 계속 이어진다.[210] 물론, 다 큰 성인이 부모가 돌아가셨다고 해서 미친 듯이 울부짖거나 통곡하는 것도 이상하지만 뫼르소처럼 애도, 슬픔, 연민, 우울 따위에 연연하지 않는 식의 기이한 반응도 4차원적이기는 매한가지다. 여기서 죽음은 지극히 낯설고 소외된 현상으로 묘사된다. 다시 말해 죽음은 늘 있던 평범한 일상이거나 아니면 UFO의 발견 같은 비현실적인 사건이거나 둘 중 하나의 클리셰로 설정된다.

　죽음은 낯선 현상이면서도 냉혹한 현실이다. 죽음이 찾아오면 극소량의 미련도 없이 작업을 완수하는 데다가 피할 수 있는 여지를 전혀 주지 않기 때문이다. '죽음의 냉정성 및 냉혹성'은 현대 죽음 담론의 열다섯 번째 부정적 속성이다. 이러한 관점을 보인 대표적 지식인은 레비나스다. 그는 앞서 인용했던 한 대담에서 죽음을 '냉혹한 것', '본래적 냉혹함', '끔찍한 것'이라고 표현한다.[211] 이에 대해서는 보충 설명이 필요한데, 레비나스는 우리가 '죽음'을 알 수는 있지만 "결코 인식될 수 없다"라고 말한다.[212] 만일 안다는 것이 막연히 지식과 정보의 수준에서 아는 것을, 그리고 인식한다는 것이 그 대상의 본질과 속성을 정확히 통찰하는 것을 뜻한다면, 레비나스의 생각은 전적으로 옳다. 이것은 마치 아우구스티누스가 『고백록』에서 '시간'에 대해 성찰할 때를 연상시킨다. 아우구스티누스는 누군가 내게 시간이 무엇인지 묻지 않는다면 나는 시간이 무엇인지 알지만, 묻는다면 알지 못한다고 말한다. 누군가 묻지 않으면 나도 죽음이 무엇인지 알 것 같다. 하지만 누군가 묻는다면 모른다고 답할 것이다. 레비나스는 그 이유가 죽음은 경험될 수도 인식될 수도 없으며, 궁극적으로 사유될 수 없는

210　알베르 카뮈, 『이방인』, 21~37쪽.
211　에마뉘엘 레비나스, 『타자성과 초월』, 176쪽.
212　에마뉘엘 레비나스, 『타자성과 초월』, 178쪽.

대상으로서 우리의 내부가 아니라 외부에서 알 수 없는 미래에 갑자기 닥쳐올 위협적 사건 내지 미지의 것이자 스캔들이기 때문이라고 말한다. 죽음은 이처럼 부지불식간에 닥쳐오는 냉혹한 현실이다.

너무도 뻔하고 당연한 사실이어서인지, 아니면 회피하고 부정하고 금기시하려는 태도 때문인지 몰라도 '죽음의 냉정성' 담론을 펼친 현대 서구 지식인은 의외로 드물다. 레비나스를 제외하면 거의 찾아볼 수 없을 정도다. 이 범주와 꼭 일치하는 것은 아니지만 죽음이 우리를 당혹스럽게 만들고 곤란하게 만든다고 주장한 인물을 한 사람 더 거론할 수 있는데, 그가 바로 20세기 독일의 철학자 오이겐 핑크(Eugen Fink)다. 그는 '죽음의 냉정성' 범주에 속할 수 있는 이른바 '죽음의 당혹성, 곤란성' 담론을 주도한다. 1969년에 발표한 『형이상학과 죽음』에서 그는 다음과 같이 말한다. "죽음의 확실성은 인간의 존재 문제와 관련되어 있으며, 인간의 죽음은 우리가 우리 눈에 나타나는 사물들에 적용하는 사유와 범주의 수단으로 노출될 수 없는 존재론적 문제다. …… 죽음은 형이상학에는 기이한 당혹감이다."[213] 인간이 스스로 죽음을 안다는 것, 그리고 그 죽음이 확실하다는 것 자체가 인간 존재의 근본 문제임을 지적하고 있다. 죽음은 형이상학이 쉽게 풀어 낼 수 없는 주제다. 그래서 핑크는 죽음이 우리를 여러모로 괴롭힌다고 주장한다. "죽음은 이론적 이성에 대해서만 성가신 것이 아니다. 죽음은 우리가 여기 존재하는 것을 방해하고 우리를 무의 존재로 만들어 버리는 정말이지 끔찍한 것이다. 죽음은 인간 존재를 심장 한복판에서 내리치며, 의식(儀式)과 신화와 종교를 도발한다."[214] 죽음은 우리의 존재를 지워 버리는 공포스러운 파괴자다.

죽음이 이처럼 우리를 무로 만들어 버리기 때문에 무자비하기도 하지만, 그런 죽음의 무자비성을 냉정하게 관찰하고 죽음의 본질과 속성을 미

---

213 Eugen Fink, *Metaphysik und Tod*, Stuttgart/Berlin/Köln/Mainz: W. Kohlhammer, 1969, p. 20.
214 Eugen Fink, *Metaphysik und Tod*, p. 59.

화하거나 포장하지 않고 있는 그대로 보여 주고자 하는 것 역시 현대 서구 지식인들이 보인 전형적인 태도라고 할 수 있다. 이를 대표하는 인물이 바로 죽음에 대한 강의로 유명한 미국 예일 대학의 교수 셸리 케이건(Shelly Kagan)이다. 그는 2012년 발표한 『죽음이란 무엇인가』(*Death*)의 서문에서 죽음에 대한 기존의 일반적 통념과는 다르게 어떻게 그 문제를 냉정하고 객관적이면서도 사실적으로 바라보는 것이 중요한지를 다음과 같이 밝힌다.

죽음은 우리의 육체를 파괴하지만 영혼은 육체를 초월한 존재이므로, 우리는 죽음 이후에도 살아남을 수 있다. 물론 우리는 죽음이 뭔지 알지 못한다. 죽음은 인류 최대의 미스터리다. …… 어쨌든 죽음은 나쁘고 무서운 것이므로 사람들은 영원히 살 수 있기를 바란다. 영생은 아름답다. 그리고 그런 영생은 영혼이 있어야 가능하다. 진실이든 거짓이든 우리는 영원히 사라지지 않을 영혼을 원한다. …… 마지막으로, 진정 삶은 축복이고 죽음은 두려운 것이라면, 그런 삶을 스스로 저버리는 행동은 결코 정당화될 수 없을 것이다. 다시 말해 자살은 그 어떤 상황에서도 합리적이고 도덕적인 선택이 될 수 없을 것이다. 이것이 바로 죽음의 본질에 대한 일반적인 견해들이다. 하지만 이 책에서 나는 이런 생각들의 허구를 파헤친다. 그리고 영혼이라는 것도 없다고 주장한다. 게다가 영생이란 절대 좋은 것이 아니라고 말한다. 두려움은 결코 죽음을 바라보는 바람직한 태도가 아니다. 죽음은 미스터리한 사건이 아니다. 그리고 특정한 상황에서는 자살도 이성적·도덕적으로 바람직한 선택이 될 수 있다고 생각한다. 이 책에서 나는 죽음을 바라보는 일반적인 견해가 처음부터 끝까지 완전히 잘못됐다는 사실을 보여 주고자 한다. 이것이야말로 이 책을 통해 내가 말하고자 하는 바다.[215]

---

215 Shelly Kagan, *Death*, New Haven: Yale University Press, 2012; 셸리 케이건, 박세연 옮김, 『죽음이란 무엇인가』, 웅진씽크빅, 2012, 10~11쪽.

죽음이 냉정하다는 폭로가 아니라 죽음을 냉정하게 바라보겠다는 선언이다. 케이건은 뒤에서 자세히 다룰 자살이나 영혼까지 포함해 죽음에 관한 많은 사람의 통념이 잘못되었다는 것을 자신의 책 본문에서 조목조목 밝혀 나간다. 영혼은 없고 영생도 좋은 것이 아니며, 죽음을 공포나 악으로 바라보는 것 역시 바람직하지 않다. 아울러 죽음은 신비로운 사건이 아니며, 자살 역시 반드시 나쁜 것은 아니라는 것이다. 나는 여기서 상식을 뒤집는 이들 견해가 맞다거나 틀리다고 주장할 생각은 추호도 없다. 죽음을 대하는 지식인들의 태도가 그만큼 냉정해졌다는 점을 지적하고 싶을 뿐이다. 이것은 매우 바람직한 태도라고 생각한다. 인간에게 영혼이나 영생에 대한 환상을 심어 주는 것도 일견 유의미한 일일 수는 있으나, 과학이 발달한 오늘날 그런 태도가 결코 바람직하다고 볼 수는 없다. 그런 일들은 성직자나 심령과학자들이 해도 충분하기 때문이다.

죽어서 영혼은 계속 살아남는지, 사후의 세계는 과연 존재하는지 알 수 없지만, 우리는 죽으면 흙이나 재로 변한다는 사실을 확실히 알고 있다. 영혼의 생존 여부를 따지는 것은 심령과학 같은 유사과학의 일이지만, 육신의 변화는 의학이나 생물학 또는 화학 같은 과학의 영역에 속한다. 인간은 죽으면 생명체에서 무생물로, 유기체에서 무기체로, 인간에서 비인간으로 변한다. 이러한 관점을 논한 것이 현대 죽음 담론의 열여섯 번째 부정적 성향인 '죽음의 무생물성 및 무기체성 또는 비인간성'이다. 너무도 당연하고 평범한 주제여서인지 이 담론을 주도한 지식인들 역시 그리 많지는 않다. 먼저 셸러는 죽음을 자신의 무기체적 표현의 희생자라고 부른다. "죽음'은 다음과 같이 정의할 수 있다. 즉 항상 새로운 물질과 에너지 복합체의 더 높은 조직의 증가를 목표로—모든 생명의 측면에서—**죽음 자신의 무기체적 표현의 새로운 희생자**라고 말이다. 더 높은 조직의 새집을 짓기 위해 생명이 건축하고 그 메커니즘이 인도하며 조정해 온 하나의 집을 철거하는 것이라고 말이다."[216] 죽음이 무기체로서 자신을 희생함으로써 새

---

216 Max Scheler, "Altern und Tod", p. 291 (강조: 셸러).

로운 유기체를 탄생시킨다는 점을 강조한 것이다. 달리 보면 우리가 이 책 제1장에서 보았던 것처럼 하나의 생명의 탄생은 언제나 다른 또 하나의 생명체의 죽음을 희생 삼아 이루어진다는 관점의 표현이기도 하다.

비슷한 연관에서 사르트르도 죽음을 비인간적인 것으로 규정했다. "인간적인 입장을 명확하게 하는 데 전념하는 철학이, 죽음을 무엇보다 먼저, '인간 존재의 무'를 향해 열려 있는 하나의 문으로 여기는 것은 당연한 일이었다. 또한 이 무가 어떤 의미에서는 존재의 절대적인 정지 또는 비인간적인 형태 하에서의 존재라고 생각되는 것도 당연한 일이었다. 그리하여 우리는 죽음이 비인간적인 것과의 직접적인 접촉으로 나타나는 한에서, 따라서 또한 죽음이 절대적인 비인간성을 가지고 인간을 형성하는 동시에 죽음이 인간에게서 벗어나 있었던 한에서, 죽음에 대한 실재론적인 사고방식이 — 실재론적인 위대한 학설과의 상관 관계에 있어서 — 존재했다고 할 수 있을 것이다."[217] 죽음은 사르트르에게서 인간의 존재를 무로 만들어 버리는, 즉 무화하는 사건이기에 비인간적인 현상이었다. 삶이 존재의 영역이라면 죽음은 비존재, 즉 무의 영역이다. 그러나 과연 죽음이 비인간적이기만 한 사건일까? 다른 생명체와 마찬가지로 인간도 죽음을 겪는다는 점에서 죽음 또한 인간적인 현상이 아닐까? 죽음이 비인간적이라는 것은 죽은 뒤의 시신에만 해당되는 말은 아닐까? 그래서인지 사르트르는 죽음을 인간적인 현상으로도 간주한다. "인간은 이미 인간적인 것밖에 만날 수가 없다. 더 이상 인생의 '저 너머'란 존재하지 않는다. 죽음은 하나의 인간적인 현상이다. 그것은 인생의 최종 현상이기는 하지만 또한 인생이다."[218] 그럼에도 경계는 확실히 그어진다. 굳이 따지자면 죽음은 '존재와 무 사이의 경계를 긋는 행위'이다. 그것도 절대 되돌아갈 수 없는 '불가역적인 선(線)'을 말이다. 그 때문에 사르트르도 죽음을 "절대적인 비인간성"이라고 불렀을 것이다. 여기서 '비인간성'을 '탈인간성' 또는 '초인간성'으로 부르거나

217　장 폴 사르트르, 『존재와 무』, 862쪽.
218　장 폴 사르트르, 『존재와 무』, 863쪽.

이해해도 무방하다. 죽음은 인간의 영역을 벗어난 또는 벗어나도록 만드는 사건임이 분명하기 때문이다. 종교적으로 표현했을 때, 삶이 인간의 영역이라면 죽음은 신의 영역이다. 철학적으로 표현했을 때, 삶이 존재의 영역이라면 죽음은 무의 영역이다. 저간의 사정을 고려했을 때, 결국 사르트르에게 죽음은 '인간적'이면서 동시에 '비인간적'인 현상이었다고 할 수 있다.

앞서 보았던 것처럼 레비나스도 죽음을 '인간적인 것의 부정'으로 정의했다. "인간적인 것의 부정으로서의 죽음. 아리스토텔레스, 헤겔, 하이데거는 인간적인 것을 세계라는 기준에 따라 사유하였다. 세계는 존재 및 존재론의 개념이 나아가는 도달점이다. 우리는 무와 존재론에서 전개된 죽음 사이에는 불합치가 있다는 점을 보았다. 이 존재론에서 세계는 의미의 장소 자체로 나타났고, 무는 존재와의 관련성 속에서 사유되었다."[219] 이 설명에 따르면, 전통의 또는 당대의 주요 철학자들에 의해 전개된 철학이 세계를 기준으로 인간성을 탐구해 나갈 때 이 세상의 종말을 뜻하는 한 개인의 죽음은 인간과 세계를 부정하는 현상이다. 더구나 레비나스는 사르트르와 다르게 무와 죽음이 서로 다르다고 보았다. 왜냐하면 무는 존재와 연관되어 있지만, 죽음은 의미의 장소로서 세계를 부정하기 때문이다. 죽음은 인간에게서도 떠나고 시간에서도 떠나며, 공간에서도 떠난다. 그런데 이 세 개념은 모두 인간적인 것이다. 왜냐하면 인간은 삶의 주체로서, 그리고 시간과 공간은 세계를 구성하는 형식이기에 삶의 배경, 즉 삶의 객체로서 모두 인간의 삶과 직결되어 있기 때문이다. 따라서 죽음은 모든 인간적인 것으로부터의 이탈이자 단절이다. 그래서 들뢰즈 같은 철학자는 죽음을 '무기체적인 것'이라고 주장한다. 그가 보기에 죽음이란 자연으로의 회귀이자 무생물로의 복귀였다.

> 생명체가 양적으로나 질적으로 무생물로 돌아가는 것이 죽음이라면, 그런 규정은 단지 과학적이고 객관적인 외생적 정의에 불과하다. …… 죽음

---

219 에마뉘엘 레비나스, 『신, 죽음 그리고 시간』, 139쪽.

은 어떤 물질적 상태에 응답하지 않는다. 거꾸로 죽음은 모든 물질을 전적으로 포기한 어떤 순수한 형식 — 시간의 텅 빈 형식 — 에 상응한다. ……
이는 죽음이 부정으로도, 대립의 부정성으로도, 제한의 부정성으로도 환원되지 않기 때문이다. 죽음의 전형은 일정한 수명의 생명이 물질 앞에서 겪는 제한에서 오는 것도, 불멸의 생명과 물질 사이의 대립에서 오는 것도 아니다. 죽음은 차라리 문제들의 마지막 형식이고, 문제와 물음들의 원천이며, 모든 대답 위에서 문제와 물음들이 항구적으로 존속한다는 사실을 말해 주는 표지이다. 죽음은 (비)-존재를 지칭하는 '언제 그리고 어디서?'이고, 모든 긍정은 그렇게 지칭되는 이 (비)-존재에서 자양분을 얻고 있다.[220]

여기서 들뢰즈의 말은 단선적이지 않고 복합적이다. 과학이나 객관적 차원에서 보면 죽음은 분명 생명체의 무생물로의 환원이다. 하지만 죽음은 정작 물질적 상태에 응답하기보다는 오히려 시간과 같은 순수한 형식에 상응할 뿐이다. 죽음은 결코 그 어떠한 부정이나 부정성으로 되돌아가지 않는다. 레비나스처럼 들뢰즈도 죽음을 그저 질문이자 문제라고 정의한다. 진정한 물음으로 끝나고 순수한 물음으로 남는 것이 바로 죽음이다. 죽음은 그저 존재이거나 비존재일 뿐이다. 요컨대, 들뢰즈는 죽음을 자연과학적으로는 무생물이나 무기체로 인정하지만, 철학적으로는 비물질적인 형식이자 질문으로 간주한다.

이제 현대의 죽음 담론에서 죽음을 긍정적으로 본 사례들을 살펴볼 차례다. 현대로 오면 죽음에 대한 긍정적 접근은 전통 시대와 비교해 현저히 줄어든다. 그렇다고 전혀 없는 것도 아닌 데다가 그 이전 시대에서는 상상조차 하지 못했던 특이한 관점들도 등장하기 때문에 이에 대한 검토는 나름 유의미한 작업이 될 것이다. 가장 먼저 눈에 띄는 현대 죽음 담론에서의 긍정적 특징은 '죽음의 창조성'이다. 이 관점도 몇 가지 갈래로 나뉘는

---

220 질 들뢰즈, 『차이와 반복』, 254~56쪽.

데, 우선 죽음을 통해 새로운 삶이 창조된다는 시각이 두드러진다. 이 관점은 이미 제1장이나 바로 앞 장에서 살펴보았듯이, 전통 시대 담론의 연장이라고 해도 무방할 정도로 크게 차별화되어 있지는 않다. 그러나 몇몇 관점은 매우 특이하다. 먼저 현대성, 더 정확히는 포스트모더니즘 경향의 출발점이라고 할 수 있는 니체를 주목해 보자. 그는 『차라투스트라는 이렇게 말했다』에서 다음과 같이 말한다. "창조. 그것은 고통으로부터의 위대한 구제이며 삶을 경쾌하게 하는 어떤 것이다. 그러나 창조하는 자가 존재하기 위해서는 고통이 있어야 하며 많은 변신이 있어야 한다. 그렇다, 창조하는 자들이여. 너희들의 삶에는 쓰디쓴 죽음이 허다하게 있어야 한다! 그럼으로써 너희들은 덧없는 모든 것을 받아들이고 정당화하는 사람이 되는 것이다."[221] 죽음이 무언가를 창조해 낸다기보다는, 창조를 보면 그 안에 수많은 죽음이 숨겨져 있다는 주장이다. 삶의 무상함조차 수용되어야 하고 정당화되어야 하며 창조의 밑거름이 되어야 한다. 삶 속에는 많은 죽음이 있고 그것이 곧 창조의 원동력이 된다. 물론, 이 인용문에서의 죽음은 실제의 죽음이 아니라 창조를 위한 삶 속에 놓여 있는 고통을 상징하는 말일 수 있다. 왜냐하면 그 단어를 수식하는 바로 앞의 형용사가 고통을 표현할 때 흔히 사용하는 '쓰디쓴'으로 되어 있기 때문이다. 죽음은 보통 '쓰다'라는 형용사보다는 '아프다', '괴롭다', '슬프다' 같은 형용사와 더 잘 어울리는 명사다. 어쨌든 니체 같은 전복적 사상가에게 죽음은 단지 생명만이 아니라 문화, 예술, 종교 등 삶의 수많은 영역을 창조해 낼 수 있는 에너지의 원천이었다.

셸러도 비슷한 생각을 펼친다. 그는 노화 및 죽음을 주제로 한 글에서 죽음의 최종 의미가 수확, 축제, 승리, 구원 등에 있다고 말한다. 그가 말한 '죽음의 최종 의미'를 직접 인용해 보자.

죽음은 초-개체 종의 생명이 마침내 이 개체에서 획득한 새로운 기능으

---

[221] 프리드리히 니체, 『차라투스트라는 이렇게 말했다』, 142쪽.

로 풍부해지고(수확), 동시에 물질과 에너지의 특정 복합체에서 벗어날 때 (결과적으로 절대 권력 센터 및 ― 필드)는 다른 사람에 의해 새로 고쳐지고 활성 상태로 은퇴한다. 그는 경직과 보전으로부터 생명을 지키는 혁신적 힘, 끊임없이 새로워지고 번식을 거듭하는 생명이 남기는 자취다. 전체 또는 일부의 물질 그룹(시체). …… 죽음은 더 높은 차별화된 존재가 그들의 상위 조직을 위해 지급하는 희생일 뿐만 아니라(Minot), 생명을 낳을 수 있는 유일한 수단이고 ― 이제야 비로소 순수하고 완전한 효력을 발휘하는 ― 영적인 사람의 승리다. …… 모든 죽음에서 신성은 새로운 형태로 다시 일어나기 위해 '생명'으로 죽는다. …… 출산이 아니라 죽음이 모든 삶의 '수확'이다. 모든 생명의 관점에서 볼 때, 죽음은 풍요의 축제이고, 개인의 삶이 그 과정에서 획득한 것을 포기하는 것이다. 죽음은 부분적 형성에 대한 모든 생명의 영원한 승리이며, 개인의 특별한 투쟁에서 얻은 것의 영원한 구원이다. 모든 생명을 그 자체로 바꾸는 것이다.[222]

죽음을 긍정적으로 본 현대의 모든 서구 지식인이 남긴 문구 가운데 셸러의 이 문장들은 단연 압권이다. 심지어 죽음의 최종 의미까지 적나라하게 묘사되어 있다. 이보다 더한 죽음의 찬양 문구는 찾아보기 힘들 것이다. 죽음은 셸러에게서 사라짐이 아니라 나타남이고 소멸함이 아니라 태어남이다. 죽음은 손실이 아니라 수확이고 서글픈 종말이 아니라 풍요로운 축제이며, 일시적 패배가 아니라 영원한 승리다. 그래서 죽음은 일순간의 추락이 아니라 영원한 구원이다. 모든 생명을 그 자체로 새롭게 바꾸는 것이 바로 죽음이다.

그러나 불행히도 셸러에 버금가는 것은 고사하고 비슷하게라도 근접한 문구는 현대 서구 지식인들 사이에서 더 이상 발견되지 않는다. 오히려 정반대 생각, 즉 현대인이 죽음을 만들어 냈다는 우울한 의미의 '죽음의 창조성' 담론이 주목될 정도다. 그 주인공은 1962년 발표한 『침묵의 봄』에

---

222 Max Scheler, "Weitere Aufzeichnungen zu Altern und Tod", pp. 339~40.

서 살충제나 제초제 같은 현대 산업사회가 만들어 낸 독성 화학 약품들이 자연환경을 파괴하고 있다는 점을 고발한 레이첼 카슨(Rachel Carson)이다. 그녀의 말을 직접 들어보자.

> 생물들이 암과 벌인 싸움은 아주 오래전부터 시작되어서 그 기원을 찾기가 힘들 정도다. …… 생명이 존재하기 훨씬 전부터 우리를 둘러싼 환경에는 부적절한 요소들이 포함되어 있었다. 생명체가 등장하고 수백만 년이라는 시간이 흐르면서 셀 수 없이 많은 다양한 생물이 생겨났다. 서두르지 않고 천천히 흐르는 시간, 즉 자연의 시간 동안 생명체는 각종 파괴적인 세력에 적응해 갔는데, 제대로 적응하지 못하는 것들은 사라지고 저항력이 강한 것만이 살아남았다. 이런 자연적인 발암 물질들은 여전히 악성 질환을 유발한다. 하지만 그 수가 적고 생명체 역시 오랫동안 이런 상황에 적응했기에 문제가 없었다. 그런데 인간이 등장하면서 상황이 변하기 시작했다. 인간은 생물체 중에서 유독 혼자만 암 유발 물질을 인공적으로 만들어 낸다. 인간이 만들어 낸 발암 물질들은 지난 몇 세기 동안 우리 환경의 일부가 되었다. …… 암의 역사가 오래되었지만 발암 물질에 대해 제대로 인식하는 데에도 역시 오랜 시간이 걸렸다.[223]

독성 화학 약품들이 자연환경만 파괴하는 것이 아니라 인간에게 암이라는, 죽음에 이르게 하는 병까지 만들어 냈다는 현장 고발이다. 그 약품들은 죽음 자체를 창조해 낸 죽음의 물질들이다. 그 약품들을 만들어 낸 것도, 결국 인류세라는 오늘날의 지질 시대에 암이라는 질병을 통해 죽음을 만들어 낸 것도 인간 자신이다.

두 번째 죽음의 긍정성 담론의 주제는 '죽음의 영원성'이다. 사실, 이 주제도 전통 시대에 적지 않게 취급되었기에 그렇게 특별하다고 할 수는 없

---

[223] Rachel Carson, *Silent Spring*, 1962; 레이첼 카슨, 김은령 옮김, 『침묵의 봄』, 에코리브르, 2017, 247~48쪽.

다. 그래서인지 실제로 이 담론을 주도한 지식인도 매우 드물 뿐만 아니라 그 몇 안 되는 사람들도 대체로 문학 작가들에 한정된다. 가령, 19세기 말과 20세기 초에 활동했던 유대계 오스트리아 작가 아르투어 슈니츨러(Arthur Schnitzler)가 1895년 발표한 최초의 소설 『죽음』을 예로 들어보자. 이 중편 소설은 결핵으로 죽음을 눈앞에 둔 청년 펠릭스와 그의 연인 마리의 내면 심리를 묘사한 작품이다. 사랑과 죽음이라는 지극히 고전적이고 진부한 소재를 바탕으로 하지만 사랑과 증오가 교차하면서 시종 반전에 반전을 거듭하는 남녀의 예리한 심리 묘사가 돋보인다. 초반에 마리는 펠릭스가 죽으면 따라 죽겠다고 하지만 시간이 지날수록 마리는 죽음에 대한 두려움을 느끼고 살고자 하는 욕망을 드러낸다. 결국 마리는 펠릭스의 친구인 건강한 알프레트의 품에 안기면서 소설은 끝난다. 이 작품에서 슈니츨러는 죽음을 '침묵의 영원'이라고 정의한다. 이 문구가 들어 있는 부분을 읽어 보자.

어느 날 오후 그는 다시 자기 일을 해보기로 마음먹었다. 그는 처음으로 다시 연필을 종이 위로 가져가면서 마리가 일을 못 하게 할지 어떨지 음흉한 호기심을 품고 그녀를 건너다보았다. 그녀는 아무 말도 하지 않았다. 그는 곧 다시 연필과 종이를 집어치우고 아무 관련도 없는 책 한 권을 읽으려고 집어 들었다. 그것이 그의 기분을 더 좋게 해 주었다. 아직은 일을 할 수 없는 상태였다. 그는 죽음이라는 말 없는 영원을 조용히 마주보면서 철학자처럼 자신의 마지막 의지를 글로 써 보기 위해 삶을 깡그리 무시하는 쪽으로 파고 들어가야 했다. 그것이 바로 그가 원하는 것이었다. 그가 적으려는 마지막 의지는 보통의 사람들이 흔히 적곤 하는, 죽음에 대한 감춰진 두려움을 끊임없이 드러내는 것이 아니었다. 또한 그가 쓰려는 글은 사람들이 손으로 붙잡고 눈으로 볼 수 있으며, 자신의 뒤를 이어 언젠가는 결국 죽을 수밖에 없는 것들을 대상으로 삼는 것이 아니었다. 그리하여 그의 마지막 의지는 하나의 시이자 그가 극복해 낸 세계와의 조용한, 웃음 지으며 하는 작별이어야 했다.[224]

처음에는 멀쩡한 애인이 따라 죽는 것을 거부하지만 점차 죽음이 다가오자 펠릭스는 자기중심적인 생각에 사로잡혀 마리와 함께 죽길 원한다. 하지만 마리는 이를 거부한다. 죽음을 거부하는 마리의 외침은 결국 펠릭스를 죽음으로 이끈다. 그의 죽음은 그녀의 삶이자 동시에 그들의 사랑의 종말을 의미한다. 만일 마리가 애초의 생각대로 따라 죽었으면, 결과는 두 사람의 죽음과 더불어 그들의 삶과 사랑도 끝났을 것이다. 하지만 마리는 거부하면서 살아남았고 결국 새로운 사랑을 찾아 둘의 결합으로 새로운 생명까지 낳을 가능성까지 열어 놓는다. 보는 관점과 해석에 따라 이 소설은 펠릭스의 죽음이 결국 마리의 삶을 자극했고, 그녀를 통해 또 다른 생명이 계속 이어질 것임을 시사한다. 죽음은 그 자체로 조용히 또 영원히 지속되지만, 다른 한편 그 죽음은 자기 죽음을 통해 새로운 생명을 은밀히 또 영구히 촉구한다.

스페인의 작가 우나무노가 '죽음'을 "희망이 없고 추억이 없는 영원한 현재로서의 영원성"으로 정의했음[225]은 이미 앞서 현대 죽음 담론의 여덟 번째 부정적 성향인 '죽음의 절망성'을 논의할 때 언급했다. 또한 바로 앞부분에서 인용했던 셸러가 죽음을 '영원한 승리'나 '영원한 구원' 등으로 정의한[226] 것도 따지고 보면 죽음의 영원성을 간접적으로 시사한 셈이다. 더불어 '죽음의 영원성' 담론의 연장선상에서 '죽음의 구원성' 담론도 언급할 수 있지만, 이 주제로 글을 남긴 경우는 셸러가 거의 유일하기 때문에 생략하기로 한다. 엄밀히 말해 '영원성'과 '구원성'은 서로 유사한 듯 보이지만 완전히 별개의 주제이기에 따로 언급하는 것이 맞다. 하지만 더 이상 언급할 작가도 사상 내용도 없는 데다가 앞서 소개한 내용이 전부이다 보니, 애석하지만 이 주제는 더 이상 논하지 않고 넘어가도록 하자.

---

224 Arthur Schnitzler, *Sterben*, Historisch-kritische Ausgabe, Berlin: De Gruyter, 2012; 아르투어 슈니츨러, 이관우 옮김,『죽음』, 지식을만드는지식, 2020, 46쪽.
225 미겔 데 우나무노,『삶의 비극적 감정』, 420쪽.
226 Max Scheler, "Weitere Aufzeichnungen zu Altern und Tod", p. 340.

죽음이 창조적이고 영원하다는 것을 넘어 이제 죽음이 행복하다거나 행복을 만들어 낸다고까지 주장하는 현대 서구 지식인들도 등장한다. 이것이 바로 현대 죽음 담론의 세 번째 긍정적 측면인 '죽음의 행복성'이다. 이 담론을 주도한 사람은 니체인데, 그가 『차라투스트라는 이렇게 말했다』에서 죽음을 행복에 빗대어 설명했음은 이미 제1장에서 언급했다. 물론, 니체가 "행복에 겨워 죽기를 바란다"거나 "임종의 도취적인 행복의 향기"를 맡으라거나 하는 표현[227]을 죽음이 곧 행복이라는 점을 의도하고 쓰지는 않았을지 모르지만, 문맥상 '죽음'과 '행복'은 등치된다. 죽어서 행복해지라는 것이 아니라 행복하게 죽으라는 조언이자 충고다. 죽어서 행복해지라는 말은 마치 빨리 죽어 지겹고 고통스러운 삶에서 해방되어 행복해지라는 말로 들릴 수 있다. 죽으면 행복을 느끼지 못할 테니까 살아 있으면서 죽음을 맞이할 때 행복에 겹고 만족감에 도취하면서 죽어가라는 뜻이다. 이른바 웰다잉의 요청이다.

카뮈의 작품 중에 『행복한 죽음』이라는, 제목부터 범상치 않은 소설이 있다. 이 소설은 1936~39년 사이에 집필되었을 것으로 추정되는 카뮈의 최초의 소설이다. 카뮈가 1913년생이니 20대 초중반에 쓴 작품인 셈이다. 그러나 오랫동안 작가의 서랍 속에 묻혀 있다가 작가 사후 10여 년이 지난 1971년 파리의 갈리마르 출판사에서 최초로 출판되었다. 이 소설은 크게 2부로 나뉜다. 제1부는 "자연적인 죽음"이라는 제목 아래 5개의 장이, 제2부 역시 "의식적인 죽음"이라는 제목 아래 5개의 장이 있다. 먼저 제1부의 내용을 간추리면 다음과 같다. 보잘것없는 월급쟁이인 파트리스 뫼르소는 그보다 더 한심한 삶을 살아가는 어떤 통장이를 자기 집에 세입자로 들여 함께 살아간다. 뫼르소의 애인 마르트는 전에 두 다리가 잘린 불구자 롤랑 자그뢰스와 애인 사이였다. 뫼르소는 그녀를 통해 자그뢰스를 알게 되고 그 불구자와 이야기를 주고받는 과정에서 그가 거금을 모으게 된 경위와 그의 행복론을 듣게 된다. 행복을 위해서는 시간이 있어야 한다는 자

---

227 프리드리히 니체, 『차라투스트라는 이렇게 말했다』, 530쪽.

그뢰스의 말에 그저 돈을 벌기 위해 시간을 쏟아붓는 자신을 되돌아보게 된다. 자기 집에 세 들어 사는 통장이의 방에 들러 가난에 찌든 모습을 본 다음날, 그는 자그뢰스를 찾아가 그를 살해하고 그의 돈을 들고나온다. 제2부의 줄거리는 다음과 같다. 뫼르소는 그 돈으로 자신의 시간을 온전히 누린 채 스스로 행복하다고 여기면서 삶을 즐긴다. 결혼도 하고 여자 친구들과 여유로운 삶도 누리고 고독도 경험하면서 살아간다. 그러다 늑막염에 걸려 자그뢰스를 상기하면서 행복한 죽음을 맞으며 소설은 끝난다. 이 작품의 주된 주제는 어떻게 하면 행복하게 죽을 수 있는가이다. 다시 말해 어떻게 하면 죽음 자체마저 행복한 것이 될 만큼 행복하게 살 수 있는가이다. 소설의 제1부는 잘 사는 것과 잘 죽는 것의 그늘진 이면을 그리고 있으며, 돈과 시간과 감정적 통제가 결여되어 있기 때문에 그늘진 세계를 다룬다. 그러나 제2부는 그것의 빛나는 표면이다. 재정적 독립과 시간의 조직적인 사용 및 마음의 평화 덕분에 행복이 가능해진다.[228] 거듭 반복된 이야기이지만 웰다잉의 선결 조건은 웰비잉이다. 행복한 죽음을 맞기 위해서는 행복한 삶을 누려야 한다. 이 당연한 이치를 카뮈는 생전에 그렇게 출판하길 꺼렸던 첫 소설에서 풀어낸 것이다. 즉 죽음 자체가 행복한 것이 아니라 삶이 행복해야 죽음도 행복해진다는 평범한 진리를 말이다.

　이처럼 마음의 평화 덕분에 죽음이 행복해질 수 있다는 사실은 거꾸로 죽음이 마음의 평화도 가져다줄 수 있다는 점을 시사한다. 현대 죽음 담론의 네 번째 긍정적인 점은 이처럼 '죽음의 평화성'이라고 부를 만한 성향이다. 물론, 이 담론은 불행히도 극소수의 지식인들에 의해서만 전개된 만큼 전혀 보편적이라고 할 수는 없다. 죽음과 평화와의 관계를 좀 더 심도 있게 고찰한 지식인은 퀴블러-로스다. 그녀는 우선 현대 사회에서의 죽음이 평화와 거리가 멀다고 말한다.

---

228 Albert Camus, *La Mort Heureuse* (1936-1939), Paris: Éditions Gallimard, 1971; 알베르 카뮈, 김화영 옮김,『행복한 죽음』, 책세상, 2023.

인간이 평화로운 죽음을 맞이하지 못하게 된 데에는 여러 가지 이유가 있을 것이다. 그중에서 가장 중요한 요인은 현대 사회에서 죽음이라는 것이 여러 면에서 좀 더 외롭고 좀 더 기계적이며 좀 더 비인간적인 것이 되었다는 점을 들 수 있다. 때로는 환자가 실질적으로 사망한 시점을 판단하기조차 어렵다. 죽음을 앞둔 환자들은 종종 익숙한 환경을 떠나 응급실로 내몰리기 때문에 죽음은 더욱 외롭고 비인간적인 것이 되었다.[229]

현대인의 죽음은 점점 더 평화로운 죽음과는 거리가 멀어지고 있다. 삶에서 평화와 행복을 추구하면서 살아가는 현대인은 정작 죽음 앞에서 쓸쓸하고 냉혹하면서 비인간적인 환경에 내몰리며 죽어간다. 웰비잉이 전혀 웰다잉으로 이어지지 못하고 있는 것이다. 누구나 죽음을 스스로 감당해야 한다는 측면에서 이러한 점은 어쩌면 당연한 현상인지도 모른다. 하지만 우리는 어떤 죽음을 원하는가? 모든 가족에 둘러싸여 맞는 임종을 원하는가, 아니면 외롭더라도 잠자다가 맞이하는 편안한 죽음을 원하는가? 인간은 빈손으로 홀로 태어나 살아가다 결국 아무것도 없이 외로이 죽어간다. 인생은 고해이기도 하지만 고독 그 자체이기도 하다. 인간은 어쩌면 이 외로움을 극복하기 위해 공동체, 즉 사회를 만들었는지도 모른다.

그러나 퀴블러-로스는 현대인이 처한 외부 환경에 대한 고찰에만 머물지 않고 내면을 심층적으로 분석해 들어갔다. 그리고 나서 그녀는 죽음을 대할 때 인간이 다시 숙연해지고 평화로워진다는 점을 임상 기록으로 남겼다. "마침내 우리는 우리 자신의 죽음이라는 진실을 대면하고 수용함으로써 평화를—국가 간의 평화는 물론이고 우리 내면의 평화까지도—얻을 수 있을 것이다."[230] 이러한 현상은 그녀가 제시한 죽어가는 환자의 죽음을 수용하는 5단계 가운데 마지막 단계인 '수용'에서 가장 잘 나타난다. 한때의 존재가 영원한 무(無)로 변하려는 순간에 죽음이라는 진실 그

---

229 엘리자베스 퀴블러-로스, 『죽음과 죽어감』, 40쪽.
230 엘리자베스 퀴블러-로스, 『죽음과 죽어감』, 57쪽.

자체보다 더 중요하고 절박한 문제는 없을 것이다. 그동안 자기 어깨를 짓눌러 왔던 삶의 무게를 벗어던지고 비로소 마음과 영혼의 평화를 이루는 때가 있다면 그것은 바로 이 순간일 것이다. 이처럼 죽음은 인간에게 평화라는 뜻하지 않은 선물을 가져다준다.

죽음을 행복과 평화의 관점에서 바라보면 자연스럽게 죽음에 대해 매력까지 느끼게 될 수 있다. 보통 죽음을 두려워하거나 꺼리는 것은 자연스럽지만 그것을 동경하거나 희구한다는 것은 좀 억지스러운 측면이 있다. 하지만 분명한 것은 현대에 올수록 서구 지식인들 사이에서 이러한 경향조차 종종 발견된다는 점이다. 이것이 바로 현대 죽음 담론의 다섯 번째 긍정적 성향인 '죽음의 매력성 또는 흡인성'이다. 먼저 프루스트는 『잃어버린 시간을 찾아서』의 마지막 부분에서 다음과 같이 말한다.

> 죽음에 관한 이 생각은 마치 사랑에 관한 생각처럼 내 마음 한구석에 결정적으로 자리 잡았다. 난 죽음을 사랑했다기보다는 증오했다. 예전에 사랑하지 않는 여성을 가끔 떠올리듯이 죽음에 관한 생각을 이따금 떠올릴 때면, 그 관념이 뇌의 가장 깊은 층에 완전히 부착되어 가장 먼저 죽음의 영역을 통과하지 않고는 아무것도 생각할 수 없었고, 또 내가 아무것도 하지 않고 완전한 휴식 상태에 있을 때도 죽음의 관념은 내 자아의 관념처럼 끊임없이 나를 동반했다.[231]

물론, 죽음을 좋아하거나 동경했다는 것과는 거리가 먼 표현이지만, 어쨌든 이제 죽음을 생각하지 않고는 아무것도 할 수 없을 정도로 죽음의 관념이 나를 완전히 사로잡았다는 고백이다. 이것은 죽음에 대한 사랑이나 희구가 아니라 애착이나 집착, 아니면 약간 심하게 표현해 강박 관념 정도로 해석할 수도 있다. 중요한 것은 죽음 자체에 대한 집착이 아니라 죽음에 관한 생각에 대한 집착이라는 점이다. 그만큼 죽음이라는 주제는 사

---

231 Marcel Proust, *Remembrance of Things Past*, vol. 3, p. 1049.

람들의 마음을 압도할 수 있다. 이러한 현상은 비단 문학 작가들에게만 해당하는 이야기는 아닐 것이다. 다른 인문학자나 철학자들에게도 적용될 수 있다. 니체가 죽음에 대한 사유를 극단으로 밀고 나가 결국 신조차 죽게 만든 것도, 셸러가 거의 죽음학에 가까운 방대하고 심오한 죽음 사상을 전개한 것도, 하이데거가 인간을 시간 속에서의 현존재로서 죽음을 향한 존재로 규정한 것도 모두 죽음이라는 주제가 현대 지식인들의 마음을 사로잡았기 때문이다.

죽음이 그만큼 흡인력이 강하고 매력적인 사유 대상이라면 이제 죽음을 혁명적이라고 보아도 이상하지 않을 정도가 되었다. 바로 여기서 현대 죽음 담론의 여섯 번째 긍정적 성향인 '죽음의 혁명성' 담론이 등장한다. 가령, 셸러는 1923/24년에 행한 한 강의에서 죽음을 '위대한 혁명가'라고 부른다.

> 죽음은 위대한 혁명가다(*1923/24 Vorl.*). 죽음이 새롭고 더 나으며 더 높은 삶(절대적인 '세대')을 위한 삶의 '희생자'인 것처럼 '대혁명'의 우연한 발생의 역사에서도 그러한 사정은 똑같다. 너희의 다양한 정치적 신념은 모두 뒤로 하라. 너희는 개인, 세대와 그들의 사고방식, 전쟁과 부정적으로 향하는 역사적 사건의 스쳐 지나가는 위대한 것들의 '죽음'이 없다면 '역사' 자체가 없을 것이라는 점을 인정해야 한다. 즉 새로운 사건, 인류의 '발전'은 없을 것이다. 아무리 죽음의 절대적 본질이 그 자신의 '의미'를 정신과 인격의 실존으로써 획득한다고 할지라도—사실적 사건으로서 죽음은 삶 자체의 극대화와 최상의 상승을 위해 이미 그 자신의 '의미'를 갖고 있다.[232]

만일 우리가 혁명을, 기존의 것을 모두 뒤엎고 새로운 것을 창조하는 사건으로 이해한다면, 셸러가 본 죽음은 진정한 혁명가의 자질과 본질을 모

---

[232] Max Scheler, "Weitere Aufzeichnungen zu Altern und Tod", p. 337 (강조: 셸러).

두 타고난 현상이라고 할 수 있다. 왜냐하면 죽음은 이미 다른 모든 새롭고 위대한 것의 생산과 창조를 위해 필요한 필수 조건이기 때문이다. 죽음이 없다면 생명이 없고 새로운 역사도 없으며, 새로운 발전도 없다. 한마디로 죽음은 역사의 원동력이다. 그 점에서 죽음은 모든 거대한 변화, 즉 새롭고 커다란 것들을 탄생시키는 '위대한 혁명가'다. 이러한 점은 특히 역사학계에서 그동안 전혀 관심을 기울이지도 않고 간과해 온 관점이라는 사실에 주목할 필요가 있다.

셸러가 이처럼 죽음을 혁명이라는 역사적인 현상에 빗대어 이해했다면, 레비나스는 죽음을 초월적인 사건으로, 즉 약간 철학적이면서 신학적으로 해석한다. 이것을 우리는 현대 죽음 담론의 일곱 번째 긍정적 측면인 이른바 '죽음의 초월성'으로 명명할 수 있을 것이다. 레비나스는 이에 대해 다음과 같이 주장한다. "죽음은 세계에 속하지 않는다. 죽음은 항상 스캔들이며, 그런 점에서 항상 세계를 초월한다. 부정에서 기인하는 무는 항상 부정의 지향적 몸짓에 묶여 있다. 그래서 무는 이러한 몸짓이 거부하고 밀쳐내며 부인하는 존재의 흔적을 간직한다. 반면에 죽음은 제기되지 않은 질문, 의식의 한 양상이 아닌 질문, 소여 없는 질문을 일으킨다. 앎으로서의 모든 의식 활동은 믿음과 정립 또는 억견이다. 죽음의 무가 일으키는 질문은 순수한 물음표다."[233] 레비나스에게서 죽음은 '세계의 내재(Immanenz)'가 아니라 '세계의 초월(Transzendenz)'이었다. 철학적으로 '내재'가 경험할 수 있는 범위 안에 있는 것을 뜻하고 '초월'이 인식이나 경험의 밖에 있는 것을 의미한다면, 레비나스는 자신이 이해한 죽음을 '세계의 초월'이라는 이 한마디 문구로써 정확히 표현한 셈이다. 죽음을 더 잘 이해하고 설명하기 위해 레비나스는 무와 죽음을 비교한다. 무는 없는 것, 즉 부재를 뜻하지만 항상 존재를 전제한다. 이것은 마치 무신론이 유신론을 전제로, 비합리주의가 합리주의를 전제로 등장한 이론이자 사조라는 점을 염두에 둔다면 쉽게 이해할 수 있는 주장이다. 그러나 죽음은 없음이면서 동시에 없

---

233 에마뉘엘 레비나스, 『신, 죽음 그리고 시간』, 168쪽 (강조: 레비나스).

음을 초월해 있다. 왜냐하면 죽음은 존재를 특별히 전제할 필요조차 없을 정도로 모든 존재와 부재를 압도하는 개념이기 때문이다. 인간이 죽음을 인식할 수도 없고 경험할 수도 없다는 단순한 사실 이외에도 이처럼 존재와 부재까지도 모두 포괄하는 매우 초월적인 개념이라는 레비나스의 주장은 상당히 설득력 있다.

이제 이러한 '죽음의 초월성'으로부터 현대 죽음 담론의 여덟 번째 긍정적 측면인 '죽음의 총체성'을 논의할 단계에 이르렀다. 이것은 죽음이 모든 것을 압도하고 포괄한다는 관점인데, 이것이 과연 긍정적인 측면인지 아닌지는 논란의 여지가 있지만 여기서는 넘어가도록 하자. 이 담론의 흔적은 먼저 아메리에게서 발견된다. 그가 죽음을 "모든 실체성에 대한 총체적 부정"으로 정의했음은 이미 앞서 논의했다.[234] 더불어 그는 죽음을 "총체적 황야"라고도 불렀다. "죽음은 죽어감이 없이는 공허하지만, 죽어감 역시 공허한 죽음이 없으면 아무 내용을 가지지 못한다. 죽어감과 그나마 남은 생기와 죽음이라는 총체적인 황야 사이에는 뛰어넘을 수 없는 심연이 일단 그 입을 벌린다."[235] 죽음은 끝도 없이 펼쳐지는 광활한 사막 같은 곳이라는 것이다. 마지막에 가서 그는 죽음을 인간과 관련된 모든 것을 파괴한 결과로서 "총체적 붕괴"로까지 정의한다.[236] 한마디로 아메리에게서 죽음은 모든 것을 포괄하는 총체적인 그 무엇이었다.

헤세도 죽음에 대해 모든 것을 빨아들이는 블랙홀 같은 것으로 이해했다. 아니면 모든 것이 모여드는 집결지로 간주했을 수도 있다. "환한 대낮으로 향하든, 캄캄한 밤으로 향하든 모든 경주는 죽음으로 향한다. 그리고 그것은 탄생의 고통으로, 영혼에 두려움을 안겨 주는 새로운 탄생이 된다. 하지만 영원의 어머니가 영원히 새날을 다시 주기 때문에 모두 길을 가고, 모두 죽어가고, 모두 탄생하게 된다."[237] 여기서 흥미로운 점은 헤세가

---

234   장 아메리, 『늙어감에 대하여: 저항과 체념 사이에서』, 40쪽.
235   장 아메리, 『늙어감에 대하여: 저항과 체념 사이에서』, 178쪽.
236   장 아메리, 『늙어감에 대하여: 저항과 체념 사이에서』, 183쪽.

죽음뿐만 아니라 탄생도 고통으로 보았다는 것이다. 사실, 죽는 순간도 고통스럽겠지만 하나의 생명이 탄생할 때도 여간 힘난하고 고통스러운 과정을 거치는 것이 아니다. 약 10개월에 달하는 긴 태아 기간을 거쳐 좁은 산도를 통해 세상을 향해 가는 여정 또한 고난의 연속이다. 불교를 비롯한 동양 사상에 조예가 깊었던 헤세가 삶과 죽음을 모두 고통스러운 것으로 보았다는 사실은 전혀 놀랄 일이 아니다. 그러나 중요한 점은 그가 죽음을 모든 것을 쓸어 담는 총체적인 것으로 간주했다는 사실이다. 탄생과 죽음의 고통 여부를 떠나 모든 것이 죽음으로 수렴된다는 사실이 중요하다.

죽음을 '삶의 완성이나 성숙을 위한 수단'으로 보는 관점도 현대 죽음 사상의 중요한 한 축을 형성한다. 나는 이것을 현대 죽음 담론의 아홉 번째 긍정적 성향인 '죽음의 완성성 및 성숙성'이라고 명명하고자 한다. 먼저 죽음을 삶의 완성으로 본 니체가 이 범주의 가장 대표적인 지식인으로 떠오른다.

> 자유로운 죽음에 대하여: 너무 늦게서야 죽는 사람들이 허다하다. 그리고 더러는 너무 일찍 죽는다. "제때에 죽도록 하라!"는 가르침이 있기는 하지만 그것도 아직 낯설게 들린다. "제때에 죽도록 하라." 차라투스트라는 이렇게 가르치노라. "그러나 제때에 살지 못하는 자가 어떻게 제때에 죽을 수가 있겠는가? 차라리 그런 자는 태어나지 않았어야 했다!" 나 존재할 가치가 없는 자들에게 이렇게 충고하는 바이다. 그러나 존재할 가치가 없는 자들조차 자신들의 죽음만은 중대한 사건으로 받아들인다. 더없이 속이 텅 빈 호두 주제에 그래도 제대로 깨뜨려지기를 바라고 있는 것이다. 모두가 죽음을 중대하게 받아들인다. 그런데도 죽음은 아직도 축제로 승화되지 못하고 있다. 사람들은 이 더없이 아름다운 축제를 벌이는 방법을 아직 배우지 못한 것이다. 나는 완성을 가져오는 죽음, 살아 있는 자에게는 가시바늘이 되고 굳은 언약이 될 그런 죽음을 너희들에게 보여 주겠다. 완성한 자는 희

---

237 헤르만 헤세, 『어쩌면 괜찮은 나이』, 265~66쪽.

망에 차 있는 자, 굳게 언약을 하는 자들에 둘러싸여 승리를 확신하며 자신의 죽음을 맞이한다. 그와 같은 죽음을 맞이하는 법을 배워야 한다. 그리고 그와 같이 죽어가는 자가 살아 있는 자의 맹세를 축성하는 그런 곳이 아니라면 그 어떤 축제도 열려서는 안 된다! 그와 같이 죽는 것이 최선이다. 차선은 전투에 나가 죽는 것, 그리고 위대한 영혼을 낭비하는 것이다. 너희들의 죽음, 이를테면 도둑처럼 히죽히죽대며 몰래 찾아드는, 그러면서도 주제넘게 지배자라도 되는 양 거들먹거리며 찾아드는 죽음은 전투를 벌이고 있는 자나 승리를 구가하고 있는 자에게는 혐오스러운 죽음이다. 나 너희들에게 내 방식의 죽음을 권하는 바이다. 내가 원하여 찾아오는 그런 자유로운 죽음 말이다. 그렇다면 어느 시점에 나는 죽기를 바랄 것인가? 이미 목표를 갖고 있을 뿐만 아니라 뒤따를 상속자까지 두고 있는 자는 바로 그 목표와 상속자를 위해 제때에 죽고자 한다. …… 벗들이여, 너희들의 죽음이 인간과 이 대지에 대한 모독이 되지 않기를 바라노라. 내가 너희들 영혼의 정수에 간곡히 바라는 것이 바로 그것이다. 죽음을 맞이해서도 너희들의 정신과 덕이 이 대지를 에워싸고 있는 저녁놀처럼 활활 타오르기를. 그렇지 않으면 너희들의 죽음은 실패로 끝난 것이리라. 나 자신도 그렇게 죽고 싶다. 그리하여 너희들로 하여금 이 대지를 더욱 사랑하도록 만들고 싶다. 그리고 나 나를 낳아 준 대지의 품속으로 돌아가 편히 쉬고 싶다."[238]

인용문의 제목인 "자유로운 죽음"(freier Tod)을 독일어의 '자유죽음'(Freitod)으로 오해해 마치 니체가 자살을 권유하는 것처럼 오독해서는 안 된다. 전체적으로 이 글은 죽음에 대한 동경과 갈망 등이 주제를 이룬다. 단지 '죽고 싶다'(want to die)가 아니라 '제때 잘 죽고 싶다'(want to die well in time)라는 의지도 읽힌다. 그리고 자신을 탄생시켰던 대자연으로 다시 돌아가고 싶다는 욕망도 보인다. 하지만 가장 중요한 메시지는 '제때 죽어야만 삶을 완성할 수 있다'라는 점이다. 제때 죽는 죽음만이 삶의 완

---

238 프리드리히 니체, 『차라투스트라는 이렇게 말했다』, 120~24쪽 (강조: 니체).

성일 수 있다. 이 말은 죽음이 삶의 완성이 아니라 삶의 완성이 곧 죽음이라는 뜻이다. 그 말이 그 말 아닌가라고 생각할 수 있지만, 이 둘은 엄연히 다르다. 죽음이 삶의 완성이라면 삶을 완성하지 못하고 죽는 것도 삶의 완성일 것이다. 하지만 삶이 완성되었을 때 죽는 것은 말 그대로 완성된 삶의 죽음이다. 이것은 마치 '패션의 완성은 얼굴이다'라는 표현을 '얼굴이 패션의 완성이다'로 착각하면 안 되는 이치와 같다. 의상 코디가 잘된 상태에서 얼굴까지 완벽하면 더 이상 손볼 곳이 없다는 뜻의 말을 뒤집어 얼굴이 패션의 완성이라고 해 버리면 패션은 온데간데없고 마치 얼굴만 패션에서 중요한 것으로 부각되기 때문이다. 니체가 주문한 것도 제때 잘 죽어야만, 즉 내가 원하는 순간에 자유로운 죽음을 맞이했을 때만 삶이 완성되어 죽음도 완벽해지고 축제가 될 수 있다는 것이다.

레비나스도 죽음을 현존재의 완성으로 정의한다. "죽음이 현존재를 완성한다면, 고유성과 전체성은 함께 간다. 우리는 여기서, 물화된 모든 개념을 제거하는 가운데, 전체적인 것과 고유한 것의 일치를 본다. 죽음은 존재 방식이고, 이 존재 방식에 기반해서 아직-아님이 생겨난다."[239] 여기서 죽음은 전체성이자 고유성으로 현존재를 완성한다. 즉 현존재는 죽음 이전까지는 언제나 자신의 존재성을 완성할 수 없다. 만일 완성했다 하더라도, 그 존재는 늘 미완성인 채로 남는다. 이 점을 좀 더 이해하기 쉽게 설명하기 위해 레비나스는 하이데거의 죽음 담론을 거론한다. "하이데거에게서 죽음은 나의 무화라는 의미에서 나의 죽음을 뜻한다. 하이데거에게 죽음과 시간의 관계를 탐구하는 일은, 존재가 물음에 놓이는 곳인 **현존재**에 대한 분석에서 현-존재가 그의 본래성이나 그의 완전성 속에서 포착되고 기술된다는 점을 확증하려는 노력에 의해 유발된다. 죽음은 우선 현-존재의 완성을 가리키는데, 바로 이 죽음에 의해 현-존재는, 또는 존재자로서 이 현-존재의 사건인 인간은, 자신이 있는 바대로의 전체성이 되는 것이다. 달리 말하면, 바로 이 죽음에 의해 현존재 또는 인간은 고유하게 여기/

---

239 에마뉘엘 레비나스, 『신, 죽음 그리고 시간』, 66쪽.

현(là)에 존재하게 되는 것이다."²⁴⁰ 레비나스는 인간이 죽음을 통해 비로소 자신의 현존재를 완성할 뿐만 아니라 전체로 만든다고 생각했다. 따라서 그가 생각한 죽음은 존재의 완성이자 전체다. 특히 '죽음의 전체성'은 앞서 언급한 '죽음의 총체성'의 연장선에 있다. 레비나스는 이 담론의 확증을 위해 블로흐를 호출한다. "유토피아의 무는 죽음의 무가 아니다. 블로흐에게서 본래적인 미래를 여는 것은 죽음이 아니다. 반대로 비본래적인 미래 속에서 죽음이 이해되어야 한다. …… 블로흐에게서 죽음의 불안은 자신의 작업과 자신의 존재를 완성하지 못한 채 죽는다는 사실에서 기인한다. …… 모든 삶에는 실패가 있고, 이런 실패의 우울(mélancolie)은 미완의 존재 속에 머무는 삶의 방식이다. 우울은 불안에서 유래하지 않는다. 오히려 죽음의 불안이 미완에 대한 이러한 우울의 양상일 것이다. 죽는다는 것에 대한 두려움, 그것은 작업을 미완으로 남겨 둔다는 두려움, 그러므로 끝내 체험하지 못했음에 대한 두려움이다."²⁴¹ 레비나스가 보기에 블로흐의 죽음 담론의 핵심은 자신의 존재를 완성해야만 죽음의 불안이 사라진다고 보았다는 점에 놓인다. '죽음은 현존재의 완성이다'라는 레비나스의 명제가 또다시 확인되는 순간이다.

죽음이 인간을 성숙하게 만들어 준다는 관점 또한 '죽음의 완성성' 범주 안에 포함된다. 최근 영국의 철학자 스티븐 케이브(Stephen Cave)는 불멸을 주제로 쓴 책에서 죽음을 인간이 지혜를 얻기 위해 치러야 하는 대가로 간주했다. "죽음은 철학과 시 그리고 신화에서 대단히 중요한 주제다. 죽음은 우리를 인간으로 정의한다. 이러한 생각은 가장 오래되고 널리 알려진 이야기인 창세기 속에 잘 드러나 있다. 아담과 이브는 선악과를 따먹으면 죽을 것이라는 말을 들었다. 즉 죽음이란 지혜를 얻기 위해 치러야 하는 대가인 것이다."²⁴² 하나님의 계율을 어긴 최초 인간들의 죄에 대한

---

240 에마뉘엘 레비나스, 『신, 죽음 그리고 시간』, 78쪽 (강조: 레비나스).
241 에마뉘엘 레비나스, 『신, 죽음 그리고 시간』, 148~49쪽.
242 Stephen Cave, *Immortality: The Quest to Live Forever and How It Drives*

처벌로 죽음을 이해했던 아우구스티누스가 연상되는 문구다. 선악과를 따 먹은 대가를 고대의 아우구스티누스는 '벌'로, 현대의 케이브는 '지혜'로 각각 다르게 이해했다는 점이 특이하다. 과거에는 벌로 이해되던 죽음이 이제는 지혜를 얻고 한 단계 더 성숙해지는 계기로 간주된 것이다.

이와 유사하게 월리스턴도 죽음을 인류가 성장하고 진화하는 과정으로 이해했다. 죽음을 통해 인간이 각성하고 성숙해지는 과정이 마치 애벌레가 나비로 변하는 과정과 비슷하다는 것이다.

> 우리는 죽음을 인류가 성장하고 진화하는 과정으로 볼 수 있다. 새로운 몸을 갖춘 새 의식은 새로운 사상과 새로운 진보를 뜻한다. 죽음과 재탄생은 잠이 들었다가 새롭게 기운을 차린 상태, 그러니까 새로운 영감을 가지고 새로운 방향으로 일을 진행시키려고 깨어나는 것에 비유할 수 있다. 낡아빠진 옛것은 새것에 길을 비켜 주기 위해 죽는다. 지친 몸과 마음으로는 별로 진보할 수 없기 때문이다. 죽음이란 이전(移轉)은 애벌레가 나비가 되는 탈바꿈이라 할 수 있다. 나비의 세계는 애벌레의 세계와 전혀 다르다. 나비는 애벌레의 탈을 쓰고 꼼지락거리며 기어다니던 시절을 결코 기억하지 않으리라. 왜냐하면 고치에서 빠져나온 나비는 새로운 에너지와 빛으로 가득 차서 하늘로 날아오를 테니까. 인간의 죽음도 공기 같은 가벼움, 떠다님, 자유로움의 특징을 갖는다. 역행 최면을 겪은 사람들은 여러 번 되풀이해서 이러한 느낌들을 이야기해 왔는데, 그들의 진술이 어쩌나 비슷비슷한지 누구나 그 자료들을 비교해 보면 그들이 정확한 사실을 말한다고 생각하지 않을 수 없을 정도이다.[243]

이 글을 그대로 받아들인다면, 죽음은 인류의 진화를 위해 필수적인 조

Civilization, New York: Crown publishers, 2012; 스티븐 케이브, 박세연 옮김, 『불멸에 관하여: 죽음을 이기는 4가지 길』, 엘도라도, 2015, 35쪽.
243 글렌 윌리스턴·주디스 존스톤, 『영혼의 탐구』, 209~10쪽.

건이다. 생물학적 개념인 진화를 인간 사회에 적용해 진보로 이해한다면, 죽음은 인류 문명의 진보를 위해서도 필요충분조건이 될 수 있다. 인류는 죽음을 겪으면서 한 단계 더 업그레이드된 공동체를 이루게 된다. 한 개인만 놓고 보아도 마찬가지다. 가족이나 친지 등 가까운 주변인의 죽음을 일찍이 겪은 사람과 그렇지 않은 사람은 삶을 대하는 태도부터 다르다. 인간이 성숙해지기 위해 반드시 주변인의 죽음을 경험해야 하는 것은 아니지만, 그런 경험을 일찍이 그리고 많이 한 사람들이 그렇지 않은 사람들보다 훨씬 더 성숙해질 가능성이 큰 것은 사실이다.

 죽음을 진화의 조건으로 본 월리스턴의 견해는 사실 새롭거나 특별한 것은 아니다. 왜냐하면 현대 진화론 또는 진화생물학의 창시자로 알려진 찰스 다윈(Charles Darwin)이 이미 1859년 발표한 그의 기념비적인 저서 『종의 기원』에서 유사한 생각을 피력했기 때문이다.

> 가장 광범위한 의미에서 생각해 보면 이러한 법칙들은 번식을 수반한 성장, 번식을 통한 유전, 생활 조건의 직간접적인 작용이나 용불용(用不用) 때문에 야기되는 변이성, 생존 경쟁을 일으킬 수밖에 없을 만큼 높은 증가율 그리고 자연 선택의 결과로 생기는 형질의 분기와 덜 개선된 생물의 절멸에 관한 것이다. 따라서 자연에서 벌어지는 전투, 기근과 죽음이 있는 곳에서 고등한 동물이 생겨나는 가장 고상한 목적이 바로 뒤따르는 것이다. 생명에 관한 이러한 견해에는 여러 가지 능력이 깃든 장엄함이 있다. 이러한 능력은 처음에는 불과 몇 가지 생물, 어쩌면 단 하나의 생물에게 생기를 불어넣었겠지만, 중력의 법칙에 따라 이 행성이 회전하는 동안에 너무나 단순했던 시작이 가장 아름답고 경이로운 무수히 많은 생물로 과거에도 현재에도 꾸준히 진화하고 있는 것이다.[244]

---

244 Charles Darwin, *On the Origin of Species*, 1859; 찰스 다윈, 김관선 옮김, 『종의 기원』, 한길사, 2017, 503~04쪽. 1809년에 태어난 다윈을 이 장, 즉 '현대의 죽음 담론'에서 다룬 이유는 죽음을 진화의 수단이나 원동력으로 본 전통 시대의 유일하고 예외적인 사상가이기 때문이다.

당시 과학계의 지축을 뒤흔든 『종의 기원』의 마지막 장(章)인 "요약과 결론"의 맨 마지막 문장들이다. 현재의 다양하고 무수히 많은 생물 종의 출발이 공통 조상으로서 단 하나의 생물 종에서 갈라져 나와 자연 선택에 따라 진화해 왔다는 다윈의 핵심 주장이 잘 담겨 있다. '절멸'과 '죽음' 뒤에는 더 '고등한' 생물이 탄생하고 진화한다는 자연의 법칙이 다윈에게는 그토록 숭고하고 장엄하게 비쳤던 것이다.

현대 죽음 담론의 마지막 열 번째 긍정적 성향은 죽음이 현실적이라거나 확실하다는 관점인데, 이를 나는 '죽음의 현실성 및 확실성'이라고 부르고자 한다. 사실, 이 담론을 죽음의 긍정성 범주에 집어넣어 다루는 것이 타당한가에 대한 의문보다는 그다지 새롭거나 특이하지 않은 이 관점을 여기서 논의하는 것이 과연 합당한가에 대한 의문이 더 강하게 들 수 있다. 하지만 나름 삶을 대하는 태도 등에서 우리에게 시사하는 바가 있다고 판단해 논의하기로 한다. 이 범주에 속하는 지식인으로는 가장 먼저 엘리아스가 주목된다. 그는 죽음의 필연성을 대하는 현대인의 태도를 크게 세 가지로 나누는데, 첫째로 내세관이나 신화 만들기, 둘째로 불멸성에 대해 환상 갖기, 셋째로 죽음의 현실성을 수용하기 등이 그것이다. 이 가운데 세 번째 태도는 죽음을 있는 그대로 받아들인다는 뜻인데, 여기서 '죽음의 현실성'이 확연히 드러난다. 엘리아스의 주장을 따라가 보자. "죽음을 사실로, 즉 우리는 자신의 삶을, 특히 다른 이들에 대한 우리의 행위를 삶의 유한성에 맞출 수도 있다. 다시 말해 삶을 끝맺는 것을 과제로 삼으면서, 때가 되어 사람들로부터 떠나가야 할 때, 우리 자신과 다른 사람들에게 그 이별이 될 수 있는 한 쉽고도 편안하게 이루어지는 것을 중요하게 생각할 수 있다."[245] 비록 엘리아스가 이들 세 개의 태도 가운데 어느 것이 바람직한가에 대해 직접 언급하지는 않았지만, 문맥상 그리고 그의 성향상 그것은 바로 이 세 번째 태도일 것이다. 삶을 있는 그대로 받아들이듯이, 죽음 또한 있는 그대로 겸허히 받아들이는 것이 현명하다는 점은 고대

---

245 노르베르트 엘리아스, 『죽어가는 자의 고독』, 7~8쪽.

철학자들 이래 서구의 지식인들이 줄곧 견지해 온 관점이다.

아메리 역시 죽음을 현실적인 것으로 규정한다. 즉 그에게 죽음이란 '무'(無)이고 '미래의 미래'이며, '공허한 진리'이고 '비현실적인 현실성'이며 '무의미함'이었다. 그의 말을 직접 들어보자. "죽음은 미래 가운데 미래, 모든 미래의 미래다. 우리가 떼는 모든 발걸음은 죽음으로 나아가는 행보다. 우리가 품는 모든 상념은 결국 죽음에서 깨어진다. 죽음의 완전히 공허한 진리, 그 비현실적인 현실성은 우리 인생이 가지는 무의미함의 완성이다. 무(無)로 들어가면서 처음으로 완전하게 인생을 극복한 우리의 승리는 곧 우리의 총체적 붕괴다."[246] 여기서 문제가 되는 것은 '비현실적인 현실성'인데, 그가 죽음을 이처럼 모순적으로 정의한 이유는 쉽게 풀이된다. 즉 죽음이 지금 이 자리에서 나에게 직접 닥친 현실은 아니기에 비현실적이지만, 언젠가 반드시 나에게 찾아올 것이라는 점에서는 현실적이기 때문이다. 그 점에서 죽음은 '알 수 없는 앎'이자 '경험될 수 없는 경험'이며 '인식될 수 없는 인식'이다.

죽음은 현실적이기 때문에 확실한 현상이다. '죽음의 확실성' 담론을 주도한 대표적이면서도 상징적인 지식인은 하이데거다. 그는 앞서 언급했던 것처럼 사람은 누구나 죽지만 지금 당장은 아니라고 말한다. "사람들이 알고 있는 한, 모든 사람은 '죽는다.' 죽음이 개개의 모든 인간에게 최고로 개연적(wahrscheinlich)이기는 하지만, 그래도 '무조건적으로' 확실한 것은 아니다. …… 사람들은 이렇게 말한다. 죽음은 확실히 온다. 하지만 아직 당장은 아니다. 사람들은 '하지만 ……'이라는 이 말로써 죽음에게서 확실성을 빼앗아 버린다."[247] 하이데거가 『존재와 시간』 이외에 다른 문헌에 남긴 유사한 기록을 하나만 더 보자.

죽음은 언제 오는가? 그것은 현존재에게는 완전히 불확정적이다. 그러나

---

246 장 아메리, 『늙어감에 대하여: 저항과 체념 사이에서』, 182~83쪽.
247 Martin Heidegger, *Sein und Zeit*, pp. 342~43.

이 가능성은 동시에 확실성으로 임박해 있다. 이 확실성은 우리가 생각할 수 있는 다른 모든 확실성을 넘어서 있다. 현존재에게 확실한 것은 이 현존재가 자기 죽음을 죽을 것이라는 사실이다. 이 확실성은 불확정성을 지양하지도 않고, 이 불확정성이 확실성을 중단시키지도 않는다. 그 확실성은 오히려 증가한다. 일상은 이 불확정적인 확실성을 밀어내려고 애쓴다. 일상은 현존재에게 아직 머물러 있는 것을 염두에 둔다. 일상은 불확정성을 다른 위치로 밀어내고, 확실성을 그것에 대해 생각하지 않도록 몰고 간다. 그래서 죽음은 자신에게 임박해 있는 현존재의 가장 불확정적이지만 확실한 가능성으로 나타난다.[248]

누구나 죽는다는 사실은 확실하지만, 언제 어떻게 죽을지는 확정되어 있지 않다는 점이 철학적으로 잘 표현되어 있다. 그러나 '죽음'에 대한 하이데거의 정의로 자주 인용되는 이 글에서도 역시 '필연'을 뜻하는 'notwendig'나 'unvermeidlich' 또는 'zwangsläufig' 같은 단어들은 전혀 눈에 띄지 않는다. 대신에 '우연'의 함의를 갖고 있는 'unbestimmt'나 'möglich' 같은 양태어들만 나열되어 있다. 물론, '확실한'(gewiß) 또는 '확실성'(Gewißheit) 같은 단어들로 필연이 암시되어 있기는 하지만 말이다. 요컨대, 하이데거에게 죽음은 '필연적' 사실이라기보다는 '가능한' 사실, 그것도 '확정되지 않은 확실하고 가능한 사실'이었다. 그가 죽음을 이렇게 본 이유는 아마도 그가 종결성과 폐쇄성을 상징하는 '죽음'의 철학자가 아니라 가능성과 개연성을 더 많이 함축하는 '존재'의 철학자였기 때문일 것이다.

마르크바르트는 '죽음의 확실성'에 관한 한 하이데거보다 훨씬 더 큰 확실성을 갖고 자기주장을 펼친다. 앞서 한 차례 인용한 대로 노년에 달한

---

248 Martin Heidegger, "Vorträge", in: Martin Heidegger, *Gesamtausgabe*, vol. 80.1, (ed.) Günther Neumann, Frankfurt a. M.: Vittorio Klostermann, 2016, p. 143 (강조: 하이데거).

마르크바르트는 확신에 차서 다음과 같이 말한다. "우리의 가장 확실한 미래는 우리의 죽음입니다."[249] 젊었든지 늙었든지 간에, 자신에게 어떤 미래가 펼쳐질지 알 수 있는 사람은 없다. 하이데거가 말한 대로 가능성이라면 모르되 말이다. 그러나 어떤 미래가 펼쳐지든 간에, 그 미래가 결국 죽음으로 끝날 것이라는 점은 그 누구도 부정할 수 없는 사실이다. 그래서 마르크바르트는 가장 확실한 가능성이 아니라 가장 확실한 필연성을 죽음으로 보았다. 그러나 그는 여기서 멈추지 않고 마지막에 '죽음의 확실성'에 대해 회의하는 모습을 보여준다.

> 언젠가 죽는다는 것은 결코 죽지 않는다는 것을 뜻합니다. 죽음의 순간의 불확실성은 저를 이러한 환영에 빠지게 합니다. 그래서 대부분의 사람들은 죽음이 막상 닥치면 놀라게 됩니다. 이들은 더 이상 죽는 것을 생각하지 않습니다. 저는 삶에 집착하지 않으며 철학자로서 이미 직업적 이유로 죽음에 대해 많이 생각했음에도 불구하고 조금의 연기, 최후의 유예를 희망합니다. 즉 지금은 죽을 때가 아닙니다. 그렇습니다. 저는 죽어감에 대한 공포를 가지고 있습니다. 왜냐하면 이는 매우 불쾌할 수 있기 때문입니다.[250]

이처럼 솔직한 심정을 토로한 노년의 마르크바르트에 대해 삶과 죽음의 본질을 탐구하고 통찰하던 철학자였던 그 역시 결국 보통 사람과 다르지 않았다고 평가하는 것은 부당하다고 생각한다. 왜냐하면 현실의 죽음 앞에서 초연하라는 식의 마음에도 없는 충고보다는 이러한 진솔한 표현이 훨씬 더 우리에게 깊은 울림을 주기 때문이다. 그는 우리에게 죽음을 알려고 하지 말고 느끼라고 말한다.

이제 부정적 성향이나 긍정적 성향 가운데 그 어디에도 해당하지 않는

---

249 오도 마르크바르트, 『늙어감에 대하여』, 56, 92쪽.
250 오도 마르크바르트, 『늙어감에 대하여』, 122쪽.

약간 특이한 중립 지대의 현대 죽음 담론들을 살펴볼 차례다. 이러한 담론들을 다시 한 번 열거해 보면, 죽음의 시의성(時宜性), 죽음의 신성성(神性性), 죽음의 이성성(理性性), 죽음의 편재성(遍在性), 죽음의 무면성(無面性), 죽음의 주체성 및 개체성(개인성), 죽음의 (비)실존성, 죽음의 남성성 및 여성성, 죽음의 이상향성(유토피아성), 죽음의 유희성, 죽음의 수동성, 죽음의 화학성 등이다. 이외에도 더 많은 죽음 담론이 있을 수 있지만 중요하고 거론할 만한 것은 대부분 언급한 것 같다.

먼저 '죽음의 시의성', '죽음의 신성성', '죽음의 이성성' 등 앞의 세 개의 중립적 성향은 모두 니체의 죽음 담론에서 나타난다. '죽음의 시의성'이란 가령 앞서 한 차례 인용했던 "제때에 죽도록 하라"라는 니체의 충고에서 잘 드러난다.[251] 이 충고가 죽음에는 다 때가 있고 알맞을 때 죽어야 삶을 완성할 수 있음을 뜻한다는 점은 이미 지적했다.

'죽음의 신성성'은 죽음이 신성하다는 의미가 아니라 신도 죽음을 맞이할 수 있다는, 그래서 죽음도 신적인 성격을 지닐 수 있다는 니체의 획기적이고 전복적인 발상에서 따온 명칭이다. 니체가 전통적인 기독교적 윤리와 관습에 대해 적대적일 만큼 비판적이었다는 점은 익히 알려진 사실이다. 그러한 그의 태도의 선봉에 기독교 신의 죽음이 놓여 있다. 그는 자신의 책들 여러 곳에서 신을 살해한다. 『차라투스트라는 이렇게 말했다』에서 니체는 다음과 같이 말한다.

> 아, 연민의 정이 깊다는 자들에게서보다 더 큰 어리석은 일이 이 세계 어느 곳에서 일어났던가? 그리고 이 세계에서 연민의 정이 깊다는 자들의 어리석은 짓거리보다 더 큰 고통을 가져온 것이 있었던가? 자신의 연민의 정 하나를 뛰어넘지 못하면서 주제넘게 사랑이란 것을 하고 있는 자 모두에게 화 있어라! 언젠가 악마가 내게 이렇게 말한 일이 있다. "신 또한 자신의 지옥을 갖고 있다. 사람에 대한 사랑이 바로 그의 지옥이다"라고. 그리고 최근

---

251 프리드리히 니체, 『차라투스트라는 이렇게 말했다』, 120쪽.

에 나는 그가 이런 말을 하는 것을 들었다. "신은 죽었다. 사람들에 대해 연민의 정 때문에 신은 죽고 만 것이다."[252]

사실, 이 문구는 인간의 죄를 대속해 죽음을 맞이한 예수 그리스도를 연상시킨다. 그의 죽음은 인간에 대한 그의 사랑이 빚어낸 개인적 비극의 결과였기 때문이다. 신의 죽음과 관련해 앞의 인용문보다 더 자주 인용되는 것은 사실 『즐거운 학문』에서의 다음 문구일 것이다.

신은 죽었다. 신은 죽어버렸다! 우리가 신을 죽인 것이다! 살인자 중의 살인자인 우리는 이제 어디에서 위안을 얻을 것인가?[253]

인간은, 아니 니체 자신은 드디어 신의 살해자로 우뚝 선다. 그리고 드디어 신도 이제 불멸자가 아닌 필멸자로서 인간과 다를 바 없는 존재로 그 위상이 격하된다. 이를 통해 과연 니체가 기독교적 윤리와 관습을 대신할 새로운 도덕, 가치, 문화, 예술, 종교 등을 창조해 내는 데 성공했는지는 의문이다. 하지만 그 성공 여부와 무관하게 니체의 처절한 울부짖음은 오늘날 포스트모더니즘 철학 사조에서 도발적이고 전복적이며 가역적인 사고방식과 맞물려 충분히 공감된다. 결론적으로 니체의 '죽음의 신성성'은 신도 죽을 수 있다는, 죽음이 신에게도 적용될 수 있다는 담론 정도로 이해하면 될 것이다.

'죽음의 이성성'은 니체가 제시한 죽음의 두 종류와 관련된 담론이다. '죽음의 이성성'이라 함은 죽음이 이성적이라는 의미가 아니라 자유로운 인간이라면 이성적 죽음을 추구해야 한다는 것이다. 니체는 『인간적인 너무나 인간적인 II』에서 다음과 같이 주장한다.

---

252 프리드리히 니체, 『차라투스트라는 이렇게 말했다』, 148~49쪽.
253 Friedrich Nietzsche, *Die fröhliche Wissenschaft*, 1887; 프리드리히 니체, 안성찬 외 옮김, 『즐거운 학문·메시나에서의 전원시, 유고(1881년 봄~1882년 여름)』, 책세상, 2005, 200쪽.

나는 비자발적(자연적) 죽음과 자발적(합리적)인 죽음에 대하여 말하고 있다. 자연사는 어떤 이성에도 구속되지 않은 죽음, 즉 진정으로 비이성적인 죽음이며 거기에서는 껍질이라는 비참한 물질이 얼마나 오랫동안 그 핵을 존속시킬 것인지 그렇지 않을 것인지를 결정한다. 따라서 거기에서는 여위고 자주 아프며 무감각한 간수가 주인이고, 그는 자신의 고귀한 죄인이 죽어야 할 시점을 알려 준다.[254]

니체는 여기서 죽음을 자연적 죽음(비자발적 죽음)과 이성적 죽음(자발적 죽음)으로 나눈 후에 서로 대비한다. 그에 따르면, 자연적 죽음은 전혀 이성적이지 않다. 그것은 '생명력이 퇴화된 육체', '가련한 껍데기 실체', '병들고 왜곡되고 바보 같은 간수'가 나의 운명을 결정짓도록 놔두는 것과 같은 짓이다. 이것은 인간이 자발적으로 선택한 자유의 표현으로서의 죽음이 아니다. 이러한 죽음을 차라투스트라는 '제때 이루어지지 않은', '비겁자의 죽음'과 동일시했다.[255] 그러나 니체의 이러한 주장을 또 다른 차원의 문제인 '자살'을 옹호하거나 독려한 것으로 해석할 수 있는지는 여기서 열린 문제로 남겨 두고 넘어가자. 중요한 것은 니체가 죽음에 이성적 성향을 포함시킴으로써 죽음을 합리성이라는 아우라로 포장할 수 있는 가능성을 제시했다는 점이다.

'죽음의 편재성'이란 죽음이 도처에 퍼져 있다는 담론이다. 가령, 역시 앞서 한 차례 인용했던 "창조하는 자들이여, 너희들의 삶에는 쓰디쓴 죽음이 허다하게 있어야 한다!"라는 니체의 주장을 예로 들 수 있다. 그 밖에 "죽음은 아무 때나 드나들 수 있는 곳"이라고 말했다고 전해지는 사르트르의 죽음관에서도 죽음의 편재성을 확인할 수 있다.[256]

---

254 Friedrich Nietzsche, *Menschliches, Allzumesnchliches*, 1879; 프리드리히 니체, 김미기 옮김,『인간적인 너무나 인간적인 II』, 책세상, 2002, 338~39쪽 (강조: 니체).
255 백승영,「죽음은 삶의 완성이다」, 정동호 외,『철학, 죽음을 말하다』, 169~70쪽.
256 Jean-Paul Sartre, *L'Être et le néant*, 1943. 다음 문헌에서 재인용함. 미셸 슈나이

'죽음의 무면성'은 죽음이 얼굴을 가지고 있지 않다는 내용을 담고 있다. 가령, 19세기 프랑스의 작가 장 로랭(Jean Lorrain)은 "죽음은 얼굴이 없다"라고 말했으며, 위고 역시 "죽음은 마스크를 쓴 유령처럼 아무런 모습도 보이지 않는다"라고 말했다.[257] 사실, 죽으면 육신이라는 실체가 사라진다는 의미에서 죽음에는 얼굴이 없다는 표현은 적절해 보인다. 죽어서 깨끗하게 방부 처리된 시신이 있다고 가정해 보자. 이때 시신의 얼굴은 결코 죽은 사람이 살아 있었을 때의 얼굴이 될 수 없다. 위고의 말처럼 그것은 마치 유령의 마스크처럼 표정 없는 공허한 얼굴에 불과하다.

'죽음의 주체성 및 개체성' 담론은 죽음이 언제나 나의 죽음이라는 점을 강조한 것이다. 릴케는 이 범주 안에서도 약간 특이한 관점을 제시하는데, 그에 따르면 사람이 죽게 되면 죽음이 죽은 사람의 주체가 되고 죽은 사람은 객체가 된다는 것이다. 다시 말해 죽음이 죽은 사람의 주인이 되고 죽은 사람은 손님이 되어 쫓겨난다는 것이다. 이 점은 릴케의 『말테의 수기』에서 주인공 말테의 할아버지 데틀렙의 죽음에 대한 묘사에서 잘 나타난다. "울스고르에 살던 크리스토프 데틀렙의 죽음은 그 정도의 압박에는 끄떡없었던 것이다. 그 죽음은 10주간 예정으로 찾아와 그만큼 머물고 갔다. 그리고 이 기간 동안에 죽음은 크리스토프 데틀렙 브리게가 한때 그랬던 것 이상의 주인이었다. 후세에 두고두고 폭군이라고 불리는 왕 같았다."[258] 죽음을 의인화한 묘사가 인상적이다. 죽음이라는 녀석은 말테의 할아버지에게 약 10주일 동안을 머물다 떠났는데, 머무는 동안에 죽을 사람을 마치 무식한 폭군이 힘없는 신하를 대하듯이 무자비한 폭력을 행사했다는 것이다. 이때 죽음 또는 죽어감이란 삶의 주인이었던 사람이 객체가 되고 죽음이 도리어 주인이 되는 역전 현상이 일어나는 과정이다. 이 과정

    더, 『죽음을 그리다: 세계 지성들의 빛나는 삶과 죽음』, 336쪽.
257   다음 문헌에서 재인용함. 미셸 슈나이더, 『죽음을 그리다: 세계 지성들의 빛나는 삶과 죽음』, 28쪽.
258   라이너 마리아 릴케, 『말테의 수기』, 11쪽.

에서 죽은 사람은 철저히 객체화, 타자화, 대상화되고, 반대로 죽음은 주체화된다.

하이데거는 릴케와 약간 다른 각도에서 '죽음의 주체성' 담론을 펼친다. 하이데거에 따르면, '죽음이 곧 나'라는 것이다. "죽음은 어딘가에서 나에게 오는 것이 아니라 나 자신이다. 나 자신이 곧 나의 죽음의 가능성이다. 죽음은 내 현존재에서 가능한 것의 극단적인 종말(das äußerste Ende)이다. 죽음은 내 현존재의 극단적인 가능성(die äußerste Möglichkeit)이다."[259] 죽음이 나이고 내가 곧 죽음이라는 주장이다. 이는 나와 죽음이 동시에 주체화되는 담론이기에, 망자를 객체화해 버리는 릴케의 '죽음의 주체성' 담론과는 다르다.

한편, 죽음이 현대로 올수록 개인주의화해 간다는 관점은 사실 '죽음의 주체성'이 아니라 '죽음의 개체성' 또는 '죽음의 개인주의성' 담론이라고 불러야 옳다. 이 담론을 대표하는 것은 엘리아스인데, 그의 관련 주장은 이미 앞서 한 차례 언급했기에 여기서 자세한 설명은 생략하기로 한다. 어쨌든 그에 따르면, 죽음은 현대 사회에서 주체화되기도 하지만 개인화 또는 개인주의화하기도 한다는 것이다.

'죽음의 주체성'과 매우 유사한 계열의 담론이 바로 '죽음의 (비)실존성'이다. 이 담론은 당연히 실존주의 철학자들에게서 주로 발견된다. 야스퍼스는 "죽음은 실존의 거울이 된다. 실존이 현존의 내용일 때 각각의 현상은 소멸하는 것일 수밖에 없기 때문이다. 그래서 죽음은 죽음에 관한 철학적 사유나 언어로 전달되는 지식으로서가 아니라 실존 그 자체에 대한 확증으로서, 그리고 단순한 현존의 상대화로서 실존 안에 받아들여진다"라고 말한다.[260] 마치 역사가 현재의 거울이고 아이들이 부모의 거울이듯이, 죽음은 실존의 거울이다. 죽음은 실존의 유무를 알리고 확증하는 중요한 수단이자 계기다. 죽음을 통해 우리는 실존을 확인한다. 이러한 점에서 죽

---

259 Martin Heidegger, "Vorträge", pp. 141~42 (강조: 하이데거).
260 칼 야스퍼스, 『철학 II: 실존조명』, 363쪽.

음은 실존의 준거라고 할 수 있다. 그런데 야스퍼스는 곧이어 다음과 같은 명제로써 실존과 죽음을 대립시킨다. "실존은 죽음을 모른다(Existenz weiß keinen Tod)."²⁶¹ 그렇다면 '죽음은 실존을 모른다'라는 역의 명제도 참으로 보아야 할 것이다. 죽음이 무(無)이자 부재 또는 무화라면 실존이 될 수 없기 때문이다. 그 점에서 죽음은 비실존적이다.

현대 죽음 담론에서는 죽음을 남성으로 또는 여성으로 본 사례들도 발견된다. 가령, 블로흐는 『희망의 원리』에서 19세기 스위스 바젤의 법학자 요한 야코프 바흐오펜(Johann Jakob Bachofen)이 죽음을 '지하', '동굴', '자궁' 등으로 상징되는 '무덤', 즉 원래의 자연으로 돌아간다는 의미에서 여성성으로 묘사했다고 주장한다. 또한 그는 바흐오펜이 고대인들도 '모권적인'(mutterrechtlich) 질서에 입각해 무덤을 숭배했음을 주장했다고 말한다. 이러한 점에서 죽음은 여성적이다. 반면에 죽음은 남성적이기도 하다. 가령, 블로흐는 고대 그리스인들이 죽음을 '하늘', '별', '천상', '아폴론', '불꽃' 등 남성의 상징물로 이해했다고 주장한다. 즉 "죽음은 이와 대조적으로 '부권적인'(vaterrechtlich) 질서 속으로 편입된다는 것을 의미하기도 했다"라는 것이다.²⁶² 이 점에서 죽음은 여성성과 남성성 모두를 갖는다. 삶이 남성과 여성의 어울림으로 이루어진다는 점을 감안하면, 죽음이 여성과 남성의 얼굴을 동시에 갖는 야누스 같은 존재라는 주장은 어쩌면 매우 당연해 보인다.

죽음은 유토피아와도 관련이 있다. 블로흐에 따르면, 죽음은 "지금까지의 우리 삶의 연속선상에서는 도저히 파악될 수 없을" 뿐만 아니라 "학문적 구체적 유토피아의 영역으로서 체계화"될 수도 없기 때문에 반유토피아적이다.²⁶³ 그렇지만 다른 한편으로 죽음이 "스스로의 가능한 미래의 내

---

261 Karl Jaspers, *Philosophie II: Existenzerhellung*, Berlin: Springer, 1973, 1st ed. 1932, p. 2.
262 에른스트 블로흐, 『희망의 원리』, 2447~48쪽.
263 에른스트 블로흐, 『희망의 원리』, 2508쪽.

용을 지닌 채 어떤 마지막 상태 내지는 핵심적 존재의 상태"를 나타낸다는 점에서, 즉 "더 이상 유토피아 내지 유토피아의 목표 체계를 부정하는 것이 아니라는" 점에서 유토피아적이기도 하다.[264] 그것이 부정되든 긍정되든 간에, 현재 존재하지 않는 미래나 미지의 세계를 또는 현존재를 무화시키는 파괴와 소멸의 세계를 지시한다는 점에서 죽음은 이상향(유토피아) 또는 지옥향(디스토피아)과 모두 연관되어 있다.

 일부 현대 서구의 지식인들 중에는 죽음을 '놀이'로 본 사람도 있다. 이로부터 '죽음의 유희성' 담론이 나온다. 1899년 제정 러시아에서 귀족 집안의 아들로 태어나 유복하게 살다가 혁명 이후 서방으로 이주해 독일 베를린과 미국 뉴욕 등지에서 활동한 『롤리타』(1955)의 저자 블라디미르 나보코프(Vladimir Nabokov)는 죽음을 유희로 본 대표적인 지식인이다. 영어로 쓴 그의 미완성 유작인 장편 소설 『오리지널 오브 로라』(The Original of Laura)의 부제는 "죽어감은 재미있다"(Dying is Fun)이다.[265] 이 책은 원래 자신이 죽거든 불태워 버리라는 유언을 남겼으나 이를 무시하고 그의 아들 드미트리 나보코프(Dmitri Nabokov)가 2009년 뉴욕에서 영어로 출판하면서 세상의 빛을 보게 되었다. 이 소설에 대해 슈나이더는 "이 소설은 '나'란 인칭도, '그'란 인칭도 없이 처음부터 끝까지 현재 시점에 있는 화자의 글로 전개된다. 나보코프가 편지에 이 소설에 대해 언급했기 때문에, 그가 이런 소설을 썼다는 것을 알 수 있을 뿐이다. …… 죽음은 유희다. 글을 쓰는 일도 나비를 잡는 일이나 죽는 일처럼 유희다. 하지만 똑같은 유희가 아니다. 소설 속 인물들은 자신이 원하는 대로 죽음을 맞는다. 그 원하는 바를 분명하고 똑똑히 보면서 말이다"라고 논평했다.[266] 언제 어떻게 죽는지도 모르는 죽음은 유희가 아닐 것이다. 그러나 자기가 원하는 방

---

264 에른스트 블로흐, 『희망의 원리』, 2513쪽.
265 Vladimir Nabokov, *The Original of Laura (Dying is Fun)*, New York: Knopf, 2009.
266 미셸 슈나이더, 『죽음을 그리다: 세계 지성들의 빛나는 삶과 죽음』, 313~32쪽.

식대로 죽을 수만 있다면 죽음 또는 죽어감을 유희로 받아들이지 않을 이유는 없다.

한편, 죽음을 수동적 차원에서 조명하려 시도한 지식인들도 있었는데, 이것을 '죽음의 수동성'이라고 부르자. 가령, 아메리는 죽음에 이끌리는 죽음 본능이 능동적이 아니라 수동적이라고 하면서 다음과 같이 주장한다.

> 내가 지금 떠올리는 개념은 심리학 이론과는 충돌할지 모르나 우리 문제의 성격에는 훨씬 더 어울리는 것으로 보인다. 그것은 바로 '죽음에 끌리는 성향'(Todesneigung)이다. 일단 이 말을 상형 문자와 같은 것으로 받아들이자. 성향이란 무엇인가에 끌리는 것, 말하자면 추락하려는 성격이다. 식물의 줄기가 성장하면서도 땅으로 이끌리는 굴지성(屈地性)처럼 우리도 우리가 속한 지구로 끌리는 것이랄까. 이끌림은 동시에 거부의 몸짓인 혐오이기도 하다. 생명을 거부하는, 존재이기를 거역하는 혐오 말이다. 이는 일종의 태도이거나, 더 정확히 이야기하자면, 태도의 포기이다. 이런 점에서 수동적인 측면을 갖는 게 죽음에 끌리는 성향이다. 그러니까 죽음에 끌리는 성향이라는 것은 우리가 능동적으로 꾸며가는 것이라기보다는 수동적으로 참아내며 감수하는 것이다. 물론 이런 감수가 삶의 고통으로부터 도피하려는 능동성을 가지고 있기도 하지만 말이다. 죽음에 끌리는 성향은 말하자면 오목하지, 볼록하지는 않다.[267]

죽음을 동경하고 희구하는 성향을 죽음 본능이라고 한다면, 이 성향은 결코 긍정적이거나 능동적일 수 없다. 죽음에 이끌리는 성향은 삶의 포기와 체념을 전제로 하기 때문이다. 죽음 본능을 긍정적이고 능동적으로 보는 것은 죽음의 부정성이나 수동성을 모욕하는 행위다. 그래서 아메리는 죽음 본능의 태도를 아예 '태도의 포기'라고까지 표현한다. 사람들은 자포자기 상태로 할 수 없이 죽을 뿐이다. 능동적이고 적극적으로 죽으려는 사

---

267 장 아메리, 『자유죽음: 삶의 존엄과 자살의 선택에 대하여』, 134쪽.

람이 과연 있을까? 전해지는 이야기가 사실이라는 전제 아래, 자신의 신성(神性)을 증명하기 위해 에트나 화산에 자발적으로 몸을 던진 엠페도클레스 같은 사람을 제외한다면 말이다. 요컨대, 살고 싶지 않아 죽는 것이지 죽고 싶어 죽는 사람은 없다고 보아야 하지 않을까?

현대 죽음 담론의 마지막 중립적 성향은 '죽음의 화학성'이다. 여기서는 서로 전혀 다른 두 가지 담론이 주목된다. 하나는 현대인이 화학 약품 속에서 죽어간다는 관점이며, 다른 하나는 우리 모두가 다른 사람들의 죽음의 합성물이라는 주장이다. 먼저 전자의 담론을 주도한 사람은 카슨이다. 그녀는 다음과 같이 주장한다. "역사상 처음으로 모든 인류가 탄생에서 죽음에 이르기까지 전 생애 동안 위험한 화학 물질과 접촉하게 되었다. 인류가 화학 약품을 사용한 지 20여 년이 채 안 되는 동안 유기 합성 살충제는 생물계와 무생물계를 가리지 않고 어디에나 스며들고 있다. …… 유독 물질은 모체에서 자식 세대로 전해지기도 한다. 미국 식품의약국의 과학자들은 모유 시료에서 살충제 잔류물을 발견했다. 이는 모유를 먹고 자란 아기도 적은 양이지만 지속적으로 화학 물질을 흡수한다는 것을 의미한다."[268] 앞서 보았던 대로 이러한 독성 화학 물질은 체내에 쌓이면서 암과 같은 각종 질병을 일으켜 결국 사람을 죽음에 이르도록 만든다. 그래서 카슨은 이러한 독성 화학 물질을 특별히 "죽음의 비술(秘術)"(Elixirs of Death)이라고 불렀다.

'죽음의 화학성'의 두 번째 담론은 앞서도 몇 차례 인용했던 슈나이더가 이끈다. 그는 다음과 같이 주장한다. "인간은 사랑, 시간, 이별, 그리고 그리움으로 이루어진 존재다. 뿐만 아니라 인간을 이루는 구성 요소에는 말과 글도 있으며, 거기에는 죽음도 포함되어 있다. 사람들은 이 사실을 알고 있지만, 굳이 들춰내고 싶어 하지 않을 뿐이다. 게다가 우리는 다른 사람들의 죽음으로 이루어져 있기도 하다."[269] 우리는 모두 자신과 다른 사

---

268 레이첼 카슨, 『침묵의 봄』, 39, 47쪽.
269 미셸 슈나이더, 『죽음을 그리다: 세계 지성들의 빛나는 삶과 죽음』, 10쪽.

람들의 죽음의 합성물로 이루어져 있다. 그것도 물리적 결합이 아니라 화학적 결합을 통해서 말이다. 물리적 결합이 서로 결합은 하되 구성 요소들의 본질 또는 성질이 사라지지 않고 그대로 보존된 상태에서의 기계적인 연결만을 뜻한다면, 화학적 결합은 구성 요소들이 화학적 반응을 일으켜 본래의 성질까지 변형됨으로써 새로운 제3의 물질을 탄생시킬 때 쓰는 표현이다. 화학 용어로 전자가 '혼합물'이라면 후자는 '화합물'이다. 슈나이더는 우리 모두 바로 우리 자신과 이미 죽은 자들의 화합물이라고 말한다. 우리 몸안에는 결국 선조들의 죽음이 녹아들어 있는 셈이다. 따라서 우리에게는 우리 자신의 삶뿐만 아니라 그들의 못다 한 삶까지 훌륭히 살아내야 할 책임이 있다. 우리가 삶을 허투루 영위하면 안 되는 또 다른 이유이기도 하다.

마지막으로 현대 죽음 담론의 마지막 주제인 '죽음학'(Thanatology)의 가능성을 검토해 보자.[270] 나는 여기서 이 책의 주제도 아닌 죽음학에 대해 자세하게 논의할 생각은 추호도 없다. 그것은 내 역량을 벗어날 뿐만 아니라 이 책의 주제나 의도와도 맞지 않는다. 그렇기에 여기서는 중요한 관련 인물과 저술을 소개하는 것으로 대신하고자 한다. 죽음을 적어도 인문학 분야 안에서 학문적 연구 대상으로 삼아야 한다고 주창한 최초의 서구 지식인은, 적어도 내가 조사한 바에 따르면, 19세기 독일 철학자 포이어바흐다. 그는 1830년 발표한 죽음과 불멸성을 고찰한 장문의 에세이 첫머리에서 교양 및 지식인 청중들 앞에서 다음과 같이 선언한다. "매우 현명하고 명예로운 학자 청중에게 학술원 안에 죽음을 받아들이도록 정중히 요청합니다. 신사 여러분, 고도로 학식 있고 현명한 신사 여러분, 나는 여기서 당신들에게 죽음을 소개합니다. 당신들이 죽음을 당신들의 고귀한 서클 안에서 박사 학위로 승격시킬 수 있도록 말입니다."[271] 포이어바흐는 이

---

270 우리나라에서는 '죽음학'을, 한자를 넣어 '사생학'(死生學) 또는 '생사학'(生死學)으로 부르기도 한다.

박사 학위 타이틀을 독일의 인문학 대부분이 그렇듯이 '철학 박사'(Doktor der Philosophie)로 하면 좋겠다고 말한다.²⁷² 즉 죽음을 연구한 연구자들에게—마치 '역사학'처럼—'죽음학' 전공의 철학 박사 학위를 수여할 수 있는 제도를 마련하자는 제안이다. 이후에 실제로 이 제안이 학술원 회원들에 의해 수용되었는지, 그래서 '죽음학'을 대학원 학위 과정으로 신설한 대학이 있었는지는 더 이상 자료가 없어 추적할 수 없었다. 추정컨대, 불발로 끝난 듯하다. 적어도 19세기까지는 말이다.

포이어바흐 이후 20세기에 들어와 준독립 학문으로 승격하기까지의 중간 단계, 즉 교량자 역할을 한 인물로 셸러를 들 수 있다. 적어도 내가 조사한 바에 따르면, 그는 철학 분과 안에서 '죽음학'의 가능성을 구체적으로 정립한 최초의 현대인이다. 1923/24년 겨울 학기 "죽음의 본질"이라는 제목의 강의에서 셸러는 '죽음의 철학'이 그동안 연구되지도 못했으며, 그래서 "아직 쓰여지지도 않았다"라고 말한다. 거듭 말하지만 '죽음학'(Thanatologie)도 아니고 그렇다고 '죽음의 학문'(Wissenschaft des Todes)도 아닌, '죽음의 철학'(Philosophie des Todes)이 말이다.²⁷³ 하지만 세부 계획을 보면 단순히 죽음의 철학이 아니라 방대한 규모의 '죽음학'의 윤곽이 드러난다. 우선 죽음의 철학의 배치를 보자. "1. 현상학, 2. 죽음의 인식론, 3. 죽음의 자연철학, 4. 죽음의 심리학, 5. 죽음의 사회학, 6. 죽음의 윤리학, 7. 죽음의 형이상학." 오늘날의 죽음학과 비교해 의학이나 생물학 또는 민속학 등은 누락되어 있을지 모르지만, 대신에 다양한 철학 분과와 온갖 사회과학들까지 포함해 매우 광범위하고 포괄적인 대규모 학제 간 연구 프로그램을 제안하고 있음을 알 수 있다.²⁷⁴ 요컨대, 죽음의 철학은 셸러에서

---

271 Ludwig Feuerbach, "Gedanken über Tod und Unsterblichkeit", in: Ludwig Feuerbach, *Werke in sechs Bänden*, vol. 1, p. 79.
272 Ludwig Feuerbach, "Gedanken über Tod und Unsterblichkeit", in: Ludwig Feuerbach, *Werke in sechs Bänden*, vol. 1, p. 79.
273 Max Scheler, "Altern und Tod", p. 253.
274 Max Scheler, "Altern und Tod", pp. 253~58.

최초로 완전하고 현대적인 모습을 갖추게 된다.

다음으로 거론할 만한 죽음학의 선구자는 장켈레비치다. 그는 주저 『죽음』에서 죽음의 문제에 대해 (1) 죽음의 이편에서의 죽음, (2) 죽음의 순간에서의 죽음, (3) 죽음의 저편에서의 죽음 등 크게 3부로 나누어 고찰한다.[275] 전체 구조도 매우 설득력 있고 타당해 보이지만, 이 책이 갖는 최대의 장점이자 독창적인 업적 가운데 하나는 그가 죽음을 나의 죽음(1인칭 죽음), 가까운 사람의 죽음(2인칭 죽음), 타인의 죽음(3인칭 죽음) 등 세 종류로 나누었다는 점이다.[276] 이러한 관점은 그동안 주체의 죽음이나 타자의 죽음만 거론하던 죽음 담론에 새로운 인식과 혁명적 변화를 가져다주었다.

그 밖에 죽음학의 탄생에 일정 부분 기여한 핑크도 주목할 만한 철학자다. 그는 이 책에서도 인용한 『형이상학과 죽음』에서 죽음을 형이상학과의 연관 속에서 고찰한다. 이 책 역시 크게 (1) 필사자들의 존재, (2) 소멸의 형이상학, (3) 존재 이해의 소멸 등 3부로 구성되어 있다. 즉 핑크는 이 책에서 죽을 수밖에 없는 운명의 유한자인 인간 존재에 대한 고찰에서 시작해, 죽음의 형이상학을 거쳐 결국 존재에 대한 이해와 인식마저 소멸하도록 만드는 죽음을 탐구해 나간다.[277] 핑크의 이 책은 셸러가 도입한 '죽음의 형이상학'의 가능성과 여러 주제를 심도 있게 파헤쳐 나간 역작이라고 할 수 있다.

---

275 장켈레비치 책의 세 개의 부(部)는 충격적이게도 내 책의 세 개의 부와 매우 흡사해 보이고, 그래서 내가 마치 장켈레비치의 책을 모방한 것처럼 보이는 것도 사실이다. 그러나 고백건대, 그리고 단언컨대, 나는 어느 정도 큰 틀에서 내 책의 구상을 마친 후에 장켈레비치의 책을 구해서 읽기 시작했고, 구성이 내 것과 너무 유사한 점에 충격을 받았다. 실망감도 여간 큰 것이 아니었다. 구도가 유사해도 너무 유사했기 때문이다. 그러나 세부 내용을 읽어가면 갈수록 나는 안심할 수 있었다. 장켈레비치의 책과 내 책이 세부적으로 많이 다르다는 사실을 알게 되었기 때문이다. 하지만 그래도 찜찜함은 여전히 남아 있다.
276 Vladimir Jankélévitch, *Der Tod*, pp. 34ff.
277 Eugen Fink, *Metaphysik und Tod*, pp. 7ff.

퀴블러-로스는 앞에서 이미 여러 차례 언급했기에 생략한다. 케이건도 현존 인물이기에 그의 '죽음'에 대한 강의를 전체적으로 평가하는 것은 무리가 있다. 끝으로 아리에스의 '죽음의 심성사'도 마찬가지 이유로 평가를 유보하고자 한다.

자료 조사를 통해 안 사실이지만 사람들은 보통 죽음학의 탄생을 퀴블러-로스의 책이 나온 1969년 이후, 즉 1970년대로 잡는다. 그렇다면 죽음학은 이제 걸음마 단계를 겨우 벗어났다고 해도 과언이 아니다. 더구나 인간의 수명 연장과 영생에 관한 과학적 연구가 활발히 진행되고 있고 인공지능과 포스트휴먼에 대한 연구와 논의도 점차 확대되어 가는 추세인 만큼, 죽음학의 미래가 현재로서는 전혀 감이 잡히지 않는다. 하지만 학제 간 연구로서의 죽음학이 삶을 성찰하고 올바로 영위하기 위해서라도 우리에게 꼭 필요하다는 점은 누구나 공감할 것이다.

제7장

자기 삶의 제거: 자살

　자살은 자기를 살해하는 일이다. 그러다 보니 동서고금을 막론하고 자살은 대부분 죄악시되거나 금기시되었다. 비록 자신을 향한 것이지만 그것이 살인이라는 범죄 행위에 들어가기 때문이다. 그래서 오늘날 대부분의 국가에서는 자살 방지를 위한 대책 마련에 고심하면서 수많은 정책을 수립한다. 각국 정부에서는 자살할 기미가 있거나 가능성이 있는 고위험군에 속한 사람들을 어떻게 해서든 찾아내 관리하면서 가용한 인적·물적 자원을 투입해 그들의 마음을 돌리기 위해 많은 노력을 기울인다. 이미 죽은 뒤라 처벌할 수 없어 그렇지, 만일 가능하다면 자살자를 수사하거나 기소해 법정에 세워 처벌받게 하고 싶어 하는 경찰이나 검사, 판사들이 있을 수 있다. 범죄의 측면에서만 보았을 때, 자살의 특징은 가해자와 피해자가 동일하다는 것이다. 엄청난 사건이지만 수사도 기소도 처벌도 할 수 없는 사건이 바로 자살이다.

　그러나 자살이 그렇게 흉악무도한 범죄일까? 또는 그렇게 죄악시할 만큼 잔인한 짓일까? 자살의 중요한 특징 가운데 하나는 먼저 그것이 본인 이외에 그 누구에게도 피해를 주지 않는다는 데 있다. 그래서 고통받는 적지 않은 사람들이 쉽게 자살의 유혹에 빠진다. 자기 한 사람만 죽으면 골치 아픈 모든 일이 말끔히 해결될 것처럼 보이기 때문이다. 물론, 유족이나 주변 지인들에게 끼칠 영향을 생각하면, 더구나 사회적으로 유명한 인물일 경우에는 베르테르 효과까지 낳을 수 있다는 점을 감안하면 자살이 꼭 자신에게만 피해를 준다고 할 수는 없지만, 그래도 일차적인 피해는 본인 이외에 그 누구를 향하지는 않는다. 근래 들어 발생한 사건처럼 자신이 고통스럽다고 남들도 불행해졌으면 좋겠다면서 사람들이 분주히 오가는 지하철역 주변에서 이른바 '묻지마 살인'을 저지르는 천인공노할 범죄자들을 떠올려 보라. 그들에 비하면 아마 자살자들은 천사처럼 보일 것이다. 더구나 삶이 순전히 고통으로만 얼룩져 있다고 느껴지는 사람이라면 어떨까? 불교의 가르침처럼 인생이 고해(苦海)라면 자살은 순전히 자신의 의지로써 그 끔찍한 굴레에서 자신을 해방하는 멋진 일로 간주될 수도 있다. 탄생은 자기 손으로 어떻게 할 수 없지만 죽음만큼은 적어도 자신이 직접 처리할 수 있기 때문이다.

삶의 모든 영역과 마찬가지로 '자살' 또한 이처럼 얼마든지 찬반양론으로 나뉘어 논의될 수 있으며, 그만큼 윤리적 가치의 측면에서 장단점이 있을 수 있는 주제다. 자살을 죄악시하면서 무조건 반대하는 사람들은 죽음보다도 더한 고통 속에서 살아가는 사람들의 비극적 처지를 전혀 공감하지도 상상하지도 못한다. 반대로 자살을 자유나 해방의 관점에서 옹호하는 사람들은 흔히 '고통 불변의 법칙'을 망각하는 듯하다. 자기 삶과 고통으로부터 해방을 위해 자살한 사람의 고통은 결코 그 자살로써 사라지지 않는다. 왜냐하면 그 고통은 고스란히 유족이나 지인들의 몫으로 남겨지기 때문이다. 이것을 다른 말로 '고통 배가의 법칙'이나 '고통 체감의 법칙'으로 불러도 좋을까? 자살자의 죽음 뒤에 남겨진 사람들의 고통은 증가하거나 줄어들 뿐, 결코 완전히 사라지는 법이 없다. 그래서 자살자들은 흔히 본인에 대해서든 주변인들에 대해서든 사회적 책임을 저버리는 사람들이라고 비난받는다.

자살은 원인이 어디에 있느냐에 따라 다음과 같이 여러 종류로 분류할 수 있다. 즉 원인에 따른 자살의 종류를 열거하면 다음과 같다. (1) 욕망적

자살: 죽고 싶어서 죽는 경우다. 매우 드물지만 전혀 없는 것은 아니다. (2) 혐오적 자살: 살기 싫어서 죽는 경우다. 말 그대로 삶을 혐오하거나 증오하거나 경멸해 감행하는 자살이다. (3) 강제적 자살: 더 이상 살 수 없어서 죽는 경우다. 죽을 수밖에 없는 상황까지 내몰려 죽는 경우를 말한다. (4) 체념적 자살: 살아 있으나 죽어 있으나 똑같아 죽는 경우다. 삶을 비관하고 포기할 때 감행하는 자살이다. (5) 사회적 자살: 살아 있는 것이 주변 사람들에게 민폐라고 생각해 죽는 경우다. 사회적 관계나 사회 환경 등을 고려해 감행하는 자살이 여기에 해당한다. (6) 해방적 자살: 삶이라는 질곡, 아니면 특정한 억압적 상황에서 벗어나고 싶어 죽는 경우다. 혐오적 자살이나 체념적 자살과 그 경계가 모호할 만큼 유사하다. (7) 주체적 자살: 완전한 자유를 구가하기 위해 죽는 경우다. 즉 철학적으로 진정한 자유를 원하거나 자유를 체현하고 싶을 때 감행하는 자살이다. 따라서 '철학적 자살'이라고 불러도 무방하다. (8) 계획적 자살: 스스로 언제까지 살다가 죽겠다면서 죽음을 계획한 다음, 그 시기가 오면 실행해 죽는 경우다. 주로 노년층에서 발생하는데, 가령 100세 되는 생일에 죽겠다고 계획하고 감행한 자살이 바로 이런 경우다. (9) 발광적 자살: 제정신이 아니거나 미친 사람이 죽는 경우다. 충동적인 자살일 경우가 많다. (10) 유희적 자살: 그저 심심해서 재미 삼아 흥미를 위해 죽는 경우다. 물론, 이런 경우는 거의 없거나 있어도 매우 드물 것으로 생각된다. 가령, 최근 뉴스를 보면 인터넷에서 어린아이나 젊은이들이 무슨 챌린지 놀이를 하다가 죽는 경우가 종종 있다. 물론, 자살을 의도했던 것이 아니라 오히려 사고사에 가깝지만, 의도 했든 의도하지 않았든 간에 결국 스스로 목숨을 끊은 것이 되기에 이 범주에 넣을 수 있을 것이다. (11) 명예적 자살: 자신의 자존심과 명예를 지키기 위해 죽는 경우다. 고대 로마의 루크레티아(Lucretia)의 자살이나 조선 시대에 정절을 지키기 위해 목숨을 끊은 수많은 여인의 경우를 예로 들 수 있다. (12) 희생적 자살: 남이나 국가와 민족 같은 특정 집단을 위해 죽는 경우다. 전쟁 시에 이런 일은 자주 발생한다. '이타적 자살'이라고 불러도 좋을 것이다. (13) 과시적 자살: 남에게 과시하거나 자극을 주기 위

해 죽는 경우다. 이 밖에도 자살의 종류는 더 있을 수 있다.

그동안 서구 지식인들은 자살에 대해 어떻게 생각했고 어떤 태도를 보여 왔으며, 만일 반대했다면 왜 반대했고 어떤 대처 방안을 제시했을까? 20세기 영국 철학자 사이먼 크리츨리(Simon Critchley)에 따르면, 서구 지식인들의 자살에 대한 태도는 시기마다 변해 왔다. 서양에서의 자살 담론의 역사는 대략 크게 세 단계로 나눌 수 있을 것이다. 고대 그리스와 로마에서는 자살을 부분적으로 수용하는 모습을 보여 주었다. 완전히 반대한 사람도 있고 완전히 허용해야 한다는 사람도 있었지만, 전체적으로 보자면 부분적으로 허용했다고 보는 것이 타당하다는 것이다. 그러다가 중세 기독교 사회로 들어서면 자살은 전면 금지된다. 창조주인 신이 주신 귀중한 생명을 함부로 파괴하는 일은 있을 수 없다고 본 것이다. 그러나 근현대에는 다시 부분적으로 인정하는 쪽으로 돌아선다. 고대와 마찬가지로 근현대에도 한쪽 끝에는 자살을 전면 금지해야 한다고 주장하는 사람들이 있으며, 반대쪽 끝에는 전면 허용해야 한다고 주장하는 사람들까지 긴 스펙트럼을 형성한다.

자살에 대한 서구 지식인들의 입장은 이처럼 크게 세 가지로 요약된다. 첫째, 자살은 자연 또는 종교 원칙에 어긋나거나 법적으로도 범죄 행위 같은 것이므로 절대 해서는 안 된다는 관점이다. 둘째, 죽음을 동경해 죽는 경우는 없고 대부분 환경과 조건에 압박받고 내몰려 행하는 것이기에, 마치 안락사처럼 인간의 존엄성을 위해서라도 인정되어야 한다는 입장이다. 셋째, 부분적 허용 또는 부분적 반대의 태도다. 그러나 이 세 번째 태도는 아무리 부분적이라고는 하지만 결국 찬성이든 반대든 둘 중 어느 하나에 속하는 만큼, 그리고 그에 해당하는 지식인의 숫자도 많지 않은 만큼 첫 번째이든 두 번째이든 어느 한쪽에 넣어 논의했다. 따라서 자살 담론은 크게 두 종류로 나누어 볼 수 있다. 이들 관점을 차례로 살펴보되, 그러한 주장을 하게 된 근거와 이유가 무엇인지에 초점을 맞추어 논의를 진행해 나갈 것이다. 이러한 과정을 거쳐 이 장의 후반부에서는 자살에 관한 체계적 연구로 자살학 또는 자살론의 정립 가능성 여부를 그동안 전개된 서구 지식인들의 담론을 토대로 간략히 검토한 후에 마무리할 것이다.

자살에 대한 서구 지식인들의 입장을 본격적으로 논의하기에 앞서 자살이라는 용어에 대해 잠깐 살펴보자. 흔히 '자기 살해'라고도 불리는 '자살'(自殺)은 동양권에서는 명료하게 정의된다. 영어권에서는 라틴어에서 유래한 'suicide'라는 단어가 일반적으로 가장 널리 사용된다. 물론, 'self-murder'라는 단어가 없는 것은 아니지만 사용 빈도는 더 낮은 편이다. 반면에 독일어권에서는 'Suizid'(자살), 'Freitod'(자유죽음), 'Selbstmord'(자기 살해) 등 세 단어가 혼용되어 쓰인다. 오히려 라틴어에서 유래한 의학 용어로서 'Suizid'의 사용 빈도가 가장 낮은 편이다. 'Freitod'는 작가나 철학자들이 주로 문어체로 사용하는 용어다. 일상 및 방송 용어로는 'Selbstmord'가 가장 널리 쓰인다.

'자살'을 개념 정의한 대표적인 서구 지식인으로는 자살에 관한 사회(학)적 연구로써 이른바 '자살론'을 확립한 뒤르켐을 들 수 있다. 그는 우선 자살을 '피해자가 곧 가해자인 죽음'으로 정의한다.

> 다양한 종류의 죽음 가운데 희생자 자신의 행위라는 특징을 갖는 죽음, 살인자가 바로 피살자가 되는 행위로부터 파생되는 특징을 갖는 죽음이 존재한다. 분명 그런 특징이 보통 자살이라고 하는 관념의 기저에 놓여 있다. …… 그렇게 해서 우리는 다음과 같은 첫 번째 정의에 이르게 된다. 자살이란 희생자 자신의 적극적 또는 소극적 행위의 직접적 또는 간접적 결과로 인한 모든 죽음을 가리킨다는 정의가 그것이다. …… 따라서 우리는 결론적으로 이렇게 말할 수 있다. '자살이란 희생자 자신이 발생할 결과를 알고 행하는 적극적 또는 소극적 행위의 직접적 또는 간접적 결과로 인한 모든 죽음의 경우를 말한다.'[278]

---

278 에밀 뒤르켐, 『자살: 사회학적 연구』, 10~14쪽.

알기 쉬운 현상을 학술적으로, 즉 매우 어렵고도 복잡하게 정의한 대표적인 사례가 아닌가 싶다. 마치 사회학적이라기보다 법의학적 정의처럼 보인다. 가해자와 피해자가 동일인이면서 가해자가 피해자에게 어떤 피해가 올 것인지 정확히 인지하고 자행하는 모든 종류의 죽음이 곧 자살이라는 이야기다. 요컨대, 피해자 자신이 가해자이면서 그 가해자가 어떤 범행을 저지를지 알고 있을 뿐만 아니라 범행 후 어떤 결과가 올지도 정확히 알고 저지르는 범행이 자살이라는 것이다.

자살을 이렇게 정의한 뒤에 뒤르켐은 사회학자답게 자살의 사회학적 본질을 통찰해 나간다. 그에게 자살은 해당 사회의 특징을 알려 주는 중요한 지표다. "모든 사회는 그 역사의 매 순간마다 자살에 대해 특정한 경향을 보이게 된다. 그런 경향의 상대적인 강도는 전체 자살자의 수와 연령 및 성별 전체 주민 수의 비율로 측정될 수 있다."[279] 자살이 한 사회가 어떤 사회인지를 알게 해 주는 바로미터라는 뜻이다. 다른 예를 하나 더 보자. "자살률은 사망률보다 각 사회 집단의 특성을 훨씬 더 잘 나타내는 지표로 여길 수 있을 정도로 고유하다."[280] 사회의 특성을 알기 위해서는 사망률보다 자살률을 보라는 충고다.

뒤르켐이 가장 먼저 주목한 분야는 자살과 정신 질환과의 관계다. 이에 대해 그는 당시까지의 담론을 기준으로 두 가지 견해가 대립한다고 주장한다. 하나는 자살이 그 자체로 정신 질환이고 정신병의 한 특수 형태라는 것이며, 또 하나는 자살이 정신 질환이라기보다는 여러 정신병의 결과 나타나는 결과적 증상이라는 것이다.[281] 그러면서 앞서 이 책 제2장에서도 잠깐 살펴본 것처럼 정신의학적 분류에 따라 자살을 네 종류로 구분한다. "① '조병(躁病) 자살': 이것은 환각이나 착란에서 기인한다. 환자는 상상적인 위험이나 치욕에서 벗어나고 또는 신이 내린 신비한 명령에 복종하

279　에밀 뒤르켐, 『자살: 사회학적 연구』, 19쪽.
280　에밀 뒤르켐, 『자살: 사회학적 연구』, 22쪽.
281　에밀 뒤르켐, 『자살: 사회학적 연구』, 30~31쪽.

는 등의 목적을 위해 자살한다. …… ② '우울증 자살': …… ③ '강박증 자살': 이것은 실제적이든 상상적이든 간에 그 어떤 동기도 없이 발생하며, 뚜렷한 이유 없이 환자의 정신을 완전히 장악하고 있는 죽음의 관념이 굳어지면서 발생한다. 그는 자살할 아무런 합리적인 동기가 없다는 것을 완벽하게 알고 있음에도 불구하고 자살하려는 욕구에 사로잡혀 있다. 그런 욕구는 반성과 이성의 통제를 벗어난 본능적인 욕구이며, 훔치고자 하는 욕구, 살인하고 싶은 욕구, 방화하려는 욕구처럼 편집증의 형태와 유사하다. …… ④ '충동적 혹은 자동적 자살': 이런 유형의 자살에는 방금 살펴본 강박증 자살과 같이 동기가 없다. 환자의 현실이나 상상 속에는 자살할 아무런 이유가 없다. 다만, 그런 자살은 짧거나 긴 기간에 걸쳐 정신을 사로잡고 점차 자살 의지를 일으키는 고정된 생각에 의해 발생하는 것이 아니라 저항할 수 없는 충동에서 갑작스럽고 즉각적으로 발생한다."[282] 정신의학적 구분이자 이론인 만큼 그것의 타당성 여부, 오늘날의 관점과의 비교 등을 여기서 논할 생각은 없다.

뒤르켐이 자신의 책에서 반복해 주장하는 핵심 내용은 모든 자살이 '사회적 타살'이라는 점이다. 그에 따르면, 자살의 원인은 일부 정신질환 및 그 증상 등 정신과 마음 및 심리 같은 인간 내면에 있을 수 있음에도 불구하고 대체로 늘 인간의 외부, 즉 사회에 있다는 것이다. "대다수의 자살자는 …… 현실에 근거한 동기를 가지고 있다."[283] 그러면서 뒤르켐은 자살의 원인을 다음과 같이 열거한다. "신체적 고통, 빈곤·금전상의 손실, 가정 불화, 애정·질투, 방탕·도박·중독·비행, 심적 고민, 가책·형벌의 두려움, 정신 질환, 종교적 맹신, 분노, 좌절, 삶에 대한 혐오, 기타 및 미상."[284] 모두가 사회적 원인들이다. 그는 급기야 자살을 정신 질환과 무관하게 사회적 유형에 따라 "(1) 이기적 자살 …… (2) 이타적 자살 …… (3) 아노미성

---

282 에밀 뒤르켐, 『자살: 사회학적 연구』, 38~42쪽.
283 에밀 뒤르켐, 『자살: 사회학적 연구』, 43쪽.
284 에밀 뒤르켐, 『자살: 사회학적 연구』, 163~68쪽.

자살 …… (4) 숙명적 자살" 등 네 가지로 분류한다.[285] 먼저 '이기적 자살'은 일상적 현실과 좀처럼 타협 또는 적응하지 못하는 사람의 자살로 정신질환자의 자살 등이 여기에 해당한다. '이타적 자살'은 개인이 과도하게 사회에 통합되어 있을 때, 사회적 결속이 너무 강할 때, 사회의 가치를 개인의 가치보다 더 중시할 때 발생한다. 이기적 자살이 존재의 근거를 삶에서 찾지 못해 일어나고 이타적 자살이 존재의 근거가 삶의 외부에 있기 때문에 발생한다면, 세 번째 '아노미성 자살'은 사회의 급격한 변화와 불안정으로 무규범과 가치관의 붕괴 상태, 즉 아노미 상황에서 발생한다. 삶의 균형을 깨뜨리는 경제적 대격변이나 이혼 또는 배우자와의 사별 같은 것이 그 예에 속한다. 마지막으로 '숙명적 자살'(fatalistic suicide)은 아노미성 자살의 반대 유형으로 사회의 통제와 규제가 너무 과도하고 혹독해 미래가 무자비하게 제한되고 욕망이 난폭하게 제압되는 사람들에 의한 자살을 말한다. 아노미성 자살이 사회 규제가 통째로 흔들려 개인의 가치관과 기반이 무너질 때 발생한다면, 숙명적 자살은 사회 규제가 지나치게 강할 때 일어난다. 가령, 노예의 자살 또는 나치의 강제 수용소에서 고압 전류가 흐르는 철조망에 몸을 던진 수감자들의 자살을 그 예로 들 수 있다.

결국 뒤르켐은 여러 사회에서의 자살 사례와 통계를 분석한 후에 결론에 해당하는 다음 몇 가지 일반 법칙을 제시한다. (1) 상류층(지식층)이 하류층(저학력층)보다, 남성이 여성보다, 미혼자가 기혼자보다, 도시 거주민이 농촌 거주민보다, 군인이 민간인보다 더 많이 자살한다. (2) 여성의 자살률이 낮은 이유는 그들이 사회의 공동체 생활에 덜 참여하고, 그래서 영향을 덜 받기 때문이다. (3) 개인주의와 이기주의는 결국 자살로 이어질 수밖에 없다. (4) 자살과 사회 통합은 반비례의 관계에 있다. 사회 구성원들의 결속력이 강할수록 또 사회 통합이 잘 되어 있을수록 자살률은 떨어

---

285 에밀 뒤르켐, 『자살: 사회학적 연구』, 169~344쪽. 뒤르켐은 이 가운데 앞의 세 종류의 자살 유형은 별도의 장(章)을 구성해 자세히 설명하지만, 마지막 "숙명적 자살"의 경우 "아노미성 자살"의 마지막 문장의 각주에서 그 사례가 극히 드물고 중요하지 않다며 간단히 설명하고 장을 끝맺는다.

지고, 그 반대는 증가한다. (4) 정치적·사회적 위기는 오히려 자살을 감소시킨다. (5) 종교는 자살을 방지해 주는 기능을 갖는다. (6) 가족은 자살을 예방해 주는 기능을 갖는다. (7) 너무 어려도 또 너무 늙어도 자살하지 않는다. 이들 순서는 내가 뒤르켐의 책을 분석한 다음에 유의미하게 재구성한 데 따른 것이다. 그는 책 말미에 현대로 올수록 자살률이 증가하는 데 대해 우려를 표하면서 다음과 같은 결론을 내린다.

> 자살의 비정상적인 증가와 현대 사회가 앓고 있는 전반적인 불안정은 같은 원인에서 나온다. 예외적으로 높은 자살자의 수는 오늘날 문명 사회가 아픔을 겪고 있는 심각한 질병의 상태와 그 심각성을 보여 주고 있다. 심지어 자살은 그런 아픔을 측정하는 척도라고까지 말할 수 있다.[286]

오늘날 자살의 증가는 현대 사회가 안고 있는 복합성과 불안정성의 면모를 단적으로 보여 주는 중요한 지표라는 이야기다. 현대 사회의 병리적 모습이 결국 자살의 증가라는 가시적 결과물로 나타났다는 지적이기도 하다.

뒤르켐의 자살론은 획기적 이론이자 이 분야에서의 선구적 성과임이 분명하다. 하지만 오늘날의 관점에서 보면 맞지 않는 부분도 있고 그만큼 한계와 문제점을 노출하고 있다. 가장 큰 문제는 자살의 원인을 지나치게 사회에 초점을 맞추었다는 데 있다. 즉 그의 자살론은 개인적 동기나 이유에 의한 순수한 개인적 자살까지도 그 원인을 사회로 돌려 버리는, 일종의 사회환원주의적 담론의 성격이 짙다. 마치 프로이트가 대부분의 심리적 문제를 개인의 성욕, 즉 리비도에 원인을 돌려 담론을 펼친 경향이 있듯이 말이다. 그래서 카를 융이 문제점을 지적하면서 사회심리학과 집단 무의식, 즉 신화와 예술적 영역에 관심을 돌려 프로이트의 이론을 비판하지 않았던가!

---

286 에밀 뒤르켐, 『자살: 사회학적 연구』, 501쪽.

뒤르켐의 고전적 자살론에 대한 반발과 비판은 20세기 미국의 심리학자들 사이에서 일기 시작했다. '현대 자살학(suicidology)의 아버지'로 불리는 에드윈 슈나이드먼(Edwin Schneidman)은 1996년 발표한 『자살하려는 마음』(The Suicidal Mind)에서 인간이 자살하게 되는 근본적 원인이 뒤르켐이 생각했던 것처럼 사회적 요인에 있는 것이 아니라 '정신통'(Psychache)이라는 심리적 요인에 있음을 강조했다.[287]

역시 미국 심리학자로서 자살을 전문적으로 연구한 토머스 조이너(Thomas Joiner)는 더 깊이 나아가 사람들에게 세 가지 심리 조건이 합쳐져야 자살한다고 주장한다. 첫째는 사회적으로 고립되었다고 느끼는 마음이고, 둘째는 타인에게 짐이 된다는 부담감이며, 셋째는 두려움이 없는 마음, 즉 고통에 대한 내성이라는 것이다. 조이너는 이 세 가지 심리 조건 가운데 단 하나라도 부족하면 절대 자살하지 않는다고 말한다.[288]

이탈리아의 사회학자 마르치오 바르발리(Marzio Barbagli)도 2009년 발표한 『세상을 떠남: 서양과 동양에서의 자살』에서 뒤르켐의 자살론을 조목조목 비판한다.[289] 뒤르켐의 이론에 따르면, 사회에 대한 개인의 종속이 약해지는 현대 사회로 올수록 이타적 자살은 줄어들고 반대로 사회적 통합과 규제의 끈이 느슨해지면서 이기적 자살이나 아노미성 자살은 늘어나야 한다. 그러나 바르발리에 따르면, 20세기의 마지막 40년 동안에 이와는 정반대 현상이 나타났다. 즉 이슬람 근본주의 세력들이 자행하는 자살 폭탄 테러 같은 새로운 형태까지 포함해 오히려 현대로 올수록 이타적 자살

---

287 Edwin Schneidman, *The Suicidal Mind*, Oxford: Oxford University Press, 1996, 에드윈 슈나이드먼, 서청희 외 옮김, 『자살하려는 마음』, 한울아카데미, 2019.

288 Thomas Joiner, *Why People Die by Suicide*, Cambridge, MA: Harvard University Press, 2005, 토머스 조이너, 김재성 옮김, 『왜 사람들은 자살하는가?』, 황소자리, 2012.

289 Marzio Barbagli, *Congedarsi dal mondo: il suicidio in Occidente e in Oriente*, 2009; 마르치오 바르발리, 박우정 옮김, 『자살의 사회학: 세상에 작별을 고하다』, 글항아리, 2017.

은 증가했다. 반대로 고도로 발달한 산업 사회를 이룩한 서유럽에서는 자살률이 꾸준히 감소하고 있다. 토머스 맬서스(Thomas Malthus)의 인구론만큼이나 뒤르켐의 자살론도 오늘날 들어맞지 않는 것으로 드러났다. 시대와 사회가 변하면 이론과 담론도 변하기 마련이다.

이제 본격적으로 '자살'이라는 현상에 대해 서구 지식인들이 어떤 입장과 태도를 보여 왔는지 살펴보자. 먼저 자살 반대 담론이다. 서구 지성사에서 자살을 반대한 최초의 인물은 소크라테스다. 만일 신이 인간의 수호자이고 인간이 신의 소유물이라는 전제 아래에서 인간이 자살한다면, 신의 입장에서 그것은 자신의 소유물을 잃는 것이기에 매우 화가 날 것이다. 따라서 인간은 절대 자신을 죽여서는 안 된다.

> 소크라테스 선생님께서 말씀하셨어요. "그렇게 말하면 불합리하다고 여겨지겠지. 하지만 거기에는 일리가 있는 것 같아. 이에 관해서는 비교(秘敎) 쪽에서 설명한 것이 있는데, 우리는 일종의 감옥에 갇혀 있으며, 어느 누구도 그 감옥에서 벗어나거나 탈출해서는 안 된다는 것이네. 내게는 이런 교리가 거창해 보이지만 완전히 이해하기란 쉽지 않을 것 같아. 그렇지만 케베스, 신들은 우리의 수호자들이고, 우리 인간은 신들의 소유물 가운데 하나라는 말은 옳은 것 같아. 자네는 그렇게 생각하지 않나?" "나도 그렇게 생각해요."라고 케베스가 말했어요. 그분께서 말씀하셨어요. "그러면 소유물이 죽기를 원한다는 신호를 자네가 보내지도 않았는데 자네 소유물 가운데 하나가 자신을 죽인다면 자네는 화나지 않을까? 그래서 자네에게 벌줄 방도가 있다면 그것을 벌주지 않을까?" "물론 벌주겠지요." "그렇게 본다면 지금 우리에게 내려진 것과 같은 필연적인 상황을 신께서 내려보내기 전에는 어느 누구도 자신을 죽여서는 안 된다고 말하는 것은 불합리하지 않을 듯하네."[290]

---

290 플라톤, 『소크라테스의 변론/크리톤/파이돈/향연』, 123~24쪽 (= *Phaidon*,

기독교에서는 하나님이 인간과 우주의 창조주이자 주관자이지만, 고대 그리스인들에게 신은 이들을 창조했다기보다는 형성하고 제대로 기능하도록 이끌어가는 일종의 조율자였다. 그럼에도 소크라테스는 신을 인간의 주인으로, 반대로 인간은 신의 노예로 본 듯하다. 한 인간이 자신의 목숨을 버리면 신은 자신의 자산 목록에서 하나의 재산을 잃는다. 마치 조선시대 대궐 같은 집에서 사는 양반과 하인의 관계가 연상된다. 앞의 인용문에는 또 한 가지 특이한 관점이 제시되는데, 그것은 소크라테스가 육체를 정신 또는 영혼의 감옥으로 보았다는 것이다. 이 글의 저자인 플라톤도 아마 같은 생각이었을 것이다. 이 관점에 따르면, 인간은 죽었을 때 비로소 육체의 감옥에서 벗어나 영혼이 해방된다. 이는 인간이 정신을 승화하려면 죽어야 한다는 논리처럼 보인다. 플라톤이 이런 의도로 스승의 말을 인용하면서 글을 썼는지는 불분명하다. 어쨌든 육체와 영혼과의 관계는 제3부에서 더 자세히 살펴볼 것이다.

로마제국 말기의 아우구스티누스도 기독교적 신의 관점에서 인간이 자살해서는 안 된다고 외친다. 그가 생각한 자살 반대의 첫 번째 이유는 그것이 누군가를 죽이는 살인 행위이며, 살인은 모세의 십계명에도 나오는 금계 사항이기 때문이다.

> 그리스도인은 어떠한 경우에든지 자살을 할 수 있는 권위를 가지고 있지 않다. 거룩한 성경 가운데 어디에서든지, 영생을 보장받기 위해서나 어떠한 악을 피하거나 모면하기 위하여 자살하라는 계명이나 그에 관한 허가가 발견되지 않는다는 사실은 의미심장하다. 사실 우리는 특히 "네 이웃에 대하여 거짓증거하지 말지니라"(출애굽기 20:16)는 거짓증거를 금하는 계명에서처럼, "네 이웃"이라는 말이 부가되지 않은 것으로 보아, "살인하지 말지니라"(출애굽기 20:13)는 계명에 의하여 자살이 금지되었다고 이해해야 한다. …… "살인하지 말지니라"는 계명에 아무 첨가된 말이 없고 어떠한 사람,

62b-62c).

심지어 그 계명을 받은 사람도 제외되지 않는다고 생각할 수 있기 때문에, 자살이 허용되지 않는다는 사실은 더욱 분명해진다.[291]

기독교와 관련된 문헌 그 어디에도 자살을 허용하는 문구를 찾을 수 없으니, 자살해서는 안 된다는 논리다. 그것도 단순히 하지 말라는 정도가 아니라 인간에게서 자살할 권리와 권능을 박탈하면서까지 금지한다. 자살하려는 빌미나 여지를 아예 원천 차단하거나 봉쇄하고, 행여나 자살할 생각이나 마음은 꿈도 꾸지 말라는 경고다. 여기서 자살과 타살은 동일시된다. 자신이든 타인이든 간에, 누군가를 살해하는 행위라는 점에서는 똑같기 때문이다.

단지 기독교 문헌에서 금지했다는 이유만으로 자살이 허용되지 않는 것은 아니다. 자살 금지에 대한 아우구스티누스의 또 다른 근거는 그것이 결코 정신이 강하다는 것을 증명하지 못한다는 데 있다.

자살은 결코 당사자의 정신력이 강하다는 것을 증명해 주지는 않는다. 자신에 대하여 이런 범죄를 저지르는 사람들은 지혜롭다거나 건전한 정신을 가졌다고 칭찬받을 수는 없다고 할지라도, 아마 정신력이 강하다고 존경받을 수 있다고 생각될지 모른다. 그렇지만 우리가 문제를 보다 깊고 논리적으로 살펴본다면, 자살한 사람에게 정신력이 강하다는 용어를 적용하는 것이 올바르지 않다는 사실을 알게 될 것이다. 왜냐하면 그는 자신의 곤경이나 다른 사람들의 악행을 인내할 수 있는 힘을 가지고 있지 못했기 때문이다. 사실 우리는 그가 육체적인 억압이나 대중들의 어리석은 견해를 참아낼 수 없을 정도로 정신력이 약하다는 것을 알아차릴 수 있다. 우리는 인생의 어려움을 당하여 도망치는 대신에 그것을 인내하는 사람들, 특히 종종 암흑과도 같은 오류에 사로잡힌 대중들의 판단을 선한 양심의 순수한 빛과 비교하여 무시할 만한 힘을 가진 사람의 정신력이 강하다고 말할 수

---

291 성 아우구스티누스, 『신국론: 하나님의 도성』, 110쪽 (= De Civitate Dei, I 20).

있다.[292]

흔히 '죽을 용기가 있다면 그 힘으로 살아가라'라는 말이 있다. 진짜 용기 있고 정신력 강한 사람은 당장 닥친 위기를 이겨내지 못하고 자살하는 사람이 아니라 현재의 어려움을 꿋꿋하게 버티면서 극복해 나가는 사람일 것이다. 죽으려는 용기보다 살려는 힘이 더 강하다고 인식하는 것이야말로 올바른 삶을 살려는 사람들의 보편적 태도가 되어야 할 것이다.

하지만 아우구스티누스는 자살을 무조건 금지하는 지식인은 아니었다. 그는 두 가지 예외적 상황에서의 자살을 조건부로 인정했다. 첫째는 내가 앞에서 제시한 여러 종류의 자살 가운데 '명예적 자살'이고, 둘째는 범죄를 피하기 위한 자살이다. 이 두 번째 자살에 대해서는 마땅히 붙일 이름이 떠오르지 않는다. 억지로 붙인다면 '범죄 예방적 자살' 정도가 아닐까 싶다. 먼저 첫 번째 자살을 설명하기 위해 아우구스티누스가 제시한 사례는 루크레티아이다. "모든 사람은 그들이 고대 로마의 귀부인인 루크레티아를, 그녀의 정숙함으로 인하여 높이 찬양하고 있다는 사실을 알고 있다. 타르퀸(Tarquin) 왕의 아들이 그녀의 육체를 범했을 때, 그녀는 이 젊은 불한당의 범죄 행위를 지체높고 대담한 자기 남편 콜라티누스(Collatinus)와 친척인 브루투스(Brutus)에게 알리고는 그들로 하여금 복수를 맹세하게끔 만들었다. 그 이후에 그녀는 상심하고 모멸감을 참아 낼 수 없어서 목숨을 끊고 말았던 것이다."[293] 아우구스티누스는 이처럼 순결을 잃은 뒤에 자신의 명예를 지키기 위해 감행하는 자살을 옹호했다.

그러나 아우구스티누스는 똑같이 불명예에서 벗어나기 위해 감행한 자살이라 하더라도 가롯 유다의 자살은 범죄 행위로 몰아붙인다. "우리는 유다의 행위에 대해 혐오감을 갖지 않는가? 그는 목매달아 죽음으로써 가증

---

292 성 아우구스티누스, 『신국론: 하나님의 도성』, 111~12쪽 (= *De Civitate Dei*, I, 22).

293 성 아우구스티누스, 『신국론: 하나님의 도성』, 107쪽 (= *De Civitate Dei*, I, 19).

스런 배반 행위를 보상한 것이 아니라, 오히려 죄악을 가중시켰다고 진리가 선포하고 있지 않는가? 왜냐하면 그는 하나님의 자비를 멸시하고 자기 파괴적인 죄책감에 사로잡혀서 구원을 얻게 하는 회개의 기회를 남겨 놓지 않았기 때문이다. 더구나 그런 형벌을 받을 만한 잘못을 자기 안에서 발견할 수 없는 사람이 자살해야 하는 이유가 무엇이란 말인가! 유다가 자살했을 때, 그는 범죄자를 죽였던 것이다. 그래도 그는 그리스도의 죽음에 대해서만이 아니라, 자신의 죽음에 대해서도 죄가 있는 목숨을 종식시켰다. 그는 비록 죄 때문에 자살했다고 할지라도 자신을 죽임으로써 또 다른 범죄 행위를 저질렀다."[294] 즉 똑같은 불명예라 하더라도 루크레티아는 범죄를 당해 자살한 것이고, 유다는 예수를 간접적으로 살해하는 중죄를 저지르고 자살한 것이다. 더구나 유다는 예수와 자신이라는 두 명의 목숨을 잃게 만들었기에 가중 처벌을 받아 마땅한 이중 범죄를 저지른 것이다.

아우구스티누스가 인정한 두 번째 정당한 자살은 범죄에 빠져드는 것을 피하기 위한 자살이다. "앞서 내가 논의를 시작했던 문제로서, 자살하는 편이 유익하다고 생각되는 이유가 한 가지 남아 있다. 쾌락의 유혹이나 고통의 위협을 통하여 죄로 빠져드는 것을 피하기 위한 때가 바로 그러하다. 만약 이런 이유로 자살하는 것이 타당하다고 한다면, 우리는 사람들이 물속에서 거룩하게 거듭나게 하는 씻음에 의하여 모든 죄를 용서받는 바로 그 순간에 자살하도록 권유해야 한다는 결론에 이르게 된다. 왜냐하면 과거의 모든 죄가 사함받은 그 순간이야말로 미래의 모든 죄를 예방하기에 적절한 시기일 것이기 때문이다."[295] 이 글을 읽으면 곧바로 도박이나 마약 같은 중독형 범죄에서 벗어나기 위해 감행하는 자살이 떠오른다. 하지만 술과 마약 등에서 벗어나게 해 주는 치유 프로그램이 잘 되어 있는 오늘날, 이러한 아우구스티누스의 주장을 액면 그대로 받아들일 필요는 없을 것이다.

---

294 성 아우구스티누스, 『신국론: 하나님의 도성』, 105쪽 (= *De Civitate Dei*, I, 17).
295 성 아우구스티누스, 『신국론: 하나님의 도성』, 117쪽 (= *De Civitate Dei*, I, 27).

중세가 되면 자살 담론은 거의 사라진다. 아마도 자살이 크나큰 죄악이라는 공감대가 널리 형성되어 있었기에 굳이 자살 금지의 주장을 따로 펼칠 필요가 없었을 것이다. 그러나 르네상스 시대부터 사정은 조금씩 달라지기 시작한다. 가령, 모어는 앞서 호스피스를 다룬 제4장에서 보았던 것처럼 『유토피아』에서 자살에 반대하지만 고통을 없애기 위한 자살은 옹호했다.[296] 불치병에 걸린 환자들이 고통 없이 죽음을 맞이할 수 있도록 도와 주는 일은 사제와 관료의 의무다. 이러한 종류의 자살은 오늘날 기준으로 보면 일종의 안락사에 해당하는데, 이에 대해서는 다음 장에서 다시 언급할 것이다. 어쨌든 모어의 이러한 사고방식은 16세기를 기준으로 보면 상당히 진보적이고 파격적이라고 할 수 있다. 하지만 안락사 이외의 모든 종류의 자살에 반대했다는 점에서는 또 그만큼 보수적이었다.

근대 철학의 아버지 가운데 한 사람인 스피노자도 자살에 반대한다. 그가 내세운 논거는 자살이 그 유명한 '자기 보존'(conatus)의 원칙에 어긋나기 때문이다. '코나투스' 이론은 이미 제1장에서 자세히 설명했기 때문에 여기서는 몇 가지 사항만 첨언하고자 한다. 스피노자는 모든 사물이 왜 코나투스를 가질 수밖에 없는지를 다음과 같이 증명한다. "각 사물의 주어진 본질에서 여러 가지가 필연적으로 생긴다. 그리고 사물은 자신의 일정한 본성에서 필연적으로 생기는 것 이외의 어떤 것도 할 수 없다. 그러므로 각 사물이 홀로 또는 다른 것과 함께 행하거나 행하고자 하는 능력이나 성향, 즉 각 사물이 자신의 존재 안에서 지속하고자 하는 능력이나 성향은 그 사물의 주어진 또는 현실적인 본질일 뿐이다."[297] 모든 사물은 그 자신만의 본질과 속성을 가지고 있고 그 사물이 그 본질과 속성을 행하는 것은 신이 만든 질서에 따르는 필연적인 일이다. 인간은 삶이라는 코나투스를 가지고 있다. 삶을 계속 영위해 나가는 것은 나의 본질이다. 그런데 어느 순간 내가 자살을 감행한다면 하나님이 만들어 놓은 자연 질서를

---

296 토머스 모어, 『유토피아』, 112~13쪽.
297 B. 스피노자, 『에티카』, 163쪽.

깨뜨리는 꼴이 된다. 그것은 결코 필연적인 일도 현실적인 일도 아니다. 따라서 스피노자의 눈에 자살은 내 본질을 벗어나는 행위로 비친다. 자살은 사물의 질서와 본질에 대한 반항이자 일탈이다. 나의 자살은 곧 나의 거역이다.

칸트는 더 나아가 자살을 범죄로 간주한다. 즉 그는 자살이 자신에게 살인을 저지르는 범죄 그 이상도 그 이하도 아니라고 주장한다.

> 자의적인 자기 자신의 살해는, 그것이 일반적으로, 우리 자신의 인격에 대해서 또는 이 자기 살해에 의해 타자에 대해서(예컨대, 임신한 자가 스스로 목숨을 끊을 때) 저질러진 범죄임이 증명될 수 있을 때에만 비로소 자살(교활한 살해)이라고 부를 수 있다. 자기 살해는 범죄(살인)이다. 무릇 이 범죄는 물론 타인에 대한(배우자의, 자녀에 대한 부모의, 정부 또는 동료 시민에 대한 신민의, 마침내는 인간의 세상에서 우리에게 맡겨진 자리를 그의 부름 없이 떠난다는 점에서 신에 대한) 자기의 의무를 위반한 것으로도 볼 수 있다.[298]

자살이 범죄가 아니라 거꾸로 자기 살해가 범죄라는 점이 입증되었을 때, 비로소 그 범죄가 자살로 불릴 수 있다는 논리다. 그것도 매우 교활한 살해라는 수식어가 붙어 있다. 왜냐하면 자신이 자기를 죽임으로써 죽으면 그 누구도 자신을 처벌할 수 없다는 사실을 잘 알고 자행하는 범죄이기 때문이다. 칸트는 자살을 도덕적 '자기 의무'를 다하지 않는 것을 넘어 그 의무를 '위반'하는 행위로까지 규정한다. 따라서 만일 자살을 저지른 자가 살아 있다면, 그는 형사법적으로도 처벌받지만 도덕적으로도 엄청난 비난을 받을 수밖에 없다. 왜냐하면 도덕적 책무를 위반하고 살인이라는 중대 범죄를 저지른 흉악범이기 때문이다. 엄격한 도덕론자 칸트를 추종하는 사람이라면 절대 자살해서는 안 된다.

298　임마누엘 칸트, 『윤리형이상학』, 516쪽.

칸트가 자살을 법적·도덕적으로 반대했다면, 피히테는 도덕적 차원에서만 허용되지 않는 행위로 간주했다. 피히테는 먼저 "자살의 도덕성" 문제를 탐구하면서 "도덕 명령의 요구가 없다면 내 생명을 위험에 빠뜨려서는 안 된다"라고 말한다.[299] "내 생명은 나를 통한 법의 완전한 실행의 배타적 조건이기" 때문이다. 물론, 이때 법은 도덕법을 뜻하는데, 즉 내 몸이 없다면 나는 내 생명을 유지해 나갈 수 없다. "나는 나에게서 도덕법의 지배를 벗어나도록 하지 않는 이상 내 자신을 전혀 파괴할 수 없다."[300] 이처럼 도덕법의 원칙에 어긋나기 때문에 자살은 절대 허용되지 않는다. 피히테는 덧붙여 말한다. "나는 나의 죽음을 관찰해서는 안 된다. 그리고 그 죽음을 하나의 선한 목적을 이루기 위한 수단으로 허용해서도 안 된다. 나의 삶이 수단이지, 나의 죽음이 수단은 아니다. 나는 활성 원리(*thätiges Princip*)로서 법의 도구이지 사물로서 법의 수단이 아니다. 바로 이러한 관점에서 내가 나를 죽여서는 안 된다."[301] 피히테의 자살 금지는 이처럼 철저히 도덕 원칙과 도덕법에 따른다. 아무리 선한 목적을 위한 것이라 하더라도 내가 나를 죽이는 일은 결코 허용되지도 용납되지도 않는다.

고대와 중세를 거쳐 근대 초까지만 해도 흔하게 보이던 자살 반대 담론은 근현대에 들어와 거의 눈에 띄지 않게 된다. 즉 대놓고 찬양하거나 장려하는 경우는 물론이거니와 대놓고 반대하거나 금기시하는 관행도 사라져 갔던 것이다. 20세기 들어 죽음을 명시적으로 반대하지도 나쁘게 보지도 않았던 야스퍼스 같은 철학자에게서 일부 자살 금지 담론이 희미하게 보일 뿐이다. 그는 『철학 II: 실존조명』에서 다음과 같이 주장한다. "나는

---

299 Johann Gottlieb Fichte, "Das System der Sittenlehre nach den Principien der Wissenschaftslehre", in: Johann Gottlieb Fichte, *Gesamtausgabe*, (eds.) Reinhard Lauth, et al., Stuttgart-Bad Cannstatt: Frommann-Holzboog Verlag, 1964ff., vol. I-5, p. 236 (강조: 피히테).

300 Johann Gottlieb Fichte, "Das System der Sittenlehre nach den Principien der Wissenschaftslehre", p. 237.

301 Johann Gottlieb Fichte, "Das System der Sittenlehre nach den Principien der Wissenschaftslehre", p. 242 (강조: 피히테).

소멸을 수동적으로 관찰해서도 안 되고 의도적으로 초래해서도 안 된다. 오히려 소멸을 내적으로 자기화하면서 포착해야 한다. 죽음을 향한 갈망도 아니고 죽음 앞에서의 불안도 아니고 실존의 현전으로서의 현상의 사라짐이 진리가 된다."[302] 인간은 죽음의 공포를 느껴서도 안 되고 그렇다고 자살해서도 안 된다는 논리다. 인간은 그저 사라짐이자 소멸인, 그래서 실존의 상실인 죽음을 포착해 내면화 및 자기화해야 한다는 것이다. 그러나 이러한 흔적 외에 야스퍼스가 자살을 반대한 기록은 찾아볼 수 없다.

이제 자살을 부분적으로 또는 전체적으로 긍정, 옹호하거나 허용, 찬성하거나 심지어 예찬까지 한 담론들을 살펴보자. 제일 먼저 눈에 띄는 것은 세네카다. 그는 루킬리우스에게 보낸 한 편지에서 자기 손으로 죽음을 결정하는 것이 꼭 잘못된 것만은 아니라고 주장한다.

> 나는 병을 죽음으로 피하는 일은 하지 않겠네, 그것이 치유가 가능하고 영혼의 방해가 되지 않는 한은. 고통 때문에 자신의 몸에 폭력을 가하는 짓은 하지 않겠네. 그런 죽음은 패배이니까. 그래도 이 고통을 언제까지나 견뎌야 한다는 것을 알게 되면 나는 갈 것이네. 그것은 고통 그 자체 때문이 아니라, 고통 때문에 내가 살아 있는 이유가 되는 모든 것에 손이 닿지 않게 되기 때문이네. 고통 때문에 죽은 인간은 나약한 겁쟁이이지만, 고통을 받기 위해 사는 인간은 어리석은 바보라네.[303]

병이 들었다고 해서 죽지는 않겠지만 그 병의 완치가 불가능하고 죽는 순간까지 고통이 지속된다면 과감히 죽음을 맞이할 것이라는, 즉 자살을 감행하겠다는 뜻을 천명하고 있다. 보기에 따라서는 그럴 바에야 안락사 또는 존엄사를 택하겠다는 의지로도 읽힌다. 물론, 아무리 불치병 환자라

---

302 칼 야스퍼스, 『철학 II: 실존조명』, 358쪽.
303 세네카, 『세네카 인생론』, 480쪽 (= 루킬리우스에게 보내는 도덕 편지 59).

고 하더라도 세네카의 말처럼 고통받기 위해 생명을 연장하려고 하는 사람은 없을 것이다. 좀 더 살고 싶다는 욕심에서 연명 치료도 하고 몸에 좋다는 온갖 약과 치료 또는 시술 등을 받으려고 애쓰는 것이지, 고통을 연장하기 위해 그런 노력을 하는 사람은 없을 것이다. 하지만 애초의 의도야 어떻든 간에, 그것이 별 효과도 의미도 없을 뿐만 아니라 고통만 연장하고 가중한다면 그런 노력은 세네카의 말처럼 바보짓일지 모른다. 죽는 순간까지도 현명해지고자 노력했던 세네카의 진심이 느껴진다.

세네카는 또한 죽음에는 어떠한 확실한 법칙도 없지만 "잘 죽는 것이란 스스로 죽는 것", 즉 자기 관리 아래 둔 죽음을 말하기에, 고통을 덜기 위한 자살이나 명예를 지키기 위한 자살을 반드시 나쁘게만 볼 필요는 없다고 말한다.[304] 왜냐하면 삶에서 중요한 것은 질이지 양이 아니기 때문이다. "살아 있는 것이 선이 아니라 잘 사는 것이 선이니까." 따라서 세네카는 나쁜 삶을 살지 않는 것이야말로 자살까지 포함한 모든 죽음 가운데 가장 훌륭한 죽음이라고 말한다. "죽음이 빨라지고 늦어지고는 문제가 아니며, 문제는 훌륭한 죽음인가 아닌가 하는 것이네. 그런데 훌륭한 죽음이란 나쁜 삶을 사는 위험을 피하는 것이네."[305] 즉 나쁜 삶을 살 것 같으면 차라리 스스로 목숨을 끊는 것이 낫다는 충고다. "사람은 누구나, 살아 있는 동안에는 다른 사람의 인정도 받아야 하지만, 죽음의 방식은 자신만 인정하면 되므로, 자신의 마음에 드는 죽음이 최선이네."[306] 결국 세네카는 어떻게 하면 인간이 선하고 행복하게 잘 사는 것(well-being)인가를 결정하는 것이 어떻게 하면 인간이 훌륭한 죽음을 맞이하는가, 즉 잘 죽는 것(well-dying)인가에 달려 있다고 말한다. 환언하면 인간의 선한 삶은 훌륭하고 주체적인 죽음에 있다는 것이다. 이러한 일련의 발언은 충분히 자살 옹호론으로 읽기에 손색이 없다. 그리고 그의 자살 옹호론의 배경과 이유는

304　세네카, 『세네카 인생론』, 482쪽 (= 루킬리우스에게 보내는 도덕 편지 61).
305　세네카, 『세네카 인생론』, 503쪽 (= 루킬리우스에게 보내는 도덕 편지 70).
306　세네카, 『세네카 인생론』, 505쪽 (= 루킬리우스에게 보내는 도덕 편지 70).

'훌륭하고 주체적인 삶을 위하여'다.

한편, 세네카는 '자유'라는 가치를 위해서도 자살은 옹호되어야 한다고 말한다.

> 철학자를 자칭하는 사람들 중에도, 자신의 생명에 폭력을 가해서는 안 된다고 말하고, 그것은 죄악이다, 자신의 살해자가 되는 것이니까, 하고 생각하는 자들이 있을 것이네. 자연이 정한 최후를 기다려야 한다는 거지. 그런 말을 하는 사람은 자신이 자유의 길을 닫아버린 것을 이해하지 못하고 있네. 영원한 법이 하는 일 가운데 가장 뛰어난 것은, 우리에게 주어진 인생의 입구는 단 하나이지만 출구는 수없이 많다는 것이네. 나는 잔인한 질병이나 인간이 나타나기를 기다려야 할까? 고통의 한복판에서 빠져나가 역운을 뿌리칠 수 있다고 해도?[307]

출생의 방법은 어머니의 자궁에서 나오는 길 하나뿐이지만, 죽음에는 수없이 많고 다양한 선택지가 있다는 발상이 매우 참신하다. 더구나 철학자를 자처하면서 자살하면 안 된다고들 하는 사람들이 있는데, 그런 친구들은 자유의 참뜻을 이해하지 못하고 헛소리를 지껄일 뿐이라는 것이다. 자기 스스로 목숨을 결정할 수 있는데, 왜 잔혹한 질병이나 자연이 자기 목숨을 가져갈 때까지 기다려야 하냐는 것이다. 실제로 세네카는 굴종과 예속의 상태에서 스스로 해방하기 위해, 즉 완전한 자유를 찾기 위해 과감히 자살을 감행해 목숨을 끊은 어느 게르만족 검투사의 자살 사건을 예로 든다.

> 최근에는 맹수 격투기 선수의 훈련소에서 한 게르마니아인이, 오전 흥행의 연습 중에 용변을 보러 갔다가 ― 감시가 붙지 않고 혼자가 될 수 있는 것은 이때뿐이었네 ―, 그곳에 있던, 오물을 닦기 위해 스펀지가 달려 있

---

307 세네카,『세네카 인생론』, 505~06쪽 (= 루킬리우스에게 보내는 도덕 편지 70).

는 막대기를 그대로 목구멍에 집어넣어 기도를 막아서 질식사했네. 그것은 바로 죽음에 대한 모욕 행위였지. 그야말로 단정하지도 않은 죽음이었지만, 죽는 방법을 까다롭게 가리는 것만큼 어리석은 일이 또 있을까? 운명을 선택하는 허락을 받는 데 어울리는 참으로 용감한 남자가 아닌가? 그런 사람이라면 칼도 용감하게 사용하지 않았을까? 뛰어난 기개를 가지고 아득히 올려다보아야 하는 높이에서 바다로, 또는 깎아지른 바위에서도 몸을 던질 수 있지 않았을까? 그러나 그는 사방이 막힌 곳에서 자신의 죽음과 무기를 마련하는 방도를 찾아냈네. 여기서도 알 수 있듯이, 죽는 데 방해가 되는 것은 의지 외에 없다네. 이 비할 바 없이 용감한 남자의 행위에 대한 평가는 각자의 견해에 따라 다를 수 있겠지만, 그래도 확실한 것은 죽음은 예종보다 — 죽음이 아무리 더럽고, 예종이 아무리 깨끗해도 — 바람직한 것이어야 한다는 사실이네.[308]

비록 죽음에 대한 모독 행위라고 표현될 만큼 정갈한 죽음은 아니었지만, 그렇게라도 해서 노예라는 끔찍한 굴욕 상태에서 벗어날 수만 있다면 그깟 지저분한 수단이 뭐가 대수이겠는가? 그만큼 굴종과 불명예라는 억압으로부터 해방하기 위한 게르만족 검투사의 자살 사건은 세네카의 눈에 자유의 절정을 알리는 귀중한 표본 사례처럼 비쳤다.

그러나 아무리 이러한 세네카라 하더라도 자살을 무조건적으로 찬양한 사람으로 오해받아서는 곤란하다. 왜냐하면 그는 영혼이 아직 죽음을 결정하지도 않았는데, 즉 저승사자가 아직 오지도 않았는데 미리 죽겠다면서 감행한 자살은 어리석기 짝이 없다고 말했기 때문이다. "죽음에 대한 두려움 때문에 죽는 것은 어리석네. 죽여 줄 사람이 올 것이니 기다리면 되는데 무엇 때문에 앞서가려는 것인가?"[309] 죽음에 대한 두려움 때문에 죽는 것, 아직 운명의 시간이 오지도 않았는데 감행하는 자살은 어리석다

---

308 세네카, 『세네카 인생론』, 507~08쪽 (= 루킬리우스에게 보내는 도덕 편지 70).
309 세네카, 『세네카 인생론』, 504쪽 (= 루킬리우스에게 보내는 도덕 편지 70).

는 것이다. 하지만 이런 극히 일부의 발언을 제외하면 세네카는 대체로 자살을 반대하지 않은 정도가 아니라 적극적으로 찬성한 대표적인 서양 고대의 자살 옹호론자로 평가된다.

근대 초 몽테뉴의 경우에 자살을 명시적으로 반대하거나 허용하는 주장은 발견되지 않는다. 다만 부분적으로 허용하는 듯한 인상을 주는 발언들이 몇 개 발견될 뿐이다. 분명한 것은 기독교적 관점에서 자살을 반대하거나 죄악시하는 모습은 보이지 않는다는 사실이다. 그는 먼저 자살이 어려운 문제라고 말한다. "사실 완전히 건강해서 아주 침착하게 자살을 수행한다는 것은 그렇게 대단한 일이 아니다. […] 그러나 마음이 아무리 억센 자들이라도 자살을 결행하려고 할 때에는, 죽음의 심정을 느낄 여지가 없게 일격에 단행한 것이 아닌가 알아볼 일이다. 왜냐하면 생명이 점점 흘러나가는 것을 지켜보면서, 육의 감각과 심령이 함께 느끼면서, 후회할지로 모르는데 이렇게 위험한 의지를 실천하는 마당에 그의 지조를 완강하게 지켜 갈 수 있는지 밝혀 보아야 할 일이다."[310] 자살은 죽음이 주제인 만큼 매우 복잡하고 난해한 문제일 수밖에 없다. 죽고자 마음을 먹었다 하더라도 그 의지가 얼마나 지속적일지, 즉 후회하지는 않을지, 그 죽음에 육체와 영혼이 모두 동의할지 등은 자살하려는 본인도 모를 일이다. 이렇듯 어렵게 육체와 영혼의 에너지를 모두 동원해 결정한 자살을 감행하는 사람의 의지는 결연할 수밖에 없다. 그런데 그런 상태에서 죽으려는 사람을 살렸다고 가정해 보라. 얼마나 황당하고 기가 막히겠는가! 몽테뉴는 이렇게 자살자를 되살리는 것은 그 사람을 두 번 죽이는 일이라는 호라티우스의 말을 되뇐다. "'그 의사에 반하여 사람을 구함은 그를 죽임이다.'(호라티우스) 그런 만큼 그를 죽지 못하게 막는 것은 죽이는 것만큼이나 나쁜 본이 된다는 것을 이해시켰다."[311] 자기 의사에 반해 죽고 싶어 하던 사람의 목숨을 구하는 일이 그를 다시 죽이는 일이라면, 자살자를 구조하는 일은

---

310 몽테뉴, 『몽테뉴 수상록』(제2권), 670~71쪽.
311 몽테뉴, 『몽테뉴 수상록』(제2권), 673쪽.

심각하게 재고되어야 하지 않을까 싶다. 실제로 우리는 죽으려던 사람을 구한 구조자가 자살 시도자로부터 그냥 죽게 내버려두지 왜 살려 냈냐고 타박받는 경우를 심심치 않게 접한다. 이처럼 호라티우스를 인용한 몽테뉴의 자살에 대한 기본 입장은 부분적 허용의 범주에 들어간다고 할 수 있다.

근대에 들어 자살을 명시적으로 찬성한 대표적 인물은 흄이다. 그는 '자살'에 대한 에세이에서 "자살이 신에 대한 의무의 위반이 아니라는 점을 증명"해 나간다. 그의 논거를 따라가 보자. "물질세계를 관장하기 위하여 전능한 창조주는 거대한 항성부터 물체의 조그만 입자에 이르는 모든 육체가 적당한 장소와 기능으로 유지되는 일반적이면서도 불변하는 법칙을 만들었다. 동물 세계를 관장하기 위하여, 그는 모든 생물체에게 육체적 및 정신적 힘을 주었으며, 그들이 가야 할 삶의 과정에서 작용하는 감각, 정열, 취미, 기억, 판단을 주었다. 물질세계와 동물 세계의 이 두 분명한 원칙은 서로 침략하고, 상대방의 활동을 서로 방해하거나 증진시킨다. 그래서 인간과 모든 동물의 힘은 주위 육체의 본성과 질에 의해 제약당하고 지시를 받는다. 그리고 이런 육체의 개조 행위는 모든 동물의 작용에 의해 끊임없이 변경된다."[312] 이처럼 인간과 동물도 주변 자연환경의 변화에 따라 자기 신체나 감정 상태가 계속 변해 갈 것이다. 그렇다면 "삶에 지쳐서 고통과 비참에 시달리는 사람이 죽음에 대한 자연적 공포를 용감하게 극복하고 이 잔인한 상황에서 도피한다고 해서" 그런 사람이 과연 "신의 섭리를 침해하고 우주의 질서를 방해하여 창조주의 분노를 초래했다고" 말할 수 있는가? "전능자가 인간 생명의 포기를 특수한 방식으로 자기 자신에게만 한정시키고, 다른 사건들과 마찬가지로 그 사건을 우주를 지배하는 일반 법칙에 귀속시키지 않았다고" 주장할 수 있는가? "이것은 전혀 옳지 않다. 인간의 생명은 동물의 생명과 마찬가지로 동일한 법칙에 의존"하

---

312 David Hume, "On Suicide", in: D. Hume, *Essays on Suicide and the Immortality of the Soul*, 1777; 데이비드 흄, 황필호 편역, 『데이비드 흄의 철학』, 철학과현실사, 2003, 115~29쪽, 인용은 118쪽.

기 때문이다. 그것들은 "모두 물체와 운동의 일반 법칙에 의존한다". 그렇게 본다면 "모든 동물은 이 세상에서의 행동을 위해 그들 자신의 신중성과 기술을 가지고 있다. 그리고 그들은 힘이 있는 한 자연의 모든 활동을 변경시킬 수 있는 완전한 권위를 가지고 있다. 이 권위를 사용하지 않는다면, 그는 단 한순간도 생존할 수 없다". 따라서 "인간의 모든 행동과 모든 움직임" 또한 "물질의 어떤 부분의 질서를 변경시키며, 운동의 일반 법칙의 일상적 과정을 바꾸어 놓기도 한다".[313] "이 결론들을 종합해 보면, 우리는 인간의 삶이 물질과 운동의 일반적 법칙에 의존하고 있으며, 이 일반적 법칙을 방해하거나 변경시키는 것이 하느님의 섭리에 대한 침해가 아니라는 것을 발견한다." 지구상의 모든 생명체는 동일하게 중요하므로, 그들 모두에게는 "자신의 생명에 대한 자유로운 처분권"이 주어진다. "자연이 그에게 부여한 그 힘을 합법적으로 사용할 수 있다." 흄은 "우주에게는 인간의 생명이 굴의 생명보다 더욱 중요한 것은 아니"라고 전제한 후에, "인간 생명의 포기가 전능자의 특수한 섭리에만 한정되어서 자신의 생명을 스스로 포기하는 것이 전능자 권리의 침해라면, 생명을 보존하려는 행위도 파괴하려는 행위처럼 동일한 범죄가 될 것"이라고 역설한다. "내가 나의 머리에 떨어지는 돌에서 벗어난다면, 나는 자연의 과정을 방해하는 것이다. 또한 물질과 운동의 법칙이 결정한 기한 이상으로 나의 생명을 연장하는 것도 전능자의 특수한 섭리를 침해하는 것이다."[314] 따라서 "자살이 종종 우리 자신의 이익이나 의무와 일치한다는 것은 아무도 의심할 수 없다". 만약 "연령, 병환, 불행이 삶의 짐이 될 수 있고, 그런 것들이 죽음보다 더욱 나쁘게 만들 수 있다는 사실을 인정한다면" 그 누구도 자살을 반대할 수 없을 것이다. 그러면서 흄은 마지막에 다음과 같이 덧붙인다. "만약 자살

---

313 데이비드 흄, 『데이비드 흄의 철학』, 120~21쪽.
314 데이비드 흄, 『데이비드 흄의 철학』, 121~22쪽. 편역자는 "인간 생명의 포기가 …… 전능자 권리의 침해라면"을 "인간 생명의 포기가 …… 인간 권리의 침해라면"으로 번역했는데, 원문의 'his right'는 '인간의 권리'가 아니라 '전능자의 권리'로 번역하는 것이 옳다.

을 범죄로 인정한다면, 오직 비겁함만이 우리를 자살하도록 강요할 수 있다. 그러나 만약 그것이 범죄가 아니라면, 인간의 신중성과 용기는 삶이 짐이 될 때 즉시 우리들 자신의 존재를 포기하게 만들어야 할 것이다."[315] 따라서 자살이 신의 섭리에 어긋난다거나 자연의 질서를 파괴한다거나 도덕적으로 또는 법적으로 범죄라는 논거는 논리적으로 맞지 않는다. 물론, 도덕적인 죄나 형법상의 범죄가 아니라고 해서 권장하거나 장려할 것까지는 없어도 자살을 죄악시할 필요는 전혀 없다는 것이다. 왜냐하면 거듭 말하지만 자신의 생명을 지키기 위해 하는 행위나 괴로움에서 벗어나기 위해 자신의 생명을 포기하는 일 모두가 신의 섭리나 자연의 질서에 어긋나는 행위가 아니기 때문이다. 계몽주의 시대에 신의 섭리의 자리에 이성과 자연을 집어넣고 기독교를 새롭게, 즉 합리적으로 인식하고자 노력했던 자연신론(自然神論) 또는 이신론(理神論)의 신봉자였던 흄의 아우라가 강하게 느껴진다.

19세기에 오면 이러한 자살 옹호론은 한층 고양되어 전개된다. 당시 가장 대표적인 자살 옹호론자는 염세주의 철학자 쇼펜하우어였다. 하지만 그에게서는 생철학적 관점에서 자살이 어리석은 짓이라는 지적과 함께 자살을 반대하는 듯한 문구들도 일부 발견되기 때문에 조심스럽게 접근할 필요가 있다. 먼저 그는 자살을 '개체의 자의적 파괴'라고 정의한다. "삶에의 의지에는 삶은 언제나 확실하고 이 삶에는 고뇌가 본질적이기 때문에, 하나의 개별적인 현상의 자의적인 파괴인 자살은 사물 자체에는 방해받지 않는다. 마치 무지개를 한순간 지탱하고 있는 물방울이 아무리 빨리 바뀌어도 무지개는 그대로 유지되는 것처럼 자살은 전적으로 무익하고 어리석은 행위다."[316] 『의지와 표상으로서의 세계』의 또 다른 곳에서 쇼펜하우어는 삶뿐만 아니라 죽음도 우주적 관점에서 보면 덧없는 꿈에 불과하기에 '자살'은 우리에게 "무익하고, 그 때문에 어리석은 행위로 여겨진다"라고 주

---

315 데이비드 흄, 『데이비드 흄의 철학』, 128쪽.
316 아르투어 쇼펜하우어, 『의지와 표상으로서의 세계』, 632쪽.

장한다.[317]

그러나 이러한 문구들에도 불구하고 쇼펜하우어는 『의지와 표상으로서의 세계』의 도처에서 자살을 긍정적으로 해석한다. 그는 먼저 자살이 삶에의 의지의 부정이 아니라 삶에의 의지를 강력하게 긍정하는 현상임을 강조한다.

> 의지의 부정과는 아주 거리가 먼 자살은 의지를 강력하게 긍정하는 하나의 현상체다. 왜냐하면 부정의 본질은 삶의 고뇌가 아닌 삶의 향유를 혐오하는 데 있기 때문이다. 자살자는 삶을 의욕하지만 자신이 처한 삶의 여러 조건에 만족하지 못할 뿐이다. 따라서 그는 결코 삶에의 의지를 포기하지 않고, 개별적인 여러 현상을 파괴하면서 단지 삶만을 포기한다. 그는 삶을 의욕하고, 신체의 방해받지 않는 현존과 긍정을 의욕한다. 하지만 사정이 꼬여 이것이 허락되지 않고, 그래서 그에게 커다란 고뇌가 생겨난다.[318]

삶의 고뇌가 아니라 삶의 향유에 대한 혐오가 진정한 염세주의라고 본 쇼펜하우어는 자살이 삶을 부정해서가 아니라 강하게 긍정하기에 나타나는 현상으로 규정한다. 즉 원래는 강했던 삶에의 의지가 환경이나 조건에 꺾이다 보니 그에 대한 반작용으로 나타난 변증법적 현상이 바로 자살이라는 것이다. 따라서 그것은 생을 포기할 뿐이지 삶 자체를 증오하거나 경멸하지 않는다. 오히려 자살자는 그 누구보다 삶을 사랑하고 살려는 강렬한 의지와 욕구를 지닌 사람일 수 있다. 물론, 해석이나 관점의 차이로 볼 수도 있겠지만, 쇼펜하우어는 이처럼 단순히 자살을 예방하고 사라지게 하려는 정책자의 입장이 아니라 삶과 죽음을 진지하게 고민하고 결정하는 자살자의 관점에서 자살을 바라보려고 노력했다.

더구나 쇼펜하우어가 보기에 자살은 인간의 총합, 즉 인류라는 종의 부

---

317 아르투어 쇼펜하우어, 『의지와 표상으로서의 세계』, 456쪽.
318 아르투어 쇼펜하우어, 『의지와 표상으로서의 세계』, 631~32쪽.

정이 아니라 단순히 개체의 부정에 불과한 현상이다. "이념에 대한 개별적 사물의 관계는 의지의 부정에 대한 자살의 관계와 같다. 즉 자살자는 종(種)이 아닌 단순히 개체를 부정할 뿐이다."[319] 이 개체에 대한 자기 부정은 결국 자기 파기를 통한 강렬한 자기 긍정으로 종결된다.

우리는 이미 의지의 가장 낮은 현상에서, 자연력이 온갖 형태로 발현하고 모든 유기적인 개체가 물질, 시간, 공간을 얻으려는 계속적인 투쟁 속에서 이런 모순을 인식했다. 또한 의지의 객관화의 단계가 높아짐에 따라 그러한 충돌이 끔찍할 정도로 점점 분명하게 나타나는 것을 보았다. 이리하여 결국 인간 이념의 최고 높은 단계에 이르면, 이 충돌은 동일한 이념을 나타내는 개체들이 서로를 말살할 뿐만 아니라, 심지어 동일한 개체가 그 자신에게 전쟁을 선포하는 단계에 이른다. 또한 그 개체는 격렬하게 삶을 의욕하고 삶의 장애물인 고뇌에 덤벼들어 그 자신을 파괴하기에 이른다. 그 결과 개인적 의지는 고뇌로 의지가 꺾이기 전에, 의지 자신이 가시적으로 된 것에 불과한 신체를 하나의 의지 행위로 파기하게 된다. 사실 자살자는 의욕하는 것을 멈출 수 없기 때문에 사는 것을 멈추는 것이다. 그리고 의지는 이 경우 달리 더 이상 자신을 긍정할 수 없기 때문에, 바로 자신의 현상을 파기함으로써 자신을 긍정한다.[320]

결국 쇼펜하우어가 보기에 자살은 삶을 혐오하는 것이 아니라 욕구하는 행위이며, 자기를 부정하는 것이 아니라 긍정하는 현상이다. 자살은 그에게 삶에의 의지가 스스로 자신의 모순을 가장 극명하게 드러낸 사건으로 보였다. 따라서 자살은 그에게 삶 자체, 삶에의 의지, 인류 등을 부정해서가 아니라 강하게 긍정해 나타난 것으로 비쳤다. 삶을 강하게 긍정하고 삶에의 욕구가 지나치게 강하다 보면 나타날 수 있는, 삶의 모순적이고 변

---

319 아르투어 쇼펜하우어, 『의지와 표상으로서의 세계』, 632쪽.
320 아르투어 쇼펜하우어, 『의지와 표상으로서의 세계』, 633쪽.

증법적 행위가 바로 자살이라는 것이다.

한편, 키르케고르도 자살을 적극적으로 부정했던 것 같지는 않다. 독실한 기독교 신자이자 유신론적 실존주의의 창시자로 알려진 그는 적극적으로 자살을 옹호하지는 않았지만 그렇다고 강하게 반대하지도 않았다. 그가 보기에 자살은 인정하고 허용해도 무방한 현상이었다. 그 증거로 그는 자신을 죽일 수 있는 사람은 오직 '자신뿐'이라는 생각을 피력한다. "물리적으로 외적으로 생각한다면 나는 다른 사람의 손에 의하여 쓰러질 수도 있겠지만, 정신적으로 생각하면 나를 죽일 수 있는 자는 단 하나, 즉 나 자신뿐이다. 정신적인 의미에서는 살인이란 생각할 수가 없는 일이다 — 어떤 포악한 암살자라 할지라도 불사의 정신을 죽일 수는 없는 노릇이다. 정신적으로는 자살만이 가능하다."[321] 표현에 약간의 어폐가 있지만, 만일 살인의 권능이 누군가에게 주어진다면 그것은 오직 단독자로서의 나뿐이며, 또 그러한 범죄 행위의 대상이 있다면 그것 역시 자기 자신밖에 없다. 즉 만일 살해 행위가 가능하다면 오직 자살만이 가능하다는 주장이다. 이것은 분명 자살의 부분적 허용 담론이다.

20세기에 들어오면 우나무노 같은 작가가 자살을 적극적으로 옹호하는 발언들을 내놓는다. 우선 그는 "합리주의의 삶에 대한 결과는 아마 자살일지 모른다"라고 주장한다.[322] 자살을 논리적 삶의 결과로 본 듯하다. 그러면서 그는 키르케고르를 인용한다. "자살은 순수한 사유의 실존적 결과다. …… 우리는 자살하려 하지 않아도 정열이라면 환호성을 올린다."[323] 우나무노는 이 인용의 출처를 끝내 밝히지 않았지만, 키르케고르라면 충분히 말하고도 남음 직한 발언이다. 이렇게 본다면, 우나무노나 키르케고르 모두 사람이 합리적인 삶을 영위하다 보면 필연적으로 자살에 이를 수밖에 없음을 주장한 셈이다. 인간이 죽음을 향해 가는 존재라는 것은 굳

---

321 쇠얀 키에르케고어, 『사랑의 역사(役事)』, 593쪽.
322 미겔 데 우나무노, 『삶의 비극적 감정』, 206쪽.
323 미겔 데 우나무노, 『삶의 비극적 감정』, 206쪽.

이 하이데거가 아니더라도 충분히 이해할 수 있지만 그 종착점이 하필 자살이라니, 너무 비극적이지 않은가!

 더구나 우나무노는 자살이 죽음을 열망하는 사람이 아니라 죽기를 바라지 않는 사람이 벌이는 삶의 투쟁이라고 말한다. 그가 이렇게 말한 논거는 다음과 같다. "우리가 본질적으로 열망하는 것은 이 삶을 연장하겠다는 …… 것이다. 아마 자살자의 대부분이 이 지상에서 결코 죽지 않는다는 확신만 가지고 있으면 결코 하나밖에 없는 목숨을 끊지 않을 것이다. 그러니까 스스로 목숨을 끊는 자는 죽기를 희망하지 않기 때문에 자살을 하는 것이다."[324] 얼마나 역설적이면서 변증법적인 발상인가! 우리가 열망하는 것은 죽지 않는 것이 아니라 건강하게 오래 사는 것이다. 우리가 이 지상에서 오래 살 수 있고 죽지 않을 수만 있다면 죽음을 스스로 결정하는 사람은 아마 거의 없을 것이다. 오래 살 수 없고 결국 죽을 수밖에 없다는 사실을 알기 때문에 자기 목숨을 끊는 것이다. 따라서 이 오래 살고자 하는 인간 열망의 변증법적 지양(止揚)의 표현이 바로 자살이다.

 야스퍼스 또한 자살을 긍정하고 수용하는 관점을 유감없이 드러낸다. 먼저 그는 자살을 표현하는 독일어의 세 단어 중에서 '자기 살해'를 뜻하는 'Selbstmord'가 가장 공포스러운 단어라고 말한다. "오직 자기 살해 'Selbstmord'라는 말만이 불가피하게 이 문제의 공포스러움을 이 사실의 객관성과 함께 현실적으로 견딜 것을 요구한다. 여기서 '자기'(Selbst)란 자유를 표현하며 이 자유에 기초하여 현존은 이 자유를 파괴하는 것이다. 그리고 여기서 '살해'는 자기 관계 안에서 해결 불가능한 것으로 결정된 것에 대한 폭력적인 행위를 의미한다."[325] 여기서 문제가 되는 것은 바로 '자기'가 '자유'를 표현한다는 점이다. 이 두 단어를 합치시키면 결국 자살은 '자유죽음'(Freitod)이 된다. 물론, 자유를 살해하는 것과 자기를 살해하는 것이 같을 수야 없지만 그래도 그 뉘앙스가 매우 유사하다는 점을 부정할

---

324 미겔 데 우나무노, 『삶의 비극적 감정』, 384쪽.
325 칼 야스퍼스, 『철학 II: 실존조명』, 479쪽.

수는 없다. 자살이 자유와 밀접하게 연관되어 있다는 점에서 'Freitod'라는 독일어 단어는 매우 실존주의적이다. 이 점은 야스퍼스가 자살을 스스로 죽음을 결정하는 자유의 행위라고 역설할 때 선명하게 드러난다.

> 자살은 더 이상의 행위로부터 자유로워지는 유일한 행위이다. 실존에 대한 결정적 한계 상황으로서의 죽음은 닥쳐오는 것이고 초래되는 것이 아닌 그런 사건이다. 오직 인간만이 죽음에 대해서 안 다음에 자살의 가능성 앞에 선다. 그는 의식을 가지고 자기의 생명을 걸 수 있을 뿐만 아니라 그 자신이 살 것인지 아닌지를 결정할 수 있다. 죽음은 그의 자유의 영역에 속한다.[326]

첫 문장에서 드러나듯이, 자살은 한편으로 자신의 종말을 스스로 결정짓는다는 의미에서 모든 인간 행동 가운데 최고의 자유 행위이지만, 다른 한편으로는 모든 것에서 벗어난다는 해방의 의미에서도 최고의 자유 행위이다. 최고이면서 동시에 최후의 자유 행위이기도 하다. "자살은 그의 생애에 남은 마지막 자유가 될 것이다."[327]

사실, 야스퍼스의 이러한 철학적 주장은 이전 세기에 러시아 작가 도스토옙스키를 통해 이미 문학적으로 승화된 상태에 있었다. 도스토옙스키는 무엇보다 죽음을 자기 문학의 소재와 주제로 삼은 소설가로 유명한데, 자살을 소재로 다룬 작품은 그의 5대 장편 가운데 하나인 『악령』이다. 이 작품에서 그는 키릴로프(Kirillov)라는 등장인물을 통해 인간이 자신의 의지를 증명하고 완전한 자유를 얻으려면, 그럼으로써 신을 지우고 스스로 죽음의 두려움이라는 고통에서 해방되고 그 자신이 신이 되기 위해서는 자살을 감행해야 한다고 말하면서 유명한 '자살론'을 펼친다. 요컨대, 자살은 인간을 가장 완벽히 자유롭게 만들어 주는 최후이자 최상의 방법이라는

---

326 칼 야스퍼스, 『철학 II: 실존조명』, 480쪽.
327 칼 야스퍼스, 『철학 II: 실존조명』, 492쪽.

것이다. 키릴로프는 비록 음모 사건에 연루된 형식이기는 하지만, 작품 안에서 실제로 권총 자살함으로써 자신의 이론을 몸소 실천한다.[328] 아마도 자살에 대한 작가의 메시지를 작중 인물을 통해 극적으로 전달한 사례로 도스토옙스키를 따라올 사람은 없을 것이다.

다시 야스퍼스로 돌아가자. 자살이 자유 행위임을 역설한 것을 넘어 이제 야스퍼스는 자살이 고통 속에서 살아가는 사람들에게는 유일한 위안이자 구원이라는 논리를 펼친다.

> 완전한 고독 속에서, 허무 속에서 사는 외로운 사람에게 자유 의지에 의한 몰락은 자기 자신에게로의 귀향과 같은 것이다. 세상에서 고통을 당하고, 자기 자신과 세계와의 투쟁을 더 이상 이어갈 수 없게 되고, 질병 또는 노년에 처하여 비참 속에 빠지게 되고, 자기 존재의 수준 이하로 추락할 위험에 처하게 될 때, 자신의 삶을 버릴 수 있다는 것은 위안을 주는 생각이 된다. 왜냐하면 죽음은 일종의 구원처럼 보이기 때문이다.[329]

물론, 행복하게 잘 사는 사람이 극단적인 선택을 할 리 만무하지만, 고통 속에서 사는 사람이라면 자살이 충분히 자기 위안이자 자기 구원이 될 수 있다는 점을 지적한 것이다. 자살을 죄악시한 기독교가 탈마법화되고 탈신비화되다 보니, 자살은 이제 삶의 고통에서 벗어나는 유일한 구원의 길로 미화되기까지 한다.

자살 미화와 예찬은 아메리에게서 더욱 급진적인 형태를 띠고 나타난다. 죽기 2년 전인 1976년 발표한 『자신에게 손을 대다: 자유죽음에 대한 담론』(*Hand an sich legen. Diskurs über den Freitod*)에서 그는 자살의 문제를 깊이 성찰한다. 서문에서 아메리는, 이 책이 학술서는 아니지만 굳이 표현하

---

328 Fyodor Mikhailovich Dostoevsky, *Besy* (*Demons*), 1871/1872; 도스토예프스키, 이철 옮김, 『악령』, 범우, 2021.
329 칼 야스퍼스, 『철학 II: 실존조명』, 491쪽.

자면 '자살현상학'에 가깝다고 말한다. "이 책은 심리학이나 사회학과는 거리가 멀다. '자살학'이라는 과학이 끝나는 것에서 이 책은 시작한다. 자유죽음을 밖에서 들여다보려 하지 않았다. 살아 있는 자 혹은 살아남은 자의 눈으로 보지 않았다. 오히려 자살을 택한 사람 또는 자살을 감행한 사람의 내면에서 보려고 노력했다. 말하자면 '자유죽음의 현상학'이라고나 할까?"[330] 여기서 '자유죽음의 현상학'은 헤겔의 『정신현상학』을 패러디한 표현이다. '현상학'이 의식에 나타나는 사물 그 자체의 현상들을 포착함으로써 객관적 본질에 접근하는 학문을 뜻한다면, 아메리는 자살의 본질을 그 현상에서부터 파고든 셈이다. 아메리가 서문에서 이 책이 자살을 옹호하기 위해서가 아니라 자살자의 마음을 이해하려고 썼다고 밝힌 이유도 바로 거기에 있다. "이 책의 많은 대목에서, 내가 자유죽음을 옹호하기 위해 이 책을 쓴 것이 아니냐는 오해를 살지도 모르겠다. 그 같은 오해는 단호히 말해 두지만 삼가주기 바란다. 변론처럼 보일 수도 있는 것은 다만 자유죽음을 좇는 사람을 이해하려 하지 않고 '자살'이라는 현상만을 추적하는 과학적 연구에 대한 반작용일 따름이다. 스스로 죽음을 택하는 사람의 상황이 얼마나 불합리하고 역설적인지 아는가. 나는 다만 '자살 상황'이라는 쉽게 풀기 힘든 모순을 따라가 보고 그게 어떤 것인지 증언을 남기고 싶었을 뿐이다. 언어의 힘이 닿는 한 말이다."[331] 즉 '자살'이라는 현상만을 추적하는 과학적 연구로서 '자살학'(Suicidology)에 반발해 자살자의 마음을 세심하게 이해하려는 심리적 목적에서 이 책을 썼다는 것이다.

아메리는 곧이어 자살을 그동안의 삶을 차분하고 냉정한 마음으로 돌이켜보고 선택하는 '결산 자살', 참기 힘든 외부 상황의 집요한 압력 끝에 실행하는 '충동 자살' 등으로 구분한 후에[332] 흥미롭게도 자연사를 문법적으로 수동태, 자유죽음을 능동태에 비유한다. "죽음을 기다린다는 것

---

330   장 아메리, 『자유죽음: 삶의 존엄과 자살의 선택에 대하여』, 9쪽.
331   장 아메리, 『자유죽음: 삶의 존엄과 자살의 선택에 대하여』, 10~11쪽.
332   장 아메리, 『자유죽음: 삶의 존엄과 자살의 선택에 대하여』, 27쪽.

은 이 이중의 역설이 허락하는 한, 일종의 수동태다. 없는 무엇인가를 우리는 기다린다. 아무것도 하지 못하고 그저 팔짱만 낀 채. 없는 것을 있는 것처럼 생각하도록 강요하는 것은 문법이다. 하지만 자유죽음은, '스스로 목숨을 끊음'은 의심의 여지 없이 문법적으로나 실제로나 적극적인 행위이다."[333] 그는 자유죽음을 실행하는 자는 "뛰어내리는 바로 그 순간에 가장 진솔한 인생을 산 것"으로 보아야 한다고 주장한다. 왜냐하면 "뛰어내리기 직전의 …… 이 순간이야말로 자살이라는 문제의 알파요 오메가"이기 때문이다.[334] 결국 자살에 대한 그의 성찰은 죽음을 선택한 자살자가 죽기 직전 어떤 마음 상태와 환경 조건인지를 추적하는 데 초점을 맞추고 있는 셈이다. 그러면서 자살에 대한 첫 번째 성찰의 결론은 "생명은 최고의 자산이 아니다!"이다.[335] 만일 그 반대였다면, 그 어떤 자살 시도자도 감히 목숨을 끊는 일을 벌이지는 않았을 것이다. 생명이 가장 소중하다는 말은 일종의 신화화된 담론에 지나지 않는다. 마치 암살 직후에 율리우스 카이사르(Julius Caesar)가 "브루투스 너마저!"라고 한 말이나, 마르틴 루터(Martin Luther)가 95개 조 반박문을 비텐베르크 성교회 정문에 게시한 사건이나, 이단 심문 이후에 "그래도 지구는 돌고 있다!"라고 갈릴레오 갈릴레이(Galileo Galilei)가 한 말 같이 역사에서 잘못 전승되어 온 숱한 이야기들처럼 말이다. 아메리의 눈에 자살자는 생명이 최고의 가치를 지닌다는 이데올로기가 잘못되었음을 몸소 실천한 사람으로 비쳤다.

자살에 대한 성찰을 통해 내린 아메리의 두 번째 결론은 자유죽음 안에는 '인간성'과 '존엄성'이라는 두 개의 가치가 내재한다는 것이다. 전자의 가치는 "다른 동물과 달리 인간만이 자살한다"라는 것이고, 후자의 가치는 "인간이 자신의 자존심과 명예를 지키기 위해 자살한다"라는 것이다.[336] 먼

---

333 장 아메리, 『자유죽음: 삶의 존엄과 자살의 선택에 대하여』, 33쪽.
334 장 아메리, 『자유죽음: 삶의 존엄과 자살의 선택에 대하여』, 32쪽.
335 장 아메리, 『자유죽음: 삶의 존엄과 자살의 선택에 대하여』, 35쪽.
336 장 아메리, 『자유죽음: 삶의 존엄과 자살의 선택에 대하여』, 85~86쪽.

저 전자를 더 자세히 살펴보면, 오직 인간만이 자살을 감행하기에 자살은 인간의 특권이고 그래서 '인간적'이라는 것이다. 아메리 이전에도 이미 아우구스티누스나 토마스 아퀴나스 같은 중세의 신학자들도 자연계에서는 스스로 목숨을 끊는 생물이 없다는 점을 근거로 인간만이 저지르는 자살이 자연법이나 신법에 어긋난다고 주장해 왔다. 아우구스티누스가 공식화하고 토마스 아퀴나스가 발전시킨 논점에 따르면, 삶이란 하나님이 주신 것으로서 우리가 사용할 수는 있지만 처분할 수는 없다는 것이다. 인간은 삶의 사용권을, 신은 삶의 지배권을 갖는다. 하지만 이러한 통념은 최근 과학계의 연구에 따라 전혀 맞지 않는 것으로 드러났다. 즉 몇몇 동물들, 예컨대 고래나 레밍(lemming, 나그네쥐) 또는 침팬지나 코끼리, 심지어 딱정벌레 같은 일부 곤충들도 개체수 조절 같은 생태계의 조건과 환경에 따라 스스로 목숨을 던지기도 한다는 것이 밝혀졌기 때문이다.[337] 그 점에서 자살이 꼭 인간적인 것만은 아니다.

이 점을 간과했던 것일까? 아메리는 자살에 대한 성찰의 세 번째 결론에서 자살이 '자연적'이라고 주장한다. 그렇다고 해서 그가 인간 이외의 생명체, 즉 자연계의 보편적인 자기 파괴 현상을 인정한 것으로 오해하면 곤란하다. 그가 내세운 논거는 오히려 이전 주장들의 반복임이 곧 드러난다. "자살을 감행하는 사람에게 있어 자유죽음이란 모든 죽음과 마찬가지로 어려운 것이지만, 자유죽음은 지극히 자연적이다. 그것도 드높은, 유일하게 우리 손으로 설정한 기준, 즉 존엄성이라는 기준에서 볼 때 너무나도 자연스러운 죽음이다."[338] 여기서 우리는 자살이 존엄적이라는 주장이 자연적이라는 논리로 자연스럽게 이어지고 있음을 본다. 거듭 말하지만 '자유죽

---

337 Antonio Preti, "Suicide among Animals: A Review of Evidence", *Psychological Reports* 101, 2007, pp. 831~48; Edmund Ramsden & Duncan Wilson, "The Nature of Suicide: Science and the Self-Destructive Animal", *Endeavour* 34, 2010, pp. 21~24; Philippe Courtet (ed.), *Understanding Suicide*, Cham: Springer International Publishing, 2016 참조.
338 장 아메리, 『자유죽음: 삶의 존엄과 자살의 선택에 대하여』, 89쪽.

음'이라는 독일어는 그 자체로 매우 실존주의적이다. 왜냐하면 그 안에 '자유'라는 개념과 '실존(한계) 상황의 판단과 결정'이라는 의미가 함께 들어 있기 때문이다. 이로부터 자살에 대한 아메리의 세 번째 테제가 제시된다. "자살을 이미 감행했거나 자살하기로 마음을 먹은 사람에게 자유죽음이란 언제나 지극히 자연적이다."[339] 여기서 '자연'과 '자유'는 완전히 동일시된다. 우리 인간에게 자살은 이제 더 이상 특이한 현상도 아니요, 터부시될 현상은 더욱 아니다. 그것은 자유를 갈망하는 생명체라면 언제나 얼마든지 벌일 수 있는 자연스러운 행위에 지나지 않는다. 읽기에 따라서는 자살을 예방하거나 없애려는 부단한 노력은 모두 쓸데없는 짓이 된다. 그저 자연스러운 현상으로 받아들이고 처리하면 그만이다. 자유죽음을 '자기 부정'의 '모순'적 결과로, 즉 자기 인생을 긍정하는 동시에 자기 자신을 부정한다는 의미에서 '이중의 모순'으로 간주한 아메리는[340] 자살이 내가 선택한 죽음이기에 '자연적인 죽음'임을 재차 강조한다. "이것은 자연적인 죽음이다. 이 죽음이 자연적인 이유는 내가, 일상 언어가 자연죽음이라고 부르는 것을 정신적으로 소화할 수 없기 때문만이 아니다. 적어도 내가 선택한 죽음은 나에게 있어 자연적이다."[341] 자유죽음이 이처럼 자연적인 만큼 이제 거꾸로 자연사가 반(反)자연적일 수 있다는 주장이 제기된다. "이를테면 늙고 병들어 죽는 자연적인 죽음이 반드시 '자연스러운 것'은 아니다. 손발 묶어 두고 자연적인 죽음만 기다리라고 하는 게 훨씬 반자연적일 수도 있다. 자유죽음을 택하려는 사람은 자연적인 죽음이 가지고 있는 반자연성을 미리 감지한 것이다. 그러므로 자살을 시도했거나 하려는 사람이 자유롭게 택한 죽음의 자연성을 더 이상 부정해서는 안 된다."[342] 자연사가 부자연사(不自然死)일 수 있고, 자살이 오히려 자연사(自然死)일 수 있다

---

339 장 아메리, 『자유죽음: 삶의 존엄과 자살의 선택에 대하여』, 92쪽 (강조: 아메리).
340 장 아메리, 『자유죽음: 삶의 존엄과 자살의 선택에 대하여』, 97쪽.
341 장 아메리, 『자유죽음: 삶의 존엄과 자살의 선택에 대하여』, 107쪽 (강조: 아메리).
342 장 아메리, 『자유죽음: 삶의 존엄과 자살의 선택에 대하여』, 109쪽.

는 논리다.

자살에 대한 아메리의 성찰의 마지막 네 번째 명제는 그것이 '인간의 특권'이라는 것이다. 이를 증명하기 위해 아메리는 몇 가지 부가적인 설명부터 동원한다. 먼저 자살은 자연스럽기에 더 이상 치욕으로 간주해서는 안 된다는 것이다. "이제 자살은 가난이나 질병과 마찬가지로 치욕이 아니다. 자살은 더 이상 침울해진 정서를 가진 사람이 저지르는 비행이 아니다(중세에는 심지어 악마에게 사로잡힌 영혼이라는 표현을 썼다). 어디까지나 자살은 존재의 몰아붙이는 도전에 대한 일종의 응전이다. 세월이라는 흐름에 휩쓸려 떠내려가다가 익사하기 직전에 내지르는 단말마적 고통의 비명이 자살이다."[343] 적어도 자유죽음은 우울증 환자나 정신 질환자가 저지르는 비행이 아니라 삶과 죽음을 스스로 결정하는 주체자의 결행 사안이기에 더 이상 치욕으로 치부될 수도 없고 치부되어서도 안 된다. 자살자를 저주하거나 비난하는 야만적인 행태는 멈추어야 한다. 인간은 반드시 살아야만 하는 존재가 아니다. 그러한 생각은 생물학적인 단견에 불과하다. "자살자는 길을 뚫으려는 개척의 오랜 노력 끝에 우리가 홀로일 수밖에 없다는 것을 깨달은" 사람이다.[344] 즉 자살자는 고독의 사슬을 끊고 죽음을 선택함으로써 새로운 길을 개척해 나가는 강직한 사람이다. 자살자는 더 이상 남이 자신을 사랑하지 않아서, 사랑이 없어서 자살하는 것이 아니다. 자유와 해방과 파괴는 하나로 가기 때문이다. 그래서 자살에 대해 아메리가 내린 마지막 결론은 자살이 자유라는 특권이라는 것이다. "자유죽음은 우리가 도달할 수 있는 가장 극단적이며 최후에 누릴 **특권으로서의 자유**(*Libertät*)이다."[345] 자유죽음은 인생의 최종 프로젝트다. 자유죽음을 통해 인간은 완전한 자신에 도달한다. 자유죽음은 부조리할지 모르지만 결코 어리석은 짓이 아니다.

---

343 장 아메리, 『자유죽음: 삶의 존엄과 자살의 선택에 대하여』, 110쪽 (강조: 아메리).
344 장 아메리, 『자유죽음: 삶의 존엄과 자살의 선택에 대하여』, 193쪽.
345 장 아메리, 『자유죽음: 삶의 존엄과 자살의 선택에 대하여』, 217쪽 (강조: 아메리).

아메리의 논리를 따라가다 보면, 자살 예찬까지는 몰라도 적어도 부정하거나 악행으로 간주하는 일 따위는 말끔히 사라진다. 자살에 대한 또는 궁극적으로는 자살자에 대한 최상의 변론처럼 느껴진다. 자살은 이제 옳고 그름 또는 선과 악으로 판단되는 도덕적이거나 윤리적인 문제가 아니라, 또는 자연법적으로 신학적으로 타당한지를 따져 묻는 법적이거나 종교적인 문제가 아니라 이해할 수 있느냐 없느냐의 공감과 이해라는 해석학적이고 인식론적인 문제로 바뀐다. 그래서 실존주의 작가 카뮈는 자살을 이 세상에서 가장 진지하고 철학적인 문제라고 선언한다. 그의 유명한 다음 명제를 보자. "참으로 진지한 철학적 문제는 오직 하나뿐이다. 그것은 바로 자살이다. 인생이 살 만한 가치가 있느냐 없느냐를 판단하는 것이야말로 철학의 근본 문제에 답하는 것이다. 그 밖에, 세계가 3차원으로 되어 있는가 어떤가, 이성의 범주가 아홉 가지인가 열두 가지인가 하는 문제는 그다음의 일이다. 그런 것은 장난이다."[346] 인간 삶의 본질을 탐구하는 학문이 철학이라면 카뮈의 발언은 백번 옳다. 왜냐하면 삶의 가장 큰 문제 가운데 하나가 바로 죽음이기 때문이다. 카뮈는 죽음을 철학의 가장 큰 문제일 뿐만 아니라 심지어 유일하게 중요한 문제로 격상한다. 달리 말해 '인간의 죽음을 탐구하는 학문'이 바로 철학이라는 것이다.

카뮈는 자살을 삶의 부조리함이나 버거움 또는 몰이해에 대한 반응으로 정의한다. "자살은 어떤 의미에서 그리고 멜로드라마에서처럼 하나의 고백이다. 그것은 삶을 감당할 길이 없음을, 혹은 삶을 이해할 수 없음을 고백하는 것이다. 그러나 이와 같은 비유적인 쪽으로 너무 깊이 들어가지는 말고, 일상적인 표현으로 되돌아가보자. 다만 그것은 '굳이 살 만한 것이 못 된다'는 것을 고백하는 데 불과하다."[347] 힘들게 사느니 차라리 스스로 삶을 포기하는 것이 낫다는 고백 행위가 바로 자살이라는 것이다. 삶이 부조리하다는 전제에서 본다면 역시 100퍼센트 공감할 수 있는 말

---

346 알베르 카뮈, 『시지프 신화』, 15쪽.
347 알베르 카뮈, 『시지프 신화』, 18쪽.

이다. 더 살아야 할 이유를 찾지 못하는 것은 우울증의 증상이 아니라 삶을 실존주의적으로 깊이 성찰하고 고민한 결과일 수 있기 때문이다. 그래서 카뮈는 앞서 이 책 제1장에서 보았던 것처럼 인간을 '영생할 자유를 상실한 삶의 노예'로 규정했다.[348] 사람이 자살하는 이유는 삶이 부조리하기 때문이다. 역시 제1장에서 지적했듯이, 부조리의 관점에서 삶은 살려는 "의지"가 아니라 "죽음"에 달려 있다고 말한 카뮈의 심정은 그 점에서 충분히 공감된다.[349] 이러한 부조리로부터 해방되기 위해 카뮈가 내린 최종 결론은 죽음을 죽음으로써 극복하자는 것이다. 그에게 죽음을 극복하는 유일한 방법은 죽는 것이었다. "우리는 우리가 사랑하는 것만을 아름답게 만드는데, 죽음은 우리들에게 혐오를 일으키고 우리들을 진력나게 한다. 죽음 또한 정복해야 할 대상이다. 페스트로 말미암아 인적이 끊어진 채 베네치아 군에게 포위된 파도바 시(市)에 갇힌 최후의 카라라 영주는 황량한 궁전의 이 방 저 방을 아우성치며 돌아다녔다. 그는 악마를 부르며 그에게 죽음을 달라고 청했다. 그것은 바로 죽음을 극복하는 하나의 방법이었다."[350]

자살 담론에서의 이러한 급진적 방향 선회는 급기야 자살에 대한 권리 주장으로까지 이어진다. 최근에는 죽을 권리를 달라는 절박한 부르짖음마저 들린다. 가령, 2015년 간암 말기 판정을 받고 안락사 및 존엄사를 그토록 희망했지만 결국 뜻을 이루지 못하자 1년 뒤인 2016년 자살로 생을 마감한 그리스의 저널리스트 알렉산드로스 벨리오스(Alexandros Velios) 같은 사람이 그 대표적인 예다. 그의 주장을 따라가 보자. 그는 우선 죽음의 권리가 근본적인 인권에 속한다고 주장한다. "나에게 죽음의 권리는 가장 근본적인 인간 권리에 해당한다. 죽음의 권리야말로 인간을 속박하는 종교적, 사회적 구속 그 모든 것을 끊어 낼 개인의 자유와 그 개인의 자유

---

348 알베르 카뮈, 『시지프 신화』, 88쪽.
349 알베르 카뮈, 『시지프 신화』, 94~95쪽.
350 알베르 카뮈, 『시지프 신화』, 136쪽.

의지를 압축해서 보여주는 축도(縮圖)이다."[351] 벨리오스는 다른 실존주의 철학자들이나 도스토옙스키처럼 죽음을 스스로 결정할 수 있는 권능을 나타낸다는 점에서 인간이 갖는 최상의 자유를 실현하는 일이 바로 자살임을 역설한다. "죽음의 권리를 실천하는 것보다 더 강력하게 개인의 자유를 표현하는 일은 없다."[352] "자유는 전복적이다. 그리고 자살은 노골적인 자유의 행위이다."[353] 죽음의 자유가 곧 삶의 자유라는 논리다. 그래서 벨리오스는 만일 생명이 신이 인간에게 준 선물이라면, 그 선물을 반환할 권리도 인간에게 주어져야 한다고 주장한다. "많은 사람에게 생명은 기적의 베일에 감싸여 있는 것으로 보인다. 종교의 교의가 주입되어 알게 모르게 거기에 물들어 간 사람들은 '생명은 선물'이라고 주장 …… 한다. 누구에게 주는 선물? 무슨 이유로 주는 선물? 물론, 나는 삶이 특권과 낙으로 가득 찬 사람들을 만났었다. 가난하지만 건강하고 삶을 즐기는 사람들도 보았다. …… 그러나 그들과 다른 사람들도 있었다. 육체적 정신적으로 기력을 다 소진하여 생명 자체가 무거운 십자가가 되어 버린 사람들 말이다. 이런 사람들에게는 '선물'을 반환할 수 있도록 허용해야 한다. 더 이상 그 선물을 원하지 않고 있다고 결정하는 것은 그들에게 주어진 자명한 권리이다."[354] 종교적으로 생명이 하나님이 준 권능이고 축복이자 선물이라면, 당연히 그 생명을 포기하고 반환할 권리도 인간에게 주어져야 한다는 논리다. 마치 우리가 마트에서 상품을 구매하고 마음에 들지 않았을 때 환불하듯이 말이다. 매우 타당한 논거가 아닐 수 없다. 그러나 이 자연스러운 논리를 '생명은 신비롭다'느니 '삶은 축복이다'느니 하면서 대부분의 종교에서는 거부한다. 이러한 종교계의 논리를 따라서인지 의학계나 법조계에서도 이른바 '생명 반환권'을 부정한다.

---

351 알렉산드로스 벨리오스, 최보문 옮김, 『나의 죽음은 나의 것』, 바다출판사, 2018, 38쪽.
352 알렉산드로스 벨리오스, 『나의 죽음은 나의 것』, 50쪽.
353 알렉산드로스 벨리오스, 『나의 죽음은 나의 것』, 55쪽.
354 알렉산드로스 벨리오스, 『나의 죽음은 나의 것』, 43쪽.

이에 따라 벨리오스는 아메리와 똑같이 자살의 특권을 주장한다. "자살은 인간의 특권이다. 우리의 이웃이 자살하기 전에 느꼈을 절망과 공포, 비탄과 환멸, 이 모든 것의 한가운데에서 피워 올린 그 용기를 나는 부러워한다. 그는 자기 생의 노예였으나 자기 죽음에서는 주인이 되었다. 또한 나는 이 시대에 이상적으로 자살한 사람을 찬미한다. 자살을 최후의 웅변으로, 불멸의 작품으로 만든 그들을 말이다."[355] 이것은 명백한 자살 예찬론이다. 인간은 삶에서는 생명의 노예이지만, 자살을 통해 생명의 주인으로 거듭날 수 있다. 이것은 마치 자기 삶의 진정한 주인이 되기 위해서는 자살을 감행해야 한다는 말처럼 들린다. 이러한 논리로 벨리오스는 마지막에 나에게 죽을 권리를 달라고 절규한다.

> 교회는 오직 믿음으로만 죽음의 공포를 극복할 수 있다는 것이 진리라고 말한다. 나는 그 말을 믿지 않는다. 나는 내 삶의 권리를 스스로 꾸려 왔던 것과 똑같은 방식으로 오직 내 죽음의 권리를 요구할 따름이다. 그리고 이 확신이 지금껏 나를 강하게 지탱하도록 만들었다. 나는 수동적인 것을 혐오한다. 개인의 자유가 언제나 나의 본체적 종교이다.[356]

벨리오스는 이처럼 그 자체가 자유가 될 내 죽음의 권리를 원한다고 말한다. 그리고 실제로 그 자유를 몸소 실천했다. 그 자신이 그렇게 용기 있다며 찬양하고 부러워했던 자살자들의 행동을 그대로 따름으로써 그 무리의 대열에 합류한 것이다. 고대 그리스의 현자 소크라테스의 먼 후예인 벨리오스에게서 그 먼 선조의 '지행합일설'(知行合一說)이라는 윤리학설의 진한 향기가 난다면 지나친 과장일까?

자살을 긍정한 서구 지식인으로 다룰 마지막 인물은 앞서 이 장의 서두에서도 잠깐 언급했던 영국 철학자 크리츨리이다. 1960년에 태어난 그

---

355 알렉산드로스 벨리오스, 『나의 죽음은 나의 것』, 57쪽.
356 알렉산드로스 벨리오스, 『나의 죽음은 나의 것』, 88~89쪽.

는 2015년 발표한 자살을 주제로 한 책에서 자살을 긍정한다. 아니, 정확히 말해 부정하지는 않았지만 그렇다고 예찬하지도 않았다. 그는 자살 찬성론이나 자살 반대론 모두에 거리를 두었다. 먼저 그는 자살이 죄가 아니라고 말한다. "내가 보기에 자살은 법적으로나 도덕적으로 죄가 아니며 그렇게 여겨져서도 안 된다. 나는 자살이라는 현상, 그 행위 자체, 그 행위에 앞서 일어나는 것과 뒤따라오는 것을 이해하려 할 뿐이다. 나는 자살을 감행했거나 자살할 뻔했던 사람들의 관점에서 자살을 고찰하고 싶다. ─ 우리는 자살을 감행할 수 있는 능력이 우리를 인간답게 한다는 점을 알 수 있을지도 모른다."[357] 자살을 죄악시해 온 기독교의 오랜 전통에 정면으로 반박하면서 한 말이다. 그러면서 크리츨리는 아메리와 마찬가지로 자살자의 관점에서 자살을 바라보고 싶다고 말한다. 아메리가 자살자에 감정 이입하려고 노력했다면, 크리츨리는 자살자의 눈높이에서 자살을 관찰하고자 했다. 똑같은 자살자의 입장이라도 아메리가 자살을 감성적으로 다루었다면, 크리츨리는 이성적으로 접근하려 애썼다. 그렇게 해서 크리츨리가 도출한 첫 번째 명제는 자살이 변증법적 역설을 품고 있는 현상이라는 것이다. "우리가 자살에 너무 가까이 있다는 것, 우리의 운명이 말 그대로 우리의 손안에 있다는 사실은 감당하기 너무 힘들어서 말로는 제대로 표현할 수 없다. 우리가 자살에 가까이 있으면서도 동시에 멀리 떨어져 있다는 사실로 인해 우리는 침묵한다. …… 자살 앞에서 우리는 이상할 정도로 과묵하면서 유난히 말이 많아진다는 것을, 할 말을 잃으면서도 할 말로 가득하다는 것을 알게 된다."[358] 자살이라는 주제는 우리를 변증법적 사고 모드로 몰고 간다. 그러면서 우리를 매우 혼란스럽게 만든다. 우리를 긍정했다가 부정하기도 하고, 흥분시켰다가 침묵시키기도 한다. 우리는 어느 장단에 춤을 추어야 할지 모른다. 자살은 자신의 파괴, 즉 '메타 파괴'

---

357 Simon Critchley, *Notes on Suicide*, London: Fitzcarraldo Editions, 2015; 사이먼 크리츨리, 변진경 옮김, 『자살에 대하여』, 돌베개, 2021, 35~36쪽.
358 사이먼 크리츨리, 『자살에 대하여』, 40~42쪽.

를 지향하기 때문이다. 또한 자기 역설이라는 이중의 모순을 안고 있기 때문이다.

이후에 크리츨리는 자살 반대론과 자살 찬성론 모두를 비판한다. 먼저 자살은 영국법상으로 신과 왕에게 동시에 저지르는 이중의 중범죄로 취급되어 왔다. 자살을 금지하는 종교적 논거는 "삶은 신이 준 선물"이라는 것이다. 그러나 크리츨리는 "그리스도"나 그리스도를 모방한 "성인들" 그리고 "순교자"들도 모두 따지고 보면 "유사-자살"한 사람들로 보아야 하는데, 그들의 행위는 찬양하면서 자살을 금지하는 것은 말도 안 된다며 반박한다.[359] 생명의 존엄성에서 자살을 금지해야 한다는 논거도 따지고 보면 모든 종류의 살인, 예컨대 "사형" 제도, "전쟁" 중에 일어나는 모든 살인, "자기 방어로서의 살인" 등도 모두 허용되어서는 안 된다는 것을 의미한다.[360] 한편, 크리츨리는 자살 찬성론자들에 대해서도 비판한다. 나 자신은 과연 어디까지 나의 소유인가? 자살할 권리가 나의 소유라고 해서 나는 과연 나를 온전히 소유하고 있는가? 크리츨리는 자살 찬성론을 다음과 같은 복잡한 철학적 논거로 반박한다.

> 삶에 대한 권리가 양도 불가능한 것이라면 나는 어떻게 자살 행위를 통해 삶에서 소원해질 수 있는가? 나는 우선 삶에 대한 권리를 포기한 다음 자살해야 한다. 그런데 두 번째 단계의 타당한 이유는 무엇인가? 삶은 이미 포기되었으므로 삶에 대한 권리는 될 수 없다. 두 번째 권리, 아마도 죽을 권리에 호소하는 것이 필요한가? 아니면 삶에 대한 권리는 실은 양도 가능하다고 인정할 수 있는가? 그렇다면 나를 그 권리에서 소외시키는 권리를 부여하는 것은 무엇인가? 신, 왕, 국가도 내게서 삶에 대한 권리를 소외시킬 권리를 갖고 있다고 주장하는 것이 정당한가?"[361]

---

359 사이먼 크리츨리, 『자살에 대하여』, 69쪽.
360 사이먼 크리츨리, 『자살에 대하여』, 70쪽.
361 사이먼 크리츨리, 『자살에 대하여』, 75~76쪽.

생명과 삶에는 이처럼 두 단계의 권리가 공존한다. 살 권리와 삶을 포기할 권리 말이다. 그런데 두 번째 권리, 즉 삶을 포기할 권리가 곧 죽을 권리를 의미하지는 않는다. 자살을 감행한다면 바로 이 두 번째 권리에서 벗어나 자신을 죽일 권리가 필요한데, 그 권리는 어디에서 오고 그에 대한 근거는 무엇인가?

결국 크리츨리는 자살 반대론과 자살 찬성론 모두에 거리를 두면서 자살에 대한 몇 가지 명제를 추가로 제시한다. 첫째, 자살은 삶에 일관성을 부여한다. "살아 있는 것만이 일관성이 없는 것처럼 보인다. …… 당신의 삶은 아직 일관성에 도달하지 못했다. 당신의 죽음은 이 일관성을 부여해 준다."[362] 둘째, 자살은 삶의 부조리성을 수용하는 것이다. "삶을 거부하는 것은 삶이, 삶 자체가 부조리하다는 것을 받아들이게 되는 것이다."[363] 셋째, 자살은 자살자의 생애를 전도시킨다. "자살은 자살자의 일대기를 기이하게 전도시키며, 모든 행동은 그 사람의 마지막 순간이라는 렌즈를 통해 거꾸로 읽힌다."[364] 자살자가 어떤 삶을 살았는지는 그가 자살한 시점을 기준으로 역추적해야만 밝혀진다. 넷째, 자살은 과거를 어둡게 하고 미래를 지워버린다. "자살은 과거를 슬프게 하고 미래를 파괴해 버린다."[365] 자살은 자살자의 과거의 삶을 자살하는 순간 비극으로 만들고 미래를 더 이상 존재하지 못하도록 만든다. 다섯째, 자살에는 강박적인 아름다움이 있다. "자살의 아름다움에 대해 말하는 것은 윤리적으로 불쾌해 보일지도 모른다. …… 그러나 자살, 그 행동, 그 도약에는 공포뿐만 아니라 이상할 정도로 강박적인 아름다움이 있는 것 같다."[366] 크리츨리의 부분적인 자살 예찬론을 단적으로 보여 주는 문장들이다. 자살이 아름답다니, 마치 추의

---

362 사이먼 크리츨리, 『자살에 대하여』, 122쪽.
363 사이먼 크리츨리, 『자살에 대하여』, 122쪽.
364 사이먼 크리츨리, 『자살에 대하여』, 123쪽.
365 사이먼 크리츨리, 『자살에 대하여』, 124쪽.
366 사이먼 크리츨리, 『자살에 대하여』, 131쪽.

미학이나 악의 선함 또는 거짓된 진실 같은 진한 아이러니가 느껴진다. 여섯째, 자살은 인간적 특권이다. "인간이 되는 것은 매 순간 자살할 수 있는 능력을 갖는 것이다. 투옥, 굴욕, 실망, 질병—세계는 우리에게 이 모든 것을 강제할 수 있지만 자살의 가능성을 없애버릴 수는 없다. 우리가 이 힘을 갖고 있는 한 우리는 최소한이지만 진정한 의미에서 자유롭다."[367] 마치 야스퍼스와 카뮈, 아메리를 합친 발언처럼 들린다. 그래서 크리츨리가 내린 결론은 다음과 같다.

    자살이라는 주제는 바로 다음과 같은 질문을 불러일으킨다. 무엇 때문에 삶은 의미가 있거나 없는가? 우리가 삶의 의미에 대한 질문에 답할 수 없다면, 삶을 떠나는 것이 현명하거나 심지어는 필요한 것으로 보일 수도 있다. …… 존재할 이유를 찾을 수 없다면 존재하지 않는 것이 나을지도 모른다. 그러나 그것은 큰 실수이며 치명적인 잘못이 될 것이다. 삶의 의미에 대해 질문하는 것은 오류로서 그 질문은 그만두어야 한다. 위대한 계시는 결코 오지 않을 것이다. 먹구름은 구원의 약속과 함께 사라지지 않을 것이고, 우리의 마음은 의심, 자기기만, 자기 연민, 죄의식의 시궁창에 곤두박질치는 걸 멈추지 않을 것이다."[368]

삶에 의미가 없다면 삶을 떠나는 것이 현명한 선택지일 수 있다. 그 점에서 자살을 반드시 나쁘게만 또는 악으로만 볼 아무런 이유가 없다. 따라서 크리츨리는 다음과 같이 조언한다. 자살을 예방하는 최고의 방법은 삶에 의미가 있는지를 묻지 않는 것이다. 왜냐하면 그 자체가 오류인 이 질문을 던지는 순간, 사람은 누구나 카뮈처럼 부조리한 삶에 절망하고 자살할 수밖에 없기 때문이다. 현재의 삶에 의미를 묻고 미래의 삶을 희망하는 것은 각자의 자유이지만, 그것이 유의미하다거나 구원을 가져다줄 것이라

---

367 사이먼 크리츨리, 『자살에 대하여』, 133쪽.
368 사이먼 크리츨리, 『자살에 대하여』, 139~40쪽.

는 환상은 버려야 한다. 왜냐하면 현실은, 좀 심하게 표현하면 쓰레기이고 시궁창일 뿐이니 말이다. 나만 정직하고 깨끗하며 행복하다고 해서 될 문제가 아니다. 주변이 쓰레기이고 시궁창이라면 나도 곧 더러워질 것이 뻔하기 때문이다. 하지만 어쩌겠는가. 이런 암울하고 고통의 연속인 삶이라 하더라도 칼리굴라(Caligula)가 죽어가면서 했던 말처럼 "나는 그래도 아직 살아 있다!"를 되뇌면서 계속 살아가야 하거늘!

지금까지 서구 지식인들의 자살 담론을 전체적으로 훑어보았다. 살면서 자살을 단 한 번도 생각해 보지 않은 사람은 아마 없을 것이다. 자살하는 사람은 보통 죽고 싶어서가 아니라 살기 싫어서 자살을 감행한다. 자살을 감행한 사람이든 감행하지 않은 사람이든 간에, 아무리 죽고 싶다는 표현을 썼다 하더라도 그것은 죽음을 동경한다는 고백이 아니라 살기 싫다는 선언으로 읽어야 한다. 삶이 즐겁고 행복하다면 죽을 이유가 전혀 없기 때문이다.

다른 모든 죽음의 문제처럼 자살 또한 정답이 없기는 마찬가지인 것 같다. 자살을 긍정하든 부정하든, 아니면 부분적으로 긍정하든 부분적으로 부정하든, 또 그 근거가 무엇이든 간에, 서구 지식인들 가운데 누구나 인정할 만한 타당한 담론을 제시한 사람은 단 한 사람도 없었고, 앞으로도 없을 가능성이 크다. 자살은 그 자체로 커다란 역설을 담고 있기 때문이다. 자신을 죽이지 않아도 어차피 언젠가는 죽을 텐데 미리 죽을 필요가 있는가? 아니면 반대로 어차피 죽을 것이니까 죽을 때까지 기다릴 것 없이 그냥 미리 죽는 것이 낫지 않을까? 미리 죽는다면 그럴 만한 이유들이 충분히 있을 터인데, 아무리 그 점을 인정한다고 하더라도 어딘지 씁쓸하고 개운치 않은 구석이 있다. 인간의 삶이 죽음을 향해 간다고 하지만, 삶 자체가 아니라 죽음을 지향하는 삶이란 너무나 서글프지 않은가? 인간은 죽기 위해서가 아니라 살기 위해서 태어난 존재다. 한편으로 절박한 상황에서 자살하는 사람의 심정을 전혀 모르는 바는 아니지만, 다른 한편으로는 그렇게 죽을 용기가 있으면 좀 더 기운 내고 더 살아보면 어떨까? 죽을 용기로 말이다. 어차피 답이 없기는 삶이나 죽음이나 매한가지 아닌가!

제 8 장

그 밖의 죽음: 다양한 종류의 죽음, 주체와 종(種)의 죽음

　지금까지 죽음 자체와 자살을 다루었다면, 이제 다양한 종류의 죽음을 논의할 차례다. 더불어 앞 장들에서 미처 다루지 못했던 죽음에 관한 또 하나의 철학적 주제인 '주체의 죽음'과 '종(種)의 죽음' 사이의 관계도 이 장의 후반부에서 언급하고자 한다. 후자의 주제는 다른 표현으로 '개인의 죽음'과 '인류의 죽음' 사이의 관계로 이해해도 무방하다. 먼저 죽음의 종류에는 이미 제1부에서 살펴본 가장 일반적인 병사(病死)나 노사(老死) 외에도 낙태, 영유아 살해, 타살, 처형, 사고사, 자연사, 안락사, 존엄사 등 이루 헤아릴 수 없이 많다. 내가 미처 생각해내지 못한 또 다른 종류의 죽음들도 얼마든지 있을 수 있다. 그러나 그 많은 종류의 죽음에 대해 서구 지식인들이 모두 자기 입장을 피력했을 것이라는 환상은 버리자. 몇몇 지식인들이 관심 있는 특이한 종류의 죽음 한두 가지에 대해 짤막한 의견을 표출한 경우는 있었지만, 여러 종류의 죽음에 대해 언급하거나 특정한 주제를 깊이 있게 천착한 경우는 매우 드물었다.

　먼저 낙태와 영유아 살해부터 살펴보자. 낙태는 고대부터 시작해 지금까지 꾸준히 이어지고 있는 주요 논쟁거리 가운데 하나다. 인권 의식이 부족했던 고대와 달리, 중세를 넘어 근현대로 오면 낙태를 반대하는 담론이 주류를 형성한다. 영유아 살해도 역시 맥락을 같이한다. 영유아 살해가 흔했던 고대에서 낙태를 범죄로 인식한 사례는 발견되지 않는다. 어린 자식을 사유 재산으로 인식했던 당시 사람들은 어린아이를 죽이고 살리는 일을 순전히 개인 또는 개별 가족이 알아서 결정할 문제로 간주했다. 따라서 정부나 국가 차원에서의 법적인 처벌도 없었고, 공권력의 개입도 없었다. 그러나 기독교가 지배하던 중세에 이르면 '수정'(受精) 이후에 이루어지는 모든 낙태를 금지하는 낙태죄가 법률화되어 낙태를 한 여성들은 처벌을 받았다. 그렇지만 이러한 처벌 규정이 있었음에도 불구하고 피임, 낙태, 영유아 살해는 현대에 오기 전까지 암암리에 꾸준히 계속되어 왔다. 그러나 현대에 오면 거의 모든 국가에서 낙태를 태아 살인에 해당하는 범죄로 규정하고 처벌하고 있다. 여성 인권 운동이나 페미니즘의 영향으로 오늘날에는 낙태에 대한 찬반양론이 거세고, 이에 대한 서구 지식인들의 견해도 많이 갈리는 형국이다. 그러나 이러한 논란도 최근의 일이고 논쟁에 가세하는 지식인들도 비교적 최근의 인물들이다. 고전 사상가들은 여기에 해당하지 않는다.

낙태와 영유아 살해에 대해서는 매우 특이하게도 플라톤과 아리스토텔레스의 견해가 남아 있다. 가령, 플라톤은 여자들이 40세가 넘어 아이를 낳는 것을 범죄로 보고 낙태나 영유아 살해를 간접적으로 허용하는 듯한 입장을 취한다. 『국가』에서 글라우콘과 대화하는 소크라테스의 입을 통해 전하는 플라톤의 생각을 들어보자.

"그건 그렇고, 우리 제안들을 계속 검토해 보도록 하세. 우리는 한창때에 아이를 낳아야 한다고 말한 바 있네." "네 맞아요." "자네는 여자의 한창때는 20년이지만 남자의 한창때는 30년으로 보는 것이 타당하다는 데 동의하는가?" "언제부터 언제까지의 20년과 30년인가요?"라고 그가 물었네. 그래서 내가 대답했네. "여자는 스무 살부터 마흔 살까지 나라를 위해 아이를 낳아야 하네. 남자는 달리기 선수로서의 절정기를 지난 뒤부터 쉰다섯 살까지

나라를 위해 아이를 낳아야 하네." "그래요. 남녀 모두 이때가 육체적으로나 정신적으로 한창때이지요"라고 그가 말했네. "만약 누가 이보다 더 늙거나 더 젊어서 나라를 위한 출산을 참여한다면 우리는 이를 죄악과 범죄로 간주할 것이네. 그가 나라를 위해 낳는 아이는, 몰래 낳는 경우, 혼례 축제 때마다 훌륭한 부모한테서 더 훌륭한 자식들이 태어나고 쓸모 있는 부모한테서 더 쓸모 있는 자식들이 태어나게 해 달라고 남녀 사제들과 나라 전체가 비는 기도나 제물과는 무관하게 어둠과 위험한 무절제 속에서 태어날 테니 말일세." "옳은 말씀이에요"라고 그가 말했네. …… "그러나 내 생각에, 여자들과 남자들이 아이 낳을 나이를 넘기면 우리는 그들이 누구든 원하는 상대와 성관계를 맺도록 내버려둘 걸세. 단, 남자는 딸, 어머니, 딸의 딸들, 어머니의 윗대 여자들과, 여자는 아들, 아버지, 아들의 아들들, 아버지의 윗대 남자들과 성관계를 맺어서는 안 되네. 우리는 그 전에 먼저 그들에게 아이를 잉태할 경우 태아가 태어나지 않도록 각별히 조심하고, 태아가 태어나는 것을 막지 못할 경우 그런 아이는 양육받지 못하고 버려져야 한다는 원칙에 따라 처리하라고 일러둘 것이네."[369]

여기서 논점은 여자가 20세에서 40세 사이에 출산하는 것은 권장되지만, 그 나이대를 벗어나 그보다 더 어릴 때나 더 늙어서 아이를 낳으면 범죄 행위로 간주해 국가가 법으로 금지해야 한다는 것이다. 그 나이대를 벗어나 임신하면 건강하지도 않고 장애가 있는 아이가 태어날 것이 뻔하니, 그런 아이를 낙태하거나 설령 태어나더라도 키우지 말고 버려야 한다는 논리다. 왜냐하면 바로 그다음에 금지된 근친상간을 통해 임신한 아이는 낙태하거나 설령 태어나더라도 버리라고 명시하고 있기 때문이다. 물론, 소크라테스가 태아나 영유아를 직접 '살해'하라고 언급한 것은 아니지만 아이를 버린다는 것은 곧 아이가 죽도록 방치하라는 이야기이니, 이는 정황상 그리고 문맥상 낙태와 영유아 유기 및 살해를 허용하는 주장으로 보아

---

369 플라톤, 『국가』, 286~87쪽 (= *Politeia*, 460d-461c).

야 한다.

아리스토텔레스 역시 부부가 지나치게 많은 자녀가 있는 경우에 인구조절을 위한 낙태를 찬성했다. 그는 무엇보다 자녀의 복지를 위해 너무 많은 자녀를 갖지 않으려는 부부에게 낙태를 권장했다. 만일 아이가 장애가 있다면, 이런 아이의 양육은 법으로 금지해야 한다고까지 말했다. 그러니 필요하지 않은 아이를 버리는 것은 합당한 것으로 인식된다. 『정치학』에서의 관련 내용을 보자.

> 유아를 유기(遺棄)할 것이냐 양육할 것이냐의 문제에 관해 말하자면, 장애가 있는 아이의 양육은 법으로 금해야 한다. 그러나 자녀 수가 너무 많아서 행해지는 유기를 사회적 관습이 금한다면 산아제한을 실시해야 한다. 부부가 이런 규정을 어기고 교합하여 아이를 가지면, 태아가 감각과 생명을 갖기 전에 낙태해야 한다. 낙태가 합법이냐 불법이냐는 태아에게 감각과 생명이 있느냐 없느냐에 달려 있다.[370]

산아제한이나 출산은 오늘날에도 많은 국가에서 정부 시책으로 운영되고 있지만, 고대에 이미 낙태 같은 민감한 문제에 대해 아리스토텔레스는 거리낌 없이 자기 주장을 펼쳤다. 영유아 유기나 살해, 낙태 등이 거리낌 없이 횡행하던 시대에 이렇게 발언한 사람을 두고 반인륜적이라고 비난하는 것은 마치 고대인들에게 어떻게 컴퓨터를 모를 수 있냐고 힐난하는 것과 마찬가지로 시대착오적인 짓이다. 오히려 내가 주목하고 싶은 것은 낙태를 신중하게 판단해 시행하라는 아리스토텔레스의 충고다. 그는 태아의 최초 태동과 관련해 '감각과 생명' 이전에 낙태가 이루어져야 한다고 말함으로써 태아의 인권에 관심을 보였다. 지금으로부터 2,300여 년 전에 이런 생각을 했다는 사실이 놀라울 따름이다.

---

370 Aristoteles, *Politica*; 아리스토텔레스, 천병희 옮김, 『정치학』, 도서출판 숲, 2017, 418쪽 (= *Politica*, 1335b).

기독교 교부였던 테르툴리아누스(Tertullianus)는 성교의 목적이 출산에 있음을 강조하고 인간 영혼의 전이설을 주장했다. 즉 출생 이전의 태아가 영혼을 가지고 있으므로 낙태는 살인 행위에 해당한다는 것이다. 또한 아우구스티누스는 영혼 주입의 시기를 최초의 태동 때라고 주장했으며, 중세 전성기 유럽의 스콜라 철학자 토마스 아퀴나스는 "남성 태아는 40일, 여성 태아는 80일경"이라고 생각했다. 17세기에 이르러서는 태아의 생명이 신성불가침이라는 현대 로마 가톨릭 교리가 확정되었다.[371] 시간이 흘러 현대로 오면 독일의 나치 정권은 열등 민족으로 간주된 사람들에 대해 '단종'(sterilization) 시술을 감행했다. 국가적이고 제도적이며 폭력적인 차원에서 대규모 인위적 낙태라는 범죄를 저지른 것이다.

다음은 타살 담론이다. 남을 죽이는 행위로서 살인은 크게 개인적 살인과 국가적 살인으로 나뉜다. 나는 이 둘이 모두 범죄에 해당한다고 생각하지만, 적지 않은 사람들은 개인적 살인을 범죄로 보면서 국가가 저지르는 살인에 대해서는 관대한 입장을 취한다. 국가가 저지르는 살인은 사법적 절차에 따라 ― 또는 적지 않은 경우에 이를 무시하고 ― 행해지는 사형이나 전쟁 등이 있다. 그 밖에 유명인 또는 정적이나 주적 아니면 무고한 불특정 다수를 향한 암살 또는 테러와 20세기 역사의 특징이기도 한 집단 살해, 대량 학살, 인종 청소 등도 여기에 속한다. 특히 마지막 종류의 살인 행위들은 당연히 독재 국가에서 인종주의, 타국 침략, 정적 제거 등 주로 정치적 탄압의 목적으로 자행되는 대표적인 수단으로 잔혹한 범죄 그 이상도 이하도 아니다.[372]

그렇다면 이러한 살인과 사형 등에 대해 서구 지식인들은 어떤 태도를 취했을까? 가장 먼저 눈에 띄는 인물은 모어다. 그는 『유토피아』에서 절도

---

371 「아리스토텔레스 曰, 낙태 OK!」, 『덕성여대신문』, 2010년 3월 13일, http://www.dspress.org/news/articleView.html?idxno=2962. (검색일: 2022년 12월 4일).
372 '홀로코스트'를 포함한 집단 살해, 대량 학살, 인종 청소 등은 별도로 논의해야 할 큰 주제이기 때문에 주로 개인의 죽음을 다루는 이 책에서는 다루지 않기로 한다.

를 사형으로 다스리는 일은 살인과 다를 바 없다고 주장한다. "하느님께서는 '살인하지 말라'고 말씀하셨습니다. 그런데 돈 몇 푼 훔친 행위를 두고 우리가 그토록 쉽게 살인(도둑을 사형에 처하는 행위)을 해야 합니까? 그렇다면 살인을 허락하는 인간의 법 때문에 살인을 금한 하느님의 법이 적용되지 않는 것입니다. 그와 같은 식이라면 강간, 간통, 위증을 정당화하는 법들도 만들어질지 모릅니다. 하느님께서는 다른 사람을 살해하는 것만이 아니라 자기 자신의 목숨을 스스로 앗아가는 것까지 금하셨습니다."[373] 개인이든 국가든 살인을 저지르는 일은 하나님의 계율에 따라 금지되어야 한다는 주장인데, 이러한 신법(神法)에 입각한 모어의 주장은 곧이어 다룰 안락사를 허용하는 담론과 모순된다. 즉 "어떠한 일이 있어도 살인은 안 된다"와 "불치병 등 특수한 경우에 안락사는 허용되어야 한다"라는 주장이 서로 상충한다. 이 안락사 허용 문제는 이 장의 좀 뒤에 가서 다시 다루어질 것이다.

한편, 모어는 유토피아 안에서 '사형 제도'에 대해서도 구체적으로 언급한다. 간통의 경우에 처음은 용서해주지만, 두 번째 간통은 사형으로 다스려야 한다는 것이다.

> 간통에 대해서는 가장 심한 노예제의 형벌을 내립니다. 범법자가 기혼자라면 이혼하게 되며, 그 배우자는 원하는 경우 다른 사람과 재혼할 수 있습니다. 그러나 배우자가 여전히 상대방을 사랑한다면 이 결혼은 지속되지만, 단 노예에게 부과된 노동을 부부가 함께한다는 조건 아래서 그렇습니다. 때로는 범법자의 참회와 그 배우자의 헌신적 태도가 원수를 감동시켜서 두 사람 모두에게 자유를 회복시켜 주는 일이 있습니다. 하지만 두 번째로 간통죄를 범하는 경우에는 사형에 처합니다. …… 일반적으로 중범죄는 노예형으로 다스리는데, 이것이 사형보다 범죄 예방에 효과적이고, 또 국가에 도움이 된다고 보는 것입니다. 노예는 범죄가 결코 득이 될 수 없다는 사실

---

373 토머스 모어, 『유토피아』, 32쪽.

을 항구적으로 그리고 시각적으로 상기시키는 효과가 있습니다. 노예들이 자신의 처지에 불만을 품고 봉기한다면 마치 막대기나 사슬로 길들일 수 없는 짐승을 그렇게 하듯이 즉각 사형에 처합니다.[374]

인간의 생명과 직결된 사형이라는 극형은 어떤 경우에라도 피하게 하려는 모어의 고심이 엿보인다. 더구나 모어는 사형이 노예형 같은 교화형보다도 범죄 예방의 효과가 더 떨어지고 국익에도 도움이 덜 된다고 주장한다. 이러한 그의 태도에서 데시데리우스 에라스무스(Desiderius Erasmus)와 마찬가지로 인간 생명의 가치를 존중했던 인문주의자로서의 품격이 느껴지기도 한다. 어쩌면 이러한 르네상스 시기의 인문주의 정신이 멀리는 계몽주의 시대에 유럽 각국에서 사형 제도를 폐지하는 데까지 영향을 끼쳤을 수도 있다.

그렇다고 계몽주의 시대에 모든 사상가가 사형 제도를 반대했을 것으로 생각하면 큰 오산이다. 가령, 도덕을 중시했던 계몽철학자 칸트는 살인을 사형으로 다스려야 한다고 강력히 촉구하면서 모어와는 사뭇 다른 태도를 보였다.

그가 살인을 했다면, 그는 죽어야만 한다. 이 경우에 정의의 충족을 위한 대체물은 없다. 제아무리 고통 가득한 생이라 해도 생과 사 사이에 동종성은 없으며, 그러므로 범인에게 법적으로 집행되는 사형 외에 범죄와 보복의 동등성은 없다. 사형은 고통받는 인격 안의 인간성을 끔찍하게 만들 수도 있을 모든 가혹 행위에서 범죄자를 벗어나게 해 주는 것이기도 하다. ─ 시민 사회가 모든 구성원의 동의로써 해체될 때조차도(예컨대, 섬에 거주하는 국민이 서로 헤어져 온 세계로 흩어질 것을 결의할 때조차도), 감옥에 있는 마지막 살인자는 먼저 처형되어야만 할 것이다. 그것은 누구든 자기의 행실에 값하는 것을 당하고, 살인죄가 이러한 처벌을 촉구하지 않았던 국민에게

---

374 토머스 모어, 『유토피아』, 116~17쪽.

씌워지지 않게 하기 위한 것이다. 왜냐하면 (그를 처형하지 않을 경우) 국민은 정의를 공적으로 침해하는 데 참여한 자로 간주될 수 있기 때문이다. …… 그러므로 살인을 했거나, 그것을 명했거나, 또는 그에 협력했던 살인자는 누구든 사형에 처해지지 않으면 안 된다. 이것이 사법권의 이념으로서 정의가 보편적이고 선험적으로 정초된 법칙들에 따라 의욕하는 바이다."[375]

살인죄는 법적 정의와 공정을 위해서라도 반드시 사형으로 처벌해야 한다는 논거가 강조된다. 사형제 폐지 담론의 확산과 더불어 실제로 이 제도를 폐지한 국가들이 증가하던 18세기 말에 계몽주의 사상을 완성한 인물로 평가받던 철학자가 이런 주장을 펼쳤다는 사실이 놀랍다. 피해자들을 위한 '정의'와 가해자들에게도 적용되어야 하는 '인권' 사이의 싸움에서 칸트는 엄격한 도덕철학자답게 피해자의 손을 들어준 셈이다. 칸트가 내세운 사형제 존치의 근거는 인권에 기초한 형평과 정의다.

또한 칸트는 완고한 윤리학자답게 남을 죽이는 행위는 궁극적으로 자신을 죽이는 행위와 다를 바 없다고 주장한다. 타살을 자살과 동일시한 것이다. "공적인 정의가 원리와 표준으로 삼는 것은 어떤 종류의 형벌이고 어느 정도의 형벌인가? 그것은 다름 아니라 다른 한쪽보다 한쪽으로 더 기울지 않는 (정의의 천칭의 지침의 상태에서의) 동등성(평등)의 원리이다. 그러므로 네가 국민 가운데 타인에게 아무런 잘못 없는 해악을 끼치는 것은 그것이 무엇이든 너는 그것을 네 자신에게 가하는 것이다. 네가 그를 욕하면, 너는 그로써 너 자신을 욕하는 것이다. 네가 그에게 도적질을 하면, 너는 그로써 네게서 도적질을 하는 것이다. 네가 그를 때리면, 너는 그로써 너 자신을 때리는 것이다. 네가 그를 살해하면, 너는 그로써 네 자신을 살해하는 것이다. 오직 보복법만이 ─ 그러나 물론 (사적인 판단에서가 아니라) 법정의 심판대 앞에서 이루어지는 ─, 형벌의 질과 양을 명확하게 제시할 수 있

---

375 임마누엘 칸트, 『윤리형이상학』, 295~97쪽.

다."³⁷⁶ 칸트의 정언명법이 "언제나 네가 네 행위의 준칙을 모든 사람을 위한 보편적 법칙이라고 여길 수 있도록 행동하라!"인 점을 감안하면, 이러한 역지사지(易地思之)의 원칙은 어쩌면 당연한 것이다. 남이 나에게 행하는 선행이나 악행이 내가 남에게 행하는 선행이나 악행과 근본적으로 동일하다는 이 원칙은 나뿐 아니라 모든 사람이 동등한 인격체라는 사실을 전제하지 않는다면 성립될 수 없다.

피히테 또한 살인에 대해서는 처벌해야 마땅하지만 살인자에게도 인권이라는 것이 있는 이상, 무작정 처형하는 것이 과연 옳은 일인지 의문을 제기한다.

다른 사람에 대한 공격은 분명히 모든 사람의 눈에 처벌되어야 한다. 강력한 의지에 균형추를 세워 두기 위해서라도 말이다. 여기서도 동일한 처리의 법이 등장한다. 인간의 형상은 신성하다. 법에 대한 모든 관점은 바로 여기서[인간의 형상에서] 출발한다. 살인은 개인적인 공격에 속한다. 그러나 그 살인자가 어느 정도까지 생명을 잃어야 하는가는 전혀 다른 문제다. 여기서 의문이 제기된다. 시민권은 모든 [것을 포괄하는] 권리인가, 아니면 모든 시민권을 넘어서도 하나의 권리가 있는가? 그리고 이것은 어느 지점까지 권리라고 명명될 수 있을까? 만일 시민권이 모든 [것을 포괄하는] 권리라면 [시민으로부터] 배제된 사람의 취급은 모든 사람의 자의에 맡겨지나? 그렇지만 하나의 인권(ein Recht des Menschen)은 존재한다. 왜냐하면 그는 언제나 도덕법(Sittengesetz)의 가능한 도구로 남아 있기 때문이다. 그는 도덕성(Sittlichkeit)의 최초의 조건을 가지고 있지 않다. 그 때문에 그는 배제된다. 그러나 그럼에도 불구하고 그는 도덕성을 얻을 수 있다.³⁷⁷

---

376 임마누엘 칸트, 『윤리형이상학』, 293~94쪽.
377 Johann Gottlieb Fichte, "Rechtslehre 1812", in: Johann Gottlieb Fichte, *Gesamtausgabe*, vol. IV-6, p. 60 (강조: 피히테).

살인죄와 사형제에 대한 피히테의 생각은 칸트의 그것과 비교했을 때 미묘한 온도 차이가 느껴진다. 피히테는 살인죄를 사형으로 다스려야 한다는 생각에는 근본적으로 반대하지 않지만 그렇다고 무작정 찬성하지도 않는다. 그는 칸트보다도 가해자까지 포함한 인권의 원칙과 가치를 더 많이 중시한 듯한 모습을 보여 준다. 물론, 피히테도 사형제의 정당성을 옹호한다. "그[사형수]의 죽음은 처벌이 아니라 안전 장치(Sicherungsmittel)다. 이 점은 우리에게 사형의 전체 이론을 제공한다. 그 자체로, 국가는 법관으로서 죽이지 않는다. 국가는 다만 [시민인 사형수와의] 계약을 파기할 뿐이다. 그리고 사형은 공적인 행위다."[378] 그러면서 피히테는 또한 아무리 범죄자라 하더라도 개인이든 국가든 한 인간을 죽이는 행위는 도덕법 또는 심지어 자연법의 원리에 어긋난다고 말한다. "나는 결코 어떤 의도를 갖고 누군가를 죽여서는 안 된다. 즉 한 인간의 죽음은 결코 내 행동의 목적이 되어서는 안 된다. 그 엄밀한 증거는 모든 사람의 생명이 도덕법의 실현을 위한 수단이라는 것이다."[379] 결국 피히테는 국가의 공권력을 인정하면서도 모든 인간의 기본 권리를 중시하는, 그래서 사형제에 대해 한편으로 찬성하면서도 다른 한편으로는 반대하는 이중적 태도를 보였다.

살인이 흉악한 범죄인 것은 맞지만 그렇다고 그 범죄자를 국가가 다시 살인으로 처벌하는 것은 정당한 일인가? 국가가 갖는 그 무시무시한 공권력은 과연 누가 부여한 것인가? 모든 국민인가, 국민의 대의 기관인 입법부인가, 국민이 선출한 행정부인가, 아니면 행정부 내에서 임명된 사법부인가? 범죄자도 인간인 한에서 그도 인권을 가질 터인데, 그 인간에 대해 국가가 살인을 저지르는 것은 또 다른 범죄가 아닌가? 오늘날에도 계속되는 사형제에 대한 논란은 우리의 주제가 아니다. 다만 사형제를 통해서도 드

---

378 Johann Gottlieb Fichte, "Grundlage des Naturrechts nach Principien der Wissenschaftslehre", in: Johann Gottlieb Fichte, *Gesamtausgabe*, vol. I-4, p. 74.

379 Johann Gottlieb Fichte, "Das System der Sittenlehre nach den Principien der Wissenschaftslehre", p. 248.

러나듯이, 국가나 사회 등 비인격적 단체도 얼마든지 살인을 저지를 수 있다는 점, 그리고 그 행위가 과연 정당한지에 대한 논란은 끊임없이 제기될 수 있다는 점을 상기시키고자 할 뿐이다.

사정이 이렇다 보니 독일 관념론을 완성한 헤겔 같은 철학자는 국가가 행하는 처형이 역겹다고까지 말한다.

> 공개적 사형 제도(*Öffentliche Todesstrafe*). 몽테스키외는 일본인들에 대해 언급할 때 수많은 공개적이고 잔혹한 처형이 민중의 성격을 거칠게 만들고, 이러한 처형 제도에 대해서 그리고 범죄에 대해서 무관심[무감각]하게 만들었다고 기록했다. …… 다른 군인들과 함께 때려눕혀진, 또는 보이지 않는 탄환에 맞아 쓰러진 군인은 사악한 범죄자의 처형이 일으키는 감정을 우리에게 일으키진 않는다. 나는 이 사악한 범죄자를 [공개] 처형할 때 한 인간이 자신의 생명을 스스로 지킬 그의 권리를 박탈당한다는 느낌을 받는다. 다른 사람과의 싸움에서 죽는 인간은 우리에게 동정심을 불러일으킬 수 있지만, 죽음 앞에서 남을 상하게 만드는 사람은 우리에게 동정심을 불러일으키지 않는다. 왜냐하면 전자는 그 자신의 생명을 지킬 그 자신의 자연적인 권리를 행사했기 때문이다. 그는 다른 사람도 똑같은 권리를 주장한 상태에서 쓰러졌기 때문이다. 무장한 수많은 사람에 의해 비무장한 한 사람이 처형당하는 것을 볼 때의 격앙된 감정은 법의 집행이 구경꾼들에게 신성하다는 사실 때문에 그들을 분노하게 하지 않는다. …… 전제주의는 어쩌면 그것[공개 처형]을 공개적으로 감행하는 것보다도 더 거리낌 없이 살인을 저지를지 모른다. 국가를 두려워해야만 하고 이것에 이의를 제기하는 한 국가의 시민에 대해서는 어떠한 대답도 주어지지 않는다 ……. 왜냐하면 공개 처형에 앞서 이미 법원은 자신이 [정당한] 이유를 가지고 내린 선고 때문에 민중의 눈에는 정당화되고 있기 때문이다. 그러나 시민이 동료의 판단을 받을 권리가 있고, 모든 사람이 법정에 자유롭게 접근할 수 있는 나라들에서는 이러한 [공개 처형과 같은] 불쾌한 일은 사라질 것이다.[380]

이성과 정치, 정신과 권력을 연결함으로써 19세기 독일의 민족주의와 권력 국가 담론을 선도했던 철학자의 청년 시절 단상이다. 헤겔은 이처럼 적어도 젊은 시절에는 진보적이면서도 낭만주의적인 열정과 자유주의적인 관념을 잘 드러냈다. 물론, 전제군주정으로 수렴되는 동양 정치 문화의 후진성을 지적함으로써 오리엔탈리즘의 모습을 보여 주고 있기는 하지만 말이다. 자신의 생명을 지키고자 싸우던 무장 군인들이 전투 과정에서 죽은 것을 사람들은 안타까워하지도 않을 뿐만 아니라 심지어 정당화하기까지 한다. 그러나 아무리 흉악한 범죄자라 하더라도 비무장한 무력한 인간을 만인 앞에서 공개적으로 처형하는 국가 폭력은 정당화되지도 않을 뿐만 아니라 심지어 혐오스럽기까지 하다는 것이 헤겔의 논조다.

대부분의 철학자, 아니 대부분의 일반인과 마찬가지로 19세기 미국의 사상가 에머슨도 역시 살인을 매우 부정적으로 본다. "살인자가 생각하는 살인은 시인이나 로맨스 작가들이 생각하는 것처럼 파멸적인 생각이 아니다. 살인은 그를 불안하게 하거나 사소한 일에 대한 그의 일상적인 관심에서 그를 놀라게 하지 않는다. 살인은 생각하기 아주 쉬운 행위다. 그러나 그 결과에서 살인은 끔찍한 불협화음 그리고 모든 관계의 혼란으로 드러난다. 특히 사랑에서 비롯된 범죄는 행위자의 입장에서는 옳고 공정해 보이지만, 행동으로 옮길 때는 사회에 파괴적인 것으로 밝혀진다."[381] 살인은 자살만큼이나 누구나 생각하기는 쉽지만, 막상 이것이 행동으로 옮겨지면 자살과 달리 파국적인 결과를 초래한다는 것이다. 특히 인간관계의 착종과 사회의 대혼돈을 야기한다는 것이 에머슨의 주장이다. 도덕적으로 나쁜 것이 아니라 사회적으로 악하다는 것이다.

---

380 Georg Wilhelm Friedrich Hegel, "Fragmente historischer und politischer Studien aus der Berner und Frankfurter Zeit (ca. 1795-1798)", in: Georg Wilhelm Friedrich Hegel, *Werke*, 20 vols., vol. 1: "Frühe Schriften", pp. 440~42 (강조: 헤겔).

381 Ralph Waldo Emerson, "Experience (Essays: Second Series)", in: *The Complete Essays and Other Writings of Ralph Waldo Emerson*, p. 360.

전복적 사고(思考)를 수도 없이 펼쳤던 니체는 '살인하지 말라'라는 계율이 오히려 살인적이라고 일갈한다.

'도둑질하지 말라! 살인하지 말라!' 사람들은 한때 이같은 계명을 신성시했다. 그리하여 그 앞에서 무릎을 꿇고 머리를 조아리며 신발을 벗었다. 그러나 묻노니 이들 신성한 계명보다 더 고약한 도둑과 살인자가 일찍이 세상에 있었던가? 온갖 생명 내부에도 강탈과 살육이란 것이 들어 있지 않은가? 그런데 저같은 계명들이 신성시되면서 진리 자체가 살육되지 않았는가? 아니면 일체의 생명을 거부하고 일체의 생명에 거역하고 있는 것들을 신성하다고 부른 것, 그것은 일종의 죽음의 설교가 아니었나? 오, 형제들이여, 부숴 버려라, 저 낡은 서판을 부숴 버려라![382]

'살인하지 말라'는 살인적인 계율 자체를 마음속에서 지워버리라는 충고다. 그러한 계율이 오히려 진리를 죽여버렸다는 것이다. 생명 안에는 이미 세포 분열이나 신진대사 등을 통해 살육이나 절도 같은 행위들이 빈번하게 발생하기 때문이다. 그러나 니체의 이 언명을 행여나 "남을 죽여라!"라는 살인의 사주(使嗾)나 "남을 죽여도 된다!"라는 살인 허용 담론으로 오해하는 어리석은 짓은 범하지 말자. 니체의 참뜻을 이 문장들만으로 파악하는 것은 어렵지만, 우리가 새로운 문화나 진리를 창달하기 위해서는 절도나 살인 금지 같은 낡은 계명이나 도덕률부터 파기해야만 한다는 역발상 정도로 읽어 낼 필요가 있다.

한편, 니체는 '용기가 바로 살인자다'라는 특이한 관점을 제시한다. "용기는 더없이 뛰어난 살해자다. 그것은 연민의 정까지도 없애 준다. 연민의 정이야말로 더없이 깊은 심연이 아닌가. 생을 그토록 깊이 들여다보면, 고통까지도 그만큼 깊이 들여다보게 마련이다. 용기는 더없이 뛰어난 살해자다. 공격적인 용기는, '그것이 생이었던가? 좋다! 그렇다면 다시 한 번!' 이

---

382 프리드리히 니체, 『차라투스트라는 이렇게 말했다』, 336~37쪽.

렇게 말함으로써 용기는 죽음을 죽이기까지 한다."³⁸³ 물론, 용기와 연민을 대비하면서 처음에는 연민을, 그다음에는 고통을, 나중에는 죽음까지도 이겨 낼 수 있는 강한 마음이 바로 용기임을 강조하기 위해 쓴 글이지만, 다른 모든 유약한 마음을 이겨 낼 수 있는 '용기'의 힘을 '살인'에 빗대어 표현한 것이 흥미롭다.

한편, 프로이트는 세계사가 곧 '민족들 사이에 자행된 살인의 연속 과정'이었다고 질타한다. 물론, 인류의 역사에서 끊이지 않고 계속되어 온 수많은 전쟁을 두고 한 말이다. "원시인의 역사는 살인으로 얼룩져 있다. 오늘날에도 우리 아이들이 학교에서 배우는 세계사는 본질적으로 민족들 사이에 벌어진 살인의 연속이다."³⁸⁴ 단순히 현재에 이른 인간의 역사만이 아니다. 그 출발부터 인류는 살인에서 시작했다. 물론, 유대교와 기독교의 관점에서기는 하지만, 현대인은 모두 인류 최초의 살인자였던 카인의 후예들이다. 우리 몸의 유전자 안에는 살인이라는 흉악 범죄의 욕구와 정신이 흐르고 있다. 그러나 프로이트는 인류 최초의 살인을 약간 다르게 해석한다. "'신의 아들'이 원죄에서 인류를 구원하기 위해 목숨을 바쳐야 했다면, 탈리온의 법칙에 따라 이 원죄도 살인이었을 게 분명하다. 다른 어떤 죄도 속죄의 방법으로 목숨을 요구할 수는 없을 것이다. 그리고 원죄는 하느님 아버지에 대한 범죄였다. 인류의 최초의 범죄는 아버지 살해, 즉 원시인 무리의 첫 조상을 죽인 행위였을 게 분명하고, 기억 속에 남아 있는 이 조상의 이미지가 나중에 이상화하여 신으로 변모했다."³⁸⁵ 고대 히브리인들 외에 다른 모든 원시인이 신을 만든 계기도 바로 살인이었을 것이라는 지적이다. 살인 또는 아버지 살해 같은 원죄와 하나님의 탄생은 밀접하게 연관된 사건들이다. 결국 종교의 탄생도 살인과 연결되어 있는 셈이다. 논의는

---

383 프리드리히 니체, 『차라투스트라는 이렇게 말했다』, 263쪽 (강조: 니체).
384 지크문트 프로이트, 『문명 속의 불만』, 62쪽.
385 지크문트 프로이트, 『문명 속의 불만』, 62쪽. 여기서 '탈리온 법칙'이란 피해자가 가해자에 대해 똑같은 수단으로 보복하거나 범죄자를 그의 범죄 수법과 똑같은 방법으로 처벌하는 것을 일컫는다.

되돌아온다. 오늘날 우리는 모두 살인자들의 후손이고, 그래서 살인에 대한 본능적인 욕구를 갖는다. "살인하지 말라'는 계율을 강조하는 것 자체가 우리는 먼 옛날부터 대대로 이어져 내려온 살인자들의 자손이며, 조상들의 핏속에 갖고 있었던 살인에 대한 욕망을 오늘날의 우리 자신도 갖고 있으리라는 점을 확인해 주고 있다."[386] 우리가 모두 살인에 대한 욕구와 충동을 감추고 살아가는 잠재적 살인자라는 섬뜩한 사실이 '살인'에 대한 또 다른 개념 정의와 사색을 요구한다. 그래서 프로이트의 마지막 성찰은 '살인론'으로 마무리된다.

밉다거나 방해가 된다는 이유로, 또는 재물이 탐나서 이웃을 죽이면 안 된다고 문명이 명령했을 때, 이것은 분명 인간의 공동생활을 보장하기 위한 조치였다. 살인을 금지하지 않으면 인간의 공동생활은 성립할 수 없을 것이다. 살인자는 피살자의 피붙이들에게 보복을 당하거나, 그런 폭력을 저지르고 싶은 충동을 느끼고 있는 다른 사람들의 은밀한 부러움을 살 것이기 때문이다. 따라서 살인자는 남을 죽여서 원한을 풀거나 재물을 강탈했다 해도, 그 만족감을 오래 누리지 못한다. 조만간 자신도 살해당할 가능성이 많기 때문이다. 그가 공격해 오는 적들을 남다른 힘과 경계심으로 막아 냈다 해도, 약한 자들이 힘을 모아 공격하면 굴복할 수밖에 없을 것이다. 약자들이 이런 식으로 단결하지 않으면 살인은 끊임없이 계속될 테고, 결국에는 인류가 전멸될 것이다. 코르시카에서는 집안과 집안 사이에 서로 죽이는 일이 아직도 행해지고 있지만, 그 밖의 곳에서는 국가와 국가 사이에만 존속하는 이런 사태가 개인과 개인 사이에 벌어지게 될 것이다. 모든 사람을 똑같이 위협하는 생명의 위험은 이제 사람들을 결합시켜 사회를 구성한다. 사회는 개인의 살인을 금지하고, 이 금지를 어기는 사람을 공동으로 죽일 수 있는 권리를 갖는다. 그래서 우리는 사법과 형벌 제도를 두고 있다. 그러나 우리는 살인에 대한 금지를 이렇게 이성적으로 설명하지 않고, 살인에 대한

386　지크문트 프로이트, 『문명 속의 불만』, 67쪽.

금지령은 신이 내렸다고 주장한다.[387]

살인은 또 다른 살인을 부르며, 이러한 살인의 지속적 연쇄로 인해 결국 인류가 멸망할 수도 있다는 암울한 예견이다. 특정한 현상의 원인을 깊이 잠재된 인간의 심리 상태에서 끄집어내어 현재를 진단하거나 미래를 예측하려는 프로이트 특유의 접근 방식이 잘 드러난 발언이다. 그의 살인 이론에서 또 하나 특이한 점은 개인들 사이에서 발생하는 살해 위협에서 벗어나기 위해 인간이 사회 공동체를 만들었다는 발상이다. 토머스 홉스(Thomas Hobbes)나 존 로크(John Locke), 루소의 사회계약론처럼 구성원들 사이의 상호 약속이 아니라 그들 사이에 벌어진 살인 또는 살해의 위협이 국가나 사회를 탄생시켰다는 이 새로운 이론이 얼마나 설득력이 있는지는 독자 개개인의 판단에 맡기기로 한다.

한편, 카뮈는 살인에 대해 전혀 다르게 접근한다. 그는 우선 자살과 살인을 실존주의적으로 구분한다. 자살이 앞서 언급한 대로 '진지한 철학적 문제'라면,[388] 살인은 '이데올로기 시대'에 어떻게든 '해결'해야 할 문제로 떠오른다. 카뮈가 보기에 그 문제를 해결할 선택지는 딱 두 군데뿐이다. "만약 살인이 타당한 근거를 가지고 있다면, 우리 시대와 우리 자신들은 모두 그 살인의 귀결 속에서 살고 있는 셈이다. 만약 살인이 타당한 근거를 가지고 있지 않다면, 우리는 광기 속에서 살고 있는 셈이니, 따라서 어떤 결론을 찾아내든지 아니면 외면하든지 양자택일하는 것 외에 다른 출구는 없다."[389] 그러면서 카뮈는 살인이 부조리, 부정, 허무주의 등을 먹고 산다고 주장한다. 즉 이런 것들을 등에 업고 저질러지는 것이 바로 살인이라는 것이다. "부조리의 감정이란, 사람들이 우선 거기서 어떤 행동 규칙을

---

387 Sigmund Freud, "Die Zukunft einer Illusion", 1927; 지크문트 프로이트, 김석희 옮김, 『문명 속의 불만』, 열린책들, 1997, 171~238쪽, 인용은 217~18쪽.
388 알베르 카뮈, 『시지프 신화』, 15쪽.
389 Albert Camus, L'Homme révolté, 1949~1951; 알베르 카뮈, 김화영 옮김, 『반항하는 인간』, 책세상, 2007, 17쪽.

이끌어내고자 할 때, 살인을 적어도 해도 그만 안 해도 그만인 것으로, 그리하여 결국은 가능한 것으로 만들어 버린다. …… 그리하여 어느 쪽을 둘러보아도 부정과 허무주의의 한복판에서 살인은 그 특권적 지위를 차지하게 된다."[390] 카뮈가 자주 사용한 '부조리'라는 실존주의 용어는 인생에서 삶의 의미를 찾을 희망이 없는 절망적 상황을 지칭한다. 삶에서 특정한 목적과 의미를 찾을 수 없다면, 자살을 하든 살인을 하든 간에 누군가 죽는다는 점에서는 별 차이가 없다. 차이가 없을 뿐만 아니라 특별한 의미도 갖지 못한다. 사는 것이 의미 없다면 죽는 것이 무슨 대수겠는가! 죽든 안 죽든, 자살을 하든 살인을 하든, 자살로 생을 마감하든 타살로 목숨을 잃든 간에, 그런 일들은 중요성은 고사하고 아무런 의미조차 갖지 않는다. 삶이 부조리하다면 죽음 또한 부조리할 것이 뻔하기 때문이다. 그래서였을까? 카뮈는 결국 자살과 살인이 허무주의적으로 친화성을 갖는다고 말한다. "자살에 조리성을 부여하지 못한다면 살인에도 조리성을 부여할 수 없다. …… 그래서 자살의 정당화를 허용하는 절대적 허무주의가 더 쉽게 논리적 살인으로 치닫는다."[391] 자살과 살인이 다르다고 시작했지만 결국 삶의 부조리성을 근거로 자살과 살인은 똑같이 허무주의를 먹고 사는 동질적 행위로 귀결된다. 자살과 살인이 공통으로 묶여 귀결된 세계란 "한정된 인간 조건이 강요하는 고통보다 대지와 하늘이 다 같이 무로 변하는 암흑의 열광이 차라리 낫다고 믿는 불행한 지성의 범주"로 특징 지을 수 있다.[392]

카뮈의 살인론에 따르면, 살인은 기본적으로 이 세계에 대한 반항 때문에 나타나는 현상이다. "왜냐하면 반항은 그 원리에 있어 죽음에 대한 항의이기 때문이다." 즉 "반항이 존재하는 것은 거짓과 불의와 폭력이 부분적으로 반항하는 인간의 조건을 이루고 있기 때문이다. 반항하는 인간은 그

---

390 알베르 카뮈, 『반항하는 인간』, 18~19쪽.
391 알베르 카뮈, 『반항하는 인간』, 21쪽.
392 알베르 카뮈, 『반항하는 인간』, 22쪽.

러므로 자신의 반항을 포기하지 않는 한, 절대로 살인하지도 거짓말하지도 않으리라고 주장할 수 없고, 살인과 악을 결정적으로 받아들일 수 없다." 그러나 여기서 역설이 발생한다. "살인과 폭력을 정당화하게 될 그 반대되는 운동 역시 그의 반역할 이유를 파괴해 버릴 것이기 때문이다." 이것이 바로 반항하는 인간의 딜레마다. 반항하는 인간은 살인에 저항하며 반항한 것인데, 그 반항의 결과물이 자신이 저지른 살인이라는 아이러니 말이다. 이렇게 살인은 돌고 돈다. "반항하는 인간에게는 그러므로 휴식이 있을 수 없다. 그는 선을 알고 있지만 본의 아니게 악을 행한다."[393] 선을 위해 악을 저지른다는 이야기인데, 그렇게 행한 악은 과연 정당화될 수 있을까? 정당방위로 인한 폭력 행위는 과연 선일까, 악일까? 이 난문에 쉽게 대답할 수 있는 사람은 거의 없을 것이다.

마지막으로 매우 특이한 살인 담론 하나가 포스트구조주의 철학자인 데리다에게서 발견된다. 그는 굳이 살인하지 말라는 계율은 불필요하다고 말한다. 왜냐하면 타인의 얼굴 자체가 나에게는 살인 금지를 명하고 있기 때문이다. "타인의 얼굴은 내게 살해를 금지시킵니다. 타인의 얼굴은 내게 말하지요. '죽이지 말라.' 비록 이 살해의 가능성은, 그 가능성을 불가능하게 만드는 금지가 전제하는 것으로 남아 있지만요."[394] 여기서 데리다는 레비나스의 다음 문구를 인용한다. "죽음은 타인의 얼굴에서 열린다. 그 얼굴은 '죽이지 말라'는 명령의 표현이다."[395]

인간에게 죽음을 안겨 주는 또 하나의 중요한 원인은 사건, 사고다. 지진, 해일, 화산 폭발, 태풍, 홍수 같은 천재지변 또는 대화재, 가스 폭발, 화약 또는 화학적 폭발, 핵폭발, 건물이나 교량의 붕괴, 폭탄 테러, 가스 중

---

393 알베르 카뮈, 『반항하는 인간』, 465쪽.
394 Jacques Derrida, *Adieu à Emmanuel Lévinas*, 1997; 자크 데리다, 문성원 옮김, 『아듀 레비나스』, 문학과지성사, 2016, 21쪽.
395 에마뉘엘 레비나스, 『신, 죽음 그리고 시간』, 153쪽.

독, 지상이나 해상 그리고 상공에서의 각종 교통 사고, 전쟁 및 전쟁 범죄와 같은 인재지변은 질병이나 노화와 달리 전혀 준비되지 않은 죽음의 원인으로 작용한다. 이러한 갑작스러운 사건과 사고는 서양의 지식인들과 당대 사회에 어떤 영향을 주었을까? 가령, 서기 64년 로마 대화재는 네로 황제의 열성적인 진압 노력에도 불구하고 기독교도에 대한 체계적 박해의 서막을 알리는 시발점이 되었다. 1666년 런던 대화재는 민간 조합이 아닌 국가 주도의 근대적 소방 시스템의 구축과 현대식 화재 보험의 탄생 및 현대식 도시 개혁의 출범에 결정적 계기를 마련해 주었다. 짧은 시간에 수만 명의 희생자를 내면서 당시 계몽주의 철학자들로 하여금 신정론(神正論)에 대해 심각한 회의와 의문을 품도록 만들었던 1755년 리스본 대지진은 최초의 과학적인 지진 연구의 출발점이자 현대의 지진학 또는 지진공학의 모태가 되었다.

그러나 이러한 엄청난 사건들과 이 사건들이 끼친 커다란 사회적 영향에도 불구하고, 서구 지식인들 사이에서 사고사(事故死) 담론은 거의 발견되지 않는다. 사고로 죽은 것에 대해 안타깝게 생각했을지는 몰라도 그것을 담론이나 사상으로까지 발전시킬 만큼 중요한 사안으로 간주하지는 않았던 모양이다. 극히 드문 사례 가운데 최초의 사고사 담론가로 세네카가 눈에 띈다. 그는 루킬리우스에게 보내는 한 편지에서 자연재해나 천재지변보다도 더 위험한 것은 인간이 인간에게 가하는 위해(危害)라고 꼬집는다. 마치 1900년 전에 유럽 한복판에서 발생할 대(大) 인재(人災)로서 홀로코스트를 예견이라도 하듯이 말이다.

친애하는 루킬리우스에게. 자네의 몸에 어쩌면 일어날 수도 있고, 일어나지 않을 수도 있는 일을 어째서 자네는 경계하는 것인가? 내가 말하는 것은 화재나 건물의 붕괴, 그 밖에 우리의 몸에 뜻하지 않게 우연히 덮치는 사건에 대한 것이네. 오히려 이쪽, 즉 우리를 노리고 함정에 빠뜨리려고 하는 기도야말로 조심하고 피해야 하네. 난파하거나 탈것에서 떨어지는 불의의 사고는 중대하기는 해도 드문 일이네. 하지만, 인간이 인간에게 가져다주는 위험은 일상다반사라네. 바로 이 위험에 대비해야 하고, 이 위험이야말로 눈을 떼지 않고 지켜보아야 하네. 이보다 더 빈번하고 집요하며 넉살 좋은 재앙은 없다네. 폭풍은 불어치기 전에 다가올 조짐을 보이고, 건물은 무너지기 전에 금이 가며, 연기는 화재의 조짐이 되네. 그러나 인간에게서 오는 파멸은 느닷없이, 가까워지면 가까워질수록 더욱 더 주의 깊게 숨어버린다네. 만약 자네가 눈앞에 갑자기 나타나는 사람들의 표정을 신용한다면 그것은 잘못이네. 그들은 인간의 모습을 하고 있어도 마음은 야수라네. 다른 것은, 야수들의 경우는 최초의 조우 때는 생명의 위험이 있지만, 지나가 버리면 더 이상 쫓아오지 않는다는 점이네. 왜냐하면 그들은 필요하지 않는 한 결코 위해를 가하는 일이 없고, 굶주림이나 두려움에 사로잡혀야 싸우기 때문이네. 반면에 인간은 인간을 파멸시키는 것을 좋아하네.[396]

물론, 매우 드물게 아무런 예고도 없이 갑작스럽게 닥치는 사고가 없는 것은 아니지만, 그래도 태풍, 홍수, 지진, 해일, 화산 폭발 등 대부분의 천재지변은 반드시 사전 징후들이 있게 마련이다. 이러한 자연적 위험 상황에 대한 감각이 인간보다 훨씬 더 발달한 생명체들은 인간에 앞서 발 빠르게 대처하거나 대피한다. 심지어 화재도 연기가 나고, 붕괴 직전의 건물은 금이 간다. 그래서 크고 작은 자연적·인공적 사고들에 대해 인간은 사전에 대비할 수 있다. 하지만 인간에 대해 인간은 전혀 예측 불가하다. 아돌프 히틀러(Adolf Hitler)가 집권한 1933년 첫해에 곧 야만적인 광기의 사건들이 전 유럽을 공포의 도가니로 몰아넣을 것이라고 예견한 독일인, 폴란드인, 유대인, 동유럽인, 서방 정치인은 거의 없었다. 여기서 '인간에게 최대의 적은 바로 인간'이라는 금언(金言)이 탄생한다. '인간은 인간에게 늑대'(Homo homini lupus)라는 라틴어 경구도 이것과 궤를 함께한다. 이 금언과 명제들은 이미 역사가 증명한다.

---

396 세네카, 『세네카 인생론』, 602~03쪽 (= 루킬리우스에게 보내는 도덕 편지 103).

순수한 사고사에 대한 담론이 아예 없는 것은 아니다. 하지만 주목할 만한 인물이나 언급이 거의 없는 것 또한 사실이다. 그 희귀한 예로 존 던과 파스칼, 에머슨 등을 들 수 있다. 먼저 존 던은 앞서 살펴본 대로 인간을 죽음에 이르게 하는 것은 단지 질병만이 아니라고 말한다. 우리 주위에는 우리를 죽게 만드는 무수히 많은 위협이 도사린다는 것이다. "인간을 황폐하게 만드는 것은 단지 병뿐이라고 단정하여 말하기에는 인간이 마주한 위험은 무궁무진하고, 병을 단지 열병이라는 한 가지 방식으로 축약해 말하기에는 열병의 방식이 무한하다."[397] 파스칼 역시 앞서 죽음의 개념 담론에서 인용했던 것처럼 인간이 매우 단순한 사건과 사고로도 쉽게 죽을 수 있는 존재임을 강조했다. "모든 것이 우리에게 죽음을 가져다줄 수 있다. 마치 자연계에서 우리들이 똑바로 걸어가지 않는다면, 벽(壁)이 우리들을 죽일 수가 있고 계단이 우리들을 죽일 수가 있는 것처럼, 우리들에게 도움을 주기 위해서 만들어진 사물들조차도 죽음을 불러올 수가 있다."[398] 여기서 파스칼이 말하고자 하는 바는 사건이나 사고로 인한 죽음의 끔찍함이나 비참함이 아니라 아주 사소한 이유로 언제라도 쉽게 죽을 수 있는 유약한 인간의 운명과 삶의 무상함이다. 그리고 앞서 언급한 1755년 리스본 지진에 대해 에머슨도 그 기록을 남겼음은 이미 질병 담론을 논할 때 언급했다. "리스본에서는 지진이 인간들을 마치 파리처럼 죽였다. 나폴리에서는 3년 전에 1만 명이라는 사람들이 몇 분 사이에 깔려 죽었다."[399] 마치 그날그날의 사건과 사고를 알리는 뉴스 보도 같은 생생한 느낌의 글이다. 감정의 이입이나 동요 등은 전혀 느껴지지 않는, 아주 냉정하고 객관적인 단순 사실의 나열 말이다. 에머슨 역시 인간 생명의 나약함과 죽음의 일상 다반사를 말하고 싶었던 것 같다.

397　존 던, 『인간은 섬이 아니다: 병의 단계마다 드리는 기도』, 95쪽.
398　블레즈 파스칼, 『팡세』, 596쪽.
399　Ralph Waldo Emerson, *The Conduct of Life*, p. 4.

자연적인 죽음, 즉 자연사(自然死)는 모든 인간이 꿈꾸는 로망이다. 예컨대, 자다가 죽는 경우, 잠깐 휴식을 취하다 죽는 경우, 의식이 없는 상태에서 죽는 경우 등 죽음에 대한 불안이나 공포 또는 고통을 전혀 느끼지 못하고 편안하게 죽는 경우가 이에 해당한다. 그 밖에 준비되지 않은 죽음 가운데 사고사나 심근경색 또는 뇌졸중 같은 급사나 돌연사를 제외하고 너무 기쁘거나 행복해 갑자기 죽는 경우 또는 전혀 의도하거나 예기치 않게 죽는 경우도 행복한 자연사에 속한다. 고대 로마의 박물학자 대(大) 플리니우스도 인생에서 '가장 큰 행운'(suprema felicitas)은 "갑작스럽고 완전히 자연적인 죽음을 맞는 것"이라고 말했다. "플리니우스는 그러한 죽음의 예로 스물아홉 가지를 드는데, 그중에는 비극 경연 대회에서 우승을 거둔 뒤 기쁨에 들떠 죽은 소포클레스와 칸나이 전투에서 전사한 줄 알았던 아들이 살아 돌아온 것을 보고 죽은 어머니가 있었다. 어떤 사람은 신발을 신다가, 어떤 사람은 어딘가에 부딪쳐서, 어떤 사람은 시간을 묻다가, 어떤 사람은 과자를 먹다가, 어떤 사람은 벌꿀주를 마시다가, 어떤 사람은 달걀을 빨아먹다가, 어떤 사람은 여자와 잠자리를 갖다가, 또 기사 계급의 두 남자는 미모로 명성이 자자했던 익살극 배우 무시쿠스와 동시에 사랑을 나누다가 죽었다. 가장 부러움을 산 사례는 희극 배우 마르쿠스 오필리우스 힐라리스였다. 그는 아주 성공적인 공연을 마친 후, 정찬을 들다 뜨거운 음료수를 가져오라고 시켰다. 그리고 공연에서 썼던 무대 가면을 들고 가만히 응시하더니, 자기 머리에 쓰고 있던 화관을 그 위에 얹었다. 그는 그 자세로 굳어버린 듯 미동조차 없었다. 그의 옆에 비스듬히 누워 있던 자가 음료수가 식겠다고 말할 때까지, 아무도 무슨 일이 벌어졌는지 눈치채지 못했다."[400] 이 모든 사례가 자연사에 해당한다고 할 수는 없지만, 마치 평온한 일상을 살다가 죽는 사람들이 부럽다는 주장의 사례들로는 이

---

400 Plinius, *Naturalis Historiae*. 다음 문헌에서 재인용함. Peter Jones, *Memento Mori: What the Romans Can Tell Us about Old Age and Death*, London: Atlantic Books, 2018; 피터 존스, 홍정인 옮김, 『메멘토 모리: 나이듦과 죽음에 관한 로마인의 지혜』, 교유당, 2019, 161~62쪽.

만한 것들도 없을 것이다.

아우구스티누스 역시 자연사에 대해 매우 긍정적으로 평가한다. 그 흔적을 알 수 있는 다음 문구를 보자. "로마의 다른 왕들은, 자연사(自然死) 했던 누마 폼필리우스와 안쿠스 마르키우스를 제외하고는 얼마나 끔찍스런 죽음을 당했던가!"[401] 이후에 비참하고 참혹하게 생을 마감한 수도 없이 많은 로마 황제의 사례가 열거된다. 물론, 이것은 아우구스티누스가 로마의 역사를 비판하기 위해 든 예시들이었지만, 자연사가 그만큼 드문 일이고, 자연사한 사람은 그만큼 행운을 거머쥔 사람들임을 잘 알 수 있다.

그러나 니체는 반대로 자연사를 매우 부정적인 관점에서 언급한다. 그는 자연사를 '자연의 자살'로 정의한다.

> 자연사는 자연의 자살이다. 즉 이성적 존재가 자신에 결합되어 있는 비이성적 존재에 의해서 파멸하는 것이다. 종교적으로 조명될 경우에 한해서 이것은 반대로 보일 수 있을 것이다: 왜냐하면 더 낮은 이성이 복종해야만 할 섭리로서의 명령을 더 높은 (신의) 이성이 내리는 것은 당연한 일이기 때문이다. 종교적 사고방식의 밖에서는 자연사는 찬미할 가치가 전혀 없다.──죽음에 대한 매우 지혜로운 지시와 명령은 오늘날에는 전혀 이해할 수 없고 비도덕적으로 들리는 미래의 도덕에 속하는 일일 것이다. 그 도덕의 아침 놀을 바라보는 일은 이루 말할 수 없는 행복임에는 틀림없겠지만 말이다.[402]

니체에 따르면, 자연사란 신의 관점에서는 높은 이성적 존재인 신이 낮은 이성적 존재인 인간에게 내리는 지시와 명령이기에, 또한 자연의 관점에서는 비록 자신을 죽이는 일일 뿐만 아니라 거대한 생명의 순환을 염두

401　성 아우구스티누스, 『신국론: 하나님의 도성』, 193쪽 (= De Civitate Dei, III, 15).
402　프리드리히 니체, 『인간적인 너무나 인간적인 II』, 339쪽 (= Menschliches, Allzumesnchliches, II 186).

에 두면 자연스러운 일일지 모르지만, 정작 그 죽음을 감당해야 하는 인간의 관점에서는 이성적 존재가 비이성적 존재에 굴복하는 꼴이기에 전혀 찬미할 대상이 아니다. 그 방식이 인간적이지 못하기에 인간에게는 오히려 치욕스러운 죽음이 될 것이다. 인간이라면 모름지기 자신의 운명과 목숨을 신이나 자연에 내맡기지 말고, 스스로 인간다운 죽음을 죽으라는 충고로 읽어야 한다. 명불허전, 과연 니체다운 발상이다.

급기야 셸러는 자연사란 없다고 선언하기에 이른다. "자연적인 죽음은 존재하지 않는다."[403] 궁극적으로 자연스럽게 죽는 사람은 없다는 뜻일 것이다. 노화로 죽든, 노환으로 죽든, 자다가 죽든, 평안히 쉬는 상태에서 죽든 간에, 이들 죽음에는 모두 원인이 있기 마련이라는 의미로도 해석될 수 있다. 그것이 다만 심정지로 나타나 죽음에 이르렀을 뿐이지 심정지가 나타난 원인은 반드시 있고 또 그 원인은 제각각 다를 것이다. 원인이 있는 이러한 심정지가 어떻게 자연적인 죽음일 수 있겠는가! 꽃이나 나무 등의 식물도 싹을 틔운 후 생존하다가 나중에 시들어 죽을 때, 다 나름의 원인을 갖고 죽어갈 것이다. 그것이 햇빛이나 물, 영양 등이 부족해서든 아니면 과다해서든 말이다. 이처럼 모든 생명체의 죽음에는 다 원인이 있기에 자연적인 죽음이란 있을 수 없다. 아마 셸러도 이런 의미에서 그런 말을 하지 않았을까? 이것을 나는 '자연사 부정 담론'이라고 부르고자 한다.

마지막은 안락사와 존엄사의 문제다. 모어의 『유토피아』는 현대의 안락사 논의의 출발점이 되었고, 프로이트 또한 안락사로 생을 마감했다. '안락사'(euthanasia)란 '좋은 죽음'(eu + thanatos)이라는 뜻의 그리스어에서 온 개념으로 "쉽고 고통 없는 죽음"을 의미한다. 안락사 역시 고대부터 오늘날까지 낙태 못지않게 어떤 합의에 이르지 못하고 수많은 논쟁을 야기한 죽음의 방식이다. 안락사는 크게 환자의 소망에 따라 죽음을 적극적으로 유도하는 '능동적 안락사'와 (연명) 치료를 포기함으로써 죽음을 유발하거나

403　Max Scheler, "Altern und Tod", p. 273.

촉진하는 '수동적 안락사'로 나뉜다. 안락사에 대해서는 그나마 이 장에서 다룬 다른 주제들과는 달리 꽤 적지 않은 서구 지식인들이 자기주장을 펼쳐 왔다. 가장 먼저 히포크라테스는 안락사와 낙태를 모두 거부하면서 가장 전형적인 의료인다운 태도를 보였다. "나는 그 누가 요구해도 치명적인 약(pharmakon thanasimos)을 주지 않을 것이며, 그와 같은 조언을 해 주지도 않을 것이다."[404] 여기서 'pharmakon thanasimos'가 '치명적인 약'으로 번역되어 있지만, 직역하면 '죽음에 이르는 약' 정도가 될 것이다. 바로 뒤에 이어지는 문장은 다음과 같다. "마찬가지로 나는 여성에게 임신중절용(phthorios) 페서리(pessos)를 주지도 않을 것이다."[405] 여성에게 임신중절용 약, 즉 낙태약도 주지 않겠다는 선언이다.

그러나 이러한 안락사를 금지하는 분위기는 중세에 들어오면서 일부 허용해야 한다는 주장이 제기되면서 바뀌기 시작한다. 가령, 중세 전성기의 스콜라 철학자 토마스 아퀴나스는 완화의술 행위로서 고통을 잠재우는 간접적 안락사를 윤리적으로 허용해야 한다고 주장했다. 물론, 안락사를 전면 허용해야 한다는 주장으로 이어지려면 많은 세월이 더 필요했지만, 그래도 인간 생명을 하나님의 목숨만큼이나 소중히 여기던 기독교 세계에서 이 정도의 담론이 나왔다는 사실만으로도 충분히 충격적이다.

르네상스 시대에 들어오면 이제 모어가 안락사를 적극적으로 인정해야 한다고 주장한다. 앞서 호스피스에 대한 담론에서 안락사에 대한 모어의 긍정적 입장은 한 차례 인용했으니, 여기서는 그가 어떤 방식의 안락사를 옹호했는지 직접 들어보자.

> 이런 주장[안락사의 타당성]에 설득당한 사람들은 굶어죽든지 아니면 약을 먹고 고통 없이 잠들어서 죽음을 느끼지도 못한 채 삶을 마감합니다. 그러나 당사자의 의지에 반하여 이런 조치를 취하는 일은 결코 없습니다. 또

---

404 Hippocrates, *Orkos* (『선서』); 히포크라테스, 『히포크라테스 선집』, 15쪽.
405 Hippocrates, *Orkos* (『선서』); 히포크라테스, 『히포크라테스 선집』, 15~16쪽.

그것에 반대한다고 해서 그런 환자에 대한 간호를 중단하지도 않습니다. 유토피아인들은 당국의 권고에 따르는 이런 자살은 명예로운 일이라고 봅니다. 그러나 사제와 당국의 동의 없이 스스로 목숨을 끊는 자살에 대해서는 매장이나 화장할 가치도 없는 일이라 여겨서 시체를 가까운 늪지에 던져버립니다.[406]

충분히 살 만큼 산 사람이 불치병에 걸려 더 이상 회복 불능의 상태에 빠져 있을 때 유토피아 당국에 의해 안락사가 권고되는데, 이때 '식음 전폐'와 '약물 투여'라는 두 가지 방법이 활용된다. 물론, 이러한 안락사는 철저히 환자의 동의 아래 이루어진다. 만일 환자가 거부할 경우에 죽어가는 환자에 대한 돌봄, 즉 호스피스는 계속 이어진다. 그리고 이러한 죽음은 일종의 '합법적 자살'로 간주된다. 그러나 여타의 자살행위는 모두 엄격히 금지된다.

19세기에 니체 또한 그의 특유의 사고방식을 통해 안락사를 옹호하는 태도를 보인다. 그는 『우상의 황혼』에서 다음과 같이 주장한다.

> 의사들을 위한 도덕. …… 삶의 의미와 살 권리가 상실되어 버린 후에 의사들과 의사들의 처방에 비겁하게 의존하여 계속 근근이 살아가는 것은 사회에서는 심한 경멸을 받아 마땅하다. 의사들은 다시 그런 경멸을 전달하는 자여야만 한다 — 처방전이 아니라, 매일매일 새로운 **구역질**을 한 웅큼씩 자기들의 환자에게 전달해야 한다. …… 삶의 관심이, 상승하는 삶이 갖고 있는 최고의 관심이, **퇴화하는** 삶을 무자비하게 억압하고 밀쳐내도록 요구하는 경우들을 위해서 — 이를테면 생식의 권리, 태어날 권리, 살 권리 …… 등을 위해 의사들의 새로운 책임을 창출하는 것 …… 더 이상은 당당하게 살 수 없을 경우에 당당하게 죽는 것. 자발적으로 선택한 죽음, 적당한 시기에 자식들과 다른 이들이 지켜보는 가운데 명료한 의식 상태에서

---

406 토머스 모어, 『유토피아』, 112~13쪽.

기뻐하면서 죽는 것: 그래서 작별을 고하는 자가 아직 살아 있는 동안 진짜로 작별을 고하는 것이 가능한 죽음. 또한 자신이 성취한 것과 원했던 것에 대한 진정한 평가와 삶에 대한 **총결산**이 가능한 죽음 ……. …… 자연사도 결국은 '비자연적'인 죽음인 자살에 불과하다. 사람은 자기 자신 외의 어느 누구에 의해서도 죽지 않는 법이니까. 자연사라고 하는 것은 가장 경멸스러운 조건들 아래에서의 죽음일 뿐이며, 자유롭지 않은 죽음, 적당하지 않은 때의 죽음이자 비겁자의 죽음이다. …… 사람들은 다른 식의 죽음을 원해야 한다. 우연적이거나 돌연적인 죽음이 아니라, 자유로우면서도 의식적인 죽음을 …… 사람들이 스스로를 없애 버린다면, 가장 존경할 만한 일을 하는 것이다: 없애 버리는 것은 삶을 획득하는 것이나 다름없다. …… 사회, 아니! 삶 자체가 그렇게 해서 체념하거나 빈혈증을 앓거나 다른 덕들을 갖는 '삶'보다 더 많은 이득을 얻는 것이다.[407]

안락사나 자연사보다는 오히려 존엄사를 찬양하는 글이다. 왜냐하면 의미 없는 삶의 연장으로서 '연명 치료'도 역겹지만 자유로운 죽음과는 거리가 먼 자연사도 경멸스러우며, 돌발사나 급사 같은 죽음은 너무나 황당하기 때문이다. 따라서 가장 권장할 만하고 가치 있는 죽음은 자유로우면서도 의식적인 죽음, 당당하면서도 정신이 또렷한 상태에서의 죽음, 자기 삶을 총결산하면서 즐겁게 맞이하는 죽음, 한마디로 남의 존경을 받을 만한 존엄하면서도 이성적인 죽음이다. 안락사가 의사에 의한 조력 자살 같은 인상을 준다면, 존엄사는 자기 주관과 결정 아래 인간답고 떳떳하게 맞이하는 죽음이다. 그러나 이러한 죽음을 맞이할 인간은 실제로는 그렇게 많지 않을 것이다.

유토피아 사상가 블로흐 역시 안락사를 언급한다. 그는 『희망의 원리』에

---

[407] Friedrich Nietzsche, *Götzendämmerung*, 1889; 프리드리히 니체, 백승영 옮김, 『바그너의 경우/우상의 황혼/안티크리스트/이 사람을 보라/디오니소스 송가/니체 대 바그너』, 책세상, 2002, 171~72쪽 (강조: 니체).

서 '현대 의학적 시술'이 아닌 그저 '편안한 죽음'으로서의 '안락사 문제'를 짚는다. "선하고 착한 나의 행동이 죽은 뒤에 전혀 보상받을 전망이 없다면 어떻게 될까? 그렇다면 내가 저지른 죄에 대한 처벌 역시 두려워할 필요도 없을지 모른다. 자유로운 정신의 소유자들은 그런 식으로 생각하며 죽음에 대한 두려움에서 해방되곤 하였다. 죽음에 대한 두려움은 실제로 일상 삶에 깊이 침윤해 있었고, 인간 삶에 크게 작용해 왔다. 그들은 다음과 같이 생각했다. 즉 어쩌면 짤막한 죽음의 쇼크로써 죽은 뒤의 무한한 고통들을 모조리 체험하는 것은 나쁘지 않다고 말이다. 오늘날 현대인들은 과거에 편안한 죽음이 얼마나 커다란 위안을 가져다주었는지 납득하지 못한다. 예컨대, 과거 사람들은 죽은 뒤 지옥에서 갈기갈기 찢긴 눈으로 지옥의 침대에서 타오르는 흐릿한 불길을 목격하리라고 굳게 믿었다."[408] 여기서 안락사라는 개념은 그것이 자살이 되었든 타살이 되었든 편안한 죽음 일반을 뜻하는 용어로 그 외연이 확대된다.

현대로 오면 안락사와 존엄사에 대한 관대한 입장이 더욱 확대되는 모습을 볼 수 있다. 가령, 홀로코스트 생존 작가 아메리는 연명 치료 자체를 매우 부정적으로 본다.

> 이 구절을 종이에 쓰는 동안 약 서른 명에 가까운 의사들이 숨만 남은 송장이 되어버린 스페인의 독재자 프란시스코 프랑코에게 매달려 진땀을 흘리고 있다는 소식을 들었다. 벌써 몇 주 전부터 이미 생명체라고 볼 수 없는 의식 불명의 환자를 며칠 혹은 다만 몇 시간이라도 그 생명을 연장해 주려고 의료 수단을 총동원한 것이다. 나는 이 잔혹하고 피에 굶주린 남자를 무척 혐오해 왔고, 지금도 강한 반감을 가지고 있다. 그러나 이 소식을 듣는 순간, 기술에 도취한 나머지 인간으로서 최소한의 품위마저 저버린 의사들의 행위를 참을 수가 없었다. "멈춰!" 하고 소리라도 지르고 싶다. 어쩌면 그렇게 비인간적일 수 있는가? 아무리 의식을 잃은 환자라고 하지만, 사람의

---

408 에른스트 블로흐, 『희망의 원리』, 2424쪽.

몸을 최첨단 기술로 고깃덩어리 취급한다는 게 말이 되는가.[409]

깨어날 가능성이 거의 또는 전혀 없는 의식 불명이나 뇌사 상태, 즉 코마 상태의 환자 목숨을 연장하는 모든 의료적 행위에 대한 강한 거부감의 표출이다. 아메리는 그것이 단지 프랑코 같은 악인에게만 해당하는 이야기가 아니라 모든 인간에게 적용되는 문제라고 생각한다. 인간은 반드시 살아야만 한다는 강박 관념에서 벗어났을 때 비로소 인간으로서 인격과 품위를 유지하면서 살 수 있다고 본 것이다. 그는 말한다. "인간은 자기 자신에게 속하는 존재다. 사회적으로 복잡하게 얽혀 있는 그물망을 뒤집어씌우지 않고 생각해야 하는 존재가 인간이다. 생물학적인 숙명이라는 것과 따로 떼어 볼 때, 인간은 본질을 드러낸다. 살아야만 한다는 편견으로부터 자유로워야 하는 존재가 인간이다."[410]

아리에스에게서도 유사한 생각을 읽을 수 있다. 연명 치료에 관한 논란과 쟁점은 무엇이고, 우리가 그러한 치료를 왜 거부해야 하는지에 대해 그는 다음과 같이 말한다.

> 현재 시행되고 있는 부당하고도 굴욕적인 상태에서의 생명의 연장, 또는 이런 생명의 연장을 어느 한순간 멈출 수 있는 승인되고 규제화된 권리가 바로 그 딜레마이다. 그러나 그것을 결정하는 사람은 누구인가? 환자인가, 아니면 의사인가? 그 문제는 이미 여러 사실에서 제기된 바 있다. 이 책에서 설명하고 있듯이, 각각의 경우는 4개의 매개 변수의 변화에 따라 의사가 결정한다. 그 매개 변수들이란 무제한으로 삶을 연장하도록 부추기는 생명의 존중, 고통을 완화시키도록 조장하는 인간성, 개인에 대한 사회적 유용성(청년인지 노인인지, 유명한 사람인지 그렇지 않은지, 또는 품위 있는 사람인

---

409 장 아메리, 『자유죽음: 삶의 존엄과 자살의 선택에 대하여』, 170~71쪽 (강조: 아메리).
410 장 아메리, 『자유죽음: 삶의 존엄과 자살의 선택에 대하여』, 173쪽.

지 타락한 사람인지)의 고찰, 병례의 과학적 중요성이라는 4가지 변수를 의미한다. 이 4가지 매개 변수를 비교·검토하고, 그 결과로서 결정이 이루어지는 것이다. 결정은 항상 환자가 관여하지 않는 상태에서 이루어진다. 가족들조차도 음모의 공범자이며, 대개는 후에 가서 의사를 공격할 것을 각오하고 의사-마술사의 손에 자신들의 모든 의지를 내맡긴다. 따라서 여전히 남아 있는 것은 한편으로는 죽어가는 자들에 대한 지위를, 다른 한편으로는 생명을 좌지우지하는 의사들에 대한 규칙을 찾아내는 일이 될 것이다.[411]

환자의 목숨에 관한 최종 권한은 의사에게도 보호자에게도 있지 않다. 그것은 당연히 환자 본인에게 있다. 문제는 그가 의식이 없는 상태일 때 어떻게 해야 할 것인가다. 앞서 프랑코의 사례에서 보듯이, 환자가 유명한 사람이거나 주변에 많은 영향을 끼치는 사람이라면 그가 반드시 살아 있어야만 자신들이 이득을 볼 수 있다고 생각하는 사람들에 의해 연명 치료는 신속히 그리고 그가 숨을 멈출 때까지 계속해서 이루어진다. 고대 로마에서는 황제가 사람들의 생명을 좌지우지하는 신과 같은 존재로 인식되었다면, 오늘날에는 그 자리를 의사가 차지한다. 황제가 신이 될 수 없었듯이, 의사 또한 그렇다는 사실을 많은 사람은 흔히 망각하며 살아간다. 더 이상 생명을 유지할 수 없거나 유지하는 것이 의미가 없다고 판단되는 사람들이 존엄과 품위를 유지한 채로 인간답게 죽을 수 있다면, 이는 불행이 아니라 축복이다. 그러나 그러한 일이 오늘날에는 생명 윤리나 의료법 같은 난해한 논리와 규정에 따라 불행히도 불가능에 가까운 일이 되어버렸다. 죽고 싶어도 마음대로 못 죽는 시대가 된 것이다.

자살 담론에서 한 차례 언급했던, 간암 말기 판정을 받은 후 1년 뒤에 자살로 생을 마감한 그리스 작가 벨리오스는 "우리 사회가 안락사에 관해

---

411 Ariès, "La mort et le mourant dans notre civilisation", 『죽음의 역사』, 288~89쪽.

숙고하기를 바라는 의도에서" 출판한 『나의 죽음은 나의 것』에서 고통에서 해방되기 위해 죽음을 원하는 환자에게 안락사와 존엄사를 허용해야 한다고 울부짖는다.

 아퀴나스는 안락사가 자연적인 생존 본능에 반하는 것이라고 주장한 바 있다. 그러나 사실 안락사는 맑은 이성과 성숙한 영성, 그리고 도덕적 균형을 갖춘 사람을 전제로 하는, 죽음의 개별적 실천과 같은 말이다. 완전히는 아니더라도 거의 확실히 웰다잉은 존속할 것이고, 비록 입법화가 된다 할지라도 이를 선택하는 사람은 아마도 그리 많지 않을 것이다. 대부분의 사람들은 종교나 이념 혹은 정치적 정당 등등 어떠한 종류든 간에 특정 집단에 속하지 않으면 벌거벗은 것처럼 느낀다. 그들은 어떠한 개인적 자유의 무게도 거의 본능적이다시피 포기한다. 죽음의 권리를 실천하는 것보다 더 강력하게 개인의 자유를 표현하는 일은 없다. 자기만의 방식에 따라 살아온 사람만이 죽음을 자기 방식으로 선택할 수 있는 것인지도 모른다. 사람들 대부분은 정해진 조건대로 살고 있다는 사실조차 깨닫지 못하기 때문이다. 그럼에도 불구하고 제도적 권력은 마치 악마가 향기를 기피하듯 안락사라는 주제를 기피하고 있다. 그러한 제도 권력을 앞에서 선도하는 것이 알다시피 종교다. 그들은 무엇을 두려워하고 있는가? 그들이 주장하는 바처럼 무책임하게 남용되거나 걷잡을 수 없이 증가할 것을 우려하는 것은 분명 아니다. 그들이 두려워하는 것은 전면 합법화가 끌고 올 새로운 사고방식의 도입과, 법제화로 인하여 확산되어 갈 의혹이 그들 자신에게 부수적으로 피해를 입힐 것이라는 점이다. 생각해 보라. 인간이 갑작스레 자기 죽음의 주인이 될 권리를 획득하게 된다면, 당연히 자기 생명의 주인이 될 권리를 주장하지 않겠는가?[412]

 나의 삶이 내 것이듯이 나의 죽음 또한 내 것이야 하는데, 그렇지 못한

---

412 알렉산드로스 벨리오스, 『나의 죽음은 나의 것』, 50~51쪽.

현실이 개탄스럽다는 심정의 토로다. 조력 자살이나 안락사 또는 존엄사 등을 막는 음모 세력은 법조계, 의료계, 종교계 인사들이다. 인권이나 생명의 존엄성, 그리고 삶과 죽음의 주관자가 신이라는 논거 등을 명분으로 내세우면서 끔찍한 고통에서 해방되기를 바라는 사람이 그렇게 하지 못하도록 족쇄를 채우고 통제하려 든다는 것이다. 누구를 위한, 또 무엇을 위한 죽음의 억제일까? 그것은 바로 자신들이 속한 집단의 이익과 권한에 대한 도전이기 때문이라는 것이 벨리오스의 진단이다. 그래서 벨리오스의 책을 번역한 번역자는 이 책을 "'자비로운 죽음'과 '죽음의 자기 결정권'을 허용하지 않는 그리스 법체제와 종교, 그리고 의사의 위선적 행태를 고발하는 한 인간의 절규이자, 진정한 자유란 생의 권리는 물론 죽음의 권리를 향유하는 것임을 외치는 목소리"라고 규정한다.[413] 벨리오스의 마지막 외침은 우리에게 깊은 울림을 준다. "나는 원한다. (내게 시간이 주어질까?) 의지적으로 나의 죽음을 순수한 자유의 행위로 전환할 수 있기를! 나는 상상한다. 나의 선택이 나로 하여금 죽어가는 칼리굴라처럼 외칠 수 있게 해 주기를. 이 무섭고 무서운 시간, 생각하기도 두려운, 이 최후의 순간에. 그럼에도 나는 아직 살아 있다! 살아 있는 자들이여, 듣고 있는가?"[414]

다양한 종류의 죽음에 대한 논의는 이 정도로 마치고 이제 주체의 죽음과 종(種)의 죽음의 관계에 대해 살펴보자. 죽음은 결코 나의 것일 수 없다. 내가 죽는 것은 내 개인의 일이지만, 내가 어떤 종류든 하나의 공동체의 일원이고 더구나 인류라는 종에 속해 있는 이상, 나의 죽음이 온전히 내 것이라고는 말할 수 없다. 나는 개인으로서도 죽지만 종과 집단의 일부로서도 죽기 때문이다. 이것을 사람들은 흔히 '사회적 죽음'이라고 말한다. 포스트구조주의 철학자 데리다는 "개체의 죽음은 곧 세계의 죽음"이라는 유명한 명제를 남겼다. 그러나 엄밀히 말해 개인이 죽었다고 해서 세계가

---

[413] 최보문, 「옮긴이의 말」, 알렉산드로스 벨리오스, 『나의 죽음은 나의 것』, 12쪽.
[414] 알렉산드로스 벨리오스, 『나의 죽음은 나의 것』, 91쪽.

죽는 것은 아니다. 이러한 개체주의적 죽음관은 개인의 관점에서는 개인의 죽음과 더불어 더 이상 세계가 존재하지 않기에 수긍이 가지만, 수많은 개인의 관점에서는 맞지 않는 주장이다. 내가 곧 세계가 아닐 뿐만 아니라 세계가 곧 내가 될 수도 없기 때문이다. 유사한 개체주의적 관점으로는 앞서 살펴보았듯이 죽음을 나의 죽음(1인칭 죽음), 가까운 사람의 죽음(2인칭 죽음), 타인의 죽음(3인칭 죽음)으로 나눈 장켈레비치도 언급될 수 있다. 또 죽음을 기본적으로 타자의 죽음으로 인식하면서 죽음의 타자성을 강조한 레비나스도 이 계열에 속하는 철학자라고 할 수 있다. 그러나 반대 담론, 즉 보편주의적 죽음 이론도 만만치 않다. 가령, 20세기 프랑스의 사상가 모랭은 죽음을 아는 것은 종이지 개체가 아니며, 따라서 종은 개체를 자연적으로 죽게 함으로써 그 자신을 보호한다고 주장한다.[415] 환언하면 인류는 개인들을 죽게 만듦으로써 자신을 유지한다는 역설이다. 한 개체의 죽음은 또 다른 개체의 탄생을 예고한다는 것이다. 비슷한 생각을 마르크스 역시 전개한다. 마르크스에 따르면, 개인의 죽음은 특정한 개인에 대한 종의 승리다. 원자로서 개인은 종의 특정한 현실태로서 사멸하지만, 보편자로서 종은 개체를 자연적으로 죽게 함으로써 그 자신을 보호한다. 종은 보편자로서 개인을 제압한다. 개인이 죽어도 인류의 역사가 계속되는 이유도 바로 여기에 있다.

　이러한 주장들을 좀 더 찬찬히 톺아보자. 개체의 죽음과 종의 죽음의 관계에 관한 최초의 담론은 키케로에게서 발견된다. 그는 개인의 죽음은 자연적이고 국가로 봐서는 대수롭지 않지만, 국가 전체의 죽음은 자연적이지 않고 위중하다고 말한다. "가장 어리석은 자들도 느낄 처벌인 가난, 추방, 결박, 채찍질로부터 종종 개인은 죽음이 빨리 오게 됨으로써 벗어나는 반면, 개인을 벌에서 벗어나게 해 주는 것으로 보이는 죽음 그 자체가 여러 나라들에게는 벌이다. 왜냐하면 나라는 영구히 지속하도록 이루어졌음

415　Edgar Morin, *L'homme et la mort*, 1970; 에드가 모랭, 김명숙 옮김, 『인간과 죽음』, 동문선, 2000.

이 틀림없기 때문이다. 따라서 죽음이 필요할 뿐 아니라 심지어 종종 소원하는 바이기도 한 개인의 경우와는 달리 국가에는 자연적인 죽음이란 없다. 우리가 큰 것에 작은 것을 비교한다면, 오히려 나라가 파괴되고 멸망해 소멸할 때의 양상은 이 모든 세상이 멸망해서 무너지는 경우와 비슷하다."[416] 국가에 자연사란 없고 소멸만 있을 뿐이다. 그 소멸의 양상은 엄청나 마치 인류의 멸망과도 같다. 키케로에게 국가의 죽음은 곧 세계의 죽음이었다. 개인의 죽음은 가난, 질병 등의 질곡과 고통에서 벗어날 수 있어 벌이 아니지만, 국가의 입장에서 죽음은 벌이다. 왜냐하면 국가는 장기적으로 유지되도록 기획된 조직이기 때문이다. 이로부터 개인, 즉 특수의 죽음은 행운일 수 있지만 전체, 즉 보편의 죽음은 불행이라는 명제가 나온다.

아우구스티누스의 입장도 거의 동일하다. 키케로의 생각을 그대로 이어받은 아우구스티누스는 『신국론』에서 다음과 같이 주장한다. "사사로운 개인들은 빈곤이나 추방이나 질곡(桎梏)이나 태장이나 기타 가장 무감각한 사람까지도 느끼는 고통을 신속한 죽음으로 회피하는 때가 많다. 그러나 개인을 모든 벌에서 해방하는 듯한 죽음 자체가 국가에 대해서는 벌이 된다. 국가는 영원하도록 구성되어야 하기 때문이다. 개인에 대해서는 죽음이 필연적일 뿐 아니라 심지어 바람직한 때도 많지만 한 나라에 대해서는 죽음이 자연적인 것이 아니다. 한 나라가 멸망하면, 그것은 말살되며 진멸될 때에, 그것은 (침소봉대한다면) 온 세계가 멸망하고 붕괴한 것과 같다."[417] 세계를 국가로 대체하기만 한다면 이 발언은 "개인의 죽음은 곧 세계의 죽음이다"라는 데리다의 명제를 연상시킨다. 키케로의 말처럼 개인과 달리 국가가 오래 존속하는 것은 맞지만, 그렇다고 영원히 계속되는 것이 아님은 역사가 증명한다. 국가도 개인처럼 죽는다.

---

416 Marcus T. Cicero, *De Re Publica*; 마르쿠스 툴리우스 키케로, 김창성 옮김, 『국가론』, 한길사, 2007, 234~35쪽 (= *De Re Publica*, III 23).

417 성 아우구스티누스, 『신국론: 하나님의 도성』, 1081쪽 (= *De Civitate Dei*, XXII, 6).

한편, 플로티노스는 개별 영혼과 세계영혼의 차이를 언급하는데, 이것이야말로 우리가 지금 주제로 삼고 있는 개체의 죽음과 종의 죽음의 차이로 독해된다. "세계영혼과 연관된 개별 영혼은 면전에 경험하는 모든 물질과 함께 엮여 있다. 그러나 세계영혼은 그러한 물질들과 엄연히 구별되어 있다. 왜냐하면 세계영혼은 만물의 주인으로 우리(영혼)가 물질로부터 쉽사리 주인 행세를 할 수 없는 반면, 그러한 물질들의 영향으로부터 거리를 두고 있기 때문이다."[418] 그만큼 세계영혼은 독자적이다. 즉 세계영혼은 개별 영혼과 관계는 맺지만 개별 영혼과 무관하게 저 멀리 독자적으로 존재한다. "만일 그들[개별 영혼들]이 저 세계영혼과 더불어 정신세계를 지향하고 그와 하나가 되기를 힘쓴다면, 그들은 욕정으로부터 해방될 것이다. 그러나 이 아래 세계에 머물기를 희망한다면, (그의 욕정에 사로잡혀 모든 것을 그르치게 될 것이나), 원칙적으로 저 세계영혼의 도움을 받아 세상을 평정할 수 있다. 세계영혼은 바로 그 점에서 개별 영혼을 돕는 왕 중의 왕으로서 그 왕권을 잃지 않는 가운데 공동으로 이 세상을 평정할 수 있기 때문이다. 그로써 하나의 전체를 이루게 될 것이다."[419] 세계영혼은 개별 영혼을 돕고 둘이 하나로 합쳐져 전체가 되지만 궁극적으로 그 둘은 별개다. 개별 영혼이 전체가 될 수 있는 길은 세계영혼과 결합할 때뿐이다. 비유컨대, 플라톤의 이데아가 세계영혼이라면, 인간 또는 자연은 개별 영혼이다. 시간 속에서 살아갈 수밖에 없는 이 개별 영혼은 시간에서 벗어나 영원 속에서 존재하는 세계영혼을 모태로 태어난다. "인간 영혼이 자신의 물질적인 변화 곁에서 어떤 욕구가 증가하며, 이로써 상식적으로 '시간 안에' 존재한다고 말할 수 있는 반면, 세계영혼은 '시간 안에' 있다기보다는 시간을 '낳는다'고 말해야 할 것이다."[420] 따라서 인간이 궁극적으로 이데아를 인식하도록 노력해야 한다고 플라톤이 말했던 것처럼 플로티노스는 우

---

418 플로티노스, 『플로티노스 엔네아데스 선집』, 136쪽 (= *Enneades*, II 9, 7).
419 플로티노스, 『플로티노스 엔네아데스 선집』, 137~38쪽 (= *Enneades*, IV 8, 4).
420 플로티노스, 『플로티노스 엔네아데스 선집』, 137쪽 (= *Enneades*, IV 4, 15).

리 인간의 개별 영혼은 세계영혼을 지향하는 삶을 살아야 한다고 역설한다. "저편의 세계영혼은 시간을 쫓아 벌어지는 온갖 쾌락에 대해 갖는 (그런) 유쾌함을 느끼지 않는다. 정작 인생이 걸어야 할 길은 그와 같다고 하겠다."[421] 개별 영혼과 세계영혼의 결합이라는 키워드로 다소 신비주의적으로 사유했던 플로티노스는 결국 개인이 세계와의 합일을 통해 최상의 경지에 오를 수 있다고 생각했다.

중세 말의 니콜라우스 쿠자누스는 이러한 세계영혼을 일종의 '신'으로 이해했다. 자기 앞에 자기 존재의 원인을 갖지 않고 스스로 자족적인 존재로서 말이다. "어떤 이들은 이 뛰어난 본성(natura)을 가리켜 '정신'(mens)으로, 또 다른 이들은 '지성'(intelligentia)으로, 또 다른 이들은 '세계영혼'(anima mundi)으로, 또 다른 이들은 '실체 안에 있는 숙명'(fatum in substantia)으로, 또 — 플라톤주의자들과 같은 — 어떤 이들은 '연계의 필연성'(necessitas complexionis)으로 명명하는데, 이들은 가능태가 그런 필연성을 통해 무엇보다도 자연(natura)이 그럴 수 있었던 바와 같이 지금 실제 존재하는 것처럼 결정될 수 있었다고 평가한다."[422] 쿠자누스는 이러한 세계영혼이 오직 가능태와 함께하는 현실태로서만 존재한다고 주장한다. "세계영혼은 오직 가능태와 함께해야만 존재할 수 있는데, 그것은 그 가능태를 통해서 [구체적으로] 한정되기 때문이요, 한편 정신(mens, 형상)처럼 사물들로부터 떨어져 존재하거나 나눠질 수는 없기 때문이다. 그것이 가능태로부터 떨어져 존재하는 것처럼, 차라리 세계영혼을 철저히 현실태로만 존재하는 신적인 정신과 같이 취급해야 할 것이다."[423] 개체의 죽음은 가능태로만 있을 뿐이며, 세계영혼은 신과 마찬가지로 영원히 현실태로 존재한다.

르네상스의 존 던은, 개인은 언제나 불완전하고 사회나 세계 같은 전체

---

421 플로티노스, 『플로티노스 엔네아데스 선집』, 138쪽 (= Enneades, IV 8, 8).
422 니콜라우스 쿠자누스, 『박학한 무지』, 242쪽.
423 니콜라우스 쿠자누스, 『박학한 무지』, 254~55쪽.

의 일부에 지나지 않는다고 주장했다. 그렇다면 개인이 죽으면 어떻게 될까? 제3자의 죽음은 나와 전혀 무관할까, 아니면 세계 중 일부의 죽음으로 내게 다가올까? 존 던의 유명한 다음 기도문을 보자.

> 어떠한 인간도 그 자체로 완전한 하나의 '섬'일 수는 없다. 모든 사람은 바다에 떠 있는 '대륙'의 일부이다. 하나의 흙덩이가 바닷물에 씻겨 사라지면, 유럽은 그만큼 작아진다. 육지 끄트머리가 사라지고, 당신 친구들의 소유지가 사라지고, 당신 자신의 소유지가 사라지는 것과 같다. 그렇게 한 인간의 죽음은 나를 작게 만드는 것이니, 나는 인류 안에 속해 있기 때문이다. 그러니 그 종이 누구를 위해 울리는지 알려고 하지 마라. 그 종은 당신을 위해 울리는 것이다.[424]

이 짤막한 시에는 세 개의 커다란 핵심 주제가 담겨 있다. 첫째, 모든 인간은 그 개인만으로는 불완전하다. 즉 개인은 거대한 전체의 일부에 지나지 않는다. 둘째, 누군가의 죽음은 내 죽음의 일부를 뜻한다. 셋째, 따라서 모든 조종(弔鐘)은 결국 나를 위해 울리는 것이다. 이 개별 포인트를 좀 더 부연 설명해 보자. 인간은 누구나 섬이 아니라 대륙의 일부다. 인간 개개인은 인류의 일부라기보다는 인류에 속한, 그래서 인류 전체를 대변하는 존재들이다. 그러한 인간 존재 가운데 한 명이 죽었다는 것은 커다란 대륙 일부가 떨어져 나간 것을 뜻하면서 동시에 나의 일부가 떨어져 나가는 것, 그리고 그만큼 커다란 대륙의 끄트머리가 바다에 휩쓸려 없어지듯이 나의 일부가 사라지면서 작아지는 것을 뜻한다. 그 점에서 타인의 죽음은 곧 나의 일부의 죽음을 뜻한다. 그러니 누가 죽었다고 울리는 종이 누구의 죽음인지 굳이 알려고 할 필요가 없다. 그것은 곧 나의 죽음을 알리는 종일 테니 말이다. 인류애가 넘쳐흐르는, 그리고 모든 사람의 죽음을 애도하고 싶어 하는 시인의 애절한 마음이 읽힌다.

---

424 존 던, 『인간은 섬이 아니다: 병의 단계마다 드리는 기도』, 202쪽.

근대에 들어와 고트프리트 빌헬름 라이프니츠(Gottfried Wilhelm Leibniz)는 이제 개별 영혼과 보편 영혼을 대비한다. 여기서 보편 영혼이란 곧 신을 말한다.

아리스토텔레스에 의하면 인류(人類)는 영원하다. 따라서 개별적 영혼들이 소멸하지 않는다면 아리스토텔레스가 부정했던 윤회를 받아들여야 한다. 혹은 항상 새로운 영혼들이 있다면 영원히 보존된 영혼들의 무한성을 인정해야 한다. 그러나 현실적인 무한성은 역시 아리스토텔레스의 이론에 따르면 불가능한 것이다. 그러므로 영혼들, 즉 유기체적 육체들의 형상은 이 육체들과 함께 소멸해야 하며, 적어도 각각의 육체에 고유하게 속하는 수동적 지성은 소멸한다고 결론 내려야 한다. …… 그러나 아리스토텔레스를 덜 추종하는 다른 이들은 모든 개별적 영혼의 대해(大海)인 보편적 영혼까지 주장했으며 개별적 영혼들이 생멸하는 동안에도 이 보편적 영혼만은 존속할 수 있다고 믿었다. …… 여러 사람들은 신이 바로 이 보편적 영혼이라고 믿기까지 했다.[425]

아리스토텔레스에 따르면, 개인은 유한하고 인류는 무한하다. 이 테제가 맞다면, 개인 또한 죽어서 그 영혼이 다른 인간으로 태어나는 윤회를 겪으면서 인류는 계속 유지되어야 한다. 그러나 아리스토텔레스의 이론에 따르면, 그러한 무한성은 불가능하기에 결국 개인의 영혼은 소멸해야 한다. 결국 아리스토텔레스를 추종하지 않는 사람 가운데 일부가 영혼불멸설을 믿으면서 '보편 영혼'이라는 개념을 만들어 냈는데, 이것이 바로 신(神)이라고 라이프니츠는 주장한다.

라이프니츠는 더 나아가 세계와 우주가 비록 하나하나의 유기체들과 무

---

425 Gottfried Wilhelm Leibniz, *Essais de Théodicée sur la bonté de Dieu, la liberté de l'homme et l'origine du mal*, 1710: 고트프리트 빌헬름 라이프니츠, 이근세 옮김, 『변신론: 신의 선, 인간의 자유, 악의 기원에 관하여』, 아카넷, 2015, 64~65쪽.

기체들로 이루어진 것은 맞지만, 그 세계와 우주가 곧 이들 개별 영혼으로 간주되어서는 안 된다고 강조한다. "우주는 미래에도 전적으로 영원히 확장되어야 하기 때문에 무한이다. …… 무한, 즉 무한히 많은 수의 실체의 집적(amas)은 엄밀히 말하면 하나의 전체가 아니다. 짝수인지 홀수인지 말할 수 없는 무한 수 자체도 마찬가지다. 이러한 사실 자체는 세계를 신으로 간주하거나 신을 세계영혼으로 파악하는 이들을 논박하는 데 도움이 된다. 세계나 우주는 하나의 동물이나 하나의 실체로 간주될 수 없다."[426] 개체가 보편은 아니라는 주장인데, 결국 라이프니츠에게 '우주 무한설'은 곧 '세계영혼설'을 뜻한다. 이 테제는 훗날 개별 의지의 합은 전체 의지일 수 있지만, 일반 의지 또는 보편 의지와는 다르다는 루소의 주장을 연상시킨다.

한편, 18세기에 괴테는 보편은 계속 전진하지만 개체는 언제나 새롭게 시작한다고 말한다. "세기는 전진했다. 그러나 각 개인은 처음부터 시작한다."[427] 물론, 이 짧막한 문장 안에는 '보편'이나 '일반' 또는 '세계'와 같은 단어들이 전혀 등장하지 않는다. 하지만 문맥상 이때의 '세기'가 역사의 흐름 속에 있는 전체 사회를 뜻한다는 사실은 누구나 알 수 있다. 사회 또한 시간 속에서 변해가는 것도, 완전을 향해 진화하는 것도 맞다. 하지만 우리는 이 허구적인 구성물로서의 사회가 언제나 하나의 완결체로 존재한다고 착각하는 반면, 개인은 언제나 새롭게 태어나고 사회화 과정을 겪어야 하는 미약한 존재로 치부한다. 괴테도 아마 이 점을 지적했던 것 같다. 비록 그가 '전진하다'라는 동사를 쓰긴 했지만 말이다.

괴테와 거의 동시대에 살았던 피히테는 개인의 죽음을 아예 국가, 즉 전체 구조 속 구성원의 죽음으로 본다. 다시 말해 개인의 죽음은 사적인 행위가 아니라 공적인 행위라는 것이다. "국가는 자신의 시민의 죽음을, 그리

---

[426] 고트프리트 빌헬름 라이프니츠, 『변신론: 신의 선, 인간의 자유, 악의 기원에 관하여』, 358쪽.
[427] 요한 볼프강 괴테, 『잠언과 성찰』, 321쪽.

고 그들의 죽음의 방식을 보살피기 위해 공적인 폭력의 영역 안에 묶여 있다. 죽는다는 것(Sterben)은 공적인 행위(ein öffentlicher Akt)다. 의사들도 그래서 국가의 감시하에 놓인다."428 자연법 등 법적인 차원에서 인간을 관찰하다 보니 그랬는지는 모르겠지만, 피히테의 눈에 모든 개인은 사인(私人)이 아니라 공인(公人)으로 비쳤다. 개인은 사회적 존재이기 이전에 국가의 공민으로서 존재한다. 즉 피히테는 개인을 사회나 집단 또는 이익 단체 등의 구성원이 아닌 국가와 정치 체제, 법의 테두리 속에서 살아가는 국민, 피지배자, 법적인 주체로 본 것이다.

개체의 죽음과 종의 죽음과의 관계에 대한 보다 더 구체적인 담론은 헤겔에게서 나타난다. 그는 다음과 같이 주장한다. "자신으로부터 떠난 유기체는 그 자신으로부터 그 자신에 대해서 죽는다. 본래의 질병이란, 그 질병이 사멸이 아닌 이상, 개별적인 것에서 일반적인 것으로의 이러한 운동의 외면적인, 실존하는 과정이다. 죽음의 필연성은 개별적인 원인들에 존재하지 않는다. 마찬가지로 유기체적인 그 어떤 것에도 존재하지 않는다."429 여기서 '개별적인 것'은 '개체'로 '일반적인 것'은 '종'(種)으로 바꾸어 이해할 수 있다. 헤겔은 여기서 유기체의 죽음의 필연성이 개체성의 일반성으로의 전이에 있음을, 즉 개체의 특이한 성격이 아니라 종의 보편적이고 자연적인 본질에 있음을 강조한다. 모든 개별자의 죽음은 곧 죽음의 필연성이라는 측면에서 보편의, 일반의, 종의 죽음이다. 이 당연한 명제가 특이하게 보이고 가슴에 와닿게 들린다면, 그 이유는 그것이 '개체와 일반' 또는 '특수와 보편'이라는 철학적 언어로 표현되어 있기 때문일 것이다.

헤겔은 더 나아가 개체의 '죽음' 자체를 개체가 보편으로 변화하고 전이하는 과정으로 간주했다. 그가 보기에 유기체의 생명이 죽음으로 변하는 과정은 "자연적인 것의 정신으로의 전이다. …… 자연의 목적은 자신을 죽

---

428 Johann Gottlieb Fichte, "Grundlage des Naturrechts nach Principien der Wissenschaftslehre", p. 51.
429 Georg Wilhelm Friedrich Hegel, "Enzyklopädie der philosophischen Wissenschaften im Grundrisse II", pp. 534~35.

이는 것이다."⁴³⁰ 결국 하나의 유기체가 생명에서 죽음으로 변하는 과정이 곧 개체에서 보편으로의, 자연에서 정신으로의 전화(轉化)라는 것이다. 우리 개별 인간은 죽어서야 비로소 인류라는 종으로의 전화가 완성된다. 살아 있는 동안에는 제아무리 발버둥치더라도 개체로만 남아 있을 뿐, 죽어서야 비로소 인류에 속하고 종으로 합류한다. 이 철학적 언어들은 흔히 "죽어서 별이 되었다"라는 문학적 표현으로 바꿔 불리기도 한다.

급기야 헤겔은 변증법적 철학자답게 '죽음'을 '개체와 보편의 모순의 결과물'이라고 결론짓는다. 그는 『철학 강요 III』에서 죽음을 "개별성과 종의 모순을 통해서 필연적으로 야기된" 것이라고 표현한다.⁴³¹ 그가 보기에 죽음이란 개체와 보편 사이의 모순이 변증법적 지양을 거쳐 결국 보편으로 종합 또는 승화되는 과정이다. 그 수준에 이르면 비로소 개체는 죽음을 멈춘다. "이로써 개별성의 추상적 부정, 즉 죽음이 끝난다."⁴³² 다른 표현으로 헤겔에게 죽음은 결국 '개체성의 철학적 부정'이었다. 거듭 말하지만 개체에게 죽음은 보편으로의 변증법적 지양이자 종합의 과정이다. 시간 속의 존재이자 유한자로서의 개인은 죽음을 통해 비로소 보편이라는 영원에 참여한다.

쇼펜하우어 또한 '결'과 '뉘앙스'는 달리하지만 헤겔과 유사한 주장을 펼친다. 즉 그 역시 개별적 존재가 죽음을 통해 보편적 존재로 승화한다고 주장했다.

　　삶에의 의지의 현상인 개체는 말하자면 개별적인 실례나 견본에 지나지

430　Georg Wilhelm Friedrich Hegel, "Enzyklopädie der philosophischen Wissenschaften im Grundrisse II", p. 538.

431　Georg Wilhelm Friedrich Hegel, "Enzyklopädie der philosophischen Wissenschaften im Grundrisse III", in: Georg Wilhelm Friedrich Hegel, *Werke*, 20 vols., vol. 10, p. 21.

432　Georg Wilhelm Friedrich Hegel, "Fragment der Philosophie des Geistes", in: Georg Wilhelm Friedrich Hegel, *Werke*, 20 vols., vol. 11: "Berliner Schriften 1818-1831", p. 535.

않으며, 자연 전체가 한 개체의 죽음에 상심하지 않는 것처럼 삶에의 의지는 개체의 생멸에 아무런 상처를 받지 않는다. 자연에서 중요한 것은 이 개체가 아니라 오로지 종속이며, 자연은 종속을 보존하기 위해 남아돌 정도의 무수한 씨앗과 수태 욕동의 커다란 힘을 통해 온갖 열성을 기울이며 낭비라고 할 만큼 배려하기 때문이다. 반면 개체는 자연에 아무런 가치도 없고 가치를 가질 수도 없다. 왜냐하면 무한한 시간과 공간, 그리고 그 속의 무한히 많은 수의 가능한 개체들이 자연의 나라이기 때문이다. 그 때문에 자연은 끊임없이 개체를 저버릴 준비가 되어 있다. 따라서 개체는 수없이 많은 방식으로 하찮은 우연에 의해 파멸할 운명에 처해 있을 뿐만 아니라 이미 애당초부터 파멸하도록 정해져 있으며, 종족 보존에 봉사한 순간부터 자연에 의해 파멸로 이끌려 가고 있다.[433]

자연에 중요한 것은 개체가 아니라 종이다. 개체의 삶과 죽음은 자연에 큰 관심 대상이 아니다. 자연은 개체의 죽음에 무관심하다. 아니 무관심을 넘어 지속적인 생태 순환을 위해 특정한 개체들을 죽음으로 내몰며 희생시킨다. 자연의 관점에서 보면, 개체들의 생멸이 아니라 자연 전체 생태계의 유지 또는 특정 종들의 존속이 중요할 뿐이다. 그러나 개별적 생사가 중요하지 않다고 해서 개체 하나하나의 삶과 죽음이 자연에 아무런 상관이 없다는 뜻은 아니다. 그 개체들이 모여 전체, 즉 종을 이루고 나아가 자연을 이루기 때문이다.

그렇다면 개체의 관점에서는 어떨까? 우선 삶에의 의지 측면에서 보면 모든 개체는 죽음에 저항한다. "우리가 죽음에서 두려워하는 것이 결코 고통은 아니다. 한편 이 고통이 분명 죽음의 이편에 위치하고 있고, 다른 한편 우리는 종종 고통이 두려워 죽음으로 도피하는 일이 있으며, 또 이와는 반대로 죽음이 빠르고도 수월할지도 모르지만, 잠시나마 죽음을 피하기 위해 때로 말할 수 없이 끔찍한 고통을 감수하는 일도 있기 때문이다.

---

433 아르투어 쇼펜하우어, 『의지와 표상으로서의 세계』, 449쪽.

그러므로 우리는 죽음과 고통을 두 개의 전혀 다른 화(禍)로 구별한다. 우리가 죽음에서 두려워하는 것은 사실 죽음에 의해 노골적으로 통고되는 개체의 멸망이다. 그리고 개체는 삶에의 의지 자체가 개별적으로 객관화된 것이므로, 개체의 본질 전체는 죽음에 저항한다."[434] 죽음은 개체에게 자연스러우면서도 부자연스러운 현상이다. 자연스러운 이유는 모든 유기체는 자연의 이치상 죽을 수밖에 없기 때문이며, 부자연스러운 이유는 모든 유기체는 비록 그 종착점이 죽음이라 하더라도 본질상 삶을 지향하기 때문이다.

그러나 모든 개체는, 특히 인간은 죽음에 저항하지만 마음속에서 죽음을 수용하든 안 하든 궁극적으로 죽을 수밖에 없다는 사실을 안다. 아니, 그 운명적 사실을 아는 것을 넘어 그 죽음이 자신에게 어떤 의미를 갖는지도 깨닫는다. 죽음을 통해 인간은 비로소 자신이 인류라는 종에 속한다는 사실을 최종적으로 보증받는다. 죽음을 매개로 인간은 자신의 의식이 다른 사람의 의식과 다르지 않음을 확인한다. "사물 자체로서 인간은 모든 것에서 현상하는 의지이며, 죽음은 그의 의식이 다른 것의 의식과 다르다는 착각을 없애 버린다. 이것이 영속이다. 인간이 죽음에서 면제되는 것은 그가 사물 자체가 됨으로써만 가능한데, 그 죽음의 면제는 현상에게는 여타의 외부 세계의 영속과 일치한다."[435] 죽음은 한 개체의 특성이 다른 개체의 특성과 다르지 않음을 보여 주는 현상이다. 죽음은 인간을 균등화 또는 동질화한다. 죽음을 통해 인간은 비로소 개별적 존재인 개인에서 보편적 존재인 인류로 승화한다. 그리고 인간은 스스로 사물이 됨으로써 죽음에서 벗어난다. 영혼이나 정신의 상태로는 개체의 삶이 연장됨으로써 죽음이 면제되지 않지만, 육체의 상태로는 단지 물질의 변화만 있을 뿐이므로 죽음이 면제된다. 그래서 쇼펜하우어는 죽은 사람을 두고 우리가 우는 이유를 죽은 개인이 아니라 인류 전체에 대한 연민 때문이라고 말한다.

---

434 아르투어 쇼펜하우어, 『의지와 표상으로서의 세계』, 459쪽.
435 아르투어 쇼펜하우어, 『의지와 표상으로서의 세계』, 458쪽.

슬퍼하는 사람이 우는 것은 죽은 사람을 잃어버렸기 때문이 아니다. 그는 때로 울지 않는 것에 부끄러워하는 대신, 그러한 이기적인 눈물에 대해 부끄럽게 생각할지도 모른다. 그가 죽은 사람의 운명을 슬퍼해 우는 것은 물론이다. 그렇지만 그는 오랫동안 힘겹고 절망적인 고통을 겪은 뒤 죽은 사람에게는 죽음이 소망스러운 구원인 경우에도 운다. 그러므로 주로 그의 마음을 사로잡는 것은 유한성의 손아귀에 들어간 인류 전체의 운명에 대한 연민이다."[436]

지인이 죽었을 때, 우리가 우는 이유는 그 개인의 운명보다는 죽을 수밖에 없는 운명을 타고난 인류라는 종과 보편에 대한 연민의 감정 때문이다. 또는 지인의 죽음 속에서 나의 죽음, 더 나아가 인류의 죽음을 보기 때문이다. 다른 모든 유기체와 마찬가지로 우리 인간도 역시 그 점에서 '슬픈 존재'다.

개체의 죽음과 종의 죽음 사이의 관계에 대한 서구 지식인들의 성찰은 톨스토이에게 와서 정점에 이른다. 그는 기독교적 관점에서 개인의 죽음이 곧 개인의 초월이라고까지 말한다. "죽음은 영혼을 개인의 한계에서 벗어나게 한다. …… 죽음, 그것은 '개체'라는 한 부분으로부터의 벗어남이다."[437] 한 개인의 죽음은 그 개인의 개별적 삶으로부터의 해방을 뜻한다. 즉 개인의 죽음은 개별적 한계의 초월을 의미한다. 그렇게 초월된 개인은 결국 인류의 종이라는 전체 집단 안에 내재하게 된다. 개체의 초월을 거쳐 보편의 내재에 이르는 개인 진화의 변증법적 과정은 이렇게 해서 완성된다.

한편, 셀러도 개인의 죽음과 전체의 죽음의 관계에 대해 언급한다. 그는 전체로서의 인류가 아니라 오직 개인만이 죽을 수 있다고 말한다.

---

436 아르투어 쇼펜하우어, 『의지와 표상으로서의 세계』, 600쪽.
437 톨스토이, 「인생의 길」, 『인생이란 무엇인가 2: 사랑』, 429쪽.

만일 죽음이 시간 안에서 하나의 특정 과정의 중지이자 멈춤이라면, 그것의 특징적인 차별점은 이 정지가 (죽은 운동의 관성의 원리에 상응하는 것처럼) 외적 원인에 의해 명백하게 결정되는 것처럼 보이지 않고, 이 정지가 원인을 통해 '내부로부터'(causa immanens) 동일한 과정과 그것의 주요 활동을 통해 영향이 미쳐지고 결정되며 중단된다는 것이다. '자연사'. 우리가 우리의 감각으로 관찰할 수 있는 모든 것에 대한 죽음은 따라서 Y의 생성으로도 이해될 수 있는 X의 소멸뿐만 아니라, 오히려 사물 — 즉 이 사물(개체)로서 결코 다시 돌아오지 않는 실제적인 형식 단위 — 의 절대적인 소멸이다. 그러므로 하나의 생명체는 — 결코 그것이 죽은 것이 아닌 것처럼 — '개체'다. 오직 개체만이 죽을 수 있다.[438]

물론, 여기서 전체로서의 인류의 죽음이 불가능하다는 말은 언급되어 있지 않다. 하지만 오직 개체만이 죽을 수 있다는 발언은 곧 전체로서의 인류의 죽음은 불가능하다는 발언을 전제한다. 그렇다면 셸러는 인류의 종말이 불가능하다고 보았을까? 정확한 것은 알 수 없지만 그가 인류의 삶은 계속될 것이라고 보았을 수 있다. 만일 그렇다면 인류의 종말은 불가능하다고 생각했을까? 오늘날 산업 공해, 환경 오염, 기후 변화로 특징지어진 인류세를 염두에 둔다면 셸러의 생각에는 시대적인 한계가 뚜렷해 보인다.

더 나아가 셸러는 일부 저술가의 작품을 인용해 가면서 우리가 지금 논의하는 주제에 정확히 일치하는 용어의 담론을 펼치기도 했다. 즉 "개체의 죽음"(Individualtod)과 "종의 죽음"(Artentod)이 바로 그것이다. 여기서 셸러는 인간을 포함한 유기체들 중에는 체세포와 생식 세포를 구분함으로써 죽음을 진화의 생존 전략으로 사용한 종들이 있다고 말한다. 즉 죽음을 환경에 대한 효과적인 적응 전략, 다시 말해 진화의 일부로 활용해 왔다는 것이다. 이러한 종들은 단순히 세포 분열로써만 생명체를 만들어 내는 데

---

438 Max Scheler, "Altern und Tod", p. 259 (강조: 셸러).

골몰해 온 종들보다도 훨씬 더 자연환경에 잘 적응해 왔다는 것이다. 개체의 죽음이 환경에의 적응이라는 종의 진화에 적절히 활용될 때, 그 종의 발전은 가시적이다. 여기서 "죽음"은 "생명체가 자신이 처한 환경에 유용하게 적응해 나가는 것"으로 간주된다.[439] 이로부터 '죽음이 곧 진화다'라는 멋진 명제가 도출된다.

다른 서구 지식인들과 마찬가지로 셸러 또한 개인, 개체, 특수보다도 전체, 집단, 보편의 중요성을 강조했다. 그리고 그는 앞서 우리가 그에 대해 제기했던 의혹, 즉 영리하지 못하게 인류 또는 인류의 역사가 영원히 지속될 것이라고 보았던 것은 아닌지 하는 의혹을 말끔히 씻어 줄 주장도 펼친다. "인류의 역사는 한 개인의 생명만큼이나 그리고 한 민족의 생명만큼이나 유한한 과정이다. 넘치는 지상 생활에 대한 유치한 망상은 혈연과 유사한 단체의 망상만큼이나 잘못된 것이다. 인류도 종의 죽음에 직면하는 법을 배워야 한다."[440] 여기서 셸러는 인류의 삶도 개인의 삶만큼이나 유한하고 언젠가 인류의 역사도 종말을 맞이할 것이기에, 우리 인간은 인류의 죽음에 대해서도 성찰하고 대비해야 한다고 역설한다.

이 장에서 다룰 마지막 인물은 비트겐슈타인이다. 그 또한 개인과 종의 관계에 대한 사유를 쏟아내는데, 그에 따르면 개인은 세계의 한계다. "주체는 세계에 속하지 않는다. 그것은 오히려 세계의 한계이다."[441] 이에 대해 국내 번역자는 다음과 같은 주석을 달았다. "생각하고 표상하는 주체는 세계의 안에 있는 것도 밖에 있는 것도 아닌, 세계의 내적 한계이다. 그 주체는 장소성이나 연장성이 없는 점으로 격리된 것, 그로부터 내가 세계를 보는 관점이다. 그것은 장소성이나 연장성과 같은 외적인 면—세계의 외적 한계를 이루게 된다고 할 수 있는 면—에서 존재가 없을 뿐, 아주 없

---

439 Max Scheler, "Altern und Tod", p. 290.
440 Max Scheler, "Weitere Aufzeichnungen zu Altern und Tod", p. 335.
441 루트비히 비트겐슈타인, 『논리-철학 논고』, 102쪽 (= *Tractatus Logico-Philosophicus*, 5.632).

는 것은 아니다."⁴⁴² 이를 통해 비트겐슈타인의 명제가 확실히 이해되기보다는 오히려 더 난해하게 느껴지는 측면도 있지만, 어쨌든 비트겐슈타인이 말하고자 하는 바는 분명하다. 그것은 개체와 세계가 일치하거나 서로를 포함하는 것이 아니라 서로 맞서고 서로에 대해 경계를 설정한다는 것이다. 나는 곧 세계의 한계다. 나의 한계가 곧 나의 세계이고, 세계는 나를 다시 한계로 대한다. 그것은 대립일 수도 있고 화합일 수도 있다. 그 관계 설정은 세계가 아니라 온전히 주체인 나에게 달려 있다.

물론, 그렇다고 해서 세계가 주체에 의존한다고 말할 수도 없다. 분명한 것은 세계와 나는 동일하지 않다는 것이다. 이 둘의 관계는 논리적이지도 필연적이지도 않다. 오히려 우연적이라고 보는 편이 맞다. 따라서 비트겐슈타인은 세계를 내 의지의 표상이라고 보았던 쇼펜하우어를 정면으로 반박하면서 세계는 나의 의지와 무관하게 존재한다고 말한다. "세계는 나의 의지로부터 독립적이다."⁴⁴³ 비트겐슈타인의 명제들을 이 책의 주제와 연관 지어 주장한다면, 나라는 주체의 죽음은 세계의 과정과 어떠한 직접적 관계도 갖지 않는다. 즉 내가 죽더라도 세계는 아무런 영향도 받지 않고 작동하며, 내가 죽고 나면 세계가 죽든 안 죽든 아무런 상관이 없기 때문에 결과적으로 주체의 죽음과 세계의 죽음은 무관한 채로 남는다. 이 점을 죽음에 대한 에피쿠로스의 명제에 빗대어 말한다면 다음과 같다. 세계의 죽음이란 없다. 왜냐하면 세계의 종말과 더불어 내가 죽지 않는 이상, 내가 살아 있을 때도 세계는 살아 있지만, 내가 죽어도 세계는 여전히 살아 있을 것이기 때문이다. 세계는 나의 죽음과 무관하게 존재한다. 반대로 나의 죽음은 나의 세계를 소멸시킨다. 이것을 비트겐슈타인의 명제로 표현하면 다음과 같다. "주체가 죽으면서 세계는 바뀌는 것이 아니라 끝이 난다."⁴⁴⁴

---

442 이영철, "109 (옮긴이주)", 루트비히 비트겐슈타인, 『논리-철학 논고』, 102쪽.
443 루트비히 비트겐슈타인, 『논리-철학 논고』, 122쪽 (= *Tractatus Logico-Philosophicus*, 6.373).
444 루트비히 비트겐슈타인, 『논리-철학 논고』, 126쪽 (= *Tractatus Logico-Philosophicus*, 6.431).

제3부

죽음 이후

제 9 장

죽음의 실체?: 육체와 영혼

　전통적인 관점에 따르면, 사람이 죽으면 육체는 소멸하지만 영혼은 계속 살아남아 영원히 지속된다. 그러나 그것이 사실인지 아닌지는 아무도 모른다. 그 사실 여부를 따지는 것은 신의 존재 여부로 또는 죽음이 무엇인지로 싸우는 것만큼이나 어리석은 일이다. 과거의 서구 지식인들을 대상으로 한다면 당연히 그들 가운데 일부는 영혼이 실제로 있다고 믿었으며, 또 일부는 영혼을 신의 개념처럼 인간이 만든 창조물에 불과한 것으로 간주했다. 나는 실재론자는 아니지만 적어도 동서양을 막론하고 '영혼'이라는 단어 또는 개념이 있다는 사실 자체만으로도 영혼에 대한 사유와 학술적 논의는 얼마든지 가능하다고 생각한다. 내가 여기서 말하는 영혼이란 당연히 이 책의 주제에 맞게 인간의 죽음과 관련된 개념으로서의 영혼이다. 따라서 정신, 이성, 마음, 영성 등 수많은 유사 개념과 구분해 이해할 필요가 있다. 하지만 나는 여기서 이 개념들을 비교하는 데 헛된 공력을 들이면서 지면을 허비하지는 않을 것이다.
　과거의 서구 지식인들이 펼친 영혼 담론을 망라해 종합적으로 검토해 보면, 크게 열 개의 논점들이 제시되고 있음을 확인할 수 있다. (1) 첫째, 영혼의 개념 정의이다. 지식인들마다 편차는 있지만 그래도 대체로는 유사하거나 겹치는 부분이 많았다. 그 이유는 『영혼에 관하여』에서 아리스토텔레스가 내린 "영혼은 생명의 제1현실태이다"라는 유명한 고전적 정의가 변주되면서 오늘날까지 이어지고 있기 때문이다. 아리스토텔레스의 개념 정의가 그만큼 영향력이 강하다 보니 나타난 현상일 것이다. (2) 둘째, 영혼의 기원에 대한 논의다. 이에 대해 논의한 지식인은 라이프니츠를 제외하면 거의 발견되지 않는다. (3) 셋째, 영혼의 존재 여부에 관한 문제다. 크게 "영혼은 존재한다"와 "영혼은 존재하지 않는다"로, 또한 "영혼은 생명을 갖는 유기체에만 있다"와 "영혼은 생명이 없는 무기체에도 있다"로 대별된다. 존재한다고 보는 사람들은 죽음 뒤에도 영혼이 계속 살아남는다고 본 것이고, 존재하지 않는다고 본 사람들은 사람이 죽으면 육체와 더불어 영혼도 사라진다고 본 것이다. 여기서는 영혼의 죽음 여부, 즉 불멸과 필멸 여부가 문제시된다. (4) 넷째, 육체와 영혼의 관계 담론이다. 많이들 죽음을 육체와 영혼의 분리 현상으로 정의해 왔는데, 이에 반발해 다르게 본 지식인들도 적지 않다. 가령, 셸러 같은 철학자는 육체와 영혼을 통합 개념으로 이해했다. (5) 다섯째, 영혼의 구성 물질과 관련된 논의다. 영혼은 물질로 되어 있는가, 아니면 비물질로 되어 있는가? 이에 관해서는 대체로 비물질로 보아왔지만 물질로 이해한 지식인들도 일부 존재한다. (6) 여섯째, 영혼의 위치에 대한 논쟁이다. 영혼은 육체의 내부에 있는가, 아니면 외부에 있는가가 주요 질문이다. 대체로 영혼이 육체 내부에 있다가 죽음과 더불어 외부로 빠져나간다고 보지만, 그렇지 않은 지식인들도 꽤 있었다. (7) 일곱째, 영혼의 상태와 관련된 문제다. 이 문제도 주로 라이프니츠가 제기하고 사유했다. 영혼은 독립적인가, 육체 의존적인가, 아니면 자율성을 갖는가, 타율적인가 등이 핵심 질문이다. (8) 여덟째, 영혼의 성질과 특징에 대한 담론이다. 영혼은 인간적인가, 신적인가, 아니면 이성적인가, 비이성적인가 등이 여기서 문제가 된다. 또는 영혼은 경험 내지는 체험될 수 있는가, 없는가 등도 문제가 될 수 있다. (9) 아홉째, 영혼의 능력과 기능 등에 대한 문제다. 아리스토텔레스가 일찍이 영혼은 영양 섭취 능력, 욕구 능력, 감각 능력, 운동 능력, 사고 능력 등을 갖는다고 주장한 이래 많은 서구 지식인은 영혼의 다양한 능력에 대해 다양한 방식으로 사유해 왔다. 가령, 중세의 신비주의 철학자 마이스터 에크하르트는 영혼이 육체를 정화하는 기능을 갖는다고 주장했다. 개인적으로 많은 영감을 주는 훌륭한 주장이라고 생각한다. (10) 열째, 영혼과 정신을 비교한 지식인들의 담론을 다룬다. 가령, 노발리스는 영혼이 정신을 통해 형성된다고 보았으며, 셸러는 정신이 생명을 이념화한다고 역설했다.

영혼 담론의 첫 번째 범주인 개념 정의부터 살펴보자. 서양 최초의 철학자 탈레스가 만물의 근원을 물이라고 주장한 점은 잘 알려진 사실이다. 그런데 그가 영혼을 피가 아니라고 정의한 철학자임을 알고 있는 사람은 별로 없다. 아리스토텔레스가 『영혼에 관하여』에서 말한 다음 문구를 보자. "더 조야한 이론을 펼친 자들 중 히폰과 같은 이들은 물을 영혼이라고 제시하기까지 한다. 이들의 믿음은 씨에서 비롯된 것 같다. 모든 것들의 씨는 습하다는 이유로 말이다. 실제로 히폰은 피가 영혼이라고 말한 자들을 씨는 피가 아니라는 이유를 대면서 논박했다. 씨가 제일의 영혼이라는 것이다."[1] 아리스토텔레스는 영혼이 피가 아니라고 본 탈레스나 히폰(Hippon) 같은 초기의 철학자들이 유치하기 짝이 없다고 생각했다. 그렇다고 아리스토텔레스가 영혼을 피로 본 것 같지는 않다. 하여튼 'A는 B가 아니다'라는 식의 네거티브 정의 방식은 간접적이고 암시적인 정의라서 그 자체가 말해 주는 것은 거의 없다. 왜냐하면 A는 B가 아닌 모든 것, 가령 C, D, E 등 모두가 될 수 있기 때문이다. 즉 영혼은 피가 아닌 모든 것이 될 수 있다. 이것은 정의(definition)가 아니다.

파르메니데스는 영혼을 이성이자 지성으로 정의하면서 탈레스보다 한발 진일보한 모습을 보여 준다. 아에티오스(Aëtios)는 『학설 모음집』에서 다음과 같이 기록하고 있다. "파르메니데스, 엠페도클레스, 데모크리토스에 따

---

[1] Thales' Fragments(인용 출처: Aristoteles, *De Anima*; 오지은 옮김, 『영혼에 관하여』, 아카넷, 2018, 31쪽 (= *De Anima*, 405b1-405b5)).

르면 누스(지성)와 영혼은 같은 것이다. 그들에 따르면 이성이 없는(alogon) 그 어떤 것도, 엄밀하게 말하면, 살아 있는 것이 아니다."[2] 이 정의에 따르면, 이성이나 지성은 정신이나 영혼과 동일한 것이고 만일 이성 또는 지성, 즉 정신 또는 영혼이 없다면 그것은 생명체, 즉 유기체라고 할 수 없다. 영혼을 이성과 동일시한 점은 지극히 철학자다운 발상이다.

만물의 질서와 원리를 수로 인식했던, 그래서 만물이 수의 조합과 배열로 이루어졌다고 생각했던 피타고라스의 제자들은 영혼을 "조화"로 정의했다. 플라톤은 『파이돈』에서 다음과 같이 기록한다. "우리의 영혼은 일종의 조화(harmonia)라고 하는 이 주장은 지금도 그렇지만 언제나 놀랍도록 저를 붙잡아 왔기 때문입니다. 또한 댁께서 말씀하시니까, 마치 [그 주장이] 제 자신도 그런 의견을 전에 갖고 있었다는 것을 상기시키는 듯했습니다."[3] 정확히 무엇의 조화인지는 더 이상 언급되어 있지 않지만 정황상, 그리고 문맥상 인간의 육체와 영혼, 물질과 정신의 조화를 뜻하는 것으로 보인다. 영혼을 이해하는 데 정확한 표현은 아닐지 몰라도 적어도 편리한 정의인 것만은 분명하다.

영혼에 대한 좀 더 명확하고 확실한 정의는 레우키포스와 데모크리토스에게서 발견된다. 왜냐하면 그들은 영혼을 '신(神)의 처소'로 규정했기 때문이다. 스토바이오스(Stobaios)의 『선집』에는 다음과 같은 글귀가 나온다. "행복(eudaimoniē)은 살찐 가축들에도 황금에도 거주하지 않는다. 혼은 [좋은 또는 나쁜] 신령(daimōn)의 거처이다."[4] 영혼은 신이 머무는 곳이라는 뜻이다. 물론, 더 정확히는 신 자신이 아니라 신의 정신, 즉 신령이 사는 곳이지만 말이다. 고대 그리스에서 '다이몬'(daimon)이 '신성'만이 아니라

---

2 Parmenides' Fragments(인용 출처: 아에티오스. 『학설 모음집』 IV. 5. 12. 재인용 출처: 탈레스 외, 『소크라테스 이전 철학자들의 단편 선집』, 305쪽).

3 Philolaos' & the Pythagoreans' Fragments(인용 출처: 플라톤. 『파이돈』 88d. 재인용 출처: 탈레스 외, 『소크라테스 이전 철학자들의 단편 선집』, 483~84쪽).

4 Leucippus' & Democritos' Fragments(인용 출처: 스토바이오스. 『선집』 II. 7. 3i. 재인용 출처: 탈레스 외, 『소크라테스 이전 철학자들의 단편 선집』, 601쪽).

'영혼'과 '정신' 등을 뜻하기도 한다는 점에서 전혀 낯설지 않은 정의다. 이 정의에 따르면, 레우키포스와 데모크리토스는 영혼이 동물이나 사물에는 없고 오직 신에 의해 주관(主管)되는 인간에게만 있다고 생각했다. 주지하듯이 아리스토텔레스도 자신의 윤리학설에서 강조한 바 있는, 인간이 추구해야 할 도덕적 목적으로서 '에우다이모니아'는 현대적 관점에서 쾌락이나 즐거움이 아니라 인간에 깃든 영혼이나 신성을 발휘해 최상의 좋음으로 나아가는 것, 즉 뛰어난 사람이 성취할 수 있는 완전한 행복을 뜻했다. 이러한 행복, 즉 신적인 상태나 경지를 정신이나 영혼이 없는 것으로 간주된 동물이나 사물이 누릴 리는 없다고 생각했을 것이다.

영혼에 대한 거의 완벽한, 그래서 이후 서구 지성사에 거의 절대적인 영향을 끼친 정의는 영혼의 특징이나 기능 등에 대해 주로 언급했던 소크라테스나 플라톤이 아니라 고대 그리스의 사상과 학문을 완성했던 아리스토텔레스에 의해 내려진다. 아리스토텔레스는『영혼에 관하여』에서 영혼을 '생명체의 원리'로 정의한다.

> 우리는 앎을 아름답고 고귀한 것으로 간주하되, 엄밀성의 측면에서 또는 더 훌륭하기도 하고 더 놀랍기도 한 것들을 대상으로 한다는 측면에서 어떤 앎을 다른 앎보다 더 아름답고 고귀한 것으로 간주하는 만큼, 이 두 측면 모두를 이유로 우리는 영혼에 관한 연구를 높은 위치에 합당하게 놓을 수 있을 것이다. 또한 영혼에 대한 인식은 온갖 진리에 기여하지만, 특히 자연에 관한 진리에 크게 기여하는 것으로 보인다. 왜냐하면 영혼은 말하자면 생물의 원리이기 때문이다.[5]

"영혼"이 "생물의 원리"라는 아리스토텔레스의 이 정의는 이후『영혼에 관하여』곳곳에서 다양하게 변주되어 나타난다. 생명은 영혼이 없다면 무생물에 지나지 않는다. 이때 영혼을 정신으로 이해해도 무방할 것 같다. 컴

---

5 아리스토텔레스,『영혼에 관하여』, 17쪽 (= *De Anima*, 402a1-402a7).

퓨터가 메인 CPU가 없거나 망가졌다면 아무리 고성능과 고사양을 자랑하더라도 작동하지 않듯이, 사람도 혼이나 정신이 없다면 일종의 좀비에 불과하므로 더 이상 사람이라고 부를 수 없다. 그래서 아리스토텔레스는 또 다른 곳에서 영혼에 대해 생명을 '잠재적으로 가지는 자연적 신체의 제1현실태'로도 정의한다.

우리는 있는 것들의 어떤 한 부류를 실체라 말한다. 실체라는 말로 우리가 뜻하는 한 가지는 질료인데, 이는 그 자체로는 어떤 이것이 아니다. 다른 한 가지는 형태이자 형상이고, 이에 따라서 비로소 무언가가 어떤 이것이라 말해진다. 그리고 세 번째는 그 둘로 이루어진 것이다. 그런데 질료는 가능태이고, 형상은 현실태이다. 그리고 후자는 두 가지 방식으로 말해지니, 하나는 앎과 같은 식으로, 다른 하나는 관조함과 같은 식으로 말해진다. 그런데 실체들이라 여겨지는 것은 무엇보다도 물체들이고, 물체들 중에서도 자연적 물체들이다. 왜냐하면 자연적 물체들이 여타 것들의 원리이기 때문이다. 그런데 자연적 물체들 중 어떤 것들은 생을 지니지만, 어떤 것들은 지니지 않는다. 그리고 생이라는 말로 우리는 자신을 통한 영양(營養)과 성장 및 쇠퇴를 뜻한다. 따라서 생을 지니는 모든 자연적 물체는 실체일 텐데, 결합체로서의 실체일 것이다. 하지만 이 실체는 물체이면서 이러이러한 물체, 즉 생을 지니는 물체이므로, 이 물체가 영혼은 아닐 것이다. 왜냐하면 이 물체는 기체에 대해 말해지는 것들에 들지 않고, 오히려 기체 또는 질료로서 있기 때문이다. 그러므로 필히 영혼은 가능태로 생을 지니는 자연적 물체의 형상으로서의 실체여야 한다. 그런데 이 실체는 현실태이다. 그러므로 영혼은 이러한 물체의 현실태이다. 그런데 현실태가 두 가지 방식으로 말해지니, 앎과 같은 식으로 말해지거나 관조함과 같은 식으로 말해진다. 그렇다면 영혼은 앎과 같은 식의 현실태임이 분명하다. 왜냐하면 잠도 깨어 있음도 영혼이 있음을 함의하는데, 깨어 있음은 관조함에 유비되는 반면, 잠은 앎을 소유하지만 활성화하지는 않음에 유비되기 때문이다. 그런데 동일한 사람을 놓고 보면, 앎이 발생에서 앞선다. 이런 까닭에 영혼은 가능태로 지

니는 자연적 물체의 첫 번째 현실태이다.[6]

여기서 영혼은 "가능태로 생을 지니는 자연적 물체의 형상으로서의 실체", "가능태로 생을 지니는 자연적 물체의 현실태", "가능태로 지니는 자연적 물체의 첫 번째 현실태" 등으로 정의된다. 그리고 이 정의에 맞게 질료가 가능태(잠재태, dynamis)이고 형상이 현실태(완성태, entelekeia)라면, 신체는 가능태가 되고 영혼은 현실태가 된다. 아리스토텔레스의 형이상학에 따르면, 모든 실체는 일정한 가능태를 갖는데, 실체의 변화와 발전은 언제나 그 가능태의 테두리 안에서만 가능하다. 즉 신체는 가능성에 불과하고 그 가능성이 실현된 형태가 영혼이다. 형상으로서의 이 영혼은 그 실체의 정체성에 해당한다. 내가 누구인지는 곧 내 영혼이 말해 준다. 내 육체는 내 영혼이 무엇인지를 구성하는 질료이자 가능태에 불과하다. 요컨대, 영혼은 목적이고 신체는 도구다.

영혼은 살고 있는 몸의 원인이며 원리이다. 그런데 원인과 원리는 여러 가지 방식으로 말해지고, 이와 마찬가지로 영혼도 구분되는 세 가지 방식으로 원인이다. 즉 영혼은 운동이 비롯되는 것으로서, 무엇을 위한다고 할 때의 무엇으로서, 그리고 영혼이 깃든 몸의 실체로서 원인이다. 영혼이 실체로서 원인임은 명백하다. 왜냐하면 실체는 모든 것에게 존재의 원인인데, 사는 것들에게 존재한다는 것은 산다는 것이고, 산다는 것의 원인이자 원리는 영혼이기 때문이다. 더구나 현실태가 가능태로 있는 것의 형식이다. 그런데 영혼은, 무엇을 위한다고 할 때의 무엇으로서도 원인임이 분명하다. 왜냐하면 지성이 무언가를 위해 작용하듯, 자연도 동일한 방식으로 작용하거니와 그 무언가가 자연의 목적인데, 영혼이 본성상 생물들 안의 이러한 무언가이기 때문이다. 모든 자연적인 몸은. 동물들의 몸처럼 그렇게 식물들의 몸도, 영혼을 위해 존재하는 듯하니, 그 몸들은 영혼의 도구들인 것이다. …… 그런

---

6 아리스토텔레스, 『영혼에 관하여』, 61~62쪽 (= *De Anima*, 412a3-412a25).

데 변이와 성장 역시 영혼으로 인해 일어난다. 왜냐하면 감각은 일종의 변이인 것으로 여겨지는데, 영혼을 지니지 않는 그 어떤 것도 감각을 하지 못하고, 성장과 쇠퇴와 관련해서도 이와 마찬가지이기 때문이다.[7]

'영혼'이 살아 있는 "몸의 원인이며 원리"라는 이 정의 역시 '생명체의 제1현실태'라는 정의의 변주라고 할 수 있다. 아리스토텔레스는 이처럼 하나의 생명이 생명이게끔 만들고 생명으로 존속하게끔 하는 것이 바로 영혼이라는 점을 계속해서 강조한다. 영혼이 없다면 생명도 없다. 육체는 영혼의 도구일 따름이다. 모든 생명체의 자연적 신체들은 오직 영혼을 위해 존재한다고 해도 과언이 아니다. 따라서 영혼이 없다면 육체도 생명도, 심지어 존재조차 없다. 영혼이 있기 때문에 비로소 모든 생명체의 생명과 기관이 작동하고 제 기능을 발휘한다.

사실, 아리스토텔레스의 이러한 주장이 특이하거나 과장되었다고 볼 수 없는 이유가 있다. 왜냐하면 영혼을 뜻하는 그리스어 'psyche'가 애초에는 '숨', '호흡'을 뜻하는 단어였으나, 생명을 의미하는 단어로도 쓰이다가 나중에는 마음, 영혼, 정신 등을 뜻하는 단어로 전용(轉用)되었기 때문이다. 지구에서 호흡하지 못하면, 즉 숨을 쉬지 못하면 어떤 생명체도 살아남지 못한다. 숨과 호흡은 그만큼 생명을 유지하는 핵심 행위다. 그 점에서 아리스토텔레스가 'psyche'를 '생명의 원리'로 정의한 것은 전혀 새롭거나 과장된 것이 아니다. 그렇게 하지 않았더라면 오히려 그것이 더 이상했을 것이다.

고대 로마로 오면 키케로가 죽음의 개념 정의에 이어 영혼의 개념 정의에서도 상당히 깊이 있고 폭넓은 통찰력을 보여 준다. 그는 영혼에 관한 고대 그리스 철학자들과 당대의 수많은 사상가의 견해를 일별한 후에 영혼이 불멸성을 갖는다고 주장한다. 특이한 점은 그가 중간에 아리스토텔레스의 영혼론을 살필 때, 아리스토텔레스가 고대 그리스의 초기 자연철

---

7 아리스토텔레스, 『영혼에 관하여』, 77~78쪽 (= De Anima, 415b8-415b27).

학자들과 달리 영혼을 물, 불, 공기, 흙이라는 4원소 외에 '현실태'라는 제5원소로 정의함으로써 그들과 차별화된 모습을 보였다고 주장한 점이다.

재능이나 면밀함에 있어 — 플라톤을 제외한 — 모든 사람을 능가하는 철학자 아리스토텔레스는 널리 알려진 4원소[물, 불, 공기, 흙]의 혼합을 통해 세상 만물이 생성된다고 보았으며, 그 외에 '정신'을 구성하는 제5원소가 있다고 주장하였습니다. 생각하고 예측하고, 가르치고 배우고, 어떤 것을 발견하고 많은 것을 기억하고, 사랑하고 증오하고, 욕구하고 두려워하고, 무서워하고 즐거워하는 등 이와 유사한 것들은 4원소에서 발견되는 것들이 전혀 아니라고 생각한 겁니다. 그래서 그는 제5원소를 제시하였으며 이를 가리킬 마땅한 명칭이 없었기에 새로운 명칭을 만들어 내어 영혼에 해당하는 이것에 '엔텔레케이아'라는 이름을 붙였습니다. 이는 그것이 계속해서 무한히 운동하기 때문에 붙여진 이름입니다.[8]

물론, 여기서 정신과 영혼은 혼용되지만, 아리스토텔레스가 정신과 영혼을 기본 4원소 외에 제5원소로 정의했다는 주장은 새로운 것이다. 키케로는 흔히 서구 지성사에서 헬레니즘 시대 로마의 절충주의(eclecticism) 사상가 가운데 한 사람으로 꼽히는데, 그가 절충주의자라는 것은 곧 이전 시대 모든 이의 견해를 망라해 검토한 후 자기 의견을 제시한 것으로 유명하다는 뜻이다. 이처럼 아리스토텔레스뿐만 아니라 그 밖의 사상가들의 영혼론도 거론한 후에 키케로는 영혼이 불멸한다고 주장한다. 이 영혼불멸설에 대해서는 뒤에 다시 거론되니 그때 자세히 논의하도록 하자.

서구 지성사에서 기독교의 유입은 영혼의 개념 정의에 관한 한 하나의 중대한 전환점을 초래했다. 영혼을 지극히 종교적인 관점, 특히 기독교적 신의 관점에서 정의하기 시작한 것이다. 로마제국 말기의 아우구스티누스는 고대인들이 신적인 것으로 보았던 영혼조차 신이 창조한 것으로 간주

---

8 키케로, 『투스쿨룸 대화』, 29~31쪽.

했다. 즉 그는 신이 우주의 영혼이라고 주장한다. "신이 우주의 영혼이며 우주가 영혼인 그의 신체라고 한다면, 그는 영혼과 몸을 구성하는 하나의 살아 있는 존재여야 한다. 그리고 이 동일한 신은 자신 안에 만물을 포함하는 자연의 자궁과도 같다. 그리고 모든 살아있는 것의 생명과 영혼은 각자 탄생하는 방법에 따라 전체에 생기를 불어넣는 신의 영혼으로부터 파생되므로, 신의 일부가 아닌 것이 전혀 존재하지 않게 된다."[9] 물론, 이 글은 아우구스티누스가 신이 우주의 영혼이고 우주가 신의 몸이라고 생각하는 사람들을 반박하기 위해 쓴 글이지만, 그 안에는 일말의 중요한 진실이 담겨 있다. 기독교 신학자들은 일반적으로 신이 우주의 창조주이기 때문에 우주의 정신, 즉 영혼에 해당한다고 생각한다. 아우구스티누스도 예외는 아니었던 것 같다. 아우구스티누스가 이 말에 동의하든 동의하지 않든 간에, 신이 우주의 영혼이라면 영혼은 신이 우주를 창조할 수 있도록 해 주는 핵심 에너지로 정의된다. 우주는 신의 영혼이 만들어 낸 신의 몸이 될 테니까 말이다.

기독교 사상사 안에서 언제나 아우구스티누스와 쌍으로 거론되는 중세 전성기의 최고 스콜라 철학자는 바로 토마스 아퀴나스다. 그가 아리스토텔레스 철학을 자신의 철학을 전개하는 데 중요한 근거로 삼았음은 익히 알려진 사실이다. 그래서인지 그가 아리스토텔레스의 전통을 따라 '인간 영혼'을 '현실태'이자 '육체의 형상'으로 정의했음은 이미 앞선 전통 시대의 죽음 담론을 다룰 때 언급한 바 있다.[10] 그가 '영혼'을 '삶의 원리'로 정의한 점에서도 아리스토텔레스의 흔적을 엿볼 수 있다.[11] 영혼이 삶의 원리라는 이 정의는 나중에 포이어바흐를 통해 반복해 등장한다. 더 나아가 토마스 아퀴나스는 영혼을 '인간의 실체적 형상'이라고 정의한다. "영혼은 인간을 일정한 종에 속하는 실체로 만드는 것이기 때문에 실체적 형상이며, 따

---

9   성 아우구스티누스, 『신국론: 하나님의 도성』, 241~42쪽 (= *De Civitate Dei*, IV, 12).
10 토마스 아퀴나스, 『영혼에 관한 토론문제』, 30쪽.
11 토마스 아퀴나스, 『영혼에 관한 토론문제』, 319쪽.

라서 영혼과 제1질료 사이를 매개하는 다른 어떤 실체적 형상은 없다. 오히려 인간이 자신의 지적 영혼에 의해 다양한 등급의 완전성으로 완성되며, 그 결과 육체이기도 하고, 생명체이기도 하며, 지적 동물이기도 한 것이다."[12] 인간에게는 영혼 이외의 그 어떤 형상도 없다. 영혼만이 인간을 살아 움직이게 하는 생명체로 만들 수 있으며, 육체뿐만 아니라 이성과 지성도 겸비한 동물로 거듭나도록 해 준다. 인간은 영혼이 없다면 육체도 없기 때문에 동물조차 되지 못한다. 영혼 덕분에 인간은 인간일 수 있게 된다.

중세 말 독일의 기독교 신비주의 사상가 에크하르트는 더 나아가 영혼을 '신성'(神性)으로 정의하기에 이른다. "신의 본질은 그[신]가 하나의 그때마다의 착한 영혼에게 자신을 준다는 것이고, 영혼의 본질은 그것[영혼]이 신을 받아들인다는 것입니다. 사람들은 이 점을, 영혼을 증명할 줄 아는 가장 고귀한 것과 관련해서 말할 수 있습니다. 그 안에 영혼은 신적인 이미지(das göttliche Bild)를 담게 되고, 영혼은 곧 신과 동일하게 됩니다. 동일함이 없다면 어떠한 이미지(Bild)도 있을 수 없지만, 동일함은 이미지 없이도 있을 수 있습니다. 두 개의 달걀은 똑같이 흰색이지만, 그중 하나는 또 다른 것과 같은 상이 아닙니다. 왜냐하면 또 다른 상과 같은 것은 동일한 본질에서 나와야 하고, 그 상으로부터 태어나야 하며, 그와 동일해야 하기 때문입니다."[13] 에크하르트의 눈에 비친 영혼은 이제 신과 동일시된다. 정신이 곧 신이라는 뜻과 같다. 이 관점에 따르면, 가톨릭의 정통 교리인 아타나시우스파의 삼위일체설에서의 성신(聖神) 또는 성령(聖靈), 즉 하나님 정신 또는 하나님 영혼도 따지고 보면 동어반복인 셈이다. 왜냐하면 하나님이 곧 영혼이고 영혼이 곧 하나님이기 때문이다. 이처럼 기독교적 신은 영혼이자 정신이다.

쿠자누스 또한 중세 말에 영혼을 특이하게 정의한 것으로 잘 알려져 있다. 그에 따르면, 영혼이란 형상과 질료의 결합이 이루어지도록 만드는 매

---

12 토마스 아퀴나스, 『영혼에 관한 토론문제』, 198쪽.
13 Meister Eckhart, *Meister Eckhart Werke*, vol. 1, pp. 187~89 (= Predigt 16B).

개체다. 그는 『박학한 무지』에서 "형상과 질료의 결합이 이뤄지게 하는 움직임(motus)을 나는 일종의 영(spiritus)이라고, 가칭 형상과 질료 사이의 매개체(medium)라고 부르고 싶다"라고 말한다.[14] 모든 사물과 마찬가지로 학문도 진화한다. 일찍이 영혼을 생명체의 형상으로 정의한 아리스토텔레스의 관점은 1,800년쯤 지나면 더 이상 찾을 수 없다. 그 흔적만 남아 있을 뿐이다. 왜냐하면 쿠자누스에 오면 그 관점이 수정되어 이제 영혼이 형상과 질료를 연결해 주는 관계망으로 정의되고 있기 때문이다. 즉 쿠자누스에 따르면, 영혼은 더 이상 유기체의 형상이 아니다. 영혼은 하나의 유기체가 각각 별도로 보유하고 있는 형상과 질료, 이 둘을 연결해 주는 메신저의 기능만을 수행한다는 것이다.

근대에 오면 누구보다도 먼저 라이프니츠가 영혼을, 정확히는 영혼의 본성을 개념 정의한다. 그에 따르면, 영혼의 본질은 육체의 표상이다. 『변신론』에서 그는 "영혼들의 본성은 부분적으로는 물체들이나 육체들을 표상하는 데 있다"라고 말한다.[15] 육체가 곧 영혼의 표상이라는 주장인데, 이것은 마치 쇼펜하우어가 세계의 본질이 의지임을 표현하는 명제로 세계가 곧 의지의 표상이라고 주장한 것과 유비된다. 내 육체는 곧 내 영혼의 표상이다. 내 육체가 어떤 모습이고 어떤 기능을 갖는지 결정하는 것은 내 영혼이라는 뜻이다. 이 관점은 오늘날 우리가 일상생활에서 사용하는 표현 속에서도 발견되는데, 가령 우리가 사람의 인상이나 표정은 그 사람의 인성, 곧 본성의 표현이라고 말하곤 하는데, 이것이 바로 그 예다.

서양의 근대 철학을 완성한 칸트는 영혼에 대해 독특하다기보다는 과거의 전통을 계승하는 듯한 개념 정의를 남겼다. 이 책의 제2장에서 잠깐 살펴본 것처럼 그는 '영혼'을 "자기의 힘을 자유로이 사용하는 인간의 생명 원리"로 정의했다.[16] 액면 그대로만 본다면, 이 정의는 사실 아리스토텔레

---

14 니콜라우스 쿠자누스, 『박학한 무지』, 260쪽.
15 고트프리트 빌헬름 라이프니츠, 『변신론: 신의 선, 인간의 자유, 악의 기원에 관하여』, 278쪽.

스의 개념 정의에 매우 가깝다. 어찌 보면 그것의 근대적 확장판이라고 해도 과언이 아닐 정도다. 그러나 곧바로 후술하겠지만, 칸트의 영혼 담론은 육체와 영혼의 관계 담론 부분에서 그렇게 단순 명료하지는 않다. 즉 칸트에게서 영혼은 육체를 지배하는 주체가 아니다. 반대로 육체는 영혼의 예속 상태에 있지도 않다. 그런 만큼 우리는 영혼이 육체보다 강하다고 말할 수도 없다. 이에 대해 그는 우리가 알 수 없다면서 한 발 빼는 모습을 보여준다. 근대 과학혁명의 세례를 받은 지식인다운 태도라고 할 수 있다. 더구나 칸트의 관심사는 영혼을 개념 정의하는 데 있지 않았다. 그보다는 오히려 인간에게 주체 또는 자아란 무엇이며, 그것이 영혼 또는 육체와 어떤 관계에 있으며, 그로부터 인간의 도덕성은 어떻게 형성되는가 등의 질문들에 놓여 있었다.

노발리스는 근대에 들어와 영혼을 그 누구보다도 압도적으로 많이, 그리고 다양하게 정의한 대표적인 지식인이다. 그는 영혼을 첫째, '원리', 둘째, '정신'(또는 '단자'), 셋째, '공기' 등 크게 세 가지 방향에서 정의한다. 먼저 노발리스는 영혼을 '개체의 원리'로 정의한다. "나의 육체는 하나의 작은 전체이고 하나의 특별한 영혼을 가지고 있다. 왜냐하면 나는 모든 것을 하나로 만드는 영혼을 개체의 원리라고 부르기 때문이다. 특정 지체(肢體)의 활력에 관해 말하자면, 나는 이러한 관점에서 내가 단지 나 자신을 통해서만 규정된다고, 간접적으로는 일반적인 활력을 통해서 규정된다고 느낀다."[17] 여기까지만 보면 노발리스가 영혼을 육체의 형상이라고 말한 아리스토텔레스의 전통을 이어받은 것처럼 보인다. 그러나 노발리스를 더 자세히 들여다보면 그렇지 않다는 사실이 곧 드러난다. 왜냐하면 그가 또 다른 곳에서 영혼을 체계의 원리라거나 정신 또는 세계의 원리로 규정하고 있기 때문이다. 다음 문장을 보자. "내게 심리학[영혼을 다루는 학문]과 생리학[육

---

16 임마누엘 칸트, 『윤리형이상학』, 464쪽.
17 Novalis, *Schriften*, vol. 2, p. 551 (= "Vorarbeiten zu verschiedenen Fragmentsammlungen", 118).

체를 다루는 학문]은 완전히 하나인 것처럼 보인다. 그리고 영혼은 다름 아닌 체계의 원리이자 실체로 보인다.— 영혼의 거처는 하늘일지 모른다. 생리학은 세계심리학일지도 모른다.— 그리고 자연과 영혼은 하나다.— 왜냐하면 자연은 전체의 정신, 즉 실체적 원리로 이해되기 때문이다."[18] 여기서 영혼은 시스템의 원리이자 실체, 곧 정신으로 정의된다. 또 이 글에서는 영혼이 곧바로 세계의 원리로 정의되고 있지는 않지만, 자연과 영혼이 하나로 동일하다는 전제 아래 자연이 전체의 정신이자 실체적 원리라면 영혼 또한 전체의 정신, 즉 세계의 정신이자 원리로 이해될 수 있음이 피력되어 있다.

노발리스는 영혼을 '화합된 정신'으로도 정의한다. 물론, 그가 영혼을 원리로 정의한 앞 문단의 인용문에서 일부 암시되고 있기는 하지만 구체적으로 영혼을 정신으로 규정한 다음 문장을 보자.

자극성과 민감성은 유사한 관계 속에 있다. 영혼과 육체로서—또는 정신과 인간 또는 세계로서 말이다. 세계는 거시적 인간(*Makroanthropos*)이다. 그것은 세계정신이다. 마치 세계영혼이 있는 것처럼 말이다. 영혼은 정신이 되어야 하고 육체는 세계가 되어야 한다. 세계는 아직 완결되지 않았다. 세계정신이 완결되지 않은 것처럼 말이다. 하나의 신으로부터 모든 신이 나온다. 하나의 세계로부터 우주가 나온다. 일반 물리에서 고등 물리가 나온다. 인간은 일반 산문이다. 그는 고등 산문—모든 것을 포괄하는 산문이다. 정신의 교육이 세계정신의 협력 교육,—즉 종교다. 정신은 그렇지만 영혼을 통해 교육받는다.— 왜냐하면 영혼은 다름 아닌 결합된, 억제된, 화합된 정신(gebundener, gehemmter, consonirter Geist)이기 때문이다. …… 따라서 영혼의 교육(Bildung der Seele)은 세계영혼의 협력 교육(Mitbildung der Weltseele)이다."[19]

---

18 Novalis, *Schriften*, vol. 3, p. 249 (= "Das Allgemeine Brouillon", 59) (강조: 노발리스).

여기서 인간은 세계의 전(前) 단계이자 미완의 존재로, 영혼은 정신의 전(前) 단계이자 미완의 존재로 묘사된다. 즉 인간이 확대되면 세계가 되고 영혼이 교육과 형성을 통해 완결되면 정신이 된다는 것이다. 특히 정신이 더 확대되면 세계정신이 된다. 따라서 독일어 'Bildung'을 나는 '교육'으로 번역했지만, 만들어진 것이라는 의미에서 '형성'으로 번역해도 무방해 보인다. 결국 영혼은 궁극적으로 완성된, 결합된, 공명된 정신이다. 유사한 용어로 노발리스는 심리학을 설명하는 자리에서 "영혼은 화합(공명)된 육체다"라고 정의하기도 한다.[20] 그것이 끝이 아니다. 노발리스는 또한 영혼을 '정신의 원시적 요소'로도 본다. "생명의 모든 시작은 반(反)역학적임이 틀림없다.— 폭력적인 돌파임이 — 역학에 거역하는 반대임이 틀림없다.— 절대적 질료—정신의 원시적 요소 = 영혼."[21] 영혼은 이처럼 절대 질료이자 정신의 최초의 모습이다. 정신, 세계정신, 정신의 요소로서의 영혼이 느껴진다. 세부적으로 따지고 들면 모두 다르겠지만, 전체적으로는 정신이 주를 이룬다는 점에서 유사한 것으로 간주된다. 노발리스가 영혼을 정신으로 본 또 다른 사례는 그가 영혼을 단자로 정의할 때 등장한다. "영혼은 단자들(die Monas)이다. 이 단자의 표현들이 곧 다양한 단자들이다. …… 생기(生氣, Animation)가 선행한다. — 정신은, 그것이 생기를 부여받는 한, 영혼이라 불린다. 생기를 통해 — 면과 선과 점이 가능하다."[22] 여기서 영혼은 '단자들'이라는 복수 명사로 정의된다. 그리고 여기서 "생기"란 구체적으로 '생명을 불어넣는 일' 또는 '생명이 불어 넣어진 것'을 뜻한다. 대륙의 다른 합리론 철학자들처럼 정신을 실체로 본 라이프니츠가 일찍이 『단자론』

---

19 Novalis, *Schriften*, vol. 3, pp. 316~17 (= "Das Allgemeine Brouillon", 407) (강조: 노발리스).

20 Novalis, *Schriften*, vol. 3, p. 369 (= "Das Allgemeine Brouillon", 591).

21 Novalis, *Schriften*, vol. 2, p. 575 (= "Vorarbeiten zu verschiedenen Fragmentsammlungen", 230).

22 Novalis, *Schriften*, vol. 2, p. 589 (= "Vorarbeiten zu verschiedenen Fragmentsammlungen", 245).

(*Monadologia*, 1720)에서 개별적이고 독립적이면서 상호 무관하게 존재하는 정신 하나하나를 단자라고 부른 이래, 이 이론의 가장 명확한 활용 사례가 놀랍게도 노발리스를 통해 확인되고 있음을 알 수 있다. 노발리스에 의해 정신으로서의 영혼이 단자들로 정의되고 있기 때문이다.

노발리스는 마지막으로 영혼을 공기로도 간주한다. "우리의 영혼은 공기(Luft)임이 틀림없다. 왜냐하면 우리의 영혼은 음악에 대해 알고 그것을 좋아하기 때문이다. 소리(Ton)는 공기의 실체다. — 공기 영혼."[23] 아마도 음의 파장을 통해 전달되는 아름다운 소리, 즉 음악이 우리의 심금을 울린다는 사실에 착안해 우리 영혼이 그 파장을 받아들이고 빨아들이는 공기임이 틀림없다고 말한 것처럼 보인다. 소리를 공기의 실체로 보고 공기를 영혼에 비유한 발상이 신기하다.

19세기에 포이어바흐는 영혼을 생명의 원리로 규정한다. 이전의 사상가들과 비교해 최근세에는 영혼을 바라보는 관점이 어떻게 진화해갔는지 확인해보자.

> 육체 안에서 영혼은 감각(Empfindung)이자 관념(Vorstellung)이다. 그러나 육체 밖에서 영혼은 단순한 영혼도 더 이상 영혼도 아니다. 이때 영혼은 자유이고 의식이자 이성이다. 감각으로서 영혼은 개체의 근거이자 근원이다. 느끼는 한에서 영혼은 개체다. 사람들이 영혼을 생명의 원리로 이해하는 한, 감각이 우리가 이른바 생명이라고 부르는 것을 구성하기 때문에, 그리고 감각이 없는 생명은 생명이 아니기 때문에, 영혼이 감각(Empfindung) 또는 느낌(Empfinden)이라고 말하는 것이 타당하다.[24]

노발리스까지는 아니지만 포이어바흐 역시 영혼을 상당히 다양하게 정

---

23 Novalis, *Schriften*, vol. 3, p. 430 (= "Das Allgemeine Brouillon", 826).
24 Ludwig Feuerbach, "Gedanken über Tod und Unsterblichkeit", in: Ludwig Feuerbach, *Sämtliche Werke*, vol. 1, p. 60 (강조: 포이어바흐).

의하고 있음을 알 수 있다. 영혼이 육체 안에서는 감각이고 육체 밖에서는 이성이라는 이야기인데, 이때 포이어바흐는 육체 밖에서의 영혼이 더 이상 영혼이 아니라고 말한다. 자유분방한 사람을 일컬어 흔히 '자유로운 영혼'이라는 표현을 쓰는데, 너무 제멋대로라서 한마디로 제정신이 아닌 영혼을 말하는 것은 아닐까? 몸을 떠나 가출한 이러한 영혼은 더 이상 영혼이 아니니까 말이다. 제대로 된 영혼은 몸안의 영혼이며, 그것은 포이어바흐에 의해 감각이자 감정으로 정의된다. 기존의 서구 지성사의 전통에 따라 영혼이 대체로 정신, 즉 지성이나 이성으로 정의되어 왔던 것에 비하면 거의 파격적이고 급진적인 패러다임의 전환이다. 영혼이 이성과 감정을 포괄하는 개념도 아니고, 이성의 반(反)개념인 감정으로만 정의되고 있으니 말이다. 영혼이 없으면 생명이 없는 것이 아니라 감각이 없으면 생명체가 아니라고 본 것이다. 역시 유물론자답다!

그것만이 아니다. 앞의 인용문에서 포이어바흐는 영혼을 생명의 원리, 달리 말하면 삶의 원리로 이해한다. 그러나 이 관점은 아리스토텔레스의 변주에 지나지 않는다. 아리스토텔레스도 영혼을 생명의 원리이자 육체의 형상 또는 현실태로 정의했음은 이미 앞서 보았다. 어떤 사물의 원리, 원인, 근원, 형상, 실체 등은 세부적으로는 그 의미가 모두 다르지만, 전체적으로 보면 그 사물의 본질을 지시하는 다른 용어들일 뿐이다. 즉 그것이 없으면 그 자체로 이해되지 않는 그 어떤 것 말이다.

개인주의와 자유주의가 널리 확산된 19세기 후반에 오면 영혼이 아예 '나' 자신으로 정의된다. 그 대표적 사례가 바로 톨스토이다.

> 인간은 오랜 세월을 살면서 많은 변화를 체험한다. 처음엔 아기가 되고, 다음엔 유소년이 되며, 이어 어른이 되고, 노인이 된다. 그러나 인간은 아무리 변화해도 언제나 자신을 '나'라고 한다. 이 '나'라는 주체는 인간에게 있어서 언제나 동일하다. 이 동일한 '나'는 유소년에게도, 어른에게도, 또한 노인에게도 존재한다. 이 일정 불변의 '나'라는 것이야말로 우리가 영혼이라 부르는 것이다.[25]

유년부터 노년까지 다양한 생애 주기를 겪으면서도 변하지 않는 주체성 또는 정체성이 바로 나의 영혼이라는 것이다. 그래서 톨스토이는 영혼을 신에 의해 창조된 나를 비추어 주는 "유리", 즉 "자기 인식"으로도 정의한다.

> 영혼은 유리이다. 신은 이 유리를 통과하는 빛이다. '나'가 살아 있다고 생각해서는 안 된다. 살아 있는 것은 '나'가 아니라 나의 내부에 깃든 영적 존재이다. '나'는 결국 이 영적 존재가 자기를 발견하는 문에 불과하다. 존재하는 것은 나와 내부의 영적 존재뿐이다. 만약 우리 둘이 존재하지 않는다면 이 세상에는 아무것도 존재하지 않으리라. 내가 신을 아는 것은 사람들한테서 들은 말을 믿는 때가 아니라, 내가 그를 나의 영혼을 인식하는 것처럼 인식하는 때이다. 나는 신에게 있어 제2의 자신이다. 신은 나의 내부에서 영원히 자기와 동일한 것을 발견한다. …… 사람들은 영혼을 구한다는 말을 한다. 그러나 구할 수 있는 것은 멸망할 가능성이 있는 것을 이르는 말이다. 영혼은 영원히 멸망하지 않는다. 왜냐하면 참으로 존재하는 것은 오직 영혼뿐이기 때문이다. 그러므로 영혼을 구할 필요는 없다. 다만 신이 보다 깊고 자유롭게 투영하도록 영혼을 혼탁하게 하거나 더럽히거나 부자연스럽게 비추거나 하는 것을 말끔히 씻어서 맑게 해야 한다. …… 이 자기 인식이야말로 우리가 영혼이라고 부르는 것이다.[26]

이처럼 영혼은 "나"이기도 하고 "유리"이기도 하며 "자기 인식"이기도 하다. 따라서 영혼은 곧 그 사람의 '본성'을 뜻한다. 내가 나임을 규정하는 것, 즉 나의 정체성과 본질이 나의 영혼이라는 뜻이다. 그동안 서구 지성사를 통해 영혼이 '이성'이나 '지성', '감성' 등으로 정의되어 왔다면, 톨스토이에게 와서는 '본성'으로까지 규정되고 있음을 알 수 있다.

한편, 정신과 의사이자 현대 심리학의 창시자 가운데 한 사람인 프로이

---

25 톨스토이, 「인생의 길」, 『인생이란 무엇인가 2: 사랑』, 111쪽.
26 톨스토이, 「인생의 길」, 『인생이란 무엇인가 2: 사랑』, 118~20쪽.

트는 작가였던 톨스토이와는 전혀 다른 통로로 영혼에 접근한다. 그에 따르면, 영혼은 죽음 뒤의 소멸을 방지하기 위해 망자 옆에서 만들어 낸 인간의 창조물이다.

사랑하면서도 미워하는 사람의 죽음에 대한 상반된 감정의 갈등이야말로 인간의 탐구심을 촉발시켰다. 심리학은 이 감정의 갈등에서 태어난 첫 자식이었다. 인간은 사랑하는 사람의 죽음에 대한 고통 속에서 죽음을 맛보았기 때문에, 이제 더 이상 죽음을 멀찌감치 떼어놓을 수가 없었다. 하지만 그래도 자기 자신의 죽음을 상상할 수는 없었기 때문에 죽음을 인정할 마음은 내키지 않았다. 그래서 그는 타협안을 생각해 냈다. 자신도 죽을 수 있다는 사실을 인정하되, 죽음에서 소멸의 의미를 배제한 것이다. 적의 죽음에 관한 한, 그가 소멸의 의미를 배제할 만한 동기는 전혀 없었다. 그가 영혼을 만들어 낸 것은 사랑하는 사람의 시신 옆에서였고, 사랑하는 사람의 죽음 앞에서 슬픔과 함께 만족감을 느낀 데 대한 죄책감은 새로 태어난 이 영혼을 무시무시한 악마로 바꾸어 놓았다. 죽음이 가져온 심리적 변화를 통해 그는 개인을 하나의 육신과 하나의 영혼 ─ 원래는 여러 개의 영혼 ─ 으로 나누는 것을 생각해 냈다. 이런 식으로 그의 사고 과정은 죽음과 함께 시작되는 해체 과정과 평행선을 그리며 진행되었다. 망자에 대한 끈질긴 추억은 다른 형태의 존재 ─ 영혼의 존재 ─ 를 상정하는 근거가 되었고, 사람은 표면상으로는 죽은 것처럼 보이지만 죽은 뒤에도 삶은 계속된다는 개념을 가져다주었다.[27]

프로이트가 바라본 영혼이란 죽은 사람 옆에서 그 망자가 영원히 기억될 수 있도록 인간이 만들어 낸 관념이나 상상의 산물이다. 즉 영혼이란 "망자에 대한 끈질긴 추억"의 창조물이다. 물론, 그러한 종류의 사물이나 개념이 어디 영혼뿐이겠는가! 장례, 무덤, 묘비, 제사, 애도, 추모 등 망자

---

27 지크문트 프로이트, 『문명 속의 불만』, 64쪽.

와 관련된 모든 관례와 의식이 바로 거기에 해당할 것이다. 어쨌든 영혼 개념은 여기서 마치 초자연적이고 초월적인 절대자를 상징하는 신의 개념과 마찬가지로 인간이 영원히 죽지 않고 살아남는다는 환상을 심어 주는, 일종의 죽음과의 투쟁에서 죽음을 극복하려는 여러 시도와 방안의 하나로 인식된다.

20세기 초 신지학의 영향을 받고 '영적 세계에 관한 과학적 탐구'로서 '인지학'(Anthroposophy)이라는 새로운 신비주의 종교 운동 또는 연구 분야를 창시한 오스트리아의 교육학자 루돌프 슈타이너(Rudolf Steiner)도 이와 연관해 언급할 가치가 있다. 그는 삶의 해방과 윤회, 환생 등의 아이디어를 이집트와 인도의 고대 종교 등에 기대어 얻고자 했던 신지학에 거리를 두고 감각, 의식, 영성 등의 인간적 요소, 즉 인간중심주의를 통해 영적인 외부 세계를 인식하려 노력했다. 그에 따르면, 인간이 '신체', '마음', '영혼'으로 구성된 만큼 그 각각에 상응하는 '인지학'(人智學, Anthroposophie), '심지학'(心智學, Psychosophie), '영지학'(靈智學, Pneumatosophie) 등의 탐구 분야가 있다며 설명해 나간다. 슈타이너가 생각한 "영(혼)"은 "기본적으로 초감각적이고 지각할 수 없는 것"이다. 그는 "인지학의 관점에서 …… 영적 세계에 대한 실제 사실이 특정 자기 수련, 명상, 집중 등을 통해, 특정한 자기 교육을 통해 획득되는 관찰법으로 인식"될 수 있다고 주장한다. "그러므로 영(적 세)계의 사실은 사람들에게 직접 주어지지 않"는다. "그것은 일상생활에서의 인식과는 다른 인식을 통해서만 얻을 수 있"다. "이 영적 세계는 사람에게 완전히 숨겨져 있는 것처럼 보이고, 그가 일반적인 인지 방식을 완전히 초월하여 다른 차원으로 상승한 후에야 인지할 수 있"다.[28] 결국 슈타이너가 생각한 영혼이란 인간의 밖에 존재하는 영적 세계임을 알 수 있고, 따라서 비록 그 결과 궤는 달리하지만 마치 플로티노스의 "세계영혼" 개념을 연상시킨다.

---

28 루돌프 슈타이너, 김광선 외 옮김, 『인간, 혼, 영에 관한 지혜: 감각과 영혼, 자연과 신의 만남』, 수신제, 2023, 226~27쪽.

사회과학을 오늘날의 형태로 완성한 베버도 영혼에 대한 개념 정의에 기꺼이 동참한다. 그는 영혼을 인간도 아니고 비인간도 아닌 그 둘 사이의 경계의 존재로 규정했다. "'영혼'은 먼저 인격적인 존재도 아니요, 비인격적인 존재도 아니다. 왜냐하면 영혼이 단지 죽음 이후에 더 이상 존재하지 않는 것과 자연주의적으로 동일시되거나, 아니면 호흡과 또는 영혼이 들어 있는 심장의 맥박과 그 흡수를 통해 적의 용기를 빼앗을 수 있을 그 어떤 것과 자연주의적으로 동일시되는 경우가 많기 때문만은 아니다. 그뿐만 아니라 무엇보다도 영혼은 종종 통일적이지 않기 때문이다. 즉 꿈속에서 사람을 떠나는 이 영혼은 심장이 목구멍에서 뛰고 숨이 헐떡이는 '황홀함'(Extase)에서 나와 위로 올라가는 영혼과는 다른 것이다."²⁹ 적어도 베버는 영혼의 종류를 두 개 이상으로 상정하고 있음을 알 수 있다. 프로이트의 영향 때문인지는 모르겠으나, 베버는 영혼을 꿈속에서 떠다니는 존재로 마치 인간의 무의식이나 잠재의식의 한 형태로 간주한다. 그래서 영혼은 그 위상이 인간과 비인간, 즉 인간과 귀신의 접경 지점에 놓인 주변적·경계적 존재다. 그러면서 베버는 이러한 꿈속의 영혼을 황홀경에 빠졌을 때 나타나는 영혼과도 구별한다. 마치 향정신성 의약품을 복용했을 때 나타나는 몽롱한 정신 상태를 영혼으로 규정한 것은 아닌가라는 착각이 들 정도다. 이때 영혼은 온전한 상태든 비정상적 상태든 간에, 정신(Geist)과 관련된다.

우나무노 역시 영혼을 개념 정의해 온 지식인들의 대열에 합류한다. 그러나 그는 실망스럽게도 영혼을 생명의 근원으로 정의함으로써 아리스토텔레스의 옛 전통을 답습하는 데 머문 듯한 모습을 보인다. "사람들은 말하기를 영혼은 생명의 근원이라고 한다. 하긴 그렇다. 역시 힘이나 에너지의 종류도 운동을 근원으로 해서 생겨난 것이다. 그러나 이것은 현상, 즉

---

29 Max Weber, "Wirtschaft und Gesellschaft. Religiöse Gemeinschaften", in: Max Weber, *Gesamtausgabe*, vol. 1/22,2, (ed.) Hans G. Kippenberg, Tübingen: J. C. B. Mohr, 2001, p. 127.

외면적 실재가 아닌 개념에 불과하다. 운동의 근원—또는 원리—은 움직이는 데 있다. 그러나 단지 외형적 실재만이 움직일 뿐이다. 그런데 생명의 근원은 산다는 데 있지 않을까?"[30] 우나무노에게서 그 이전 시대와 비교해 진화된 모습이 엿보인다면 그것은 영혼이 아니라 삶 그 자체가 생명의 근원임을 강조한 점이다. 우나무노의 영혼 개념에 대한 다른 방식의 정의들도 '생명의 근원'의 변주들이다. 다음 문장을 보자. "영혼은 의식 이상의 것이니, 다시 말해서 그것은 육체의 본질적 형태이며 육체의 모든 유기적 기능을 조정시키는 원동력인 것이다. 영혼은 자기 스스로는 사유하거나 원하거나 느끼는 것뿐만 아니라 육체를 움직이고 그의 육체의 생명에 관한 기능들을 만들어 내는 근원이다."[31] 여기서 우나무노는 '영혼'을 "의식 이상의 것", "육체의 모든 유기적 기능을 조정하는 원동력", "육체의 생명에 관한 기능들을 만들어 내는 근원"으로 정의한다. 매우 다채로워 보이지만, 사실 이들 정의는 영혼이 생명의 근원이라는 앞선 핵심 정의를 보완하거나 보충해 주는 역할만 수행할 뿐이다.

퀴블러-로스는 톨스토이와 마찬가지로 영혼을 객관적인 차원이 아니라 다시 주관적이고 주체적인 관점에서 바라본다. 그녀는 영혼을 죽음의 순간 육체로부터 분리되어 나온 "불멸의 자아"로 정의한다. "죽음의 순간, 우리는 일시적인 거주지였던 육체로부터 실재(real)하는 영원불멸의 자기 자신이 분리되는 것을 경험하게 된다. 우리는 이 불멸의 자아를 영혼 혹은 하나의 개체(entity)라 부르는데, 영혼이 몸을 떠날 때 당황함이나 공포, 불안은 전혀 없다. 이때 우리는 육체가 다시 온전해지는 경험을 하고, 사고나 죽음이 일어났던 상황 또한 완전히 알 수 있다."[32] 흔히 심령과학자들이나 주장할 법한 발언으로 오해하기 쉬운데, 사실 퀴블러-로스는 죽음을 경험한 수많은 환자들의 임상 기록을 통해 죽음 이후에도 삶이 이어진다는 확

---

30 미겔 데 우나무노, 『삶의 비극적 감정』, 161~62쪽.
31 미겔 데 우나무노, 『삶의 비극적 감정』, 164쪽.
32 엘리자베스 퀴블러-로스, 『사후생(死後生): 죽음 이후의 삶의 이야기』, 84~85쪽.

신을 갖고 있던 상당히 '비과학적인 과학자'였다. 물론, 사후생(死後生)을 믿으면 비과학적이고 믿지 않으면 과학적이라는 점을 주장하려는 것이 아닙니다. 아무리 임상 기록이라고는 하지만 환자들의 체험을 우리가 곧이곧대로 믿을 수 없다는 전제 아래, 그러한 증언을 100퍼센트 신뢰하면서 써 내려간 그녀의 글들이 왠지 100퍼센트 신뢰할 수 없다고 느껴지는 것이 문제다. 어쨌든 중요한 것은 그녀가 영혼을 '죽지 않는 또 다른 나'로 규정하고 있다는 점이다. 죽는 것은 나의 육체일 뿐, 영혼은 결코 죽지 않는다.

그래서 퀴블러-로스는 영혼을 '에테르체', 즉 '에테르적 몸'을 활용해 정의하기도 했다. 여기서 에테르체란 죽음 뒤에 원래 자신의 죽은 몸이 아닌, 영혼이나 의식이 경험하는 우리의 두 번째 몸을 말한다. "우리가 이 순간[죽음 직후]에 경험하는 두 번째 몸은, 물리적인 몸이 아니라 에테르체(ethereal body)라고 불리는 것이며 …… 잠깐만 존재하는 두 번째 몸인 에테르체에서 우리는 완전한 조화를 경험한다. 우리가 생전에 다리 절단 수술을 받았다면 이 에테르체의 상태에서 다시 다리를 갖게 되고, 생전에 듣지 못하거나 말하지 못하는 장애인이었다면 이때 다시 듣고 말하고 노래할 수 있게 된다. 휠체어에 앉아서 지내야만 했던 다경화증 환자도 이때 다시 노래하고 춤출 수 있게 된다."[33] 에테르체란 한마디로 죽은 뒤에 경험하는 우리의 몸이다. 다른 말로 하면, 에테르체란 영혼의 몸이라고 할 수 있다. 그러나 퀴블러-로스의 '에테르체'설도 비과학적이기는 마찬가지다. 왜냐하면 현대 물리학에서 에테르 가설은 더 이상 통용되지 않기 때문이다. 본래 "에테르는 무게가 없고 투명하고 마찰이 없으며, 화학적인 방법이나 물리적인 방법에 의해서는 탐지가 불가능하며 문자 그대로 모든 물질과 공간을 투과하여 존재한다고 생각되었다. 그러나 이 이론의 신뢰성은 빛의 본성과 물질의 구조가 더 잘 이해되기 시작하면서 점차 떨어졌다. 즉 1881년 마이컬슨-몰리 실험(Michelson-Morley Experiment)에 의해서 에테르 내를 움직이는 지구의 운동을 검출하려 했지만 이와 같은 효과가 없다

---

33 엘리자베스 퀴블러-로스, 『사후생(死後生): 죽음 이후의 삶의 이야기』, 86쪽.

는 것이 밝혀졌다. 1905년 아인슈타인에 의해서 특수 상대성이론이 정립되고" 널리 수용되면서 "빛과 같은 모든 전자기파의 속력이 보편 상수라는 아인슈타인의 가설에 입각하여 에테르 가설은 불필요하게 되었다".[34]

이처럼 서구 지식인들은 영혼을 다양하게 정의해 왔지만, 누구나 인정하거나 학계에 통설로 받아들이는 보편적 개념 정의는 아직 딱히 없다. 따라서 서구 지식인들이 생각한 영혼에 대한 좀 더 심층적인 이해는 그 주제에 대한 여타의 담론이 추가로 논의되어야 한다.

그렇다면 도대체 영혼이란 어디에서 온 것일까? 영혼 담론의 두 번째 주제는 그 기원에 대한 것이다. 앞서 프로이트는 영혼에 대해 죽음의 소멸성을 극복하고 망자에 대한 추억을 이어가기 위해 인간이 머릿속에서 만든 개념이라고 했는데, 서구 지성사에서 이 주제로 자기주장을 펼친 사상가 한 명을 더 들자면 라이프니츠다. 그는 '영혼의 기원'에 대해 선재(先在), 전달, 창조 등 세 가지 설이 있다고 말한다.

> 영혼 자체의 기원에 관한 세 가지 견해 ……. 영혼들이 다른 세계나 다른 삶에서 죄를 짓고, 그 때문에 육체의 감옥에 갇히게 되었다는 영혼들의 **선재(先在)**에 대한 견해가 있는데, 이는 플라톤주의자들의 것으로서 오리게네스의 견해로 간주되었으며, 오늘날에도 아직 추종자들이 있다. …… 두 번째 견해는 **전달**에 대한 견해다. 이는 아이들의 영혼이 그들의 육체를 낳은 이들의 영혼이나 영혼들에서 (전달을 통해) 생겨난다는 견해다. 성 아우구스티누스는 원죄를 더 잘 설명하기 위해 이 견해를 따랐다. 이 학설은 아우크스부르크 종파 대부분의 신학자들이 가르친 것이기도 하다. …… 세 번째 견해는 오늘날 가장 많이 수용되고 있는 것으로 **창조**의 견해다. 이 견해는 대부분의 기독교학파에서 가르치고 있으나 원죄와 관련해서는 가장 많은 난점에 직면한다.[35]

---

34 「에테르」, 『다음백과』, https://100.daum.net/encyclopedia/view/b15a2349a (검색일: 2022년 12월 3일).

첫 번째 기원설은 영혼이 다른 세계에서 살다가 죄를 짓고 인간의 몸이라는 감옥 안에 갇히게 되었다는 것을 골자로 한다. 이 이론은 플라톤과 플라톤주의자들로부터 출발한다. 두 번째는 영혼이 부모로부터 아이들에게도 전해진다는 전달설인데, 아우구스티누스가 이렇게 주장했다고 한다. 똑같은 것은 아니지만 약간 윤회설 비슷한 뉘앙스를 풍긴다. 마지막으로 세 번째는 당대 사람들이 일반적으로 가장 많이 받아들였던 창조설인데, 이에 대해서는 라이프니츠도 더 자세히 설명하지 않아 여기서 더 이상의 논의는 불가능하다. 아마도 영혼이 그때마다 고유의 것으로서 개인마다 새로 만들어진다는 가설인 듯하다. 라이프니츠는 여기에 하나를 더 추가한다. 그것은 형상의 기원에 관한 철학적 논쟁으로서 이른바 아리스토텔레스의 제5원소설이다. 즉 원자론자를 비롯한 그리스 철학자들이 만물을 구성하는 근원으로 물, 불, 공기, 흙이라는 4원소설을 주장했다면, 아리스토텔레스는 거기에다 영혼을 다섯 번째 원소로 추가했다는 것으로 이는 앞서 키케로의 영혼 개념을 다룰 때 언급했다. 여기서 영혼은 운동과 변화의 내적 원리로서 '형상', 궁극적으로는 '현실태'(완성태, entéléchie)로 명명된다.[36] 그러나 이러한 일련의 주장은 사실 공허해 보인다. 왜냐하면 영혼이 어디에서 유래했다고 보든 간에, 영혼 개념 자체가 가설적이고 형이상학적 성격이 강하다면 결국 그 기원에 대한 논쟁은 큰 의미가 없기 때문이다.

영혼 담론의 세 번째 주제는 영혼의 존재 여부에 관한 것이다. 이것은 크게 영혼이 존재한다와 존재하지 않는다라는 견해로 나뉜다. 영혼이 실제로 존재한다고 본 경우에, 이것은 다시 영혼이 생명체에만 있다는 의견과 무생물에도 있다는 의견으로 갈린다. 그 주인이 살아 있을 때는 있다가 죽음과 더불어 사라진다는 영혼필멸설과 죽음 이후에도 영혼이 죽지 않고 계속 삶을 이어간다는 영혼불멸설이 있다. 그 밖에 영혼이 죽는다고 본

---

35 고트프리트 빌헬름 라이프니츠, 『변신론: 신의 선, 인간의 자유, 악의 기원에 관하여』, 221쪽 (강조: 라이프니츠).
36 고트프리트 빌헬름 라이프니츠, 『변신론: 신의 선, 인간의 자유, 악의 기원에 관하여』, 222쪽.

사례와 결코 파괴될 수 없다고 본 사례 및 영혼의 탄생과 죽음에 관한 견해들이 있다.

먼저 영혼의 존재 여부부터 살펴보자. 영혼이 존재한다고 본 대표적인 철학자는 소크라테스다. 그는 영혼이 우리가 태어나기 전에 이미 있었다고 말한다.

> 그러자 그분께서 말씀하셨어요. "그렇다면 심미아스, 우리의 처지는 다음과 같은가? 만약 우리가 늘 되풀이해서 말하는 것들, 즉 아름다운 것, 선한 것 등등이 모두 실재한다면 그리고 우리가 태어나기 전에 이미 있었고, 우리가 지금 가지고 있음을 방금 우리가 발견한 이것들에 우리의 감각을 연관짓고 비교하는 것이라면, 우리 혼도 우리가 태어나기 전에 존재한다고밖에 볼 수 없네. 그리고 그런 실재들이 존재하지 않는다면 우리 논의는 무의미해지겠지? 그러니까 실재들이 필연적으로 존재하듯 우리 혼도 태어나기 전에 필연적으로 존재하며, 전자가 없으면 후자도 없는 것 아닌가?"[37]

소크라테스는 만일 진선미 등의 주요 가치가 우리가 태어나기 이전에 이미 실재하고 있었다면, 영혼 역시 우리가 태어나기 전에 이미 존재했을 것으로 추정한다. 여기서 혼, 곧 영혼은 물질적 상태인 육체적 실존과 별개로 존재하는 일종의 영(靈) 또는 정신 같은 것으로 이해된다. 플라톤의 이데아론이 소크라테스로부터 유래했다는 점을 알 수 있게 해 주는 간접 증거가 아닐 수 없다.

소크라테스 이래 대부분의 서구 지식인들은 인간의 영혼이 실재한다고 믿었다. 영혼을 주제로 담론을 펼치고 있다는 사실 자체가 이미 영혼의 존재를 가정하기에 가능한 일이다. 따라서 어쩌면 영혼이 존재한다고 믿었던 지식인을 찾기보다는 믿지 않았던 사람들을 찾는 것이 훨씬 더 효과적일 수 있다. 그러나 조사 결과, 불행인지 다행인지 영혼의 존재를 원천적으로

---

37 플라톤, 『소크라테스의 변론/크리톤/파이돈/향연』, 159쪽 (= *Phaidon*, 76d-76e).

부정한 서구 지식인은 찾지 못했다. 다만 육체의 죽음과 더불어 영혼도 죽는다고 생각한 지식인들은 심심찮게 눈에 띈다. 그들은 대체로 종교적 사상가들이라기보다는 기독교와 무관한 고대와 근현대의 철학자들이다. 가령, 로마 공화정 말기의 에피쿠로스주의자였던 루크레티우스와 중세 초기의 철학자 보에티우스가 그 범주에 들어간다. 먼저 루크레티우스는 죽음이 어떻게 육체와 영혼의 동시 파괴이자 소멸인지를 다음과 같이 설명한다. "그러므로 육체가 소멸되면, 영혼도 전체 육체 속에서 부서져 소멸된다는 것을 인정해야만 한다. 진정 확실히, 필멸의 것을 영원한 것과 결합하고, 이들이 함께 공동의 감각을 가지며 서로에게 작용할 수 있다고 생각하는 것은 어리석은 일이다. 왜냐하면 필멸의 것이 불멸적이고 영속적인 것과 결합하여 연합체로서 모진 폭풍을 견디는 일보다 더 다른 게 무엇이며, 무엇이 서로 간에 더 분열되고 더 상충한다고 생각해야겠는가?"[38] 루크레티우스의 요지는 다음과 같다. 필멸의 존재인 인간의 육신이 불멸의 존재로 상정된 영혼과 결합해 하나의 연합체로 거듭나면서 서로에게 영향을 끼친다거나 어떤 역경도 이겨내면서 살아간다고 가정하는 것 자체가 어리석다는 것이다. 그가 보기에 육체의 죽음과 더불어 영혼도 죽기 때문에 그러한 논리는 분열이자 상충이고 모순이자 어불성설이다. 요컨대, 루크레티우스는 어떻게 죽은 것이 살아 있는 것과 결합해 계속 상호 작용할 수 있느냐고 반문한 것이다.

사실, 루크레티우스 이전에 그가 떠받들었던 스승 에피쿠로스야말로 어쩌면 '영혼필멸설'을 주장한 서구 최초의 지식인일 것이다. 데모크리토스의 원자론에 절대적 영향을 받은 에피쿠로스는 원자론을 물질세계가 아니라 인간 세계, 즉 도덕과 윤리 분야에 도입해 자신의 독창적인 사상을 발전시켜 나갔다. 그는 인간의 영혼이 원자처럼 물질로 구성되어 있으며, 인간의 죽음과 더불어 그 영혼이 소멸한다고 본 사상가로 알려져 있다. 그러나 불행히도 나는 에피쿠로스가 저술했다고 알려진 300편이 넘는 저작들 가

---

38 루크레티우스, 『사물의 본성에 관하여』, 246쪽.

운데 현존하는 극소수의 자료들 속에서 그 증거를 찾는 데 실패했다. 다만 앞 문단에서처럼 그의 충실한 제자였던 루크레티우스에게서 그 간접 증거를 확인하는 데 만족할 뿐이다.

보에티우스 역시 죽음을 육체와 영혼의 동시 소멸로 정의했다. "우리가 자기 덕으로 영광을 얻었다는 위인들을 한번 따져볼 때 그들도 마침내 죽음으로써 육신이 죽고 난 후 그 명성이 실제로 무엇을 남겨 주는가 한 번 네게 물어보자. 우리가 논증으로는 이렇게 말할 수 없지만, 인간의 영혼과 육신 전부가 함께 죽어 없어진다고 가정한다면 명예란 것도 전연 허무한 것이리라. 왜냐하면 명예가 소속할 주인의 존재가 없어졌기 때문이다."[39] 죽음은 인간의 육체만이 아니라 영혼도 소멸시키기에 명성이나 명예란 것도 결국 그 소유자의 죽음과 더불어 사라진다. 명예도 권력도 사람이 죽고 나면 모두 쓸모없다는 인생무상에 대한 통찰이 영혼의 필멸 담론을 도출한 경우라고 할 수 있다.

방향이 약간 다르지만 마르쿠스 아우렐리우스도 영혼을 육체와 다를 바 없는 하나의 물질적 현상에 지나지 않는 것으로 보면서 영혼의 필멸성을 암시한다.

'나'는 무엇인가? 그것은 다만 보잘것없는 살덩어리와 한줄기 호흡, 그리고 이것들을 지배하는 이성, 그것이 나의 정체이다. 지금 읽고 있는 책은 던져 버려라. 더 이상 자신을 속이지 말라. 책은 당신을 구성하는 일부분이 될 수 없다. 죽음을 눈앞에 둔 사람처럼 당신의 육체를 무시하라. 육체를 이루는 피와 뼈와 신경 조직과 혈관을 잊어버려라. 호흡이란 한 가닥 공기에 불과하다. 항상 같은 공기가 아니라 매 순간 새로 들이마시고 토해 내는 공기일 뿐이다. 인간을 지배하는 것은 이성이다. 이 점을 상기하라! 사리사욕에 이끌려 이성을 노예로 만들지 말라. 꼭두각시처럼 반사회적인 행동에 자신을 옭아매고 조종당해서는 안 된다. 또한 오늘을 불평하고 내일을 한탄함

---

39 보에티우스, 『철학의 위안』, 80쪽 (= *De Consolatione Philosophiae*, II, 산문 7).

으로써 스스로를 운명의 노예로 전락시키지 말라.[40]

물론, 여기에 영혼이란 단어는 단 한 번도 나오지 않는다. 그러나 앞서 그리스어 'psyche'가 원래 '숨', '호흡'을 뜻하는 단어라고 지적했는데, 이에 해당하는 라틴어가 바로 'anima'이다. 이 단어 역시 원래는 '공기', '바람', '숨결', '호흡', '생명' 등을 의미하다가 나중에 '영혼'이라는 뜻으로 바뀌어 쓰이게 된 말이다. 육체는 죽으면 썩어 없어질 한낱 살덩이에 불과하고 호흡, 즉 영혼은 죽으면 마치 바람처럼 허공에 흩어져 사라질 공기에 지나지 않는다. 따라서 마르쿠스 아우렐리우스는 육체나 영혼 같은 필멸의 존재에 연연하지 말고 진정한 자신의 정체성인 이성을 갈고닦는 데 힘쓰라고 조언한다. 그의 생각을 더 들어 보자. "무한한 시간 속에 한 인간이 차지하는 인생이란 순간에 불과하며, 그의 존재는 끊임없이 윤회한다. 또한 그의 깨달음은 우둔하고 혼탁하며, 그의 육체는 이내 썩어 없어질 운명을 지니고 있다. 운명은 전혀 예측할 수 없고, 영혼은 한줄기 회오리바람과 같다. 다시 말해 육체에 속한 모든 것은 굽이치는 물결이고, 영혼에 해당하는 것은 꿈과 환상과 신기루에 지나지 않는다."[41] 부가 설명이나 해석이 필요 없는 명쾌한 문장이다. 육체는 말할 것도 없고 영혼 또한 이내 사라질 신기루에 지나지 않는다. 그러니 이성을 연마하고 거기에 의존하면서 살라는 이야기다. 왜냐하면 "인간의 육체는 감각을 위해 존재하고, 영혼은 행동의 욕망을 위해 존재하며, 이성은 모든 기능과 원칙을 위해 존재"하기 때문이다.[42]

그러나 마르쿠스 아우렐리우스가 이처럼 영혼을 죽음과 더불어 사라질 존재로 보았다고 해서 하찮고 열등한 것으로만 간주했던 것은 아니다. 아니, 오히려 대부분의 다른 고대 철학자들처럼 영혼을 신성한 것 또는 신적인 것으로 보았다. 이에 대해서는 영혼의 성질과 특징을 논할 때 다시 거

---

40 마르쿠스 아우렐리우스, 『명상록』, 25~26쪽.
41 마르쿠스 아우렐리우스, 『명상록』, 36쪽.
42 마르쿠스 아우렐리우스, 『명상록』, 51쪽.

론할 것이다. 그렇다면 근현대 들어 영혼이 육체와 함께 소멸한다고 본 사상가는 누구일까? 가장 먼저 눈에 띄는 지식인은 르네상스 시기, 즉 플라톤 철학이 판을 치던 15~16세기에 활동했던 이탈리아의 대표적인 아리스토텔레스주의 철학자 피에트로 폼포나치(Pietro Pomponazzi)다. 그는 주저 『영혼의 불멸성에 대하여』(De immortalitate animae, 1516)에서 이 문제를 심도 있게 성찰한다. 궁극적으로는 영혼이 사멸한다고 본 폼포나치의 입장은 한마디로 요약될 만큼 그렇게 단순하지 않다. 그는 영혼이 불멸한다고 본 플라톤, 영혼이 물질적이고 필멸한다고 역설한 2세기의 아리스토텔레스주의 철학자 아프로디시아스의 알렉산드로스(Alexander of Aphrodisias), 영혼이 비물질적이고 불멸한다고 생각한 토마스 아퀴나스, 모든 인간이 하나의 불멸하는 공통된 영혼을 갖는다고 주장한 아베로에스(Averroes) 등을 모두 비판한다. 폼포나치는 인간의 본성이 이중적 또는 다원적이라고 추론하면서 논의를 시작한다. 그에 따르면, 인간은 육체의 물질성에 비추어 보면 시간의 제약을 받아 유한하지만, 흔히 주장되는 것처럼 영혼의 불멸성 측면에서 보면 시간과 무관하게 영원하기도 한, 즉 한마디로 '필멸성'과 '불멸성', '유한성'과 '영원성' 사이의 "중간적 위치"(Mittelstellung)의 존재다.[43] 그렇다면 영혼은 과연 플라톤이나 토마스 아퀴나스 또는 아베로에스가 생각했던 것처럼 불멸할까? 수많은 논증을 거친 이후, 폼포나치는 영혼의 불멸성이란 자연적 이성 또는 아리스토텔레스 철학에 따르면 입증될 수 없고, 다만 개별 교의에 근거한 신앙의 차원에서만 수용될 수 있을 뿐이라고 결론을 내린다. "영혼의 불멸성 문제는 세계의 영원성 문제만큼이나 간단히 결정될 수 없는 문제다. 왜냐하면 나는 영혼의 불멸성을 확신하는 많은 학자가 밝히는 것처럼 영혼이 불멸한다는 것을 강력하게 암시하는 그 어떠한 자연적 논증도 제시될 수 없으며, 마찬가지로 영혼이 필멸한다는 것

---

43 Pietro Pomponazzi, *Abhandlung über die Unsterblichkeit der Seele*, Lateinisch-Deutsch, (trans. & ed.) Burkhard Mojsisch, Hamburg: Felix Meiner, 1990, pp. 7~9.

을 증명하는 논증은 더더욱 제시될 수 없다고 생각하기 때문이다."[44] 양비론(兩非論)처럼 보이지만 기독교가 사람들의 모든 삶을 지배하고 압도하던 시대에 이 주제로 그나마 이렇게 주장했다는 것은 저자가 영혼의 불멸성을 명시적으로 거부했고 오히려 영혼의 사멸성 담론의 길을 활짝 열어젖힌 것으로 보인다. 왜냐하면 폼포나치의 이 작품은 발표 직후 비록 공식적으로 단죄되지는 않았지만, 베네치아에서는 책이 불태워지고 저자 자신은 살해 협박에 시달렸을 정도였으니 말이다.

근대 초에 폼포나치가 열어젖힌 영혼의 필멸성 담론을 이어받은 근대의 대표적 지식인은 영국의 경험철학자 흄이다. 그는 앞서 '자살'을 주제로 논의했을 때와 마찬가지로 그 이전이나 당대 심지어 그 이후의 기독교 문명권의 지식인들과는 아주 다른 입장에서 '영혼'을 바라보았다. 그는 에세이 「영혼불멸에 대하여」에서 인간의 영혼이 다른 동물들의 그것과 마찬가지로 반드시 소멸할 것이라고 주장한다. "이 세상의 어떤 것도 영원하지 않다. 겉으로는 확고하게 보이지만 모든 것은 지속적인 유전과 변화를 겪는다. 세계 자체도 연약함과 해체의 증상을 보인다. 그러므로 가장 연약하여 가장 쉽게 해체될 수 있는 하나의 형태[영혼]가 불멸하고 해소 불가능하다고 상상하는 것은 우리들의 유비론과 얼마나 반대되는가? 그것은 도대체 무슨 이론인가? 얼마나 성급할 뿐만 아니라 가볍게 받아들인 이론인가?"[45]

그러나 쉽게 예상할 수 있듯이 '영혼필멸설'을 흄처럼 명시적으로 주장한 근대 지식인은 더 이상 발견되지 않는다. 현대에 들어와서도 사정은 마찬가지다. 영혼이 필멸한다고 암시한 현대 지식인의 사례로는 셸러를 들 수 있다. 그는 영혼이 육체와 더불어 소멸한다고 말하지는 않았지만, 육체와 영혼이 통합되어 있다고 주장함으로써 죽음을 통한 육체의 소멸이 영

---

44 Pomponazzi, *Abhandlung über die Unsterblichkeit der Seele*, p. 229.
45 David Hume, "On the Immortality of the Soul", in: David Hume, *Essays on Suicide and the Immortality of the Soul*, 1777; 데이비드 흄, 황필호 편역, 『데이비드 흄의 철학』, 철학과현실사, 2003, 130~40쪽, 인용은 138쪽.

혼의 소멸까지 이어질 수 있음을 암시했다.

데카르트가 가정한, 장소적으로 지정되어 있는 영혼 실체(즉 송과선(松果腺, Zirbeldrüse))가 존재하지 않는다는 것은, 두뇌에 있어서나 그 밖에 인간 신체의 그 어떤 곳에 있어서도 거기에서 모든 감각 신경 섬유가 합류하고 모든 신경 과정이 서로 함께 만나는 그러한 중심 위치가 도무지 존재하지 않는다는 것을 근거로 보더라도 자명한 것이다. 심적인 것이 '의식' 안에서만 존재하고 오로지 대뇌 피질에만 결부되어 있다는 데카르트의 학설도 근본적으로 틀린 것이다. …… 오늘날 또다시 영혼의 발생생리학적인 병행의 장(場)이 된 것은 결코 단순한 뇌수가 아니라 신체 전체임이 입증되었다. 데카르트가 가정한 것과 같은, 영혼 실체와 신체적 실체의 그러한 방식의 외면적 결합이란 이제는 더 이상 진지한 논의의 대상이 될 수 없다. 오늘날 신체와 영혼(몸과 마음)의 문제를 다루고 있는 철학자, 의학자, 자연 연구자들은 점점 더욱 하나의 근본적인 견해로 일치되어 가고 있다. 다시 말해서 동일한 생명이 그것의 내면적 존재에서는 심적인 형태 형성으로, 그리고 타자에 대한 존재에서는 신체적 형태 형성으로 나타난다는 것이다. 이러한 통일성에 반대해서 '자아'는 '단순'하고 하나이지만, 신체는 복잡한 '세포의 왕국'이라는 반론을 내세울 수는 없을 것이다. 왜냐하면 현대의 생리학은 세포의 왕국이라는 상상을 완전히 무너뜨려 버렸기 때문이다. …… 이러한 모든 이론에 아주 반대해서 우리는 다음과 같이 말할 수 있을 것이다. 예컨대 생리적인 생명 과정과 심적인 생명 과정은 (칸트가 이미 추측했던 것처럼) 존재론적으로 엄밀하게 동일한 것이다. 생리적인 생명 과정과 심적인 생명 과정은 단지 현상적으로만 상이할 뿐이다. ― 그러나 그들은 그 경과의 구조 법칙과 리듬에 있어서는 현상적으로도 엄밀하게 동일한 것이다. 심리적인 과정이든 생리적인 과정이든 마찬가지로 그 두 과정들은 비기계적인 것이다. 그들은 둘 다 목적 지향적이며 전체성을 겨냥하여 조정되어 있다. …… 그러므로 우리가 '생리학적'이라든가 '심리학적'이라고 부르는 것은 하나의 그리고 동일한 생명 과정의 두 측면에 불과하다.[46]

이 글에 따르면, 결국 셸러는 데카르트의 사유와 연장을 기초로 한 신체와 정신의 이원론을 거부하고 근본적으로 신체와 정신, 육체와 영혼이 하나의 단일하고 동일한 생명 과정의 양 측면에 불과하다는 일원론을 제시한다. 죽음이 육체를 소멸시키면 그에 따라 당연히 영혼도 함께 소멸한다.

핑크 또한 육체와 영혼의 결합 가능성과 육체의 소멸에 따른 영혼의 소멸 가능성을 제기한 현대 지식인이다. 『형이상학과 죽음』에서 핑크는 다음과 같이 주장한다. "인간은 '불멸성'의 꿈을 꾸고, 생물의 종말을 '육체와 영혼의 분리'라고 해석한다. 그러나 이러한 '분리'가 현상학적으로 입증 가능한 사건으로 설정되지는 않는다."[47] 체험 불가능한 죽음이 그러하듯이, 우리가 경험할 수 없는 형이상학적 존재로서 영혼 또한 현상학적으로 증명될 수도 없고 증명되지도 않는다. 따라서 사람들은 죽음 뒤의 삶을 꿈꾸면서 영혼이 죽음과 더불어 육체와 분리되어 영생한다고 믿고 싶어 하지만, 사실 우리는 그 진실을 전혀 알 수 없다. 왜냐하면 육체와 영혼의 분리는 결코 학문적으로 입증될 수도, 입증되지도 않기 때문이다. 그것은 단지 인간의 희망 사항에 불과하다. 물론, 그렇다고 해서 핑크가 셸러처럼 육체와 영혼이 결합되어 있다고 주장한 것은 아니다. 다만 그 둘이 결합되어 생사고락을 함께할 가능성이 크다는 여지만 열어두고 있을 뿐이다.

앞에서 거론한 몇몇 인물을 제외하면 나머지 대부분의 지식인은 그동안 영혼불멸설을 주장했거나 최소한 영혼이 육체의 죽음과 더불어 소멸하는 것은 아니라는 입장을 견지해 왔다고 할 수 있다. 이들을 모두 거론하는 것은 무의미할 뿐만 아니라 시간 및 지면 낭비일 것이다. 따라서 몇몇 특이한 사례만 잠깐 소개하고 넘어가자. 최초의 사례는 피타고라스다. 그는 서구 지성사에서 거의 최초로 영혼불멸설과 윤회설을 묶어 주장한 인물이다. 즉 그는 영혼이 죽지 않고 다른 종류의 동물들로 옮아간다고 보았다.

---

46 Max Scheler, *Die Stellung des Menschen im Kosmos*, Darmstadt: O. Reichl, 1928; 막스 셸러, 진교훈 옮김, 『우주에서 인간의 지위』, 아카넷, 2001, 120~23쪽 (강조: 셸러).

47 Eugen Fink, *Metaphysik und Tod*, p. 25.

피타고라스[가] 자신의 제자들에게 무슨 밀들을 했는지는 어느 누구도 확실하게 말할 수 없다. 왜냐하면 그들에게는 예사롭지 않은 묵언[의 규칙]이 있었기 때문이다. 그렇지만 특히 다음과 같은 것들은 모든 이에게 잘 알려져 있었다. 그는 말하기를, 우선 혼은 죽지 않는다고, 그다음으로 그것은 다른 종류의 동물들로 옮겨간다고, 그다음으로 그것은 [또] 다른 종류의 동물들로 옮겨간다고, 게다가 일어났던 일들은 어떤 주기에 따라 언젠가 다시 일어나며, 어떤 것도 절대적으로 새로운 것은 아니라고, 그리고 혼을 지니고 태어나는 모든 것을 동족으로 생각해야 한다고 했다. 실로 피타고라스가 이런 교의(dogma)들을 처음으로 헬라스에 전해 준 것으로 보인다.[48]

피타고라스의 영혼 윤회설과 관련해서는 다음과 같은 유명한 일화가 전해진다. "그[피타고라스]가 다른 때에는 다른 존재였었다는 것에 대해 크세노파네스는 다음과 같이 시작되는 비가에서 증언하고 있다. '이제 다시 나는 다른 이야기로 나아가 길을 보여 줄 것이다.' 그[크세노파네스]가 그[피타고라스]에 대해 말한 것은 이와 같다. '언젠가 그는, 개가 심하게 맞고 있을 때, 그 곁을 지나가다가 불쌍히 여겨 이런 말을 했다고 한다. 매질하지 마라. [나의] 친구인 사람의 혼이니까. [그 개가] 짖는 소리를 들었을 때 나는 그 혼을 알아보았다'라고 말이다."[49] 피타고라스가 길을 가다가 어떤 개 주인이 자기 개를 때릴 때 짖는 소리에서 예전에 죽은 자기 친구의 영혼의 울음소리를 들었다는 이야기다. 피타고라스가 실제로 들었는지, 아니면 영혼의 불멸과 윤회의 믿음 속에 모든 생명의 소중함을 알고서 그랬는지는 알 수 없다. 그러나 그 사실 여부보다 중요한 점은 피타고라스가 기독교의 도입과 확산 훨씬 이전에 영혼이 불멸한다고 믿었다는 사실이다.

---

48 Pythagoras' Fragments(인용 출처: 포르퓌리오스, 『피타고라스의 생애』, 19. 재인용 출처: 탈레스 외, 『소크라테스 이전 철학자들의 단편 선집』, 177쪽).
49 Pythagoras' Fragments(인용 출처: 디오게네스 라에르티오스, 『유명한 철학자들의 생애와 사상』 VIII, 36. 재인용 출처: 탈레스 외, 『소크라테스 이전 철학자들의 단편 선집』, 178~79쪽 (강조: 디오게네스 라에르티오스)).

그러나 서구 지성사에서 영혼불멸설을 대표하는 최초의 주요 인물은 역시 소크라테스다. 그는 우리가 살아 있는 동안 영혼을 보살펴야 함을 역설했는데, 그 이유는 죽음이 모든 것으로부터의 도피가 아니고 영혼 또한 영원히 죽지 않고 살아 있기에 최대한 선량하고 지혜로운 삶을 살아야 하며, 그것만이 영혼이 구원받는 길이라고 생각했기 때문이다.

> 그분께서 말씀하셨어요. "하지만 여보게들, 만약 혼이 죽지 않는다면 우리가 삶이라고 부르는 이 시간뿐 아니라 모든 시간을 위해 혼을 보살펴야 하며, 만약 혼을 소홀히 하는 사람이 있다면, 그는 무서운 위험에 빠지리라는 점을 명심해야 하네. 만약 죽음이 모든 것으로부터의 도피라면 죽음은 악인들에게는 횡재겠지. 그들은 죽음으로써 혼과 함께 몸과 자신들의 악행에서도 해방될 테니까. 그러나 혼이 죽지 않는 것으로 드러난 지금, 혼이 악행에서 도피하거나 구원받을 길은 달리 아무것도 없네. 최대한 선량해지고 지혜로워지는 것 말고는. 혼은 저승에 갈 때 교육과 훈련 외에는 아무것도 가져가지 못하는데, 교육과 훈련이야말로 저승으로 떠나는 여행을 시작할 때부터 죽은 사람을 가장 이롭게 하거나 가장 해롭게 하는 것이라고 하니 말일세."[50]

우리가 살아 있는 동안 영혼을 보살펴야 하는 이유는 영혼이 죽지 않기 때문이다. 죽음은 모든 고뇌나 고통으로부터의 해방이 아니다. 인간의 죽음 뒤에도 영혼은 계속 살아남아 이승에서의 삶을 심판받고 처벌받을 테니까 말이다. 즉 영혼이 악행에서 도피하거나 구원받을 길은 없다. 따라서 이승에서 살 때 착하고 현명하게 살아가지 않는다면 죽음 뒤에 영혼은 구원받을 수 없게 된다. 현생에서 올바로 살아야 할 여러 이유 가운데 하나에 불과한 것처럼 보이지만, 사실은 이것이야말로 소크라테스가 사람들에게 가르침과 깨우침을 주고자 했던 핵심 지점이다.

---

50 플라톤, 『소크라테스의 변론/크리톤/파이돈/향연』, 231쪽 (= *Phaidon*, 107c-107d).

키케로 역시 영혼이 불멸한다고 보았는데, 그 이유는 소크라테스처럼 현명한 삶을 살도록 충고해 주기 위해서가 아니라 영혼이 신의 영역에 속한 것이라고 보았기 때문이다. 주지하듯이, 고대 그리스인들이나 로마인들의 입장에서 서로 매우 유사한 존재로서의 신과 인간 사이에 거의 유일한 차이가 있다면, 그것은 신은 불멸하지만 인간은 필멸한다는 점이었다. 육체로서의 인간은 죽음과 더불어 소멸하지만 신적 범주에 속하는 영혼으로서의 인간은 소멸하지 않는다. 키케로의 주장을 직접 들어 보자. "우리가 신들이 존재한다고 본성적으로 알고, 신들이 어떤 존재인지를 이성적으로 추론하는 것처럼, 우리는 만인의 동의에 기대어 영혼이 계속 존재한다고 생각하므로 영혼이 어디에 어떻게 존재하는지는 이성적으로 따져보아야 할 겁니다."[51] 이 문장이 속해 있는 글 묶음의 제목은 "영혼은 신들의 영역에서 영원한 삶을 누린다"이다. 결국 키케로는 영혼이 하늘에서 신들과 함께 불멸한다고 보았다.

기독교 세계로 오면 아우구스티누스보다도 중세 전성기의 토마스 아퀴나스에게서 영혼의 불멸에 대한 언급이 구체적으로 나타난다. 그는 "인간 영혼은 전적으로 불가멸적일 필요가 있다"라고 선언한다.[52] 약간의 불가능성의 여지는 두고 있지만 사실상 인간 영혼이 불멸이라는 선언과 다를 바 없다. 그는 한 걸음 더 나아가 "인간은 지적 영혼에 의해 불가멸적으로 보인다"라고도 말한다.[53] 이 문장을 해석하기 위해서는 다음 문장도 함께 읽을 필요가 있다. "짐승 안에 있는 감각혼은 가멸적이다. 그러나 인간 안에서는 감각혼이 그 실체에서 이성혼과 같은 것이기 때문에 불가멸적이다."[54] 인간의 영혼만이 아니라 인간 자신도 불멸적일 수 있는 이유는 인간이 다른 생명체와 달리 이성 또는 지성이 보유한 영혼, 즉 이성혼을 갖고 있기

---

51 키케로, 『투스쿨룸 대화』, 43~45쪽.
52 토마스 아퀴나스, 『영혼에 관한 토론문제』, 309쪽.
53 토마스 아퀴나스, 『영혼에 관한 토론문제』, 313쪽.
54 토마스 아퀴나스, 『영혼에 관한 토론문제』, 317쪽.

때문이다. 이성혼만이 아니다. 토마스 아퀴나스는 인간의 감각혼이 이성혼과 동일하기 때문에 동물의 감각혼은 필멸적이지만 인간의 감각혼은 불멸적이라고 말한다. 이에 따라 인간, 인간의 영혼, 인간의 이성은 모두 그에 의해 불멸적이라고 선언된다. 여기서 특히 이성의 불멸성은 마르쿠스 아우렐리우스를 연상시킨다.

근대에 오면 파스칼이 영혼불멸설의 횃불을 높이 든다. 그 이유는 착하게 살기 위함도, 신의 영역에 속하기 때문도, 이성혼 때문도 아니다. 그 논거는 인간 행복과 관련되어 있다. 파스칼의 주장을 들어 보자.

> 영혼불멸은 우리들과 깊은 관계가 있는, 우리들에게 매우 중요한 문제이기 때문에, 모든 감정을 상실하지 않고서는 이것이 어떤 것인지 아는 일에 무관심할 수가 없을 것입니다. 우리들의 모든 행복과 모든 생각은 영원한 행복을 기대할 수 있느냐 없느냐에 따라서 매우 다른 길을 선택하지 않으면 안 되기 때문에, 우리들의 최종의 목표가 되어야 할 이 점(영혼불멸)을 바라보면서 발걸음을 조절해 나가지 않는다면 정상적인 지각이나 판단력을 가진 사람으로서 단 한 걸음도 내디딜 수가 없을 것입니다.[55]

파스칼이 영혼의 불멸을 믿은 가장 중요한 이유는 그 믿음이 인간의 행복한 삶에 영향을 끼친다고 보았기 때문이다. 우리가 영혼불멸설을 믿으면 영원한 행복을 기대할 수 있지만, 믿지 않는다면 행복해질 수 없다. 그 믿음은 우리 인생의 최종 목표가 되어야 한다. 약간 기독교적 색채가 강하게 느껴지지만, 여기서 '영원한 행복'은 그래야만 삶에서 마음의 평화를 찾을 수 있다는 점에서 '영원한 마음의 평정'으로 읽어야 할지 모른다.

앞서 영혼의 개념 정의와 기원, 필멸설 등에서 여러 차례 언급됐던 라이프니츠 역시 영혼불멸설을 지지했다. 그는 먼저 영혼의 파괴 불가능성과 영혼의 불멸성이 서로 다른 개념이라면서 구분한다. 가령, 동물의 영혼

---

[55] 블레즈 파스칼, 『팡세』, 467쪽.

은 파괴 불가능성을 가질지언정 불멸성은 갖지 못하는 데 반해, 인간의 영혼은 파괴 불가능성과 다른 불멸성을 갖는다.[56] 그 점에서 인간의 "영혼은 죽음에서 해방되어 있다".[57] 그러면서 그는 다음과 같이 선언한다. "나는 영혼 그리고 일반적으로 단순 실체는 창조를 통해서만 시작할 수 있고 무화(無化)를 통해서만 소멸할 수 있다고 본다."[58] 여기서 '무화'란 완전히 없어짐을 말하는데, 인간의 영혼은 이처럼 모든 존재가 갑자기 사라지거나 소멸하는 특이한 현상을 겪지 않는 이상 영원히 지속된다.

그 밖에 피히테나 횔덜린도 영혼의 불멸성을 언급했다. 아울러 쇼펜하우어도 다음과 주장함으로써 이 대열에 합류한다. "시대를 막론하고 어느 민족에서도 죽은 후 개체가 영속한다는 종류의 교의가 발견되고, 이것이 신망을 얻는 이유도 이와 같은 [자기 죽음의 확실성에 대해 확신하는 사람은 아무도 없다는] 근거에서 설명할 수 있다."[59] 여기서는 '영혼의 불멸성' 대신에 '영혼의 영속성'이라는 표현이 등장한다. '불멸'이나 '영속'은 뉘앙스만 다를 뿐 사라지거나 소멸하지 않는다는 의미를 공유한다. 인간은 누구나 죽지만 나는 죽지 않을지도 모른다는 착각이 결국 모든 문명권에서 영혼의 영속성 개념을 탄생시켰다는 논지다.

세속화의 정점을 찍은 20세기에 들어와서도 신기하게 영혼의 불멸성 담론은 계속 지지되었다. 특히 죽음에 대해 많이 두려워했던 우나무노가 돋보이는데, 그는 하다하다 아예 영혼이 불멸한다는 심령과학적 증거까지 제시한다. "영혼불멸에 대한 신앙을 경험철학적으로 지원하려고 한 사람들이 항상 없었던 것은 아니다. 그 한 예로 『인간의 개성과 육체적 죽음을

---

56 고트프리트 빌헬름 라이프니츠, 『변신론: 신의 선, 인간의 자유, 악의 기원에 관하여』, 225쪽.
57 고트프리트 빌헬름 라이프니츠, 『변신론: 신의 선, 인간의 자유, 악의 기원에 관하여』, 226쪽.
58 고트프리트 빌헬름 라이프니츠, 『변신론: 신의 선, 인간의 자유, 악의 기원에 관하여』, 227쪽.
59 아르투어 쇼펜하우어, 『의지와 표상으로서의 세계』, 457쪽.

초월한 잔존』을 쓴 프레더릭 W. H. 마이어스를 들 수 있다. 아무도 나보다 더할 열성을 가지고 두 권으로 된 두꺼운 그의 책을 탐독한 사람도 없을 것이니, 심령학 연구협회의 핵심 인물이었던 저자가 육감, 유령, 꿈의 현상, 전심술(傳心術), 최면술, 감각적 무의식 행동, 의식의 혼수상태, 기타 심령학에 관한 모든 것에 대한 자료를 하나도 빠뜨리지 않고 이 책에다가 전부 요약해 놓았다."[60] 물론, 우나무노는 이러한 증거에도 불구하고 영혼의 불멸성이 의심스럽다면서 나름 근대인답게 한 발 빼는 모습을 보여 주기는 했다. "그런데 영혼불멸, 즉 우주 의식의 영속에 대한 이것은 실상 합리적인 것이 아니다. 즉 이성 밖으로 떨어져 나가는 것이다. 이것은 문제로서 그리고 이것에게 주는 해결책과 분리해서는 비합리적인 것이다. 합리적으로 그것을 설정하는 것 자체가 벌써 의미성을 결여하고 있다. 영혼의 불멸성은, 엄밀히 말해서 영혼의 절대적인 불멸성은 그만큼 이해할 수 없는 것이다. 우리가 세계와 존재 ― 이것이 바로 이성의 노작이다 ― 를 납득하기 위해서는 우리의 영혼이 죽는 것인지 죽지 않는 것인지 상상할 필요가 전혀 없다."[61] 영혼 자체도 이해하기 어렵지만 영혼의 불멸성은 더욱 더 과학적으로 입증되기 어려운 개념이다. 영혼불멸이니 우주 의식이니 하는 것들은 모두 이성의 영역을 벗어난 주제이기 때문이다. 이들 주제 자체가 비이성적이라고 할 수는 없지만, 그러한 주제를 이성적으로 사유하겠다는 발상 자체는 분명 비이성적이다.

영혼의 존재 여부와 관련된 또 하나의 중요한 문제는 영혼이 생명체에만 있는지, 아니면 무생물에도 있는지와 관련된 논쟁이다. 사실, 논쟁이랄 것까지도 없다. 대체로는 생명체에 영혼이 있다고 보았지, 무생물에도 영혼이 있다고 본 경우는 극히 드물기 때문이다. 가령, 탈레스 같은 초기 자연철학자들이 그처럼 무모한 담론을 시도한 것으로 알려져 있다. "아리스토텔레스와 히피아스는 그(탈레스)가 혼이 없는 것(무생물)들에게도 혼을

---

60 미겔 데 우나무노, 『삶의 비극적 감정』, 165쪽.
61 미겔 데 우나무노, 『삶의 비극적 감정』, 196쪽.

부여했는데, 마그네시아 돌(자석)과 호박(琥珀)에서 그 증거를 얻었다고 말한다."⁶² 자석이나 호박이 끌어당기거나 밀어내는 성질이 있는 것을 보고는 무생물에도 영혼이 있다고 추측했을 고대 그리스인의 정신세계를 오늘날의 잣대로 원시적이라거나 저급하다고 쉽게 판단해서는 안 될 것이다. 당시로서는 얼마든지 그렇게 생각했음 직하다고 인정하자.

한편, 프루스트도 자신의 주저에서 무생물에 존재하는 영혼과 관련해 다음과 같은 기록을 남겼다. "나는 켈트족 신앙이 생겨난 데 나름의 이유가 있다고 생각한다. 켈트족 신앙에 따르면 우리 곁을 떠난 사람들의 영혼은 동물, 식물, 무생물 등 열등한 존재 속에 갇혀 있어서 우리가 우연히 영혼이 갇힌 나무 옆을 지나가거나 영혼을 가두고 있는 사물을 손에 넣기 전까지는(대부분의 영혼들에게는 이런 기회가 찾아오지 않는다) 사실상 우리에게 잊힌 존재가 된다. 그러다 그런 기회가 찾아오면 영혼은 깨어나 전율하며 우리 이름을 부른다. 우리가 영혼의 목소리를 알아듣는 순간 저주는 깨진다. 우리가 해방시킨 그 영혼은 죽음을 극복하고 다시 우리와 삶을 공유하기 위해 돌아온다."⁶³ 물론, 이것이 프루스트가 무생물에도 영혼이 있다고 믿었다는 전거(典據)는 아니다. 다만 그가 남긴 기록으로 아주 오래 전 켈트족 신앙에 따르면 그렇다는 것이다. 하기야 동서양을 막론하고 고대인들은 대체로 태양, 달, 물, 돌 같은 사물들에 영혼이 깃들어 있다는 물활론(애니미즘)을 믿고 있었으니, 켈트족이라고 해서 예외는 아니었을 것이다. 고대인들의 상상으로는 충분히 가능한 일이라고 여겨진다. 더구나 유감스럽게도 오늘날 우리는 켈트족의 이러한 신앙이 잘못된 것이라고 반박할 만한 그 어떠한 과학적 근거나 방법을 가지고 있지 않다. 현재의 과학 수준으로는 '알 수 없다'가 정답이다.

그 밖의 서구 지식인들 가운데 무생물이나 무기체에 영혼을 부여한 경

---

62 Thales' Fragments(인용 출처: 디오게네스 라에르티오스, 『유명한 철학자들의 생애와 사상』, I. 24. 재인용 출처: 탈레스 외, 『소크라테스 이전 철학자들의 단편 선집』, 130쪽).

63 Marcel Proust, *Remembrance of Things Past*, vol. 1, p. 52.

우는 없다고 보아도 된다. 영혼 존재의 여부와 관련된 마지막 주제는 영혼의 탄생과 죽음에 대한 것이다. 영혼의 죽음 담론은 가장 먼저 아우구스티누스에게서 발견된다. 그가 말한 '영혼의 죽음'에 대해서는 이미 앞서 전통 시대의 죽음 담론에서 '두 번의 죽음' 가운데 두 번째 죽음에서 이미 다루었으니 생략하기로 하자. 다음으로는 마이스터 에크하르트인데, 그에 따르면 영혼의 죽음은 하나님 안에서의 새로운 탄생을 의미한다.

> 영혼은 독립적이어야 하며 그 어떤 것도 바라서는 안 됩니다. 그래야 영혼은 하나님을 닮았다는 이유로 신적인 수준에 도달하게 될 테니까요. …… 이렇게 해서 영혼은 성 삼위일체와 하나가 됩니다. 하지만 영혼은 성 삼위일체가 계시하는 사막 같은 신성에까지 나아감으로써 더욱 신적인 상태가 될 수 있습니다. 이러한 사막 같은 신성 속에서 활동은 정지하며, 따라서 영혼은 활동과 형상이 더 이상 존재하지 않는 신성의 사막 속에 던져질 때 가장 완벽해집니다. 그렇게 해서 영혼은 자기 정체성이 파괴된 바로 그 사막 속에 가라앉으며 사라집니다. 이제 영혼은 자신이 존재하기 이전에 맺었던 것 이외에 그 어떤 것과도 더 이상 관계가 없습니다. 이때 영혼은 자신에 대해서는 죽고 하나님께 대해서는 살게 됩니다. 여기서 죽는다는 것은 존재하기를 멈춘다는 것입니다. 그렇게 해서 영혼은 신성의 사막에 묻혀 버린 자신에 대해 죽습니다. 이런 사람들에 대해 사도 바울은 이렇게 말했습니다. "너희는 죽었고 너희 생명이 그리스도와 함께 하나님 안에 감추어졌느니라." 그리고 위(僞)디오니시우스도 말했습니다. "하나님 안에 묻힌다는 것은 바로 다름 아닌 창조되지 않은 생명으로 옮겨지는 것이다"라고 말입니다.[64]

사람의 영혼이 죽을 수도 있음을 언급한 서구 지식인들의 몇 안 되는 사

---

64 Meister Eckhart, *Meister Eckhart: A Modern Translation*, (trans.) Raymond Bernard Blakney, New York: Harper & Row, 1941, pp. 200~01.

례 가운데 하나다. 여기서 에크하르트는, 영혼의 사망이 자신에 대해서는 죽음이지만 하나님에 대해서는 삶(생명)이라고 말한다. 따라서 이때 영혼의 사망은 육체의 사망으로 읽힌다. 왜냐하면 그렇게 죽은 영혼이 하나님에 대해서는 새로운 생명으로 거듭 태어나기 때문이다. 따라서 에크하르트의 '영혼의 죽음'은 영원한 소멸로서의 영혼의 죽음을 말하는 것이 아니다. 그것은 육체의 죽음을 돌려 말한 상징적이고 수사학적인 표현으로 이해할 필요가 있다.

그 밖에 영혼의 탄생과 죽음에 대해서는 앞서 논의한 라이프니츠도 언급했다는 점을 이미 지적했다. 다시 말하지만 라이프니츠가 보기에 영혼은 '창조'를 통해 태어나고 '무화'(無化)를 통해 죽는다. 그러나 이처럼 영혼이 태어나기도 하고 죽기도 한다고 말한 것에 절대적인 의미를 부여할 필요는 없다. 왜냐하면 그것은 앞서 에크하르트에게서처럼 비유적이고 상징적인 것으로 이해할 필요가 있기 때문이다. 더구나 앞서 언급했던 것처럼 라이프니츠는 영혼불멸설의 신봉자이기도 했다. 그 점을 입증할 또 다른 문구를 인용해 보자. "예정조화의 체계에 따르면, 영혼은 자신을 둘러싼 모든 것에 맞추어 조정된 결정의 이유들을 자신 안에, 그리고 현존에 선행하는 자신의 관념적 본성 안에 가지고 있다. 따라서 영혼은 현존하게 되면서부터 시간 속에서 행동할 방식 그대로 순수 가능성의 상태에서 이미 자유롭게 행동하도록 영원히 결정된 것이다."[65] 자신의 유명한 '예정조화설'(Prästabilierte Harmonie; Pre-established Harmony)을 연상시키는 이 발언에서 라이프니츠는 영혼이 하나님에 의해 미리 설계된 체계에 따라 육체와의 상호 작용 속에서 영원히 자족적이고 자율적이며 자유롭게 활동한다고 주장한다. 이 활동은 하나님이 특별히 다른 결정을 내리지 않는 이상 영원히 지속된다. 이 발언의 진위를 우리는 판단할 수 없을 뿐만 아니라 여기서 따져 묻는 일도 무의미하다. 그럼에도 '미리 설정되었든 설정되

---

65 고트프리트 빌헬름 라이프니츠, 『변신론: 신의 선, 인간의 자유, 악의 기원에 관하여』, 481쪽.

지 않았든 간에, 이 세상이 과연 그만큼 조화로운 것일까?'라는 의문의 꼬리표는 여전히, 아니 어쩌면 영원히 따라다닐 것이다. 왜냐하면 열역학 제2법칙에 따르면, 시간이 갈수록 우주의 '엔트로피(무질서의 정도)'는 끊임없이 증가할 것이기 때문이다.

영혼 담론의 네 번째 주제는 육체와 영혼의 관계다. 이 주제는 앞서 아리스토텔레스가 영혼을 육체의 형상이라고 정의한 사례를 소개할 때, 그리고 그보다 더 앞서 전통 시대의 죽음 담론을 설명하면서 죽음을 육체와 영혼의 분리로 본 지식인들을 논의할 때 여러 차례 언급했기 때문에 전혀 새로운 것이 아니다. 따라서 이에 대해서도 몇몇 특이하고 거론할 만한 사례들만 선별해 논의하고자 한다. 서구 지성사에서 육체와 영혼의 관계를 일방적으로 확정 지은 인물은 바로 플라톤이다. 그가 그리스 철학자들의 주장에 기대어 '육체'를 '영혼의 감옥이자 무덤'이라고 규정했음은 이미 전통 시대의 죽음 담론에서 자세히 언급했기 때문에 넘어가도록 하자. 플라톤의 이 발언이 나온 이래, 서구 지성사에서 육체가 영혼의 감옥이자 무덤이라는 표현은 여러 지식인에게서 반복해 등장했음도 앞서 지적했다. 그래도 몇 사람을 새롭게 거론해 보자. 키케로는 『투스쿨룸 대화』에서 "우리가 욕정을 멀리하여 육체로부터 영혼을 떼어놓는" 일, 즉 "영혼을 육체로부터 분리하는 일"이 "육체의 감옥으로부터 벗어나는" 일이며 "죽음을 연습"하는 일이라고 말한다.[66] 심지어 『국가론』에서도 그는 비슷한 주장을 펼친다, 죽은 사람은 "마치 감옥에서 나오듯이 육체의 속박에서 벗어난 자로서 살고 있다. 사실상 삶이라고 이야기되는 너희의 것이 죽음이다".[67] 죽은 사람들은 육체의 속박에서 영혼을 해방함으로써 계속 행복하게 살아가는 사람들이고, 반대로 살아 있는 우리야말로 육체의 족쇄에 영혼이 갇히도록 만들었기에 죽은 사람들이라는 논리다. 육체가 느끼는 감각, 욕구, 본능, 충동

---

66 키케로, 『투스쿨룸 대화』, 83~85쪽.
67 키케로, 『국가론』, 302~03쪽 (= *De Re Publica*, VI 14).

등에서 벗어나는 길, 즉 영혼을 타락시키지 않고 깨끗하게 지켜내는 일이 참되고 행복한 삶을 위해 얼마나 중요한지 새삼 깨닫게 된다.

플로티노스도 육체를 영혼의 무덤이라는 전통적 견해를 거론한 다음, 영혼에 대해 그와는 약간 다른 견해를 제시한다. 그는 먼저 "사람들은 이른바 영혼이 (육체라는) 무덤 속에 놓여 있다고 하거나 동굴 속에 갇혀 있다고 말한다". 이 문장만 보면 고대 로마를 대표하는 신플라톤주의 철학자다운 발언이다. 그러나 플로티노스는 여기서 한 걸음 더 나아가 플라톤을 능가하는 모습을 보여 준다. 즉 그는 영혼이 단지 육체나 동굴에 머물지 않고 원래 자기 자리를 찾아 비상하게 될 것이라고 말한다. 앞의 인용문에 따라오는 문장을 보자. "그러나 정신을 찾아 되돌아간다면 그러한 굴레로부터 벗어나 상승하게 될 것이요, 그리하여 기억을 되살려 시원을 회복함으로써 마침내 존재하는 것들을 바라보게 될 것이다. 왜냐하면 개별 영혼은 [타락한 후에도] 결코 나약해지지 않는 그런 어떤 것(능력)을 처음부터 항상 지니고 있기 때문이다."[68] 영혼의 원초적 능력과 위상에 대한 플로티노스의 무한 신뢰가 느껴지는 발언이다.

육체가 영혼의 감옥이자 무덤이라는 플라톤의 비유는 이제 신 못지않게 자연을 중시하던 르네상스를 거쳐 근대 초에 이르면 존 던에게서 약간 특이하게 변주되어 나타난다. 그는 신을 영혼의 친모(親母)에, 자연을 영혼의 계모(繼母)에 각각 비유한다.

> 영혼이 육체에 들어왔다는 사실 이상으로, 영혼이 육체를 빠져나간다는 사실도 우리의 관심거리다. 내가 듣는 이 종소리는 죽은 자의 영혼이 빠져나갔음을 알린다. 어디로? 누가 나에게 그것을 말해 줄 수 있겠는가? 나는 그 영혼의 소유자가 누구인지 모른다. …… 그러나 육체는 어떠한가? 육체는 얼마나 보잘것없는가? 육체는 말할 수도 없이 빠르게 나빠져 간다. 영혼이 이 세상에서 천국까지 단지 한 발자국 정도 가기 위하여 영혼의 집인 육

---

68 플로티노스, 『플로티노스 엔네아데스 선집』, 83쪽 (= *Enneades*, IV 8, 4).

체를 3분도 채 비우지 않았는데, 육체는 천국으로 영혼이 떠난 것이 불만족스러워 아무도 살지 않게 되자, 주거지의 기능은 물론 육체의 모습조차 서둘러 버리고 화석으로 변하기 시작한다. 아침에 맑고 기분 좋게 흐르던 강이 오후에 육지에서 유입된 흙으로 진흙탕이 되었다가 밤에는 짠 바닷물로 흘러드는 것을 보고, 그 누가 마음 아파하지 않겠는가? …… '불멸의 영혼'을 갖기 전에 그는 '감각의 영혼'을 가졌고, 그 이전에는 '식물의 영혼'을 가지고 있었다. '불멸의 영혼'은 나머지 두 영혼이 자신보다 먼저 존재하는 것에 반대하지 않는다. 그러나 자신이 떠날 때, 그 불멸의 영혼은 다른 두 영혼들도 함께 데리고 떠난다. 인간이 죽으면, 더 이상의 식물 영혼도, 더 이상의 '감각 영혼'도 없다. 자연의 어머니, 대지는 '계모'이다. 자연의 '자궁'에서 우리는 자란다.[69]

물론, 영혼이 신의 친모라는 직접적인 비유는 나오지 않지만 문맥상 그 비유는 맞다. 기독교의 관점에서 영혼을 낳은 주체는 신이기 때문이다. 그리고 그렇게 태어난 육체와 영혼을 키워 주는 양육의 책임을 떠안은 자연과 대지가 유모 또는 계모여야 말이 된다. 중세 스콜라 철학에 따르면, 인간은 식물과 동물, 그리고 이성 등 세 영혼을 가지고 있다. 이성의 영혼이 나머지 두 영혼을 살아 있도록 해 주는데, 사람이 죽으면 이성의 영혼이 나머지 두 영혼을 죽인다는 것이다. 그리고 인간이 태어날 때, 식물과 동물의 영혼이 이성의 영혼보다 먼저 태어난다고들 말한다. 그렇게 해서 인간의 영혼이 천국에서 태어나 지상에 내리면 대지는 이제 인간을 양육하게 된다. 기독교에서 우리의 본향은 천국 또는 하늘이며, 지상 또는 자연은 잠시 머물다 가는 곳이다. 따라서 영혼의 본향은 하늘과 천국이며, 육체의 터전은 땅과 자연이다.

육체와 영혼은 죽음과도 함수 관계에 있다. 가장 많이 쓰이는 비유는 육체와 영혼이 결합되어 있으면 삶, 즉 생명이며, 육체와 영혼이 분리되면 죽

---

69 존 던, 『인간은 섬이 아니다: 병의 단계마다 드리는 기도』, 188~91쪽.

음이라는 것이다. 대부분의 서구 지식인들이 이런 관점을 견지해 왔다. 이에 대해서도 역시 앞서 전통 시대 죽음 담론에서 자세히 다루었으니 여기서는 생략하기로 한다. 앞서 언급하지 않은 특이한 한 가지 사례만 꼽자면, 그것은 바로 퀴블러-로스의 영혼 담론이다. 그녀는 육체를 죽음에, 그리고 영혼을 영생에 각각 대비한다.

> 우리가 근원(source) 혹은 하느님으로부터 태어났을 때, 우리는 모두 신성의 한 측면을 부여받았다. 이것은 우리 안에 그 근원의 일부가 있다는 것을 의미한다. 이것으로 말미암아 우리는 죽지 않는다. 육체란 단지 우리가 죽음이라 부르는 변화를 겪을 때까지 일정 기간 머무르는 집—우리가 그것을 고치라고 부를 수 있듯이—에 지나지 않는다. 죽음의 순간에 우리는 이 고치를 벗고—죽어가는 어린이들이나 그들의 형제자매에게 이야기할 때 사용하는 상징적인 언어를 쓰자면—다시 나비처럼 자유로워진다.[70]

기독교적 신앙심이 없다면 도저히 나올 수 없는 발언이다. 인간의 육체는 마치 나비나 나방 같은 곤충의 유충이 성충으로 변할 때까지 감싸고 있던 고치 같은 것이며, 영혼은 그 성충과 같은 것이다. 육체는 인간의 영혼이 살아 있는 동안에 머무는 집으로 껍데기에 불과하며, 진짜 몸은 영혼으로 성충이 되어 하늘로 날아간다. 육체는 곧 죽을 운명이지만 영혼은 하나님의 은총과 구원으로 영생할 운명을 타고난 존재다. 따라서 육체는 죽음을, 영혼은 영생을 각각 웅변한다.

한편, 칸트는 육체와 영혼의 관계를 매우 중립적이고 과학적으로 보려고 노력했다. 그에 따르면, 그 둘 가운데 무엇이 주체이고 객체인지, 무엇이 주인이고 노예인지, 무엇이 더 강하고 약한지를 우리는 알 수 없다는 것이다. "우리는 경험을 통해서도, 이성의 추론을 통해서도, 인간이 하나의 영혼을 (인간에 내재하면서도 신체(물체)와 구별되고, 이것에 독립해서 생각할 수 있는 능력

---

70 엘리자베스 퀴블러-로스, 『사후생(死後生): 죽음 이후의 삶의 이야기』, 76쪽.

을 가진, 다시 말해 정신적인 실체로서) 함유하고 있는지, 또는 오히려 생명이라는 것이 물질의 속성을 가진 것이나 아닌지를 충분히 배워 알지 못하고 있다. 그리고 설령 전자의 경우라서 인간이 하나의 영혼을 함유한다고 해도, 인간의 (의무 지우는 주체로서의) 신체[물체] ─ 설령 그것이 인간의 신체라 할지라도 ─ 에 대한 의무를 생각할 수는 없다."[71] 칸트는 인간이 물질적[육체적] 존재로서의 자신이 하나의 영혼을 지닌 존재인지 아닌지, 아니면 반대로 생명이라는 영혼이 물질 속성을 지닌 존재인지 아닌지를 알지 못한다고 주장한다. 즉 그는 서양의 지적 흐름에서 언제나 육체와 영혼 가운데 영혼이 인간 존재의 주체이고 주인공이라는 통념을 과감히 깨부수면서 그 둘 중 어떤 것이 인간의 진정한 주인인지에 대해 우리는 알 수 없다고 못 박는다.

육체와 영혼의 관계 담론에서 마지막으로 거론할 만한 특이한 사례는 16세기 영국의 시인 에드먼드 스펜서(Edmund Spenser)다. 그는 「아름다움에 대한 찬가」(A Hymn in Honour of Beauty)라는 제목의 시에서 영혼이 육체를 만든다고 읊조린다. "영혼으로부터 육체가 나온다. 영혼의 형상을 따라서 육체가 만들어진다."[72] 여기서 영혼은 육체의 창조자이자 생산자다. 늘 창조주이신 기독교적 신이 만든 것으로 간주되던 영혼과 육체가 이젠 다른 관점에서 재조명되기에 이른다. 영혼의 창조주는 신일지 모르지만 적어도 육체의 창조주는 영혼이라는 것이다. 그것도 마치 신이 자신의 형상을 본떠 인간을 만들었듯이, 영혼은 자신의 형상을 본떠 육체를 만든다는 것이다. 그러나 엄밀히 따지면 이때 영혼은 인간의 영혼을 말한다기보다는 하나님의 영혼과 정신, 즉 성령 또는 성신을 말하는 것으로 이해해야 한다. 기독교가 완전히 세속화되고 무신론이 득세하는 오늘날이라면 모르되, 16세기에 어떻게 감히 인간의 영혼 따위가 육체를 창조할 수 있다

---

71 임마누엘 칸트, 『윤리형이상학』, 511~12쪽 (강조: 칸트).
72 Edmund Spenser, "A Hymn in Honour of Beauty." 다음 문헌에서 재인용함. 글렌 월리스턴·주디스 존스톤, 『영혼의 탐구』, 96쪽.

는 발상을 할 수 있었겠는가? 만일 그랬다면 이단 심판을 주도하던 종교 재판 당국이 가만히 놔두었을 리 없다.

영혼 담론의 다섯 번째 주제는 영혼의 구성 물질에 대한 것이다. 이 담론은 크게 영혼이 물질이냐 아니면 비물질이냐의 문제로 나뉘며, 물질이라면 그것이 어떤 물질이냐가 논쟁의 대상이 된다. 먼저 물질로 본 사례부터 살펴보자. 그리스 초기 자연철학자들은 영혼을 대체로 특정 물질로 간주하면서 논의를 이끌어갔다. 가령, 파르메니데스는 영혼이 "흙과 불로 이루어져 있다"라고 보았다.[73] 앞서 말했듯이, 유치하다고 비난하기 이전에 2,500년 전 인물이 한 발언임을, 그것도 정신이나 영혼 등 형이상학적 개념에 추상적이고도 사변적인 성격을 부여했던 플라톤 이전의 철학자임을 감안하자. 영혼을 이처럼 특정 물질로 보았다는 것은 영혼을 감관(感官)을 통해 지각하거나 체험할 수 있는 대상으로 본 것으로 해석된다. 피타고라스주의자들도 이 연관에서 거론될 수 있다. 정작 피타고라스 자신은 비록 영혼을 수(數)라고 정의하지는 않았지만, 적어도 세계가 수의 원리로 구성되어 있다고 본 것은 확실한 듯하다. 이에 착안해서인지 피타고라스주의자들은 영혼이 수의 질서를 통해 육체에 들어간다고 주장했다. "혼은 수 및 불사적이면서 비물질적인 조화를 통해 몸속에 넣어진다. …… 몸은 혼에 의해 사랑을 받는데, 혼은 그것 없이는 감각을 사용할 수 없기 때문이다. 죽음에 의해 혼이 몸에서 끌어내어진 후에는, 그것은 우주에서 비물질적인 삶을 영위한다."[74] 영혼이 드디어 거의 최초로 비물질로 정의되고 있음을 알 수 있다. 이렇게 보면 그리스 초기 자연철학자들은 대체로 영혼을

---

73 Parmenides' Fragments(인용 출처: 마크로비우스, 『키케로의 「스키피오의 꿈」 주석』 I. 14. 20. 재인용 출처: 탈레스 외, 『소크라테스 이전 철학자들의 단편 선집』, 304쪽).

74 Philolaos' & the Pythagoreans' Fragments(인용 출처: 클라우디아누스, 『혼에 관하여』 II. 7. 120쪽. 12. 재인용 출처: 탈레스 외, 『소크라테스 이전 철학자들의 단편 선집』, 466쪽).

특정 물질로 보았으나 시간이 흐를수록 비물질로 보는 경향을 보였다고 할 수 있다.

이러한 경향은 플라톤을 거쳐 아리스토텔레스에 이르면 정점에 달한다. 그가 영혼을 물, 불, 공기, 흙과는 다르고 무관한 제5원소인 현실태(완성태) 또는 형상으로 정의했음은 이미 앞서 살펴보았다. 물론, 이 제5원소를 물질로 보아야 할지, 아니면 비물질로 보아야 할지에 대해서는 논란이 있을 수 있다. 원소라는 점에서 물질로 볼 수 있지만, 그것이 추상적이고 관념적이라는 점에서는 비물질로 보아야 할 여지가 크기 때문이다. 나는 개인적으로 비물질이라는 점에 손을 들어주고 싶다.

그러나 로마 시대에 접어들면 루크레티우스가 특정 물질을 적시하지는 않았지만 영혼을 다시 물질적이라고 규정한다.

> 이제 나는 정신과 영혼이 서로 연결되어 스스로 하나의 본성을 이뤄내지만, 숙고 능력이 말하자면 머리이며 말하자면 전체 몸속에서 지배한다는 것을 이르노라. 한데 그것을 우리는 정신이자 이성이라고 부른다. 이것은 가슴이라는 가운데 영역에 자리 잡고 붙어 있다. 왜냐하면 여기서 전율과 공포가 뛰며, 이 자리 주위에서 행복감이 위로를 준다. 그러므로 여기에 이성과 정신이 있다. 영혼의 나머지 부분은 온몸에 흩뿌려져 복종하고, 정신의 고갯짓과 그것이 기우는 데에 맞춰 움직인다. 정신은 홀로 자체로서 스스로 음미하고, 스스로 기뻐한다. …… 정신은 자체로서 아픔을 느끼고, 행복감으로 활기를 띤다. …… 이로부터 누구든 쉽게 알 수 있을 것이다. 영혼이 정신과 연결되어 있다는 것을, 그리고 그것은 정신의 힘에 의해 뒤흔들리면, 곧장 육체를 밀치고 때린다는 것을. 이 동일한 추론이, 정신과 영혼의 본성이 육체적이라는 것을 가르친다.[75]

영혼이 육체적이라고 규정되기보다는 육체와 밀접히 연결된 영혼의 본

---

75 루크레티우스, 『사물의 본성에 관하여』, 203~05쪽.

성이 육체와 마찬가지로 육체적이라는 점이 지적되고 있다. 즉 영혼이 물질적이라기보다는 물질적 본성을 갖는다는 뜻이다. 이데아론의 플라톤과 『형이상학』의 저자 아리스토텔레스 등을 몰랐을 리 없는 루크레티우스가 정신과 영혼을 그 본질에서 물질적이라고 규정했던 이유는 아마도 그가 그 두 명의 위대한 철학자들보다 그들의 후예인 에피쿠로스를 더 추종했기 때문일 것이다. 아니, 어쩌면 더 근본적인 이유는 그리스인들과 로마인들의 지적 성향의 차이에서 찾을 수도 있을 것이다. 정신문화를 창출한 그리스인들이 사변적이고 관념적이었다면, 실용 문화를 주도한 로마인들은 실제적이고 경험적이며 유물론적이었다.

로마의 작가 오비디우스도 영혼을 일종의 숨, 호흡과 같은 공기, 즉 기체로 구성되어 있다고 보았다. 그는 『변신 이야기』에서 명계(冥界)인 죽음의 세계에 가서, 독사에 물려 죽은 사랑하는 아내 유리디케를 데리고 나오다 뒤돌아보면 안 된다는 하데스의 명을 어기고 뒤돌아보다 아내를 사라지게 만든 비운의 주인공 오르페우스의 죽음을 묘사할 때, 영혼을 다음과 같이 표현한다.

> 난폭한 여인들은 농기구를 집어 들고 우선 뿔로 자기들을 위협하는 소를 갈기갈기 찢고 나서 가인[오르페우스]을 죽이러 갔다. 두 손을 내밀며 그는 살려 달라고 애원해 보았지만, 난생처음으로 그의 말은 아무 소용없었고, 그의 목소리는 누구도 움직이지 못했다. 신성을 모독하는 여인들이 그를 죽이자, 맙소사, 바위들도 귀 기울이고 야수도 알아듣던 그 입술 사이로 목숨이 빠져나오더니 바람 속으로 흩어졌다.[76]

물론, 앞서 보았던 것처럼 그리스인들과 로마인들이 영혼을 의미하는 단어로 '숨', '호흡', '공기' 등을 뜻하는 'psyche'와 'anima'를 사용했기에 오비디우스의 표현을 결코 특이한 사례라고 말할 수 없을지도 모른다. 하지만

---

76 오비디우스, 『변신 이야기』, 465~66쪽 (= *Metamorphoses*, XI 36-43).

여기서 '목숨'이라고 표현된 '영혼'을 마치 공기 같은 물질로 묘사하고 있다는 점은 특기할 만하다.

세네카도 영혼을 물체로 인식했다. 그는 루킬리우스에게 보낸 106번째 편지에서 다음과 같이 말한다. "선은 물체인가 아닌가 …… 선은 작용하네. 도움을 주는 것이므로. 작용하는 것은 물체이네. 선은 영혼을 작용하여 일정한 방법으로 영혼을 형성하고 통괄하네. 그 작용들은 물체의 특유한 성질이네. 물체가 가진 다양한 선은 물체이네. 그러므로 영혼의 선도 마찬가지라네. 영혼도 또한 물체이기 때문이네. 인간의 선도 필연적으로 물체이네. 인간 자체가 물체이기 때문이네."[77] 인간도, 선도, 영혼도 물체라는 것이다. 육체를 지닌 인간까지는 이해하겠으나, 선이나 영혼 같은 추상적이고 형이상학적인 개념까지도 물체로 정의하는 세네카의 저의는 무엇이었을까? 세네카 역시 사변적 능력에서 그리스인들보다 많이 뒤처졌던 로마인이었음이 간과되어서는 안 된다.

마지막으로 키케로의 경우에 자신이 그렇게 생각했다기보다는 다른 고대인들의 생각이라고 하면서 영혼을 물질로 본 사례들을 열거한다. "영혼이 심장이나 혈액 혹은 뇌수라고 한다면, 결국 영혼도 육체의 일부이니 여타의 신체 부위와 함께 영혼도 소멸할 겁니다. 영혼이 숨이라고 한다면, 아마도 흩어져 버릴 겁니다. 만약 불이라면 꺼져 버릴 겁니다. 아리스토크세노스의 의견대로 조화였다면 와해될 겁니다. 디카이아르코스는 아무것도 아니라고 하였으니, 그에 대해서는 말해 뭣하겠습니까?"[78] 영혼이 영원히 산다고 생각했던 키케로가 그 반례들을 열거하면서 그에 대해 반론을 전개하려고 시작하는 도입부다. 실제로 고대인들 중에는 영혼을 심장이나 뇌수로 생각한 사람들이 있었던 모양이다. 하기야 앞서 본 대로 근대에 들어와서도 데카르트 같은 철학자가 송과선을 영혼이라고 생각했으니 더 말할 필요도 없다.

---

77 세네카, 『세네카 인생론』, 606쪽 (= 루킬리우스에게 보내는 도덕 편지 106).
78 키케로, 『투스쿨룸 대화』, 33쪽.

영혼을 물질로 본 경우와 비물질로 본 경우는 특이하게도 시대적으로는 고대와 중세를 경계로, 사상적으로는 이교와 기독교를 경계로 명확히 구별된다. 즉 중세로 오면, 아니 중세 이래로 더 이상 영혼을 물질로 본 서구 지식인의 사례는 찾아볼 수 없다. 물론 데카르트 같은 예외적인 경우도 있긴 하지만 말이다. 가령, 중세 말의 스콜라 철학자 윌리엄 오컴(William Ockham)의 경우 아주 명시적으로 영혼을 비물질로 규정한다. 그는 먼저 아리스토텔레스를 따라 영혼, 오컴 자신의 용어로는 '지성적 영혼'을 육체의 형상으로 정의할 수 있다고 전제한 뒤, 다음과 같이 주장한다.

> 만일 지성적 영혼, 즉 비물질적이고 부패할 수 없는 형상이 우리 내부에 현존한다는 것 그리고 그것에 의해 우리들이 이해하고 있는 것이 가정된다면(마치 우리들이 진리에 따라 가정하는 것처럼) 그때는 그것이 육체를 움직이는 운동자일 뿐 아니라 육체의 형상이라고 주장하는 것이 더 합리적일 것이다.[79]

오컴은 영혼이 비록 비물질적 형상일지라도 우리 내부에 분명히 현존함을 강조한다. 영혼은 비물질적일 뿐만 아니라 부패할 수 없는 형상이다. 요컨대, 소멸하지 않는 영원한 형상이다. 더구나 영혼은 육체의 움직임의 원인이자 원리이기도 하다. 이 모든 것을 종합하면, 우리는 오컴이 왜 아리스토텔레스주의자였는지 정확히 이해할 수 있다.

파스칼도 영혼이 비물질적이라고 말했다. "영혼의 비물질성. 자기들의 정념을 다스렸던 철학자들, 어떤 물질이 그렇게 할 수 있었을까?"[80] 육체와 영혼이 결합되어 있음을 강조한 곳에서도 비슷한 문장들이 나온다. "두 가지의 사물들이 변하지 않고 결합하는 경우에 사람들은 결코 어떤 것이 다

---

[79] 윌리엄 오캄, 필로테우스 뵈너(Philotheus Boehner) 엮음, 이경희 옮김, 『오캄 철학 선집』, 간디서원, 2004, 306쪽 (= 『자유토론집』, I, Q.X.).
[80] 블레즈 파스칼, 『팡세』, 74쪽.

른 것이 되었다고 말할 수는 없다. 육체에 결합되는 영혼은 이와 마찬가지이지만, 나무에 붙은 불에는 변화가 없다. 그러나 어떤 것의 형태가 다른 것의 형태가 될 수 있도록 만드는 변화가 필요하다. 말씀이 인성과 결합하는 것도 마찬가지이다. 왜냐하면 나의 육체가 어떤 물질로 구성되어 있든지 간에, 나의 영혼은 이 물질과 결합되어 있는 것이기 때문에, 나의 영혼이 없는 나의 육체는 인간의 육체가 아닐 것이다."[81] 육체는 분명 일정한 물질로 구성되어 있지만 영혼은 그렇지 않다. 다만 이 특정되지 않은 비물질인 영혼이 언제나 육체와 결합되어 있기 때문에 영혼은 불가피하게 물질적인 것과의 결합을 가능하게 하는 특정 성질, 즉 물질적인 성질이 전혀 없다고 할 수 없다. 그러한 점에서 영혼이 완전히 비물질적인 것이라고 단정 짓는 것은 오류다. 마치 보편은 실재하지만 결코 개별적인 것을 떠나서는 존재하지 않는다고 말하면서 '실재론'과 '명목론'의 논쟁을 중재하고자 했던 중세 스콜라 철학자 아벨라르가 연상된다.

라이프니츠 역시 영혼의 비물질성을 언급한 대표적 철학자다. 그는 17세기 독일의 저명한 의사이자 동물학자인 다니엘 제너트(Daniel Sennert)와 요한 스펄링(Johann Sperling)을 거론하면서 그들이 인간은 말할 것도 없고 심지어 동물의 영혼이나 형상도 "불가분적이고 비물질적"임을 인정했다고 말한다.[82] 물론, 앞서 말했던 것처럼 영혼의 파괴 불가능성과 영혼의 불멸성은 별개로 하더라도 말이다. 영혼은 마치 원자론자들이 주장한 원자처럼 더 이상 나눌 수 없는 하나의 통일적 형상이자 신처럼 절대 소멸하지 않는 성질을 갖는 비물질이라는 것이다.

영혼 담론의 여섯 번째 주제는 영혼의 위치다. 여기서 논점은 영혼이 육체의 내부에 있는지 외부에 있는지, 신 또는 육체와 비교해 그 위상은 무

---

81 블레즈 파스칼, 『팡세』, 633쪽.
82 고트프리트 빌헬름 라이프니츠, 『변신론: 신의 선, 인간의 자유, 악의 기원에 관하여』, 224~25쪽.

엇인지, 아니면 혹시 외부 세계와 내부 세계가 만나는 경계 지점에 있는 것은 아닌지 등에 모인다. 가령, 아리스토텔레스는 육체와 영혼이 하나로 결합되어 있으므로 영혼은 육체 내부에 존재할 수밖에 없다고 주장한다. 그러나 그는 영혼이 육체를 떠나 외부로 나가면 육체는 소멸한다고 보았다. 『영혼에 관하여』에서 그는 "영혼이 나가면 몸은 흩어지고 썩어" 없어진다고 주장했다.[83] 그 이유는 영혼과 육체가 하나로 결합되어 있기 때문이다. 그에게서 영혼은 신체와 분리되어 독립적으로 존재할 수 없는 것이었다. 이처럼 단일성은 육체와 영혼의 결합을 위해서뿐만 아니라 육체의 정합성을 위한 영혼의 기능에도 부여된다.

영혼은 육체와 결합해 육체 내부에 존재하지만, 육체를 벗어나는 순간 육체를 죽음에 이르도록 만든다. 따라서 영혼의 위치가 육체 내부냐 외부냐의 논쟁은 사실상 아무런 의미가 없다. 대체로 육신이 살아 있을 때는 당연히 내부에 있지만, 죽고 나면 육체를 떠나 외부로 나간다고들 생각했기 때문이다. 서구 지성사를 통틀어 이 자연적인 과정과 현상을 부정한 지식인은 거의 발견되지 않는다. 따라서 우리에게 더 유용한 일은 영혼이 육체의 내부에 있냐, 외부에 있냐를 묻기보다는 영혼의 위상이 어떤지를 따져 묻는 것이다. 마르쿠스 아우렐리우스가 영혼의 위상을 육체와 이성의 사이 중간쯤에 잡았음은 앞서 살펴보았다. 즉 그에게는 육체 → 영혼 → 이성의 순으로 중요도가 부여된다. 스피노자는 그 중요성의 관계를 육체(물질) → 정신(영혼) → 신으로 바꾸어 놓는다. 정신과 영혼이 엄격히 분리되어 정의되지 않는 스피노자의 경우에 정신을 영혼으로 이해해도 무방하다고 생각한다. 그의 말을 직접 들어 보자. "인간 정신의 형상적 유(有)를 구성하는 관념은 신체의 관념이며, 이 신체는 매우 복잡하게 조직된 많은 개체로 구성되어 있다. 그런데 각각 개별적으로 구성하는 신체의 관념은 필연적으로 신 안에 주어져 있다. 그러므로 인간 신체의 관념은 신체를

---

83 아리스토텔레스, 『영혼에 관하여』, 57쪽 (= *De Anima*, 411b8-411b9).

구성하는 부분에 관한 이러한 많은 관념으로 결합되어 있다."[84] 애초에 매우 복잡하게 조직된 신체가 있고 그에 대한 관념이 정신, 즉 영혼의 형상을 형성하며, 이러한 관념들은 최종적으로 신에 속해 있다는 주장이다. 노발리스가 '신에 취한 사람'이라고 평한 스피노자답게 그에게서 모든 실재의 최종 심급은 신이었다. 그는 모든 존재가 언제나 마지막에 신으로 귀결되고 수렴된다고 보았다.

한편, 노발리스는 영혼이 내부 세계와 외부 세계가 만나는 경계 지점에 놓인다고 주장한다. "영혼의 자리는 내부 세계와 외부 세계가 만나는 곳이다. 그 세계들이 침투하는 곳 ─ 그 모든 침투의 지점에 영혼의 자리가 있다."[85] 여기서 내부니, 외부니 하는 표현은 아마도 인간 신체의 내부와 외부를 말하는 것으로 이해해야 할 듯하다. 내부 세계와 외부 세계가 서로 침투하다가 만나는 경계 지점에 영혼이 있다는 이야기다. 앞뒤 문맥을 파악할 수 있을 만한 문장들로 추가 설명 없이 열거되는 노발리스 단편들의 특성상 오직 유추와 추측으로만 접근했을 때, 이 인용문은 아마도 신체의 내부와 외부가 서로 만나는 지점에서 서로의 세계를 매개해 주는 또는 연결해 주는 영혼의 기능을 표현한 것으로 풀이된다. 그동안 많은 서구 지식인이 영혼을 육체를 창조거나 관장하는 것으로 이해하던 관행에서 벗어나 신체 내부와 외부의 양쪽 세계 접점에 위치시킴으로써 매개자 및 중간자의 역할을 떠맡기는 노발리스의 발상이 기발하다.

영혼 담론의 일곱 번째 주제는 영혼의 상태다. 여기서 논의의 초점은 영혼이 독립적이고 자족적이며 자율적인 존재이냐, 아니면 스스로 존립 불가능하고 오직 육체 등 다른 존재에 의존해서만 살아갈 수 있는 불완전한 존재이냐에 맞추어진다. 이러한 담론은 누구보다도 라이프니츠에 의해 주

---

84 B. 스피노자, 『에티카』, 105쪽.
85 Novalis, *Schriften*, vol. 2, pp. 418, 419 (= "Vermischte Bemerkungen und Blüthenstaub", 20, 19).

도된다.

　예정조화 체계에 따르면 영혼에서 일어나는 모든 일은 오로지 영혼에만 의존되고 영혼의 다음 상태는 오로지 영혼 자체와 그 현재 상태로부터 오는바, 어떻게 이보다 큰 **독립성**을 영혼에 부여할 수 있겠는가? 영혼의 구성에 아직 몇몇 불완전성이 있다는 것은 사실이다. 영혼에 일어나는 모든 일은 영혼에 의존되는 것이지만, 항상 영혼의 의지에 의존하는 것은 아니다. 더군다나 그 모든 일을 영혼의 지성이 항상 아는 것도 아니고 판명하게 파악하는 것도 아니다. 영혼의 지배력을 이루는 판명한 지각 질서만이 영혼에 있는 것이 아니라, 영혼을 예속 상태에 있게 하는 일련의 모호한 지각과 정념도 있기 때문이다. 이 점에 대해 놀랄 필요가 없다. 만일 영혼이 판명한 지각만을 가진다면 신이 될 것이다. …… 마지막으로 자발성에 관한 부분을 결론짓자면, 엄밀히 말해 영혼은 자신의 모든 능동성의 원리뿐 아니라 수동성의 원리도 자신 안에 가지고 있어야 하며, 이러한 점은 비록 자유가 지성적 실체들에게만 존재한다고 해도 전 자연에 걸쳐 퍼져 있는 모든 단순 실체에서도 마찬가지라 해야 한다. 그렇지만 겉으로 드러나는 대로 통속적인 의미로 말하자면, 영혼은 일정한 방식으로 육체와 감각의 인상에 의존한다고 해야 한다. 이는 태양이 뜨고 지는 것을 말할 때 우리가 통상적인 습관에 따라 프톨레마이오스와 튀코(Tycho Brahe)처럼 말하고, 생각은 코페르니쿠스처럼 하는 것과 유사한 것이다. 그러나 우리가 생각하는 영혼과 육체 사이의 상호 의존성에 대해 참되고 철학적인 의미를 제시할 수 있다. 즉 한 실체는 자신에게서 일어나는 일의 근거를 다른 실체에 있는 것을 통해 설명할 수 있는 한에서, 그 다른 실체에 관념적으로 의존한다. 이는 실체들 사이에 존재할 조화를 신이 미리 조정했으므로 이미 신의 결정들에 포함된 일이다. …… 왜냐하면 영혼이 완전성과 판명한 사유를 가지고 있는 한에서는, 신은 육체를 영혼에 조정해놓았고 영혼의 명령을 실행하도록 미리 만들어 놨기 때문이다. 그리고 영혼이 불완전하고 그 지각이 모호한 한에서, 신은 영혼이 육체적 표상에서 생기는 정념에 이끌리도록 육체를 영혼에 맞추어놓았기 때문이다. 이것은 영혼과 육체가 즉각적으로 또 물리적 영향을 통해 서로 의존할 때와 동일한 결과와 동일한 겉모습을 만들어 낸다. 영혼이 자신을 둘러싸고 있는 물체들을 표상하는 것은 본질적으로 자신의 모호한 사유에 의해서다.[86]

이 글을 통해 우리는 영혼의 상태에 관한 라이프니츠의 생각을 한눈에 알 수 있다. 그가 생각한 영혼의 상태는 한마디로 복합적이다. 한편으로는 독립적이고 자족적이면서도, 다른 한편으로는 육체에 의존하는 불완전성을 보인다. 하지만 여기서 멈춘다면 라이프니츠를 제대로 이해할 수 없다. 최종 심급으로서 그의 예정조화설이 아직 남아 있기 때문이다. 즉 영혼은 신의 예정조화에 따라 전체적으로는 육체와 상호 작용하면서 유기적인 조화를 이루며 존속한다. 따라서 종합적으로 말하자면, 라이프니츠가 생각한 영혼은 '불완전한 완전성'을 갖는다. 즉 완전한 듯하지만 결국 불완전하고 불완전한 듯하지만 궁극적으로는 완전성을 추구해 나가는 존재, 그것이 바로 라이프니츠가 생각한 영혼이다.

영혼 담론의 여덟 번째 주제는 영혼의 성질 및 특징이다. 여기서 담론의 초점은 영혼이 과연 신적이냐, 아니면 인간적이냐의 문제에 맞추어진다. 영혼이 신적이라고 생각하면 불멸적이며, 인간적이라고 생각하면 필멸적이다. 따라서 이 담론은 앞서 우리가 이 장(章)에서 보았던 영혼의 존재 여부에 관한 담론, 즉 영혼불멸설 및 영혼필멸설과 많은 부분에서 겹친다. 그밖에 영혼이 이성적인 성질을 갖느냐, 아니면 비이성적인 성질을 갖느냐의 문제와 끝으로 영혼이 경험 가능한지, 경험 불가능한지에 대한 문제 등도 이 범주에 들어간다. 먼저 고대와 중세 이후를 막론하고 보았을 때, 다시 말해 기독교를 기준으로 분류된 이교 사상가들과 기독교 사상가들을 망

---

86 고트프리트 빌헬름 라이프니츠, 『변신론: 신의 선, 인간의 자유, 악의 기원에 관하여』, 202~05쪽 (강조: 라이프니츠).

라해서 보았을 때 영혼을 신적으로 본 지식인이 압도적으로 많은 가운데 영혼을 인간적이라고 본 지식인이 극히 일부 존재한다. 영혼을 신적인 것으로 본 최초의 지식인은 탈레스다. 아리스토텔레스가 『영혼에 관하여』에서 탈레스에 대해 기록한 다음 문장을 보자. "어떤 이들은 영혼이 우주 전체 안에 섞여 들어 있다고 말하는데, 아마 이런 이유에서 탈레스도 만물이 신들로 가득 차 있다고 생각했을 것이다."[87] 탈레스의 범신론을 확인해 주는 전거로 자주 인용되는 아리스토텔레스의 이 문장은 사실 모든 것이 신이라는 범신론적 내용뿐만 아니라 모든 존재 안에 신, 즉 영혼이 스며들어 있다는 '영혼편재론'(靈魂遍在論)으로도 읽힌다. 영혼은 그 점에서 신적이다.

탈레스가 영혼을 신적인 것으로 생각한 또 다른 이유는 만물을 움직이게 하는 원동력으로 인식했기 때문이다. 아리스토텔레스를 다시 인용해 보자. "또 사람들이 기억에 전하는 바에 따르면, 탈레스 역시 영혼을 운동을 일으킬 수 있는 어떤 것으로 상정했던 것 같다. 돌[자석]이 철의 운동을 일으킨다는 이유로 돌이 영혼을 지닌다고 그가 정말 말했다면 말이다."[88] 영혼이 만물에 스며들어 있을 뿐만 아니라 만물을 움직이게 하는 동력원이라면 그것이 바로 신이 아니고 무엇이겠는가! 영혼을 생명의 근원이자 원리 또는 원인으로 인식했던 아리스토텔레스의 영혼 담론의 내용들을 보면, 탈레스 부류의 그리스 초기 자연철학자들의 생각을 다분히 읽을 수 있다. 지식은 축적된다는, 지성사의 한 원칙을 확인할 수 있는 대목이다.

피타고라스주의자들도 역시 영혼을 신적인 것으로 본 듯하다. 역시 아리스토텔레스에 따르면, 피타고라스주의자들은 영혼이 영원히 움직인다는 점에서 불사적이고 신적이라 생각한 것 같다는 것이다. "알크마이온도 혼

---

87 Thales' Fragments(인용 출처: 아리스토텔레스, 『영혼에 관하여』, 55쪽 (= *De Anima*, 411a7-411a10).
88 Thales' Fragments(인용 출처: 아리스토텔레스, 『영혼에 관하여』, 30쪽 (= *De Anima*, 405a19-405a22).

에 관해서 생각했던 것 같다. 왜냐하면 그는 혼이 불사적인 것들을 닮았으므로 불사적이며, 그것이 영원히 움직이므로 불사성이 그것에 속해 있다고 말하기 때문이다. 신적인 모든 것, 즉 달, 태양, 별들, 그리고 하늘 전체는 끊임없이 영원히 움직이니까."[89] 거듭 말하지만 인간과 구별되는 신의 가장 확실한 특징은 죽지 않는다는 점이다. 이 점에서 '불멸적' 또는 '불사적'이라는 특징은 '신적'이라는 말과 동의어다.

소크라테스야말로 어찌 보면 고대 지성사에서 영혼의 신성(神性)을 가장 명확하고 인상적으로 강조한 철학자라고 할 수 있다. 플라톤의 『파이돈』에서 소크라테스는 다음과 같이 말한다.

"이 문제를 이렇게도 고찰해 보게. 혼과 몸이 같은 곳에 있으면, 자연은 그중 하나는 종노릇을 하며 지배받으라고 명령하고, 다른 하나는 지배하며 주인 노릇을 하라고 명령하네. 이때 자네는 어느 쪽이 신적인 것과 유사하고, 어느 쪽이 죽게 되어 있는 것과 유사하다고 생각하나? 자네는 신적인 것의 본성은 지배하고 지도하는 것이고, 죽게 되어 있는 것의 본성은 지배당하고 종노릇하는 것이라고 생각하지 않나?" "나는 그렇게 생각해요." "혼은 어느 쪽을 닮았는가?" "자명하지요, 소크라테스 선생님, 혼은 신적인 것을 닮았고, 몸은 죽게 되어 있는 것을 닮았지요." 그러자 그분께서 물으셨어요. "그렇다면 살펴보게, 케베스! 지금까지의 모든 논의에서 다음과 같은 결론이 나오는지. 혼은 신적이고 불멸하고 지성으로 알 수 있고 형상이 하나뿐이고, 해체되지 않고 변하지 않고 자기 자신과 항상 같은 것을 가장 닮았지만, 몸은 인간적이고 죽게 되어 있고 지성으로 알 수 있는 것이 아니고, 형상이 다양하고 해체되고 자기 자신과 같은 적이 결코 없는 것을 가장 닮았는지 말일세. 여보게 케베스, 그게 사실이 아니라고 우리는 이의를 제기

---

89 Philolaos' & the Pythagoreans' Fragments(인용 출처: Aristoteles, Περὶ Ψυχῆς I. 2. 405a29. 재인용 출처: 탈레스 외, 『소크라테스 이전 철학자들의 단편 선집』, 484쪽).

할 수 있을까?" "제기할 수 없지요."⁹⁰

여기서 소크라테스는 육체가 인간적·필멸적·해체적·질료적·비지성적·노예적인 데 반해, 영혼은 신적·불멸적·통합적·형상적·지성적·주체적이라고 말한다. 반복된 이야기이지만 영혼은 정신 및 지성과 상통하며, 육체는 물질 및 감각과 연결된다. 소크라테스는 아마도 나의 주인은 내 육체가 아니라 내 정신, 즉 내 영혼임을 강조하고 싶어 했던 것 같다. 영혼과 정신 또는 이성과 지성은 그만큼 신적이고 신성하다.

영혼을 신성시했던 것은 키케로도 마찬가지였다. 그가 "영혼이 신들의 영역에서 영원한 삶을 누린다"라고 주장했음은 이미 앞서 살펴보았다.⁹¹ 신들과 어깨를 나란히 하는 영혼이 어떻게 신적이지 않을 수 있겠는가! 영혼이 신적임을 주장하는 키케로의 논거는 계속 이어진다. 영혼이 신적이라는 명제의 첫 번째 이유는 영혼이 많은 것을, 특히 전생(前生)을 기억해 내고 많은 것을 발견하기 때문이다. 두 번째 이유는 영혼이 이른바 '신적인 것'으로 일컬어지는 "생명력, 판단력, 발견, 기억" 등을 갖고 있기 때문이다. 세 번째 이유는 영혼이 "영원 불멸한 본성을 갖고" 있기 때문이다. 네 번째 이유는 "모든 것을 지각하며 운동하게 하며 영원한 운동을 스스로에게도 부여하는 존재"이기 때문이다.⁹² 이 모든 속성과 성질 및 능력 등은 오직 신만이 갖는 것들인데, 영혼 또는 정신이 바로 그러한 것들을 갖기에 신적이라고 불린다는 것이다. 그러면서 키케로는 중요한 하나의 사실을 말한다. 그것은 바로 우리가 이 신적인 성질을 갖는 영혼을 통해 신을 알게 된다는 것이다. "우리가 신을 알게 되는 것은 다른 어떤 것도 아닌 오로지 영혼 때문인데, 그것은 영혼이 모든 사멸하는 것으로부터 자유롭기 때문이다."⁹³

---

90 플라톤, 『소크라테스의 변론/크리톤/파이돈/향연』, 167~68쪽 (= *Phaidon*, 79e-80b).
91 키케로, 『투스쿨룸 대화』, 43쪽.
92 키케로, 『투스쿨룸 대화』, 65~75쪽.
93 키케로, 『투스쿨룸 대화』, 75쪽.

우리는 영혼을 매개로 신을 알게 된다. 기독교적으로 확대 해석하면, 우리가 신이 존재한다는 사실을 알 수 있고 신을 인식할 수 있는 중요한 수단은 바로 우리가 우리 자신의 정신과 영혼을 깨닫고 인식하는 것이다. 신은 곧 내 영혼이다.

그래서였을까? 중세에 오면 에크하르트가 영혼이 신을 닮았다고 선언한다. "영혼은 자신의 최고의 기능을 통해 하나님께 닿습니다. 그럼으로써 영혼은 하나님을 닮습니다."[94] 물론, 영혼이 곧 신이라고 말하지는 않지만 그만큼 영혼은 신적인 것으로 격상된다. 그래서 에크하르트가 영혼을 '신성'(神性)으로 정의했음은 앞서 영혼의 개념 정의 부분에서 소개했다. 영혼에 대한 그의 찬가는 단지 영혼이 신적인 것이라는 개념 정의로 끝나지 않는다. 영혼은 젊을 뿐만 아니라 그것을 능가하는 것이 없을 정도로 최고의 존재다. 에크하르트가 했던 설교를 들어 보자. "영혼은 본질적으로 나이를 먹지 않고 태어날 때와 똑같이 젊습니다. 왜냐하면 나이란 단지 영혼이 육체의 감각을 사용하는 것에 불과하기 때문입니다."[95] "영혼이 천사들처럼 하나님을 온전히 알았다면 결코 육체 안으로 들어가지 않았을 것입니다. 영혼이 세계 없이도 하나님을 인식할 수 있었다면 이 세계는 결코 창조되지 않았을 것입니다. 따라서 세계는 영혼의 눈이 하나님의 빛에도 견딜 수 있을 만큼 훈련되고 강해지도록 영혼을 위해 만들어진 것입니다."[96] 우리가 흔히 한 국가나 공동체의 왕이나 우두머리를 '지존'이라고 부르듯이, 에크하르트는 영혼을 기독교 세계에서 '절대 지존'에 해당하는 '신'의 지위에 버금가는 존재로 보았다.

영혼의 성질과 관련해 특이한 주제가 하나 더 있다면 그것은 영혼의 체험 불가능성에 대한 오컴의 담론이다. 그런데 영혼을 체험할 수 없다는 말은 무슨 뜻일까? 그의 말을 직접 들어 보자. "나는 만일 우리들이 전체 육

---

94 Meister Eckhart, *Meister Eckhart: A Modern Translation*, p. 161.
95 Meister Eckhart, *Meister Eckhart: A Modern Translation*, p. 134.
96 Meister Eckhart, *Meister Eckhart: A Modern Translation*, p. 161.

체 속에 온전하게 또 각 부분에도 온전하게 존재하는 어떤 비물질적이고 소멸하지 않는 형상을 '지성적 영혼'이라고 이해한다면, 그런 형상이 우리들 속에 존재한다거나 또는 그러한 실체에 고유한 오성(understanding)이 우리들 속에 있다든가 또는 그러한 영혼이 육체의 형상이라든가 하는 것은 이성이나 경험에 의해서는 명백하게 알려질 수 없다고 주장한다."[97] 이처럼 오컴은 영혼이 육체의 형상인지 아닌지는 우리가 이성이나 경험을 통해서는 알 수 없다고 말한다. 충분히 공감할 수 있는 발언이다. 영혼이 육체의 형상인지, 아니면 육체가 영혼의 형상인지와 같은 형이상학적 논쟁에 답할 수 있는 사람은 소수의 철학자 말고는 없다. 왜냐하면 오컴의 주장처럼 그것은 과학적으로든, 경험적으로든 확인되거나 확증될 수 없기 때문이다. 이 점에서 오컴은 근대 영국의 경험철학 선구자다운 면모를 유감없이 보여 준다. 더불어 오컴의 영혼 담론에서 특이한 점 하나를 더 지적하자면, 그것은 오컴이 '지성적 영혼'이라는 표현을 씀으로써 영혼을 육체 또는 죽음과 관련된 개념이라기보다는 이성 또는 철학과 관련된 개념으로 이해하고 있다는 것이다. 이 또한 철학적 사유에서 매우 과학적이고 경험적으로 접근하려는 오컴의 태도를 엿볼 수 있는 대목이다.

영혼 담론의 아홉 번째 주제는 영혼의 기능, 작용, 능력 등이다. 영혼의 능력과 관련해서는 아리스토텔레스의 주장이 가장 먼저 눈에 띈다.

> 우리가 이전에 말한 대로, 영혼의 능력들 중 앞서 언급된 것들이 어떤 생물에게는 모두 있지만, 어떤 생물에게는 그중 일부가 있고, 몇몇 생물에게는 하나만 있다. 우리가 말한 능력들이란 영양 능력, 감각 능력, 욕구 능력, 장소상의 운동을 일으키는 능력, 사고 능력이다. 식물에게는 영양 능력만 있고, 다른 생물에게는 이것뿐 아니라 감각 능력도 있다. 그런데 감각 능력이 있다면, 욕구 능력도 있는 것이다. 왜냐하면 욕구는 욕망이거나 기개

---

97 윌리엄 오캄, 『오캄 철학 선집』, 305쪽 (=『자유토론집』, I, Q.X.).

이거나 바람이고, 모든 동물이 감각들 중 적어도 하나 즉 촉각은 지니는데, 감각이 있는 생물에게는 쾌락과 고통도 있고 쾌락적인 것과 고통스러운 것도 있으며, 이것들이 있는 생물에게는 욕망도 있기 때문이다. 욕망은 쾌락적인 것에 대한 욕구이니까 말이다. 나아가 동물은 먹이에 대한 감각을 지니거니와, 사실 촉각이 먹이에 대한 감각이다. 사는 것들은 모두 건조한 것과 습한 것 및 뜨거운 것과 차가운 것으로 영양분을 공급받는데, 촉각이 이것들에 대한 감각인 것이다.[98]

익히 알려져 있듯이, 아리스토텔레스의 생물학적 사유에 따르면, 지구상의 유기체는 크게 식물적 생명, 동물적 생명, 인간적 생명 등 세 가지로 나뉜다. 이 가운데 식물적 생명은 영혼의 능력 중 영양 섭취 능력만을 갖는데 비해 동물적 생명은 영양 섭취 능력, 욕구 능력, 감각 능력, 장소 운동 능력까지 갖는다. 마지막으로 인간적 생명은 그것들에다가 사고 능력까지 포함해 모든 능력을 갖는다. 이런 식의 생물학적 사유를 굳이 '영혼'이라는 주제를 논할 때 특별히 펼치는 이유는 오직 영혼이 그러한 몸의 능력을 발휘하게 하고 통제하거나 조절하는 기능을 갖고 있기 때문이다. 여기서 아리스토텔레스가 말하는 영혼은 오늘날 의학에서 말하는 두뇌에 해당한다.

영혼의 기능을 주제로 한 사유는 에크하르트에게서 두드러지게 나타난다. 그는 영혼의 기능을 크게 네 가지 차원에서 논한다. 첫 번째 차원은 영혼이 육체와 무관하게 갖는 기능에 대한 것이다. 에크하르트는 그것을 지성과 의지라고 말한다. "영혼에는 육체와 관계되지 않은 두 개의 기능(agent)이 있습니다. 그것은 지성과 의지인데, 이것들은 시간에 구애받지 않고 작용합니다."[99] 영혼은 에크하르트에 의해 서구 지성사의 양대 산맥이라

---

98 아리스토텔레스, 『영혼에 관하여』, 72~73쪽 (= *De Anima*, 414a29-414b9).
99 Meister Eckhart, *Meister Eckhart: A Modern Translation*, p. 134 (강조: 에크하르트).

고 할 수 있는 지성을 강조하는 '주지주의'와 의지를 중시하는 '주의주의' 모두와 연관되는 것으로 규정된다. 두 번째 차원은 일종의 영혼의 순기능으로서 영혼은 좋은 것이든 나쁜 것이든 모두를 아름답게 여긴다는 것이다. "영혼 속에는 모든 것을 똑같이 감미롭게 여기는 기능이 있습니다. 가장 나쁜 것이나 가장 좋은 것 모두가 그 기능에는 똑같습니다."[100] 영혼에 대한 낙관적 견해로는 단연 압권이다. 세 번째 차원은 영혼의 세 가지 기능에 대해 따로 언급한 사례를 들 수 있다. 이 부분은 별도로 인용해 보자.

영혼의 최고 기능은 세 가지입니다. 첫째는 직관(intuition)이고, 둘째는 위로 솟아오르게 하는 기능인 정동(情動, irascibilis)이며, 셋째는 의지입니다. 영혼이 하나님을 인식할 때 사용하는 그 단순한 기능으로서 참 진리를 깨달을 때, 영혼은 빛으로 불립니다. 하나님 역시 빛이시므로 하나님의 빛이 영혼 속으로 쏟아지면 빛이 빛과 섞이듯 영혼은 하나님과 하나가 됩니다. 이때 이 빛은 신앙의 빛이라 불리며, 이것이 바로 성덕(聖德)입니다. 영혼의 감각들과 기능들이 미치지 못하는 곳이라도 믿음은 영혼을 데리고 갑니다. 두 번째는 솟아오르게 하는 기능으로서 이것이 하는 적절한 일은 사람을 위로 끌어올리는 것입니다. 마치 형태와 색깔을 보는 것이 눈의 일이고 감미로운 소리와 음성을 듣는 것이 귀의 일인 것처럼, 영혼의 이 둘째 기능이 하는 일은 투쟁적으로 끌어올리는 것입니다. 만일 영혼이 곁눈질한다거나 위를 향한 길에서 벗어난다면, 그것은 죄입니다. 영혼은 자기 위에 무엇인가 있다는 것을 견디지 못합니다. 영혼은 자기 위에 하나님이 계신 것조차 견디지 못한다고 나는 생각합니다. 만일 하나님이 영혼 안에 계시지 않고 영혼이 하나님만큼 선하지 않다면, 영혼은 결코 평안을 누릴 수 없습니다. 하나님은 하나의 피조물에게 허락되는 한 영혼이라는 자신의 대리자(agent)를 통해 파악됩니다. 이러한 연결 속에서 우리는 희망에 대해 말할 수 있는데, 이것 또한 성덕입니다. …… 세 번째 최고 기능은 내적 의지입니

---

100 Meister Eckhart, *Meister Eckhart: A Modern Translation*, p. 134.

다. 이것은 얼굴이 항상 앞을 향하고 있듯이, 하나님의 뜻 안에서 항상 하나님을 향하고 있으며, 그렇게 자기 안에서 하나님의 사랑을 창조합니다. 내적 의지를 통해 하나님은 영혼에 이끌리시며, 영혼 또한 하나님께 이끌립니다. 그래서 이것은 신적 사랑이라고 불리며, 이 또한 성덕입니다.[101]

영어의 '갑작스럽게 또는 격렬히 화를 내는'을 뜻하는 'irascible'의 어원에 해당하는 'irascibilis'는 본래 '감정적인'(emotional), '성을 내는'(choleric) 등을 뜻하는 라틴어 형용사다. 여기서는 우리말로 '정동'(情動)으로 번역했는데, '급격히 솟아오르는 감정의 움직임'을 뜻한다. 결국 에크하르트는 영혼에 지성, 감정, 의지 등 세 가지 최고 기능이 있다고 본 셈이다. 마치 인간의 기본 정신 기제를 망라해 적어 놓은 것처럼 보인다. 영혼의 이 세 가지 기능은 모두 하나님께 닿아 있으며, 각각은 성스러운 덕으로 칭송된다. 따라서 다른 말로 하면 영혼은 신적 능력으로서 지성, 감정, 의지 등 세 가지 성스러운 덕을 갖는다. 그래서 에크하르트는 영혼보다 우위에 있는 존재는 하나님밖에 없으며, 심지어 영혼은 자기 위에 하나님이 있는 것조차 싫어한다고 말한다. 따라서 서구 지성사에서 영혼에 대한 최대 찬사를 찾으려면 에크하르트의 설교집을 보면 된다. 에크하르트가 말하는 영혼 기능의 네 번째 차원은 매우 중요하다. 그것은 바로 육체의 정화 기능이다.

어떤 스승은 영혼이 몸속에 들어온 것은 정화되기 위해서라고 말합니다. 그리고 만일 몸에서 분리된다면 영혼은 지성도 의지도 갖지 못할 것이라고 합니다. 그러나 육체와 하나로 합쳐진 이 영혼은 하나님에게 향하도록 만들어 주는 기능을 사용할 수 없습니다. 그럼에도 불구하고 이 기능은 영혼의 핵심 안에, 말하자면 자신의 행위가 아니라 자기 뿌리 안에 현존합니다. 영혼은 [육체 안에] 흩어져 있는 요소들을 한데 모아 주는 자신의 기능으로써 육체 안에서 정화됩니다. 오감이 다시 한데 모임으로써 [이 힘들이] 표

---

101 Meister Eckhart, *Meister Eckhart: A Modern Translation*, p. 163.

현된다면, 영혼은 모든 것을 하나로 통합시키는 하나의 기능이 됩니다. 둘째로 영혼은 우리가 통일적 삶으로 오를 수 있도록 해 주는 덕을 실행함으로써 정화됩니다. 영혼 정화의 목적은 분리된 삶을 치유하고 삶이 통합되도록 하기 위함입니다. 대립하는 것이 없는 삶을 향해 영혼이 상승할 때, 열등한 사물들 사이에 흩어졌던 모든 세계는 하나로 결합합니다. 이성의 삶으로 들어가면 대립하는 것들은 잊힙니다. 하지만 이 빛이 사라진 곳에서는 모든 것이 떨어져 죽고 파괴됩니다. 셋째로 영혼의 정화는 [영혼이 궁극적으로 목표로 하지 않는] 어떤 것으로 빠져나가지 않을 때 이루어집니다. 다른 것들에 관심을 둔다는 것은 죽는 것이며 결국 존재하지 않게 되는 것입니다.[102]

비단 신비주의 사상가였던 에크하르트가 주장해서가 아니라 이 영혼의 정화 기능은 영혼과 관련된 서구 지성과 담론의 역사를 통틀어 현대인에게까지 심금을 울려 줄 수 있는 가장 중요한 대목으로 보인다. 왜냐하면 무언가 혼탁하거나 오염되었거나 타락한 것을 깨끗하게 씻어 주는 것보다 더 유용하고 필요하며 멋진 일은 없기 때문이다. 영혼이 이처럼 육체가 저지르는 온갖 더럽고 추악하기 짝이 없는 행동, 말, 태도 등을 말끔히 씻어 주는 기능을 갖는다고 본 에크하르트야말로 단순한 신비주의 사상가가 아니라 최고의 영혼 전도사, 최고의 영혼 치유사라 할 수 있을 것이다.

영혼 담론의 마지막 열 번째 논점은 영혼과 정신의 관계 또는 비교다. 이 주제에 대해서는 노발리스가 단연 돋보인다. 그가 정신이 영혼을 통해 형성되고 교육된다고 봄과 동시에 영혼을 정신의 원시적 요소로 정의했음은 앞서 언급한 바 있다. 더 나아가 노발리스는 정신이 감각을 갖는다면 질료는 영혼을 갖는다고 말한다. "영혼의 특성들 — 정신은 감각(Sinne)

---

102 Meister Eckhart, *Meister Eckhart: A Modern Translation*, p. 173.

을 갖는다. 질료(Materie)는 영혼(Seele)을 갖는다."[103] 아리스토텔레스가 일찍이 영혼을 육체의 형상이라고 정의한 이래 이제 질료, 즉 육체가 거꾸로 자신의 형상인 영혼을 갖는다고 말한 것은 최고의 반전이 아닐 수 없다. 그러나 정신이 감각을 갖는다는 발언은 다소 생뚱맞은 측면이 있다. 나 같으면 이성으로 많이 전용되어 쓰였던 영혼을 정신에 연결하고 육체, 즉 질료는 감각에 연관 지었을 것이다. 역발상을 노렸거나 변증법을 염두에 두었던 것일까? 노발리스는 여기서 정신이나 영혼은 물질적이며, 물질은 정신적이거나 영적이라고 말하려는 것처럼 보인다.

아우구스티누스 또한 정신과 영혼의 관계에 대해 언급했음을 지적하면서 이 장을 마무리하고자 한다.

하나님의 영(Spiritus)은 어떤 의미에서 영혼(anima)들의 생명이며, 하나님의 영이 없으면 비록 몸안에 이성적 영혼이 있어서 몸에 생명을 주는 것 같이 보일지라도, 그 영혼들은 죽은 것에 불과하다고 생각해야 된다. 그러나 성경의 풍부한 증언은 사람이 창조되었을 때에 '하나님이 흙으로 (땅의 먼지로) 사람을 지으셨다'고 한다(창세기 2:7). …… 그러므로 땅의 먼지 또는 진흙으로 만들어진 사람, 성경의 분명한 말씀대로 이 '땅의 먼지'가 영혼(anima)을 받았을 때에 우리가 사도에게서 배우는 바와 같이 'animale'('영혼을 받은', '생물적인', '육의') 몸이 되었다. 성경의 '사람이 생령이 되니라'는 말씀과 같이, 흙으로 사람이 만들어진 다음에 그 흙이 생령 곧 '산 영혼'이 되었다. …… 영혼과 몸이 결합된 것을 사람이라고 부른다. 그렇더라도 이 두 부분을 따로따로 써서 사람을 표시한다. '그 사람은 죽어서 지금 평안히 쉬고 있다' 또는 '벌을 받고 있다'고 할 때에, 이 말은 그 사람의 영혼에 대해서 말하는 것이지만, 일상 용어로는 이런 말을 금지하지 않는다. 또는 '그 사람은 어디어디에 묻혔다'고 할 때에, 이것은 그의 신체에 대해서만 하는

---

103 Novalis, *Schriften*, vol. 2, p. 246 (= "Philosophische Studien der Jahre 1795/96", 453).

말이다.[104]

여기서 'spiritus'는 '영'(靈)이라고 번역되어 있지만, 통상 영어의 'spirit' 처럼 '정신'으로 번역된다. '영' 또는 '영혼'은 라틴어로 'anima', 영어로 'soul', 독일어로는 'Seele'에 각각 해당하는 말이다. 따라서 우리는 아우구스티누스의 이 인용문을 정신과 영혼의 관계에 대한 것으로 이해해도 무방하다. 아우구스티누스는 영혼이 죽은 것을 살아나게 하는 생명이라면, 정신은 다시 그 영혼의 생명줄이라고 말한다. 한마디로 정신은 아우구스티누스의 입장에서 보자면 '생명의 생명'인 셈이다.

지금까지 영혼에 대해 서구 지식인들이 펼쳐 온 담론을 일별해 보았다. '정신'이나 '이성'과는 근본적으로 다른 개념으로서 '영혼'은 이처럼 다양하고 복잡하게 논의되었다. 그런 점에서 영혼은 어쩌면 죽음만큼이나 정의하거나 이해하기 어려운 개념일지 모른다. 이 점은 독자들도 충분히 느꼈으리라 본다. 물론, 지금까지 논의한 내용들이 모두 죽음과 관련된 개념으로서 영(靈) 또는 영혼이었다고 단언하기는 힘들다. 더욱이 영혼에 대해 언급한 담론을 모두 망라해 다루었다고 말하기도 어렵다. 죽음과 연관되었다고 생각했더라도 실제는 '죽음'보다는 오히려 '생명' 또는 '이성' 아니면 '정신' 등과 더 연관된 영혼 개념을 논의했을 수도 있다는 점을 배제하기 어렵다. 하지만 그런 경우라 하더라도 이 책의 제1장에서 다루었던 것처럼 삶이나 생명 또한 죽음의 범주 안에서 사유될 수 있는 한, 내가 전혀 생뚱맞은 작업을 했다고는 생각하지 않는다. 더구나 이 책의 주제는 영혼이 무엇인지를 이해하는 데 있지 않고 서구 지식인들이 영혼을 어떻게 이해했는지를 이해하는 데 있기 때문에 영혼에 대한 우리의 이해는 메타 이론적이거나 우회적일 수밖에 없다. 물론, 아무리 이를 통해 우리의 궁극적인 연구 목

---

104 성 아우구스티누스, 『신국론: 하나님의 도성』, 648~49쪽 (= *De Civitate Dei*, XIII, 24).

적이 영혼을 올바로 이해하는 데 있다 하더라도 말이다. 막연하게나마 — 아니면 더 혼란스러워졌을지라도 — 영혼 개념의 윤곽이 어느 정도 잡혔으니, 이제 사후세계의 담론으로 넘어가 보자.

제10장

죽음 이후의 삶: 사후세계와 사후생

인간의 죽음 뒤에도 삶은 계속 이어질까? 만일 그렇다면 그 삶이 펼쳐질 세계, 즉 사후세계는 과연 있을까? 그 세계는 어떤 모습일까? 천국이나 연옥 또는 지옥은 단지 우리 머릿속 상상의 세계가 아니라 정말로 실존하는 것일까? '사후세계'는 인간이나 생명체가 죽은 뒤 그 존재의 일부 또는 본질이 초자연적인 존재에 의해서건 아니면 자연법칙에 의해서건 계속 삶을 이어가는 것으로 여겨지는 세계를 말한다. 불교의 영향을 받은 우리나라를 비롯한 동양권에서는 다른 말로 '내세'(來世), '후세'(後世), '명부'(冥府), '황천'(黃泉), '저승' 등으로, 영어권에서는 'afterlife'(사후생), 'next world'(다음 세상), 'other world'(저세상) 등으로 불린다. 근사체험이나 임사체험 등을 통해 사후세계를 경험했다고 주장하는 사람들이 있으나, 지금까지 과학적으로 입증된 사례는 없다. 따라서 그에 관한 주장은 학문적 담론의 형태보다는 주로 추론이나 상상의 형식을 취한다. 아니면 종교적 교리나 교의 형식을 취하기도 한다. 물론, 퀴블러-로스처럼 아예 임상 기록을 통해 의학적이고도 과학적으로 입증되었다고 주장하는 사례가 없는 것은 아니지만, 이러한 견해가 보편적인 것은 아니다.

사실, 사후세계에 관한 서구 지식인들의 상상은 결코 지구라는 한계를 벗어나지 못했던 것 같다. 기껏 땅속 아니면 하늘 위가 다였으니 말이다. 고대 그리스인들이 상상한 사후세계는 땅속이었다. 그리스 신화에 따르면, 사후세계이자 지하 세계를 관장하는 왕은 티탄족 크로노스와 레아의 아들로 제우스와 포세이돈의 형제인 '하데스'였다. 크로노스가 아들인 제우스와의 전쟁에서 패배하면서 제비뽑기로 지하 세계 왕국이 하데스에게 돌아갔다. 거기서 그는 왕비 페르세포네와 함께 주로 '하데스의 집' 또는 간단히 '하데스'라고 부르는 곳에서 지옥의 신들과 죽은 자들을 다스렸다. 기독교가 도입되면서부터 서구인들의 사후세계는 이제 땅속에서 하늘 위로 바뀐다. 천국이 바로 그것이다. 물론, 기독교에서도 지옥 개념은 여전히 땅속을 의미하기는 했지만 말이다. 사후세계가 땅속을 모티프로 해서 그려진 것은 동양도 마찬가지였다. 이렇게 보면 죽음은 동서양을 막론하고 대체로 땅속의 이미지로 그려졌음을 알 수 있다. 매장이라는 장례의 관습도 그렇게 해서 만들어졌을지 모른다. 아니면 반대로 매장이라는 관습 때문에 사람들이 그렇게 생각했을 수도 있다.

이 장을 시작하기에 앞서 서술 방식에 대해 한 가지 해명해야 할 것 같다. 이런저런 이유로 이 장은 기존의 서술 방식과는 차이를 보일 것이다. 즉 이전의 서술에서 시대별이 아니라 주제별로 접근했다면, 이 장에서는 주제의 특성상 시대별로 논의해 나갈 생각이다. 왜냐하면 사후세계에 대한 담론 역시 그 종류와 특징이 아예 없는 것은 아니지만, 특별히 여러 범주로 나누어 서술해야 할 만큼 많지 않은 데다가 그 담론의 내용 또한 복잡하지 않고 매우 단순하기 때문이다. 서구 지식인들의 입장을 종합하면 사후세계를 믿든지 안 믿든지 두 가지 범주로 나뉘며, 그들이 그린 사후세계의 모습도 고대인들이나 기독교인들에게서 그다지 선명한 차이를 드러내지 않는다. 따라서 여기서는 고대부터 현대까지 사후세계에 대한 지식인들의 시대별 특징을 짚어 나가는 방식을 택했다.

고대 그리스인들이나 로마인들은 대체로 중세의 기독교도들처럼 사후세계를 믿었던 것 같다. 케임브리지 대학과 뉴캐슬 대학의 고전학 교수 피터 존스(Peter Jones)는 이 주제에 대해 다음과 같이 주장한다. "호메로스의 작품에서 영혼('프시케')은 살아 있는 실체가 아니라 단순히 죽은 사람의 허상(虛像)이다. 영혼이 사후의 삶을 누린다는 개념이 처음 등장한 것은 오르페우스를 숭배하는 종교 집단에서였던 듯하다. 이 집단에 속한 철학자로 피타고라스(기원전 6세기)가 있는데, 그는 영혼이 죽지 않고 인간이나 동물로 환생한다고 믿었다(따라서 엄격한 채식을 옹호했다). 이집트 신화의 이시스 여신은 그리스와 로마에서 어머니 여신 데메테르와 비슷한 숭배를 받았는데, 데메테르는 달과도 연관이 있었다. 이시스 숭배자들은 더 즐거운 사후세계를 누릴 것이라고 약속받았다. 로마인들 사이에서 보통 태양신으로 통했던 인도와 이란의 신 미트라도 로마제국에서 인기를 끌었다. 이 비밀 종교(그리스어로 무스테리아(musteria), 즉 '비밀 의식')는 새로운 입회자에게 사후 천국에 입성할 수 있다고 약속했던 것으로 보인다."[105] 사실, 사후세계에 대한 믿음은 인간이 죽음 이후에도 삶을 계속 이어간다는 신념의 다른 표현이다. 이때 죽음은 버스 노선이나 마라톤 구간에서의 종착점이 아니라 반환점 또는 기착점의 이미지로 그려진다. 최후의 종착점은 죽음이 아니라 영생을 누리는 사후세계, 즉 천국이다. 고대 그리스인들이나 로마인들이 다른 문명권의 대다수 사람처럼 죽음 뒤의 세계를 믿었다는 사실로부터 우리가 추론할 수 있는 명제는, 사후세계에 대한 믿음은 어쩌면 인간의 보편적 본성에 속한다는 것이다. 동서양을 막론하고 고대인들에게서 죽음 뒤의 세계가 무(無) 또는 무화(無化)라고 생각하는 것만큼 어색하고 낯설며 불편한 것은 없었을 것이다. 그들에게 나와 내 주변 사람들의 존재가 죽음 뒤에 갑자기 무가 되고 사라진다는 생각보다 더 끔찍한 일은 없었다. 없다가 있는 것을 추론하는 것은 모든 창조와 생산 과정이 그러하듯이 자연스러운 일이지만, 있다가 없는 것을 상상한다는 것은 우리 두뇌의 관성 법칙상 쉽게 수용하거나 용납될 수 있는 일이 아니다. 사람들이 죽음을 쉽게 받아들이지 못하는 이유도 바로 여기에 있다.

---

105   피터 존스, 『메멘토 모리: 나이듦과 죽음에 관한 로마인의 지혜』, 229~30쪽.

계속 존스의 논지를 따라가 보자. 그에 따르면, 그리스 최초의 서사시인 호메로스의 『오디세우스』에서 사후세계는 죄인들을 단죄하는 장소도 아니요, 그렇다고 지복의 장소도 아니었다. 그곳은 오히려 영혼이 팔랑대면서 날아다니는 평범한 곳으로 묘사된다. "먼저 오디세우스는 옛 전우와 대화를 나누고 이어 테이레시아스, 마지막으로 어머니와 이야기를 주고받는다. 그런 다음 지하 세계의 여신은 (이유는 언급하지 않고) 오디세우스가 죽은 여자 한 무리의 사연을 듣거나 그들에게 말하게 한다. …… 그러다 예고 없이 신화 속 영웅들이 무리 지어 나타나는데, 이들은 피를 마실 필요가 없었다. 그중 세 명은 고통스러운 벌을 받고 있으며, 마지막에 헤라클레스가 온다. 오디세우스가 이들과의 만남을 묘사한 내용으로 볼 때 그는 갑자기 지하 세계 안에 들어와 있는 것처럼 보인다. 전반적으로 구성이 어수선하고, 강령술(죽은 자를 소환하는 기술)과 지하 세계의 모험담이 뒤죽박죽 섞인 인상이다. 어쨌든 마지막 장면을 제외하면 딱히 지하 세계를 단죄나 영원한 지복의 장소로 암시하는 대목은 없다. 오디세우스의 어머니가 그에게 말해주듯, 지하 세계는 '영혼이 [화장 장작더미에서] 꿈처럼 빠져나와 팔랑대며 날아가는 곳'이었다."[106] 그리스인들에게 지하 세계, 즉 사후세계는 죽은 사람의 죄를 심판하고 처벌하는 단죄의 장소도 아니고 죽은 뒤에 영원한 삶을 누리는 지하 낙원도 아니었다. 한마디로 좋은 곳도 나쁜 곳도 아닌, 그저 중립적인 의미를 갖는 곳에 지나지 않았다. 이 말은 동양에서 사람이 죽었을 때 넋이 돌아가는 장소인 구천(九泉), 즉 "구천을 떠돈다"라는 표현을 떠오르게 한다. 물론, 이 관용구가 이승에서 한이 맺힌 넋이 명계로 가지 못하고 이승과 저승 사이의 경계 지점을 이리저리 돌아다닐 때 주로 쓰이기에, 호메로스의 표현보다 더 부정적인 뜻을 갖기는 한다.

소크라테스 역시 이 책 제1장에서 보았던 대로 사후세계를 믿었던 철학자다. 그가 사람이 죽으면 '혼'이 '이승'을 떠나 '저승'으로 간다고 말했음은 앞서 살펴보았다.[107] 지하 세계든, 저승이든, 피안이든, 황천이든, 구천이든,

---

106 피터 존스, 『메멘토 모리: 나이듦과 죽음에 관한 로마인의 지혜』, 236~37쪽.

천국이든, 지옥이든 간에, 사실 이것들은 사후세계의 존재를 전제하지 않으면 나올 수 없는 개념들이다. 그런 표현들이 통용되었다는 사실 자체가 이미 사람들이 사후세계를 인정하고 믿었다는 것을 뜻한다. 죽음을 관장하는 신을 상정했다는 사실 자체도 역시 그 점을 잘 입증한다. 그래서 실제로 그리스인들은 지하 세계와 죽음을 관장하는 저승의 신인 '하데스'라는 단어 자체를 '죽음' 또는 '죽음의 세계'를 뜻하는 단어로 사용하고 있었다. 본래 '하데스'는 '보이지 않는 자'라는 뜻이다.

플라톤의 『국가』 마지막 부분을 보면 죽었다가 살아난 군인 '에르'(Er)의 사후세계에 대한 상세한 묘사가 소크라테스의 입을 통해 전해진다.

> 내가 이야기하려는 것은 알키노오스의 이야기가 아니라 어떤 용감한 남자, 즉 팜퓔리아 출신인 아르메니오스의 아들 에르(Er)의 이야기일세. 에르는 언젠가 전사(戰死)한 적이 있는데, 열흘 뒤 시신들을 수습할 때 다른 시신들은 이미 썩어가고 있었지만 그의 시신만은 썩지 않았네. 고향으로 운구된 그는 열이틀째 되던 날 장례를 치르기 전에 화장용 장작더미 위에 누워 있다가 되살아나서 저승에서 본 것들을 들려주었네. 에르에 따르면, 그의 혼은 다른 많은 혼과 함께 길을 떠나 어떤 불가사의한 장소에 도착했대. 그곳에는 땅에 구멍 두 개가 나란히 나 있고, 그 맞은편 하늘 쪽에도 다른 구멍 두 개가 나 있었대. 이들 하늘 쪽 구멍들과 땅 쪽 구멍들 사이에는 재판관들이 앉아 있었는데, 이들은 판결을 내린 뒤 올바른 자들에게는 판결 내용을 나타내는 표지를 앞에 달고 하늘로 통하는 오른쪽 길로 올라가도록 명령하고, 불의한 자들에게는 이들 역시 지금까지 행한 모든 것을 나타내는 표지를 등 뒤에 달고 아래로 내려가는 왼쪽 길로 가도록 명령했대. 한데 에르가 재판관들 앞에 나타나자, 그들은 그는 저승의 일을 인간들에게 전하는 사자(使者)가 되어야 하는 만큼 저승에서 일어나는 일을 하나도 빠짐없

---

107 플라톤, 『소크라테스의 변론/크리톤/파이돈/향연』, 141~42쪽 (=*Phaidon*, 70c-70d).

이 듣고 보라고 이르더래. 그리하여 그는 혼들이 재판받은 다음 하늘 쪽 구멍 하나와 땅 쪽 구멍 하나를 통해 떠나가는 모습을 봤으며, 나머지 두 구멍 가운데 땅 쪽 구멍에서는 때와 먼지에 찌든 혼들이 올라오고, 하늘 쪽 구멍에서는 정결한 혼들이 내려오는 모습이 보이더래. 그런데 도착하는 혼들은 언제나 긴 여행에서 돌아온 듯이 보였으며, 이 초원에 도착한 것을 몹시 기뻐하며 마치 축제장에 도착한 듯 그곳에서 야영하더래. 서로 아는 혼들끼리는 인사를 나누었고, 땅 쪽에서 온 혼들은 다른 혼들에게 그곳 사정을 묻더래. 이들은 서로 이야기를 주고받았는데, 한쪽에서는 천 년이나 걸린 지하 여행에서 얼마나 많은 것을 보고 겪었는지 회상하고는 비탄의 눈물을 흘리며 이야기하고, 하늘 쪽에서 내려온 혼들은 그곳에서 누린 행복과 그곳에서 본 이루 말할 수 없이 아름다운 광경을 이야기하더래.[108]

에르의 전설에 따르면 사후세계, 즉 저승은 분명히 있으며 혼들은 재판을 받는다. 생전에 불의하고 악한 삶을 산 사람들의 혼은 땅 쪽의 구멍으로 들어가며, 정의롭고 선한 삶을 산 사람들의 혼은 하늘 쪽의 구멍으로 들어간다는 것이다. 이것은 마치 기독교에서 사람이 죽으면 심판받은 후에 악한 영혼은 지옥으로, 착한 영혼은 천국으로 간다는 플롯의 서사와 정확히 일치한다. 아마 동양에서도 유교나 도교 아니면 불교 등을 통해 유사한 사례는 무수히 발견될 것이다. 이처럼 동서양의 유사한 생각들을 통해 우리는 사후세계에 대한 믿음을 향한 인간 본성의 보편적 특징을 다시 한 번 확인하게 된다.

계속 이어지는 사후세계에 대한 에르의 전설을 마저 살펴보자. 이에 따르면, 사람이 죽으면 영혼이 다음 생에 무엇으로 태어날지 직접 고를 수 있다. 영혼들이 자리를 잡으면 다음 생을 선택할 순서를 정하게 된다. 순서가 정해지면 그들 앞에 사람이나 동물 등 다양한 삶이 놓인다. 영혼의 수보다 다음 생의 수가 더 많기 때문에 마지막 순서에 선택하는 영혼도 좋

---

108   플라톤, 『국가』, 577~78쪽 (= *Politeia*, 614b-615a).

은 생을 고를 수 있다. 그러니 "맨 먼저 선택하는 자는 방심하지 말고, 맨 마지막에 선택하는 자는 낙담하지 말라고" 하데스의 대변자는 충고한다. "에르에 따르면, 대변자가 그렇게 말하자 맨 먼저 선택하는 자가 곧장 앞으로 나아가더니 가장 큰 참주제를 선택하더래. 그는 어리석음과 탐욕 때문에 깊이 생각해 보지 않고 선택했고, 그래서 제 자식들의 고기를 먹을 운명과 그 밖의 다른 불행이 거기에 포함되어 있는 것을 보지 못했대."[109] 그리고 여자들의 손에 죽은 오르페우스의 영혼은 여자의 뱃속에서 태어나는 것이 싫어 백조의 삶을 선택했고, 트로이 전쟁 때 아킬레우스에 버금가는 전쟁 영웅 아이아스(Aias)는 인간이 되기 싫어 사자의 삶을 선택했으며, 아가멤논도 인간 종족이 싫어 독수리의 삶을 선택했다. 이런 식으로 몇몇 혼들이 여러 삶을 선택한 후에, 맨 마지막에 오디세우스의 혼이 귀향하는 과정에서 겪은 고난이 지겨웠는지 평범한 서민의 삶을 선택하더라는 것이다. 흥미로운 점은 다음 생을 선택하는 이 모든 혼의 기준이 한결같이 '전생의 습관', 즉 그들이 살았던 이승에서의 삶에 맞추어져 있다는 것이다.[110] 그리고 그렇게 선택한 삶은 각자 자신이 짊어져야 할 몫이다. 그 선택의 책임은 신이 아니라 오직 그 자신에게 있다. 이에 대해서는 하데스의 대변자 입을 통해 필연의 여신 아낭케의 딸인 처녀신 라케시스의 분부라며 다음과 같이 낭독된다. "하루살이 혼들이여, 죽게 마련인 족속의 죽음을 가져다줄 또 다른 주기(週期)가 시작된다. 수호신이 너희를 선택하는 것이 아니라, 너희가 수호신을 선택할 것이다. 첫 번째 제비를 뽑은 자가 먼저 삶을 선택하라. 일단 선택하면 그는 반드시 그 삶과 함께해야 한다. 미덕은 누구의 지배도 받지 않는다. 각자가 미덕을 존중하느냐 경시하느냐에 따라 미덕을 더 많이 갖거나 더 적게 가질 것이다. 책임은 선택한 자에게 있고, 신은 아무 책임이 없다."[111] 인간은 누구나 살아서나 죽어서나 자기 삶과 죽

---

109 플라톤, 『국가』, 587쪽 (= *Politeia*, 619b-619c).
110 플라톤, 『국가』, 588~89쪽 (= *Politeia*, 620a-620e).
111 플라톤, 『국가』, 584쪽 (= *Politeia*, 617d-617e).

음에 대해 무한 책임을 져야 하는 가련한 존재다.

사후세계의 일화를 통해서까지 우리가 왜 현생(現生)에서 착하고 훌륭한 삶을 살아야 하는지의 이유와 근거를 찾으려고 노력했던 소크라테스의 진심이 느껴진다. 그러나 로마로 오면 사정은 약간 달라진다. 물론, 모두라고 할 수는 없겠지만 로마인들 가운데 그리스인들이 믿었던 사후세계를 그다지 믿지 않았던 지식인들이 다수 보이기 때문이다. 루크레티우스가 그랬고 키케로도 그랬다. 이미 앞 장에서 보았던 대로 루크레티우스는 육체와 영혼이 물질적·육체적으로 결합되어 있으며, 육체의 죽음과 함께 영혼도 죽는다고 생각했다. 그러니 그에게서 사후세계란 없거나 설령 있다 하더라도 아무런 의미가 없는 것으로 드러난다. 인간이 왜 필멸의 존재이고 죽음과 더불어 어떻게 영혼이 사라지며, 죽음이 왜 무(無)이고 그렇기에 사후세계라는 것도 있을 수 없다고 생각했는지를 루크레티우스의 입을 통해 직접 들어 보자.

죽음은 우리에게 아무것도 아니고 우리와 전혀 관련이 없다, 정신의 본성이 필멸적인 것으로 드러나 있는 한. …… 또 설혹 정신의 본성과 영혼의 능력이 우리의 육체로부터 분리된 후에도 감각을 지닌다 하더라도 그래 봐야 그것은 우리와는 아무 상관이 없다, 우리는 육체와 영혼의 만남과 결합에 의해 하나로 만들어졌으므로. 또, 설사 죽음 후에 세월이 우리의 질료를 다시 모아, 다시금 지금 자리 잡고 있는 것같이 복원하고, 생명의 빛이 우리에게 또다시 주어진다 하더라도, 이렇게 이뤄진 것 역시 우리와는 전혀 관련이 없다, 일단 우리의 기억이 중간에 방해를 받았으면. …… 우리는 알 수 있다, 죽음 속에는 우리가 두려워할 게 전혀 없다는 것을, 그리고 존재하지 않는 사람은 결코 비참하게 될 수 없다는 것을, 또 일단 불멸의 죽음이 필멸의 생명을 데려가 버리면, 그가 언젠가 태어났었든, 아무 때도 태어나지 않았든, 이제는 전혀 차이가 없다는 것을. …… 그로 인해 그는 자신이 필멸의 존재로 생겨난 것에 분개하면서, 알지 못한다. 진짜 죽음에서는, 여전히 살아서, 자신이 스러지는 것을 슬퍼할 수 있는, 그리고 자기가 누운

채 찢기거나 태워질 때 곁에 서서 스스로 슬퍼할 수 있는, 또 하나의 자신이란 존재하지 않으리라는 것을. 왜냐하면 만일 죽었을 때 야수가 입으로 물어 끌고 가는 것이 재난이라면, 나는, 불 위에 얹혀서 뜨거운 화염에 말라비틀어지는 것이 어떻게 쓰라린 일이 아닐 수 있는지 알지 못하기 때문이다, 아니면 꿀 속에 안치된 채 질식하고, 싸늘한 바위 평면 위에 누워 냉기에 뻣뻣해지거나, 혹은 대지의 무게에 위로부터 짓눌려 압박당하는 경우에도.[112]

여기서 루크레티우스는 영혼도 필멸이고 죽음도 무(無)이기 때문에 자신이 죽고 나면 슬퍼할 자아는 더 이상 없다고 말한다. "현실적으로 사람에게는 죽으면 자기가 생명을 박탈당했음을 서러워하거나, 자기 몸이 찢기거나 태워지는 것을 바라보고 서서 슬퍼할 다른 자아라는 게 존재하지 않는다."[113] 죽고 나면 자기 시신이 들짐승들에게 뜯어먹히든, 장작더미 위에 불태워지든, 꿀에 발려 질식당하든, 땅속에 들어가 짓눌리든 간에, 아무런 차이도 상관도 의미도 없다는 것이다. 들짐승에게 뜯어먹히는 것은 끔찍하게 생각하면서 어떻게 뜨겁게 불태워지거나 차가운 땅속에 압박당하며 누워 있는 것은 괜찮다고 생각할 수 있을까? 사람이 죽으면 결국 모든 것이 끝나기에, 즉 영혼이 살아남거나 사후세계가 펼쳐지거나 하는 따위의 일은 없기에 죽은 뒤 자기 시신이 어떻게 처리될지 걱정하는 것은 우스꽝스럽기 짝이 없다는 것이다.

키케로 역시 외관상으로는 사후세계를 믿지 않았던 것으로 보인다. 존스의 해석에 따르면, 로마의 "지배 계층 사람들은 대중과 달리 대지를 떠도는 사자의 원혼이나 사후의 고통 따위를 좀처럼 믿지 않았다"는 것이다. 존스는 그 예로 키케로를 든다. "키케로는 '죽은 자가 아직 살아 있다'고 믿는 사람들을 가리켜 인과율에 무지하거나 헛것에 홀렸으리라고 했다. 망

---

112 루크레티우스, 『사물의 본성에 관하여』, 248~53쪽.
113 피터 존스, 『메멘토 모리: 나이듦과 죽음에 관한 로마인의 지혜』, 228쪽.

자가 삶의 안락함을 박탈당했다고 믿거나 지하 세계에서 영혼이 고통을 받는다고 생각하는 사람들도 비이성적이긴 마찬가지였다."[114] 그러나 존스의 이러한 주장이 설득력을 얻으려면 키케로의 영혼불멸설을 반박하는 증거도 함께 제시했어야 했다. 왜냐하면 앞선 장에서 우리는 키케로가 영혼이 불멸한다는 점을 주장했다고 지적했기 때문이다. 나는 존스가 제시한, 사후세계를 부정하는 듯한 키케로의 앞의 발언을 키케로의 원저작들에서 찾아내지 못했고 오히려 그것을 반증하는 전거들을 더 많이 확보했다. 가령, 키케로는 기원전 2세기에 활동했던 로마의 초기 시인 퀸투스 엔니우스(Quintus Ennius)의 사례를 들어 로마의 상고인들이 사후세계를 어떻게 확신하고 믿었는지를 다음과 같이 설명한다.

> 엔니우스가 '상고인들'이라고 언급한 옛 사람들은 이런 확신을 갖고 있었습니다. 죽음 이후에도 사람에게는 감각이 남아 있으며, 생명이 끝난 이후에도 사람은 완전히 소멸하지 않는다고 믿었습니다. 이를 다른 많은 것들에서는 물론이려니와 특히 장례식 절차와 목교관 권한에서 확인할 수 있습니다. 매우 현명했던 옛 사람들이 죽음을 모든 것의 파괴와 소멸에 따른 멸망이 아니라 다만 거처의 이동과 변화처럼 생각하였으며, 이로써 탁월한 사내와 여인들은 하늘에 옮겨 기거하며 여타 인물들은 땅 위에 머물며 헤매고 있다고 믿었습니다. 만일 그렇게 생각하지 않았다면 그들이 장례식 절차를 그렇게까지 엄중하게 돌보며, 침해할 경우 전혀 용서받지 못한다고 말하지는 않았을 겁니다. 그리하여 우리 로마인들의 견해를 보면 엔니우스는 '로물루스는 하늘에 올라 신들과 살아간다'라고 전승에 따라 노래하였습니다.[115]

물론, 이 글만 놓고 보았을 때 키케로 자신이 고대 로마인들처럼 사후세

---

114 피터 존스, 『메멘토 모리: 나이듦과 죽음에 관한 로마인의 지혜』, 228쪽.
115 키케로, 『투스쿨룸 대화』, 35~37쪽.

계를 믿었다고 말할 수는 없을지 모른다. 하지만 중요한 점은 그가 적어도 로마 상고인들의 생각이 말도 안 된다는 식으로 거부하는 태도를 보이지 않았다는 것이다. 아니, 오히려 그들의 생각을 존중하고 있음을 느낄 수 있다. 비슷한 전거는 또 발견된다. 앞서 전통 시대의 죽음 담론을 논의한 장에서 우리는 키케로가 죽음을 다양하게 정의했음을 살펴보았다. 그중 "감옥으로부터 벗어나며 사슬로부터 풀려나는 것"에 주목해 보자. 삶은 고통을 주는 감옥이다. 이 감옥에서 벗어나 해방되는 것이 곧 죽음인데, 그러한 죽음이 해방으로 불리는 진짜 이유는 죽음 이후에 삶이 계속된다는 믿음 때문이다. 만일 누군가가 감옥에서 벗어나자마자 다시 죽음을 맞이할 것이라는 걸 안다면, 오히려 감옥 안에 있기를 바랄 것이다. 물론, 『파피용』(Papillon)에서의 주인공처럼 죽음을 무릅쓰고라도 어떻게든 감옥에서 벗어나고자 하는 사람들이 없는 것은 아니다. 그렇지만 그런 경우라 하더라도 자유를 꿈꾸며 살겠다는 희망이 죽음을 불사할 용기를 주었다고 볼 때, 어쨌든 그것은 내가 여기서 제시한 사후세계를 부정하는 사례와는 다르다고 할 수 있다. 확실한 죽음이 기다리고 있다는 사실을 알면서도 감옥을 벗어나려는 사람은 자살하겠다고 마음먹지 않은 이상 거의 없다고 보아야 한다. 다시 원래의 논의로 돌아가자. 결국 무엇으로부터의 '해방'은 해방 직후의 죽음이 아니라 이후의 '자유롭고 평온한 삶'을 전제로 한다. 따라서 키케로가 '죽음'을 "삶이라는 속박과 감옥에서 해방되는 것"이라고 간주했다면, 그는 사후세계에서의 지속적인 삶을 염두에 두었을 가능성이 크다. 실제로 같은 문단에서 키케로는 '죽음'을 "영원한 거처 혹은 명백히 우리의 거처라고 할 곳으로 이주"하는 것이라고 정의한다.[116] 여기서 '영원한 거처' 또는 '우리의 거처'란 더 말할 것도 없이 사후세계를 의미한다.

로마 전 시기를 통틀어 최고 시인으로 평가받는 베르길리우스(Vergilius) 또한 로마의 건국 신화를 다룬 주저 『아이네아스』(Aeneas)에서 사후세계를 묘사한다. 아이네아스는 죽은 아버지 안키세스에게 조언을 구한다. 아이

---

116 키케로, 『투스쿨룸 대화』, 139쪽.

네아스를 지하의 하데스에게 안내하는 이는 아폴론으로부터 예언 능력을 부여받은 여인 시빌라(Sibylla)이다. 이 부분에 대한 베르길리우스의 묘사를 보자.

> 영혼들의 세계를 지배하는 신들이시여, 침묵하는 그림자들이여, 카오스와 플레게톤과 소리 없는 밤의 광야여, 내가 들은 것을 말하도록 허락해 주소서! 지하의 어둠 속 깊숙이 감추어져 있는 것을 그대들의 동의 아래 밝히도록 허락해 주소서. 그들은 어둠 속에서 외로운 밤에 그림자와 디스의 빈 궁전들과 황량한 왕국을 지나가고 있었다. 그것은 마치 유피테르가 하늘을 그늘 속에 묻어 버리고 밤이 사물들에게서 색채를 빼앗아버릴 때, 불확실하고 희미한 달빛 아래 숲속을 걸어가는 것 같았다. 입구 바로 앞 저승의 아가리 안에는 슬픔과 후회가 침상을 가져다 놓고 있었다. 그곳에는 창백한 병과 슬픈 노년과 공포와 죄를 짓도록 유혹하는 기아와 누추와 가난과 — 이들은 보기 끔찍한 형상들이다 — 죽음과 고통이 살고 있다. 다음에는 죽음과 동기간인 잠과 나쁜 쾌락들이 있고, 그들 맞은편 문턱에는 죽음을 가져다주는 전쟁이 있다. 그곳에는 또 자비로운 여신들의 무쇠 방들과 피 묻은 머리띠로 뱀 머리털을 묶고 있는 정신 나간 불화의 여신도 있다. 중앙에는 그늘을 드리운 거대한 느릅나무가 태고의 가지들을 팔처럼 벌리고 있는데 잎들마다 그 밑에는 거짓 꿈들이 매달려 도처에 둥지를 틀고 있다고 한다. 그 밖에도 문간에는 여러 가지 야수들의 수많은 거친 형상이 머물고 있는데, 켄타우로스들과, 반은 여자고 반은 개인 스퀼라들과, 일백의 팔을 가진 브리아레오스와, 무시무시하게 쉿 소리를 내는 레르나의 괴수와, 화염으로 무장한 키마이라와, 고르고들과, 하르퓌이아들과 몸통이 셋인 게뤼온의 망령이 그것이다. 깜짝 놀란 아이네아스는 칼을 빼들고 다가오는 그들에게 칼끝을 들이댔다. 현명한 동행자가 그들은 육신이 없이 날아다니는 가벼운 생명들로 실체 없는 허상에 지나지 않는다고 일러주지 않았더라면, 그는 덤벼들어 칼로 그림자들을 헛되이 내리쳤을 것이다.[117]

가장 먼저 눈에 띄는 점은 '잠'을 '죽음의 누이'에 비유한 것인데, 이에 대해서는 이미 죽음 담론에서 살펴보았으니 넘어가기로 한다. 그리고 온갖 부정적인 단어들이 모두 이 지하 세계, 즉 영혼과 혼백들이 머무는 곳에 집결해 있음을 알 수 있다. 예컨대, 슬픔, 후회, 질병, 노년, 공포, 죄, 고통, 나쁜 쾌락, 전쟁, 불화, 거짓 꿈, 야수 등이 그것들이다. 이 모든 것이 죽음 이후의 세계에도 그대로 이어진다고 보는 관점이 매우 흥미롭다. 여기에는 '태만'과 '나태'도 추가될 수 있다. 그리고 고대 신화나 서사시에 등장하는 수많은 괴물 ― 켄타우로스, 스킬라, 브리아레오스, 히드라, 키메라, 고르곤, 하르피이아, 게리온 등 ― 도 이곳에 총출연한다. 이렇게 보면 베르길리우스가 생각한 내세(來世)란 마치 기독교에서의 지옥처럼 무시무시한 곳임이 분명하다.

플로티노스 또한 다양한 사후관(死後觀)을 펼친 철학자로 유명하다. 사후세계에 대한 그의 담론은 먼저 오늘날의 용어로 임사체험에 해당하는 여러 종류의 신적 경험을 거론하면서 시작된다. "만일 내가 나의 몸에서 빠져나와 내 안에 깨어날 때마다 매번 나와 다른 무엇은 내 뒤로 따돌리고 나의 내면을 향해 나아가노라면, 나는 대단한 아름다움을 보게 되며 그러한 순간에 저편의 아주 강력한 힘에 자신을 내맡길 만한 완전한 신뢰심을 얻게 된다. 나는 그때 지고한 삶을 경험하며, 신적인 것과 하나-됨을 느낀다."[118] 또 다른 곳에서는 다음과 같이 말한다. "만일 제대로 말한다면, '아예 그 자신은 거기에 없다'고 말해야 할 것이다. 그것은 마치 '몰아(沒我) 상태'이거나 '접신(接神) 상태'로서 호젓이 침잠하여 고요 속에 빠져들어 버린 것과 같다고 하겠다. 그래서 그는 그의 정체성에 전혀 손상을 주지 않으면서도 자기 자신에 대해 무심하듯이 완전히 호젓한 상태로 정지된 것처럼 보일 것이다. …… 예컨대 탈혼(ἔκστασις, Extasia)이나 해탈(ἅπλωσις,

---

117 Vergilius, *Aeneas*; 베르길리우스, 천병희 옮김, 『아이네이스』, 도서출판 숲, 2012, 196~97쪽 (= *Aeneas*, VI, 264-294).
118 플로티노스, 『플로티노스 엔네아데스 선집』, 162쪽 (= *Enneades*, IV 8, 11).

Ataraxia), 자기 이탈(ἐπίδσις αὐτοῦ) 혹은 접촉과 안정에 다다름 또는 합일정념(合一正念)이라고도 일컬을 수 있는 상태라고 하겠다."[119] 여기서는 몰아(沒我), 접신(接神), 탈혼(脫魂), 해탈(解脫), 자기 이탈(自己離脫), 합일정념 등 한마디로 비과학적이고 종교적인 개념들이 총출동한다. 가령, '탈혼'을 가톨릭 용어 사전에서 찾아보면 다음과 같이 정의되어 있다. "일반적 의식이나 오관(五官)의 기능이 일시 정지된 상태. 이는 일반적으로 심리적 원인으로 인한 자연적인 것과 초자연적인 것으로 대별된다. 초자연적인 탈혼은 무속의 강신술(降神術)이나 악마 등에 의한 경우와 하느님의 능력에 의한 것이 있다. 교회에서 논의되는 바는 하느님의 능력에 의한 초자연적인 탈혼, 즉 인간 영혼이 일시적으로 하느님과의 밀접한 일치로 드높여진 결과 부수적으로 감각 기관이 정지되는 상태를 가리킨다."[120] 기독교 신학자들은 이처럼 육체에서 이탈한 영혼이 이탈 자체가 아니라 신과의 조우나 합일을 지향한다고 주장한다. 한편, 접신은 보편 종교보다는 무속 신앙에서 주로 쓰이는 용어이다. 그렇다면 과연 로마의 철학자 플로티노스는 가톨릭 성직자나 무당이었을까? 결코 아니다. 무속인도 아니었지만 그렇다고 기독교 신자도 아니었다. 그렇다면 이도저도 아니었던 그가 왜 이런 생각들을 하게 되었을까? 답은 아마도 '영혼'에 대한 그의 지대한 관심 때문이었을 것이다. 그의 글을 읽다 보면 '영혼'에 관한 이야기가 무수히 쏟아져 나온다. 이미 이 책 제8장에서 살펴본 것처럼 '개별 영혼'이니 '세계영혼'이니 하는 용어들까지 포함해서 말이다. 이러한 관심은 자연스럽게 그로 하여금 신의 경지에 오르거나 신적인 체험을 하는 데까지 이르도록 만들었다. 사실, 플로티노스는 신플라톤주의자이자 신비주의자이기도 했다. 아리스토텔레스가 플라톤을 자연주의적이고 다원론적으로 계승했다면, 플로티노스는 플라톤을 신비주의적이고 일원론적으로 해석했다. 플로티노스

---

119 플로티노스, 『플로티노스 엔네아데스 선집』, 165쪽 (= *Enneades*, IV 9, 11).
120 「탈혼」(한: 脫魂/ 라: ecstasis/ 영: ecstasy), 『가톨릭 대사전』, https://maria.catholic.or.kr/dictionary/term/term_view.asp?ctxtIdNum=3689&keyword=&gubun=01 (검색일: 2023년 2월 27일).

의 신비주의 역시 신피타고라스주의나 영지주의와는 달랐다. 즉 그는 가시적 세계를 물리치지 않았고 자기 사상에서 강조한 일자(一者)를 신비적이면서 동시에 내재적이라고 주장했다. 일자는 무한성이 나타날 수 있는 데까지 유한한 것 속에 드러나 있다는 것이다. 일자의 내재성을 인식하지 못하는 사람은 결코 일자와의 합일의 경지에 도달하지 못한다. 그 합일의 경지, 즉 신과의 합일이 바로 신적인 체험이고 신비주의에서 이야기하는 황홀경(ecstasy)이자 가톨릭에서 이야기하는 탈혼(ecstasy)이다. 비록 플로티노스는 종교와 무관한 사람이었을지는 몰라도 종교적이고 신적인 체험을 중시했던 신비주의 사상가였다.

그래서였겠지만 플로티노스는 '저편', 즉 이 책의 용어로는 '사후세계'에 대해 자주 언급한다. 그에게 저편, 즉 저승이란 어떤 곳이었을까? 사실, 그에게서는 저승이 어떤 곳이라고 정의되기보다는 그곳에서는 어떤 일이 일어나는지 또는 그곳에 존재하는 것들은 어떤 특징을 갖는지가 주로 논의된다. "저편에서는 동시에 그리고 함께 시원을 이루어 서로에게서 벗어나지 않으니, 그 둘은 그렇듯 하나로, 그러니까 동시에 정신과 존재로, 사유하는 것(주체)이자 사유되는 것(객체)으로, 다시 말해 정신은 사유 행위를 주도하고 존재는 사유되는 것으로 포착된다고 하겠다."[121] 저승은 정신과 존재가, 즉 생각하는 주체와 생각된 객체가 하나로 결합된 곳이라는 것이다. 다음과 같은 주장도 나온다. "한편, 저편에는 그 자체를 움직이게 하는 것으로 상정되는 그 어떤 것도 결코 따로 존재하지 않는다. 그러나 만일 그 자기 자신으로 말미암아 생겨난다면, 저편은 영원히 자기 자신을 향하여 나아가는 회귀적(回歸的)인 특징을 따라 생겨났다고 해야 한다."[122] 저편에서는 모든 것이 서로 유기적으로 결합되어 있고 그 어떤 존재도 이유 없이 생기지 않으며, 특정 존재가 존재하는 방식도 그 자신을 향한 회귀적 성격을 갖는다는 것이다. 여기까지만 놓고 보면, 그가 생각한 저승은 일반인들이

---

121 플로티노스,『플로티노스 엔네아데스 선집』, 166쪽 (= *Enneades*, V 1, 4).
122 플로티노스,『플로티노스 엔네아데스 선집』, 167쪽 (= *Enneades*, V 1, 6).

생각하는 것과 많이 다르다는 것을 알 수 있다. 아니, 읽기에 따라서는 그가 도무지 무슨 소리를 하는지 모르겠다고 생각하는 사람도 있을 것이다. 그러나 다음 문장을 보자. "저 너머에 존재하는 것(들)은 [이 세상에] 존재하는 모든 것(有)에게 무(無)와도 같다. 왜냐하면 존재에 관한 한 모든 것은 저 너머와 구별되기 때문이요, 그것은 저 너머가 그 어떤 형상으로도 대변되지 않기 때문이다. 다시 말해 저 너머에는 오로지 '하나'만 존재할 뿐이다."[123] 결국 플로티노스에게서 저승이란 이승과 달리 하나의 존재자만 존재하는 곳이다. 마치 플라톤의 이데아처럼 플로티노스에게 저편이란 일자(一者)가 존재하는 이상적인 곳이다. 마치 플라톤에게서 인간의 궁극적 인식 대상이 이데아였던 것처럼 플로티노스에게서는 인간의 최종적 인식 대상이 일자였다.

그러나 플로티노스는 우리가 바로 저편과 관계를 맺는다고 말한다. 읽기에 따라서는 저편과 이편이, 저승과 이승이, 내세와 현세가 하나로 연결되어 있다고 볼 수 있다.

> 비록 우리가 그에 대한 앎에 있어 부족함이 많아 온전한 지식을 갖추지는 못할지언정 그에 대해 진술해 내는 만큼은 알 수 있다고 보아야 할까! 정녕 그 자체를 진술해 낼 수는 없지만 말이다. 왜냐하면 우리는 존재하지 않는 것에 대해서도 말할 수 있기 때문이다. 물론 그럼에도 그것이 무엇인지 우리는 말할 수 없다. 다만 그에 대해 그 이후에 생겨난 것들로써 말할 수 있을 뿐이다. 더욱이 우리가 그 자체를 진술해 내지 못할지언정 그와 관계를 맺는 데에 방해받지는 않는다고 본다. …… 그렇게 우리는 저 너머의 존재(원천)와 관계를 맺는다.[124]

비록 우리가 저편의 원천, 즉 모든 존재의 원인인 일자에 대해 알 수도

---

123 플로티노스, 『플로티노스 엔네아데스 선집』, 167쪽 (= *Enneades*, V 3, 8).
124 플로티노스, 『플로티노스 엔네아데스 선집』, 167~68쪽 (= *Enneades*, V 3, 14).

말할 수도 없고 다만 그 이후에 생겨난 것들을 통해서만 말할 수 있을지 모르지만, 그래도 우리는 그 일자와 관계를 맺을 수 있다. 이처럼 이승에서든 저승에서든 간에, 모든 존재는 하나로 연결되어 있다는 것이 플로티노스의 기본 생각이었던 것 같다.

이렇게 존재의 원천을 규명한 플로티노스는 저편의 특징과 본질에 관해 서술해 나간다. 먼저 '저편'에서의 '삶'은 "힘들이지 않고 사는 것"을 의미한다.[125] 마치 기독교에서 이야기하는 천국 같은 곳이 저편인데, 지복을 누릴 수 있는 천상 낙원의 이미지가 떠오른다. 이러한 저편의 이미지를 더 명확히 하기 위해 플로티노스는 저편과 이편의 수준을 비교한다. "저편에서는 마치 빛이 빛과 마주하는 것과도 같아서 모든 것이 모든 것을 자신 안에 지니고 있다. 그래서 다른 것 안에서 모든 것을 알아보지 않겠는가! 어디에나 모든 것이 존재하고 모든 것이 모든 것이요, 각각이 모든 것이니, 그 (각각의) 광휘는 무한하다. 왜냐하면 그들에게 있어 각각은 거대하기 때문이다. 더욱이 거기에서는 아주 자그마한 것도 거대하다."[126] 저편은 이처럼 위대한 곳이기에 그곳에 존재하는 것은 아무리 하찮게 보일지라도 위대하다. 이편에서의 존재들과는 차원이 다르다. 왜냐하면 "저편은 시원이자 목적"이기 때문이다. "그 자체가 동시에 모든 것이요, 또한 부족하지 않게 존재한다."[127] 이 문장에서야 비로소 저편의 본질이 밝혀진다. 플로티노스가 생각한 사후세계는 이승에서의 모든 존재의 출발점이자 종착점이었다. 모든 것은 저편에서 시작해 저편으로 돌아간다. 이 자연과 세계와 우주의 원천이자 목적지가 바로 저편이다. 그래서 "저편은 첫 번째로 아름다우며 어디에서나 전체로서 존재한다. 그리하여 그 아름다움에서 일부 변하기라도 하듯이 부분으로 나누어지는 일이 없다".[128] 저편의 세계는 분할되는 일 없

---

125 플로티노스, 『플로티노스 엔네아데스 선집』, 168쪽 (= *Enneades*, V 8, 4).
126 플로티노스, 『플로티노스 엔네아데스 선집』, 168쪽 (= *Enneades*, V 8, 4).
127 플로티노스, 『플로티노스 엔네아데스 선집』, 169쪽 (= *Enneades*, V 8, 7).
128 플로티노스, 『플로티노스 엔네아데스 선집』, 169쪽 (= *Enneades*, V 8, 8).

이 온전히 존재하는 아름다운 전체다. 따라서 플로티노스에게서 저편은 플라톤의 이데아, 기독교의 신, 훗날 칸트의 물자체, 쇼펜하우어의 의지 등과 같이, 이 세상의 가장 궁극적 본질을 나타내는 곳이다. "저편에서 산다는 것은 정신이 최대한 능력을 발휘한다는 것을 가리키며, 그런 능력 발휘로 말미암아 저 '하나'와의 안정된 접촉을 따라 마침내 신적인 것들이 태어나게 될 것이니, 아름다움이 태어나게 되고 그것이 정의를 낳고 정의가 미덕을 낳을 것이다."[129] 결국 플로티노스가 보기에 사후세계란 정신이 최대한의 능력 발휘로 그 자신을 완성하는 곳이자 그러한 능력 발휘로 인해 일자와 합일을 이루는 곳이며, 그래서 신성함이 태어나는 곳이다. 이곳에서는 미(美), 정(正), 덕(德) 등 인간이 생각해 낼 수 있는 최고의 가치들이 생산된다.

기독교 세계로 오면 사후관에 대한 지식인들의 태도와 내용이 근본적으로 바뀐다. 고대 그리스인들이나 로마인들이 대체로 사후세계를 믿거나 인정했던 것은 사실이지만, 그 세계에 대한 의존도가 결코 높았던 것 같지는 않다. 더구나 그들은 '사후세계'를 앞서 보았듯이 "단죄나 보상이 이루어지는 심판의 장소로 보지 않았다."[130] 그저 신들을 부정하지만 않는다면 현생에서의 삶이 중요했으며, 만일 신을 부정하거나 모독하는 불경죄를 지었다면 내세에 도착할 때까지 기다릴 필요가 없었다. 처벌은 지금 바로 이곳에서 이루어질 테니 말이다. 그러나 기독교가 도입되면서 사람들의 내세관은 본질적으로 변한다. 어차피 원죄를 안고 태어나 현생을 살아가는 인간은 죄와 그에 대한 처벌을 피할 길이 없다. 따라서 현생이 아닌 내세가 절대적으로 중요해졌다. 내세에서 영생을 누리기 위해 현생의 고통을 감내하면서 살아가라는 기독교의 기본 교리는 오로지 사후세계에 그 기본 초점이 맞추어져 있었다.

이러한 정신은 누구보다도 아우구스티누스에게서 잘 나타난다. 기독교

---

129 플로티노스, 『플로티노스 엔네아데스 선집』, 172쪽 (= Enneades, VI 9, 9).
130 피터 존스, 『메멘토 모리: 나이듦과 죽음에 관한 로마인의 지혜』, 243쪽.

에서의 사후세계는 지옥, 연옥, 천국으로 구성되어 있다. 그중 지옥을 아우구스티누스는 다음과 같이 묘사한다.

하나님이 예언자를 시켜, 정죄된 자들의 영벌에 대해서 하신 말씀은 틀림없이 실현될 것이다. "그 벌레가 죽지 아니하며 그 불이 꺼지지 아니하리라"(사 66:24)는 것이 그 말씀이었다. 주 예수 그리스도께서도 사람을 넘어지게 만드는 지체, 즉 우리가 오른손이나 발과 같이 사랑하는 사람들을 잘라 버리라고 말씀하셨을 때, 이 말씀을 우리의 머릿속에 가장 깊이 새겨 넣으시기 위해서, "불구자로 영생에 들어가는 것이 두 손을 가지고 지옥의 꺼지지 않는 불에 들어가는 것보다 나으니라. 거기는 구더기도 죽지 않고 불도 꺼지지 아니하느니라"(막 9:43, 48)고 하셨다.[131]

기독교에서 말하는 지옥은 생전에 죄를 지은 사람들을 처벌하는 사후세계다. 그것도 영원히 벌을 준다는 의미에서 영벌(永罰)로써 말이다. 물론, 지옥은 기독교에서만 보이는 사후세계가 아니다. 조로아스터교, 유대교, 이슬람교, 불교 등 대부분의 다른 종교에서도 언급되는 대명사 격에 해당하는 장소다. 히브리어로는 예루살렘을 둘러싸고 있는 '힌놈의 계곡'(Valley of Hinnom)에서 유래한 'Gehenna'(게헨나) 또는 'Gehinnom'(게힌놈)으로, 라틴어로는 아마도 망자가 들어가는 지하 세계를 나타내는 단어로 '낮다'(low)는 뜻의 'inferus'에서 유래한 'infernus'로, 프랑스어로는 'enfer'(이탈리아어로는 'inferno', 스페인어로는 'infierno')로 불린다. 아울러 영어로는 앵글로색슨족의 이교 시대에 원래는 망자의 황천 세계를 지칭하는 용어로 쓰였던 고대 영어 'hel' 또는 'helle'에서 유래한 'hell'(독일어로는 Hölle)로 불린다. 지옥은 전 세계인들의 사후세계를 반영하는 보편 용어인 셈이다.

한편, 기독교 세계에서 죄를 깨끗이 씻지 못해 천국에 들지 못한 망자의

---

131 성 아우구스티누스, 『신국론: 하나님의 도성』, 1037~38쪽 (= *De Civitate Dei*, XXI, 9).

불완전한 영혼이 정화(purgatio)를 통해 완전히 깨끗해질 때까지 잠시 머무는 임시 거처인 '연옥'의 개념이 등장하고 확립된 것은 대략 12세기 무렵이지만, 적어도 프랑스 역사가 자크 르 고프(Jacques Le Goff)에 따르면 이 개념을 최초로 정초(定礎)한 인물은 아우구스티누스다. 르 고프는 『연옥의 탄생』에서 "연옥의 전사에 가장 중요한 요소들을 제공한 것은 기독교에 깊은 각인을 남긴 그리고 아마도 중세의 가장 큰 '권위'였을 아우구스티누스이다"라고 주장한다.[132] 그렇다면 아우구스티누스는 연옥이 어떤 곳이라고 생각했을까? 『신국론』에서 연옥을 설명하는 부분을 보자.

> 우리는 금생에서도 어떤 벌은 정화 작용을 한다고 인정한다. 그것은 벌을 받아서 나아지지 않고 도리어 악화하는 사람들의 금생이 아니라, 벌을 받음으로써 부득이 생활을 고치는 사람들을 의미한다. 하나님의 섭리로 각 사람이 받는 다른 벌들은 일시적인 것이거나 영원한 것이거나 간에, 모두 혹은 과거의 죄 때문에, 혹은 아직도 짓는 죄 때문에, 혹은 사람의 장점이 실천으로 나타나게 하기 위하여, 가하는 것이다. …… 그러나 일시적인 벌은 금생에서만 받는 사람이 있고, 사후에만 받는 사람이 있고, 금생과 내세에 받는 사람이 있다. 이런 벌들은 모두 지극히 엄격한 최후 심판 이전에 있는 것이다. 또 사후에 일시적인 벌을 받는 사람들은 그 전부가 최후 심판 후에 있을 영원한 고통을 받게 마련인 것이 아니다. 우리가 이미 말한 바와 같이, 어떤 사람들은 금생에서 용서를 받지 못한 죄를 내세에 용서받는다. 즉, 그들은 내세에 있을 영원한 벌을 받지 않을 것이다.[133]

라틴어로 'purgatorium', 영어로는 'purgatory'인 '연옥'(煉獄)은 그 어원을 따라 "영혼의 정화가 이루어지는 곳"을 뜻한다. 르 고프에 따르면,

---

132 Jacques Le Goff, *La Naissance du purgatoire*, Paris: Gallimard, 1981, 자크 르 고프, 최애리 옮김, 『연옥의 탄생』, 문학과지성사, 1996, 141쪽.
133 성 아우구스티누스, 『신국론: 하나님의 도성』, 1044쪽 (= *De Civitate Dei*, XXI, 13).

이 용어는 처음 사용한 아우구스티누스의 권위에 힘입어 중세 내내 통용된다. 르 고프는 또한 아우구스티누스가 이 개념을 설명할 때, 형용사 'purgatorius'(정화적인), 'temporarius'(일시적인) 또는 'temporalis'(일시적인), 그리고 'transitorius'(과도적인) 등 세 단어가 핵심적 역할을 한다고 역설한다. 연옥은 그 점에서 망자의 영혼이 최종 목적지인 천국으로 넘어가기 직전에 죄의 씻김을 위해 일시적으로 머무는 곳이다.

그렇다면 아우구스티누스가 그린 마지막 단계인 천국은 어떤 모습일까? 그에게서 천국은 신국(神國), 즉 하나님의 나라와 구별되지 않는다. 천국이자 신의 나라인 이곳이 바로 내세이기 때문이다. 그곳에서는 영원한 행복과 안식만 있을 뿐이다.

> 그때에는 어떤 악도 없으며, 어떤 선도 부족하지 않으며, 만유의 주로 만유 안에 계시는 하나님을 찬양할 시간이 있을 것이므로 그 행복이 얼마나 커다란 것일까! 나태함으로 게을러지거나 결핍으로 피곤한 일이 없을 그곳에서 사람들이 어떤 다른 일에 종사할 것인지 나는 알 수 없다. …… 내세에는 결핍이 없고, 있는 것은 확실하고 안전하고 영속하는 행복뿐이기 때문이다. …… 품위 없는 것은 내세에서 허락되지 않는다. 확실히 영이 원하는 곳에는 어디든지 즉시 몸이 있으며, 영이나 몸에 적합하지 않은 것은 영이 결코 원하지 않을 것이다. 거기에는 진정한 영예가 있어서, 착오나 아첨으로 영예를 주는 일이 없는 동시에, 자격 있는 사람에게는 아무에게도 거절하지 않으며 무자격자에게는 결코 주지 않을 것이다. …… 거기에는 진정한 평화가 있을 것이다. 아무도 자기가 다른 사람의 행동에서 해를 받는 일이 없기 때문이다.[134]

내세에서는 모든 것이 좋은 쪽으로만 펼쳐진다. 심지어 인간은 자유의지

---

134 성 아우구스티누스, 『신국론: 하나님의 도성』, 1129쪽 (= *De Civitate Dei*, XXII, 30).

를 통해 죄를 지을 수 없는 지경에까지 이른다. 죄의 원천적 차단이 이루어지는 것이다. 하나님이 부여해 준 첫 번째 자유의지로는 기껏 죄를 짓지 않을 수 있는 정도에 머물렀지만, 그래서 최초의 인간인 아담이 결국 죄를 지어 후생 인류에게 원죄를 대물림해 주었지만, 내세에 오면 하나님이 두 번째 자유의지를 부여해 인간이 죄를 짓고 싶어도 지을 수 없는 상태로 만들어 버린다는 것이다.

아우구스티누스의 사후세계 담론에서 마지막으로 거론할 만한 특이한 점은 내세에서도 죽음이 있을 수 있다는 것이다.

> 이 세상에서는 고통을 받아도 죽지는 않는 육신이 없는 것이 사실이지만, 내세에서는 지금 없는 종류의 육신이 있을 것이며, 지금 없는 종류의 죽음도 있을 것이다. 즉 영혼은 하나님을 즐기면서 살 수도 없으며, 신체의 고통에서 도망을 갈 수도 없을 것이므로, 죽음은 없어지지 않고 영원할 것이기 때문이다. 첫째 죽음은 원하지 않는 영혼을 몸에서 축출하고, 둘째 죽음은 원하지 않는 영혼을 몸안에 가두어 둔다. 양자의 공통점은 원하지 않는 영혼이 자기 몸이 주는 고통을 받는다는 것이다.[135]

내세에서의 삶과 죽음은 현생에서의 삶과 죽음과 다르다는 주장이다. 앞서 우리는 전통 시대의 죽음 담론을 짚어가면서 아우구스티누스가 육체의 죽음과 영혼의 죽음이라는 두 번의 또는 두 개의 죽음을 주장했다고 말했다. 그러나 여기서는 죄인이 겪는 두 번의 죽음이 아니라 아예 종류를 달리하는 두 죽음이 논의된다. 인간이 죽은 이후 내세에 들어가 또 죽는다는 것이다. 내세에서도, 즉 사후세계에서도 또 다시 죽음이 있을 수 있다는 역설을 우리는 어떻게 받아들여야 할까? 죽음이 현생에서나 내세에서나 사라지지 않고 영원할 것이라는 의미일까? 만일 그렇다면 그야말로

---

135 성 아우구스티누스, 『신국론: 하나님의 도성』, 1022쪽 (= *De Civitate Dei*, XXII, 30).

'비극적 내세관'이 아닐 수 없다. 여기서 흥미롭게 떠오르는 주제가 '죽음의 영구화'다. 『사피엔스』의 저자로 유명한 이스라엘의 역사학자 유발 하라리(Yuval Harari)는 『호모 데우스』에서 나이지리아의 이그보족 전설을 사례로 죽음의 영구화 문제를 다룬다. 이 전설에 따르면, 이그보족의 창조주 추크우는 원래 사람을 불멸의 존재로 만들려고 했다. 그는 이 기쁜 소식을 개나 양을 보내 인간에게 전하려 했으나 힘겹게 길을 달려와서는 그 사실을 잊어버렸다. 이내 인간이 죽자 그냥 땅에 묻었다. 그렇게 해서 땅에 묻히게 된 인간은 필멸의 존재이자 동시에 죽음을 영구적인 것으로 만든 존재가 되었다는 것이다.[136] 이는 사실상 '죽음의 지속성' 담론으로서 '생명의 영구화' 현상인 윤회 사상과는 정반대되는 관점이자, 죽으면 끝이라는 '종말로서의 죽음' 이론과도 다른 관점이다. "죽음이 지속된다"라는 생각과 "죽음이 끝이다"라는 생각은 동일할 수 없다. 전자는 죽음을 마치 살아 있는 유기체로 이해하며, 후자는 무기체로 간주하기 때문이다.

　서구 지성사에서 사후세계의 문제를 다룰 때 빼놓을 수 없는 문헌이 바로 단테의 『신곡』이다. 이 작품은 죽음 뒤의 인간 영혼이 신에게로 향해 가는 여정을 그린다. 이 작품의 주제는 '죽음 자체'가 아니라 '인간의 육신이 죽은 뒤 그 영혼이 사후세계를 여행하는 것'이다. 주인공이 베르길리우스와 베아트리체의 안내를 받아 '지옥'과 '연옥', '천국' 등을 차례로 여행한다는 플롯을 갖는 이 작품은 이 장에서 가장 중요한 원전 텍스트일 것이다. 단테가 1308년 이전부터 쓰기 시작해 세상을 떠난 1321년에 완성한 이 작품은 모두 3부, 그리고 각 부에 33곡씩이 들어가 모두 100곡으로 구성되어 있다. 단테는 먼저 지옥을 '림보'(Limbo), '색욕 지옥', '식탐 지옥', '탐욕 지옥', '분노 지옥', '이단 지옥', '폭력 지옥', '사기 지옥', '배신 지옥' 등 아홉 개의 층으로 나누고 각각의 지옥에 해당하는 신화나 역사상의 인물들

136　Yuval Harari, *Homo Deus: A Brief History of Tomorrow*, London: Harvill Secker, 2016; 유발 하라리, 김명주 옮김, 『호모 데우스: 미래의 역사』, 김영사 2017, 75쪽.

을 배치해 이야기를 풀어간다. 연옥은 정죄(淨罪)와 희망의 왕국으로 영적 구원을 받을 만한 자격이 있는 망령이 천국에 가기 전에 수양하는 곳인데, 이곳 역시 단테는 인간이 참회해야 할 일곱 가지 죄, 즉 오만, 질투, 분노, 태만, 탐욕, 탐식, 색욕 등 일곱 개의 층으로 나누고 각층에 해당하는 역사상 인물들을 사례로 설명한다. 이 일곱 죄를 씻고 연옥을 벗어난 영혼은 비로소 천국에 오를 수 있다. 단테는 최고의 행복을 누리는 천국 역시 여러 단계로 나누어 이야기를 전개한다. 지구와 달의 중간 경로인 화염천을 시작으로 아홉 개의 영역, 즉 월성천, 수성천, 금성천, 태양천, 화성천, 목성천, 토성천, 항성천, 원동천 등을 지나면 최고천인 하나님의 영역에 도달할 수 있다. 단테는 이 천국의 각 영역에도 역시 성경이나 역사적 인물들을 배치해 서사를 풀어간다.[137]

『신곡』의 내용을 여기서 자세히 설명하는 것은 이 책의 주제에도 맞지 않고 너무 많은 지면을 할애하기에 생략하기로 한다. 다만 이 작품에서 보여 준 단테의 사후생 또는 사후세계에 대한 사유에서의 몇 가지 특징은 지적할 필요가 있다. 첫째, 단테가 이 작품에서 보여 준 사후세계는 매우 다채롭고 복잡하다. 지옥, 연옥, 천국의 세계는 단순하지 않고 여러 층과 단계와 영역 등 복잡한 구조로 이루어져 있다. 심지어 하나의 층 안에서도 복잡하게 여러 단계로 나뉘기도 한다. 아무리 상상의 세계라고는 하지만 이렇게 복잡할 필요가 있을까 싶을 정도다. 둘째, 이 상상의 세계에 단테는 신화상, 종교상 또는 역사상의 실존 인물들을 배치해 이야기를 풀어감으로써 자신의 작품에 엄청난 현실성과 시의성을 부여하고자 노력했다. 더불어 단테 자신이 피렌체에서 추방당한 아픈 경험도 「지옥편」에 녹아들어 있는 등 지성사적으로 보았을 때에도 『신곡』은 전체적으로 '현실'과 '상상'이 기가 막히게 잘 조화를 이룬 명작이다. 요컨대, 단테의 사후세계는 '가상과 실제의 위대한 종합판'이라고 불릴 만하다. 마지막 특징은 이 작품에

---

137 Dante Alighieri, *La Divina Commedia*, 1308-1321; 단테 알리기에리, 박상진 옮김, 『신곡』(전3권), 민음사, 2019.

서 그려진 사후세계가 기본적으로 기독교를 모티프로 완성된 것은 사실이지만, 고대 그리스와 로마의 사후관 또는 사후세계관도 일부 반영되어 있다는 점이다. 「지옥편」의 제1층으로 림보를 다루고 있는 점, 수많은 고대 그리스와 로마의 인물들이 작품 전편에 골고루 등장한다는 점 등이 그 증거다. 더구나 『신곡』이 르네상스 시기에 작성되었다는 점은 이 작품을 헬레니즘과 헤브라이즘의 변증법적 종합의 결실로 볼 가능성을 크게 만든다. 이 마지막 특징을 보여 주는 「지옥편」 제1곡의 한 단락을 보자.

> 우리 인생길 반 고비에/ 올바른 길을 잃고서 난/ 어두운 숲에 처했었네.// 아, 이 거친 숲이 얼마나 가혹하며 완강했는지/ 얼마나 말하기 힘든 일인가!/ 생각만 해도 두려움이 새로 솟는다.// 죽음도 그보다 덜 쓸 테지만,/ 거기서 찾았던 선(善)을 다루기 위해 거기서 보아 둔 다른 것들도 말하려 한다.// 어떻게 숲에 들어섰는지는 확실히 말할 수 없으나,/ 진정한 길에서 벗어난 그때/ 잠에 취해 있었던 것은 분명하다.// …… 그 사냥개가 처녀 카밀라와 에우리알로스와 투르누스,/ 그리고 니소스가 피와 죽음으로 일구어 낸/ 가련한 이탈리아의 구원이 될지니.// 그는 도처에서 암늑대를 사냥하여/ 그놈이 일찍이 질투를 못 이겨 벗어났던/ 지옥으로 다시 처넣을 것이다.// …… 그러는 동안 너는 좌절의 울부짖음을 들을 것이고,/ 두 번째 죽음을 부르짖는/ 고통받는 영혼들을 볼 것이다.// 언젠가 축복받은 사람들과 함께하리라는/ 희망을 안고 불 고문을 참고 견디는/ 영혼들 또한 보게 될 것이다.// 네가 그 축복받은 영혼들에게 오르고 싶다면,/ 나는 나보다 더 가치 있는 영혼에게/ 널 맡기고 떠날 것이다.[138]

지옥이라는 기독교적 사후세계관에 '카밀라', '에우리알로스', '투르누스', '니소스' 등 고전고대의 신화적 인물들이 대거 등장한다. 거기에 '축복받은 사람들' 또는 '축복받은 영혼들'이라는 표현은 곧 구원받을 사람들과 영혼

---

138 단테 알리기에리, 『신곡』(제1권), 7~14쪽 (= *La Divina Commedia*, I, 1).

들을 의미하기에 역시 기독교적 세계관을 보여 준다. 헬레니즘과 헤브라이 즘의 절묘한 어우러짐을 확인할 수 있는 대목이다. 물론, 단테를 르네상스 인문주의의 출발점으로 해석하기에는 시기적으로 논란이 있는 것이 사실이지만, 『신곡』이 르네상스의 정신을 훌륭하게 예비한 작품이라는 사실에는 이론의 여지가 없다.

『신곡』에서 보여 준 르네상스적 사후세계관은 약 2세기 뒤에 모어의 『유토피아』에 반영되어 나타난다. 모어의 이 작품 역시 당대의 사회와 개인의 죄악상, 범죄 유형들, 부패하고 부조리한 사회의 모습들을 직간접적으로 보여 주고 있기 때문이다. 모어가 그린 이상향에서의 사후세계관을 보자.

> 유토피아인들은 사후에 악행에 대해서는 벌을 받고 덕행에 대해서는 상을 받는다고 믿습니다. 그리고 이를 믿지 않는 사람은 영혼의 숭고함을 짐승의 비참한 육체 수준으로 격하시키므로 거의 사람도 못 된다고 여깁니다. 그리고 이런 자를 엄격하게 제지하지 않는다면 분명히 사회의 모든 법과 관습을 깰 것이 틀림없으므로 동료 시민으로도 쳐주지 않습니다. 법 말고는 두려워하는 것이 없고 사후에 생명을 얻는다는 희망도 없는 사람이라면 자신의 개인적 이익을 위해 교묘하게 국법을 어기고 폭력으로 법을 파괴하기 위해 어떤 짓도 마다하지 않을 것입니다. 그래서 그런 견해를 가진 사람에게는 어떠한 명예도 주지 않고, 공직도 맡기지 않으며, 공적인 책임도 부과하지 않습니다. 그런 사람은 더럽고 저열한 자로 치부하는 것이지요. 그렇더라도 이런 사람을 처벌하지는 않습니다. 그 누구도 다른 사람의 의지에 따라 신앙을 결정할 수는 없다고 믿으니까요.[139]

이승에서 저지른 악행과 선행에 대해 사후세계에서 처벌과 보상을 받을 것이라고 믿는 유토피아인들은 천상 기독교인의 판박이다. 이것을 믿지 않는 인간들은 시민으로 수용되지도 않는다. 그런 사람들에게는 어떠한 명

---

139 토머스 모어, 『유토피아』, 138~39쪽.

예나 공직도, 공적인 책임도 부여하지 않는다. 여기까지만 보면 전형적인 중세적 세계관에 불과하지만, 모어는 유토피아가 특정 종교를 강요하지 않는 자유로운 세계임을 역설한다. 바로 여기서 우리는 모어의 르네상스적 또는 근대적 정신을 읽어 낼 수 있다. 여기서 더 나아가 모어는 유토피아인들이 사후세계에 대해 어떠한 기대와 희망을 품고 있는지를 말한다.

대부분의 유토피아 사람들은 사후에 사람들이 누리는 행복이 지대하고 영원하다고 절대적으로 확신합니다. 그래서 질병에 대해서는 슬퍼하지만, 죽음에 대해서는 슬퍼하지 않습니다. 다만 더 살고 싶어 애달파하면서 절망 속에 죽어가는 사람에 대해서는 안쓰러워합니다. 이 나라 사람들은 이것을 아주 나쁜 징조로 여깁니다. 마치 영혼이 자신의 죄를 의식하여 불안해하고 그래서 장차 맞게 될 처벌의 비밀스러운 징후 때문에 죽음을 두려워한다고 믿는 것입니다. 그뿐 아니라 신께서는 어떤 사람이 소환받았을 때 기꺼이 응하지 않고 질질 끌며 그의 뜻을 거스르는 경우 그를 환영하지 않으리라고 생각합니다. 그런 죽음은 사람들에게 공포감을 주어서, 사람들은 우울한 침묵 속에서 시체를 묘소로 운구해 갑니다. 그곳에서 신에게 그의 영혼에 자비를 베풀고 그의 허약함을 용서해 달라고 빈 후 땅속에 시체를 묻습니다. 그러나 좋은 희망을 품고 행복감 속에 죽은 사람에 대해서는 슬퍼하지 않으며, 그런 사람의 시체를 즐거운 분위기 속에서 운구해 간 뒤 다함께 노래 부르면서 고인의 영혼을 신에게 바칩니다. 그들은 슬픔보다는 존경의 마음으로 화장하고 비석을 세워 죽은 사람의 공적을 기록합니다. 집에 돌아와 사람들은 고인의 성격과 생전의 행적에 대해 이야기하지만, 무엇보다도 고인이 훌륭한 태도로 죽음을 맞이한 사실을 가장 자주 또 즐거운 마음으로 언급합니다. 이 나라 사람들의 생각으로는 고인의 좋은 자질들을 회고하는 것은 산 사람들이 덕성스럽게 행동하는 데 도움이 되고 또 죽은 사람에 대한 최고의 예우가 된다는 것입니다. 그리고 죽은 사람의 영혼은 실제로 산 사람 사이에 있으며 그래서 우리가 그들에 대해 이야기하는 것을 듣는다고 믿습니다. 다만 산 사람의 눈이 둔해서 그들이 보이지 않을 뿐이지요. 죽은 이들이 지극한 천복을 누리는 상태에 있다면 그들은 원하는 곳 어디든지 돌아다닐 수 있으며, 따라서 살아 있을 때 사랑하고 존경한 친구들을 다시 찾아올 수밖에 없다고 믿는 것입니다. 다른 모든 좋은 일이 그렇듯이, 선한 사람이 지니고 있던 사랑과 존경은 죽은 다음에라도 줄어드는 것이 아니라 증가합니다. 그리하여 죽은 사람들이 자주 찾아와 우리의 말과 행동을 관찰합니다. 그래서 이 나라 사람들은 그런 수호 영령들에 의지하는 덕분에 더 큰 확신을 가지고 살아갑니다. 또 죽은 조상들이 주변에서 우리를 지켜본다는 믿음 때문에 비밀리에 수치스러운 일을 하지 않으려 합니다.[140]

유토피아인들의, 아니 정확히는 모어의 사후세계관이 잘 드러나 있다. 여기서 사후세계는 지고의 영원한 행복을 누릴 것이라는 점이 적시되어 있다는 점에서 기독교적 천국에 가깝다. 죽음에 대한 태도도 주목된다. 떳떳하고 당당하며 희망 속에서 행복하게 죽음을 맞이하는 사람은 칭송받지만, 그렇지 못한 사람은 비난받는다. 그리고 이렇게 행복하게 죽은 영혼은 천복을 누리면서 살아 있는 우리를 다시 찾아와 자유롭게 어디든 돌아다니지만, 우리는 그들을 인식하지 못한다. 특히 살아 있을 때 우리가 사랑하고 존경했던 사람들의 영혼은 우리에게 와서 우리를 지켜 준다고 믿기에 착하고 용기 있게 살아갈 희망을 준다. 즉 모어는 산 자와 죽은 자가 서로 어우러져 화목하게 지낸다고 본 것인데, 이는 저승과 이승의 분리가 아니라 오히려 그 둘의 연계 또는 융합 가능성을 지적한 것이다. 생전에 우리가 사랑하고 존경했던 죽은 사람들의 영혼이 우리와 함께 생활하게 될 것이라는 가능성 말이다. 이것은 이승과 저승의 철저한 분리를 강조하는 기독교적 내세관과는 구별되는 르네상스적 인식이 아닐 수 없다.

18세기에 들어와 루소 또한 사후세계에 대한 기록을 짤막하게 남겼다. 그는 『에밀 또는 교육론』에서 죽음과 사후세계에 대한 희망에 대해 다음

---

140 토머스 모어, 『유토피아』, 139~41쪽.

과 같이 말한다.

> 우리가 만일 죽지 않는 존재라면 아주 비참한 존재가 될 것이다. 죽는다는 것은 물론 괴로운 일이다. 그러나 언제까지나 살지는 않을 것이라고, 보다 나은 삶이 이승의 삶의 괴로움을 끝장내어 줄 것이라고 기대하는 것은 즐거운 일이다. 지상에서 우리에게 불멸성을 준다 한들 누가 그런 한심한 선물을 받고 싶어 하겠는가? 운명의 가혹이나 인간들의 부정과 맞설 어떤 방책, 어떤 희망, 어떤 위안이 우리에게 남아 있을 것인가? 아무것도 예견치 못하는 무식쟁이는, 삶의 값을 거의 깨닫지 못해 그것을 잃는 데 대해서도 별로 염려하지 않는다. 식견 있는 사람은 더 값진 것들을 알아보고 이승의 삶의 값보다는 그쪽을 택한다. 우리의 눈길을 죽음까지만 돌리고 그 너머에는 돌려주지 않아, 죽음을 우리의 최악의 불행으로 만드는 것은 오로지 얼치기 지식과 가짜 지혜밖에는 없다. 현명한 사람에게는 죽는 필연이 삶의 괴로움을 견디기 위한 하나의 이유에 불과하다. 그것을 한 번은 잃게 된다는 사실이 확실치 않다면, 그것을 간직하는 값이 너무나 비싸게 먹힐 것이다. …… 시간이나 죽음이 우리의 약이다.[141]

물론, 죽음에 대한 사유가 주를 이루지만 사후세계에 대한 단상이 사이사이에 숨어 있는 글이다. 루소는 인간이 영원히 살 수 있다는 '불멸'을 끔찍한 현상이라 보면서 죽음을 두려워할 것이 아니라 사후세계의 안락에 기대라고 충고한다. 식견 있고 지혜로운 사람들은 이승의 삶에 연연하지 않고 저승에서의 행복한 삶을 꿈꾼다는 것이다. 우리가 죽음을 논할 때 죽음을 두려워하거나 불행으로 만드는 것은 사람들이 딱 죽음 그 자체에만, 즉 죽는 순간에만 눈길을 주기 때문이다. 그 너머의, 즉 사후세계의 삶까지 바라본다면 사정은 달라진다. 루소는 결국 이승과 죽음에 얽매이지 말고 그것을 넘어 사후세계의 행복을 믿는 현명한 사람이 되라고 조언

---

141 장-자크 루소, 『에밀 또는 교육론』, 84~85쪽.

한다.

19세기 독일의 의사이자 물리학자, 자연철학자이자 정신물리학의 창시자였던 구스타프 페히너(Gustav Fechner) 또한 1836년 발표한 『죽음 이후의 삶에 대한 소책자』(*Büchlein vom Leben nach dem Tode*)에서 죽음과 사후세계에 관한 독특한 생각을 피력했다. '정신물리학'(Psychophysics)이란 오늘날 물리적 자극과 그것을 수용하고 지각하는 관계를 연구하는 심리학의 한 분야로 알려져 있다. 페히너는 먼저 "인간은 이 땅에서 한 번 사는 것이 아니라 세 번 산다"라고 말한다. 첫 번째 단계는 출생 이전(以前)의 단계로서 '끊임없는 잠'으로만 이루어진 삶이다. 즉 아버지의 정자에서부터 시작해 어머니의 난자와 만나 형성된 배아와 태아 시기가 바로 여기에 해당한다. 여기서 삶의 주체는 태아다. 깨어나지 않고 계속 잠만 자는 삶이 특징이다. 두 번째 단계는 출생 이후 죽기 직전까지의 구간으로 우리가 흔히 말하는 일반적 삶을 지칭한다. 그래서 첫 번째 삶에서 두 번째 삶으로의 전환을 우리는 '출생'이라고 부른다. 이 단계의 특징은 '잠과 깨어남의 교차'다. 즉 자다가 일어나기를 반복하는 우리의 일상생활이 그것이다. 이 단계에서의 삶의 주인은 인간 자신이다. 마지막 단계는 죽음 이후, 즉 사후세계의 삶이다. 두 번째 단계에서 세 번째 단계로의 전환은 '죽음'이라고 불린다. 이 구간에서의 삶의 특징은 '영원한 깨어남'이다. 사후세계인 이 세 번째 단계의 삶에서는 '영'(靈), 즉 영혼이 삶을 주도한다. "모든 인간이 영 안에 놓여 있는 세 번째 단계에서는 천재의 직관, 믿음, 느낌, 본능 등을 통해 낮과 같이 밝은 내세를 가리키는 신성한 싹이 발달한다." 페히너에 따르면, "두 번째 단계에서 세 번째 단계로 넘어가는 경로는 첫 번째 단계에서 두 번째 단계로 넘어가는 경로보다 더 어둡지 않다. 출생은 세계에 대한 외부 비전으로 인도하고, 죽음은 세계에 대한 내부 비전으로 인도한다."[142] 죽음 이후에 펼쳐지는 세계는 결코 암울하거나 사악하거나 불쾌

---

142 Gustav Theodor Fechner, *Das Büchlein vom Leben nach dem Tode (1836)*, mit einem Nachwort von Thomas Macho, Berlin: Insel Verlag, 2010, p. 7.

하지 않다. 사후세계는 우리가 지옥을 말할 때 연상하는 것처럼 그렇게 깜깜하고 끔찍한 세계가 아니라 오히려 천국을 말할 때 떠올리는 명랑하고 화려하며 행복한 이미지를 갖는 세계다. "죽음은 더 자유로운 존재에게 두 번째 탄생일 뿐이다. 이때 영혼은 마치 첫 번째 탄생에서 어린아이가 자신을 둘러싼 껍질[양막]에 하듯이 그 좁은 껍질을 터뜨려서 남겨두어 썩도록 내버려둔다."[143] 영혼이 사후세계로 진입하기 위한 입사 의식이 자신을 둘러싼 껍질, 즉 육체의 파괴라는 발상이 참신하다. 이렇게 죽음을 통해 인간은 새롭게 다시 태어난다. 거듭 말하지만 페히너는 인간이 살아가는 세 번째 삶의 무대인 사후세계를 매우 환상적으로 그린다. 블로흐는 훗날 페히너의 사후관을 다음과 같이 묘사한다. "페히너에 의하면, 인간은 개인의 육체에서 지구의 몸으로 수용되고, 개개인의 의식은 나중에 어떤 유형의 지구 내지는 동력이라는 의식으로 이전된다고 한다. ...... 페히너의 이론은 근본적으로 죽은 사람이 다시 들어서는 우주를 마치 천구의 화음과 같은 음향으로 아름답게 둔갑시키려 한다."[144] 블로흐는 페히너가 사후세계를 우주와 같은 '물리적 공간'으로 그리고 있다고 본 것이다. 그것도 화려하고 아름다운 우주로 말이다.

19세기의 톨스토이 또한 영혼의 영원성과 더불어 사후세계에 대해 사변적으로 통찰한 기록을 남겼다. "죽음 뒤. '죽음 뒤는 어떨까?'라고 사람들은 묻는다. 이 질문에 대한 대답은 단 한 가지다. '육체는 썩어서 흙이 된다. 우리는 이 사실을 분명히 안다.' 그러나 영혼이라 불리는 것이 어떻게 되느냐에 대해서는 뭐라고 말을 할 수가 없다. 왜냐하면 '어떻게 되느냐?'는 질문이 시간과 관계가 있기 때문이다. 영혼은 시간 바깥에 있다. 영혼에는 과거도 미래도 없다. 영혼은 영원한 존재이다. 영혼이 없으면 아무것도 존재하지 않을 것이다."[145] 죽음 뒤의 세계는 많은 사람이 궁금해하지

---

143 Gustav Theodor Fechner, *Das Büchlein vom Leben nach dem Tode*, p. 8.
144 에른스트 블로흐, 『희망의 원리』, 2452쪽.
145 톨스토이, 「인생의 길」, 『인생이란 무엇인가 2: 사랑』, 419쪽.

만 확실하게 말할 수 있는 것은 육체가 썩어 없어진다는 점, 그리고 영혼은 무엇이라고 말할 수 없다는 점뿐이다. 그러나 톨스토이는 시간 밖에 존재하는 영혼이 영원히 살아갈 것이라고 추정한다. "사후에 영혼은 어떻게 될까?' 사람들은 묻는다. 그러나 우리는 그것을 알지 못한다. 또한 알 수도 없다. 틀림없는 것은 오직 한 가지, 만약 당신이 사후에 어딘가로 가는 것이라면 반드시 처음에도 어딘가에서 온 것이라는 사실뿐이다. 삶의 관점에서 볼 때도 또한 마찬가지다. 만약 당신이 이 세상에 온 것이라면 분명 어딘가에서 온 것이다. 우리가 출발해서 온 원래의 장소로 우리를 이 세상에 보내신 분, 그분 곁으로 다시 돌아가는 것이다."[146] 우리 인간은 신이 자신의 형상을 본떠 정교하게 빚어낸 결과물일까, 아니면 자연이 우연히 창조해 세상에 내보낸 존재일까? 어느 쪽을 믿든 간에, 오늘날 죽음이 육체를 소멸시킨다는 사실을 부정할 수 있는 사람은 없을 것이다. 사후세계의 믿음은 영혼의 믿음을 전제로 했을 때에만 유의미하다는 사실이 다시 한 번 확인된다.

앞서 제5장에서 한 차례 인용했던, 19세기 신지학(Theosophy)의 창시자이자 러시아 출신의 신비주의 저술가 블라바츠키도 「죽음이란 무엇인가」에서 사후세계에 대한 단상을 적고 있다. 신지학은 블라바츠키가 1875년 미국 뉴욕에 설립한 신지학회(Theosophical Society)를 계기로 확산된 일종의 신비주의 종교 사상으로서, 인간 삶의 목적이 영혼의 해방에 있으며 인간의 영혼은 육신의 죽음과 더불어 카르마(업보) 과정을 거쳐 환생한다는 윤회설을 가르친다. 블라바츠키는 이 에세이에서 신지학의 기본 관점들을 설명한다. 그녀는 먼저 보통 사람들은 자기 친구가 죽으면 두 가지 의문을 제기한다고 한다. 첫째는 "죽은 사람은 어디에 있는가?"이며, 둘째는 '죽은 사람과 나와의 관계는 이로써 종결되는가, 아니면 미완성인 채로 남는가?'이다. 여기서 사람들은 영혼을 떠올리게 되는데, 신지학적 관점에 따르면 사후에 천국이나 지옥에 떨어지는 것이 아니라 다시 지상, 즉 이승으로 되

---

146 톨스토이, 「인생의 길」, 『인생이란 무엇인가 2: 사랑』, 423쪽.

돌아온다는 것이다. 그녀는 다음과 같이 주장한다. "신지학은 모든 인간 영혼이 지속적으로 진화하고, 최종 천국이나 지옥은 없으며, 죽은 사람은 모두 자연법에 따라 잃어버린 친구를 다시 찾고 더 발전할 수 있는 지상으로 되돌아간다고 주장한다. 육체의 해체로 인해 일시적으로 끊어진 이해의 유대를 심화시키는 것이다."[147] 죽은 영혼은 지옥이나 천국 같은 저승으로 가지 않고 새롭게 태어나 다시 이승으로 돌아와 옛 가족, 친구, 친지를 만나면서 계속 진화, 발전해 간다는 것이다. 결국 블라바츠키가 그린 사후세계는 저승이 아니라 '이승'인 셈이다. 이것을 일종의 '죽음의 부정' 담론이라고 할 수 있을까? 사후세계가 이승과 같다는 주장이 죽음이 없다는 주장과 동일시될 수 있는지에 대해서는 논란의 여지가 있을 수 있다.

우나무노 또한 사후세계에 대한 사유를 전개했다. 그러나 그는 사후세계에 대한 개념 정의에는 별로 관심이 없었던 것 같다. 그에게서는 사후세계의 특징에 대한 언급들이 주로 발견된다. 그는 먼저 사후세계가 어떻게 자신의 정신을 자극하는지에 대해 쓴다. "내가 죽어야 된다는 이 생각과, 그리고 죽음 후에 일어날 불가사의는 바로 내 의식을 때리는 고동 소리다. 내 영혼과 짝을 이루는 영혼이 나타나도록, 나의 의식이 잔뜩 부풀어 오르도록 정적 속에 잠긴 푸른 들을 바라보거나 맑은 눈들을 들여다보면, 나는 나의 영혼이 자꾸 팽창되는 것을 느낀다. 그리하여 나는 주위에 있는 삶 속으로 잠기면서 나의 미래의 영원성을 믿는다."[148] 죽음을 두려워하고 영원히 살기를 갈망했던 철학자다운 발언이다. 그래서인지 그는 죽음 자체보다도, 아니 심지어 죽음 뒤의 지옥보다도 죽어서 자기 존재가 완전히 사라지는 것을 두려워했다. "고백한다는 것은 참으로 괴롭고 고통스러운 일이지만, 실은 꼭 고백해야 될 일이 하나 있다. 즉 순수한 신앙심을 가졌던 소년 시절에, 나는 지옥에서 처참하게 형벌받는 사람들이 그려진 그림을 아무리 보아도 무서워서 떨어본 적이 결코 한 번도 없었다. 지옥보다

---

147 Helena Petrovna Blavatsky, "What is Death?", p. 2.
148 미겔 데 우나무노, 『삶의 비극적 감정』, 91쪽.

훨씬 더 무서운 무(無)가 된다는 것을 언제나 느끼고 있었기 때문이다. 괴로워하는 자는 살고, 사는 자는 괴로워하면서 사랑하고 희망을 갖는다."[149] 사후세계인 지옥보다도 더 무서운 것이 무(無)라는 이야기는, 어쩌면 인생에서 가장 괴롭고 두려운 것은 '미움'이 아니라 미워할 대상조차 없는 '외로움'이라고 말하는 것과 같다. 앞서도 말했듯이, 없다가 있는 것(가령, 출생)은 신기하고 즐겁고 좋은 일일 때가 많지만, 있다가 없는 것(가령, 사망)은 괴롭고 슬프고 나쁜 일일 때가 대부분이다. 우리말 속담에도 "든 자리는 몰라도 난 자리는 안다"라고 하지 않던가!

죽음을 무서워하고 사라지는 것을 두려워했던 우나무노는 자연스럽게 사후세계를 철저히 믿었던 것 같다. "엄밀히 말해서 죽음 후에 우리가 갈망하는 것은 계속해서 삶을 영위하는 것이니, 다시 말해서 죽어야만 되는 이 삶을 계속해서 연장시킨다는 데 있다. 그러나 그것은 병이나 권태나 죽음을 겪지 않는 영원한 삶이라야 된다."[150] 이승의 삶이 고통스러운 것은 누구나 안다. 그러니 저승에서의 삶은 최소한 이승에서의 삶과는 달라야 한다. 우나무노가 그리는 사후세계는 더 이상 질병도 나태도 사망도 없는 평화롭고 행복한 세상이다. 하기야 아우구스티누스 같은 사람이 아닌 다음에야 누가 저승에서 또 다시 죽는 끔찍한 일을 상상이나 할 수 있겠는가! 죽음 뒤의 세계에서 더 이상 죽음은 없어야 한다. 만일 죽음이 있다면, 그것은 논리적으로 죽음 이후의 세계가 아니라 죽음 이전의 세계여야 할 테니까 말이다. 그래서 우나무노는 사후세계가 이승의 삶의 연장이 되어야 한다고 말한다. "많은 사람이 천국을 사회라고 생각한다. 아무도 혼자 떨어져서는 살 수 없다. 따라서 아무도 혼자 떨어져 가지고는 영속할 수가 없다."[151] 바로 앞에서 우리가 살펴본 블라바츠키에게서 사후세계가 저승이 아니라 이승이었듯이, 우나무노에게서도 천국은 지상과 다를 바 없는

---

149   미겔 데 우나무노, 『삶의 비극적 감정』, 96쪽.
150   미겔 데 우나무노, 『삶의 비극적 감정』, 380쪽.
151   미겔 데 우나무노, 『삶의 비극적 감정』, 418쪽.

'사회'였다. 블라바츠키나 우나무노처럼 저승을 이승과 다를 바 없는 세계로 생각한 것을 두고 우리는 '상상력의 부재'라고 불러야 할까, 아니면 '죽음의 강한 부정'이라고 해석해야 할까? 그도 아니면 '삶의 연속성에 대한 강한 애착'이라고 보아야 할까? 그도 아니면 '삶과 죽음의 경계 허물기'일까? 그 무엇으로 불리든 간에, 두 사람이 생각한 사후세계가 통상적 사후세계와 거리가 먼 것은 분명하다.

그러나 셸러에 오면 사후세계의 이미지는 확연히 달라진다. 앞서 보았듯이, 육체의 죽음과 더불어 영혼도 죽음을 맞이한다고 주장했던 셸러는 사후세계가 비록 자연적인 세계관에 속할지는 모르지만 현대인들에게 보편적인 것은 아니라고 주장한다. 즉 그에 따르면, 현대인은 죽음을 거부했듯이 사후세계도 거부한다는 것이다.

> 사후의 삶이나 불사에 대한 가정은 신앙의 한 독특한 형태 안에서 발견되는 것은 아니다. 더구나 증명을 필요로 하는 것은 더더욱 아니다. 그것은 오히려 '자연적인 세계관'의 일부를 구성한다. 가령 그러한 세계관에 근거해서 오늘날 모든 사람이 태양이 현존한다는 사실을 확신하는 것처럼 말이다. …… 현대인은 더 이상 자신의 죽음을 직관적으로 직시할 수 없게 되면서, 즉 더 이상 죽음에 직면해서 살 수 없게 되면서, 아니면 더 첨예하게 표현하면 우리에게 죽음이 확실하다는, 우리의 의식 속에 지속적으로 현재적이고 직관적인 사실을 자신의 의식에 대한 명백한 영역에서 나온 자신의 생활 양식과 행동 양식을 통해 뒤로 밀쳐내면서, 그럼으로써 자신이 죽게 될 것이라는 단순한 판단적 지식이 뒤로 밀려나면서, 그런 만큼 그리고 그런 정도로 사후의 삶을, 그리고 사후의 삶을 통한 죽음의 극복을 믿지 않게 되었다. 따라서 죽음 그 자체가 이러한 직접적 형식으로 주어지지 않는 곳에서는, 그리고 죽음의 도래가 그저 어느 때 등장하는 판단적 지식으로서 단순히 주어지지 않는 곳에서는, 사후의 삶 안에서의 죽음의 극복이라는 이념은 점점 희미해져 갈 수밖에 없다. '현대인'이라는 유형은 죽음의 핵심과 본질을 근본적으로 부정하기 때문에 무엇보다도 사후의 삶을 많이

생각하지 않는다.[152]

셸러가 보기에 현대인들에게 사후세계는 관심의 대상이 아니라기보다는 더 이상 생각조차 하고 싶지 않은 기피의 대상이다. 마치 죽음처럼 말이다. 죽음을 부정하고 싶어 하는 현대인들의 내면적 욕구라는 관점에서 보았을 때, 사후세계는 없어야 하거나 있어도 인정해서는 안 될 세계다. 죽음을 인정하지 않는데, 어떻게 죽음 뒤의 세계를 인정할 수 있겠는가! 사실, 사후세계관을 자연적 세계관이라고 인정한 셸러가 다시금 현대인들에게 사후세계가 낯선 세계라고 말하는 것은 논리적 모순처럼 보인다. 그러나 잘 따져보면 그렇지 않음이 곧 드러난다. 왜냐하면 셸러는 적어도 전통 시대, 즉 19세기까지는 사후세계가 희망의 다른 이름으로서 사람들의 보편적인 내세관에 해당했을지 몰라도, 20세기 들어서는 의학 등의 발달로 평균 수명이 연장되고 죽음 자체가 드물어지고 낯설어지면서 자연스럽게 밀쳐졌던 것이라고 주장하고 있기 때문이다.

한편, 유토피아 사상가 블로흐는 사후세계에 대한 꿈과 희망을 신화적이지 않고 유토피아적이라고 해석한다. "죽음은 이렇듯 삶의 배후에 은폐되어 있다. 왜냐하면 사람들은 죽음의 뒤에는 새로운 삶이 전개되리라고 꿈꾸어 왔기 때문이다. 비록 이러한 꿈이 주로 신화와 결부된다 하더라도, 근본적으로는 유토피아에 해당한다."[153] 블로흐가 말하고자 한 것은 사후세계가 유토피아라는 것일까, 아니면 사후세계를 꿈꾸는 것 자체가 유토피아라는 것일까? 둘 다인 것 같다. 심지어 그는 사후세계가 어떤 세계인지를 해명하려는 시도 자체를 인간의 꿈으로 해석한다.

> 사람들은 죽음 이후의 세계를 해명하려는 꿈을 꾸었으며, 죽음을 가장 암담한 형체 속에 나타난 어쩔 수 없는 운명이라고 단정하지 않았다. 이는

---

152 Max Scheler, "Tod und Fortleben", pp. 11~15 (강조: 셸러).
153 에른스트 블로흐, 『희망의 원리』, 2341~42쪽.

인간의 명예를 반영한 것이며, 나아가 인간적 자존심에 기초한 것이다. 죽음 이후의 세계를 해명하려는 꿈속에는 비록 죽음을 당하더라도 결코 완전한 절망 속에 빠지지 않으려는 강렬한 욕망이 역설적으로 담겨 있다. 상기한 꿈들은 인간 육신의 파괴, 지긋지긋한 영겁의 삶 외에도 새로운 삶으로 다시 태어나, 천국의 삶을 누리려는 행복의 상을 포괄하고 있다. 이는 이슬람 문화뿐 아니라, 나아가 기독교의 문화에서도 그대로 드러난다.[154]

블로흐에게 죽음과 관련된 대부분의 진술은 그의 책 『희망의 원리』의 주제와 마찬가지로 유토피아, 즉 꿈에 해당한다. 정확히는 꿈에 해당하는 것으로 해석된다. 여기서 꿈은 인간이 잠을 잘 때 꾸는 꿈이 아니라, 또는 이루어질 수 없는 것을 상상하는 헛된 꿈이 아니라 이루어질 것이라고 열망하는 꿈이다. 한마디로 '희망'을 뜻한다. 요컨대, 블로흐에게 사후세계, 사후세계에 대한 꿈, 사후세계를 해명하려는 시도, 이 모든 것은 인간의 희망이자 유토피아였다.

이러한 기본 노선을 따라 블로흐는 고대부터 현대에 이르기까지 시대별로 사후세계관이 어떻게 변해 왔는지를 추적한다. 그는 먼저 거의 모든 원시 문화권이나 오늘날 어린아이들이 사후세계를 여행에 비유한다고 말한다. "모든 원시적인 종족과 오늘날 어린아이들은 죽음 자체를 그저 여행 떠나는 일로 간주하며, 이를 덤덤하게 받아들인다."[155] 원시 시대의 이러한 사후세계로의 여행 이미지가 고대에 오면 하강이 아닌 상승 또는 비상으로 변한다. "이렇듯 고대의 사람들은 죽음을 극복하려는 갈망의 상으로서 천국 여행을 세밀하게 묘사하였다. 이러한 상에 의하면 죽은 인간의 영혼은 지하의 깊은 곳으로 내려가지 않고, 상승하여 천국의 빛 속으로 향한다는 것이다. 여기서도 나타나다시피 사람들은 죽음을 '하강'이라기보다는, 어떤 비행 내지는 상승으로 상정하였다. 죽음은 여행의 계획 내지는 하

---

154 에른스트 블로흐, 『희망의 원리』, 2342쪽.
155 에른스트 블로흐, 『희망의 원리』, 2343쪽.

나의 유연한 방종 등의 방식으로써 해명되었을 뿐이다. 말하자면 옛날 사람들은 이로써 죽음에 대해 빗장을 걸어 둔 셈이었다."[156] 원시인들이나 고대인들이 사후세계를 이처럼 여행지의 이미지로 상상했다는 것은 그들이 삶이든 죽음이든 인간 존재의 양식을 미지의 세계로의 탐험이나 관광 정도로 인식했다는 것을 뜻한다. 사는 것이나 죽는 일은 어딘가로 떠나는 행위다.

이후 블로흐는 여러 종교에서 다루어진 사후세계의 차이를 설명한다. 가령, 이집트에서는 무덤 속에서 천국을 그려냈다. "분명히 말하지만 고대의 이집트 사람들만큼 집요하게 죽음에 몰두한 민족은 아마 없을 것이다. 그들은 죽음을 진정한 삶으로서 이해했다."[157] 사후세계의 지속성과 찬란함에 대한 고대 이집트인들의 믿음과 갈망 또는 찬미는 곧 죽음에 대한 그들의 예찬을 넘어 집착을 의심케 한다. 삶보다도 죽음을 더 중시한 그들을 이해하려면 그러한 해석 외에 다른 방법은 없어 보인다. 그러나 블로흐는 죽음과 사후세계에 대한 유대인들의 인식이 이집트인들과 달리 매우 약했다고 말한다. "유대인들이 오랫동안 죽음에 대한 불안을 생각하지 않았고 애타게 갈구하지도 않았다는 것은 놀랍기 이를 데 없다. 유대 민족은 고대 그리스 사람들과 마찬가지로 이 세상의 삶에 집착해 있었다."[158] 물론, 유대인들도 선조나 죽음을 숭배하는 경향이 없었던 것은 아니지만 그것은 신앙과는 거리가 멀었다는 것이다. "고대 이스라엘 사람들 역시 선조를 모시고, 죽음을 숭배하였다. 물론, 이러한 경향은 어떤 영생에 대한 믿음을 전제로 한다. 그러나 고대 이스라엘 사람들의 선조 숭배 내지는 죽음 숭배의 경향은 가나안에서 수용한 주술적 성격을 지니고 있었을 뿐, 경건한 신앙이라고 말할 수는 없었다."[159] 유대인들의 부활에 대한 믿음은 최후의 심

---

156 에른스트 블로흐, 『희망의 원리』, 2372쪽.
157 에른스트 블로흐, 『희망의 원리』, 2374쪽.
158 에른스트 블로흐, 『희망의 원리』, 2382쪽.
159 에른스트 블로흐, 『희망의 원리』, 2383쪽.

판에 대한 믿음을 심어 준 예수 그리스도와 더불어 그리고 기독교의 확산과 더불어 시작되었다. "예수 그리스도를 추종하는 그룹에게 부활과 최후의 심판에 관한 믿음은 그 자체가 기독교인으로 살아가는 출발이나 다름이 없었다. 사람들이 부활 그리고 최후의 심판을 굳게 믿으면, 그럴수록 세례받은 사람들은 천국이 더욱 찬란하게 빛나는 것을 느꼈다. 영원한 삶에 대한 정치적이고도 신앙적인 기대감은 더욱 더 격정적으로 작용하였던 것이다."[160] 이렇게 해서 기독교인들에게 영혼이 가게 될 사후세계로서 천국과 지옥의 서사가 완성된다. 한편, 이슬람에서는 사후세계가 이승에서 훌륭한 전사로 살다 간 군인들의 안식처로 그려진다. "언젠가 무함마드가 장검을 빼 들고 메카로 향한 적이 있었는데, 이 시기로부터 이슬람교는 평화 대신 최소한 전쟁에 대한 놀라운 '열기'를 불러일으켰다. 그리하여 전쟁은 성스러운 행위이며, 저세상은 전사의 안온한 휴식, 평화기에 누리는 향락으로 묘사되었다. 무함마드는 베드르 지역에서의 끔찍한 살육전이 벌어지기 전에 부하들에게 다음과 같이 말했다고 한다. '우리와 천국 사이에는 오로지 적이 있을 뿐이다.'"[161] 블로흐가 이슬람을 너무 지나치게 전사의 종교라는 이미지로만 그려내고 있는 것은 아닌가라는 의혹이 든다. 유대교와 기독교를 벗어난 타종교에 대한 그의 오해와 왜곡은 불교를 서술할 때 정점에 달한다. 불교를 무(無)우주론, 더 나아가 무신론으로까지 규정한 것이다. "혹자는 [불교에서의] 천국의 세계에 대해 어떤 훨씬 급진적인 견해, 이를테면 무우주론(無宇宙論, Akosmismus)을 내세운다. 왜냐하면 천국의 세계는 최소한 인간의 상상에 의해 축조된 우주이기 때문이다. 천국의 세계상은 인간의 의지와 일방적으로 관련되어 있다. 그러나 열반은 인간의 의지와는 차원이 다르다. 이 점을 고려한다면, 우리는 다음과 같이 말할 수 있다. 즉 죽음 내지 삶에 대항하여 만들어 낸 갈망의 상, 열반(涅槃, Nirwana)은 고유한 방식의 무신론에 입각해 있다고 말이다."[162] 따라서 블

160　에른스트 블로흐, 『희망의 원리』, 2390쪽.
161　에른스트 블로흐, 『희망의 원리』, 2403쪽.

로흐의 눈에 윤회도 좋게 보이지 않는다. 그는 윤회를 "죽음의 뒷모습"으로 표현한다.[163] 이것은 철저히 유대교나 기독교라는 색안경을 끼고 본 불교상에 불과하다.

블로흐의 사후세계관의 역사에 관한 서술은 계속 이어진다. 그의 주장을 따라가면 이렇다. 계몽주의와 낭만주의 시대에 들어와서도 사후세계에 대한 인간의 갈망과 꿈은 계속된다. 심지어 19세기에 들어와 죽음 뒤에는 아무것도 없다고 설파했던 '유물론자들'조차 "죽음 또는 무(無)에다 어떤 자연에 합당한 모든 의미를 부여하였다".[164] 그러다 바로 이 시기에 사후세계가 급기야 유토피아로까지 그려지기 시작했다. "생명과는 무관한 19세기의 자연 풍경은 유토피아로 만들어진 죽음 내지는 죽음의 숭고함 속으로 향하는 입구로 변모했다. 죽음은 빙하와 하늘 위로 놀랍게 솟아오른 죽음의 산맥으로 구분되었다."[165] 그렇지만 다른 한편으로 죽음을 디스토피아(Dystopia)로 그려 낸 것도 바로 이 19세기다. "죽음은 '현실 속에서'(in realitate) 밝히고 있는 가장 완강한 반유토피아를 드러내기 때문에 (혹은 그럼에도 불구하고) 우리에게 많은 양의 열광과 많은 예감을 부여하고 있다. 죽음은 지금까지의 우리 삶의 연속선상에서는 도저히 파악될 수 없다. 그렇게 우리는 죽음을 학문적 구체적 유토피아의 영역으로서 체계화시킬 수 없다. 그렇지만 우리는 다음과 같은 가설을 제기할 수 있다. 즉 죽음의 영역은 미래가 가득 찬 곳으로서 우리의 영혼(핵심)이 바깥으로 탄생하는 공간이라고 말이다."[166] 마지막 문장을 보면 천상 유토피아 사상가로서의 블로흐의 진가가 유감없이 발휘되고 있음을 알 수 있다. 디스토피아, 반유토피아를 거론할 때조차 친유토피아적 성향이 어김없이 드러나기 때문이다.

---

162 에른스트 블로흐, 『희망의 원리』, 2413쪽.
163 에른스트 블로흐, 『희망의 원리』, 2421~22쪽.
164 에른스트 블로흐, 『희망의 원리』, 2437쪽.
165 에른스트 블로흐, 『희망의 원리』, 2446쪽.
166 에른스트 블로흐, 『희망의 원리』, 2508쪽.

그는 다음과 같이 결론을 내린다. "상기한 내용을 고려할 때 죽음은 더 이상 유토피아 내지 유토피아의 목표 체계를 부정하는 것이 아니다. 오히려 그것은 정반대로 지금까지 이 세상에서 유토피아에 해당하지 않은 것에 대한 부정이 아닐 수 없다. 마치 그것이 '어떠한 경우에도 자포자기하지 말라'고 말하기 전에 주요 사항들을 무너뜨리듯이, 죽음은 지금까지 유토피아에 해당하지 않던 것들을 파괴시켜 버린다. 이로써 죽음 자체 속에는 더 이상 죽음이 존재하지 않고, 획득한 삶의 내용 그리고 핵심의 내용에 대한 발굴 작업이 존재할 뿐이다."[167] '죽음' 또는 '사후세계'와 '유토피아'의 블로흐적 친화성은 이렇게 해서 완성된다.

반면에 하이데거는 사후세계의 담론을 펼치기 전에 죽음의 본질이 해명되어야 한다고 주장한다. "죽은 뒤에 무엇이 있는가 하는 물음은 죽음이 그 자신의 완전한 존재론적 본질에서 개념적으로 파악된 뒤에야 비로소 의미와 권한을 갖추고 또 방법적으로도 확실하게 제기될 수 있다. 그러한 물음이 도대체 가능한 이론적인 물음을 나타내고 있는가 아닌가 하는 문제는 여기에서 결정되지 않은 채로 남는다. 죽음의 이승적 존재론적 해석은 모든 존재적-저승적 사변 앞에 놓인다."[168] 하이데거는 이처럼 사후세계에 대한 사유를 죽음의 본질에 대한 분석과 해명이 있어야만 가능하다는 핑계로 유보한다. 참으로 편리한 회피 방법이기는 한데, 현존재의 본질과 특징을 파헤치는 것을 목표로 삼은 하이데거 입장에서는 충분히 납득할 만한 변명이다. 삶도 잘 모르겠는데 어떻게 죽음을 논할 것이며, 이승도 잘 모르겠는데 어떻게 저승을 사유할 수 있겠느냐는 논리가 전혀 생뚱맞지는 않다. 사후세계의 논의는, 죽음의 해명을 전제로 한다는 주장은 오히려 상당히 논리적이다. 이처럼 현대로 올수록 죽음과 더불어 사후세계에 대한 사유를 부담스러워하고 밀쳐 내려는 경향은 더욱 더 두드러진다. 현대 서구 지식인들에게서 사후세계 담론을 쉽게 찾아볼 수 없는 이유도 바로 여

---

167 에른스트 블로흐, 『희망의 원리』, 2513쪽.
168 Martin Heidegger, *Sein und Zeit*, p. 330 (강조: 하이데거).

기에 있다.

그 몇 안 되는 지식인 가운데 대표적인 사례는 퀴블러-로스다. 그녀에게서는 앞서 지적했던 대로 사후생에 대한 기록이 풍부하게 발견된다. 그녀는 사후세계관을 말하기에 앞서 다음과 같이 말한다. "세계 곳곳엔 죽음을 선고받았다가 다시 살아난 사람들이 있다. 우리는 거의 2만 가지 사례를 수집하고 연구했다. 그중에는 자연적으로 다시 깨어난 사람도 있고 소생술로 깨어난 사람도 있다. 그 연구는 큰 힘이 되었다. 나는 인간이 죽음의 순간에 경험하는 것을 밝혀보고자 했다."[169] 그러면서 죽음의 경험은 논리적으로 출생의 경험과 같다고 주장한다. "죽음은 다른 존재로 새롭게 탄생하는 것이다." 따라서 퀴블러-로스에게 사후생은 믿음의 문제가 아니라 지식의 문제로 다가온다. "우리는 수천 년 동안, 죽음 후의 세상과 관계된 일들을 무조건 '믿어야' 했다. 그러나 죽음 후의 세계에 대한 이해는 믿고 안 믿는 신념의 문제가 아니라 '앎'의 문제이다."[170]

결국 퀴블러-로스는 죽음을 (1) 죽음(육체적 죽음), (2) 육체 이탈(영혼의 이탈), (3) 되돌아옴(원래 몸으로의 회귀) 등 크게 세 단계로 나누어 설명한다. "죽음은 그저 '한 집에서 더 아름다운 집으로 옮겨가는 것'이다."[171] 그녀에 따르면, 인간은 자유 의지의 힘으로 죽음의 순간을 모두 지각한다는 것이다. "영혼이 육체를 떠나자마자, 몸에서 빠져나온 곳이 어디든 간에(병실이나 사건의 현장이나), 우리는 죽음을 맞는 장소에서 일어난 모든 일을 지각할 수 있다."[172] 육체 이탈과 육체 귀환에 대한 그녀의 설명을 보자.

> 많은 사람이 수술하는 동안 육체 이탈을 체험하는데, 이때 이들은 수술 중인 의사들을 지켜본다. 의료진과 간호사들은 모두 이 사실을 인정해야

169　엘리자베스 퀴블러-로스, 『사후생(死後生): 죽음 이후의 삶의 이야기』, 18쪽.
170　엘리자베스 퀴블러-로스, 『사후생(死後生): 죽음 이후의 삶의 이야기』, 18~19쪽.
171　엘리자베스 퀴블러-로스, 『사후생(死後生): 죽음 이후의 삶의 이야기』, 19쪽.
172　엘리자베스 퀴블러-로스, 『사후생(死後生): 죽음 이후의 삶의 이야기』, 21쪽.

만 한다. 환자를 수술하는 동안 의사와 간호사들은 의식이 없는 환자가 들어도 좋을 이야기만 해야 한다. 의식 불명인 사람이라도 모든 말을 들을 수 있다. 그들 앞에서 아무 말이나 마구 해대는 것은 무례한 일이다. 깊은 혼수상태에 빠져 죽어가는 어머니나 아버지의 머리맡에 다가갈 때, 우리는 이 분들이 우리가 말하는 것을 모두 들을 수 있다는 사실을 알고 있어야 한다. …… 이 두 번째 단계에서 죽은 사람은 자신이 온전해졌다는 것을 알게 된다. …… 물론, 육체 이탈 체험이 끝나면 그들은 앓던 몸으로 되돌아온다."[173]

환자들의 체험에 바탕을 둔 퀴블러-로스의 이러한 임상 기록을 믿고 안 믿고는 순전히 독자들의 몫이다. 나 역시도 그러한 믿음 또는 그에 대한 불신을 강요할 생각이 추호도 없다. 그러나 내 개인적인 의견을 말하라고 한다면, 나는 믿지 않는 것이 아니라 믿고 싶지가 않다. 이것은 믿거나 믿지 않는 신념의 영역이 아니라 퀴블러-로스의 주장처럼 알거나 모르는 앎의 영역에 속할지도 모른다. 하지만 내가 이 사실을 믿는다면 지금까지의 내 논의는 모두 거짓이거나 무의미해지고 만다. 나의 학문적 서술을 퀴블러-로스의 주장을 믿음으로써 또는 믿는다는 신앙고백으로써 한순간에 물거품이 되도록 만들고 싶지는 않다. 다소 엉뚱하게 들리겠지만, 그래서 이 문제는 신념이나 지식의 문제가 아니라 궁극적으로 의지의 문제가 된다.

지금까지 서구인들이 죽음 이후에 삶이 있다고 생각했는지, 만일 있다면 사후세계라는 것을 믿었는지, 만일 믿었다면 그 세계를 어떤 세계로 묘사했는지 등에 대해 살펴보았다. 거듭 말하지만 우리는 사후생이나 사후세계에 대한 논의가 아무리 담론이나 이론의 외양을 갖추고 있다 하더라도, 엄밀히 말해 과학이나 철학이 아닌 종교(믿음)나 추론(상상)의 영역에 속한다는 사실을 숙지해야만 한다. 그렇다고 무의미하거나 논할 가치가 없

---

173 엘리자베스 퀴블러-로스, 『사후생(死後生): 죽음 이후의 삶의 이야기』, 22~23쪽.

다고 말하려는 것은 아니다. 그러한 속성을 인지한 상태에서 담론을 해석하거나 분석할 때 비로소 그것의 참된 의미가 밝혀질 수 있다는 점을 지적하고 싶다. 죽음 또는 죽음 이후의 세계는 우리가 경험할 수 있는 대상이 아니기 때문이다. 물론, 경험하지 않고도 사유할 수 있을지 모르지만 그렇게 사유했다고 해서 그것이 알고서 한 사유라고 말할 수는 없다. 사유와 상상을 포함한 관념의 세계는 경험과 지식을 얼마든지 넘어설 수 있기 때문이다. 이제 우리의 경험과 지식을 아득히 넘어 보다 더 초월적인 세계에 대한 담론으로 넘어가 보자.

제11장

죽음의 초월: 영생과 불멸 그리고 구원과 부활

줄기세포(stem cell), 복제 생물(clone), 냉동 보존술(cryonics), 항노화(anti-aging) 등등. 이들 단어를 들으면 무엇이 떠오르는가? 이들 개념을 공통으로 묶어 주는 상위 개념은 무엇일까? '불멸과 영생에 대한 갈망' 정도가 아닐까? 최근 4차 산업혁명과 과학 기술의 발달로 이들에 관한 연구나 기술은 나날이 증가하고 있다. 어쩌면 인간에게 노화와 죽음은 더 이상 없다고 선언할 날이 조만간 올지도 모르겠다. 노화와 죽음을 극복 정도가 아니라 아예 소멸시키려는 움직임이 지구 곳곳에서 벌어지고 있다. 인간은 이제 자연법칙을, 더 나아가 신의 섭리를 거역함으로써 이 세상을 넘어 우주, 더 나아가 신까지도 지배하려는 과욕을 부리고 있는지도 모른다.

사실, 영원히 사는 것은 어쩌면 인간이 문명을 탄생시킨 이래 줄곧 품어 왔던 오랜 꿈일 것이다. 고대 중국의 진시황이 불로초를 찾은 것이나 현대 미국의 글로벌 기업 최고 경영자들 다수가 역노화나 노화방지 기술에 대대적으로 투자하는 것만 보아도 그 점을 잘 알 수 있다. 그것이 꿈이었던 이유는 실현할 수 없는 현상이었기 때문이다. 그러나 막상 실현된다면 어떻게 될까? 과연 오래 사는 것이 축복될 수 있을까? 그것도 늙고 추악하고 병약한 상태에서, 또한 하루하루 망가져 가는 지구 환경 속에서 무료한 일상이 1,000년 가까이 이어진다고 상상해 보라. 그것도 끔찍하지만, 이제는 장수 정도가 아니라 아예 죽고 싶어도 죽지 못하는 불멸이나 영생을 감당해야 한다면 어떨까? 그쯤 되면 장수나 영생은 신의 축복이나 은총이 아니라 징벌이자 재앙이 될 것이다.

이 장에서는 인간의 죽음 극복 또는 죽음 제거라는 문제들을 서구 지식인들이 어떻게 사유해 왔는지를 다룬다. 즉 '죽음의 초월'이라는 제목 아래, '영생', '불멸', '구원', '부활' 등에 관한 담론을 살펴보고자 한다. 혹시 오해할지도 모를 독자들을 위해 미리 말해 두자면, 여기서 '불멸'이란 이미 앞서 다루었던 '영혼의 불멸'이 아니라 인간, 즉 육체의 '죽지 않음'을 뜻한다. 말 그대로 '영생'을 의미한다고 보면 된다.

영생과 구원 등에 관한 담론은 이들 주제를 긍정하거나 칭송한 경우와 부정하거나 비판한 경우로 크게 대별된다. 물론, 이도저도 아닌 중립적 태도를 보인 지식인들도 없지 않았지만, 대체로는 어느 한쪽에 서서 자기주장들을 폈다. 먼저 중립적인 담론부터 살펴보자. 이에 관한 거의 유일한, 아울러 가장 최초의 담론은 소크라테스에게서 발견된다. 그는 에로스를 불멸의 존재인 신과 필멸의 존재인 인간의 중간 형태로 규정하면서 영생과 관련해 중립적인 담론을 펼쳤다. 즉 그는 에로스를 아름다운 것에 대한 사랑으로 정의한 후에 에로스를 신과 인간의 중간 존재인 정령(daimon)으로, 불멸과 불사를 향한 열정으로 규정한 만티네이아의 예언녀 디오티마(Diotima of Mantinea)의 에로스관을 거론한다.

> 예컨대 어떤 사람이 어릴 적부터 노년에 이르기까지 같은 사람이라고 일컬어진다 해도, 그는 사실은 같은 속성을 그대로 유지하는 것이 아니라 부단히 새로워지며, 전에 갖고 있던 머리털, 살, 뼈, 피는 물론이요 몸 전체를 잃어가고 있어요. 그리고 이런 현상은 몸에만 국한되는 것이 아니라 혼에도 일어나요. 습관, 성격, 의견, 욕망, 쾌락, 고통, 두려움도 어느 것 하나 어떤 개인의 혼 안에 그대로 머물러 있지 않고, 어떤 것은 생겨나고 어떤 것은 소멸

하니 말이에요. 이보다 훨씬 더 이상한 것은, 지식도 어떤 것은 생겨나고 어떤 것은 소멸하여, 우리는 지식과 관련해서도 결코 같은 사람으로 남지 않으며, 그 점에서는 우리의 개별 지식도 마찬가지지요. 우리가 '학습'이라고 일컫는 것도 지식이 우리를 떠나기에 존재하는 것이지요. 망각은 지식이 떠나가는 것인데, 학습은 떠나가는 기억 대신 새로운 기억을 주입하여 같은 지식으로 보이도록 우리의 지식을 보존하니까요. 모든 필멸의 존재는 이런 식으로 보존되지요. 신적인 존재처럼 모든 면에서 영원히 같은 존재로 머무름으로써가 아니라, 늙어서 소멸하는 것이 자기를 닮은 젊은 것을 뒤에 남김으로써 보존된다는 말이에요.[174]

유기체의 불멸에 대한 욕구는 기본적으로 육체뿐만 아니라 정신이나 영혼에서도 나타난다는 것이다. 이 주장에 근거해 보자면, 개인뿐만 아니라 인류 전체의 삶은 매 순간이 탄생이고 죽음의 반복 과정이다. 왜냐하면 인간은 끊임없이 낡은 세포, 지식, 감정, 영혼을 죽여가면서도 동시에 새로운 세포, 지식, 감정, 영혼을 만들어 가기 때문이다. 즉 인간은 매 순간 삶과 죽음을 동시에 경험하면서 살아간다. 그 점에서 전체 인류의 삶은 신처럼 영원히 동일한 존재로 남아 있는 과정이 아니라 자신을 닮은 몸과 영혼을 뒤에 남기면서 새로운 몸과 영혼을 끊임없이 만들어 가는, 즉 불멸의 여정(旅程)이라 할 수 있다.

불멸에 대한 욕구가 좋고 나쁨을 떠나 그저 그런 것이 인생(c'est la vie)이라고 말하는 듯하다. 가령, 에피쿠로스는 불멸하는 것은 인간 또는 인간의 영혼이 아니라 선(善)이라고 말한다. "그러므로 이러한 사실[쾌락이 행복한 인생의 시작이자 끝이라는 사실]들을 너 스스로뿐 아니라 동료들과 함께 밤낮으로 생각하라. 그러면 너는 자나깨나 고통받지 않게 될 것이며, 사람들 사이에서 신과 같이 살게 될 것이다. 왜냐하면 불멸하는 선 속에서 사

---

174 플라톤, 『소크라테스의 변론/크리톤/파이돈/향연』, 311~13쪽 (= *Symposion*, 206c-207a).

는 사람은 사멸하는 존재들과는 다를 것이기 때문이다."[175] 선은 신과 같은 존재다. 비록 인간은 필멸이고 윤리는 불멸이지만, 인간이 쾌락과 선을 추구하는 삶을 살다 보면 자연스럽게 신과 같은 불멸의 삶을 살 수 있다는 조언이자 경구다.

노발리스 역시 필멸과 불멸에 대해 그 어느 쪽도 긍정하거나 부정하지 않으면서 중립적인 태도를 보였다. 더 정확히 말하자면, 필멸도 불멸도 모두 그 나름의 장점을 가지고 있다는 식의 긍정론을 보여 주었다. 먼저 그는 필멸성을 그 자체로 자연의 특권이자 영원성으로 간주한다. "모든 것은 그 자체로 영원하다. 필멸성 — 변천성은 바로 더 상위의 자연들의 특권이다. 영원성은 하나의 징표이고, 실례를 무릅쓰고 말하자면, 무(無)정신적 존재다(geistloser Wesen). 영원성과 시간성의 종합."[176] 모든 존재가 영원한 이상 필멸성이 곧 영원성이고 모든 존재의 필멸성, 즉 시간성은 영원성과 결합되어 있다는 것이다. 모든 시간적인 것, 유한한 것, 필멸적인 것은 그 자체로 영원하다는 변증법적 인식을 보여 준다. 또한 노발리스는 불멸성에 대해서도 똑같이 긍정적인 발언을 한다. "철학 …… 신, 자유, 불멸성은 언젠가 정신물리학의 토대들이 될 것이다. 마치 태양, 빛, 열이 언젠가 지상 물리학의 토대들이 될 것처럼 말이다."[177] '불멸성'이 미래의 언젠가 '정신물리학'이라는 새로운 학문의 토대가 되리라는 예견인데, 우리가 앞 장에서 살펴본 페히너가 창립한 '정신물리학'을 약 40년 정도 앞서 언급한 것이 놀랍다. 여기서의 정신물리학은 오늘날의 '뇌과학'으로 이해해도 무방할 것이다. 어쨌든 불멸성은 새로운 학문의 토대가 될 만큼 중시된다.

프로이트도 어찌 보면 불멸성에 대해 중립적인 태도를 표방했다고 볼 수 있다. 어떤 현상을 특별히 긍정하지도 부정하지도 않으면서 그 현상의

---

175 에피쿠로스, 『쾌락』, 50쪽 (= *Letter to Menoeceus*).
176 Novalis, *Schriften*, vol. 3, p. 436 (= "Das Allgemeine Brouillon", 869) (강조: 노발리스).
177 Novalis, *Schriften*, vol. 3, p. 311 (= "Das Allgemeine Brouillon", 388).

기원 및 원천, 원인 등에 대해 심리적 근거를 들면서 자기주장을 풀어나가는 특유의 담론 방식이 이 주제에도 적용된다. 프로이트는 영혼, 종교, 전생, 환생, 윤회 등은 모두 죽음에서 삶의 종말과 소멸이라는 의미를 제거한 결과물들이라고 주장한다. "종교가 내세를 좀 더 바람직하고 근거 있는 것으로 표현하고, 죽음으로 끝나는 삶을 죽음의 준비 단계에 불과한 것으로 격하하는 데 성공한 것은 훨씬 뒤였다. 그 후 삶을 과거까지 연장하여 전생과 환생과 윤회 같은 개념을 만들어 낸 것은 필연적인 결과였다. 이 모든 것은 삶의 종말이라는 의미를 죽음에서 박탈하려는 의도를 갖고 있었다."[178] 요컨대, 종교가 인간의 죽음을 삶으로 바꾸어 놓는 전략을 취했다는 주장이다. 죽음으로 삶이 끝나는 것이 아니라 윤회와 내세 같은 개념들로써 인간은 불멸을 꾀한다. 따라서 이때의 죽음은 종말이라는 이름의 부재가 아니라 또 다른 삶이라는 의미의 존재를 확증하는 순간이다. 종교는 죽음을 죽이고 그것을 삶으로 변환해 놓은 주범이다. 한마디로 종교는 '죽음의 살해자'다. 프로이트의 이러한 서술에서 필멸 또는 불멸에 대한 좋고 나쁨의 가치 평가는 전혀 느껴지지 않는다.

그럼 지금부터 불멸을 긍정적으로 평가한 사례들을 살펴보자. 아무래도 불멸과 영생의 긍정성에 대해서는 기독교 사상가들이 전면에 떠오를 수밖에 없다. 최초의 사례는 아우구스티누스다. 그는 사후에 불멸과 영생을 넘어 현 세계에 다시 살아 돌아온다는 의미의 '부활'까지 확신했다.

    사도[바울]는 같은 편지에서 이 점을 더 분명히 말한다. "사망이 사람으로 말미암았으니 죽은 자의 부활도 사람으로 말미암는도다. 아담 안에서 모든 사람이 죽은 것 같이 그리스도 안에서 모든 사람이 삶을 얻으리라"고 한다(고린도전서 15:21-22). 그리고 그때부터는 살려 주는 영에 합당한 신령한 몸으로 살 것이다. 그런데 아담 안에서 죽는 사람이 반드시 모두 그리스

---

178 지크문트 프로이트, 『문명 속의 불만』, 65~66쪽.

도의 지체가 되리라고 할 수 없다. 영원한 둘째 사망을 당하는 사람들이 훨씬 더 많을 것이기 때문이다. 두 구절에서 사도가 "모든" 사람이라는 말을 쓴 것은 육의 몸으로 죽는 사람들이 예외 없이 아담 안에서 죽는 것과 같이, 신령한 몸으로 다시 살게 되는 사람들도 예외 없이 그리스도 안에서 생명을 받게 될 것이기 때문이다.[179]

앞서 죽음 담론에서 언급했던 것처럼 아우구스티누스는 사람에 따라서는 죽고 나서 부활하지 못하고 두 번째 죽음을 맞이하는 사람들도 있다고 말한다. 그러나 분명한 것은 아우구스티누스가 하나님의 선택을 받은 자들이 단지 죽지 않는 것을 넘어 이 세계에 되살아나리라고 확신했다는 점이다. 이러한 관점은 기독교 사상가들에게는 상식으로 통했다.

아우구스티누스에게서 발견되는 특이한 불멸에 관한 담론 하나를 더 소개하자면, 그는 건강함이 곧 영생불사의 길이라고 주장했다. "주님의 강림시에 지상에 살아있을 사람들에게는 어느 말씀이 해당되느냐고 묻는다면, 그것은 "땅속에 있는 모든 자가 기뻐하리라. 주의 이슬은 그들의 건강이요"라는 문장이 적당할 것이다. 여기서 '건강'은 영생불사라고 하는 것이 제일 좋은 해석이다. 매일 영양을 의약과 같이 취할 필요가 없는 것이 최선의 건강이기 때문이다."[180] 건강하게 사는 것이 곧 영원히 죽지 않고 사는 것이라는 관점은 비단 기독교의 교리나 사상이 아니더라도 우리 모두 새겨들어야 할 금과옥조가 아닌가 싶다. 건강이 곧 영생이요 불멸인 것이다.

부활 담론 역시 아우구스티누스에게서 빼놓을 수 없는 요소다. 그는 죽음과 마찬가지로 부활 역시 두 개로 나누어 사유한다. 첫째 부활은 자비요, 둘째 부활은 심판이라는 것이다.

179　성 아우구스티누스, 『신국론: 하나님의 도성』, 647~48쪽 (= De Civitate Dei, XIII, 23).
180　성 아우구스티누스, 『신국론: 하나님의 도성』, 997쪽 (= De Civitate Dei, XX, 21).

그다음에 덧붙이신다. "진실로 진실로 너희에게 이르노니 죽은 자들이 하나님의 아들의 음성을 들을 때가 오나니 곧 이때라 듣는 자는 살아나리라. 아버지께서 자기 속에 생명이 있음같이 아들에게도 생명을 주어 그 속에 있게 하셨느니라"(요한복음 5:25-16). 여기서 말씀하시는 것은 아직 둘째 부활, 즉 종말에 있을 몸의 부활이 아니라 지금 있는 첫째 부활이다. 이 점을 구별하시기 위해서 "때가 오나니 곧 이때라"고 하신다. 그런데 이 부활은 몸에 관한 것이 아니고 영혼에 관한 것이다. 영혼도 그 죄악 때문에 죽기 때문이다. 이렇게 죽은 자들에 대해서 같은 입술이 "죽은 자들로 저희 죽은 자를 장사지내게 하라"고 하셨다(마태 8:22). 즉, 영혼이 죽은 자들로 몸이 죽은 자들을 장사지내게 하라는 뜻이다. 그러면 이렇게 죽은 자들 — 불경건과 죄악으로 죽은 자들 — 에 대해서 그리스도께서는 "죽은 자들이 하나님의 아들의 음성을 들을 때가 오나니, 곧 이때라 듣는 자가 살아나리라"고 말씀하신다. "듣는 자", 바꿔 말하면, 순종하고 믿고 끝까지 참는 자들이다. 여기는 선인과 악인의 차별이 없다. 모든 사람이 그의 음성을 듣고 살아나며, 불경건하여 죽은 상태로부터 경건하여 산 상태로 옮기는 것이 좋은 일이기 때문이다. 사도 바울이 말하는 것도 이 죽음이다. "그러므로 모든 사람이 죽은 것이라. 저가 모든 사람을 대신하여 죽으심은 산 자들로 하여금 다시는 저희 자신을 위하여 죽지 않고 오직 저희를 대신하여 죽었다가 다시 사신 자를 위하여 살게 하려 함이니라"(고린도후서 5:14-15). 이와 같이 모든 사람이 예외 없이 죄로 죽었다. 혹은 원죄 때문에, 혹은 자기의 의사로 지은 죄 때문에 죽었고, 혹은 무지 때문에, 혹은 알면서도 지은 죄 때문에 죽었다. 그리고 모든 죽은 자를 대신해서 오직 홀로 살아 계신 분, 즉 전혀 죄가 없으신 분이 죽으셨다. 죄를 용서받음으로써 살게 된 사람들이 앞으로는 자기를 위하여 살지 않고, 모든 사람을 대신하여 — 우리의 죄를 대신하여 — 죽었다가 우리가 의롭게 되게 하기 위하여 다시 살아나신 분을 (로마서 4:25) 위하여 살게 하시려는 것이다. 말하자면 불경건한 자들을 의롭다 하시는 분을 믿는(로마서 4:5) 우리가 — 불경건을 용서받고 의롭다 하심을 얻은, 즉 죽었다가 살아난 우리가 — 지금 있는 첫째 부활을 얻을 수 있게 하시려는 것이다. 이 처음 부활에는 영원히 복받을 자들과 불행한 자들이 모두 참여한다는 것을 우리는 알게 될 것이다. 첫째는 자비의 부활이요, 둘째는 심판의 부활이다. 그러므로 시편에, "내가 인자(자비)와 공의(심판)를 찬송하겠나이다. 여호와여, 내가 주를 찬송하리이다"라고 한다(시편 101:1).[181]

첫째 부활은 선인과 악인, 즉 의로운 자와 불의한 자 등 모든 인간이 죽고 나서 함께 자비로운 하나님의 은총에 따라 다시 살아나는 것이요, 둘째 부활은 하나님의 재림을 통해 진정으로 구원받을 자와 그렇지 못할 자를 구분해 구원받을 자만 되살리는 것이다. 이 점에서 아우구스티누스는 그의 '이중(二重)의 죽음' 담론과 똑같이 부활 또한 이중 구조로 엮어 재구성한다. 그의 주장에 따르면, 인간 모두는 의롭고 착한 사람이 되어야만 할 필연성을 갖고 살아간다. 그것이 하나님께서 인간에게 내린 일종의 삶의 계시다.

중세 시기의 에크하르트 역시 영생을 확신한 기독교 사상가다. 그는 영생을 확신하는 길에는 두 가지가 있다고 말한다.

우리의 삶에는 영생을 확신하는 두 가지 길이 있다. 첫째는 하나님 자신이 그것에 관해 인간에게 말씀하신다는 믿음, 또는 그분이 천사를 통해 말씀을 전하신다거나 어떤 특별한 계시 속에서 그것을 드러내신다는 믿음 위에 기초해 있다. 이러한 일은 매우 드물게 그리고 아주 적은 사람들에게만 일어난다. 둘째는 비할 데 없이 훌륭하고 더욱 유용한 것으로, 온 마음을 다해서 사랑하는 사람들 사이에서 공유되는 것이다. 그것은 하나님에 대한 사랑과 하나님과의 친밀함에 바탕을 둔다. 이러한 사랑을 통해 그 사람은 하나님을 완전히 신뢰하며, 또한 오롯이 그분을 신뢰하기에 그는 모든 피조물 속에서 그 어떤 차별도 없이 하나님을 사랑한다. 심지어 피조물들이 그

---

181 성 아우구스티누스, 『신국론: 하나님의 도성』, 968~69쪽 (= *De Civitate Dei*, XX, 6).

를 거절하고 관계를 끊거나, 심지어는 하나님이 그를 외면한다고 하더라도 그는 불신하지 않을 것이다. 왜냐하면 사랑은 결코 믿음을 잃지 않기 때문이다.[182]

에크하르트는 두 가지 영생의 증표 가운데 첫째는 하나님이 인간에게 직접 하는 계시 속에서 드러나고, 둘째는 완전한 사랑을 함으로써 이루어진다고 말한다. 첫째 방법은 거의 드물게 일어나기에 우리가 기대할 수 없지만, 둘째 방법은 유용하게 이룰 수 있는 방법이다. 하나님에 대한 사랑을 바탕으로 완벽하게 사랑하는 사람은 곧 영생을 얻을 것이라는 주장이다. 앞서 아우구스티누스가 '건강'이 영생이라고 말했다면, 이제 에크하르트는 '사랑'이 영생이라고 말한다. 우리가 우리 자신뿐만 아니라 이웃도 모두 진정으로 사랑하면 영생을 얻을 수 있다는 것이다.

영생을 얻을 수 있는 다양한 방식 또한 에크하르트에 의해 제시된다. 가령, 막심한 금전적 손해를 입은 피해자도 인내와 덕을 쌓음으로써 자유로워져 영생을 얻을 수 있다. "이렇게도 생각해 보십시오. 그대는 천 달러를 잃었습니다. 그렇더라도 그대가 잃은 그 천 달러 때문에 우는 것을 멈추십시오. 그 대신 천 달러를 잃게 하심으로써 그대를 자유롭게 하신 하나님께 감사하십시오. 그런 상실을 통해 그대는 인내와 덕을 쌓을 수 있게 될 것이며, 수천 명의 사람이 얻지 못하는 영원한 생명을 얻게 될 것입니다."[183] 인간에게 고난과 역경을 부여하고 그것을 극복하도록 만든 이후에, 궁극적으로는 마음의 평화와 영생을 얻도록 하신다는 하나님의 큰 구상을 논파한 것이다.

그렇다면 어떤 사람이 영생을 얻을 수 있을까? 이에 대해서도 에크하르트는 명쾌한 답을 내놓는다. 그는 의로운 사람들이 영생을 얻을 것이라고 말한다.

182　Meister Eckhart, *Meister Eckhart: A Modern Translation*, p. 20.
183　Meister Eckhart, *Meister Eckhart: A Modern Translation*, p. 57.

우리는 오늘 독서에서 "지혜로운 사람이", '의로운 이는 영원히 산다'(「지혜서」 5:16)라고 말하는 성서 구절을 읽었습니다. …… 의로운 이는 하나님 안에서 살고, 하나님은 의로운 이 안에서 삽니다. 왜냐하면 하나님은 의로운 이 안에서 태어나고, 의로운 이는 하나님 안에서 태어나기 때문입니다. 왜냐하면 하나님은 의로운 이의 모든 덕을 통해 태어나고, 의로운 이의 모든 덕을 통해서 기뻐하시기 때문입니다. 그리고 하나님은, 그것이 아무리 보잘것없는 것이라 하더라도, 그것이 의로운 이를 통해서 그리고 의롭게 이루어지는 것이라면, 의로운 이의 모든 덕뿐만 아니라 그가 하는 모든 행위를 통해서, 바로 그것을 통해서 신은 기뻐하십니다. 그렇습니다, 철저하게 기뻐하십니다. …… 의로운 사람은 자신의 행위로써 어떤 것도 추구하지 않습니다. 왜냐하면 자신의 행위로써 어떤 것을 추구하는 사람이나 어떠한 이유를 내세워 행하는 사람은 노예와 고용인이기 때문입니다. …… 따라서 그대가 살고자 하고 그대의 행위가 살기를 원한다면, 그대는 모든 것을 위해서 죽어야 하고 무(無)가 되어야 합니다. …… 따라서 그(="지혜로운 사람")는 '의로운 이는 산다.'라고 말합니다. 왜냐하면 그가 의롭기 때문이고, 그렇기에 그는 행동하기 때문입니다. 그래서 그의 행위들은 삽니다. …… 의로운 이 가운데서는 오직 유일한 하나님 이외에 어떤 것도 작용해서는 안 됩니다. 왜냐하면 어떤 것이 바깥으로부터 그대를 덮쳐온다면, 그 모든 행위는 정말로 죽기 때문입니다. 그리고 심지어 하나님이 바깥으로부터 그대를 덮쳐온다고 하더라도, 이러한 행위들은 (역시) 정말로 모조리 다 죽습니다. 따라서 그대의 행위들이 살려면, 하나님이 내적으로, 영혼의 가장 내적인 곳에서 그대를 덮쳐와야 합니다. 그대의 행위들이 살려면, 그렇게 해야 합니다. 왜냐하면 바로 그곳[영혼의 가장 내적인 곳]에 그대의 생명이 있고, 그곳에서만 그대는 살기 때문입니다."[184]

---

184 Meister Eckhart, *Meister Eckhart Werke*, vol. 1, pp. 421~25 (= "Predigt 39) (강조: 에크하르트).

인간이 진실되게 또는 의롭게 산다는 것은 영적인 삶을 살아간다는 뜻이고, 그런 사람들은 결국 하나님 안에서 영생을 누리며 살아간다. 그러나 그 이외의 사람들은, 그리고 의로운 사람들이라 하더라도 하나님 밖에서 사는 사람들은 죽은 것과 다름없다. 진실되고 의롭게 되었을 때, 비로소 영생과 구원을 얻는다는 가르침은 사람들을 진실되고 의롭게 만드는 최고의 기독교 전도 전략일 것이다. 동시에 의롭지 못한 사람들이나 악인들을 천국에 들어가지 못하도록 걸러내는 최고의 전략일 수도 있다.

끝으로 에크하르트는 부활에 대해서도 자신의 독특한 견해를 개진한다. 기독교 원죄설에 따르면, 인간은 태어날 때부터 이미 죄인이다. 심하게 표현하면 모든 인간은 범죄자로 태어난다. 이 죄로부터 벗어나는 것은 죽어서 천국에 들어가기 전까지는 불가능하다. 그래서 면벌부도 살아 있는 동안의 죄에 대한 처벌을 잠시 유보해 준다는 의미만을 지닌 일종의 부적이다. 따라서 인간에게는 죄를 뉘우치고 반성하는 참회 또는 속죄의 과정이 필요한데, 이것은 어려운 일이 아니다. 에크하르트는 어떻게 하는 것이 진정한 참회이자 속죄라고 보았을까? 그리고 그렇게 속죄하면 어떤 일이 벌어진다고 생각했을까?

많은 사람이 "참회하기" 위해서는 유별난 일들을 해야 한다고 생각하는 것 같다. 금식을 한다든가 맨발로 걷는다든가 하는 따위의 겉으로 드러나는 행동 말이다. 그러나 가장 훌륭한 참회와 가장 유익한 속죄는 하나님이 아닌 모든 것과 영적이지 않은 모든 것으로부터 돌아서는 것이며, 그런 것들을 뿌리 뽑고 가지 치는 것이다. 진실한 참회는 흔들림이 없는 사랑을 가지고 우리의 자비로운 하나님을 향해 얼굴을 돌리는 것이다. …… 정말이지 만일 어떤 순간에 그대가 죄에 대한 혐오와 반감을 갖고 모든 죄로부터 완전히 돌아선다면, 그래서 충분히 하나님을 향하게 된다면, 그대가 아담 이후의 모든 죄를 범했다고 하더라도, 혹은 범할 수 있었던 모든 죄를 범했다고 하더라도, 그대는 즉시 용서받을 것이며, 죄의 고통은 누그러질 것이다. 그러므로 만일 그대가 죽는다고 하더라도 그대는 즉시 살아나 하나님의

얼굴을 뵙게 될 것이다.[185]

그저 신적이지 않은 것 그리고 영적이지 않은 것에 철저히 거리를 두고 참된 사랑의 감정을 갖고서 하나님에게로 향하기만 하면 된다. 기독교적 신만 바라보다 보면 결국 인간은 원죄뿐만 아니라 살면서 지은 모든 죄를 즉시 용서받고 고통은 소멸하며 죽어서도 다시 살아나 하나님을 영접하게 될 것이다. 이 설교 또한 지극히 기독교적— 특히 가톨릭적이 아니라 개신교적— 뉘앙스가 많이 풍기는데, 아직 종교개혁이 발생하기 약 200년 전에 한 발언이라는 점을 감안하면 그저 놀라울 따름이다.

한편, 존 던은 영생을 위해서는 역설적으로 죽어야 한다고 강조한다. "우리가 70세의 수명을 누리기 위해 잠을 필요로 하듯이, 우리가 살 수 없는 그 미지의 삶을 살기 위해서 우리는 죽음이 필요하다. 그리고 죽음은 우리의 적으로 하나님은 우리가 죽음에 대항하여 우리 자신을 방어할 것을 허용하셨고(우리는 매일 2회씩 음식을 먹어 죽음과 싸운다), 잠이 그러하였듯이 죽음도 달콤하게 하시었으니, 마치 잠이 죽음이기라도 하듯이, 우리는 매일 한 번 우리의 적(잠)의 손안에 우리 자신을 맡긴다. 음식이 생명이듯이, 잠은 죽음이다."[186] 인간에게는 사후세계에서의 안식, 즉 영생을 위해 죽음이 필요하다는 것이다. 영원히 살기 위해서는 매일 죽지 않으면 안 된다는 역설적 주장이다. 사후세계에 대한 무한 신뢰를 바탕으로 형성된 기독교 교리의 독특성을 이해하지 못한다면 도저히 납득할 수 없는 문장이다.

19세기 초 피히테도 인간은 자신도 모르게 자신이 영원히 죽지 않을 것이라는 불멸성에 대한 욕구와 의지를 갖는다고 말함으로써 20세기 초 프로이트의 사유를 100년 앞당겨 선취한다. "모든 사람의 불멸성은 오직 인류성(Sittlichkeit) 안에서만 존재한다. 불멸성을 밝혀 주는, 모든 사람에게 적용되는 하나의 증거는 존재하지 않는다. 모든 사람은 자신의 절대적인

---

185 Meister Eckhart, *Meister Eckhart: A Modern Translation*, pp. 21~22.
186 존 던, 『인간은 섬이 아니다: 병의 단계마다 드리는 기도』, 159~60쪽.

자의식만을 통찰할 뿐이다. 만일 네가 [불멸성에 대한] 의지를 갖고 있지 않다면, 너는 죽음의 표식(Unterpfand)을 갖고 있지 않은 것이다. 불멸성에 대한 욕구(Trieb zur Unsterblichkeit)는 그 개념의 조용하고 간절한 요구(Nöthigung)다."[187] 불멸성에 대한 욕구와 의지는 인간의 무의식적인 요청이자 희망이다. 불멸을 바란다는 것은 죽음을 인지한다는 뜻이고, 그러한 통찰을 통해 필멸의 존재로서 인간은 비로소 정신적인 불멸의 존재로 거듭난다. 비록 매우 관념적이고 사변적으로 서술되어 있기는 하지만 불멸성에 대한 욕구와 의지에 관한 매우 냉철하고 철학적인 성찰인 셈이다.

또한 피히테는 영혼과 불멸성이 초감각적 세계의 원인이라고 주장한다. "만일 일반적 오성이 언젠가 이 세계의 초감각적 원인에 대한 이념으로까지 승화한다면, 그 오성은 이 고상한 관점으로부터 그 나머지의 정신적 이념들, 즉 영혼, 불멸성 등에 대한 이념을 발견하게 된다."[188] 영혼이나 불멸은 분명 필멸의 존재인 인간이 이성으로써 이해할 수 있는 대상이 아니다. 하지만 이 글에서는 인간 이성이나 오성조차 초자연적 세계에까지 승화되길 희망하는 피히테의 메타 관념론적 욕구가 느껴진다. 이 또한 관념론 철학자들 스스로 관념론의 한계를 인식한 하나의 사례로 기록될 것이다. 하기야 의식하든 의식하지 않든, 의도하든 의도하지 않든 간에, 기독교적 신을 믿을 수밖에 없었던 과거 대다수 서구 지식인의 큰 고뇌 가운데 하나는 유한한 존재인 인간이 무한한 존재인 신을 어떻게 인식 또는 초극할 수 있을지에 관한 문제의 실마리를 푸는 것이었으니 이해하지 못할 바도 아니다.

더 나아가 그는 신의 의지가 죽음을 초월한다고 말하면서 부활을 향한 긍정적 메시지를 전한다.

---

187 Johann Gottlieb Fichte, "Sittenlehre: 15. Vorlesung", in: Johann Gottlieb Fichte, *Gesamtausgabe*, vol. IV-6, p. 114.

188 Johann Gottlieb Fichte, "Von der Sprachfähigkeit und dem Ursprunge der Sprache", in: Johann Gottlieb Fichte, *Gesamtausgabe*, vol. I-3, p. 113 (강조: 피히테).

신은 영원하고 신께서 하시는 일(Wirken) 또한 영원하다. 신께서 하시는 일을 위해 신의 도구로 쓰이는 것도 그로써 모든 죽음을 넘어 사라진다(hinweggehoben). 그렇게 되면 나는 더 이상 내가 아니라, 신적인 힘의 유출물이 된다. 이 힘은 영원하다. 그에 따라 나 또한 영원하다. 예수 이후에 현재 누구나 그렇게 될 수 있다. 이로써 다른 해석이 발견된다. 사람들은 천국이, 즉 불멸하고 영원한 것이 죽음 이후에 존재한다고 생각한다. 따라서 죽음은 그 이전에 있어야 한다. 실제로 그렇다! 그러나 어떤 죽음이 그렇다는 것인가? 예수 이후의 죽음이 그렇다. 즉 사람들이 외적인 삶 안에서 죽는 죽음이, 그래서 감각적 삶의 죽음이, 자기 의지의 죽음이 그렇다는 것이다. 이러한 죽음의 죽음을 통해서 비로소 삶이 시작된다. 정신적인 죽음은 하나의 사건으로서의 외적인 죽음과 혼동된다.[189]

신과 신의 역사(役事)가 영원하다면, 신께서 하시는 일의 도구로 인간 또한 누구나 영원할 수 있다는 주장이다. 예수 그리스도만 영원한 것이 아니라 우리 인간 또한 영생을 누릴 수 있다. 영원하다는 것은 곧 불멸한다는 뜻이고 죽음을 넘어선다는 의미이기 때문에, 인간은 곧 신으로 거듭날 수 있다. 흔히 외적인 죽음과 혼동되는 정신적인 죽음을 통해서 말이다. 외적인 죽음, 감각적 죽음, 의지의 죽음은 그 점에서 또 다른 삶의 시작이라고 할 수 있는 정신적 죽음, 영혼의 불멸, 인간의 영생, 유한 존재의 부활과 대비된다. 즉 인간은 감각적·외적으로는 죽지만 정신적·내적으로는 다시 살아나 영생을 누린다는 것이다.

19세기에 들어와 포이어바흐도 불멸성에 관한 매우 긍정적이고 독특한 관점을 제시한다. 먼저 그가 불멸성을 어떻게 개념 정의하고 해석하는지 살펴보자.

---

[189] Johann Gottlieb Fichte, "Darstellung des Christenthums. Nachschrift Halle. 1. Vorlesung", in: Johann Gottlieb Fichte, *Gesamtausgabe*, vol. IV-6, pp. 324~25 (강조: 피히테).

만일 죽음이 단지 하나의 스스로 부정하는 부정(eine sich selbst verneinende Verneinung)이라면, 일반적인 의미에서 하나의 무효성(Nichtigkeit)의 단순한 반대로서 불멸성은 개인의, 그리고 삶과 현존의 비현실적이고 비규정적인 긍정이다. …… 당신은 불멸적 존재다, 라고 하는 것은, 진실에서는 바로, 당신은 가치 있고 의미 있는 존재다, 라는 뜻이다. 하나의 사라질 필멸적 존재는 존재할 수도 있고 존재하지 않을 수도 있는 그 존재에 아무것도 소여되지 않은, 중요하지 않은(gleichgiltig) 존재다. 그러나 존재의 관심은 오직 존재의 내용에 놓인다. 따라서 **불멸적으로 존재한다는 것**(*Unsterblichsein*)은 **무언가로 존재한다는 것**(*Etwassein*)을 의미한다. 왜냐하면 그 무언가와 함께 현존의 무의미성, 비중요성, 우연성, 무관심성은 지양되기 때문이다. 무언가가 되어라(Sei *Etwas*), 그러면 당신은 불멸이다. 종말(Ende)은 정신과 오성이 없는 부정이고, 영원(Endlosigkeit)은 정신과 오성이 없는 긍정이다. 불멸의 삶이란 자신의 규정과 목적과 가치를 자신 안에 갖는, 자기 자신을 위한 그러한 삶이다. ― 불멸의 삶이란 **내용으로 충만한**(*inhaltvolles*) 삶이다. 따라서 이러한 삶은 그 자신 안에 이미 내용과 목적과 가치를 담고 있다.[190]

여기서 포이어바흐는 '불멸성'을 "무효성의 단순한 반대" 또는 "개인의, 그리고 삶과 현존의 비현실적이고 비규정적인 긍정"으로 정의한다. 요컨대, 불멸이란 '소멸하고 무효화되는 것의 거부이자 부정'이고 '삶과 생명의 무한한 긍정'이라는 것이다. 그런데 그것이 끝이 아니다. 포이어바흐에게 불멸성이란 단순히 '죽지 않는다'만을 뜻하는 것이 아니라 그보다도 오히려 '무언가 의미 있는 존재로 남는다'라는 뜻을 더 강하게 품는다. 즉 불멸의 효용과 가치는 특정 존재의 여부 자체보다도 그 내용의 중요성 여부에 달려 있다. 무언가가 불멸이라는 것은 그 무언가가 '의미 있다'는 뜻이다. 그래서

---

[190] Ludwig Feuerbach, "Gedanken über Tod und Unsterblichkeit", in: Ludwig Feuerbach, *Sämtliche Werke*, vol. 1, pp. 87~88 (강조: 포이어바흐).

포이어바흐는 불멸하고 싶거든 무언가 의미 있는 존재가 되라고 충고한다. 포이어바흐의 불멸성 개념은 결국 종교적·신학적 차원에서가 아니라 철학적·윤리적 차원에서 정의되고 있음을 알 수 있다.

유사한 논조는 계속 이어진다. 다른 대부분의 서구 지식인과 마찬가지로 포이어바흐도 불멸성을 육체나 물질보다 정신이나 영혼에 더 큰 의미와 가치가 부여된 개념으로 이해했다. "인간의 불멸성(Die menschliche Unsterblichkeit). 당신은 죽음으로부터 [계속 이어지는] 삶을 갈망하는가? 오! 차라리 인류가 언젠가 사랑으로 당신을 기억할 수 있도록 노력하라!"[191] 육체의 불멸성을 바라지 말고 후대인들이 기억할 수 있도록 정신의 불멸성을 추구하라는 권고다. 불멸성의 진정한 의미는 이처럼 육체가 아니라 영혼에서 발견된다. 하지만 포이어바흐는 여기서 한발 더 나아가 단순한 영혼이 아니라 '사랑하고 사랑받는 영혼'이 영원히 산다고 말한다. 이 발언은 죽음 담론을 논할 때 죽음과 영원의 연관성을 보여 주는 사례로 이미 한 차례 인용했던 포이어바흐의 문장들에서 잘 드러난다. 그 핵심 구절만 다시 인용해 보자. "모든 시간적인 것은 죽음이다. 그렇다, 오직 영원한 것만이 존재한다. 그래 당신은 언젠가는 먼지로 변하겠지. 그렇지만 당신이 고귀하다고 생각했던 그것, 당신이 가장 진심으로 사랑했던 그것은 결코 소멸하지 않는다. 인간의 본질은 인간이 사랑했던 바로 그 대상뿐이다."[192] 그렇게 기독교를 비판했던, 아니 비판한 정도가 아니라 인간이 자신의 형상을 본떠 신을 만들었다고 주장하며 기존의 신학 체계를 전복하려 했던 포이어바흐에게서 나타나는 가장 강력한 기독교적 색채의 담론이 아닐까?

스페인 철학자 우나무노 역시 헬레니즘 시대에 보인 사람들의 태도를 근거로 불멸에 대한 인간의 욕구를 자연스러운 인간 본성인 것처럼 긍정했

---

191 Ludwig Feuerbach, "Anhang: Satirisch theologische Distichen. 1830", in: Ludwig Feuerbach, *Sämtliche Werke*, vol. 1, p. 374 (강조: 포이어바흐).

192 Ludwig Feuerbach, "Gedanken über Tod und Unsterblichkeit", in: Ludwig Feuerbach, *Werke in sechs Bänden*, vol. 1, p. 337.

다. "헬레니즘 문화는 죽음이라는 것을 발견하는 것으로서 그 끝을 맺었다. 죽음을 발견한다는 것은 불멸에 대한 욕구를 발견하는 것이라 하겠다."[193] 죽음이 곧 불멸을 뜻하는 것은 아니지만, 죽음에 대해 사유한다는 것은 불멸에 대해 고민한다는 것, 그래서 궁극적으로는 불멸에 대한 욕구를 키워 간다는 것을 의미한다. 만일 죽음이 없다면, 불멸을 고민할 필요도 없을 것이다. 죽음이 있기에 인간은 불멸을 꿈꾼다. 이것은 비단 헬레니즘 시대의 사람들만이 아니라 동서고금을 막론하고 인간이라면 누구나 생각할 수 있고 원할 수 있는 일이다.

21세기에 들어와 그리스의 저널리스트 벨리오스는 이제 인간이 죽음을 통해서가 아니라 기억을 통해 불멸을 꿈꾼다고 말한다. 마치 19세기에 포이어바흐가 했던 것처럼 말이다. "우리는 기억되기를 원한다. 그래서 사람들은 가정을 꾸리고, 아이를 낳고, 친구를 사귀며, 적도 만들고, 그렇게 소통하고 창조하며 다툰다. 기억 속에서 불멸이 되기를 원하기 때문이다. 누군가의 기억 속에 남기를 바라지 않는 사람은 불행하게 죽을 수밖에 없다."[194] 사람은 기억을 통해 영원히 살기를 원한다는 주장인데, 사실 이 주장에는 논리적 차원과 감정적 차원에서 동의하기 힘든 논점이 담겨 있다. 첫째, 사람이 죽으면 그 사람을 기억하는 사람도 죽기 마련이다. 물론, 그 사람의 행적이 영원히 지워지지 않도록 역사가 기억할 수는 있다. 하지만 이때의 기억은 이미 제도화된 기억, 가공된 기억, 2차 기억으로서 역사화된 기억, 한마디로 역사 그 자체가 되어 버린다. 역사가 기억에서 출발하는 것은 맞지만 기억이 역사가 아니듯이 역사 또한 기억이 아니다. 이미 역사가 된 기억은 역사이지, 기억이라고 부르지 않는다. 그 점에서 기억을 통해 영원히 살 수 있다는 벨리오스의 주장에는 한계와 모순이 있을 수밖에 없다. 둘째, 기억된 사람 또는 기억을 원하는 사람만 행복하고 그렇지 못한 사람은 불행하다는 벨리오스의 주장에 과연 누구나 공감할 수 있을까? 행

193　미겔 데 우나무노, 『삶의 비극적 감정』, 123쪽.
194　알렉산드로스 벨리오스, 『나의 죽음은 나의 것』, 24쪽.

복은 매우 주관적인 감정이다. 남이 나를 기억하지 못한다고 해서 불행한 삶을 살았다고 단정 지을 수 없다. 행복의 기준은 남의 판단이나 평가가 아니라 오롯이 내 자신의 감정과 심리에서 비롯된다. 남이 나를 기억하지 못해도 내가 행복하다면 그만이다. 꼭 불멸의 삶, 그리고 남들이 기억해 준 삶만이 행복한 것은 아니다.

영국 셰필드 대학의 선사고고학 교수인 마이크 파커 피어슨(Mike Parker Pearson)은 '인류의 역사' 자체가 선사 시대부터 이미 영원히 살기를 꿈꿔 온 '불멸성 추구의 여정'이라고 주장한다.

"신들이 인류를 창조하였을 때 그들은 인류에게 죽음을 정하였고 영원한 삶은 그들 자신의 손안에 남겨두었다"(『길가메시 서사시』). 초기 호미니드(Hominid, 原人)들은 죽음이 생물학적으로 불가피하다는 사실을 거의 인식하지 못했거나 아예 인식하지 못했을 것이다. 그들은 자신들을 영원히 살지 못하도록 막는 것이라곤 이러저러하게 일어나는 우발적 죽음뿐이라고 여겼을지도 모른다. 오늘날에도 죽음을 마법 탓이라든가 다른 영의 악행 탓이며 그런 것이 없으면 사람은 영원히 살 것이라고 여기는 전통 사회가 많이 있다. 서구 사회에서조차 늙지 않는 비결을 찾아내려는 의사들의 연구로 지상에서의 불멸성 추구는 계속되고 있다. 캘리포니아에는 스스로 죽지 않는다고 여기는 집단들이 있으며, 그들은 우리가 올바른 긍정적 사고를 하는 한 죽음을 무한하게 막아 낼 수 있다고 믿는다. 또 아마도 죽음을 인식한다는 것은 어른 되기의 한 특징일 것이며 어린이 대부분은 자기가 죽을 수밖에 없음을 안다고 하는 짐을 지고 있지 않다.[195]

이 점에서 인류의 역사는 어쩌면 '죽음과의 투쟁의 역사'라고 할 수 있

---

195 Mike Parker Pearson, *The Archaeology of Death and Burial*, Gloucestershire, UK: The History Press, 1999; 마이크 파커 피어슨, 이희준 옮김, 『죽음의 고고학』, 사회평론아카데미, 2017, 300쪽.

다. 죽음을 극복한다는 것은 결국 영원히 산다는 것, 즉 불멸을 이룬다는 것을 뜻한다. 이 싸움은 아직도 계속되고 있고, 앞으로도 계속될 것이다. 인류가 언젠가 죽음을 극복할 날이 올지 모르겠지만 죽음을 쉽사리 극복할 수 없는 한, 불멸을 꿈꾸는 인간의 삶은 영원히 지속될 것이다.

불멸에 대해 부정적이었던 서구 지식인들의 담론 또한 의외로 적지 않다. 스토아철학자였던 로마 황제 마르쿠스 아우렐리우스가 가장 먼저 눈에 띈다. 앞서 죽음이나 영혼 담론에서 보았던 그의 입장은 지극히 에피쿠로스적이었다. 그가 죽음을 자연 현상으로 또는 자연으로의 회귀 현상으로 보았으며, 영혼도 육체와 마찬가지로 물질로 이루어져 있기에 죽음 이후에 사라진다고 주장했던 점에서 그렇다. 이런 그가 불멸에 대해 좋게 보았을 리 없다. 그가 생각하는 불멸이란 무척 부담스러운 상상의 개념이다.

만일 영혼이 영원 불멸의 것이라면 하늘은 어떻게 이 불멸의 혼들을 수용해 왔을까? 그리고 대지는 어떻게 아득한 과거로부터 묻혀 온 그 수많은 시신을 수용해 왔을까? 대지는 어느 정도 기간이 지나면 변화와 부패로써 또 다른 사체를 위해 자리를 마련한다. 마찬가지로 영혼은 변화하고 사라지기에 앞서 잠시 공중에서 머물다가, 우주 본원의 영지(靈智)에 수용됨으로써 불의 본성을 갖추게 된다. 이리하여 다른 영혼을 받아들일 여지가 생기는 것이다. 이것이 바로 영혼의 존재를 믿는 사람들의 근거가 되는 것이다. 따라서 우리는 땅에 매장된 시체 수만을 생각해서는 안 된다. 인간들에게, 혹은 다른 동물들에게 매일매일 먹히는 동물들의 수도 무시할 수 없기 때문이다. 도대체 얼마나 많은 동물이 그런 식으로 죽어가며, 어떤 의미로 그들을 먹는 자들의 뱃속에 매장되고 있는 것일까? 그것들은 인간이나 짐승들의 체내에서 피로 변했다가 다시 공기나 불로 변하기 때문에 대지가 이를 수용할 수 있는 것이다. 이 문제에서 우리는 어떻게 진리를 찾아낼 것인가? 그것은 물질과 그 생성의 근거를 분별해 냄으로써 가능하다.[196]

이 문장들에 근거해 보면, 우주는 순환한다. 지상의 수많은 생명체는 죽어서 땅에 묻히거나 영혼이 되어 하늘로 올라가 불이나 공기가 된다. 죽은 뒤 매장되든, 아니면 다른 육식 동물의 먹이가 되어 뱃속으로 들어가든, 아니면 죽어서 또 다른 형태로 어딘가에 들어가든 간에, 모든 유기체는 죽은 뒤에 또 다른 물질로, 특히 공기나 불로 변한다. 그 많은 생명체의 육체와 영혼을 수용하는 대지와 하늘이 포화 상태에 이른 것 같지만 버틸 수 있는 것도 바로 이 때문이다. 모든 유기체는 이처럼 생명과 죽음이라는 현상을 거치면서 물질적으로 변화하고 순환한다. 그 메커니즘의 의미는 무엇일까? 그러한 변화를 통해 우리는 어떤 진리를 깨달을 수 있을까? 마르쿠스 아우렐리우스는 아마도 그 변화와 순환이 궁극적으로 무의미하다고 말하고 싶었던 것은 아닐까? 만일 그렇다면, 그는 불멸을 부정적으로 보았다기보다는 회의적으로, 더 정확히는 그다지 중요하지 않은 것으로 보았음이 분명하다.

르네상스 시기에 오면 불멸에 대한 부정의 언어는 더 노골적으로 표출된다. 가령, 몽테뉴는 불멸이나 영원한 삶을 저주하기까지 했다. 비록 그리스 신화에 나오는 반인반마(半人半馬)의 괴물 키론(Chiron)의 입을 빌어서이기는 하지만, 그의 언어 선택이 얼마나 적나라한지 직접 보자.

> 인간들도 그들의 생명은 자로 재지 못한다. 키론은 시간과 지속의 신인 그의 부친 사투르누스에게서 영생의 조건을 듣고 그것을 거절했다. 영원한 생명을 상상해 보라. 인간에게는 내가 그에게 준 생명보다 더 참을 수 없고 괴로우니라. 그대에게 죽음이 없었다면 그대는 내가 죽음을 주지 않았다고 끊임없이 나를 저주했을 것이다. 나는 이 죽음의 효용이 편리함을 고려해서, 그대가 너무 탐하여 천방지축으로 죽음을 찾으려고 하지 못하게 막기 위해서, 거기다가 조금 쓴맛을 섞었다. 그대가 생명을 피하지도 말고 다시 죽음을 피하지도 말라고 내가 그대에게 요구하는 절도를 그대가 지키게 하

---

196 마르쿠스 아우렐리우스, 『명상록』, 65~66쪽.

기 위해서, 나는 삶과 죽음의 단맛과 쓴맛을 골고루 조절하여 놓았다.[197]

오래 사는 것은 축복이 아니라 재앙이다. 적당히 살다가 적당한 시기에 죽는 것보다 더 행복한 삶은 없을 것이다. 따라서 생전에 적당히 행복을 즐기며 살다가 죽음이 다가왔을 때 두려워하거나 회피하지 말고 당당히 받아들여야 한다. 인생, 즉 삶에 단맛만 있는 것이 아니라 쓴맛도 있듯이, 죽음에도 또한 쓴맛만 있지 않고 단맛도 섞여 있기 때문이다. 영원히 살지 않고 적절한 때 죽어야 행복하다. 그렇지 않다면 삶의 고통을 계속해서 반복적으로 느끼면서 살아야 하기 때문이다. 이때 '영생'은 '고통의 영원화' 이외의 다른 무엇일 수 없다. 심하게 표현하면 '불멸'은 "영원히 고통 속에서 살라"라는 저주 그 이상도 이하도 아니다.

근대에 오면 『걸리버 여행기』의 저자 조너선 스위프트(Jonathan Swift)가 영원히 사는 것이 얼마나 끔찍한 일인지를 문학적으로 형상화한다. 그는 이 유명한 소설에서 주인공 걸리버가 영원히 죽지 않고 살아가는 섬나라에 들어가 영생을 누리는 멋진 상상을 하지만, 이내 곧 노약자로서 죽지도 못하고 살아가는 사람들을 대하면서 환멸을 느끼도록 만든다. 영생을 일종의 형벌로 묘사한 것이다.

어느 날, 한 지체 높은 분이 자기네 나라[럭낵(Luggnagg)]의 '스트럴드브럭'(Struldbrug), 즉 '죽지 않는 사람'을 본 적이 있냐고 내게 물었다. 나는 없다고 대답했고, 그러한 명칭을 죽을 수밖에 없는 인간에게 붙이다니 무슨 의미인지 설명해 달라고 했다. 그는 매우 드물긴 하지만 가끔 어떤 집안에서 왼쪽 눈썹 바로 위 이마 부분에 빨갛고 둥근 점을 가진 아이가 태어나는데, 이 점은 그가 영원히 죽지 않는다는 확실한 징표라고 했다. 그가 묘사한 바에 의하면, 그 점은 은화 3펜스 정도의 크기로 시간이 갈수록 점점 커지며 색깔도 바뀐다. 열두 살에는 초록색으로 바뀌어 스물다섯 살까

---

197 몽테뉴, 『몽테뉴 수상록』(제1권), 101쪽.

지 지속되다가 이후 짙은 검정색으로 바뀌면서 영국의 1실링만큼 커지고 그 이후로는 더 이상 바뀌지 않는다. 그는 이러한 아이들의 탄생은 극히 드문 일이기에 전국에 걸쳐 남녀 합해 천1백 명이 넘지 않는 스트럴드브럭이 있는 걸로 생각된다고 말했다.[198]

이 이야기를 전해 들은 걸리버는 처음에 너무 놀라 벅찬 감동에 휩싸인다. 어린아이가 영원히 살 수 있는 기회를 가진 행운의 나라라며 기뻐했던 것이다. 스위프트는 죽음을 "인간 본성에 내재한 보편적 재앙"으로 간주했고 그러한 재앙에서 벗어난 럭넉의 일부 사람들, 즉 스트럴드브럭을 "죽음에 대한 끊임없는 걱정으로 야기되는 정신적 중압감과 우울함으로부터 자유롭고 해방된 마음을 지닌 자들"이라며 칭송했다.[199] 이후 영생에 대한 찬양이 이어진다. 단지 오래 사는 것이 아니라 영원히 죽지 않고 살아간다는 것이 얼마나 환상적인가!

그러나 그것도 잠시, 그 영생의 실상을 접하고 걸리버는 죽지도 못하고 영원히 산다는 것의 잔혹함에 당혹감을 감추지 못한다.

> 그[통역자]는 …… 스트럴드브럭에 대해 구체적으로 얘기하기 시작했다. 그들은 대개 서른 살까지는 보통 사람들처럼 행동하지만 이후 점차 우울해지고 의기소침해지며 이 우울 증세는 여든이 될 때까지 점점 더 심해진다. 그는 이런 사실을 그들의 직접적인 고백을 통해 알게 됐다. 한 세대에 태어난 스트럴드브럭은 두세 명을 넘지 않으며 이는 일반화하기에는 너무 적은 숫자였다. 이 나라에서 최고 고령으로 치는 여든 살이 되면 그들은 다른 노인들이 지니는 모든 우둔함과 병약함뿐 아니라 영원히 죽을 수 없다는 끔찍한 예측으로 인해 더 우둔해지고 더 병약해진다. 그들은 막무가내이고,

---

198　Jonathan Swift, *Gulliver's Travels*, 1726; 조너선 스위프트, 이혜수 옮김, 『걸리버 여행기』, 을유문화사, 2018, 300~01쪽.
199　조너선 스위프트, 『걸리버 여행기』, 301, 302쪽.

까다로우며, 탐욕스럽고, 무뚝뚝하며, 허영이 많고 수다스럽다. 뿐만 아니라 우정을 유지할 수도 없고 모든 본능적인 사랑의 감정은 죽어 있으며, 사랑이라 해 봤자 손주 세대 아래로는 내려가지 않는다. 시기심과 헛된 욕망은 그들이 가지고 있는 주된 감정이다. 그런데 그들의 시기심이 향하는 대상은 주로 젊은이의 사악함과 늙은이의 죽음인 듯하다. 그들은 전자에 대해 반추하면서 자신이 모든 쾌락의 가능성으로부터 차단되었음을 안다. 또 장례식을 볼 때면 다른 이들은 자신이 결코 다다를 수 없는 안식처로 갔다면서 슬퍼하고 한스러워한다. 그들은 청년이었을 때와 중년의 나이에 보고 배운 것들 말고는 기억하지 못하며 그 기억조차 매우 불완전하다. 또 어떤 사실의 진실성이나 구체성에 대해서도 그들의 기억보다는 일반적인 전통에 기대는 게 더 안전하다. 그들 중 가장 덜 불행한 이는 노망이 들어 기억을 완전히 잃은 이들일 것이다. 그들은 대개 더 많은 동정과 도움을 받는데, 다른 스트럴드브럭에게 만연한 수많은 악한 성품이 덜하기 때문이다. 만일 어떤 스트럴드브럭이 자신의 종족과 결혼한다면 그 결혼은 둘 중 어린 쪽이 여든 살이 되자마자 왕국의 관례상 파기된다. 왜냐면 자신의 잘못도 없이 이 세상에서 영원히 살아야 하는 저주를 받은 이들이 아내라는 짐에 의해 그 불행을 배가해서는 안 된다는 것이 그 나라 법이 생각하는 합리적인 관대함이기 때문이다. 스트럴드브럭이 여든이 되면 곧 법적으로 죽은 것으로 간주된다. 상속인들이 즉시 그들의 재산을 계승하며, 소량의 재산이 그들의 부양을 위해 남겨진다. 가난한 이들은 공공 비용으로 생계를 유지한다. 스트럴드브럭은 여든이 넘으면 어떤 위탁 활동이나 이윤 추구 행위를 할 수 없다. 그들은 땅을 사거나 임대할 수 없으며, 민사 사건이나 형사 사건에서 증인이 될 수 없고, 땅의 경계선을 결정하는 문제에서도 마찬가지이다. 그들이 아흔이 되면 치아와 머리가 다 빠지게 된다. 그 나이가 되면 맛을 구분하지 못한 채 손에 잡히는 것이라면 무엇이든 맛도 식욕도 못 느끼면서 먹고 마신다. 병에 걸리면 좋아지지도 나빠지지도 않은 채 계속 지속된다. 말할 때도 사물의 평범한 이름을 다 잊어버리며 사람 이름, 심지어 가장 가까운 친구나 친척의 이름도 기억하지 못한다. 같은 이유로 책을 읽는 기쁨을 누릴 수 없는데, 그들의 기억력으로는 문장의 처음부터 끝까지를 감당할 수 없기 때문이다. 이러한 결함 때문에 그들은 나이 들어 즐길 수 있는 유일한 오락조차 빼앗겨 버린다. 이 나라의 언어는 늘 변화무쌍하기에 한 세대의 스트럴드브럭은 다른 세대의 스트럴드브럭을 이해하지 못한다. 또 2백 살이 넘으면 이웃에 사는 보통 사람들과 어떤 대화도(몇 마디 일반적인 말 외에는) 할 수 없다. 이렇듯 그들은 자신의 나라에서 이방인처럼 살아야 하는 불리한 환경에 놓이게 된다.[200]

이 문장들을 읽고도 영원히 살기를 원하는 사람이 있다면, 그는 바보이거나 난독증 환자, 둘 중 하나일 것이다. 여기서 영생이나 불멸은 이제 단순한 고통이나 불행을 넘어 재앙 또는 저주로까지 간주된다. 앞의 인용문에서 열거된 불멸인(不滅人)의 불행 목록을 정리해 보자. (1) 우울증과 의기소침, (2) 우둔함과 병약함, (3) 고집불통, (4) 까탈스러움, (5) 탐욕스러움, (6) 불친절함, (7) 허영심, (8) 수다스러움, (9) 사랑에 대한 무지, (10) 시기심, (11) 헛된 욕망, (12) 기억 상실, (13) 80세에 결혼의 효력 상실, (14) 빈곤함, (15) 80세에 법적인 사망 선고, (16) 모든 법적인 행동 금지, (17) 모든 경제적 행위 금지, (18) 90세에 치아와 머리카락 상실, (19) 미각 상실, (20) 언어 구사 능력 상실, (21) 독서 능력 상실, (22) 대화 능력 상실, (23) 자국에서 이방인과 같은 소외된 삶을 살아감 등이다. 이 목록들을 종합하면 답은 하나다. 그것은 영생이 죽음보다 못한 삶이라는 것이다. 인간의 존엄성은 고사하고 인간다운 것이라고는 눈 씻고 찾아봐도 없다. 그래서 스위프트는 오래 사는 것 또는 영원히 사는 것이 '저주'라고 말한다. 물론, 그렇다고 그가 죽는 것이 행복하다고 말하지는 않는다. 하지만 분명한 것은 스트럴드브럭처럼 사느니 차라리 죽는 편이 훨씬 낫다는 것이다.

스위프트는 결국 다음과 같이 고백한다. "이런 일들을 보고 들은 후 영

---

200 조너선 스위프트, 『걸리버 여행기』, 307~09쪽.

원한 삶에 대한 내 강렬한 욕구가 많이 줄어들었다는 것에 대해 독자들은 쉽게 믿을 수 있을 것이다. 이전에 품었던 장밋빛 공상이 진심으로 부끄러워졌다. 또 그러한 삶으로부터 벗어나기 위해서라면 어떤 폭군이 내리는 죽음이라도 기꺼이 맞이하겠다는 생각이 들었다."201 스트럴드브럭들에게 죽음은 더 이상 신 또는 자연이 인간에게 내린 영원한 형벌이 아니라 반대로 영원한 축복일 것이다. 그것은 단지 불멸인에게뿐만 아니라 우리 같은 범인(凡人)에게도 적용되는 명제가 아닐까?

18세기 말에 프리드리히 실러(Friedrich Schiller) 또한 불멸에 대해 환상과 욕구를 품지 말고 생전에 제대로 된 삶을 살도록 노력하라고 충고한다. 1795년에 쓴 「불멸성」이라는 제목의 시에서 실러는 다음과 같이 말한다. "죽음에 대해 너는 놀라느냐: 너는 죽지 않고 살길 원하느냐? 전체로 살아라! 네가 가버린지 오래되어도 그것은 남으리니."202 죽음에 대해 놀랄 필요도 없지만 불멸을 원하는 것은 더더욱 어불성설이다. 그 이면에는 죽음은 매우 자연스러운 일이고, 불멸은 지극히 부자연스러운 현상이라는 뜻이 담겨 있다. 그러니 자기 삶에 충실하게 사는 것이 중요하다. 왜냐하면 이렇게 전체로 온전하게 사는 것이야말로 불멸의 삶을 사는 것이기 때문이다. 사람들의 기억 속에 오래 남아 있다는 것은 실제적 불멸이 아니라 상징적 불멸이다. 우리 인간에게는 이 상징적 불멸만 해도 충분하고, 또 그것이 더 실제적일 수 있다. 중요한 것은 실제로 영원히 사는 것이 아니라 마음속에서 영원히 사는 것이다.

19세기 말 니체야말로 서구 지성사에서 불멸성에 대한 불신과 의혹의 목소리를 가장 강하게 드러낸 사상가로 기록된다. "유일자, 완전자, 부동자, 충족자 그리고 불멸자에 대한 이러한 가르침 모두를 나는 악이라고 부르며 인간 적대적이라고 부른다! 불멸의 존재, 그것도 한낱 비유에 불과

---

201 조너선 스위프트, 『걸리버 여행기』, 310쪽.
202 Friedrich Schiller, "Unsterblichkeit", in: Friedrich Schiller, *Werke und Briefe*, (ed.) Gerog Kurscheidt, 12 vols., Frankfurt a. M.: Deutscher Klassiker Verlag, 1992, vol. 1: "Gedichte", p. 551.

하다! 시인들은 너무도 많은 거짓말을 하고 있다."[203] 어디 시인들뿐이겠는가! 신에 대해 말하는 사람들은 모두 다 거짓말쟁이들이다. 이 인용문은 인간이 아니라 '신의 불멸성'에 대한 강한 불신의 표현이다. 아니, 그것을 넘어 신 자체를 부정하는 모습까지 보인다. 신이 불멸의 존재라는 것도 의심스러울 뿐만 아니라 불멸의 존재라고 일컫는 신 개념 자체가 상징이나 비유에 불과한데, 하물며 인간의 불멸성은 더 말해 무엇하겠는가? 니체에게 '인간의 불멸성'은 논의는 고사하고 상상, 아니 관심조차 가지 않는 주제였다. 인간이 형편없는 존재여서가 아니라 말이 안 되기 때문이다. 불멸의 존재로 알려진 신은 인간에게 태생적으로 적대적이다. 근대 초 이래 서서히 악화되어 왔던 인간과 신의 관계가 니체에 이르러 정점을 찍고 있음을 확인할 수 있다. 물론, 20세기에 오면 심각한 무신론(無神論, Atheism)에다가 더 나아가 신에 대해 아예 관심조차 두지 않는 '신론무관심주의'(神論無關心主義, Apatheism)까지 등장하면서 니체의 논의 자체가 무색해졌지만 말이다.

현대에 들어와 야스퍼스는 실존주의자답게 "불멸성이란 없다"라고 선포한다. 인간이 지금 실제로 존재한다는 뜻의 '실존'은 현재에 의존할 뿐, 영원을 지향하거나 불멸을 의미하는 것은 아니기 때문이다.

> 내 영혼은 현재의 현존 형식이 그중 하나일 뿐인 이러한 현존 형식을 두루 거친다. 나는 불멸성의 증거를 받아들이고 증거의 개연성만으로도 만족한다. 그러나 모든 불멸성의 증거는 오류투성이이고 가망이 없고 또한 이 절대적으로 중요한 사항에서 개연이라고 하는 것은 이치에 닿지 않는다. 오히려 그것은 가사성[필멸성]을 입증한다. 경험상 우리의 영혼의 삶은 살아 있는 신체의 기관에 속박되어 있다. 꿈 없는 잠의 경험은 소극적으로 되돌이켜 보는 경험에서 비현존을 지시한다. 병이 들었을 때 기억이 두뇌에 의존한다는 것을 경험하는 것은 영혼이 죽어가더라도 육체적 생명이 가능하다

---

203 프리드리히 니체, 『차라투스트라는 이렇게 말했다』, 142쪽.

는 것을 보여 준다. 우리에게 현존인 것은 감각 세계를 통해서, 우리에게 기억인 것은 욕망과 의식을 통해서 규정된다. 자신이 의심할 나위 없이 알고 있다고 생각하는 것에서조차 자주 오류에 빠지는 사유하는 인간이 사람이 죽는다는 것이 확실한 경우에까지 자기 자신에 대한 회의를 포기하지 않는다면, 그는 비판적인 용기로 다음과 같이 말한다. 불멸성이 있다는 것은 있을 수 없는 일이다.[204]

야스퍼스의 이 마지막 발언은 어쩌면 중세 천 년을 넘어 근대 깊숙이까지 지속되어 온 영혼불멸성 명제에 대한 현대 세계에서의 최종적인 부정 선언이라 할 수 있다. 왜냐하면 그것은 불멸성이 단지 실제의 현실 세계에서만 없는 것이 아니라 우리의 머릿속에, 즉 사유와 상상의 세계에서조차 있을 수 없다는 폭탄 발언이기 때문이다. 이것은 '불멸성에 대해 내려진 최종 사망 선고'다.

한편, 비트겐슈타인도 논리철학자답게 영혼의 불멸성은 증명되지 않는다고 주장한다. "인간 영혼의 시간적 불멸성, 즉 죽음 이후에도 인간 영혼이 영원한 삶을 계속한다는 가정은 어떤 방식으로도 보증되어 있지 않다. 뿐만 아니라 그 가정은 무엇보다도, 우리들이 늘 그런 가정으로 달성하고자 한 것을 전혀 성취하지 못한다. 내가 영원히 산다는 것에 의해 도대체 수수께끼가 풀리는가? 도대체 이 영원한 삶이란 현재의 삶과 똑같이 수수께끼 같지 않은가? 공간과 시간 속에 있는 삶의 수수께끼에 대한 해결은 공간과 시간 밖에 놓여 있다."[205] 신실증주의자들의 입장에서 영혼의 불멸성을 검증할 수 없다면 그것은 거짓 명제라기보다는 무의미한 명제가 된다. 하나의 명제가 거짓이라고 생각되면 논리적인 증명 방법으로써 그 명제의 진위를 밝혀내면 되지만, 무의미하다고 판단되면 그 명제에 대한 더

---

204 칼 야스퍼스, 『철학 II: 실존조명』, 364~65쪽.
205 루트비히 비트겐슈타인, 『논리-철학 논고』, 126~27쪽 (= *Tractatus Logico-Philosophicus*, 6.4312).

이상의 논의는 시간 낭비일 뿐이다. 더 나아가 비트겐슈타인은 죽음이 인간의 삶과 그리고 이 세계와 무관하다고 말하는데, 이 명제는 마치 죽음이 우리와 무관하다는 말처럼 들린다. 죽음은 우리 삶의 세계에 속해 있지 않고 결코 체험될 수 없는 영역이기에, 죽음에 대해 두려워하거나 죽음의 문제를 해결하고자 하거나 아니면 죽음을 극복하고자 하는 모든 시도는 무의미하고 헛된 짓이다. 심지어 우리가 지금 하고 있는 죽음에 대한 논의, 즉 죽음 담론 자체도 쓸데없는 짓이 될 것이다. 그렇다면 우리의 논의는 여기서 멈추어야 할까? 적어도 비트겐슈타인이라면 그래야 한다고 말했을 것이다. 그리고 덧붙이기를, '우리가 경험할 수도 없고 알 수도 없는 영역에 대해 논쟁을 벌이는 것이 도대체 무슨 의미가 있는가'라고 되물었을 것이다.

하지만 비트겐슈타인은 불멸의 무의미성이 곧바로 삶의 무의미성을 의미하지는 않는다고 생각했다. 오히려 무의미성으로 가득 찬 죽음의 순간까지 우리 인간은 무언가 끊임없이 의미 있는 작업을 해 나가야 한다고 역설했다. "나는 한 시간 뒤에 죽을 수도, 두 시간 뒤에 죽을 수도, 한 달 뒤에 죽을 수도, 몇 년 뒤에 죽을 수도 있다. 나는 죽음이 언제 찾아올지 알 수 없으며 이에 대해 내가 할 수 있는 일도 전혀 없다. 하지만 내 삶에 관해서라면 다르다. 그러므로 매 순간 존재하기 위해 나는 어떻게 살아야 하는가? 삶이 스스로 멈출 때까지 좋은 것과 아름다운 것 속에서 살면 된다."[206] 영국 리버풀 대학의 철학과 교수 미하엘 하우스켈러(Michael Hauskeller)도 비트겐슈타인을 해석하면서 그의 이러한 입장에 십분 동조하는 듯한 발언을 한다. "결국 의미에 관해 걱정하는 것은 죽음에 관해 걱정하는 것만큼이나 무의미하다. 죽음은 무슨 일이 있어도 우리를 찾아오겠지만 죽음은 우리 세계의 일부가 아니다. 반면 의미(정확히는 우리가 하는

206　Ludwig Wittgenstein, *Geheime Tagebücher*, (ed.) Wilhelm Baum, Vienna: Turia & Kant, 1991, pp. 7, 10, 14. 다음 문헌에서 재인용함. 미하엘 하우스켈러, 『왜 살아야 하는가: 삶과 죽음이라는 문제 앞에 선 사상가 10인의 대답』, 391~92쪽.

일이나 우리에게 일어나는 일에 관해 의미가 있다고 혹은 의미가 없다고 생각하거나 말하는 것)는 명백히 우리 세계의 일부이며 무슨 일이 있어도 우리를 떠나지 않을 것이다."[207]

현대의 영국 철학자 버나드 윌리엄스 또한 평범하게 영위되는 '모든' 삶이 결국 지루하고 고통스러우며, 그래서 나쁜 것으로 변하고 말 것이라고 주장했다. 무엇보다 그는 불멸성이 끔찍한 반면에, 필멸성은 멋진 것이라고 말한다. "내 친척뻘의 영적인 주제는, 누군가 말했듯이, 영혼의 필멸성이다. 우리가 불멸인지 어떤지의 문제를 논의하는 것은 내 주제가 아니다. 내 주제는 오히려 우리가 필멸이라는 것이 얼마나 멋진 일인지에 대한 것이다."[208] 불멸성을 부정하는 것과 필멸성이 훌륭하다고 말하는 것은 서로 전혀 별개의 일이다. 상반되는 A와 B가 있을 때, A가 싫을 수는 있지만 그렇다고 해서 그것이 필연적으로 B가 좋다는 결론으로 이어지는 것은 아니기 때문이다. 두 대상의 호불호나 가치를 따져 묻는 것은 그 둘의 관계성을 묻는 것과는 전혀 별개의 일이다. 다시 본래의 논의로 돌아가자. 윌리엄스가 영원히 사는 것을 끔찍하다고 말하는 것은 이해하겠지만, 그렇다고 해서 죽는 것이 멋진 일이라고 말한다면 이 주장이 쉽게 납득이 되는가? 그는 삶을 혐오하고 죽음을 찬양한 것일까? 아니면 삶은 사랑하지만 단지 영원히 사는 일을 거부하다 보니 필멸을 칭송하게 된 것일까?

그 해답을 찾기 위해 우리는 윌리엄스의 이어지는 주장을 눈여겨 볼 필요가 있다. 윌리엄스는 1973년 「마크로풀로스 사건: 불멸의 지루함에 대한 성찰」이라는 제목의 논문을 발표한다. 이 논문은 체코의 작곡가 레오시 야나체크(Leoš Janáček)가 체코의 극작가 카렐 차페크(Karel Čapek)의 영생을 주제로 한 희곡 「마크로풀로스 사건」(Věc Makropulos, 1922)을 오페라로 각색한 동명의 작품(1923~25, 초연 1926)에 대해 윌리엄스가 쓴 일종의

---

[207] 미하엘 하우스켈러, 『왜 살아야 하는가: 삶과 죽음이라는 문제 앞에 선 사상가 10인의 대답』, 391쪽.
[208] Bernard Williams, *Problems of Self: Philosophical Papers 1956-1972*, p. 82.

철학적 단상이다. 여기서 윌리엄스는 영원한 삶은 무료하며 죽음은 결코 악이 아니라고 말한다.

이 글의 제목 'The Makropulos case'는 나중에 야나체크에 의해 오페라로 만들어지기도 한 카렐 차페크의 연극에서 따왔다. 이 연극의 주인공 이름은 엘리나 마크로풀로스(Elina Makropulos)였다. 연극 시점에서 그녀의 나이는 342세다. 그녀의 끝없는 삶은 결국 무료함의 상태에 도달한다. 모든 것이 즐겁지 않다. 종국에는 모든 것이 똑같다. 그녀는 '노래하고 침묵한다'고 말한다. 그녀는 불로장생의 약(elixir) 복용을 거부한다. 그녀는 죽는다. 공식은 일부 나이 든 남성의 항의 중 한 젊은 여성에 의해 의도적으로 파괴된다. 엘리나 마크로풀로스(EM)의 상태는 죽음이 반드시 악은 아니라는 점, 그것도 죽음이 큰 고통에 마침표를 찍는다는 점에 거의 모든 사람이 동의한다는 의미에서뿐만 아니라, 너무 오래 살지 않는 것이 좋은 일일 수 있다는 더 친밀한 의미에서 그렇다. 이것은 그 이상을 시사하는데, 그 이유는 끝없는 삶이 무의미하다는 것이 EM의 특징이 아니라는 것을 암시하기 때문이다. 이 부분은 내가 나중에 더 논의할 것이다. 그러나 먼저 우리는 죽음이 반드시 악이 아니라는 일부 철학과 종교의 주장과 함께 죽음이 반드시 악은 아니라는 EM의 사례를 종합해야 한다. 악명 높게도 그 주장을 뒷받침할 수 있는 반대되는 두 가지 근거가 발견되었다. 죽음은 끝이 아니기 때문에 악이 아니라고 말하는 사람도 있고, 끝이 있기 때문에 악이 아니라고 말하는 사람도 있다. 죽음이 또 다른 삶의 시작일 뿐이라는 희망 속에서 죽음이라는 사실에 위안을 찾는 사람들과 그곳에 있는 유일한 삶의 끝이라는 확신에서 똑같이 위안을 찾는 사람들 사이에는 아마도 심오한 기질적 차이가 있다.[209]

---

209 Bernard Williams, "The Makropulos Case: Reflections on the Tedium of Immortality", in Bernard Williams, *Problems of Self: Philosophical Papers 1956-1972*, p. 82~100, 인용은 pp. 82~83.

죽음이 악이 아닌 이유가 불멸의 관점과 필멸의 관점으로 나뉘어 다르게 제시되지만, 분명한 것은 죽음이 무료하고 지루하기 짝이 없는 영원한 삶에서 인간을 해방해 준다는 점에서 양쪽 진영 사람들이 모두 동의한다는 점이다. 이로써 죽음이 고통, 즉 악인가, 아니면 행복, 즉 선인가라는 전통적인 논쟁에 확실한 마침표가 찍힌다. 죽음은 어느 쪽 관점에서 보더라도 악일 수 없다. 아니, 악이 아닌 정도를 넘어 신의 은총이자 자연적 행운이다. 물론, 피어보지도 못한 채 너무 이른 나이에 생을 마감하는 사람들에게는 죽음이 악일 수 있겠지만, 똑같은 일상이 무료하게 반복되는 삶을 살아가는 사람들에게 죽음이 축복임에는 의심의 여지가 없다. 다른 철학적 주제들과 마찬가지로 죽음의 가치 또한 이처럼 상대적이다.

이로부터 윌리엄스는 불멸이 지루하고 영생은 무료하다는 논점을 이끌어 낸다. "나는 죽음에 대한 두려움 때문에 죽음이 삶에 의미를 부여한다는 실존주의자들의 생각을 따르지 않을 생각이다. 오히려 나는 다음과 같은 생각을 추구하고자 한다. 즉 인간의 욕망과 행복에 대한 사실들로부터 그리고 인간의 삶이란 무엇인가에 대한 질문으로부터 불멸이란 참을 수 없는 것이고, 죽음은 합리적으로 악으로 간주된다는 것이 나온다는 생각 말이다. 죽음을 합리적으로 악으로 간주할 수 있는지 여부를 고려하면 실제로 죽음을 두려워해야 하는지 여부를 고려하는 것과 비슷하지만, 사실 이 둘은 완전히 동일한 질문이 아니다."[210] 삶 자체 또는 불멸과 영생은 그 자체가 무료하고 지루해 참을 수 없는 것이 아니다. 우리가 불멸과 영생을 견딜 수 없는 이유는 영원히 똑같은 일상이 반복될 것이기 때문이다. 그러나 적어도 내가 보기에 윌리엄스의 이 명제에는 불행히도 심각한 오류가 숨어 있다. 매일의 일상이 반복되기에 지루할 것이라는 예측의 배후에는 인간은 살아갈수록 다양한 삶을 경험하지 못할 것이라는 잘못된 가정이 전제되어 있기 때문이다. 만일 매일의 일상이 새롭고 신기한 일들로 가

---

210 Bernard Williams, "The Makropulos Case: Reflections on the Tedium of Immortality", p. 82.

득하고 그러한 경험들이 신비롭고 경이롭기 그지없다면, 영원한 삶이 무료하고 지루하게 느껴질 리 없다. 물론, 『걸리버 여행기』에서처럼 영원히 살기는 살되 완전히 노화된 상태에서 전혀 인간답지 못한 채 금치산자나 한정치산자처럼 살아가는 스트럴드브럭 같은 사람들이라면 이야기가 달라지겠지만 말이다. 하여튼 몸 건강히 매일매일 새로운 것을 경험하며 즐겁게 살아갈 수 있다면, 영생이 지루하거나 악으로 간주될 이유는 없을 것이다. 그러나 이 주장에도 맹점이 없는 것은 아니다. 거의 실현될 수 없을 것처럼 보이는 멋진 가정이 실현될 때에만 그 주장이 타당성을 가질 것이기 때문이다. 매일 신기한 경험을 할 가능성보다는 매일 지루한 일상이 반복될 것이라는 윌리엄스의 우울한 가정이 훨씬 더 현실적으로 보이는 것은 사실이다. 그 점에서 불멸이 악이고 필멸이 선이라는 윌리엄스의 테제는 여전히 그리고 앞으로도 유효할 것이다.

종국적으로 윌리엄스가 불멸과 관련해 내놓은 마지막 결론은 영생이나 불멸을 바라며 너무 오래 살려고 하지 말고 적절한 시기에 죽는 행운을 가지라는 것이다. 사람은 누구나 오래 살고자 하는 욕망을 갖는다. 이 욕망을 윌리엄스는 "범주적 욕망"이라고 부른다. 그렇지만 우리는 영생이 불가능하다는 사실 또한 알고 있다. 사람들은 여러 이유로 죽는다. 사람에 따라서는 너무 일찍 죽기도 하고 너무 늦게 죽기도 한다. 거기에는 또 다른 각각의 이유가 있을 것이다. 엘리나 마크로폴로스는 죽음이 너무 늦어 불만이었고, 많은 사람은 루크레티우스의 생각과 달리 죽음이 너무 빠르게 온다고 한탄한다. 하지만 우리는 엘리나 마크로폴로스가 불쾌한 감정을 가졌던 나이보다 훨씬 더 이전에 죽을 것이다. 이것은 우리에게 축복이자 행운일 수 있다. 따라서 윌리엄스는 "죽음의 가능성을 가진 당신이여, 기뻐하라"고 조언한다. 라틴어 문구로는 "felix opportunitate mortis"라고 표현한다.[211] 죽음에 대한 경각심을 불러일으키는 문구 'memento mori'

---

211 Bernard Williams, "The Makropulos Case: Reflections on the Tedium of Immortality", p. 100.

와는 정반대다. 마치 2011년 맨부커상을 수상한 영국 작가 줄리언 반스가 단편 소설 『꿈』에서 만족할 때까지 그리고 삶이 선사하는 모든 축복을 충분히 누릴 때까지 살다 죽는 것이 가장 좋은 인생이라고 충고했던 것처럼 말이다.[212]

죽음을 부정하고 영원히 살아갈 수 있다는, 즉 영혼의 불멸과는 또 다른 의미의 육체의 '불멸' 또는 '영생' 등에 대한 서구 지식인들의 생각들을 찬반의 관점으로 나누어 톺아보았다. 죽음을 완전히 부정하거나 수용한 사람이 드물었듯이, 불멸이나 영생을 극단적으로 거부하거나 긍정한 사람 또한 거의 발견되지 않았다. 다른 철학적 주제에 대해 그랬던 것처럼 이 주제에 대해 서구 지식인들이 보였던 다양한 차이는 종류가 아니라 정도에 있었을 뿐이다. 아무리 경험해 보지 않아 모른다고는 하지만 삶과 죽음, 필멸과 불멸 모두를 전적으로 부정하거나 인정하는 사람이 있을 수 있겠는가! 추상적이거나 사변적인 관점을 취하든 취하지 않든, 반대로 현실적이고 경험적인 입장에 서든 그렇지 않든 간에, 인간이라면 누구나 삶이나 필멸을 직관적으로 또는 합리적으로 인지하거나 긍정하는 경향을, 그리고 죽음이나 불멸을 관념적으로 또는 심리적으로 거부하거나 갈망하는 경향을 보일 수밖에 없다고 생각한다. 그것이 살다가 죽을 수밖에 없는 인간의 운명이자 숙명 아닐까?

---

212 Julian Barnes, "The Dream", in: Julian Barnes, *A History of the World in 10½ Chapters*, 1989; 줄리언 반스, 신재실 옮김, 『10½장으로 쓴 세계역사』, 열린책들, 2006, 389~426쪽.

제12장

죽음의 의식: 장례와 애도

지금까지 다루어 왔던 죽음과 관련된 주제들이 대체로 추상적이고 관념적이었다면, 마지막 장에서 다루어질 '장례'와 '애도' 등은 죽음 이후의 의식으로서 실제적이고 구체적인 성격을 띤다. 이 주제들에 대해 서구 지식인들은 과연 어떤 견해와 태도를 취했는가를 살펴보는 것이 여기에서의 핵심 과제다. 이 장의 큰 제목이 '죽음의 의식'이지만, 엄밀히 말하면 죽기 전이나 죽는 과정과 관련된 의식이 아니라 시신을 처리하는 의식이 장례라는 점에서 '죽음 뒤의 의식'이 더 정확한 표현일지 모른다. 고인돌이나 고분 등을 두고 볼 때, 장례 의식은 인류의 역사와 더불어 시작되었을 만큼 오래되었고, 흔히 시대의 변화에도 불구하고 한 사회 내에서 가장 잘 안 바뀌는, 즉 가장 늦게까지 유지되는 문화 요소라고 말한다. 가령, 고대 그리스에서 행해지던 장례 절차를 보면 크게 다음 세 단계로 오늘날과 거의 차이가 없다. (1) 먼저 사람이 죽으면 망자의 시신을 자기 집 안의 장례 침대에 개방된 채로 눕히고 친척들이 찾아와 애도를 표한다. 이때 유족과 전문 애도자가 애도의 노래를 부른다. (2) 이후 망자의 시신은 집에서 매장지로 이송된 후 땅에 묻힌다. (3) 매장 의식이 끝나면 장례식 참석자들은 망자의 집으로 다시 돌아와 함께 저녁 식사를 하면서 망자를 재차 애도한다. 이러한 장례 의식의 기본 절차는 이후 고대 로마나 중세 기독교 시대에 들어와 약간의 차이를 보이지만 큰 틀에서의 변화 없이 오늘날까지 유지된다.

장례와 애도 등에 대해 서구 지식인들이 취한 역사적 태도를 한마디로 요약할 수는 없다. 심지어 시대에 따른 큰 흐름을 그리는 것도 사실상 불가능하다. 그만큼 시대를 넘어 지식인들마다 편차가 크기 때문이다. 그렇다고 해서 거친 그림조차 그려질 수 없는 것은 아니다. 큰 그림을 개략적으로 그려 보면 크게 세 단계로 나누어 볼 수 있다. 먼저 헬레니즘 정신이 지배하던 서양 고대의 지식인들은 장례나 애도 등 죽음 뒤의 의식을 그다지 중시하지 않는 태도를 보였다. 이러한 태도는 그 이전 또는 동시대에 죽음과 죽음 뒤의 세계에 유난히 집착하던 이집트인들과 비교했을 때 상당히 대조적이다. 물론, 모두 그랬던 것은 아닐지 모르지만 적어도 일급의 대(大)지식인들의 태도는 장례 등의 의식에 대해 무심한 태도를 보였다. 고대 그리스와 로마의 지식인들이 모두 한결같이 사후세계보다는 이성적이고 현세적인 삶을 더 중시했기 때문에 그랬을 것이다. 그러다가 헤브라이즘이 지배하는 두 번째 단계인 중세 기독교 세계에 오면, 당시 지식인들이 고대와는 또 다른 이유에서 죽음 뒤의 의식에 그다지 신경 쓰지 않는 태도를 보였다. 결정적 이유는 사후세계와 부활에 대한 너무도 강한 믿음 때문이었다. 어차피 죽은 뒤에 천국에서 부활하거나 영생을 얻는데, 무엇 때문에 죽은 이들에 대한 예우 또는 의식에 공을 들이고 신경을 쓰겠는가? 죽음 뒤의 의식에 거리를 둔 서구 지식인들의 태도는 헬레니즘과 헤브라이즘이 변증법적으로 종합을 이루던 르네상스를 거쳐 근현대에 오면 정점을 찍는다. 이제 의식 자체에 관심을 두기보다는 오히려 장례와 애도 행위 등에 대해 의미와 해석을 부여하는 작업을 시도한다.

그렇다고 이 3단계의 도식을 절대시할 필요는 없다. 각 단계마다 해당 시기의 경향과 상반되거나 전혀 다른 방향의 담론들도 심심찮게 발견되기 때문이다. 따라서 이 책의 다른 장들에서와 마찬가지로 여기서도 역사적·시대적 접근은 지양하고 주제별, 사안별 접근을 시도할 것이다. 장례와 애도 등에 대한 서구 지식인들의 태도는 크게 다음 세 가지로 구분된다. 첫째, 장례 또는 애도 등 죽음 뒤의 망자에 대한 의식 또는 추념 등을 무시하거나 경시하거나 혐오하거나 비판하거나 비하하는 태도를 보인 경우다. 요컨대, 죽음 뒤의 의식들을 부정적으로 인식한 경우라고 할 수 있다. 모두라고 하면 과장이겠지만 꽤 많은 서구 지식인의 태도가 여기에 해당한다. 둘째, 장례 또는 애도 등을 매우 강조하거나 중시하거나 칭송한 경우다. 한 마디로 그러한 의식들을 긍정적으로 수용한 경우라고 할 수 있다. 작은 비율을 차지하지만 그래도 매우 흥미로운 독특한 관점들이 주목되기에 담론화하기에 충분하다. 셋째, 장례와 애도 등의 의식들에 대해 긍정도 부정도 하지 않고 중립적 관점에서 그 의식들 자체 또는 그 의식들에서 사용되는 행위나 상징의 참뜻을 파악하고 해석하려 시도한 경우다. 이른바 중립적인 태도를 취하면서 그 현상의 실체를 분석하거나 탐구하려고 한 경우라고 할 수 있다. 숫자나 비율로 보면 많다고는 할 수 없지만 첫 번째 범주와 비교해 결코 뒤지지 않을 만큼 많은 지식인이 여기에 속한다.

장례 등 죽음 뒤의 의식에 대해 무심한 태도를 보인 최초의 사례는 소크라테스다. 그가 죽은 뒤의 자신의 시신 처리나 장례 절차 등에 얼마나 그리고 어떻게 무관심한 반응을 보였는지는 플라톤의 『파이돈』에 잘 기록되어 있다.

크리톤께서 말씀하셨지요. "우리는 꼭 자네가 말한 대로 할 것이네. 그건 그렇고, 우리가 자네를 어떻게 묻어 주면 좋겠는가?" "자네들 좋을 대로 하게나. 만약 자네들에게서 빠져나가지 못하도록 자네들이 나를 붙잡아 둘 수 있다면 말일세." …… "친애하는 크리톤, 잘 알아 두게. 잘못된 표현은 그 자체도 귀에 거슬리지만 혼에 나쁜 영향을 준다네. 그러니 자네는 기운을 차리고 자네가 화장하는 것은 내 몸일 뿐이라고 말하게. 그리고 그것을 자네 좋을 대로, 자네가 가장 적절하다고 생각하는 방식대로 묻어 주게."[213]

"크리톤, 우리는 아스클레피오스에게 수탉 한 마리를 빚지고 있네. 잊지 말고 그분께 빚진 것을 꼭 갚도록 하게." "그러겠네"라고 크리톤께서 말씀하셨어요. "그 밖에 달리 할 말이 있는지 살펴보게!" 그분께서는 이 물음에 아무 대답도 하지 않으셨으나, 잠시 뒤 몸을 부르르 떠셨어요. 그래서 그것을 본 크리톤께서 그분의 입을 다물게 해 주고는 두 눈을 감겨드렸어요. 에케크라테스, 우리 친구는 그렇게 최후를 맞이했어요. 그분께서는 우리가 겪어 본 우리 시대 인물 가운데 가장 훌륭하고 가장 지혜로우며 가장 정의로운 분이라고 해도 과언이 아닐 거예요.[214]

첫 번째 인용문은 소크라테스가 자신의 장례에 대해 부유했던 친구 크리톤에게 당부하는 장면이고, 두 번째 인용문은 소크라테스 자신의 최후 발언이다. 장례에 대한 인용문뿐만 아니라 최후 진술까지 인용한 이유는 소크라테스가 왜 자신의 장례 의식을 경시했는지, 그리고 그보다는 왜 진지하게 살아가야 할 현생의 삶을 중시했는지 대비하기 위해서였다. 죽은 뒤의 시신 처리가 살아 있는 사람들의 삶에서 높은 가치와 비중을 차지해서는 안 된다는, 그보다는 현재의 삶을 의미 있고 지혜롭게 살아가는 것이 훨씬 더 중요하다는 소크라테스의 소신이 드러나는 구절들이다. 요컨대, 죽음이나 죽음 뒤의 의식 자체가 중요하지 않다는 것이 아니라 그보다는 지금 이곳에서의 현생을 가치 있고 보람 있게 영위해 나가는 것이 훨씬 더 중요한 일임을 강조하는 데 그의 참뜻이 있었을 것이다.

유사한 태도는 다음 세기, 즉 헬레니즘 시대의 그리스 철학자 에피쿠로스에게서 그대로 반영되어 나타난다. 삶을 진지하게 살라는 소크라테스의 가르침과 외관상 상반된 듯이 보이는 쾌락주의라 명명된 에피쿠로스학파는 사실 데모크리토스와 소크라테스라는 거대한 바윗덩어리를 밑돌 삼아

---

213 플라톤, 『소크라테스의 변론/크리톤/파이돈/향연』, 246쪽 (= *Phaidon*, 115c, 115e-116a).
214 플라톤, 『소크라테스의 변론/크리톤/파이돈/향연』, 252쪽 (= *Phaidon*, 118a).

쌓아 올린 거대한 건축물이었다. 육체적 쾌락보다는 정신적 쾌락, 정신적 쾌락보다는 마음의 평정(ataraxia)을 추구하라는 그의 교시(敎示)에서 우리는 소크라테스 가르침의 흔적을 엿볼 수 있다. 이처럼 소크라테스에게서 많은 영향을 받은 에피쿠로스는 장례 의식이나 애도 행위가 망자를 향한 것이라기보다는 자신을 위한 일임을 강조한다. "죽은 친구들에 대해 우리의 감정을 보여 주자. 그들의 죽음을 비탄해하면서가 아니라, 그들의 생전 모습을 기억하면서 ……."[215] 에피쿠로스의 이 발언은, 죽은 사람에 대한 애도는 죽음 자체가 아니라 삶 또는 삶에 대한 기억에서 출발한다는 것을 암시한다. 죽음 뒤의 이러한 모든 의식, 절차, 상징, 행위 등이 이처럼 죽은 자가 아니라 궁극적으로는 산 자들을 위한 의식이자 행위라는 것은 이후 서구 지식인들의 담론에서 반복적으로 나타난다.

이러한 모습은 당장 2세기 로마제국 최동단 시리아 출신의 그리스 풍자 작가였던 루키아노스(Lucianos)에게서 나타난다. 그는 하층민 출신의 망자를 떠나보내는 로마의 한 장례식 풍경에 대해 다음과 같은 기록을 남겼다.

여자들이 통곡하며 부르짖는다. 모두 울면서 가슴을 치고, 머리를 쥐어 뜯고, 양볼을 마구 긁어 피가 흐른다. 이따금 옷을 찢어발기며 머리에 흙을 흩뿌리기도 한다. 그리하여 산 자가 죽은 자보다 가련하니, 산 자가 바닥을 구르며 땅에 머리를 찧는 동안 죽은 자는 마치 가장행렬에 나가는 듯 정성스레 꾸민 화관을 얹고 평화로운 얼굴로 높은 단에 누워 있다. 그러고 나면 돌연 망자의 어미, 어떨 땐 심지어 아비가 친척들 사이에서 뛰쳐나와 시신 위로 몸을 던진다. …… 아비는 느릿느릿 애처로이 말을 잇는다. "사랑하는 아들아, 네가 제 명을 못 채우고 이렇게 죽어 내 곁을 떠나니 남은 나는 외롭고 슬프기 그지없구나. 결혼해서 자식을 낳고 군에 복무하고 밭에서 일을 하다 늙어야 할 네가! 넌 이제 다시는 축제에도 못 가고, 사랑도 못 해 보고, 연회에 가서 젊은 친구들과 취할 때까지 마시지도 못하겠구나!" 아비

---

215 에피쿠로스, 『쾌락』, 34쪽 (= *Gnomologium Vaticanum Epicureum*, LXVI).

가 하는 말은 대충 이러하다. …… 하지만 이렇게 애도를 표하는 저 늙은 이의 신파조 절규와 또 다른 말들은 자기 아들을 향한 것이 아니다. 그 자신을 향해 있지도 않다. 그는 아들이 자기 말을 들을 수 없음을 잘 안다. …… 아버지의 그 모든 주절거림은 그 자리에 함께한 다른 사람들을 향한 것이다.[216]

어느 문명권에서나 자신보다 먼저 죽은 자식을 슬퍼하는 부모의 비통한 심정은 똑같은 모양이다. 우리의 옛말에도 '부모가 죽으면 산에 묻고 자식이 죽으면 가슴에 묻는다'라는 말이 있을 정도이니 말이다. 그 애끓는 마음은 겪어보지 않은 사람은 도저히 상상조차 할 수 없을 것이다. 루키아노스도 그 점을 잘 알고 있었을 것이고 그 심정을 약간 과장해 묘사한 것처럼 보인다. 인용문의 마지막 문장이 중요한데, 이 모든 절규와 몸부림을 포함한 애도 행위가 죽은 아들을 향한 것이 아니라 장례식에 참석한 사람들을 향한 것이라는 점이다. 장례식은 외관상 망자를 위한 추모 의식이지만 본질적으로는 산 자들, 즉 남아 있는 자들을 향한 문화 행사다. 망자를 기억하며 추념하고 애도하면서 우리도 언젠가는 죽을 것이기에 '죽음을 결코 잊지 말자'는 일종의 경고와 다짐 또는 확인 작업이라고 할 수 있다.

기원전 1세기의 키케로도 장례 의식에 대해 비판적인 입장을 취한다. 그는 먼저 소크라테스, 디오게네스, 아낙사고라스 등 그리스인들의 사례를 들먹이면서 장례가 얼마나 쓸데없는 짓인지를 논파한다. 키케로는 소크라테스의 경우에 친구인 크리톤에게 "자네가 원하는 대로 나를 묻어주게"라면서 장례에 대해 별로 대수롭지 않게 말했고,[217] 디오게네스의 경우에는 장례에 대해 무심한 것을 넘어 자신을 묻지 말고 내버려두라고 말했다고 전한다. 그 부분을 직접 인용해 보자.

---

216 Lucianos, *Lucian*, (trans.) Austin Morris Harmon, 8 Vols., Cambridge, Mass.: Harvard University Press, 1913-1967. 다음 문헌에서 재인용함. 피터 존스, 홍정인 옮김, 『메멘토 모리: 나이듦과 죽음에 관한 로마인의 지혜』, 183~84쪽.
217 키케로, 『투스쿨룸 대화』, 117~19쪽.

디오게네스는 그보다 훨씬 더 강경한데, 물론 같은 생각을 하고 있었겠지만, 그 자신 견유학파의 철학자로서 더욱 완고한 모습을 보여 주었으며, 자신을 매장하지 말고 버려두라고 말했던 겁니다. 그러자 친구들이 "새들과 들짐승들의 먹이가 되지 않겠는가?"라고 하자, 그는 "내 옆에 작대기 하나만 놓아두게. 그것으로 그것들을 쫓아 버리겠네." 친구들이 "어떻게 자네가 그리 할 수 있겠는가? 자네는 아무것도 느끼지 못할 텐데"라고 하자, 그는 답하되, "그렇다면 내게 전혀 의식이 없을 테니 더더욱 들짐승들이 물어뜯는다 한들 내게 무슨 대수겠는가?"[218]

속된 말로 '장례 따위 개나 주라'는 태도가 물씬 풍긴다. 역시 '통속의 개', '미친 소크라테스'라는 별명이 무색할 정도다. 장례를 중시하지 않는 것은 이해하겠지만 자기 시신이 야수들에게 뜯어 먹혀도 아무렇지 않다는 태도를 대범하다고 보아야 할까, 아니면 무심하다고 해야 할까? 디오게네스는 어쩌면 최초의 무정부주의자일 뿐만 아니라 최초의 반(反)물질주의자가 아닐까? 살아 있을 때 열심히 사는 것이 중요하지 죽은 뒤의 장례 따위가 무슨 소용이냐는 디오게네스의 일갈이 2,400년 후 우리의 귓전을 맴돈다.

그보다는 덜 하지만 아낙사고라스 또한 장례 절차에 대해 매우 무심한 태도를 보였다고 키케로는 전한다. "아낙사고라스는 더욱 담대하게 말하였는데 그가 람프사코스에서 죽음을 앞두고 있었을 때 그의 친구가 그에게 묻되 고향 클라조메나이로 가능하다면 옮겨 묻히기를 원하는가라고 묻자, "그럴 필요까지는 없네. 어디에서든 저승에 이르는 길은 매한가지 아니겠나?"라고 답했다고 합니다."[219] 삶과 죽음을 초월한 초인 같다는 느낌을 지울 수 없다. 장례를 중시하지 않는다는 것은 죽음 자체를 그다지 엄청난 사건으로 생각하지 않는다는 뜻일 것이다. 죽음 또한 삶과 마찬가지로

---

218 키케로, 『투스쿨룸 대화』, 119쪽.
219 키케로, 『투스쿨룸 대화』, 119쪽.

지극히 자연스러운 일로 치부하지 않고서는 나올 수 없는 태도임이 분명하다.

키케로는 급기야 장례, 애도, 한탄 따위를 싸잡아 비판한다. 우선 그는 매장이란 육신과 연관되어 있을 뿐 영혼과는 무관하다고 말한다. "매장 풍습과 관련하여 오로지 하나를 말하자면 매장은 다만 육신과 연관되어 있다는 것이며, 이는 영혼이 소멸하든 혹은 살아 있든 전혀 무관하다는 겁니다. 그리고 육신과 관련하여 분명한 사실은, 영혼이 소멸하든 혹은 빠져나가든 아무튼 결국 육신은 전혀 느끼지 못한다는 겁니다."[220] 매장을 비롯해 망자의 시신 처리 절차 등은 육신의 일이지 영혼의 일은 아니기에 그리스나 로마 지식인들의 관심 대상이 아니었던 듯하다. 반복되는 이야기이지만 키케로도 이러한 장례 절차가 정작 망자와는 아무런 상관없는 일이라며 시큰둥한 반응을 보인다. "장례 관습과 세상 평판을 어느 정도 따라야 하겠고 우리네 사람들은 살아가면서 이를 존중은 해야겠지만, 그렇다 하더라도 이런 모든 것이 망자와는 하등 관련이 없음을 알아야 할 겁니다."[221] 장례 절차가 죽은 사람이 아닌 산 사람들을 위한 문화 의식임이 재차 확인된다. 심지어 키케로는 마지막에 가서 애도와 한탄이 남자답지 못한 일이라며 비아냥거리기까지 한다. "애도하는 일은 남자답지 못하다고 생각한 사람들은 어떻습니까? …… 애도와 한탄은 남자에게 적합한 것이 아니라는 생각 이외의 무엇이 이들을 위로했겠습니까? 남들이 애도가 올바른 일이라고 생각하여 상심에 전념할 때, 이들은 추한 일이라고 생각하여 이를 멀리합니다. 이로부터 우리가 알 수 있는 것은 상심은 본성에 기초한 것이 아니라 단지 억견에 의한 것이라는 점입니다."[222] 지나치게 슬프거나 괴로운 일을 당할 때 우리의 마음은 내상을 입게 되는데, 한탄과 애도 등을 포함한 이러한 상심은 키케로의 눈에 인간 본성에 기초하지 않고

---

220 키케로, 『투스쿨룸 대화』, 119~21쪽.
221 키케로, 『투스쿨룸 대화』, 127쪽.
222 키케로, 『투스쿨룸 대화』, 297~99쪽.

단지 선입견이나 억지스러운 의견에 기초하는 것으로 비쳤다. 진짜 감정이 아니라 거짓된 감정이라는 것이다. 이에 키케로는 슬픔과 애도가 궁극적으로 이롭지 못하다는 결론을 내린다. "애도가 끝나고 통곡이 별다른 도움을 주지 못했음을 알고 난다면, 그때에는 이 모든 것이 그저 의지의 문제임이 분명해지지 않겠습니까? …… 슬픔은 전혀 이롭지 못하며 그것은 쓸모없는 것임을 아는 것보다 슬픔을 가라앉히는 데 좋은 것이 무엇이겠습니까?"[223] 주변 지인이 죽었을 때 나에게 진정 도움이 되는 행위는 슬퍼하는 것이 아니라 그 슬픔을 가라앉혀 평정심을 되찾고 일상생활에 전념하는 것이다. 왜냐하면 슬픔은 나에게 전혀 도움을 주지 못하기 때문이다.

물론, 키케로의 이러한 태도를 오늘날, 특히 심리학자들은 전혀 납득되지 않는다고 말할 것이다. 슬플 때 슬퍼하는 것이야말로 건강한 마음을 유지하는 비결이기 때문이다. 화날 때 화를 내야지, 그 화를 삭이면 결국 마음의 병이 되듯이, 슬픔도 그때그때 발산하는 것이 좋다. 감정은 쌓아 두는 것이 아니다. 물론 다 맞는 말이다. 하지만 키케로의 진의를 다른 각도에서 파악해 보자. 나는 키케로가 슬프다고 해서 애통하고 비통한 자기감정을 아무런 여과 장치 없이 마구 발산한다면, 그것이 금수(禽獸)와 무슨 차이가 있겠느냐는 관점을 가지고 있었다고 생각한다. 적절한 감정을 푸는 것은 필요하겠지만 애통이나 분통, 격정이나 통곡 같은 과도한 감정이나 감정의 발산 행위는 결코 나에게 득이 되지 않는다. 키케로도 바로 그 점을 말하고 싶었을 것이다.

로마제국에 와서도 이러한 태도는 계속 유지된다. 세네카는 망자에 대한 '애도'의 의미를 다음과 같이 설파한다.

> [장례식에서 사람들이 슬퍼하지 않는 이유는] 첫째로 슬퍼해도 소용없는 일이고, 슬퍼하는 것은 무의미한 일이기 때문이네. 다음으로, 지금은 어떤 한 사람에게만 일어나는 일이지만, 다른 모든 사람에게도 이제부터 일어

---

223 키케로, 『투스쿨룸 대화』, 293~95쪽.

날 일을 슬퍼하는 것은 부당하기 때문이네. 나아가서 고인에 대해 애석해하는 것은 어리석은 탄식이라네. 왜냐하면, 고인과 고인을 애석해하는 사람의 간격은 매우 미미한 것이니까. 우리 자신도 곧 죽은 자의 뒤를 따를 것이므로 우리는 마음을 더욱 평온하게 먹어야 하네. 눈 깜짝할 사이에 지나가는 시간의 속도를 돌아보게, 우리가 전속력으로 달려 나가는 이 짧은 생애를 고려하며, 인류라는 동반자들을 응시하게. 인류는 모두 같은 곳을 향해 나아가고 있고, 그 한 사람 한 사람 사이의 문제는 최대한으로 계산해도 매우 작은 것에 지나지 않네.[224]

그렇다, 인간은 언젠가 모두 죽는다. 그러니 오늘 죽은 이를 슬퍼하고 애통해하는 것은 아무런 의미가 없을 뿐만 아니라 어리석은 행동이기도 하다. 왜냐하면 바로 그다음에 네가 죽을 수 있기 때문이다. 런던탑에 갇혀 사형을 기다리던 대법관 토머스 모어가 왕에게 최고의 충성을 서약하라는 친구의 종용에 이렇게 대답했다고 전해진다. "그렇네. 나는 오늘 죽는다네. 그러나 자네는 내일 죽을 것이네." 다시금 '메멘토 모리'라는 문구가 우리의 모골을 송연하게 만든다.

애도의 무의미성에 대한 이러한 통찰 또는 애도에 대한 비판적 태도는 고대 그리스나 로마만이 아니라 중세에 들어서도 계속해서 하나의 축을 형성했다. 그 첫 포문을 연 사람은 로마제국 말기의 교부철학자 아우구스티누스였다. 그에게서는 가장 먼저 고대 지식인들이 지속적으로 보여준 장례에 대한 냉소적인 태도가 눈에 확 띈다. 애도와 장례는 죽은 이에게 도움이 되기보다는 산 자들을 위로하기 위한 의식이라는 것이다. "애곡하는 사람들이 행렬을 짓고 성대한 장례식이 베풀어지며 적절하게 매장되는 것과 같은 일들은, 죽은 이에게 도움이 되기보다는 산 자들을 위로하기 위함이다. 만약 호사스런 장례식이 불신자에게 어떤 유익을 준다면, 초라한 장례를 치른다거나 전혀 장례식을 치르지 않는 가난한 신자는 해를 입

---

224 세네카, 『세네카 인생론』, 592쪽 (= 루킬리우스에게 보내는 도덕 편지 99).

을 수도 있을 것이다."[225] 명목상 그리고 외관상 망자를 위한 의식인 장례와 애도는 결국 유족들과 살아 있는 주변인들을 위한 의례 절차에 불과하다. 진정으로 망자를 위한다면 이러한 의식들은 소크라테스나 디오게네스, 아낙사고라스가 말했던 것처럼 불필요하다. 망자를 기억하고 추념하는 머릿속과 마음속의 행동으로 충분하기 때문이다.

아우구스티누스는 애도가 무의미하다거나 쓸데없는 짓이라고 비판하는 것과는 별개로 애도 자체를 매우 부정적인 감정으로 치부한다. 우리는 앞서 제1부에서 죽음을 수용하는 단계와 관련된 담론을 다룰 때, 신과 나눈 대화의 기록이라고 할 수 있는 『고백록』에서 아우구스티누스가 자기 절친이 죽었을 때 죽음을 왜 그리고 어떻게 증오와 공포의 감정으로 받아들였는지 자세히 살펴보았다.[226] 죽음에 대한 예리하고 민감한 성찰의 압권이라 할 만한 그의 발언을 보면, 누구나 영혼의 반쪽을 잃으면 '이렇게 될 수도 있겠구나'라는 생각이 든다. 죽음이 이렇게 증오스럽거나 공포스러울 수도 있고, 사랑하는 친구는 죽고 없는데 내가 살아 있는 것이 이렇게 낯설게 느껴질 수 있으며, 나의 죽음으로 내 영혼의 반쪽마저 죽게 되지 않을까라고 걱정스러울 수 있다. 이 모든 감정은 하나로 수렴된다. 제발 죽음이 없었으면 하는 것이다. 그렇게 되면 아예 장례나 애도 같은 의식 따위도 없을 테니 말이다. 그렇다고 아우구스티누스는 자신이 죽고 싶다고 말하지는 않는다. 이런 감정들의 저변과 배후에는 하나님마저도 부정하고 싶을 만큼의 '삶에 대한 강한 애착'이 놓여 있다. 죽은 뒤에 살아서 무엇하겠는가? 살아 있을 때 열심히 삶을 즐기고 누려야 하지 않겠는가? '똥밭에 굴러도 이승이 낫다'라는 우리 선현들의 가르침이 다시 떠오른다. 결국 아우구스티누스에게서 '애도'란 희한하게 또는 본의 아니게 죽음에 대한 증오와 공포 감정의 발산을 의미하는 것이 되었다. 분명한 것은, 한 평자가 올바로 지적했듯이, "증오 역시 애도의 체험에 속한다"는 것이다.[227]

---

225 성 아우구스티누스, 『신국론: 하나님의 도성』, 99쪽 (= *De Civitate Dei*, I, 12).
226 성 아우구스티누스, 『고백록』, 110~15쪽 (= *Confessiones*, IV, 4,8-6,12).

19세기 미국 사상가 헨리 데이비드 소로(Henry David Thoreau)도 애도에 대해 부정적인 감정을 토로한다. 그는 3세기 아일랜드의 전설적인 시인 오시안(Ossian)이 쓴 한 시를 인용하면서 애도를 다음과 같이 정의한다. "애도는 슬퍼하는 자들의 목숨을 앗아가니/산 자의 땅에서 그들이 지낼 날도 얼마 남지 않았느니라./아름다운 토스카의 딸이여!"[228] 망자에 대해 슬퍼하는 것은 곧 살아 있는 자의 생명을 갉아먹는 일이라는 탄식이다. 살아남은 자들은 그들 나름대로 삶을 계속 이어가야 하기 때문이다. 망자에 대한 한없는 애도와 슬픈 감정은 살아 있는 자들의 지속적 삶에 그다지 긍정적 영향을 주지 못한다. 오히려 악영향만 줄 뿐이다. 어차피 죽은 자들 또한 살아 있는 자들의 뇌리에 그리 오래 가지 못하고 곧 소멸하고 말기에 더욱 그렇다. 죽은 자들이 살아 있는 자들 사이에서 그렇게 오래 살아남지 못한다는 두 번째 시구(詩句)가 바로 이러한 점을 잘 표현한다. 소로는 결국 살아남은 자들을 향해 죽음보다 삶을 지향하자고 호소한다.

19세기 낭만주의를 거부하고 상징주의라는 새로운 사조를 연 프랑스 시인 보들레르 또한 장례나 애도 등의 죽음 의식에 대해 부정적인 인식을 보여 준다. 앞서도 언급했듯이, 그의 시어들은 유난히 죽음과 깊게 관련되어 있으며, 자연스레 어두운 색채를 띤다. 그의 시 「무덤」과 「쾌활한 사자(死者)」를 연속해 읽어 보자.

어느 어둡고 갑갑한 밤에/한 착한 기독교인이 자비심으로/어느 오래된 폐허 뒤에/으스대던 그대 몸 묻어 준다면,//청초한 별들이/무거워진 눈꺼풀 감고,/거미가 그곳에 줄을 치고, 독사가 새끼 칠 시각//일년 내내 그대는 듣게 되리,/벌받은 그대 머리 위에서/늑대들 구슬픈 울음 소리,//그리고 굶주린 마녀들 울부짖음을,/음탕한 늙은이들 희롱도,/음흉한 야바위꾼들의 음

---

227 Verena Kast, *Trauern*, Stuttgart: Kreuz, 1982; 베레나 카스트, 채기화 옮김, 『애도: 상실과 마주하고 상실과 더불어 살아가기』, 궁리, 2007, 16쪽.

228 Henry David Thoreau, *Walden: or, the Life in the Wood*, 1854; 헨리 데이비드 소로, 전행선 옮김, 『월든』, 더스토리, 2023, 196쪽.

모도.²²⁹

> 달팽이 우글대는 기름진 땅에/내 손수 깊은 구덩이 파고,/거기 한가로이 내 늙은 뼈를 눕혀/물속의 상어처럼 망각 속에 잠들련다.//나는 유언도 싫고 무덤도 싫다;/죽어 남의 눈물을 빌기보다,/차라리 살아서 까마귀 떼 불러/내 더러운 해골 구석구석 쪼아 피 흘리게 하리.//오 구더기들아! 눈도 귀도 없는 더러운 친구들아,/보라, 자유롭고 쾌활한 사자가 너희들 찾아왔다;/방탕의 철학자, 부패의 아들들아,//주저 없이 내 송장 파고들어 가 내게 말해다오,/죽은 자들 사이에 끼어 있는 넋 없는 이 늙은 시체에게/아직 무슨 고통이 남아 있는가를!²³⁰

첫 번째 시에서는 망자를 매장한 무덤을 거미, 독사, 늑대, 마녀, 벌(罰), 음탕한 늙은이, 음흉한 야바위꾼 등 유난히 칙칙한 시어들을 동원해 암울하게 그려 낸다. 아마도 죽어서 지옥에 떨어진 망자에게 내려진 저주들이 아닐까 싶다. 이쯤 되면 사후의 세계가 무서워서라도 죽기가 꺼려질 정도다. 두 번째 시도 역시 제목과는 달리 사자(死者)를 우울하게 표현한다. 특히 "나는 유언도 싫고 무덤도 싫다"라며 죽음 뒤의 다양한 장례 의식들을 모두 거부하는 발언이 주목된다. 죽어서 대우받느니 차라리 살아 있을 때 까마귀 떼를 불러 나를 쪼아먹도록 하는 편이 낫겠다는 것이다. 이러한 냉소적인 시들을 읽다 보면 장례나 애도 따위의 의식이 모두 부질없게 느껴진다. 있을 때 잘하고 살아 있을 때 잘 살아야 하는 이유도 바로 여기에 있을 것이다.

20세기에 들어와 셸러 또한 비슷한 견해를 피력한다. 그에 따르면, "시체는 죽음이 아니라 죽음의 표시다."²³¹ 시체가 죽음을 상징할 수는 있어도

---

229 샤를 보들레르, 『악의 꽃』, 154쪽.
230 샤를 보들레르, 『악의 꽃』, 156쪽.
231 Max Scheler, "Altern und Tod", p. 286.

죽음 자체는 아니라는 것이다. 따라서 시신에 예우를 취하는 것은 죽음에 예우를 취하는 것이 아니라 죽음의 표시에 예우를 취하는 것이다. 달리 말하면, 실제 대상이 아닌 그 대상을 상징하는 상징물에 대한 상징, 즉 '메타 상징(Metasymbol) 행위'라고 할 수 있다. 결국 장례식은 일종의 허구적인 의식이다. 진정한 장례 의식은 어쩌면 시신이 아니라 망자의 진짜 대상, 즉 영혼에 대해 취하는 것이 되어야 할지 모른다. 가령, 망자의 넋을 달래는 '진혼식'이나 불교에서 망자의 새로운 환생을 위해 행하는 '사십구재'(四十九齋) 같은 의례가 거기에 해당하지 않을까?

셸러와 동시대를 살았던 독일 철학자 핑크도 시신에 대해 유사한 생각을 펼친다. 그는 시체를 다음과 같이 정의한다. "[유기체가 죽고 나면] 잔해가 남는다. 즉 사체, 시체가 그것이다. 우리는 그것을 '영혼이 빠져나간 존재'(entseelt)라고 부르고, 생명력, '영혼'이 그에게서 사라져 빈 껍데기만을 남겼다고 말한다. 사체로서 시체는 의심의 여지 없이 하나의 존재자(ein Seiendes)다. 죽어 있음은 시체에 대해 현상적인 모습을 갖는다. 시체는 그 시체를 다양한 방식으로 치워 버리는 살아 있는 사람들의 환경 안에 놓인다. 시체는 특히 쇠퇴와 소멸에 노출되어 있으며, 부패에 의해 공격받고 해체된다."[232] 물론, 이 문장들만 보면 핑크가 장례나 애도에 대해 부정적인 인식을 지녔다고 말할 수는 없을지 모른다. 실제로 그의 책 『형이상학과 죽음』의 어디에도 장례나 애도에 대한 언급은 없다. 하지만 이 인용문에서 직접 느껴지는 분위기는, 이렇게 쉽사리 부패하고 스러져 갈 시신을 조심스럽고 특별히 취급하는 의식으로서의 장례란 아무리 이해해 보려고 애써도 도저히 잘 봐줄 수 없다는 것이다. 이 논리에 따르면, 애도 또한 쓸데없는 짓이다. 누구나 죽으면 썩어 없어질 몸뚱어리를 갖고 살아가는 우리가 특정인이 사망했다고 해서 그렇게 슬퍼하는 것은 무의미한 짓이다. 그저 인간은 살아가는 동안 각자 최선을 다해 자신에게 주어진 삶을 열심히 살면 그만이다.

---

232 Eugen Fink, *Metaphysik und Tod*, p. 25.

20세기의 홀로코스트 생존자 아메리 역시 장례를 곱지 않은 시선으로 바라본다. 그에 따르면, 장례식이란 죽음을 지워 버리는 의식이다. "죽음을 지워 버리는 장례식은 살아 있는 사람들이 죽음이라는 오물을 치워 버리는 일대 청소 작업이다."[233] 장례식을 '죽음 삭제 작업'으로 보는 이 독특한 생각은 장례를 부정하는 담론으로 분류된다. 장례가 죽은 자가 아닌 산 자들을 위한 의식이라는 생각과는 또 다른 아메리의 이러한 관점은 다방면으로 해석할 수 있다. 첫째, 장례를 통해 사람들은 죽음을 '기억'하고 '환기'하는 것이 아니라 죽음을 '처리'하고 '치워' 버린다고 생각할 수 있다. 다시 말해 장례는 '죽음을 망각하도록 만드는 통과 의례'다. 죽은 사람을 처리하지 않고 방치하면 어떻게든 그 시신은 우리 주변에 남아 우리에게 죽음을 상기하도록 만들 것이다. 하지만 그 시신을 매장하든 화장하든 간에, 흔적도 없이 처리한다면 이것은 실제로 죽음을 지워 버리는 작업이 아닐 수 없다. 즉 장례란 죽음을 의도적으로 망각하겠다는 것이 아니라 죽음을 되도록 기억하지 않겠다는 결연한 의지의 행동이다. 둘째, 장례 의식은 죽음과 벌이는 투쟁 작업에서 인간이 죽음에 대해 승리를 거두었다는 '최종 승리 선포식'과도 같다. 시신의 처리와 더불어 죽음을 흔적도 없이 사라지게 만든다는 것은 죽음을 죽여 버리는 작업과 동일하기 때문이다. 장례란 죽음의 흔적이자 상징인 시신을 지워 버림으로써 땅 위에 납작 엎드린 죽음을 밟고 서서 내가 이겼노라고 주위 사람들에게 알리는 행위다. 이것이 죽음에 대한 인간의 승리 선언이 아니면 무엇이겠는가?

카뮈 역시 아메리와 비슷하게 장례를 부정적 맥락과 논조로 풀어간다. 그의 소설 『페스트』에는 다음과 같은 구절이 나온다. "만약 질병이 이미 우리가 본 것처럼 그렇게 만연하지만 않았더라면, 그런대로나마 모든 것이 잘 되었을 것이다. 왜냐하면 관이 더욱 귀해지고, 수의를 만들 감과 묏자리도 모자라게 되었으니 말이다. 무슨 수가 있어야만 했다. 가장 간단한 것은, 역시 효율성 때문이었지만, 장례식을 합동으로 하고 혹 필요에 따라서

---

233 장 아메리, 『자유죽음: 삶의 존엄과 자살의 선택에 대하여』, 181~82쪽.

는 묘지와 병원 사이의 왕래를 여러 번으로 늘리는 방법이었다."[234] 여기서 장례식은 죽음을 효율적으로 처리하는 기계적 과정으로 묘사된다. 물론, 다량의 시신을 한꺼번에 빨리 처리해야 하는 절박한 이유에서이기는 하지만 말이다. 마치 죽음을 효율적으로 생산하고 관리했던 나치의 집단 수용소를 연상시킨다. 아니면 너무 많은 사람이 한꺼번에 죽어 관도, 화장 시설도, 묘지도 턱없이 부족해 애를 먹었던 2020년 팬데믹 초기 상황도 연상된다. 카뮈도 이러한 맥락에서 장례를 바라보았을 것이다. 전염병을 퇴치하려고 노력하는 사람들 입장에서는 수많은 시신이 쌓였을 때, 그것을 처리하는 작업 또한 방역의 일환이니 어마어마한 일거리가 아닐 수 없다. 여기서 장례는 의식이 아니라 작업이 되고, 죽음은 애도의 대상이 아니라 처리의 대상이 되고 만다. 인간과 죽음과 시신이, 좀 심하게 표현해 유기물 쓰레기를 처리하는 단순 노동 작업의 대상으로 격하되는 슬픈 현실이 펼쳐진다.

앞서 아우구스티누스의 애도를 다룰 때 잠깐 인용한 바 있는 스위스 취리히 대학의 심리학과 교수였던 베레나 카스트(Verena Kast)는 '애도'(Trauern)를 심도 있게 다룬 동일 제목의 책에서 이 주제에 대해 긍정적·부정적·중립적 태도를 모두 보인다. 먼저 부정적 태도를 살펴보자. 그 층위 또한 두껍고 내용 또한 다양하다. 그녀는 우선 애도를 죽음을 맛보는 과정이자 망자와 함께 죽는 과정으로 해석한다. 특히 사랑하는 사람이 죽었을 때 더욱 그렇다는 것이다. "사랑하는 사람이 죽으면 우리는 그의 죽음에서 자기의 죽음을 미리 맛볼 뿐만 아니라, 어떤 방식으로든 그와 함께 죽는다. 자신을 이해하는 데 다른 사람과 사물에 대한 관계가 얼마나 중요하고, 그런 관계가 소멸될 때 우리 자신이 얼마나 무너지며 새로운 지향점을 필요로 하는지, 우리는 사랑하는 사람의 죽음을 통해 가장 명확하게 알게 된다."[235] 즉 애도는 가장 가까이에서 겪는 죽음의 간접 체험

234　알베르 카뮈, 『페스트』, 255쪽.
235　베레나 카스트, 『애도: 상실과 마주하고 상실과 더불어 살아가기』, 13~14쪽.

과정이자 망자와 더불어 죽는 과정이다. 그래서 앞서 보았던 대로 카스트는 절친의 죽음에 대해 보였던 아우구스티누스의 태도, 즉 죽음을 증오와 공포의 감정으로 받아들인 것 또한 애도의 한 방식으로 규정했다. 카스트는 심지어 애도와 유사한 감정들 또한 죽음을 다양하게 경험하는 것이라고 말한다. "우리는 죽음을 다양하게 체험한다. 상실은 말할 나위도 없고, 실망, 실패, 이별, 박탈, 정점, 지속에 대한 열망과 많은 것이 늘 죽음과 관련된다."[236] 그래서 카스트는 우리의 삶 자체가 애도의 연속 과정이라고 말한다. "삶은 본질적으로 이별의 연속이고, 어떤 종류의 이별이든 우리는 그것을 견디기 위해 애도할 수 있어야 하며, 거듭되는 헤어짐과 친숙해져야만 한다."[237] 우리의 삶을 돌이켜 볼 때, 실로 공감하지 않을 수 없는 내용이다.

카스트는 또한 다른 학자의 관점을 끌어들여 애도하는 사람의 감정이 세상에서 소외된 자의 감정과 동일하다고 주장한다. "죽은 자가 소외된 것이 아니라 […] 애도자가 죽은 자와 함께 소외된 것이다. 애도자는 대부분 과거에 몰입하고, 그럼으로써 당연히 한층 더 현실 세계에서 소외된다."[238] 이 소외의 국면은 다른 사람들과의 사회적 관계가 아니라 시간의 차원에 그 뿌리를 두고 있다. 애도자는 아무래도 현재나 미래가 아니라 과거에 몰두하게 마련이고, 그러다 보면 적어도 애도하는 순간에는 자연히 현재의 삶과 단절될 수밖에 없다. 우리는 실제로 사랑하는 가족의 실종이나 죽음으로 자기의 현재 생활을 모두 접고 오로지 실종된 또는 죽은 가족을 위해 헌신하는 사람들을 뉴스 보도를 통해 종종 접하기에 그 실상을 잘 알고 있다. 세월호 침몰이나 이태원 참사 희생자들의 유가족을 떠올려 보라. 그들에게 현재란 없다. 오직 과거에 실종된 또는 죽은 가족만 있을 뿐이다. 한마디로 의도치 않게 과거에 갇혀 사는 사람들이다. 그 가족이 실종되었

---

236 베레나 카스트, 『애도: 상실과 마주하고 상실과 더불어 살아가기』, 65쪽.
237 베레나 카스트, 『애도: 상실과 마주하고 상실과 더불어 살아가기』, 65쪽.
238 베레나 카스트, 『애도: 상실과 마주하고 상실과 더불어 살아가기』, 23쪽.

거나 죽은 그 순간, 그 사람들의 삶도 거의 멈추었거나 끝났다고 해도 과언이 아니다. 이 얼마나 비극적인 일인가?

애도에 대한 카스트의 또 하나의 중요한 부정적 관점은 애도의 위험성에 대한 지적이다. 애도 자체가 위험한 것이 아니라 그것이 억압되었을 때 위험하다는 것이다. 그녀는 애도가 억압되면 우울이 될 수 있다고 경고한다. "애도는 죽은 자에 대한 적대감과 공격심이 존재하지만 그것의 표출이 허락되지 않을 때 우울한 기조를 띨 수 있다. 모든 애도 과정에는, 홀로 남겨지고 상실과 타협하여 어쩔 수 없이 삶을 새롭게 꾸려야만 하는 상황에 대한 분노가 내재되어 있기에, 그 밖에도 죽은 자와의 관계 또한 정리되어야 하기에, 당연히 공격적 흥분이 드러나야만 한다. 다른 한편 죽은 자를 나쁘게 얘기해서는 안 된다는 불문율에 따라 우리는 공격성을 억압해야만 한다. 따라서 애도 과정이 제대로 드러나지 않으면 우울 반응이 나타난다. 상실의 체험이 강렬할수록, 그것과 관련된 공격성이 억압될수록, 미처 다루지 못한 갈등이 많을수록, 갈등을 감내할 수 있는 자아의 능력이 부족할수록 우울의 반응은 더욱 병리적으로 나타난다."[239] 나중에 애도에 대한 중립적 해석에서 언급되겠지만, 이 관점은 전적으로 프로이트의 이론에 따른 것이다. 카스트뿐만 아니라 여러 학자에 의해 반복적으로 나타날 만큼 유명한 프로이트의 이론인데, 즉 애도는 적절히 표출되어야 마음이 병들지 않을 수 있다.

애도에 대한 카스트의 마지막 부정적 관점은 죄책감과 연결된다. "누구나 예전의 관계를 돌이켜 보면 후회스러운 부분이 있게 마련이다. 그렇기 때문에 애도 과정 중에 죄책감을 느끼는 것은 당연하다. 죄책감은 죽음 앞에서 무언가 극단적이고 잔인한 속성을 갖는다. 이제는 어떤 말도 다시 주워 담을 수 없으며, 게다가 화해할 기회조차 없다. 상대방이 존재하지 않으니 화해에 관한 이론도 모두 소용이 없다."[240] 망자에 대한 미안함

---

239 베레나 카스트, 『애도: 상실과 마주하고 상실과 더불어 살아가기』, 101쪽.
240 베레나 카스트, 『애도: 상실과 마주하고 상실과 더불어 살아가기』, 117쪽.

과 죄스러움은 정상인이라면 누구나 가질 법한 감정이다. 오히려 갖지 않는 편이 사이코패스에 가까울 것이다. 카스트는 이처럼 망자에 대해 살아 있는 사람들이 갖는 죄책감은 애도 과정과 필연적으로 밀착된 인간의 자연스러운 감정임을 강조한다.

장례나 애도에 대한 서구인들의 긍정적 담론 또한 상당히 다채로운 모습으로 나타난다. 그 최초의 사례로 헬레니즘 시대 그리스의 역사가 폴리비오스(Polybios)를 꼽을 수 있다. 그는 자신의 역사책에서 로마의 명문가 사람들이 장례식에서 조상들을 어떻게 칭송했는지 다음과 같이 설명했다.

> 연사는 망자 이야기가 끝난 다음 이마고 형태로 장례식에 참석한 다른 조상들의 위업과 공적을 가장 오래된 인물부터 차례대로 소개한다. 이러한 방법을 통해, 그리고 용맹한 과거 조상들의 명성을 이렇듯 반복해 상기시킴으로써 고결한 업적을 쌓은 영웅들의 명예는 불멸성을 획득하며, 한편 국가에 봉사한 이들의 명망이 그 시대에 알려져 미래 세대를 위한 유산이 된다. 그렇지만 가장 중요한 결실은, 젊은이들이 용감한 인물에게 따르는 영광을 성취하려는 희망에 부풀어 공익을 위해서라면 어떤 고난이든 감내하리라는 열의를 가슴에 품게 된다는 점이다.[241]

이 인용문을 보면 자기 죽음이나 장례에 대한 고대 지식인들의 생각과 로마 귀족들을 포함한 일반 시민의 생각이 참 많이 다르다는 것을 절감한다. 지식인들이 자신들의 장례를 무심히 대했다면 일반인들은 매우 소중히 여겼다. 이것이 어느 시대, 어느 공간에나 있을 법한 지식인들과 일반인들의 생각과 태도의 차이라고 해야 할지 잘 모르겠지만, 여하튼 그 둘 사이에 생각의 틈이 매우 큰 것은 사실이다. 더구나 폴리비오스가 전하는 로

---

241 Polybios, *Historiae*, 다음 문헌에서 재인용함. 피터 존스, 『메멘토 모리: 나이듦과 죽음에 관한 로마인의 지혜』, 193~94쪽.

마인들의 장례식에서 독특한 점은 과거의 조상들과 영웅들이 쌓은 업적을 찬양하고 기림으로써 젊은이들이 자신들의 삶에서 본받고 실천할 수 있도록, 즉 귀감이 되도록 했다는 것이다. 결국 로마인들에게 장례식은 후손에게 영원한 귀감이 될 고인의 업적을 칭송하고 추념하는 문화 행사인 셈이다. 마치 영웅들의 위대한 행적을 후대인들이 망각하지 않도록 썼다고 알려진 서양 고대인들의 '역사'(historia)의 참뜻처럼 말이다.

그렇다면 로마인들이 생각한 장례식의 원칙은 무엇일까? 로마제국 말기인 300년경 활동했던 그리스의 웅변가 메난드로스(Menander Rhetor)가 위대한 인물의 장례식을 주제로 제안한 원칙은 다음과 같다. "메난드로스는 망자를 칭송할 때 다루어야 할 항목으로 가문, 출생, 자질, 성장, 교육, 업적, 활동, 행운, 마지막으로 애도를 꼽았다. '가문'을 다룰 때 연사는 로마에서 망자보다 뛰어난 사람은 없다고 강조해야 한다. '출생'은 망자가 어린 경우 특히 중요한 항목이었다. 망자가 태어났을 때 온 가문이 얼마나 기뻐했는지, 얼마나 눈부신 희망을 품었는지, 얼마나 위대한 운명을 기대했는지 상기시킨 뒤 운명의 신이 이 모든 것을 좌절시켰다고 언급한다. '자질'은 신체적 아름다움과 정신적 재능을 다루어야 한다. '성장'은 그 사람의 발달 속도를 언급한다. '교육'은 그가 동년배 사이에서 얼마나 탁월했는지를 강조해야 한다. '품성'은 그가 얼마나 공평하고 인간적이었으며 싹싹하고 친절했는지를 다룬다. 하지만 연사가 집중해야 할 항목은 망자가 성취한 것을 다루는 '활동'이라고 메난드로스는 말했다. 행운의 여신이 평생 함께했기에 그는 부를 누리고 벗들에게 사랑받으며 위대하고 선한 자들에게 존경받았다고 강조해야 했다."[242] 장례식이 고인을 추모하는 자리인 것은 알겠지만, 이를 넘어 장례식 추모사에서 지켜야 할 원칙까지 있었다니 놀랍기 그지없다. 각각의 항목이 열거되고 그들 항목에서 강조되거나 준수해야 할 규칙이 있었다니 말이다.

르네상스 시기에 모어가 『유토피아』에서 장례에 대해 언급했음은 이미

---

242 피터 존스, 『메멘토 모리: 나이듦과 죽음에 관한 로마인의 지혜』, 192쪽.

지적했다. 유토피아에서 사람들은 신에게 죽은 자의 영혼에 자비를 베풀고 그의 허약함을 용서해 달라고 빈 후에 시체를 땅에 묻는다. 그러나 좋은 희망을 품고 행복하게 죽은 사람에 대해서는 슬퍼하지 않고 그의 영혼을 신에게 바치며, 그의 시신은 화장한 후에 비석을 세워 공적을 기린다. 망자의 좋은 자질을 회고하는 것은 산 사람들에게 최고의 본보기가 되며 망자에 대해서는 최고의 예우가 된다고 말한다.[243] 이 모든 것은 앞서 논의에서 모두 인용했던 내용들이다. 그 내용을 보면 고대 그리스인들과 로마인들로부터 시작해 중세를 거쳐 꾸준히 이어져 온 장례 풍습에서의 일반 원칙이 고스란히 담겨 있다. 생전에 잘못을 저지른 망자에 대해서는 신에게 용서를 구하고 훌륭한 행적을 남긴 망자에 대해서는 신에게 그의 영혼을 바치면서 후손에게 귀감이 되도록 그의 업적을 기린다는 원칙 말이다. 유토피아라고 해서 전혀 뜻밖의 새로운 세계가 아님을, 즉 서구의 역사와 전통, 관습에 바탕을 둔 새로운 세계임을 우리는 다시 한 번 확인한다.

한편, 장례의 긍정성 담론에 꼭 들어맞는 것은 아니지만 그래도 여기서 언급할 가치가 있다고 판단되는 근대의 사례 하나를 소개하자면, 그것은 잠바티스타 비코(Giambattista Vico)의 장례관이다. 그는 장례가 인류의 보편적 성격을 갖는 상징 행위임을 강조한다. "야만적이든 문명화되었든 모든 민족은 시간과 공간의 광막한 거리 때문에 서로 떨어져 개별적으로 출현했지만 세 개의 인간 관습을 공유하고 있다는 사실을 우리는 고찰한다. 모든 민족은 종교를 갖고 있고, 엄숙한 혼례를 거행하고, 죽은 사람들을 매장한다."[244] 장례의 보편성을 말한 것인데, 주지하듯이 이 장례 관습이 어느 사회에서나 가장 늦게 변하는 보수성을 갖는다는 이야기까지 언급했더라면 좋았을 것이다. 비코는 이어서 왜 모든 문명에 장례 문화가 등장했는지 그 이유를 다음과 같이 설명한다.

---

243 토머스 모어, 『유토피아』, 139~41쪽.
244 Giambattista Vico, *Principi di scienza nuova d'intorno alla commune natura delle nazioni*, 1725; 잠바티스타 비코, 조한욱 옮김, 『새로운 학문』, 아카넷, 2019, 225쪽.

매장이 얼마나 큰 문명의 원리인가 하는 것은 인간의 시체가 매장되지 않고 땅 위에 놓여 있다가 까마귀와 개의 먹이가 될 끔찍한 상태를 상상하는 것으로 충분히 알 수 있다. 확실히 이런 야수와 같은 관행은 경작되지 않은 땅과 사람이 살지 않는 도시에서 일어날 만한 일이며, 인간은 썩어가는 시체 곁에 떨어져 있는 도토리를 돼지처럼 먹고 있을 것이다. 따라서 매장이 '인류의 서약'이라는 장엄한 표현으로 정의된 데에도 충분한 이유가 있으며, 타키투스가 '문명의 교환'이라고 기술한 것도 장엄함은 못 미치지만 맞는 이야기였다. 더구나 다음은 모든 이교 민족이 동의한 것이 확실한 견해이다. 즉 매장되지 않은 사람들의 영혼은 정처 없이 떠돌아다니며 시체 주위를 맴돌아, 결과적으로 그들은 육체와 함께 죽지도 못하고 불멸로 남아 있게 되리라는 것이다.[245]

사실, 엄밀히 말하면 매장된 시신도 결국 땅속의 박테리아나 여타 세균들에 의해 갉아 먹혀 종국에는 흙으로 변한다. 지상의 짐승에게 먹히나 땅속의 박테리아에게 먹히나 다른 생명체에 의해 시신이 훼손된다는 점에서는 동일하다. 하지만 사람들은 지상의 짐승에게 시신이 먹히는 것을 끔찍하게 여기면서도 땅속의 박테리아에게 먹히는 것은 괜찮다고 생각한다. 그래서인지 비코는 장례 문화의 보편성에 대해 다음과 같이 결론을 내린다. "이리하여 우리는 세네카의 결론에 도달한다. '불멸성을 논할 때 우리는 지하 세계의 영혼들을 두려워하거나 숭배하는 인류의 일반적인 견해에 적지 아니 영향을 받는다. 나도 이 공공의 견해를 받아들인다.'"[246] 결국 장례란 돌고 돌아 영혼의 불멸성을 우리 인간에게 확인해 주는 행사임을 알 수 있다.

19세기 초에 독일의 관념철학자 프리드리히 빌헬름 요제프 폰 셸링(Friedrich Wilhelm Joseph von Schelling)은 독특한 방식으로 자기 아내의

---

245 잠바티스타 비코, 『새로운 학문』, 229쪽.
246 잠바티스타 비코, 『새로운 학문』, 230쪽.

죽음을 애도했다. 그 방식이란 슬픔을 잊기 위해 더 높은 세계의 대상을 사유하고 몰두하는 것이다. 셸링은 1809년 아내 카롤리네(Caroline)가 죽자, 이후에 쓴 『자연과 정신세계의 상관관계에 대하여』(1810/11)에서 "고통스러운 이별의 아픔을 잊기 위해 더 높은 세계의 대상과 관계하는 것 외에는 몰두할 일도, 위로가 되는 일도 없다"라고 쓰고 있다. 죽음에 대한 이러한 사유 끝에 셸링이 도달한 결론은 "'존재의 가장 깊은 곳에서' 죽은 자와 하나 되어 머물 수 있다!"라는 것이었다.[247] 애도를 더 고차원적 세계와의 합일로 승화시킨 경우라 할 수 있다.

한편, 스페인의 철학자 우나무노는 장례식을 '주검에 대한 숭배'로 보았으며, 이 숭배 의식은 궁극적으로는 죽음 자체가 아니라 불멸을 향한 것이라고 못 박는다.

> 인간은 시체들을 잘 보관할 줄 아는 동물이다. 인간은 도대체 무엇 때문에 그렇게 보관하려고 든다지? 죽은 사람들을, 이 가련한 동물은 도대체 무엇 때문에 죽은 사람들을 그렇게 보호하려고 든다지? 이에 대한 나의 대답은 다음과 같다. 인간의 가엾은 의식은 그의 본연의 절멸로부터 도망친다. 그리하여 동물적 정신은 세계에 대해 불쾌감을 가지고 이 세계와 정면으로 대결한다. 이 세계와는 다른 자기를 인식하기 때문에 같은 세계의 삶과는 다른 삶을 원할 것이 틀림없다. 이렇게 됨으로써 대지는 죽은 사람들 자신이 다시 죽기 전에 하나의 드넓은 공동묘지로 변할 위험성이 없지 않은 것이다. 살아 있는 사람들을 위해서는 비바람에도 지붕이 뒤집히는 초막이나 움막 같은 집들을 짓고 살던 시대에도 죽은 사람들을 위해서는 묘를 크게 세웠다. 돌은 살아 있는 사람들의 방을 만들기 전에 먼저 묘를 만드는 데 사용되었다. 인생의 하숙집이라고도 할 수 있는 살아 있는 사람들의 집

---

247 Friedrich Wilhelm Joseph von Schelling, *Brief über den Tod Carolines vom 2. Oktober 1809 an Immanuel Niethammer*, (ed.) Johann Ludwig Döderlein, Stuttgart-Bad Cannstatt: Frommann-Holzboog Verlag, 1975. 다음 문헌에서 재인용함. 베레나 카스트, 『애도: 상실과 마주하고 상실과 더불어 살아가기』, 38쪽.

이 아니라 인간 영혼의 영원한 안식처가 될 죽은 사람들의 집이 요새나 되는 것처럼 여러 세기 위에 군림하였다. 주검에 대한 숭배는 죽음이 아니라 불멸에 대한 숭앙으로서 종교를 일으키고 이것을 보전하였다.[248]

장례를 '주검 숭배 의식'으로 보다니 너무 신기하지 않은가! 물론, 지역에 따라 원시 시대나 고대에 실제로 그렇게 생각했던 집단들이 없지는 않았을 것이다. 그러나 현대에 와서 이런 생각에 동의하라고 강요하는 입장에서 썼다면 우나무노의 글쓰기 전략은 완전한 실패라고 볼 수 있다. 왜냐하면 오늘날, 특히 서구권 국가들이나 선진국들에서 장례를 여전히 그런 식으로 생각하는 사람은 거의 없을 것이기 때문이다. 장례는 그저 망자를 위한 죽음 의식에 불과하다. 거기에 추가로 특별한 의미를 부여하는 행위는 죽음이나 죽음 뒤의 의식 등에 대한 사변적 해석 그 이상도 이하도 아니다.

20세기 프랑스 철학자 가브리엘 마르셀(Gabriel Marcel) 또한 애도를 '영원한 기억' 또는 '영원한 추념'과 동일시하면서 장례 및 애도의 긍정성 담론 대열에 합류한다. "내가 사랑하는 존재는 죽음과 상관없이 항상 곁에 있다."[249] 거듭 말하지만 여기서 애도는 곧 기억이다. 그것도 단순한 기억이 아니라 나와 영원히 함께하는 기억 말이다. 물론, 모든 사물이 그러하듯이 기억 또한 영원할 리 없다. 마르셀이 그런 것도 모르고 그런 표현을 썼을 리 없다. 따라서 이때 영원은 실제적 의미가 아니라 상징적 의미로 보아야 한다. 사랑했던 사람은 우리의 기억과 함께 계속 살아간다. 인간은 죽어서도 사람들의 기억 속에서 영생한다. 이러한 상징적·정신적 존재에다가 오늘날의 사이버상의 가상 인간(Virtual Human)까지 하나의 존재로 간주한다면, 존재의 범위와 영역은 무한대로 확장된다. 이 또한 애도의 순기능으

---

248 미겔 데 우나무노, 『삶의 비극적 감정』, 92쪽.
249 Gabriel Marcel, *Gegenwart und Unsterblichkeit*, Frankfurt a. M.: Knecht, 1961, p. 287. 다음 문헌에서 재인용함. 베레나 카스트, 『애도: 상실과 마주하고 상실과 더불어 살아가기』, 38쪽.

로 보아야 할까?

마르셀과 아주 유사한 생각을 펼친 또 한 명의 프랑스 철학자가 있었으니, 그가 바로 레비나스다. 그는 장례와 매장의 의미를 다음과 같이 말한다.

> 살아 있는 자들은 장례라는 명예를 통해 익명적인 분해라는 불명예를 제거한다. 그렇게 해서 그들은 죽은 자를 살아 있는 기억으로 변형시킨다. 매장 행위 속에는 죽은 자들과 살아 있는 자들이 맺는 예외적인 관계가 있다. 매장 의식(儀式)은 살아 있는 자가 죽은 자와 관계 맺음으로써 살아 있는 자가 죽음과 맺는 특별한 관계다. 여기서 죽음은 사유된다. 단순히 묘사되는 것이 아니다. 죽음은 사유 그 자체의 개념적 도정에 필수적인 한 계기이며, 이런 의미로 죽음은 사유된다.[250]

장례란 죽은 자가 생생한 기억으로 환생하는 과정이다. 즉 망자를 기억을 매개로 생자로 변환하는 과정이라고 할 수 있다. 장례란 이처럼 살아 있는 기억을 통해 죽은 자들과 살아 있는 자들이 서로 관계를 맺어가는 의식이다. 그래서 레비나스의 눈에 "매장"은 "죽은 자와 맺는 관계 그리고 죽음의 보편성과 맺는 관계의 결정적인 특징"을 갖는 것으로 비친다.[251] 거기서 죽음이 사유되든 묘사되든 간에, 그런 것은 내가 보기에 전혀 중요하지 않다. 장례가 죽은 자의 넋을 달래는 과정이 아니라 죽은 자를 살아나게 하는 특별한 의식이라는 관점 자체가 놀라울 뿐이다. 실제로 레비나스는 앞의 인용문 얼마 뒤에 장례를 다음과 같이 정의한다. "장례는 죽은 자를 살아 있는 기억(souvenir)으로 변형시킨다. 살아 있는 자들은 이렇게 하여 죽은 자와 관계를 맺으며, 살아남은 자들도 그 기억에 의해 규정된다."[252] 망자는 여기서 장례 의식을 치르는 생자의 기억에 수동적으로만 관

---

250 에마뉘엘 레비나스, 『신, 죽음 그리고 시간』, 131쪽.
251 에마뉘엘 레비나스, 『신, 죽음 그리고 시간』, 129쪽.

여하는 것이 아니라 능동적으로 참여함으로써 생자 또한 그 기억에 좌우되도록 만든다. 망자와 생자와의 이러한 변증법적 상호 작용을 통해 장례의 의미는 새로운 차원으로 승화한다. 이 놀라운 관점은 장례와 애도를 한때 사랑했던 망자와 영원히 함께하는 과정이라고 보았던 마르셀과는 공유되지만, 장례식을 죽음을 제거하는 작업으로 간주했던 아메리와는 극단적으로 대립된다. 여기서 누구의 관점이 옳은지, 아니 더 타당한지 따져 묻는 일은 무의미하다.

20세기 독일의 의사이자 정신분석학자인 알렉산더 미처리히(Alexander Mitscherlich)와 그의 부인(Margarete Mitscherlich) 또한 애도의 중요성을 강조했다. 이들은 함께 쓴 『애도 무능력』(Die Unfähigkeit zu trauern)에서 "애도 작업이 방해를 받으면 한 사람의 정신적 발전과 인간관계, 그리고 자발적이고 창조적인 능력이 저해된다"라고 주장했다.[253] 이들은 제2차 세계대전 직후 면담을 통해 나치 시대 히틀러 추종자들이 나치 범죄의 희생자들에 대한 범죄 의식을 반복적으로 밀어내거나 부정하면서 애도하지 않음으로써 마음의 병이 생기게 된 사실을 알아채고는 애도가 얼마나 중요한 행위인지를 강조한다. 애도가 정상적으로 이루어져야만 하나의 인간이 정신적으로 성숙하고 인간관계도 발전할 수 있을 뿐만 아니라 심지어 창조적인 능력까지 발휘할 수 있다는 점을 이들은 확인한 것이다.

죽음 수용의 5단계설로 유명한 퀴블러-로스도 장례와 애도에 긍정적 의미를 부여하는 담론을 펼쳤다. 이 책 제4장에서 언급했던 것처럼 그녀는 죽음에 관한 의식(ritual)의 의미가 신(神)의 분노 또는 망자의 분노를 진정시키고 망자가 받게 될 처벌을 최소화하는 데 있다고 보았다. "죽음과 관련한 관습과 예식의 목적은 신의 분노, 혹은 죽은 자의 분노를 가라앉히

---

252 에마뉘엘 레비나스, 『신, 죽음 그리고 시간』, 134~35쪽.

253 Alexander Mitscherlich & Margarete Mitscherlich, *Die Unfähigkeit zu trauern. Grundlagen kollektiven Verhaltens*, München: Piper, 1967, p. 9. 다음 문헌에서 재인용함. 베레나 카스트, 『애도: 상실과 마주하고 상실과 더불어 살아가기』, 174쪽.

고 그들이 받게 될 처벌을 최소화하는 것이었다. 재, 찢어진 옷, 베일, 클라게 바이버(Klage Weiber: 장례식에서 통곡하도록 고용된 전문 울음꾼) 같은 풍습은 모두 애도자들을 불쌍히 여겨달라고 부탁하기 위한 방식이며, 슬픔, 비통함, 그리고 수치심의 표현이다. 가슴을 치거나, 머리카락을 쥐어뜯거나, 먹기를 거부하는 것 역시 사랑하는 사람의 죽음으로 인해 자신에게 쏟아질 비난과 처벌을 피하거나 줄이려는 행동이라고 볼 수 있다."[254] 장례가 망자의 영혼을 위로하는 의식이 아니라 신의 분노를 잠재우기 위한 의식으로 해석된 이유는 다분히 종교적이고 신학적인 관점이 개입되었기 때문으로 보인다. 더 나아가 장례를 애도자를 불쌍히 여겨달라는 선처 의식으로 해석한 것 또한 망자의 시선이 아니라 유족을 기준으로 한 역발상에서 나온 것이다. 중요한 점은 망자가 기준이 되었든 유족이 기준이 되었든 간에, 이 모든 관점이 결국 장례와 애도를 부정적이 아니라 긍정적으로 해석해 나온 결과물들이라는 것이다.

퀴블러-로스가 1975년 발표한 『죽음: 성장의 마지막 단계』(*Death: The Final Stage of Growth*, 국역본: 『죽음 그리고 성장』)에는 로이 니컬스와 제인 니컬스(Roy Nichols & Jane Nichols)가 쓴 「장례식: 슬픔과 성장을 위한 시간」이라는 제목의 글이 실려 있는데, 여기서 이들은 장례와 애도를 찬양한다. 먼저 그들은 "죽음과 애도는 우리가 그것에 어떻게 대처하느냐에 따라 저주가 되기도 하고 영광이 되기도 한다"라고 전제한다.[255] 우리가 애도를 좋은 마음에서 좋은 방식으로 행해야 하는 이유가 바로 여기에 있다. 더불어 그들은 장례식을 '애도의 촉진'이자 '유족의 성장을 돕는 사회적·심리적·철학적 기회'로 정의한다.

죽음 이후 며칠간 이어지는 장례식에는 여러 가지 목적이 있다. 그중에서

---

254 엘리자베스 퀴블러-로스, 『죽음과 죽어감』, 34~35쪽.
255 로이 니컬스, 제인 니컬스, 「장례식: 슬픔과 성장을 위한 시간」, 엘리자베스 퀴블러-로스, 『죽음 그리고 성장』, 180쪽.

도 가장 중요한 목적은 애도를 촉진하는 것이다. 애도 과정은 죽음을 받아들이고 마주대함과 동시에 시작된다. 즉, 죽음의 현실을 이해해야만 할 수 있는 일이다. 머리로만 받아들이지 않고 감정적으로도 인정해야 한다. 머릿속으로만 죽음을 받아들이면 오히려 현혹당하기 쉽고, 무엇보다 매우 파괴적일 수 있다.[256]

죽음이란 감정적인 차원에서 리허설을 할 수 없고 훗날 재연 역시 불가능하므로 상을 당한 사람의 성장을 도울 수 있도록 장례 과정을 현명하게 계획하고 결정하는 일이 무척 중요하다. 한마디로 장례식은 소중한 이를 잃은 사람이 건네는 사회적·심리적·철학적 요구를 수용할 수 있는 매우 소중한 기회다.[257]

장례의 목적이 애도를 촉진하는 데 있기에, 장례가 없다면 애도도 없거나 촉진될 수 없는 것일까? 물론, 이들은 그런 의도로 쓰지는 않았을 것이다. 장례를 통해 애도가 더 활성화될 수 있다는 의미에서 그런 표현을 썼을 것이다. 하지만 해석하기에 따라서는 장례와 애도의 관계를 너무 필연적인 것처럼 과장하지 않았나 하는 의혹도 든다. 하지만 이들이 내린 장례식에 대한 두 번째 정의에는 우리가 새겨들어야 할 중요한 포인트가 담겨 있다. 즉 장례란 소중한 이를 잃은 유족이 망자와 죽음에 대해 행하는 사회적·심리적·철학적 성찰의 장(場)이라는 점이다. 망자에게 또는 아직 살아 있는 모든 이에게 건네는 일종의 죽음에 대한 성찰 행위가 바로 장례다. 요컨대, 우리는 장례를 통해 죽음을 인식하고 성찰한다. 현대 사회에서 장례마저 없다면 매번 병원이나 요양원으로 죽어가는 환자를 방문하지 않는 이상, 우리가 죽음을 간접적으로나마 체험할 기회는 아마 없을 것이다.

---

256 로이 니컬스, 제인 니컬스, 「장례식: 슬픔과 성장을 위한 시간」, 엘리자베스 퀴블러-로스, 『죽음 그리고 성장』, 187쪽.
257 로이 니컬스, 제인 니컬스, 「장례식: 슬픔과 성장을 위한 시간」, 엘리자베스 퀴블러-로스, 『죽음 그리고 성장』, 193~194쪽.

또한 로이와 제인 니컬스는 장례와 애도를 감정을 표출하는 장(場)이자 이러한 감정 소모를 통해 다른 일상에서 힘을 내도록 도와주는 독려의 과정으로도 정의한다. "애도의 궁극적인 목표는 정서적인 고통 없이도 추모할 수 있고 남은 감정을 다른 일에 쏟아붓도록 하는 데 있다. 슬픔을 정화해 가는 경험은 어렵고 느리며 진저리치도록 힘들지만 동시에 풍요롭고 충만한 과정이기도 하다. 우리가 알기로 가장 아름다운 사람은 패배와 고통과 몸부림과 상실감을 알며 그 깊은 곳에서 빠져나오는 길을 찾을 줄 아는 사람이다."[258] 그만큼 감정의 심연을 경험한 사람들은 일상에서 역경을 남들보다 더 쉽게 이겨내며 살아갈 수 있다.

결론적으로 인간은 슬픔 속에서 성장한다고 이들은 말한다. "성장은 인생의 틈바구니와 구석자리에서 전혀 예상치 못한 방식으로 찾아온다. 죽음과 슬픔을 맞아 고통스러운 경험을 막을 필요는 없다. 오히려 대담하게 맞서야 한다. 고통을 피해 애써 마음의 평정을 유지할 필요는 없다. 오히려 고통을 정복할 힘을 지녀야 한다. 사랑하기로 선택했다면 슬퍼할 용기도 지녀야 한다. …… 사랑을 잃은 자리에 사랑하는 능력을 잃지는 않도록 상실 또한 삶으로 편입시키는 시간을 가질 수 있음은 또 얼마나 축복인가. 우리는 슬픔 가운데 성장한다."[259] 장례와 애도는 인간을 한층 더 성장시키고 성숙시키는 중요한 계기가 되는 의식이다.

한편, 앞서 애도의 부정성 담론에서 언급했던 카스트는 애도에 대해 긍정적 해석도 시도한다. 그녀에 따르면, 애도는 애도자와 세상 사이의 관계를 변화시키는 행동이다.

> 애도자에게 세상은 전혀 다르게 다가온다. 한 사회에서 애도와 죽음이 강하게 억압되고, 슬픔에 젖은 사람과 그 사회가 자발적인 관계를 맺지 못

---

[258] 로이 니컬스, 제인 니컬스, 「장례식: 슬픔과 성장을 위한 시간」, 엘리자베스 퀴블러-로스, 『죽음 그리고 성장』, 197쪽.

[259] 로이 니컬스, 제인 니컬스, 「장례식: 슬픔과 성장을 위한 시간」, 엘리자베스 퀴블러-로스, 『죽음 그리고 성장』, 197쪽.

할수록, 사회는 더 빨리 슬픔에서 벗어나라고 요구할 것이다. 그러나 세상만 애도자에게 낯설게 다가오는 것이 아니다. 애도자 또한 세상을 다르게 경험한다. 그는 상실을 경험했으며, 많은 문제를 내포한 커다란 문제에 완전히 몰두해 있다. 그 어느 것에도 전혀 흥미를 갖지 못하며 무언가를 할 힘이 남아 있지 않다. …… 그는 자신의 불행으로 인해 세상과 멀어지고 자기에게 어울리지 않는 세상을 적대적으로 느낀다. 이렇게 고립, 불안, 소외의 순환이 반복된다. …… 애도자는 세상뿐만 아니라 운명도 더 이상 이해하지 못하게 된다. 생각지 못하게 빨리 찾아온 죽음 앞에서 우리는 불가피하게 삶의 의미를 묻고, 아무런 대답도 찾을 수 없는, 잔인한 질문을 던진다.[260]

장례와 애도가 애도자와 세계와의 관계를 변화시킨다는 것은 결국 그러한 의식 행위를 통해 애도자가 세상을 바라보는 눈을 달리하며, 그럼으로써 자신과 세계와의 관계를 새롭게 설정한다는 뜻을 담고 있다. 나와 세계와의 관계 변화는 곧 나의 변화를 전제로 하거나 산출한다. 사랑하는 이의 죽음, 그리고 그 죽음에 대한 애도는 나를 성숙시키고 변화시킨다. 타인의 죽음이 그를 위한 장례와 애도라는 매개 행위를 거치면서 결국 나를 성장시키고 성숙시킨다는 뜻이다. 그래서 카스트는 애도를 "충격을 받은 사람의 삶에 새로운 질서를 부여하고 새로운 자기와 세계에 대한 체험을 이루게 하는 감정"으로 정의한다.[261]

이러한 자신의 변화를 인지하고 커다란 슬픔 속에서도 평온한 일상을 유지하는 것 또한 애도의 일부라고 카스트는 말한다. "이런 무의미함을 견디고, 그럼에도 불구하고 의미를 다시 찾을 수 있으리라는 희망에서든, 의미 충만한 삶을 이미 경험했다는 기억에서든, 계속 살아가는 일도 물론 애도의 일부이다. …… 의미, 존재, 신, 인간에 대해 총체적으로 의심하면서

260　베레나 카스트, 『애도: 상실과 마주하고 상실과 더불어 살아가기』, 19~20쪽.
261　베레나 카스트, 『애도: 상실과 마주하고 상실과 더불어 살아가기』, 22쪽.

그저 용감하게 살아가는 일 또한 애도의 일부이다."[262] 소중한 사람을 잃었을 때의 상실감은 이루 말할 수 없을 것이다. 이 세상이 그리고 삶이 무의미하게 느껴지고 살고 싶지 않다는 감정까지 생길 것이다. 그러나 이러한 감정을 극복하고 일상에서 평온을 유지하면서 살아가는 것, 그것이 어쩌면 망자를 위하는 길이자 망자에게 취할 수 있는 최고의 예우일 수 있다.

카스트는 또한 애도가 망자와의 합일 과정이라고 정의한다. "모든 애도자는 고통스러운 삶에서든, 죽음이나 판타지를 통해서든, 떠나버린 사람을 다시 찾아내서 그와 합일을 이루려고 한다. 이것은 죽은 자와의 융합을 통해서 상실을 일어나지 않은 일처럼 만들어 마치 아무 일도 없었던 것처럼 살아가려는 몸짓이라고 볼 수 있다."[263] 가까운 사람의 죽음이 없던 일이 될 수는 없다. 하지만 자칫 그러한 상실감이 자신을 무너뜨릴 가능성을 차단하고 망자와의 정신적 합일을 통해 일상으로 되도록 빨리 복귀할 수 있다면 그것이 최선의 애도가 아닐까? 망자와의 합일로서의 애도는 상실감을 제거하거나 최소화할 수 있는 최고의 수단이다. 죽은 자가 내 정신과 기억 속에서 멀쩡히 살아 있다면 상실감이 들래야 들 수 없을 것이다. 그래서 카스트는 애도의 순기능에 대해 다음과 같이 말한다.

> 죽은 사람에게서 분리되어야만 할 때에도 우리는 진정 홀로 남겨지는 것이 아니다. 그 사람과의 삶과 체험이 우리의 기억에 생생하게 자리하고, 바로 우리의 일부가 되며, 우리의 삶을 이루어간다. 그 사람에 대한 애도의 체험 또한 우리의 삶을 만들었고, 그것 역시 우리의 일부다. 우리가 애도하기를 이해한다면, 그것이 아마도 우리에게 있어서 근본적인 것을 경험할 수 있는 기회가 될 것이다. 애도 작업의 경험에서 결정적인 것은 우리가 헤어짐을 견딜 수 있을 뿐만 아니라 헤어짐이 애도를 통해 우리 자신을 다시 새롭게 — 헤어짐으로도 파괴되지 않고, 내적으로 진지하며, 다름 아닌 교란

---

262 베레나 카스트, 『애도: 상실과 마주하고 상실과 더불어 살아가기』, 20쪽.
263 베레나 카스트, 『애도: 상실과 마주하고 상실과 더불어 살아가기』, 151쪽.

된 자로서 본질적인 것을 자각한 사람으로—경험하도록 이끈다는 점이다. 사랑하던 사람의 죽음으로 우리는 한계 상황을 경험하게 된다. 이 한계 상황은 아무도 대신해 줄 수 없는 바로 우리 자신의 문제이다. 그러므로 이 한계 상황은 삶의 가장 커다란 모순 속에서 우리의 존재가 요구되고, 우리에게 체득되는 순간이다. 죽음이 불가피하고 항상 우리를 따라다닌다 하더라도 우리의 삶, 관계, 역사도 마치 죽음처럼 그렇게 확실하다. 죽음은 끊임없이 변화된 모습으로 삶에 넘실댄다. 죽음 앞에서의 삶은 항상 떠날 준비가 되어 있어야 한다. 우리는 늘 이별을 하고, 스스로 변할 준비를 해야 한다. 또한 우리의 역사를 끊임없는 변화의 역사로, 정체성의 신장으로, 우리 안에서 빛나게 만들 준비가 되어 있어야만 한다.[264]

장례와 애도에 대한 최고의 찬사가 아닐까 싶다. 가까운 사람의 죽음 자체가 아니라 그 죽음에 대한 사후의 예식들, 즉 장례와 애도 행위 등을 통해 우리는 비로소 망자와의 실제적인 이별과 정신적인 합일을 체험하고 그럼으로써 우리 자신을 변화 또는 강화한다. 이때 죽음은 슬픈 사건이 아니라 자연의 과정으로 수용되고 우리는 가까운 사람의 죽음 이전과 같은 일상을 살아간다. 물론, 이전과는 비교할 수 없을 정도로 변화된 또는 강화된 정신력을 갖고서 말이다. 이렇게 보면 나에게 소중한 사람의 죽음은 장례와 애도 같은 사후 예식을 통해 나를 정신적으로나 심리적으로 한 차원 더 높은 세계로 상승시켜 주기에 엄청난 순기능을 갖는다.

장례와 애도의 긍정성 담론의 대미는 영국의 선사고고학자 피어슨이 장식한다. 그는 1999년 발표한 『죽음과 장례의 고고학』(*The Archaeology of Death and Burial*, 국역본: 『죽음의 고고학』)에서 우선 영국의 연극치료가이자 심리상담사인 로저 그레인저(Roger Grainger)의 이론에 근거해 장례 의식의 다양한 긍정적 의미를 제시한다. 이에 따르면, 장례 의식이란 "인간의 공통된 존엄성"을 확인하는 행사다. 아울러 그것은 "각 인물의 귀중함 및

---

264 베레나 카스트, 『애도: 상실과 마주하고 상실과 더불어 살아가기』, 189쪽.

가치"를 천명하는 과정이며, "망자를 공간과 시간 속에" 새롭게 자리매김하려는 "존재의 이정표"이자 "산 자와 망자의 구분"을 알리는 척도라는 것이다.[265] 한마디로 장례는 망자 자신의 존재뿐만 아니라 망자와 산 자들과의 관계까지도 새롭게 정립하는 존재의 좌표계 설정과 같은 의식이라는 것이다. 장례와 애도를 통해 우리는 자신과 망자와의 관계를 새롭게 구조화하면서 세계를 다르게 인식한다.

한편, 약간 다른 차원에서 장례란 공동체 구성원 사이의 단결과 단합을 상징하거나 그 구심점 역할도 하는 의식이기도 하다. 피어슨은 다음과 같이 말한다.

> 사람들이 인간의 죽음이라는 보편적 사건을 마주하여 죽어가는 동안의 세계 및 죽은 후의 세계에 대해 하는 경험은 개인적으로 그리고 문화적으로 서로 다를 수 있다. 장송 의례는 사람들에게, 죽음을 인정하고 모두 같은 인간이라는 느낌을 나누며 한 사람을 떠나보냈기에 찢겨버린 공동체의 조직을 수리하는 데 참여할 것을 요구한다. 죽음은 사회적 관계에 변화를 불러일으킨다. 즉 산 자들에게 삶은 다시는 이전과 결단코 똑같을 수가 없는 것이다. 또 산 자들에게 원한다면 죽음 그 자체와 장례 거행으로 생기는 기회 둘 다로부터 이득을 취할 수도 있다. 죽은 이는 실제로 이 세상에서 사라져버린 것이 아니라 단지 조상으로 변모하였을 뿐이라고 여겨질 수 있으며, 그에 따라 산 자들이 그 망자와의 관계로 산 자 상호 간의 관계를 조정할 수 있는 또 다른 기회가 될 수 있다.[266]

장례는 망자의 영혼을 위로하고 살아 있는 사람들을 결속하며, 망자를 조상이라는 존재로 부각한다. 이로써 장례는 산 자와 죽은 자의 관계를 변화시키는 의식이다. 이 모든 의미가 장례라는 의식 하나에 담겨 있으며, 이

---

265 마이크 파커 피어슨, 『죽음의 고고학』, 271, 272쪽.
266 마이크 파커 피어슨, 『죽음의 고고학』, 354쪽.

보다도 더 많은 의미를 부여할 수도 있다. 이처럼 다층적 해석과 의미 부여가 가능하다면, 장례란 단순히 죽은 자만을 위한 행사가 아님이 재차 확인된다.

더 나아가 장례는 죽은 자를, 아니 정확히는 죽은 자의 영혼을 소생시키는 의식으로 해석되기도 한다. 마치 망자를 생자로 불러들이는 심령 의식처럼 말이다.

모든 의례가 완료되고, 장례를 거행하는 동안 새로운 사회적 관계들이 생성된 후 사회적 실천이 재천명되거나 재창조되고 나면 이제 망자를 안치하는 일만 남게 된다. 이는 어떤 사람이 어디서 죽었으며 그 시신이 통과 의례 동안 어디에 잠시 모셔졌거나 어디서 변모되었으며 그 유해가 결국 어디에 안치되었느냐 혹은 그 혼이 종국적으로 어디에 머무르느냐와 관련이 될 수 있다. 그런 안치 장소들은 그 일부 혹은 심지어 전부가 보이지 않게 되고 금방 잊힐 수도 있지만 그렇지 않고 뚜렷이 드러나 보이도록 표시가 되거나 기념물이 되는 경우도 허다하다. 죽음이 경건 속에 새겨지는 것이다. 그래서 산 자들이 언제든 그 사건과 그 지점을 볼 때마다 (혹은 생각만 해도) 다시 경험을 하게 된다. 죽음은 결코 그것으로 끝이 아니다. 일은 언제나 미완의 상태인데 그 이유는 죽음과 그 기억의 의미가 어떤 기념물로 고양되는지와 상관없이 실제 시신으로부터 공간적 혹은 시간적으로 아주 멀리 떨어진 사회들에 의해서도 영구히 재생이 되게 마련이기 때문이다.[267]

엄밀히 말하면 장례 의식 자체가 아니라 시신을 안치하는 장소에 설치하는 기념물 같은 것을 통해 산 자와 죽은 자가 조우한다는 것이다. 망자는 죽음으로써 사라지는 것이 아니라 그 기념물과 함께 영원히 살아간다. 그래서 넓은 의미에서 장례는 죽은 자의 영혼을 좋은 곳으로 돌려보내는 의식이자 산 자들이 죽은 자를 영원히 기억하겠다는 다짐의 의식일 수 있

---

267 마이크 파커 피어슨, 『죽음의 고고학』, 354~55쪽.

다. 이처럼 장례를 치른 시신과 그렇지 못한 시신은 구별된다.

한편, 장례란 우리가 태어나서 살다가 죽고 나서 들어가게 되는 무덤으로의 통과 의례를 뜻하기도 한다. "죽음은 우리가 자궁으로부터 무덤으로 가는 과정에서 가장 중요한 통과의례이다."[268] 그래서 장례는 죽음이라는 세계로의 완전한 입사식(入社式)이라고 할 수 있다. 한 인간의 삶은 단순히 죽음 그 자체로써가 아니라 마치 한 가정을 이루기 전에 치르는 결혼식처럼 죽은 뒤에 치르는 의식으로서의 장례식을 거쳐야만 비로소 완성된다. 장례는 이처럼 한 인간의 죽음을 세상에 널리 알리는, 즉 그가 더 이상 이 세계에 존재하지 않는다는 일종의 '죽음 선포식' 같은 것이다. 마치 한 인간의 이성(異性)과의 육체적 결합의 합법성을, 그리고 그로부터 탄생할 아이의 적법성을, 그리고 마지막으로는 이렇게 해서 탄생할 가족의 정당성을 공식적으로 대외에 천명하는 행사로서의 '결혼식'처럼 말이다.

장례와 관련해 피어슨이 생각해 낸 마지막 긍정성 담론의 주제는 권력자의 죽음과 이를 위한 유명한 무덤이나 건축물들의 사후 영향력, 즉 '망자의 권력'이다. 피어슨에 따르면, 인류의 문화 유산으로 남아 있는 유명한 무덤 또는 건축물들은 망자의 권력을 상징한다는 것이다.

> 무덤은 그저 죽은 몸을 집어넣은 그런 곳만은 아니다. 이것들은 권력의 표상들이다. 장례 건축물은 의례와 마찬가지로 헤게모니 서열을 정당화하고 확대한다. 무덤들은 한 사회의 경제에서 핵심일 수 있으며 그 경우 부와 잉여는 무덤을 지향하면서 축적된다. 무덤은 선사 시대 사람들의 공간 및 시간에 대한 이해를 심대하게 바꾸어 놓았음에 틀림없는 인공물이다. 무덤은 흔히 많은 수의 작은 요소들로 웅대하고 견고하며 아름답고 육중하게 구축됨으로써 마치 죽음을 극복한 듯 보이는 영구불변의 효과를 얻는다. 이 기념물의 영구성은 사람들이 살았던 경관을 영원히 바꾸어 놓으며 미래 세대들에게는 시공간의 고정된 점이 된다.[269]

---

268 마이크 파커 피어슨, 『죽음의 고고학』, 355쪽.

멀리 갈 것도 없이 당장 이집트의 피라미드, 인도의 타지마할, 할리카르나소스의 영묘 등을 떠올려 보라. 쉽게 이해되지 않는가? 피어슨은 이와 같은 인류의 위대한 건축물들이 탄생하는 데 중요한 영감을 제공한 것이 바로 죽음과 장례라고 힘주어 말한다. "죽음은 그간 세계에서 가장 위대한 건축물들 중 일부가 탄생하는 데 영감을 불어넣었다."[270] 이로써 우리는 '죽음'이 더 이상 존재하지 않는다는 의미의 '부재'를 넘어 사후에까지 영향을 끼치는 '권력'과도 연결되어 있음을 알 수 있다. 장례 의식과 장례 건물을 통해 권력자의 죽음이 후세대의 피치자들에게까지 영구히 기려지고 새겨짐으로써 영향력을 행사한다는 것이다. 이러한 종류의 무덤을 피어슨은 특별히 "권력 가옥"이라고 불렀다.[271] 이런 사례들을 보면, 결국 인간은 죽음으로써 죽는 것이 아니라 살아 있음을 확인한다. 인간은 죽음 이후에도 무덤, 장례 의식, 장례 건축물 등을 통해 계속해서 살아간다. 우리나라에서 행해지는 죽은 조상에 대한 예우 의식으로 '제사'나 '차례' 등도 거기에 포함된다. 마치 476년 멸망한 로마제국이 이후에도 프랑크왕국의 샤를마뉴(800)나 신성로마제국을 연 오토 1세(962), 그리고 자칭 '제3의 로마'라고 불렸던 모스크바대공국의 이반 3세(1462) 등을 통해 계속해서 살아남았듯이 말이다.

이제 마지막으로 장례 또는 애도에 대한 중립적 해석과 의미 부여를 살펴보자. 먼저 키케로는 애도를 아끼는 사람의 쓰라린 죽음 때문에 생긴 상심으로 정의한다. "염려는 애타게 하는 상심이며, 애도는 아끼는 사람의 쓰라린 죽음 때문에 생긴 상심이며, 비애는 눈물 흐르게 하는 상심이며, 비참은 견디기 어려운 상심이며, 고뇌는 괴롭게 하는 상심이며, 애통은 탄식을 동반한 상심이며, 번민은 많은 생각을 동반한 상심이며, 번뇌는 오랫동

---

269 마이크 파커 피어슨, 『죽음의 고고학』, 360쪽.
270 마이크 파커 피어슨, 『죽음의 고고학』, 359쪽.
271 마이크 파커 피어슨, 『죽음의 고고학』, 358쪽.

안 지속되는 상심이며, 낙담은 육체적 아픔을 동반한 상심이며, 좌절은 사태가 더 나아질 희망이 없는 상심입니다."²⁷² 키케로가 다양한 상심의 감정들을 찾아낸 것도 놀랍지만 그 다양한 상심의 차이를 구별해 내는 능력 또한 경이롭다. 그의 발언 모두에 동의하는 것은 아니지만 적어도 '애도'를 죽은 사람에 대한 안타까움과 서글픔이 배어 있는 '상실의 감정'으로 묘사한 것은 충분히 공감된다.

한편, 근대에 들어와 몽테뉴는 무덤을 약간 독특한 관점에서 해석한다. 그는 리쿠르고스(Lycurgos)를 인용하면서 묘지가 인가(人家)에서 멀리 떨어진 곳이 아닌 교회 옆에 붙어 있는 이유가 죽음과 친숙해지게 하려는 의도에 있다고 주장한다. "우리 묘지들이 교회당에 붙어서 도시 사람들이 가장 자주 찾아가는 곳에 설치되어 있는 것은, 친한 사람들이나 여자들, 아이들이 죽은 사람을 보고 놀라지 않게 하고, 우리들에게 해골·무덤·장례 행렬 등을 늘 보아 눈에 익혀서, 우리 인간 조건을 알려 주게 하기 위한 일이라고 리쿠르고스는 말했다."²⁷³ 교회 옆에 묘소를 설치한 것은 늘 죽음을 기억하고 죽음 친화적인 삶을 살아가라는 경구의 의미가 담겨 있다. 이러한 기획은 곧 '죽음의 일상화' 또는 '죽음과의 친숙성' 프로젝트의 표현이다.

장례와 애도에 대한 인간 본성 내지 심리학적 측면의 중립적 해석의 압권은 단연 프로이트다. 이 책의 제2장에서도 인용했듯이, 그는 「애도와 우울」에서 이 두 현상이 어떻게 다른지를 심도 있게 분석해 나간다. 프로이트는 애도와 우울이 사랑하는 대상의 상실로부터 나타난다는 점에서 동일한 양상이라고 주장한다. 그렇지만 그는 애도를 정상적인 반응으로, 우울을 병리적인 반응으로 설명한다.

애도는 보통 사랑하는 사람의 상실, 혹은 사랑하는 사람의 자리에 대신

---

272 키케로, 『투스쿨룸 대화』, 335쪽.
273 몽테뉴, 『몽테뉴 수상록』(제1권), 93쪽.

들어선 어떤 추상적인 것, 즉 조국, 자유, 어떤 이상 등의 상실에 대한 반응이다. 그런데 어떤 사람들의 경우에는 똑같은 종류의 상실감이 슬픔을 유발하는 것이 아니라 우울증을 유발하는 것으로 나타난다. 이럴 경우 우리는 그들에게는 어떤 병리적인 기질이 있는 것이 아닌가 의심하지 않을 수 없다. 또 하나 주목할 만한 것은, 비록 애도가 삶에 대한 정상적인 태도에서 크게 벗어나는 상황을 만드는 경우라 하더라도 결코 그것이 어떤 병리적인 상황도 아니며, 또 치료를 받아야 하는 상황도 아니라는 사실이다. …… 반면에 우울증의 특징은 심각할 정도로 고통스러운 낙심, 외부 세계에 대한 관심의 중단, 사랑할 수 있는 능력의 상실, 모든 행동의 억제, 그리고 자신을 비난하고 자신에게 욕설을 퍼부을 정도로 자기 비하감을 느끼면서 급기야는 자신을 누가 처벌해 주었으면 하는 징벌에 대한 망상적 기대를 갖는 것 등으로 나타난다. 이와 같은 우울증의 상황은 우리가 한 가지를 제외하고는 다른 모든 특징이 다 애도에서 찾아볼 수 있다는 사실을 생각하면 어느 정도 이해 가능한 상황이다. 그런데 그 한 가지 예외란 바로 애도에서는 나타나지 않는 자애심(自愛心)의 추락이다. 이것을 제외하고는 사실 모두 동일한 특징들이다.[274]

그렇다면 애도와 우울은 왜 이처럼 다른 양상으로 나타날까? 애도와 우울의 차이의 근본 원인이 애도하는 사람은 자기가 무엇을 상실했는지 아는 반면, 우울증에 걸린 사람은 자신이 누구를 잃었는지는 알지만 무엇을 잃었는지는 모른다는 점에 있음을 이미 이 책의 제2장에서 지적했다. 즉 애도가 무엇을 상실했는지, 자신이 왜 슬픈지, 그래서 앞으로 어떻게 행동하는 것이 좋을지 등을 의식적으로 아는 상태에서 이루어지는 행위라면, 우울증은 많은 경우에 이 모든 것을 무의식적인 상태에서 겪는다는 것이

---

274 지그문트 프로이트, 윤희기 옮김, 『무의식에 관하여』, 248~49쪽. 국내 번역자는 'Trauer'를 '슬픔'으로 번역했지만, 나는 이 단어를 여기서 문맥상 모두 '애도'로 바꾸었다. 번역자와 독자의 양해를 구한다.

다. 그리고 궁극적으로 우울증은 심한 자책감 또는 죄책감 때문에 자신을 피폐하게 만들고 심하면 자신을 파괴하는 데까지 이른다. 따라서 우울증 환자에 대한 심리 치료의 초점은 이 모든 부정적 현상의 원인이 환자에게 있지 않다는 점을 끊임없이 환기하고 강조하는 데 집중된다.

장례에 대한 중립적 해석으로 검토할 마지막 지식인은 20세기 영국의 종교학자 존 보우커(John Bowker)다. 그는 앞서 잠깐 언급했던 장례식과 결혼식의 유사성에 초점을 맞추어 장례의 의미를 다음과 같이 파헤친다.

죽음 의례는 항상 어떤 사회에서건 보수적인 경향을 띤다. …… 그중 하나가 바로 방주네(A. van Gennep)의 《통과 의례(Rites of Passage)》이다. ……

〈죽음〉   〈결혼〉
살아 있는 상태/죽어 있는 상태   미혼/기혼
살아있는상태→죽어가고 있는상태→죽어 있는상태   미혼 → 약혼 → 기혼[275]

반복해 나온 이야기이지만 어쨌든 보우커도 죽음을 삶에서의 중요한 통과 의례로 간주한다. 그가 죽음을 결혼에 비유했던 이유도 거기에 있다. 결혼이나 죽음은 모두 생애 주기에서 어떤 한 상태에서 다른 상태로 넘어가는 중요한 전환점 또는 분기점 같은 것이다. 이 도표가 그 점을 잘 보여준다. 결혼식을 거쳐야 비로소 기혼자가 되듯이, 장례식을 거쳐야 사람은 비로소 망자가 된다.

지금까지 장례와 애도 등 사후의 의식들에 대해 서구 지식인들이 어떤 담론을 펼쳤는지 일별해 보았다. 이 의식들을 부정적으로 보든 긍정적으

---

275 John Bowker, *The Meanings of Death*, Cambridge: Cambridge University Press, 1991; 존 바우커, 박규태 외 옮김, 『세계종교로 보는 죽음의 의미』, 청년사, 2007, 48쪽.

로 보든, 아니면 중립적으로 보든 간에, 그들은 예외 없이 그것들이 일종의 통과 의례라는 데 일치된 견해를 보였다. 장례와 애도 등의 의식들이 있고 나서야 망자는 최종적으로 죽었다고 사회적으로 공인된다. 사망진단서가 의학적·법적 사망 선고라면, 장례와 애도는 사회적 사망 선고인 셈이다. 물론, 천재지변이나 팬데믹 또는 전쟁 등으로 한꺼번에 많은 사람이 죽었을 때는 예외일 수 있겠지만, 그렇지 않은 일상적인 경우라면 한 사람의 죽음은 어떤 형태로든 예우를 갖추어 의식이 치러지고 나서야 비로소 완전히 종결된다. 그 의식을 중시하든 경시하든, 그 의식이 약식이든 화려하든 간에, 그러한 차이는 별로 중요하지 않다. 우리는 죽음 뒤에 언제나 일정한 의례가 행해지고 나서야 비로소 죽음이 멈춘다는 사실에 주목할 필요가 있다. 죽음은 죽음 자체가 아니라 죽음의 의식으로써 끝나는 사건이다. 장례와 애도는 그 점에서 죽음을 기억하거나 환기하기보다는 완성하거나 종결짓는 의식이라고 할 수 있다. 문화인류학적으로 표현했을 때, 결국 탄생에서 죽음에 이르는 인간의 삶 자체는 일종의 상징 행위이자 의례의 연속 과정인 셈이다. 어차피 출생에서 죽음에 이르기까지 애초에 없던 의미와 목적, 가치 등을 만들어 나가는 과정이 바로 인간의 삶이 아니겠는가!

| 결론 |

 지금까지 죽음 또는 죽음과 관련한 여러 주제에 대해 고대부터 현대까지의 서구 지식인들이 어떤 사유를 펼쳐 왔는지를 살펴보았다. 이 어렵고 복잡하면서 신비롭고 난해하기 이를 데 없는 주제에 대한 서구 지식인들의 다양한 생각들, 사상들, 담론들, 이론들을 모두 살펴본 지금, 이 시점에서 한마디로 결론을 내리는 것은 엄청나게 곤혹스러운 일이 아닐 수 없다. 그것은 어렵고 힘든 정도가 아니라 아예 불가능하다는 것이 내 결론이다. 왜냐하면 하나의 결론을 내리다 보면 그와 정반대되는 주장의 사례가 반드시 튀어나올 것이 뻔하기 때문이다. 이 책을 제대로 이해하면서 마음을 다해 읽어 온 독자라면 이 주장에 100퍼센트 동의할 것이라고 확신한다. 그동안 과하다 싶을 만큼 장황에게 기술해 온 이 책의 결론부에 이르러 이처럼 특별히 내세울 만한 결론이 없다고 말할 수밖에 없는 현실이 무척 당혹스럽고 난감하기 그지없다. 그렇다고 아무런 생각 없이 책을 급히 마무리하는 것 또한 독자에 대한 예의라고 할 수 없다. 이에 여기서 나는 일반인들이 궁금해할 만한 이 책의 제목에 대한 간단한 답변 형식의 글을 짧막하게 쓴 다음에, 그동안의 연구 결과 내가 내린 결론이라기보다 서구 지식인들의 죽음 담론을 일별하고 갖게 된 짧막한 소회, 즉 단상을 몇 마

디 적고 마무리하고자 한다. 가장 평범한 것이 가장 안전하면서도 어쩌면 진리에 가장 가까울 수 있으니 말이다.

먼저 서구 지식인들이 죽음에 대해 어떻게 생각해 왔는지 시대별로 짤막하게 일별해 보자. 먼저 헬레니즘 시대까지를 포함해 고대 그리스 시대에 활동했던 지식인들의 죽음 담론에서는 소크라테스와 에피쿠로스 이 두 사람의 견해가 마치 쌍두마차처럼 이 시대를 대표한다. 소크라테스는 '철학하기'란 '죽음 연습하기'와 같다고 보았으며, 에피쿠로스는 "죽음은 우리에게 아무것도 아니다"라고 주장했다. 둘 다 죽음을 두려워하는 것은 어리석은 짓임을 강조했다. 죽음에 관한 이 두 고전적 견해는 이후 서양 지식계를 압도했다. 고대 로마의 지식인들 대부분이 이 두 그리스 철학자의 견해에 동조하면서 그들의 견해를 보완하거나 확장해 나갔다.

기독교가 지배하던 중세로 오면 죽음에 대한 관점이 종교적·신학적으로 돌변한다. 무엇보다 당시 지식인들이 생각한 죽음은 그다지 엄청난 사건도, 결코 두려워할 현상도 아니었다. 왜냐하면 그들은 지옥, 연옥, 천국 같은 사후세계에 대해 강한 믿음을 갖고 있었기 때문이다. 심지어 아우구스티누스나 마이스터 에크하르트에 따르면, 구원받고 부활하기 위해서라도 사람은 먼저 죽어야 한다고까지 말했다. 이러한 기독교 사상가들의 특징은 원죄 의식에 입각해 죽음을 하나님이 인간에 내린 일종의 벌로 인식했다는 점, 죽음을 천국에 들어가 하나님을 영접할 수 있는 수단으로 간주했다는 점, 따라서 죽음이 끝 또는 종말이 아니라 영원한 삶을 위한 새로운 시작으로 이해했다는 점이다.

르네상스와 종교개혁 시기에 오면 이러한 서구 지식인들의 죽음관은 서서히 변하기 시작한다. 물론, 여전히 기독교적 관점이 지배적인 가운데 세속적 입장이 첨가된 모습이 나타나기 시작한 것이다. 가령, 자살이나 안락사를 금기시하던 기독교적 전통을 깨고 고통스러운 환자가 고통 없이 죽을 수 있도록 도와주는 이른바 안락사 또는 조력 자살을 용인했던 토머스 모어의 죽음관만 보아도 그 점을 잘 알 수 있다. 르네상스 시기의 몽테뉴도 죽음에 대해 근대적인 관점을 보여 주었다. 가령, 그는 "영원한 생명을 상상해 보라. 인간에게는 내가 그에게 준 생명보다 더 참을 수 없고 괴로우니라. 그대에게 죽음이 없었다면 그대는 내가 죽음을 주지 않았다고 끊임없이 나를 저주했을 것이다"라고 주장하면서 기독교에서 중시하던 '영생'을 부정한다. 이것은 더 이상 중세적인 죽음관이라고 할 수 없다.

근대, 즉 이 책의 시대 구분으로는 16세기부터 19세기 중반까지의 시기에 오면, 서구인들의 죽음 담론은 더욱 세속화된 양상을 띠게 된다. 그 출발점에 "죽음아, 뽐내지 마라!"면서 죽음에 정면으로 도전장을 내민 영국 시인 존 던이 있다. 그는 단순히 도발이나 도전 정도를 넘어 죽음을 살해하는 과격성과 급진성까지 보인다. 이러한 관점은 더 이상 죽음에 순응하던 전통적인 기독교인들의 심성이 아니다. 근대적 또는 심지어 현대적이라고까지 말할 수 있는 사고방식이다. 17세기가 이 정도이니, 18세기와 19세기에 들어서면 그 정도가 어떨지 감히 상상조차 할 수 없다. 18세기 노발리스는 '죽음'을 "삶의 낭만적 원리" 또는 "개체 원리의 변화"로 규정하면서 비종교적인 것을 넘어 유물론적 관점까지 드러낸다. 19세기에 포이어바흐는 아예 죽음을 자연이 인간을 부정하는 현상으로 정의하면서 이러한 유물론적 죽음관을 더욱 첨예하게 밀고 나갔다. 심지어 그는 적당한 때에 나타난 죽음을 찬양하라고 하면서 다음 세대의 니체를 선취하기도 했다.

1844년에 태어난 니체부터 현재까지의 현대적 죽음관은 더욱 세속화되고 다양하며 복잡한 양상을 띤다. 이 시대 서구 지식인들의 죽음 담론은 그것들을 단지 몇 개의 경향으로 압축해 범주화할 수 없다는 특징을 갖는다. 몇 마디로 요약하거나 분류하거나 종합하는 것이 불가능할 정도다. 이러한 특징들은 이미 니체에게서부터 적나라하게 나타나기 시작한다. 그는 "제때에 죽도록 하라"고 충고한다. 심지어 그는 인간을 넘어 신조차 죽인다. 그러면서 죽음을 삶의 완성이라고 말한다. 프로이트도 죽음의 모순을 심리학적으로 파헤친다. 우리는 죽음을 무의식적으로 거부한다는 것이다. 그리고 그는 인간에게 있는 두 개의 본능, 즉 죽음의 본능(타나토스)과 사랑의 본능(에로스)을 대비한 후에 전자를 파괴의 본능, 후자를 창조의 본능으로 규정하면서 세상에 아무 목적이 없는 행위는 죽음밖에 없다고 일갈한다. 프랑스 작가 프루스트 역시 '죽음'을 "희망이 없고 추억이 없는 영원한 현재"로 정의한다. 독일 철학자 셸러는, 현대인들은 죽음 없이 살아간다고 말하면서 죽음의 기원이 번식에 있음을 강조했다. 죽음의 무화성, 무목적성, 무의미성, 부조리성은 야스퍼스, 하이데거, 사르트르, 레비나스 같은 실존주의 철학자들이나 현상학자들에게서 잘 표현된다. 심지어 제프리 고러 같은 학자는 죽음을 섹스와 같은 포르노그래피에 비유하기까지 했다. 즉 성과 죽음은 이름만 달리하는 두 개의 금기이자 신비라는 것이다. 독일의 문화사가 토마스 마초(Thoms Macho)는, 우리는 죽은 자들을 경험할 뿐 결코 죽음을 경험할 수 없다고 말한다.[1] 그 밖에도 많은 서구 지식인이 다양한 죽음관을 제시했다. 이러한 추세는 지금도 계속되고 있고 앞으로도 계속될 것이다. 죽음의 무규정성 또는 비규정성, 즉 죽음의 개념 정의의 불가능성 및 다양성이야말로 바로 죽음 개념의 본질이 아닐까 싶다.

그렇다면 내 결론은 무엇일까? 죽음에 대한 사상가들의 글을 읽다 보면, 그들이 긍정적으로 보든 부정적으로 보든 모두 한결같이 죽음을 피할 수 없는 인간의 조건으로, 삶의 중요한 일부를 구성하는 것으로, 인간의 유한성과 필멸성을 느낄 수밖에 없도록 만드는 요소로 보았음을 알 수 있다. 간단히 말해 그들의 속사정을 파고들면 죽음을 두려워했기 때문에 이러한 글들을 남겼을 가능성이 크다는 것이다. 죽음이 두려운 가장 큰 이유는 개인이 그것을 '체험'할 수 없기 때문이다. 경험주의적 관점에서 말할 때, 우리가 체험할 수 없는 대상은 알 수도 없고 인식할 수 없다. 알 수 없고 인식할 수도 없는 대상에 대해 느끼는 공포는 인간의 자연스러운 감정이다. 그러나 누군가 "나는 죽음을 체험했지만 그래도 여전히 죽음이 두렵다"고 말했다고 치자. 유감스럽게도 그러한 주장은 오류일 수밖에 없다. 왜

---

[1] Thomas Macho, "Tod und Trauer im kulturwissenschaftlichen Vergleich", in: Jan Assmann, *Der Tod als Thema der Kulturtheorie: Todesbilder und Todesriten im Alten Ägypten*, Frankfurt a. M.: Suhrkamp, 2000, pp. 89~120.

냐하면 그러한 체험은 이미 죽은 다음에 이루어진 것이기에 결국 체험한 것이 아니게 되며, 죽기 전에는 죽음을 체험할 수 없기에 죽음을 체험했다고 말할 수 없기 때문이다. 죽음이 닥쳤을 때 나는 더 이상 존재하지 않고, 내가 존재할 때는 죽음이 오지 않으므로 죽음은 결국 존재하지 않는다고 주장했던 에피쿠로스와 유비된다. 즉 죽음에 대한 공포는 어쩌면 이성(理性)에 위배되는 것이기에, 그는 죽음을 전혀 두려워할 필요가 없다고 주장했다. 그러나 그러한 담론들이 인간의 죽음에 대한 본원적 공포를 근본적으로 제거해 주지는 못한다. 왜냐하면 아무리 이성적으로 죽음을 두려워할 필요가 없다고 생각하더라도, 심리적으로 죽음을 완전히 무시하거나 두려워하지 않을 자신이 있는 사람은 없기 때문이다. 죽음에 대한 공포는 비단 인간뿐만 아니라 본능적으로 생존을 추구하는 모든 생명체가 갖는 아주 본원적인 감정이다.

따라서 어쩌면 죽음이 무엇인지를 묻는 것보다 더 중요한 것은 우리가 죽음을 어떻게 맞이할 것인지에 대해 진지하게 고민하는 것일지도 모른다. 왜냐하면 죽음 자체는 어차피 추상적인 주제이기 때문이다. '우리는 결코 죽음을 경험적으로 알 수 없다.' '죽은 사람'은 있어도 '죽어본 사람'은 없기 때문이다. 죽음은 그만큼 우리의 경험을 초월해 있으며, 그 점에서 초험적(超驗的) 또는 초월적 주제다. 죽음은 그 점에서 현실이나 경험이 아니라 신 또는 종교, 신화와 초자연, 이상과 환상, 정신과 영혼 등의 개념과 더 밀접한 관계를 맺는다. 철학적으로 말하면 죽음은 '형이상학적'이다. 죽음은 그 자체로 '비현실적'이다. 죽음이 현실이 되는 순간, 그것은 추상적이거나 관념적이거나 사변적 의미의 현실 또는 인간 누구에게나 적용되는 보편적이거나 일반적이거나 객관적인 현실이지 인간 개인의 개별적이거나 주관적이거나 주체적인 현실이 아니다. 그렇다고 해서 죽음이 존재하지 않는다거나 어떠한 의미도 없다고 주장할 수는 없다. 그 점에서 죽음은 '부재'도 아니며 '무의미'로 해석되어서도 곤란하다. 죽음은 어쩌면 인간이 가장 멀리하거나 회피하려고 하는, 가장 머릿속에 떠올리기 싫은 현실이자 현상일지 모른다. 죽음은 그 점에서 가장 '비현실적인 현실'이자 '비실존적인 존재'이며, '몰이해적 이해'라고 할 수 있다.

인간은 평생 남의 죽음만 간접 경험하면서도 죽음에 대해 마치 잘 아는 것처럼 살다가 무척 낯선 자신만의 죽음을 직접 경험하며 죽어간다. 장켈레비치 식으로 표현하면, 인간은 평생 3인칭의 죽음 또는 2인칭의 죽음만 경험하다가 자신이 죽는 마지막 순간에야 비로소 1인칭의 죽음을 경험한다. 따라서 경험론적으로 말해 '인간은 결코 죽음을 알지 못하고 죽는다'. 왜냐하면 남의 죽음은 내가 진정으로 알 수 없기 때문이다. 오직 내가 직접 경험한 죽음만이 참된 죽음이라고 할 수 있다. 그런데 죽고 나면 그 경험을 되살릴 수도 없고 표현할 수도 없기 때문에, 인간은 결국 평생 죽음에 대해 전혀 모른 채 죽어간다. 죽음이란 도저히 알 수 없는 불가해한 현상이자 존재다.

참고문헌

1. 국내 문헌

강영계, 『죽음학 강의』, 새문사, 2012.
건양대학교 웰다잉 융합연구소, 『세계의 장례와 문화: 장례문화로 보는 세계인의 삶과 죽음』, 구름서재, 2019.
계명대학교 목요철학원 엮음. 『삶과 죽음에 대한 철학적 성찰』, 계명대학교출판부, 2016.
괴테, 요한 볼프강 폰, 안삼환 옮김, 『젊은 베르터의 괴로움』, 부북스, 2019.
──, 장영태 옮김, 『잠언과 성찰』, 유로서적, 2014.
구인회, 『죽음에 관한 철학적 고찰』, 한길사, 2015.
김달수, 『죽음학 스케치』, 인간사랑, 2018.
김선향, 『존 던의 연가: 그 사랑의 해법』, 한신문화사, 1998.

노발리스, 박술 옮김, 『밤의 찬가, 철학 파편집』, 다, 2018.
니체, 프리드리히, 김정현 외 옮김, 『니체 전집』(전22권), 책세상, 2000-2005.

다윈, 찰스, 김관선 옮김, 『종의 기원』, 한길사, 2017.
단테 알리기에리, 박상진 옮김, 『신곡』(전3권), 민음사, 2019.
던, 존, 김명복 옮김, 『인간은 섬이 아니다: 병의 단계마다 드리는 기도』, 나남, 2009.
──, 심명호 옮김, 『사랑하는 사람이여』, 민음사, 1996.

데리다, 자크, 문성원 옮김, 『아듀 레비나스』, 문학과지성사, 2016.
도스토예프스키, 표도르, 이철 옮김, 『악령』, 범우, 2021.
─── , 이덕형 옮김, 『죽음의 집의 기록』, 열린책들, 2000.
도이그, 앤드루, 석혜미 옮김, 『죽음의 역사: 죽음은 어떻게 우리의 세상을 변화시켰는지?』, 브론스테인, 2023.
두벡, 카트야, 이군호 옮김, 『죽음에 관한 잡학사전』, 을유문화사, 2004.
뒤르켐, 에밀, 변광배 옮김, 『자살: 사회학적 연구』, 세창출판사, 2021.
들뢰즈, 질, 김상환 옮김, 『차이와 반복』, 민음사, 2019.
─── , 이정우 옮김, 『의미의 논리』, 한길사, 1999.

라이프니츠, 고트프리트 빌헬름, 이근세 옮김, 『변신론: 신의 선, 인간의 자유, 악의 기원에 관하여』, 아카넷, 2015.
라카나, 카타리나, 김혜숙 옮김, 『죽음』, 이론과실천, 2014.
레비나스, 에마뉘엘, 김도형 외 옮김, 『신, 죽음 그리고 시간』, 그린비, 2018.
─── , 김도형 외 옮김, 『타자성과 초월』, 그린비, 2020.
루소, 장-자크, 박은수 옮김, 『에밀 또는 교육론』, 인폴리오, 1998.
루크레티우스, 강대진 옮김, 『사물의 본성에 관하여』, 아카넷, 2013.
르 고프, 자크, 최애리 옮김, 『연옥의 탄생』, 문학과지성사, 1996.
린치, 토마스, 정영목 옮김, 『죽음을 묻는 자, 삶을 묻다: 시인 장의사가 마주한 열두 가지 죽음과 삶』, 테오리아, 2019.
릴케, 라이너 마리아, 전영애 옮김, 『말테의 수기』, 서울대학교출판부, 1997.

마르쿠스 아우렐리우스, 유동범 옮김, 『명상록』, 인디북, 2003.
마르크바르트, 오도, 조창오 옮김, 『늙어감에 대하여』, 그린비, 2019.
마이스터 에크하르트, 요셉 퀸트 편역, 이부현 옮김, 『마이스터 에크하르트 독일어 설교 1』, 누멘, 2010.
─── , 레이몬드 B. 블래크니 엮음, 이민재 옮김, 『마이스터 에크하르트』, 다산글방, 2013.
만, 토마스, 박종대 옮김, 『베네치아에서의 죽음 외 11편』, 현대문학, 2013.
모랭, 에드가, 김명숙 옮김, 『인간과 죽음』, 동문선, 2000.
모어, 토머스, 주경철 옮김, 『유토피아』, 을유문화사, 2020.
몽테뉴, 손우성 옮김, 『몽테뉴 수상록』(전2권), 동서문화사, 2020.
─── 외, 강현규 엮음, 안해린 외 옮김, 『위대한 철학자들의 죽음 수업: 무엇을 위해 살고 무엇을 사랑할 것인가?』, 메이트북스, 2023.
미누아, 조르주, 이세진 옮김, 『자살의 역사: 자발적 죽음 앞의 서양 사회』, 그린비,

2014.

─, 박규현 외 옮김, 『노년의 역사: 고대에서 르네상스까지 서양 역사에 나타난 노년』, 아모르문디, 2010.

─, 고준석 옮김, 『간략한 지옥의 역사』, 가톨릭, 2017.

바르발리, 마르치오, 박우정 옮김, 『자살의 사회학: 세상에 작별을 고하다』, 글항아리, 2017.

바우커, 존, 박규태 외 옮김, 『세계종교로 보는 죽음의 의미』, 청년사, 2007.

반스, 줄리언, 신재실 옮김, 『10½장으로 쓴 세계역사』, 열린책들, 2006.

배영기 편술, 『죽음에 대한 문화적 이해』, 한국학술정보, 2006.

베르그손, 앙리, 황수영 옮김, 『창조적 진화』, 아카넷, 2005.

베르길리우스, 천병희 옮김, 『아이네이스』, 도서출판 숲, 2012.

베르베르, 베르나르, 전미연 옮김, 『죽음』, 열린책들, 2019.

베어, 게르하르트, 이부현 옮김, 『마이스터 에크하르트: 독일 신비주의 최고의 정신』, 안티쿠스, 2009.

베커, 어네스트, 노승영 옮김, 『죽음의 부정』, 한빛비즈, 2019.

벨리오스, 알렉산드로스, 최보문 옮김, 『나의 죽음은 나의 것』, 바다, 2018.

보들레르, 샤를, 윤영애 옮김, 『악의 꽃』, 문학과지성사, 2003.

보에티우스, 정의채 옮김, 『철학의 위안』, 바오로딸, 2017.

블로흐, 에른스트, 박설호 옮김, 『희망의 원리』(전5권), 열린책들, 2004.

비코, 잠바티스타, 조한욱 옮김, 『새로운 학문』, 아카넷, 2019.

비트겐슈타인, 루트비히, 이영철 옮김, 『논리-철학 논고』, 책세상, 2020,

사르트르, 장 폴, 정소성 옮김, 『존재와 무』, 동서문화사, 2009.

─ 외, 정동호 외 엮음, 『죽음의 철학』, 청람, 2004.

세네카, 김천운 옮김, 『세네카 인생론』, 동서문화사, 2007.

셸러, 막스, 진교훈 옮김, 『우주에서 인간의 지위』, 아카넷, 2001.

소로, 헨리 데이비드, 전행선 옮김, 『월든』, 더스토리, 2023.

소포클레스, 천병희 옮김, 『소포클레스 비극 전집』, 도서출판 숲, 2008.

쇼펜하우어, 아르투어, 홍성광 옮김, 『의지와 표상으로서의 세계』, 을유문화사, 2018.

슈나이더, 미셸, 이주영 옮김, 『죽음을 그리다: 세계 지성들의 빛나는 삶과 죽음』, 아고라, 2006.

슈나이드먼, 에드윈, 서청희 외 옮김, 『자살하려는 마음』, 한울아카데미, 2019.

슈니츨러, 아르투어, 이관우 옮김, 『죽음』, 지식을만드는지식, 2020.

슈타이너, 루돌프, 김광선 외 옮김, 『인간, 혼, 영에 관한 지혜: 감각과 영혼, 자연과

　　　　신의 만남』, 수신제, 2023
스위프트, 조너선, 이혜수 옮김, 『걸리버 여행기』, 을유문화사, 2018.
스피노자, B., 강영계 옮김, 『에티카』, 서광사, 2016.

아리스토텔레스, 오지은 옮김, 『영혼에 관하여』, 아카넷, 2018.
──, 천병희 옮김, 『정치학』, 도서출판 숲, 2017.
──, 천병희 옮김, 『니코마코스 윤리학』, 도서출판 숲, 2017.
아리에스, 필리프, 이종민 옮김, 『죽음의 역사』, 동문선, 2016.
── & 뒤비, 조르주 외, 전수연 외 옮김, 『사생활의 역사』(전5권), 새물결, 2002.
아메리, 장, 김희상 옮김, 『늙어감에 대하여: 저항과 체념 사이에서』, 돌베개, 2015.
──, 김희상 옮김, 『자유죽음: 삶의 존엄과 자살의 선택에 대하여』, 산책자, 2010.
──, 안미현 옮김, 『죄와 속죄의 저편: 정복당한 사람의 극복을 위한 시도』,
　　　　도서출판 길, 2012.
아벨라르·엘로이즈, 정봉구 옮김, 『아벨라르와 엘로이즈』, 을유문화사, 2015.
아우구스티누스, 조호연 외 옮김, 『신국론: 하나님의 도성』, CH북스, 2017.
──, 박문재 옮김, 『고백록』, CH북스, 2017.
야스퍼스, 칼, 신옥희 외 옮김, 『철학 II: 실존조명』, 아카넷, 2019.
에드먼즈, 데이비드 & 에이디노, 존, 임현경 옮김, 『루소의 개: 18세기 계몽주의
　　　　살롱의 은밀한 스캔들』, 난장, 2011.
에머슨, 랠프 왈도, 차전석 옮김, 『에머슨 수상록: 천 년을 같이 있어도 한 번의
　　　　이별은 있다』, 나래북, 2013.
에피쿠로스, 오유석 옮김, 『쾌락』, 문학과지성사, 2013.
에픽테토스, 안규남 옮김, 『어떻게 자유로워질 것인가?: 불안감에서 벗어나고 싶은
　　　　현대인을 위한 고대의 지혜』, 글담, 2020.
엘리아스, 노르베르트, 김수정 옮김, 『죽어가는 자의 고독』, 문학동네, 2012.
오비디우스, 천병희 옮김, 『변신 이야기』, 도서출판 숲, 2019.
우나무노, 미겔 데, 장선영 옮김, 『삶의 비극적 감정』, 누미노스, 2010.
위고, 빅토르, 한택수 옮김, 『사형수 최후의 날』, 지식을만드는지식, 2008.
윌리엄 오캄, 이경희 옮김, 『오캄 철학 선집』, 간디서원, 2004.
윌리스턴, 글렌 & 존스톤, 주디스, 서민수 옮김, 『영혼의 탐구』, 시공사, 1996.
이븐 칼둔, 김정아 옮김, 『무깟디마: 이슬람 역사와 문명에 대한 기록』, 소명출판,
　　　　2020.
이준일, 『13가지 죽음: 어느 법학자의 죽음에 관한 사유』, 지식프레임, 2015.
이창익, 『죽음을 사색하는 시간』, 인간사랑, 2020.

장켈레비치, 블라디미르 대담, 변진경 옮김, 『죽음에 대하여: 철학자 장켈레비치와의 대화』, 돌베개, 2016.
정동호 외, 『철학, 죽음을 말하다』, 산해, 2004.
정현채 외, 『삶과 죽음의 인문학』, 석탑, 2012.
조계화 외, 『죽음학 서설』, 학지사, 2006.
조이너, 토머스, 김재성 옮김, 『왜 사람들은 자살하는가?』, 황소자리, 2012.
존스, 피터, 홍정인 옮김, 『메멘토 모리: 나이듦과 죽음에 관한 로마인의 지혜』, 교유당, 2019.

최현석, 『인간의 모든 죽음』, 서해문집, 2020.

카, E. H., 김택현 옮김, 『역사란 무엇인가』, 까치글방, 2017.
카뮈, 알베르, 김화영 옮김, 『이방인』, 책세상, 2004.
———, 김화영 옮김, 『시지프 신화』, 책세상, 2020.
———, 김화영 옮김, 『페스트』, 책세상, 2023.
———, 김화영 옮김, 『반항하는 인간』, 책세상, 2007.
———, 김화영 옮김, 『행복한 죽음』, 서울: 책세상, 2023.
카스트, 베레나, 채기화 옮김, 『애도: 상실과 마주하고 상실과 더불어 살아가기』, 궁리, 2007.
카슨, 레이첼, 김은령 옮김, 『침묵의 봄』, 에코리브르, 2017.
카이유아, 로제, 권은미 옮김, 『인간과 聖』, 문학동네, 1996.
칸트, 임마누엘, 백종현 옮김, 『윤리형이상학』, 아카넷, 2012.
토머스 캐스카트 외, 윤인숙 옮김, 『시끌벅적한 철학자들 죽음을 요리하다』, 함께읽는책, 2010.
캠벨, 조지프, 박중서 옮김, 『신화와 인생』, 갈라파고스, 2009.
케이건, 셸리, 박세연 옮김, 『죽음이란 무엇인가』, 웅진씽크빅, 2012.
케이브, 스티븐, 박세연 옮김, 『불멸에 관하여: 죽음을 이기는 4가지 길』, 웅진씽크빅, 2015.
쿠자누스, 니콜라우스, 조규홍 옮김, 『박학한 무지』, 지식을만드는지식, 2013.
퀴블러-로스, 엘리자베스, 이진 옮김, 『죽음과 죽어감』, 청미, 2018.
———, 이주혜 옮김, 『죽음 그리고 성장』, 이레, 2010.
———, 최준식 옮김, 『死後生: 죽음 이후의 삶의 이야기』, 대화출판사, 2020.
크리츨리, 사이먼, 변진경 옮김, 『자살에 대하여: 죽음을 생각하는 철학자의 오후』, 돌베개, 2021.
———, 김대연 옮김, 『죽은 철학자들의 서: 기이하고 우스꽝스러우며 숭고한 철학적

죽음의 연대기』, 이마고, 2009.
키르케고르, 쇠렌, 박병덕 옮김,『죽음에 이르는 병』, 육문사, 2023.
─── , 임춘갑 옮김,『사랑의 역사(役事)』, 도서출판 치우, 2011.
키케로, 김남우 옮김,『투스쿨룸 대화』, 아카넷, 2014.
─── , 오흥식 옮김,『노년에 관하여』, 궁리, 2002.
─── , 김창성 옮김,『국가론』, 한길사, 2007.

탈레스 외, 김인곤 외 옮김,『소크라테스 이전 철학자들의 단편 선집』, 아카넷, 2005.
토마스 아퀴나스, 이재룡 외 옮김,『영혼에 관한 토론문제』, 나남, 2013.
톨스토이, 레프, 윤우섭 옮김,『이반 일리치의 죽음』, 현대지성, 2023.
─── , 김근식 외 옮김,『인생이란 무엇인가 2: 사랑』, 동서문화사, 2004.
─── , 함현규 옮김,『자아의 발견: 톨스토이 인생론』, 빛과향기, 2006.

파스칼, 블레즈, 김형길 옮김,『팡세』, 서울대학교출판문화원, 2019.
푸코, 미셸, 박혜영 옮김,『정신병과 심리학』, 문학동네, 2002.
프로이트, 지그문트, 김석희 옮김,『프로이트 전집 15: 문명 속의 불만』, 열린책들, 1997.
─── , 윤희기 옮김,『프로이트 전집 13: 무의식에 관하여』, 열린책들, 1997.
플라톤, 천병희 옮김,『소크라테스의 변론/크리톤/파이돈/향연』, 도서출판 숲, 2017.
─── , 천병희 옮김,『국가』, 도서출판 숲, 2017.
─── , 김인곤 외 옮김,『크라튈로스』, 아카넷, 2021.
플로티노스, 조규홍 옮김,『플로티노스 엔네아데스 선집』, 누멘, 2019.
피어슨, 마이크 파커, 이희준 옮김,『죽음의 고고학』, 사회평론아카데미, 2017.

하라리, 유발, 김명주 옮김,『호모 데우스: 미래의 역사』, 김영사 2017.
하우스켈러, 미하엘, 김재경 옮김,『왜 살아야 하는가: 삶과 죽음이라는 문제 앞에 선 사상가 10인의 대답』, 청림출판, 2021.
하이데거, 마르틴, 이기상 옮김,『존재와 시간』, 까치, 1998.
헤세, 헤르만, 유혜자 옮김,『어쩌면 괜찮은 나이』, 프시케의숲, 2017.
횔덜린, 프리드리히, 장영태 옮김,『엠페도클레스의 죽음: 한 편의 비극』, 문학과지성사, 2019.
─── , 장영태 옮김,『횔덜린 시 전집』(전2권), 책세상, 2017.
흄, 데이비드,『인간이란 무엇인가: 오성·정념·도덕』, 김성숙 옮김, 서울: 동서문화사, 2009.
─── , 황필호 편역,『데이비드 흄의 철학』, 철학과현실사, 2003.

히포크라테스, 여인석 외 옮김, 『히포크라테스 선집』, 나남, 2011.

2. 서양 문헌

Ackrill, John L. (ed.), *A New Aristotle Reader*, Princeton, N.J.: Princeton University Press, 1987.
Alexander, Eben, *Proof of Heaven: A Neurosurgeon's Journey into the Afterlife*, New York: Simon & Schuster, 2012.
Albery, Nicholas, *The Natural Death Handbook*, London: Virgin Books, 1993.
Améry, Jean, *Hand an sich legen: Diskurs über den Freitod*, Stuttgart: Klett-Cotta, 2019 (1st ed. 1976).
──, *Jenseits von Schuld und Sühne: Bewältigungsversuche eines Überwältigten*, Stuttgart: Klett-Cotta, 2019 (1st ed. 1966).
──, *Über das Altern. Revolte und Resignation*, Stuttgart: Klett-Cotta, 2020 (1st ed. 1968).
Ariès, Philippe, *Attitudes devant la vie et devant la mort du XVIIe au XIXe siècle, quelques aspects de leurs variations*, INED, 1949.
──, *Essais sur l'histoire de la mort en Occident: du Moyen Âge à nos jours*, Paris: Seuil, 1975.
──, *L'Homme devant la mort*, Paris: Seuil, 1977.
──, *Geschichte des Todes*, (trans.) Hans-Horst Henschen & Una Pfau, München: dtv, 2005.
──, & Duby, Georges (eds.), *Histoire de la vie privée*, 5 vols., Paris: Éditions du Seuil, 1985~1987.
Assmann, Jan, *Der Tod als Thema der Kulturtheorie: Todesbilder und Totenriten im Alten Ägypten*, Frankfurt a. M.: Suhrkamp, 2000.
Bailey, Lee W., & Yates, Jenny (eds.), *The Near-Death Experience: A Reader*, New York: Routledge, 1996.
Baker, Lynne R., "Death and the Afterlife", in: William Wainwright (ed.), *The Oxford Handbook of Philosophy of Religion*, Oxford: Oxford University Press, 2005, pp. 366-391.
Barnard, Christian, *Good Life, Good Death: A Doctor's Case for Euthanasia and Suicide*, Englewood Cliffs, N.J.: Prentice-Hall, 1980.
Battin, Margaret P., *The Least Worst Death*, Oxford: Oxford University Press,

1994.

Beck, Rainer (ed.), *Der Tod: Ein Lesebuch von den letzten Dingen*, München: C. H. Beck, 1995.

Becker, Ernest, *The Denial of Death*, New York: Simon & Schuster, 1973.

Bedau, Hugo A. (ed.), *The Death Penalty in America: Current Controversies*, Oxford: Oxford University Press, 1997.

Bedau, Mark A., "The Nature of Life", in: Steven Luper (ed.), *The Cambridge Companion to Life and Death*, Cambridge: Cambridge University Press, 2014.

Belshaw, Christopher, *Annihilation: The Sense and Significance of Death*, Dublin: Acumen Press, 2009.

Bendann, Effie, *Death Customs: An Analytical Study of Burial Rites*, New York: Alfred A. Knopf, 1930.

Benjamin, Walter, "Das Kunstwerk im Zeitalter seiner technischen Reproduzierbarkeit", in: Walter Benjamin, *Gesammelte Schriften*, (eds.) Rolf Tiedemann & Hermann Schweppenhäuser, Frankfurt a. M.: Suhrkamp, 1980, vol. I, pp. 431~469.

Blavatsky, Helena Petrovna, "What is Death?", *A Pamphlet Distributed by the United Lodge of Theosophists*, Los Angeles, Calif., 2002.

―――, "What is Death?", https://www.teozofija.info/ Blavatsky_What_is_death.htm (검색일: 2021.05.23.).

Bloch, Ernst, *Das Prinzip Hoffnung*, 3 vols., Frankfurt a. M.: Suhrkamp, 1959.

Bowker, John, *The Meanings of Death*, Cambridge: Cambridge University Press, 1991.

Braddock, Glenn, "Epicureanism, Death, and the Good Life", *Philosophical Inquiry* 22, 2000, pp. 47~66.

Bradley, Ben, *Well Being and Death*, Oxford: Oxford University Press, 2009.

―――, "When Is Death Bad for the One Who Dies?", *Noûs* 38, 2004, pp. 1~28.

―――, Feldman, Fred, and Johansson, Jens (eds.), *The Oxford Handbook of Philosophy of Death*, Oxford: Oxford University Press, 2013.

Bryant, Clifton D. (ed.), *Handbook of Death & Dying*, Thousand Oaks: Sage, 2003.

Caillois, Roger, *L'Homme et le sacré*, Paris: Leroux, Presses universitaires de France, 1939.

Camus, Albert, *La Mort Heureuse*, Paris: Éditions Gallimard, 1971.

Cave, Stephen, *Immortality: The Quest to Live Forever and How It Drives Civilization*, New York: Crown Publishers, 2012.

Cicero, Marcus T., *Cicero's Essays on Old Age, and on Friendship*, (trans.) De senectute & De amicitia, New York: Hinds, Noble & Eldredge, 1893.

──, *Tusculan Disputations (=Tusculanae disputationes)*, (trans.) John E. King, Cambridge: Harvard University Press, 1971 (1st ed. 1927).

Cobb, John B., Jr., "The Resurrection of the Soul", *Harvard Theological Review* 80, 1987, pp. 213~227.

Cobb, Mark, *The Dying Soul: Spiritual Care at the End of Life*, Buckingham: Open University Press, 2001.

Comte, Auguste, *Système de politique positive*, trans. John Henry Bridges, *System of Positive Polity*, 4 vols., New York: Burt Franklin, 1973, Repr. of the 1875 ed.

Cook, Kimberly J., *Divided Passions: Public Opinions on Abortion and the Death Penaty*, Boston: Northeastern University Press, 1998.

Cooper, John M. (ed.), *Plato: Complete Works*, Indianapolis: Hackett, 1997.

Courtet, Philippe (ed.), *Understanding Suicide*, Cham: Springer International Publishing, 2016.

Critchley, Simon, *Notes on Suicide*, London: Fitzcarraldo Editions, 2015.

Cullmann, Oscar, *Immortality of the Soul or Resurrection of the Dead?*, New York: Macmillan, 1964.

Cutter, Mary A. G., *Death: A Reader*, Notre Dame: University of Notre Dame, 2019.

Darwin, Charles, *On the Origin of Species*, London: John Murray, 1859.

DeGrazia, David, "The Nature of Human Death", in: Steven Luper (ed.), *The Cambridge Companion to Life and Death*, Cambridge: Cambridge University Press, 2014.

Deleuze, Gilles, *Différence et répétition*, Paris: Presses Universitaires de France, 1968.

──, *Logique du sens*, Paris: Minuit, 1969.

Descartes, René, "Meditations on First Philosophy", in: Norman K. Smith (ed. and trans.), *Descartes: Philosophical Writings*, New York: Random House, 1958.

Donnelly, John, *Language, Metaphysics, and Death*, 2nd ed., New York: Fordham University Press, 1994.

Draper, Kai, "Disappointment, Sadness, and Death", *Philosophical Review* 108, 1999, pp. 387~414.

Eddebo, Johan, *Death and the Self: A Metaphysical Investigation of the Rationality of Afterlife Belief in the Current Intellectual Climate*, Uppsala: University of Uppsala Press, 2017.

Edwards, Paul, "Life, Meaning and Value of", in: Paul Edwards (ed.), *The Encyclopedia of Philosophy*, New York/London: Macmillan Publishing Company & The Free Press, 1967.

Eliade, Mircea, *Death, Afterlife, and Eschatology: A Thematic Source Book of the History of Religions*, New York: Harper & Row, 1974.

Elias, Norbert, *Über die Einsamkeit der Sterbenden in unseren Tagen*, Frankfurt a. M.: Suhrkamp, 1982.

Eliot, Thomas S., "Sweeney Agonistes", in: Thomas S. Eliot, *The Complete Poems and Plays, 1909-1950*, New York: Harcourt, 1952.

Emerson, Ralph W., *The Complete Essays and Other Writings of Ralph Waldo Emerson*, (ed.) Brooks Atkinson, New York: The Modern Library, 1950.

────, *The Conduct of Life*, London: Global Grey Ebooks, 2018.

Epictetus, "Encheiridion & Discourses", in: Epictetus, *How to Be Free: An Ancient Guide to the Stoic Life*, (ed. & trans.) Anthony A. Long, Princeton: Princeton University Press, 2018.

Epicurus, "Principal Doctrines", in: Jason Saunders (ed.), *Greek and Roman Philosophy after Aristotle*, New York: Free Press, 1966.

────, "Letter to Menoeceus", in: J. Saunders, ed., *Greek and Roman Philosophy after Aristotle*, New York: Free Press, 1966.

────, *Immortality*, New York: Macmillan Publishing Company, 1992.

Fechner, Gustav Th., *Das Büchlein vom Leben nach dem Tode*, Berlin: Insel Verlag, 2010.

Feit, Neil, "The Time of Death's Misfortune", *Noûs* 36, 2002, pp. 359~83.

Feldman, Fred, *Confrontations with the Reaper: A Philosophical Study of the Nature and Value of Death*, New York: Oxford University Press, 1992.

────, "Some Puzzles About the Evil of Death", *The Philosophical Review* 100, 1991, pp. 205~27.

────, "The Termination Thesis", *Midwest Studies in Philosophy* 24, 2000, pp. 98~115.

────, "Death and the Disintegration of Personality", in: Ben Bradley, Fred

Feldman and Jens Johansson (eds.), *The Oxford Handbook of Philosophy of Death*, Oxford: Oxford University Press, 2013.

Feldmann, Klaus, & Fuchs-Heinritz, Werenr (eds.), *Der Tod ist ein Problem der Lebenden: Beiträge zur Soziologie des Todes*, Frankfurt a. M.: Suhrkamp, 1995.

Feuerbach, Ludwig, "Gedanken über Tod und Unsterblichkeit", in: Ludwig Feuerbach, *Sämtliche Werke*, (eds.) Wilhelm Bolin & Friedrich Jodl, Stuttgart-Bad Cannstatt: Frommann-Holzboog, 1960.

──, "Gedanken über Tod und Unsterblichkeit", in: Ludwig Feuerbach, *Werke in sechs Bänden*, (ed.) Erich Thies, Frankfurt a. M.: Suhrkamp, 1975.

──, "Die Unsterblichkeitsfrage vom Standpunkt der Anthropologie", in: Ludwig Feuerbach, *Sämtliche Werke*, (eds.) Wilhelm Bolin & Friedrich Jodl, Stuttgart-Bad Cannstatt: Frommann-Holzboog, 1960.

──, "Anhang: Satirisch theologische Distichen. 1830", Ludwig Feuerbach, *Sämtliche Werke*, (eds.) Wilhelm Bolin & Friedrich Jodl, Stuttgart-Bad Cannstatt: Frommann-Holzboog, 1960.

Fichte, Johann G., *Werke: Gesamtausgabe der Bayerischen Akademie der Wissenschaften*, (eds.) Reinhard Lauth, et al., 10 vols., Stuttgart-Bad Cannstatt: Frommann-Holzboog, 1964ff.

Fink, Eugen, *Metaphysik und Tod*, Stuttgart: W. Kohlhammer, 1969.

Fischer, John M., (ed.), *The Metaphysics of Death*, Stanford: Stanford University Press, 1993.

──, "Mortal Harm", in: S. Luper (ed.), *The Cambridge Companion to Life and Death*, Cambridge: Cambridge University Press, 2014.

Foucault, Michel, *Maladie mentale et psychologie*, Paris: Presse Universitaire de France, 1954.

Foucault, Michel, *Psychologie und Geisteskrankheit*, Frankfurt a. M.: Suhrkamp, 1968.

Fox, James A., Levin, Jack A. & Quinet, Kenna, *The Will to Kill: Making Sense of Senseless Murder*, Boston: Pearson, 2008.

Frankfurt, Harry G., "Freedom of the Will and the Concept of a Person", *Journal of Philosophy* 68, 1971, pp. 5~20.

Freud, Sigmund, *Das Unbehagen in der Kultur*, Frankfurt a. M.: Fischer Taschenbuch, 2004.

Gawande, Atul, *Being Mortal: Illness, Medicine, and What Matters in the End*, London: Profile Books, 2014.

Gehlen, Arnold, *Gesamtausgabe*, 9 vols., Frankfurt a. M.: Vittorio Klostermann, 1978.

Gilmore, Cody, "When Do Things Die?", in: Ben Bradley, Fred Feldman, & Jens Johansson (eds.), *The Oxford Handbook of Philosophy of Death*, Oxford: Oxford University Press, 2013.

Glover, Jonathan, *Causing Death and Saving Lives*, Harmondsworth: Penguin Books, 1977.

Goethe, Johann Wolfgang, "Maximen und Reflexionen" (od. "Sprüche in Prosa"), in: Erich Trunz & Hans Joachim Schrimpf (eds.), *Johann Wolfgang von Goethe: Werke, Hamburger Ausgabe in 14 Bänden*, vol. 12, München: Deutscher Taschenbuch Verlag, 1982.

Gorer, Geoffrey, "The Pornography of Death", *Encounter* 5, 1955, pp. 49~52.

Green, Michael B. & Winkler, Daniel, "Brain Death and Personal Identity", *Philosophy and Public Affairs* 9, 1980, pp. 105~33.

Grey, William, "Epicurus and the Harm of Death", *Australasian Journal of Philosophy* 77, 1999, pp. 358~64.

Habenstein Robert W. & Lamers, William M., *The History of American Funeral Directing*, Milwaukee: National Funeral Directors Association, 1985.

Harari, Yuval Noah, *Homo Deus: A Brief History of Tomorrow*, London: Harvill Secker, 2016.

Hauskeller, Michael, *The Meaning of Life and Death: Ten Classic Thinkers on the Ultimate Question*, London: Bloomsbury Academic, 2020.

Hegel, Georg Wilhelm Friedrich, *Werke in zwanzig Bänden*, eds., Eva Moldenhauer & Karl Markus Michel, 20 vols., Frankfurt a. M.: Suhrkamp, 1971ff.

Heidegger, Martin, "Sein und Zeit", in: Martin Heidegger, *Gesamtausgabe*, vol. 2, (ed.) Friedrich-Wilhelm von Herrmann, Frankfurt a. M.: Vittorio Klostermann, 1977.

———, "Vorträge", Martin Heidegger, *Gesamtausgabe*, vol. 80.1, (ed.) Günther Neumann, Frankfurt a. M.: Vittorio Klostermann, 2016.

Heine, Heinrich, *Buch der Lieder*, Hamburg: Hoffmann und Campe, 1827.

Hesse, Hermann, *Mit der Reife wird man immer jünger: Betrachtungen und*

Gedichte über das Alte, (ed.) Volker Michels, Frankfurt a. M.: Insel Verlag, 2010, 1st ed. 1990.

Heyse-Moore, Louis & Parkes, Collin M., *Speaking of Dying: A Practical Guide to Using Counselling Skills in Palliative Care*, London: Jessica Kingsley Publishers, 2009.

Hick, John, "Present and Future Life", *Harvard Theological Review* 71, 1978, pp. 1~15.

Hölderlin, Johann Christian Friedrich, "Der Tod des Empedokles", Johann Christian Friedrich Hölderlin, *Sämtliche Werke und Briefe: Hyperion, Empedokles, Aufsätze, Übersetzungen*, 3 vols., vol. 2, Frankfurt a. M.: Deutscher Klassiker Verlag, 1994.

Hugo, Victor, *Le dernier jour d'un condamné*, Paris: Librio, 2002.

Hume, David, *Essays on Suicide and the Immortality of the Soul*, Bristol: Thoemmes Press, 1992.

Jankélévitch, Vladimir, *La Mort*, Paris: Flammarion, 1966.

———, *Der Tod*, (trans.) Brigitta Restorff, Frankfurt a. M.: Suhrkamp, 2005.

Jaspers, Karl, *Philosophie*, 3 vols., München: Piper, 1994.

———, *Kleine Schule des philosophischen Denkens*, München: Piper, 1965.

Johansson, Jens, "The Timing Problem", in: Ben Bradley, Fred Feldman & Jens Johansson (eds.), *The Oxford Handbook of Philosophy of Death*, Oxford: Oxford University Press, 2013.

Joiner, Thomas, *Why People Die by Suicide*, Cambridge, MA: Harvard University Press, 2005.

Jones, Peter Vaughan, *Memento Mori: What the Romans Can Tell Us about Old Age and Death*, London: Atlantic Books, 2018.

Jones, William Henry S. (ed.), *Hippocrates Collected Works I*, Cambridge: Harvard University Press, 1868.

Kagan, Shelly, *Death*, New Haven: Yale University Press, 2012.

Kamm, Frances M., "Why Is Death Bad and Worse than Pre-Natal Non-Existence?", *Pacific Philosophical Quarterly* 69, 1988, pp. 161~64.

Kant, Immanuel, "Die Metaphysik der Sitten", Immanuel Kant, *Kants Gesammelte Schriften* (AA), Königliche Preußische Akademie der Wissenschaften zu Berlin, vol. 6, ed. P. Natorp, Berlin, 1907, pp. 203~493.

———, *Ethical Philosophy: The Complete Texts of Grounding for the Metaphysics*

of Morals, and Metaphysical Principles of Virtue, Part II of the Metaphysics of Morals, (trans.) James W. Ellington, Indianapolis: Hackett, 1983.
―――, Morality, Mortality, vol. 1: "Death and Whom to Save From It", Oxford: Oxford University Press, 1993.
Kärkkäinen, Veli-Matti, One with God: Salvation as Deification and Justification, Collegeville, Minnesota: Liturgical Press, 2004.
Kast, Verena, Trauern, Stuttgart: Kreuz, 1982.
Keller, Simon, "Welfare and the Achievement of Goals", Philosophical Studies 121, 2004, pp. 27~41.
Kennedy, Ludovic, Euthanasia: The Good Death, London: Chatto & Windus, 1990.
Kierkegaard, Søren A., Gesammelte Werke, (eds. & trans.) Emanuel Hirsch, et al., 31 vols., Gütersloh: Gütersloher Verlagshaus, 1980-1994.
Kiple, Kenneth F. (ed.), The Cambridge World History of Human Disease, Cambridge, U.K.: Cambridge University Press, 1993.
Kselman, Thomas A., Death and the Afterlife in Modern France, Princeton: Princeton University, 2014.
Kübler-Ross, Elisabeth, On Death and Dying: What the Dying Have to Teach Doctors, Nurses, Clergy & Their Own Families, New York: Macmillan, 1969.
―――, Death: The Final Stage of Growth, Englewood Cliffs, NJ: Prentice-Hall, 1975.
―――, AIDS: The Ultimate Challenge, New York: Simon & Schuster, 1988.
―――, On Life after Death, Berkeley, CA: Celestial Arts, 1991.
Lamont, Julian, "A Solution to the Puzzle of When Death Harms its Victims", Australasian Journal of Philosophy 76, 1998, pp. 198~212.
Le Goff, Jacques, La Naissance du purgatoire, Paris: Gallimard, 1981.
Leo, Jeffrey R. Di Leo (ed.), Dead Theory: Derrida, Death, and the Afterlife of Theory, New York: Bloomsbury Publishing, 2016.
Leibniz, Gottfried Wilhelm, Essais de Théodicée: sur la bonté de Dieu la liberté de l'homme et l'origine du mal, Paris: Flammarion S. A., 1969.
Levenbook, Barbara B., "Harming Someone After His Death", Ethics 94, 1984, pp. 407~19.
―――, "Welfare and Harm after Death", in: James Stacey Taylor (ed.), The Metaphysics and Ethics of Death, Oxford: Oxford University Press, 2013.

Levinas, Emmanuel, *Dieu, la mort et le temps*, Paris: Grasset, 1993.

———, *Altérité et transcendence*, Paris: Éditions Fata Morgana, 1995.

Lucianos, *Lucian*, (trans.) Austin Morris Harmon, 8 vols., Cambridge, Mass.: Harvard Univ. Press, 1913-1967.

Lucretius. *On the Nature of the Universe*. (trans. & intro.) Ronald Edward Latham, London: Penguin Classics, 1951.

Luper-Foy, Steven, "Annihilation", *The Philosophical Quarterly* 37, 1987, pp. 233~52.

———, *Invulnerability: On Securing Happiness*, Chicago: Open Court, 1996.

———, "Posthumous Harm", *American Philosophical Quarterly* 41, 2004, pp. 63~72.

———, "Past Desires and the Dead", *Philosophical Studies* 126, 2005, pp. 331~45.

———, *The Philosophy of Death*, Cambridge: Cambridge University Press, 2009.

———, "Adaptation", J. S. Taylor, ed., *The Metaphysics and Ethics of Death*, Oxford: Oxford University Press, 2013.

———, (ed.), *The Cambridge Companion to Life and Death*, Cambridge: Cambridge University Press, 2014.

Macho, Thomas H., *Todesmetaphern. Zur Logik der Grenzerfahrung*, Frankfurt a. M.: Suhrkamp, 1987.

Marcel, Gabriel, *Gegenwart und Unsterblichkeit*, Frankfurt a. M.: Knecht, 1961.

Marquart, Odo, *Endlichkeitsphilosophisches: Über das Altern*, Stuttgart: Reclam, 2013.

Martin, Michael & Augustine, Keith (eds.), *The Myth of an Afterlife: The Case against Life after Death*, Anham, MD: Roman and Littlefield, 2015.

McLean, Sheila A. M. (ed.), *Death, Dying & the Law*, Aldershot: Dartmouth, 1996.

McMahan, Jeff, "Death and the Value of Life", *Ethics* 99, 1988, pp. 32~61.

———, *The Ethics of Killing: Problems at the Margins of Life*, New York: Oxford University Press, 2002.

Meister Eckhart, *Meister Eckhart Werke*, (trans.) Josef Quint, et al., (ed. & com.) Niklaus Largier, 2 vols., Frankfurt a. M.: Deutscher Klassiker Verlag, 1993.

———, *Meister Eckhart: A Modern Translation*, (trans.) Raymond Bernard Blakney, New York: Harper & Row, 1941.

Metcalf, Peter & Richard, Huntington, *Celebrations of Death: The Anthropology of Mortuary Ritual*, Cambridge: Cambridge University Press, 1991.
Mews, Constant J., *The Lost Love Letters of Heloise and Abelard*, New York: Palgrave, 1999.
Mill, John Stuart, *Utilitarianism*, London: Parker, Son, and Bourn, 1863.
Mitscherlich, Alexander, & Mitscherlich, Margarete, *Die Unfähigkeit zu trauern. Grundlagen kollektiven Verhaltens*, München: Piper, 1967,
Montaigne, Michel de, *Essais*, Paris: Hachette, 1960.
Murphy, Karen & Whorton, Bob (eds.), *Chaplaincy in Hospice and Palliative Care*, London: Jessica Kingsley Publishers, 2017.
Nabokov, Vladimir, *The Original of Laura (Dying is Fun)*, New York: Knopf, 2009.
Nagel, Thomas, "Death", *Noûs* 4, 1970, pp. 73~80.
―――, "Death", in: Thomas Nagel, *Mortal Questions*, Cambridge: Cambridge University Press, 1973, pp. 1~10.
―――, *The View From Nowhere*, Oxford: Oxford University Press, 1986.
Nash, Paul, *Supporting Dying Children and Their Families: A Handbook for Christian Ministry*, London: SPCK, 2011.
Nietzsche, Friedrich, *Nietzsche Werke, Kritische Gesamtausgabe*, Berlin: Walter de Gruyter Verlag, 1967ff.
Noll, Peter, *In the Face of Death*, London: Viking Penguin, 1990.
Novalis, *Schriften*, (eds.) Paul Kluckhohn & Richard Samuel, et al., 6 vols., Stuttgart: Kohlhammer, 1960ff.
Nozick, R., "On the Randian Argument"(1971), *The Personalist*, reprinted in: J. Paul, ed., *Reading Nozick*, Totowa, NJ: Rowman & Littlefield, 1981.
Nuland, Sherwin B., *How We Die*, London: Chatto & Windus, 1994.
Nussbaum, Martha, "The Damage of Death: Incomplete Arguments and False Consolations", James Stacey Taylor (ed.), *The Metaphysics and Ethics of Death*, Oxford: Oxford University Press, 2013.
Ogden, Russel, *Euthanasia, Assisted Suicide & AIDS*, Pitt Meadows, British Columbia: Perreault Goedman Publishing, 1994.
―――, *The Human Animal*, Oxford: Oxford University Press, 1997.
―――, *What Are We? A Study in Personal Ontology*, Oxford: Oxford University Press, 2007.

Overvold, Mark C., "Self-Interest and the Concept of Self-Sacrifice", *Canadian Journal of Philosophy* 10, 1980, pp. 105~18.

───, "Self-Interest and Getting What You Want", in: Harlan B. Miller & William Williams (eds.), *The Limits of Utilitarianism*, Minneapolis: University of Minnesota Press, 1982, pp. 185~94.

Ovidius, Publius, *Metamorphoses*, (ed.) Williams S. Anderson, München; Leipzig: Saur, 2001.

Pallis, Christopher, "ABC of Brain Stem Death", *British Medical Journal* 285, 1982, pp. 1487~90.

Pannenberg, Wolfhart, *Jesus - God and Man*, (trans.) Lewis L. Wilkins & Duane A. Priebe, London: S.C.M. Press, 1968.

───, *What Is Man? Contemporary Anthropology in Theological Perspective*, (trans.) Duane A. Priebe, Philadelphia: Fortress Press, 1970.

Parfit, Derek, *Reasons and Persons*, Oxford: Clarendon Press, 1984.

Parsons, Talcott, "Death in American Society, A Brief Working Paper", *American Behavioral Scientist* 6, 1963, pp. 61~65.

───, "Death in the Western World", in: Stephen G. Post (ed.), *Encyclopedia of Bioethics*, New York: Macmillan, 2004, pp. 587~94.

Pascal, Blaise, *Pensées*, (ed.) Philippe Sellier, Paris: Bordas, 1991.

───, *Pensees*, (trans. & intro.) Alban J. Krailsheimer, New York: Penguin Books, 1995.

Peach, Filiz, *Death, 'Deathlessness' and Existenz in Karl Jaspers' Philosophy*, Edinburgh: Edinburgh University Press, 2008.

Pearson, Mike Parker, *The Archaeology of Death and Burial*, Gloucestershire, UK: The History Press, 1999.

Perry, John (ed.), *Personal Identity*, Berkeley: University of California Press, 1975.

Pitcher, George, "The Misfortunes of the Dead", *American Philosophical Quarterly* 21, 1984, pp. 217~25.

Platon, *Phaedo*, (trans.) Reginald Hackforth, Indianapolis: Bobbs-Merrill, 1955.

───, *The Symposium*, (trans.) Walter Hamilton, Harmodsworth: Penguin, 1951.

───, *The Apology of Plato*, (ed.) St. George Stock, Oxford: Clarendon, 1953.

───, *Apologie und Kriton: nebst Abschnitten aus dem Phaidon und Symposion*, (ed.) Ferdinand Roesiger, Berlin: Verlag von B. G. Teubner, 1913.

Plotinus, *The Enneads*, ed. Lloyd P. Gerson, trans. George Boys-Stones, et al., New York: Cambridge University Press, 2018.

Pomponazzi, Pietro, *Abhandlung über die Unsterblichkeit der Seele*, Lateinisch-Deutsch, (trans. & ed.) Burkhard Mojsisch, Hamburg: Felix Meiner, 1990.

Portmore, Douglas W., "Desire Fulfillment and Posthumous Harm", *American Philosophical Quarterly* 44, 2007, pp. 227~38.

Preti, Antonio, "Suicide among Animals: A Review of Evidence", *Psychological Reports* 101, 2007, pp. 831~48.

Proust, Marcel, *À la recherche du temps perdu*, 7 vols., Paris: Grasset & Gallimard, 1913-1927.

―, *Remembrance of Things Past*, trans. Charles Kenneth Scott-Moncrieff & Stephen Hudson, 3 vols., London: Penguin Classics, 2016.

Quinn, Warren, "Abortion: Identity and Loss", *Philosophy and Public Affairs* 13, 1984, pp. 24~54.

Rachels, James, *The End of Life: Euthanasia and Morality*, Oxford: Oxford University Press, 1986.

Ramsden, Edmund, & Wilson, Duncan, "The Nature of Suicide: Science and the Self-Destructive Animal", *Endeavour* 34, 2010, pp. 21~24.

Rawls, John, *A Theory of Justice*, Cambridge: Harvard University Press, 1971.

Rosenbaum, Stephen E., "How to Be Dead and Not Care: A Defense of Epicurus", *American Philosophical Quarterly* 23, 1986, pp. 217~25.

Rosenberg, Jay, *Thinking Clearly About Death*, Englewood Cliffs, NJ: Prentice-Hall, 1983.

―, "Epicurus and Annihilation", *Philosophical Quarterly* 39, 1989, pp. 81~90.

Roth, Randolph, *American Homicide*, Cambridge: Harvard University Press, 2009.

Rousseau, Jean-Jacques, "Emile ou De l'Éducation", in: Jean-Jacques Rousseau, *Œvres Complètes de Jean-Jacques Rousseau*, vol. IV, Texte établi par Charles Wirz, présenté et annoté par Pierre Burgelin, Paris: Bibliothèque de la Pléiade, 1969.

Sarat, Austin (ed.), *The Killing State: Capital Punishment in Law, Politics, and Culture*, New York; Oxford: Oxford University Press, 1998.

Scanlon, Thomas, *What We Owe to Each Other*, Cambridge: Harvard University Press, 1998.
Scheffler, Samuel, *Death and the Afterlife*, Oxford: Oxford University Press, 2016.
Schneidman, Edwin S. *The Suicidal Mind*, Oxford: Oxford University Press, 1996.
Scheler, Max, "Tod und Fortleben", in: Max Scheler, *Gesammelte Werke*, vol. 10: Schriften aus dem Nachlass, vol. 1: "Zur Ethik und Erkenntnistheorie", Bonn: Bouvier, 1987, pp. 9~64.
─── , "Altern und Tod (Vorlesung 1923/24: Das Wesen des Todes)", in: Max Scheler, *Gesammelte Werke*, vol. 12: Schriften aus dem Nachlass, ed. Manfred Frings, vol. 3: "Philosophische Anthropologie", Bonn: Bouvier, 1987, pp. 253~327.
─── , "Weitere Aufzeichnungen zu Altern und Tod", in: Max Scheler, *Gesammelte Werke*, vol. 12: Schriften aus dem Nachlass, ed. Manfred Frings, vol. 3: "Philosophische Anthropologie", Bonn: Bouvier, 1987, pp. 331~41.
─── , *Die Stellung des Menschen im Kosmos*, Darmstadt: O. Reichl, 1928.
Schelling, Friedrich Wilhelm Joseph, *Brief über den Tod Carolines vom 2. Oktober 1809 an Immanuel Niethammer*, (ed.) Johann Ludwig Döderlein, Stuttgart-Bad Cannstatt: Frommann-Holzboog, 1975.
Schiller, Friedrich, *Werke und Briefe*, (ed.) Gerog Kurscheidt, 12 vols., Frankfurt a. M.: Deutscher Klassiker Verlag, 1992.
Schneider, Michel, *Morts Imaginaires*, Paris: Édition Grasset & Fasquelle, 2003.
Schnitzler, Arthur, *Sterben*. Historisch-kritische Ausgabe, Berlin: De Gruyter, 2012.
Schmitt, Carl, *Politische Theologie: Vier Kapitel zur Lehre von der Souveränität*, Berlin: Duncker und Humblot, 2009, 1st ed. 1922.
Schopenhauer, Arthur, "Die Welt als Wille und Vorstellung", in: Arthur Schopenhauer, *Werke in zehn Bänden, Zürcher Ausgabe*, vol. 1~4, Zürich: Diogenes Verlag, 1977.
Seguin, Marilynne, *A Gentle Death*, Toronto: Key Porter Books, 1994.
Shavelson, Lonny, *A Chosen Death - The Dying Confront Assisted Suicide*, New York: Simon & Schuster, 1995.
Silverstein, Harry S., "The Evil of Death", *Journal of Philosophy* 77, 1980, pp.

401~24.
───, "The Evil of Death Revisited", *Midwest Studies in Philosophy* 24, 2000, pp. 116~35.
───, "The Evil of Death One More Time: Parallels between Time and Space", in: James Stacy Taylor (ed.), *The Metaphysics and Ethics of Death*, Oxford: Oxford University Press, 2013.
Simmel, Georg, "Zur Metaphysik des Todes", in: Georg Simmel, *Gesamtausgabe in 24 Bänden*, vol. 12: Aufsätze und Abhandlungen 1909-1918, vol. I, (eds.) Rüdiger Kramme & Angela Rammstedt, Frankfurt a. M.: Suhrkamp, 2001.
Singer, Peter, *Rethinking Life & Death – The Collapse of our Traditional Ethics*, Oxford: Oxford University Press, 1995.
Snowdon, Paul F., "Persons, Animals, and Ourselves", in: Christopher Gill (ed.), *The Person and the Human Mind: Issues in Ancient and Modern Philosophy*, Oxford: Oxford University Press, 1990.
Spinoza, Benedictus de, *Die Ethik*, Lateinisch und Deutsch, (trans.) Jakob Stern, Stuttgart: Reclam, 1977.
Suits, David B., "Why Death Is Not Bad for the One Who Died", *American Philosophical Quarterly* 38, 2001, pp. 269~84.
Szabo, John F., *Death and Dying: An Annotated Bibliography of the Thanatological Literature*, Lanham, MD: The Scarecrow Press, Inc., 2010.
Taylor, James Stacy (ed.), *The Metaphysics and Ethics of Death*, Oxford: Oxford University Press, 2013.
Tercier, John, "The Pornography of Death", in: Hans Maes (ed.), *Pornographic Art and the Aesthetics of Pornography*, London: Palgrave Macmillan, 2013.
Unamuno, Miguel de, *The Tragic Sense of Life in Men and Nations*, (trans.) Anthony Kerrigan, Princeton: Princeton University Press, 1972.
Van Inwagen, Peter, *Material Beings*, Ithaca: Cornell University Press, 1990.
Vorobej, Mark, "Past Desires", *Philosophical Studies* 90, 1998, pp. 305~18.
Warren, James, *Facing Death: Epicurus and his Critics*, Oxford: Clarendon Press, 2004.
Weber, Max, "Wirtschaft und Gesellschaft. Religiöse Gemeinschaften", in: Max Weber, *Gesamtausgabe*, vol. I/22,2, (ed.) Hans G. Kippenberg, Tübingen: J. C. B. Mohr, 2001.
───, "Wissenschaft als Beruf", "Politik als Beruf", in: Max Weber,

Gesamtausgabe, vol. 17, (eds.) Wolfgang J. Mommsen, et al., Tübingen: J. C. B. Mohr, 1992.

Whorton, Bob, *Voices from the Hospice: Staying with Life Through Suffering and Waiting*, London: SCM Press, 2015.

Williams, Bernard, "The Makropulos Case: Reflections on the Tedium of Immortality", in: Bernard Williams (ed.), *Problems of Self: Philosophical Papers 1956-1972*, Cambridge: Cambridge University Press, 1973.

Williston, Glenn & Johnstone, Judith, *Soul Search: Spiritual Growth Through a Knowledge of Past Lifetimes*, Wellingborough, Northamptonshire: The Aquarian Press, 1983.

Wittwer, Héctor, *Philosophie des Todes*, Stuttgart: Reclam, 2009.

——, et al. (eds.), *Sterben und Tod - Geschichte, Theorie, Ethik. Ein interdisziplinäres Handbuch*, Stuttgart: J. B. Metzler, 2010.

——, (ed.), *Der Tod: Philosophische Texte von der Antike bis zur Gegenwart*, Stuttgart: Reclam, 2014.

Wittgenstein, Ludwig, *Tractatus Logico-Philosophicus*, New York: Harcourt, 1922.

Yourgrau, Palle, *Death and Nonexistence*, Oxford: Oxford University Press, 2019.

3. 인터넷 자료

「아리스토텔레스 曰, 낙태 OK!」, 『덕성여대신문』, 2010년 3월 13일, http://www.dspress.org/news/articleView.html?idxno=2962. (검색일: 2022년 12월 4일).

「에테르」, 『다음백과』, https://100.daum.net/encyclopedia/view/b15a2349a (검색일: 2022년 12월 3일).

「체화(體化)」, 『표준국어대사전』 https://ko.dict.naver.com/#/entry/koko/7b640ae23a7148c8854da7a9d3399402 (검색일: 2023년 1월 12일).

「콜레라」, 『위키 백과: 우리 모두의 백과사전』, https://ko.wikipedia.org/wiki/%EC%BD%9C%EB%A0%88%EB%9D%BC (검색일: 2022년 12월 19일).

「탈혼」(한: 脫魂/ 라: ecstasis/ 영: ecstasy), 『가톨릭 대사전』, https://maria.catholic.or.kr/dictionary/term/term_view.asp?ctxtIdNum=3689&k

eyword=&gubun=01 (검색일: 2023년 2월 27일).

「호스피스」, 『위키 백과: 우리 모두의 백과사전』, https://ko.wikipedia.org/wiki/%ED%98%B8%EC%8A%A4%ED%94%BC%EC%8A%A4 (검색일: 2022년 12월 3일).

Michelangelo Quotes, https://www.michelangelo-gallery.com/quotes.aspx (검색일: 2021년 10월 31일).

인명 찾아보기
(신화적 또는 가상의 존재 포함)

|ㄱ|

갈릴레이, 갈릴레오(Galilei, Galileo) 359
게리온(Geryon) 504
고러, 제프리(Gorer, Geoffrey) 278~80, 612
고르곤(Gorgon) 504
괴테, 요한 볼프강 폰(Goethe, Johann Wolfgang von) 10, 26, 27, 29, 156, 158, 411
그레인저, 로저(Grainger, Roger) 600

|ㄴ|

나보코프, 블라디미르(Nabokov, Vladimir) 319
네메시스(Nemesis) 102
노발리스(Novalis=Friedrich von Hardenberg) 37, 59, 69, 70, 73~75, 79, 89, 97, 105, 106, 149, 150, 180~82, 190, 213, 214, 220, 228, 425, 435~38, 477, 488, 489, 539, 611
뉴턴, 아이작(Newton, Isaac) 123
니소스(Nisos) 516
니체, 프리드리히(Nietzsche, Friedrich) 58, 59, 104, 105, 168, 238, 291, 296, 300, 303~05, 313~15, 385, 395, 396, 398, 560, 561, 611
니컬스, 로이(Nichols, Roy) 595, 597
니컬스, 제인(Nichols, Jane) 595, 597

|ㄷ|

단테(Dante) 14, 91, 102, 514, 515, 517
대(大)카토(Marcus Porcius Cato) 121, 122
던, 존(Donne, John) 55, 73, 79, 88, 97, 131, 132, 160, 173, 179, 180, 210, 224, 228, 230, 393, 408, 409, 466, 547, 611
데리다, 자크(Derrida, Jacques) 13, 390, 404, 406
데메테르(Demeter) 494
데모크리토스(Demokritos) 53~55, 109, 123, 153, 154, 191, 192, 205, 425~27, 449, 572
데카르트, 르네(Descartes, René) 9, 11, 13, 454, 455, 473, 474

뒤르켐, 에밀(Durkheim, Émile) 12, 68,
　　98, 330~36
들뢰즈, 질(Deleuze, Gilles) 257, 289, 290
디오게네스(Diogenes of Sinope) 226,
　　574, 575, 579
디오티마(Diotima of Mantinea) 537
디카이아르코스(Dikaiarchos) 473

| ㄹ |

라이프니츠, 고트프리트 빌헬름(Leibniz,
　　Gottfried Wilhelm) 410, 411, 424,
　　434, 437, 446, 447, 459, 464, 475, 477,
　　479
라케시스(Lachesis) 498
랑크, 오토(Rank, Otto) 252
레비나스, 에마뉘엘(Levinas, Emmanuel)
　　13, 239, 244, 247, 251, 258, 259, 266,
　　267, 271~74, 281, 284, 285, 289, 290,
　　301, 302, 305, 306, 390, 405, 593, 612
레싱, 테오도르(Lessing, Theodor) 63
레아(Rhea) 493
레우키포스(Leucippus) 54, 55, 109, 123,
　　153, 191, 192, 205, 426, 427
로랭, 장(Lorrain, Jean) 316
로물루스(Romulus) 501
로크, 존(Locke, John) 388
루소, 장-자크(Rousseau, Jean-Jacques)
　　85, 86, 195, 196, 388, 411, 519, 520
루크레티아(Lucretia) 328, 339, 340
루크레티우스(Lucretius) 10, 31, 48, 77,
　　155, 187, 223, 226, 449, 450, 471, 472,
　　499, 500, 567
루키아노스(Lucianos of Samosata) 573,
　　574
루킬리우스(Lucilius) 31, 76, 87, 100, 111,
　　112, 172, 193, 224, 226, 234, 344, 391,
　　473
루터, 마르틴(Luther, Martin) 359
르 고프, 자크(Goff, Jacques Le) 511, 512

리쿠르고스(Lycurgos) 605
릴케, 라이너 마리아(Rilke, Rainer Maria)
　　50, 88, 124, 125, 227, 239, 316, 317

| ㅁ |

마돌, 자크(Madaule, Jacques) 5
마르셀, 가브리엘(Marcel, Gabriel) 592~94
마르쿠스 아우렐리우스(Marcus Aurelius)
　　32, 45, 110, 111, 128, 209, 210, 219,
　　450, 451, 459, 476, 554, 555
마르크바르트, 오도(Marquard, Odo) 9,
　　113, 114, 118, 119, 126~28, 130, 136,
　　153, 260, 261, 270, 311, 312
마르크스, 카를(Marx, Karl) 13, 130, 405
마르키우스, 안쿠스(Marcius, Ancus) 395
마이어스, 프레더릭 W. H.(Myers, Frederic
　　W. H.) 461
만, 토마스(Mann, Thomas) 92, 94, 95,
　　239, 263
맬서스, 토머스(Malthus, Thomas) 336
메난드로스(Menander Rhetor) 588
메노이케우스(Menoeceus) 82, 171
모랭, 에드가(Morin, Edgar) 13, 405
모어, 토머스(More, Thomas) 14, 90, 102,
　　132, 133, 148, 341, 377~79, 396, 397,
　　517~19, 578, 588, 610
몽테뉴, 미셸 드(Montaigne, Michel de) 9,
　　10, 36, 48, 62, 136~38, 156, 162, 163,
　　226, 348, 349, 555, 605, 610
몽테스키외(Montesquieu) 383
무함마드(Muhammad) 53, 530
므두셀라(Methuselah) 14
미처리히, 마르가레테(Mitscherlich,
　　Margarete) 594
미처리히, 알렉산더(Mitscherlich,
　　Alexander) 594
미켈란젤로(Michelangelo Buonarroti)
　　230, 277
미트라(Mitra) 494

|ㅂ|

바르발리, 마르치오(Barbagli, Marzio) 335
바울(Paul) 13, 463, 540, 542
바흐오펜, 요한 야코프(Bachofen, Johann Jakob) 318
반스, 줄리언(Barnes, Julian) 15, 568
베드로(Peter) 53
베르길리우스(Vergilius) 14, 502~04, 514
베버, 막스(Weber, Max) 246, 272, 443
베아트리체(Beatrice Portinari) 14, 514
베츠, 프란츠(Wetz, Franz) 118, 126, 127, 130, 260, 270
베커, 어니스트(Becker, Ernest) 252
벤야민, 발터(Benjamin, Walter) 27, 239
벨리오스, 알렉산드로스(Velios, Alexandros) 364~66, 402, 404, 552
보들레르, 샤를(Baudelaire, Charles) 24, 189, 190, 221, 228, 580
보부아르, 시몬 드(Beauvoir, Simone de) 260, 261
보에티우스(Boethius) 223, 235, 236, 449, 450
보우커, 존(Bowker, John) 607
브라운, 노먼(Brown, Norman) 252
브라헤, 튀코(Brahe, Tycho) 478
브루투스(Lucius Junius Brutus) 236, 339, 359
브리아레오스(Briareos) 503, 504
블라바츠키, 헬레나(Blavatsky, Helena) 229, 523~26
블랑쇼, 모리스(Blanchot, Maurice) 267
블로흐, 에른스트(Bloch, Ernst) 239, 261, 262, 306, 318, 399, 522, 527~32
블루멘베르크, 한스(Blumenberg, Hans) 260
비코, 잠바티스타(Vico, Giambattista) 589, 590
비탈리스(Vitalis of Savigny) 39, 201
비트겐슈타인, 루트비히(Wittgenstein, Ludwig) 8, 60, 61, 271, 418, 419, 562, 563

|ㅅ|

사르트르, 장-폴(Sartre, Jean-Paul) 11, 42~44, 75, 239, 243, 244, 247, 248, 251, 255, 256, 282, 288, 289, 315, 612
사투르누스(Saturnus) 188, 555
샤를마뉴(Charlemagne) 604
세네카(Seneca) 10, 31, 32, 61, 76, 77, 79, 80, 87, 100, 101, 111, 112, 149, 172, 173, 192, 193, 224, 226, 234, 235, 344~48, 391, 473, 577, 590
셸러, 막스(Scheler, Max) 38, 46, 110, 158, 239~42, 257, 261, 264, 265, 287, 291, 292, 295, 300, 301, 323, 324, 396, 416~18, 424, 425, 453, 455, 526, 527, 581, 582, 612
셸링, 카롤리네(Schelling, Caroline) 591
셸링, 프리드리히 빌헬름 요제프 폰(Schelling, Friedrich Wilhelm Joseph von) 590, 591
소로, 헨리 데이비드(Thoreau, Henry David) 580
소크라테스(Socrates) 6, 9, 10, 35, 36, 87, 119~21, 133, 150, 154, 169~73, 184, 185, 196, 198, 217, 218, 225, 226, 228, 336, 337, 366, 374, 375, 427, 448, 457, 458, 481, 482, 495, 496, 499, 537, 571~75, 579, 610
소포클레스(Sophocles) 120, 121, 124, 186, 394
쇼펜하우어, 아르투어(Schopenhauer, Arthur) 11, 24, 44~46, 55, 214, 226, 228, 236, 276, 351~53, 413, 415, 419, 434, 460, 509
슈나이더, 미셸(Schneider, Michel) 227, 319, 321, 322
슈나이드먼, 에드윈(Schneidman, Edwin) 335

슈니츨러, 아르투어(Schnitzler, Arthur) 294
슈미트, 카를(Schmitt, Carl) 274
슈타이너, 루돌프(Steiner, Rudolf) 442
스위프트, 조너선(Swift, Jonathan) 15
스킬라(Scylla) 504
스토바이오스, 조엔(Stobaios, Joannes) 426
스펄링, 요한(Sperling, Johann) 475
스펜서, 에드먼드(Spenser, Edmund) 469
스피노자, 베네딕투스 데(Spinoza, Benedictus de) 29, 30, 78, 341, 342, 476, 477
시빌라(Sibylla) 503
실러, 프리드리히(Schiller, Friedrich) 560
심미아스(Simmias of Thebes) 225, 448

| ㅇ |

아가멤논(Agamemnon) 498
아낙사고라스(Anaxagoras) 217, 574, 575, 579
아낭케(Ananke) 498
아리스토크세노스(Aristoxenos) 473
아리스토텔레스(Aristoteles) 13, 53, 289, 374, 376, 410, 424, 425, 427~32, 434, 435, 439, 443, 447, 452, 461, 465, 471, 472, 474, 476, 480, 484, 485, 489, 505
아리에스, 필립(Ariès, Philippe) 6, 15, 152, 153, 241, 277, 325, 401
아메리, 장(Améry, Jean) 9, 12, 24, 89, 112, 113, 115, 116, 130, 134~36, 138, 163, 164, 247, 251, 252, 259, 274, 302, 310, 320, 357~63, 366, 367, 370, 400, 401, 583, 594
아베로에스(Averroes) 452
아벨라르, 피에르(Abelard, Pierre) 39, 201, 475
아스클레피오스(Asklepios) 572
아에티오스(Aëtios) 425

아우구스티누스(Augustinus) 13, 42, 52, 53, 83, 104, 144, 147, 161, 162, 193, 194, 198~200, 202, 204, 284, 307, 337~40, 360, 377, 395, 406, 431, 432, 446, 447, 458, 463, 489, 490, 509~13, 525, 540, 541, 543, 544, 578, 579, 584, 585, 610
아이네아스(Aeneas) 502, 503
아이아스(Aias) 498
아인슈타인, 알베르트(Einstein, Albert) 446
아킬레우스(Achilleus) 498
아폴론(Apollo) 503
안키세스(Anchises) 502
알렉산드로스, 아프로디시아스의 (Alexander of Aphrodisias) 452
알렉산드로스 대왕(Alexandros the Great) 210
알크마이온(Alkmaion) 480
알키노오스(Alcinoos) 496
야나체크, 레오시(Janáček, Leoš) 564, 565
야스퍼스, 카를(Jaspers, Karl) 11, 98, 239, 268, 269, 280, 317, 318, 343, 344, 355~57, 370, 561, 562, 612
에라스무스(Erasmus) 379
에르(Er) 496~98
에릭시마코스(Eryximachus) 80
에머슨, 랠프 월도(Emerson, Ralph Waldo) 52, 53, 86, 183, 184, 384, 385, 393
에우리알로스(Euryalus) 516
에케크라테스(Echecrates of Phlius) 572
에크하르트, 마이스터(Eckhart, Meister) 29, 30, 202, 204, 226, 425, 433, 463, 464, 483, 485, 487, 488, 543, 544, 546, 610
에피쿠로스(Epicuros) 5, 10, 11, 13, 47, 48, 81~83, 154, 171, 173~78, 187, 192, 218, 226, 242, 248, 419, 449, 472, 538, 554, 572, 573, 610, 613
에픽테토스(Epictetus) 101, 206~09, 224,

226
엔니우스, 퀸투스(Ennius, Quintus) 501
엘로이즈(Héloïse) 39, 201
엘리아스, 노르베르트(Elias, Norbert) 40, 41, 129, 130, 151~53, 160, 239, 258, 261, 268, 275, 280, 283, 309, 317
엘리엇, 토머스(Eliot, Thomas) 52
엠페도클레스(Empedocles) 30, 34, 36, 37, 53, 54, 212, 321, 425
예수(Jesus Christ) 53, 92, 102, 231, 314, 340, 510, 530, 549
오디세우스(Odysseus) 495, 498
오르페우스(Orpheus) 472, 494, 498
오비디우스(Ovidius) 188, 472
오시안(Ossian) 580
오이디푸스(Oedipus) 186
오컴, 윌리엄(Ockham, William) 474, 483, 484
오토 1세(Otto I) 604
요한(John) 53
우나무노, 미겔 데(Unamuno, Miguel de) 50, 71, 72, 84, 91, 92, 263, 295, 354, 355, 443, 444, 460, 461, 524~26, 551, 591, 592
위(僞)디오니시우스(Pseudo-Dionysius) 463
위고, 빅토르(Hugo, Victor) 220, 221, 232, 316
윌리스턴, 글렌(Williston, Glenn) 72, 276, 307, 308
윌리엄스, 버나드(Williams, Bernard) 11, 15, 41, 564~67
융, 카를(Jung, Carl) 14, 334
이반 3세(Ivan III) 604
이시스(Isis) 494

| ㅈ |

장켈레비치, 블라디미르(Jankélévitch, Vladimir) 5, 11, 13, 239, 240, 243, 262, 276, 278, 324, 405, 614
제너트, 다니엘(Sennert, Daniel) 475
제우스(Zeus) 120, 493
제임스, 윌리엄(James, William) 168, 175, 176
조이너, 토머스(Joiner, Thomas) 335
존스, 피터(Jones, Peter) 493, 495, 500, 501
진시황(秦始皇) 536
짐멜, 게오르크(Simmel, Georg) 40

| ㅊ |

차페크, 카렐(Čapek, Karel) 564, 565
츠바이크, 슈테판(Zweig, Stefan) 245

| ㅋ |

카, 에드워드 H.(Carr, Edward H.) 41
카뮈, 알베르(Camus, Albert) 8, 11, 27, 28, 94, 96, 247, 248, 283, 296, 297, 363, 364, 370, 388, 389, 583, 584
카밀라(Camilla) 516
카바니스, 크리스티앙(Chabanis, Christian) 258
카스트, 베레나(Kast, Verena) 584~87, 597~99
카슨, 레이첼(Carson, Rachel) 293, 321
카유아, 로제(Caillois, Roger) 58
카이사르, 율리우스(Caesar, Julius) 359
칸트, 이마누엘(Kant, Immanuel) 11, 12, 82, 83, 128, 136, 342, 343, 379~82, 434, 435, 454, 468, 469, 509
칼리굴라(Caligula) 371, 404
캠벨, 조지프(Campbell, Joseph) 33
케베스(Kebes) 336, 481
케이건, 셸리(Kagan, Shelly) 240, 286, 287, 325
케이브, 스티븐(Cave, Stephen) 306, 307
케팔로스(Kephalos) 120, 124

켄타우로스(Centauros) 503, 504
코엔 형제(Joel & Ethan Coen) 131
코페르니쿠스, 니콜라우스(Copernicus, Nicolaus) 478
코흐, 로베르트(Koch, Robert) 94
콜라티누스(Lucius Tarquinius Collatinus) 339
콩트, 오귀스트(Comte, Auguste) 234
쿠자누스, 니콜라우스(Cusanus, Nicolaus) 408, 433, 434
퀴블러-로스, 엘리자베스(Kübler-Ross, Elisabeth) 9, 51, 99, 139~44, 240, 253, 254, 271, 297, 298, 325, 444, 445, 468, 492, 533, 534, 594, 595
퀸, 소피 폰(Kühn, Sophie von) 106
크로노스(Chronos) 493
크리츨리, 사이먼(Critchley, Simon) 329, 366~70
크리톤(Kriton) 196, 197, 571, 572, 574
키론(Chiron) 555
키르케고르, 쇠렌(Kierkegaard, Søren) 8, 11, 25, 26, 102~04, 138, 216, 235, 252, 270, 354
키메라(Chimera) 504
키케로(Cicero) 8, 10, 121, 122, 129, 131, 156, 171, 172, 186, 187, 205, 206, 228, 405, 406, 430, 431, 447, 458, 465, 473, 482, 499~502, 574~77, 604, 605

| ㅌ |

타르퀸(Lucius Tarquinius Superbus) 339
탈레스(Thales) 34, 425, 461, 480
테르툴리아누스(Tertullianus) 377
테이레시아스(Teiresias) 495
토마스 아퀴나스(Thomas Aquinas) 13, 219, 360, 377, 397, 403, 452, 458, 459
토인비, 아널드(Toynbee, Arnold) 102
톨스토이, 레프(Tolstoy, Lev) 14, 38, 49, 60, 64, 97, 123, 149, 150, 182, 216, 222, 225, 226, 228, 233, 416, 439~41, 444, 522, 523
투르누스(Turnus) 516

| ㅍ |

파르메니데스(Parmenides) 53, 54, 425, 470
파스칼, 블레즈(Pascal, Blaise) 55, 56, 84, 92, 105, 111, 194, 195, 203, 226, 227, 231, 232, 272, 393, 459, 474
페르세포네(Persephone) 493
페히너, 구스타프(Fechner, Gustav) 521, 522, 539
포세이돈(Poseidon) 493
포이어바흐, 루트비히(Feuerbach, Ludwig) 23, 62, 177~79, 196, 204, 215, 216, 230, 231, 240, 322, 323, 432, 438, 439, 549~52, 611
폴리비오스(Polybios) 587
폼포나치, 피에트로(Pomponazzi, Pietro) 452, 453
폼필리우스, 누마(Pompilius, Numa) 395
푸코, 미셸(Foucault, Michel) 70, 71
프랑코, 프란시스코(Franco, Francisco) 400~02
프로이트, 지크문트(Freud, Sigmund) 5, 11, 98, 99, 230, 231, 239, 240, 245, 246, 249, 250, 252, 254~57, 280, 334, 386~88, 396, 440, 441, 443, 446, 539, 540, 547, 586, 605, 611
프루스트, 마르셀(Proust, Marcel) 114, 115, 151, 239, 245, 246, 250, 299, 462, 612
프톨레마이오스(Ptolemaios) 478
플라톤(Platon) 10, 13, 35, 80, 81, 119, 154, 184, 218, 219, 225, 229, 337, 374, 407, 426, 427, 431, 447, 448, 452, 465, 466, 470~72, 481, 496, 505, 507, 509,

571
플로티노스(Plotinos) 9, 219, 226, 407, 408, 442, 466, 504~09
플리니우스(Gaius Plinius Secundus) 156, 394
피어슨, 마이크 파커(Pearson, Mike Parker) 553, 600, 601, 603, 604
피타고라스(Pythagoras) 14, 154, 426, 455, 456, 470, 494
핑크, 오이겐(Fink, Eugen) 239, 240, 285, 324, 455, 582

| ㅎ |

하데스(Hades) 54
하라리, 유발(Harari, Yuval) 514
하르피이아(Harpyia) 504
하우스켈러, 미하엘(Hauskeller, Michael) 563
하이네, 하인리히(Heine, Heinrich) 59, 228
하이데거, 마르틴(Heidegger, Martin) 11, 23, 40, 239, 255, 265~69, 289, 300, 305, 310~12, 317, 355, 532, 612

헤겔, 게오르크 빌헬름 프리드리히(Hegel, Georg Wilhelm Friedrich) 8, 24, 38, 68, 69, 109, 110, 182, 183, 212, 213, 223, 236, 289, 358, 383, 384, 412, 413
헤라클레스(Heracles) 188, 495
헤라클레이토스(Heracleitos) 34, 35, 168, 228
헤르쿨레스(Hercules) → 헤라클레스
헤세, 헤르만(Hesse, Hermann) 57, 116, 117, 125, 126, 131, 239, 250, 302, 303
헨리 8세(Henry VIII) 102
호메로스(Homeros) 494, 495
홉스, 토머스(Hobbes, Thomas) 388
횔덜린, 프리드리히(Hölderlin, Friedrich) 36, 37, 211, 212, 460
흄, 데이비드(Hume, David) 11, 12, 196, 349~51, 453
히드라(Hydra) 504
히틀러, 아돌프(Hitler, Adolf) 392, 594
히포크라테스(Hippocrates) 67, 87, 254, 397
히폰(Hippon) 425
히피아스(Hippias) 461

사항 찾아보기

4원소(물, 불, 공기, 흙) 431
4차 산업혁명 14, 536
COVID-19(코로나19) 65

| ㄱ |

가능태(可能態, 잠재태, dynamis) 408, 428, 429
감각혼(感覺魂) 458, 459
강령술(降靈術) 495
강신술(降神術) 505
개인주의(個人主義) 211, 333, 439
게헨나(Gehenna)/게힌놈(Gehinnom) 510
경험철학(經驗哲學) 460, 484
계몽주의(啓蒙主義) 85, 195, 351, 379, 380, 391, 531
관념론(觀念論) 213, 215, 548
관념철학(觀念哲學) 38, 213
구원(救援) 9, 13, 14, 78, 97, 122, 152, 176, 179, 180, 200, 265, 291, 292, 295, 340, 357, 370, 386, 416, 457, 468, 515, 516, 537, 543, 546, 610
권력 가옥 604

근사체험(近死體驗) 14, 139, 149, 153, 492, 504
급사(急死) 227, 394, 399
기독교 8, 10~12, 29, 30, 53, 78, 79, 91, 92, 102~04, 169, 188, 197~99, 202, 204, 210, 211, 217, 220, 231, 232, 270, 272, 313, 314, 329, 337, 338, 348, 351, 354, 357, 367, 374, 377, 386, 397, 416, 431~33, 446, 449, 453, 456, 458, 459, 467~69, 474, 479, 483, 493, 497, 504, 505, 508~11, 516, 517, 519, 528, 530, 531, 540, 541, 543, 546~48, 551, 570, 610, 611

| ㄴ |

낙태(落胎) 10, 12, 373~77, 396, 397
낭만주의(浪漫主義) 27, 37, 59, 149, 190, 212, 384, 531, 580
냉동 보존술 14, 536
노년(老年) 8, 9, 24, 107~16, 118~36, 138, 163, 249, 311, 312, 357, 440, 503, 504, 537

노화(老化)　7, 8, 14, 24, 39, 90, 107~19, 124, 125, 128~36, 138, 140, 164, 183, 214, 268, 291, 391, 396, 536, 567
뇌과학(腦科學)　539

|ㄷ|

단종(斷種, sterilization)　377
도교(道敎)　497
독일 관념론　383
디스토피아(Dystopia)　15, 319, 531

|ㄹ|

런던 대화재　391
르네상스(Renaissance)　12, 48, 90, 152, 341, 379, 397, 408, 452, 466, 516~19, 555, 570, 588, 610
리스본 대지진　391
림보(Limbo)　514, 516

|ㅁ|

마니교　205
마이컬슨-몰리 실험(Michelson-Morley Experiment)　445
만유인력(萬有引力)의 법칙　123
메타 상징(Metasymbol)　582
면벌부(免罰符)　546
명목론(名目論)　475
모스크바대공국　604
몰아(沒我)　504, 505
무스테리아(Musteria)　494
무우주론(無宇宙論, Akosmismus)　530
물활론(物活論, 애니미즘)　462
민족주의(民族主義)　384

|ㅂ|

벌(罰)　52, 53, 169, 198, 200, 307, 405, 406, 489, 495, 510, 511, 517, 581, 610
범신론(汎神論)　29, 480
변증법(辨證法)　8, 21~23, 33, 34, 36~39, 42, 63, 66, 80~82, 84, 91, 178, 213, 220, 227, 352, 355, 367, 413, 416, 489, 516, 539, 570, 594
보편 영혼 → 세계영혼
복제 생물　536
부활(復活)　10, 13, 14, 159, 245, 529, 530, 537, 540~43, 546, 548, 549, 570, 610
불교(佛敎)　204, 250, 303, 327, 492, 497, 510, 530, 582
불로초(不老草)　536
불멸(不滅)　13, 14, 88, 91, 134, 174, 205, 206, 235, 250, 275, 290, 306, 366, 424, 431, 444, 449, 452, 453, 456, 458~61, 467, 481, 482, 499, 501, 514, 520, 536~41, 548~56, 559~61, 563, 564, 566~68, 590~92

|ㅅ|

사고사(事故死)　75, 137, 328, 373, 391, 393, 394
사십구재(四十九齋)　582
사이보그(Cyborg)　14
사형(死刑)　12, 27, 28, 184, 220, 221, 232, 248, 368, 373, 377~84, 578
사회적 죽음　236, 268, 404
사후생(死後生)　13, 445, 492, 515, 533, 534
사후세계(死後世界)　13~15, 122, 169, 272, 491~97, 499~502, 504, 506, 508~10, 513~32, 534, 547, 570, 610
살인(殺人)　10, 12, 13, 326, 327, 332, 337, 338, 342, 354, 368, 373, 374, 377~90, 400
상징주의(象徵主義)　24, 580
세계영혼(世界靈魂)　407, 408, 410, 411, 436, 442, 505
송과선(松科腺)　454, 473

스콜라 철학 467
스페인 독감 65
신론무관심주의(神論無關心主義, Apatheism) 561
신비주의(神秘主義) 29, 229, 408, 425, 433, 442, 488, 505, 506, 523
신성로마제국 604
신정론(神正論) 391
신지학(神智學, Theosophy) 229, 442, 523, 524
신플라톤주의 219, 466
신피타고라스주의 506
실재론(實在論) 288, 475
실존주의(實存主義) 8, 25, 27, 42, 98, 268, 270, 317, 354, 356, 361, 363~65, 388, 389, 612
심령과학(心靈科學) 139, 169, 287, 460
심리학(心理學) 79, 98, 240, 252, 255, 320, 323, 358, 435, 437, 440, 441, 454, 521, 605, 611
심지학(心智學, Psychosophie) 442

|ㅇ|

아타락시아(ataraxia) 505, 573
안락사(安樂死) 10, 12, 13, 63, 149, 329, 341, 344, 364, 373, 378, 396~400, 402~04, 610
암(癌) 8, 65, 74, 89, 143, 293, 321
애도(哀悼) 13, 15, 98, 99, 161, 284, 409, 441, 569~71, 573, 574, 576~82, 584~88, 591, 592, 594~601, 604~08
양자역학(量子力學) 216
에로스(eros) 80, 81, 256, 257, 280, 537, 611
에테르체(ethereal body) 445
엔트로피(entropy) 465
연옥(煉獄) 13, 14, 492, 510, 511, 512, 514, 515, 610
열반(涅槃, Nirwana) 204, 530

열역학 제1법칙 227
열역학 제2법칙 465
염세주의(厭世主義) 45, 351, 352
영묘(靈廟) 604
영벌(永罰) 510
영사(永死) 201
영생(永生) 13~15, 28, 114, 159, 169, 180, 194, 198, 201~03, 286, 287, 325, 337, 364, 455, 468, 494, 509, 510, 529, 536, 537, 540, 541, 543, 544, 546, 547, 549, 555~57, 559, 564, 566~68, 570, 592, 611
영유아 살해 10, 12, 373, 374
영지주의(靈智主義, Gnosticism) 506
영지학'(靈智學, Pneumatosophie) 442
영혼 단련하기 172
영혼 전도사 488
영혼 치유사 488
영혼불멸설 10, 154, 218, 250, 410, 431, 447, 455, 457, 459, 464, 479, 501
영혼필멸설 447, 449, 453, 479
영혼편재론(靈魂遍在論) 480
예외상태(例外狀態, Ausnahmezustand) 274
예정조화설(豫定調和說) 464, 479
완성태(完成態) → 현실태
우울증(憂鬱症) 96~99, 332, 362, 364, 559, 606, 607
원죄(原罪) 8, 79, 102, 198, 200, 386, 387, 446, 509, 513, 542, 547, 610
원죄설(原罪說) 546
유교(儒敎) 497
유물론(唯物論) 57, 143, 169, 213, 215, 217, 472, 611
유토피아(Utopia) 90, 102, 306, 318, 319, 378, 398, 399, 518, 527, 528, 531, 532, 589
육체 귀환 533
육체 이탈 253, 533, 534
윤회(輪迴) 14, 159, 410, 442, 451, 456,

646 타나토스: 죽음의 서구 지성사

514, 531, 540
윤회설(輪廻說)　36, 154, 250, 447, 455, 456, 523
이그보(Igbo)족　514
이데아(Idea)　407, 507, 509
이스라엘(Israel)　514, 529
이슬람교　510, 530
이신론(理神論)　351
이집트(Egypt)　442, 494, 529, 604
인류세(人類世)　293, 417
인생가치(人生價値)의 법칙　123
인지학(人智學, Anthroposophy)　442
일자(一者)　506~09
임사체험(臨死體驗) → 근사체험

| ㅈ |

자급자족(自給自足, autarkeia)　121
자기 이탈　505
자살(自殺)　10, 11, 12, 24, 32, 37, 68, 75, 98, 159, 183, 212, 215, 274, 286, 287, 304, 315, 326~71, 373, 380, 384, 388, 389, 395, 398~400, 402, 404, 453, 502, 610
자살학(Suicidology)　330, 335, 358
자연과학(自然科學)　6, 158, 169, 205, 206, 215, 290
자연사(自然死)　12, 13, 137, 315, 358, 361, 373, 394~96, 399, 406, 417
자연신론(自然神論)　351
자연주의(自然主義)　443, 505
자연철학(自然哲學)　169, 213~15, 240, 323
자유죽음(Freitod)　11, 274, 304, 330, 355, 358~62
자유주의(自由主義)　384, 439
잘 사는 것(well-being)　32, 41, 63, 171, 297, 345, 357
잘 죽는 것(well-dying)　41, 171, 297, 345
장례(葬禮)　13, 15, 284, 441, 493, 496, 569~76, 578~84, 587~90, 592~98,

600~05, 607, 608
절망(絶望)　8, 24, 66, 90, 102~04, 194, 263, 264, 366, 370, 389, 518, 528
절충주의(折衷主義, Eclecticism)　431
접신(接神)　504, 505
정신물리학(Psychophysics)　521, 539
제1차 세계대전　254
제2차 세계대전　594
제5원소　431, 471
조로아스터교　205, 510
존엄사(尊嚴死)　10, 12, 13, 63, 149, 344, 364, 373, 396, 399, 400, 403, 404
종교개혁(Reformation)　547, 610
죽어감(dying)　9, 10, 24, 51, 90, 139~41, 143, 144, 147~53, 156~58, 160~64, 268, 302, 312, 316, 319, 320
죽음(의 정의)
　가장 두려운 악(惡) (에피쿠로스)　174, 175, 192
　가장 불확정적인 확실한 가능성 (하이데거)　311
　개체 원리의 변화이자 축출 (노발리스)　59, 213
　공통적인 재앙 (세네카)　192, 193
　공포("가장 두려울 만한 것") (헤겔)　223
　근원적 모순/절대적 부정 (아메리)　251
　기이한 당혹감/냉혹한 현실 (핑크)　285
　기획 없는 시간/가능성이 없는 시간 (레비나스)　267
　꿈 없는 잠 (소크라테스)　184, 185, 228
　나의 파괴 (아메리)　259, 260
　단순한 사실 (사르트르)　44, 255, 256
　덧없는 꿈 (쇼펜하우어)　228, 351
　마스크를 쓴 유령 (로랭)　316
　마지막 불꽃 (보들레르)　222
　만물의 어머니인 자연이 부여한 것[신과 자연이 준 선물] (키케로)　205, 206
　말 없는 영원 (슈니츨러)　294
　매력적 사유 대상 (프루스트)　300
　모든 삶의 수확/풍요의 축제 (셸러)　291,

사항 찾아보기　647

292
모든 생명의 영원한 승리/영원한 구원 (셸러) 292
모든 실체성에 대한 총체적 부정 (아메리) 302
무(無)/사유될 수 없는 것 (장켈레비치) 243
무(無)/아무것도 아닌 것 (에피쿠로스) 173, 192, 218, 242, 610
무(無)/없는 것 (셸러) 242
무덤 (바흐오펜) 318
무의미/무목적/무관심 (프로이트, 베버, 프루스트) 245
무화(無化)/없게 하는 것 (사르트르) 243
물질의 쉼 없는 발산, 방출, 분비 작용 (쇼펜하우어) 214
밤/잠/아버지 집 (노발리스) 191
(하나님이 내리는) 벌(罰) (아우구스티누스) 200
부당한 폭력 (보부아르) 261
부재(不在) (포이어바흐) 177
부조리 (사르트르, 카뮈) 28, 43, 44, 247, 248, 363, 364, 388, 389
불행의 종결[善] (키케로) 186
블랙홀 (헤세) 302
비경험적이고 불가해한 현상 (파스칼, 위고, 톨스토이) 38, 234
비현실적인 것 (프로이트) 250
비현실적인 현실성 (아메리) 247, 310
사랑의 계시 (포이어바흐) 231
사회적 관계의 종말 (엘리아스) 268
사회적 균형자/사회적 수평자 (보에티우스) 235
사회적 책무의 포기 (크리톤) 197
삶의 궁극적인 의미이자 희망이자 꿈 (보들레르) 189
삶의 미완성/완성이 아닌 종말 (마르크바르트) 270
삶의 완성 (니체) 305, 611
삶의 위대한 사상가 (키르케고르) 235

생명체의 무생물로의 복귀 (들뢰즈) 289
선(善) (소크라테스) 184
세계의 초월 (레비나스) 301
세상 만물의 지배자/우주의 승리자 (세네카) 235
수수께끼/순수한 물음표 (레비나스) 272, 273, 301
시간의 정지/변화의 중지 (셸러) 264
시간의 지속이 요구하는 필멸 (레비나스) 266
시체/부패/추악함 (데모크리토스) 191
신비로운 현상 (고러) 278
신의 선물 (오비디우스) 188
실존의 거울 (야스퍼스) 317
악(惡) (아우구스티누스) 193, 200
악(惡)/생명의 절도범 (포이어바흐) 196
영혼과 세계의 단절 (노발리스) 220
영혼의 승화 (보들레르) 221
영혼의 정화 (소크라테스) 218
영혼의 표현 (톨스토이) 222, 223
예외적 현상 (레비나스) 273
예측 불가능한 것 (퀴블러-로스) 271
외설적 현상 (고러) 278
우연한 사건 (프로이트) 254
운명과 재난의 노예 (존 던) 180
원소들의 분해 (마르쿠스 아우렐리우스) 209
위대한 혁명가 (셸러) 300, 301
유기체에서 비유기체로의 변화 (횔덜린) 211
유령 (포이어바흐) 177
유한한 시간의 종말 (하이데거) 266
유희 (나보코프) 319, 320
육체로부터 영혼의 해방이자 분리 (플라톤) 218
육체와 영혼의 분리 (아낙사고라스, 쿠자누스) 217, 219
육체와 영혼의 이별 (마르쿠스 아우렐리우스) 219
육체의 최종 변화 (톨스토이) 217

응답과 반응 없음/대답 없는 질문 (레비나스) 272, 273
의미 없는 폭력 (셸러) 257, 258, 261
의사소통의 중지이자 부재 (야스퍼스) 269
이상향(유토피아)/지옥향(디스토피아) (블로흐) 319
이승에서 저승으로의 이주 (소크라테스) 184, 185
인간 활동의 주된 원동력 (베커) 252
인간과 세계의 지배자 (콩트) 234
인간적인 것의 부정 (레비나스) 251, 289
인생 성찰의 자극제 (에머슨) 183
인생의 차선(次善) 또는 최선(最善) (소포클레스) 186
자기 승리/자기 극복 (노발리스) 180
자신의 원소로의 회귀 (횔덜린) 211
자아 발견의 매체 (톨스토이) 182
자아의 타자화(소외화) (사르트르) 282
자연 (에픽테토스) 206
자연[물질]적인 것의 소멸/정신적인 것의 탄생 (헤겔) 212
자연의 인간 부정 (포이어바흐) 215
자연의 한 신비 (마르쿠스 아우렐리우스) 209
자연이라는 출발점으로의 복귀 (마르쿠스 아우렐리우스) 210
자연적 불행/비참/무지/절망 (파스칼) 194
자연적 원소의 분해 작용 (키르케고르) 216
전쟁과 질병의 동거인 (존 던) 180
전체성의 파괴 (레비나스) 258, 259
절대적인 비인간성 (사르트르) 288
절박한 수수께끼 (아메리) 274
죽은 사람의 주인 (릴케) 316
지루함 (윌리엄 제임스) 176
지유 현상 (헤겔) 182
지혜의 대가 (케이브) 306
진리/본질 (노발리스) 181

진화(생명체의 환경 적응) (셸러) 417, 418
진화(성숙)의 조건 (윌리스턴, 다윈) 307, 308
질료와 형상의 분리/인간 존재의 불완전성 (토마스 아퀴나스) 219
창조적 에너지의 원천 (니체) 291
천상 언어로의 번역 (존 던) 211
철학의 연습 대상 (소크라테스) 170
체험 불가능한 것/선험적인 것 (레비나스) 271
초자연적인 영생 (엘로이즈) 201
총체적 황야/총체적 붕괴 (아메리) 302
파괴/파괴적 본능 (프로이트) 257
평온한 휴식이자 안식 (루크레티우스) 187
평화 (퀴블러-로스) 298
포르노그래피/금기 (고려) 278, 279
폭력의 결과물/폭력 그 자체 (엘리아스) 258
피/상처/파괴/송장 (루소) 195
하나님을 영접하는 일 (에크하르트) 202
하선(下船) (마르쿠스 아우렐리우스) 219
행복 (니체) 58
허무/무상 (우나무노, 프루스트) 245
현대 산업 사회의 창조물 (카슨) 293
현재가 없는 시간/내가 없는 시간 (블랑쇼) 267
현존재의 극단적인 가능성 (하이데거) 317
현존재의 끝남 (하이데거) 269
현존재의 완성 (레비나스) 305
형태 변화의 종점 (셸러) 264
확실한 필연성 (마르크바르트) 312
후험적 비극/절대적 비극 (장켈레비치) 262
희망의 부재 (토마스 만) 263
희망이 없는 영원함 (우나무노) 263
죽음 대비하기 172
죽음 돌봄 9, 10, 139, 147~49, 341, 397, 398

죽음 수용 7, 9, 99, 139, 594
죽음 수용의 5단계설 139
죽음 연습하기 6, 172, 173, 610
죽음 학습하기 172
죽음과 화해하라(mortem reconcilia) 46, 47
죽음을 기억하라(memento mori) 47
죽음의 심성사(心性史) 6, 241, 325
죽음의 지성사(知性史) 6
죽음주의 182
죽음학(Thanatology) 5, 240, 241, 300, 322~25
줄기세포(stem cell) 536
지옥(地獄) 13, 14, 24, 56, 91, 125, 272, 313, 400, 492, 493, 496, 497, 504, 510, 514~16, 522~25, 530, 581, 610
진혼식(鎭魂式) 582
질료(質料, Materie) 219, 428, 429, 433, 434, 437, 482, 488, 489, 499
질병(疾病) 7, 8, 65~92, 94~97, 100~06, 119, 131~33, 148, 164, 179, 180, 184, 248, 254, 276, 293, 321, 334, 346, 357, 362, 370, 391, 393, 406, 412, 504, 518, 525, 583

| ㅊ |

처형(處刑) → 사형
천국(天國) 13, 14, 24, 56, 131, 142, 152, 169, 189, 190, 194, 203, 204, 272, 466, 467, 492~94, 496, 497, 508, 510, 512, 514, 515, 519, 522~25, 528~30, 546, 549, 570, 610
천연두(天然痘) 8, 65, 70, 87
천체물리학(天體物理學) 216
철학하기 6, 82, 610

| ㅋ |

카르마(Karma) 523

코나투스(conatus) 29, 30, 341
콜레라(Cholera) 8, 65, 70, 87, 92~94
쾌락주의(快樂主義) 572
클라게 바이버(Klage Weiber) 595

| ㅌ |

타나토스(thanatos) 257, 280, 611
타살(他殺) → 살인
타지마할(Taj Mahal) 604
탈리온 법칙 386
탈혼(脫魂) 504~06
트랜스휴머니즘(Transhumanism) 14
트로이 전쟁 498

| ㅍ |

페스트(Black Plague) 8, 65, 70, 95, 96, 137, 364
포르노그래피(pornography) 278, 279, 612
포스트휴머니즘(Posthumanism) 14
프랑크왕국 604
프시케(psyche) 430, 451, 472
피라미드(pyramid) 604
피임(避妊) 12, 374

| ㅎ |

할리카르나소스(Halicarnassos) 604
항노화(抗老化) 536
해탈(解脫) 504, 505
헤브라이즘(Hebraism) 220, 516, 517, 570
헬레니즘(Hellenism) 171, 205, 220, 431, 516, 517, 551, 552, 570, 572, 587, 610
현상학(現象學) 240, 323, 358, 455
현실태(現實態, entelekeia) 219, 405, 408, 428, 429, 431, 432, 439, 447, 471
형상(形相) 219, 381, 408, 410, 428, 429, 432~35, 439, 447, 463, 465, 469, 471, 474~77, 481, 482, 484, 489, 503, 507,

523, 551
형이상학(形而上學) 158, 169, 175, 240,
　　271, 276, 285, 323, 324, 429, 447, 455,
　　470, 473, 484, 613
호미니드(Hominid, 原人) 553
호스피스(hospice) → 죽음 돌봄
홀로코스트(Holocaust) 12, 13, 24, 247,
　　252, 377, 391, 400, 583
황홀함(Extase) 443
휘브리스(hybris) 102
흑사병(黑死病) → 페스트